世界传世藏书

【图文珍藏版】

世界通史

刘宇庚⊙主编

线装书局

"拉科西主义"的荼毒

匈牙利"十月事件"爆发前,已近临界点的社会危机和政治危机就像达摩克利斯之剑悬在匈牙利共产党总书记拉科西·马加什的头上。以他的名字命名的"拉科西主义"在当时的匈牙利人看来是一个践踏法制、倒行逆施、不顾人民疾苦的代名词。尽管匈牙利解放前夕他在霍尔蒂法西斯的监狱里呆了16年,然而,监牢的苦役并未能使他将心比心,体味人民的疾苦。对于一个国家的领导人来说,识别和觉察人民的疾苦,不仅是道义责任,而且首先是政治责任。列宁就是这样一位根据人民的意愿及时调整政策,做出有利于人民的决策的颇具前瞻性眼光的政治家。政治家是否与人民一起流泪,这并不十分重要,重要的是,他是否能在政策中体现人民的疾苦。丘吉尔在不列颠之战时,肯定不会像普通英国民众一样忍饥挨饿、钻简易防空洞,但他忠实地代表了民众的利益,重要的是,在那个关键的时刻,他领导国家与法西斯侵略势力进行了殊死的斗争。

拉科西却不是这样。监狱的体验或许只增加他的冷漠无情和对普通人要求的无动于衷。作为斯大林主义在匈牙利的忠实执行者,也不折不扣地按照后来看来是遗患无穷的"斯大林模式"在匈牙利依葫芦画瓢。工业方面,片面强调发展重工业,生产资料的优先增长被夸大到过分的地步,而满足人民需要的消费品生产却没有提高。与高速度的工业化一样,农业也试图通过加速合作化的办法解决低产问题,然而在匈牙利人民看来,这都不过是梦想而已。实践证明,被高压手段强制加入合作社的农民收入远远低于单干户。拉科西时代农业政策的特点是不断用征购、征税以及不合理的价格压榨农民——就像斯大林时期的农业全盘集体化政策一样。叫苦不迭的农民纷纷逃离土地,到1953年为止,全国耕地总面积的三分之一无人耕种,大片大片土地抛荒,而城市居民的许多基本食品和日用品则凭票供应,商店门前排起了长队。多瑙河边辛勤耕耘而被政府夺走了种子的农民,布达佩斯钢铁厂内一度为苏联工业化榜样激励的工人,那些伤痕累累的抵抗战士,怀里揣着党证的普通党员,心里都在问:"事情是怎么了?"日子越过越差,收入越来越少,信仰开始动摇,而报纸上充斥着连篇累牍的工农业增产的喜报。人民感觉似乎受了骗。

在斯大林最好的"学生"拉科西看来,无数的工人、农民、干部只是通向共产主义的巨大输送带上的"齿轮"而已,人民群众只是崇高目标的渺小注脚而已。他肯定忘了,共产主义的目的是为了人积极、全面、健康的发展,而"每个人的自由发展是一切人自由发展的条件。"

不知拉科西后来被发配到苏联的一个集体农庄时对此是否有切实的体会?

"拉科西主义"在国际共产主义运动中则是盲目地服从苏联,成为斯大林"老子党"的应声虫,并不惜颠倒是非,炮制谎言。在"布达佩斯审判案"中,这一点表现得尤其明显。

1949年6月，匈牙利人民共和国外交部长、匈牙利劳动人民党政治局委员拉伊克·伊斯洛因受控叛国罪而被捕。控告他的罪状有三：拉伊克及其同伙是美国情报机关的代理人；是南斯拉夫的间谍和霍尔蒂警察局的特务；企图在匈牙利举行武装暴动。任何对拉伊克的底细有所了解的人都认为这是谎言。作为西班牙内战中国际纵队的优秀指挥员，作为纳粹集中营中坚韧不屈的战士和匈牙利国内地下党的主要负责人，这个身材颀长、蒙古脸型、眼睛闪闪发光的人的品质是无可挑剔的。和纳吉一样，他的朴实作风——这一点，与像拉科西那样从莫斯科回来带着共产国际尚方宝剑的人不同——使他在知识分子，尤其是青年知识分子中深孚众望。对拉科西的错误做法，他经常采取沉默的方式表示其与众不同的态度。平庸的拉科西忌妒拉伊克的威望、经历和立场。这段时间内，莫斯科与南斯拉夫吵翻了，仅仅因为铁托和他领导下的南斯拉夫共产党不愿受莫斯科的颐指气使，希望采取独立自主的立场和方针，探索一条符合其本国国情的建设社会主义的道路。对斯大林来说，这是不能容忍的"犯规"和"异端。"在1949年"共产党和工人情报局"——在当时，这是共产主义阵营的象征——的会议上，铁托被宣布为"帝国主义情报机关的间谍"，南斯拉夫被斯大林踢出了共产主义阵营之外。会议还耸人听闻地通过了关于南斯拉夫的报告：《南斯拉夫在杀人凶手和间谍手中！》。随之而来的是在东欧各国共产党内纷纷清洗所谓的"铁托分子。"

在拉科西看来，身为外交部长的拉伊克是匈牙利的铁托，他又是匈南友好协会主席，理所当然是"铁托分子"了。1949年6月17日，对拉伊克的审判在布达佩斯的一个大会堂内进行。在把无数罪名扣在拉伊克头上的同时，又顺手牵羊地指控南斯拉夫领导人，说他们所有的人都是被盖世太保、法国情报署或英美间谍机关收买的间谍和代理人。颇令人吃惊的是，所有的被告对指控的罪行都供认不讳。拉伊克站在扩音器面前，脸色苍白，毫无表情，嘴里不停地念着捏造出来的供状。他把自己描绘成一个法西斯霍尔蒂政权的雇佣者，盖世太保的仆从，抵抗运动的奸细——然而，一切都与事实相反。在纳粹集中营中也不低头的拉伊克为什么会顺从地承认加在自己头上的罪行呢？原来，是拉科西的情报机关从苏联那里学来的一套起了作用。先是成年累月地拷问，用几星期不让他睡觉的办法来消耗他的意志，折磨他的神经，并往他体内注入麻醉剂或其他药物，然后变换手法，保安部的军官对已被打成残废、精神上受到摧残的囚犯说："党了解，你们是无辜的。党请你们理解国际局势的严重性。你们必须承担你们的罪行。你们必须公开承认你们是铁托的特务，然后你们将被判处死刑。你们当然不会真的被处决……"这样的诱供手段是苏联情报机关屡试不爽的灵方，肃反期间的布哈林、季诺维也夫等不少苏共领导人均因此低头认罪，最后人头落地。对拉伊克的生命保证当然是谎言，被告们于审讯后次日被绞死，尸体扔进了生石灰堆中。

这就是臭名昭著的"布达佩斯审判案"，铁托在事后不久说："'布达佩斯案'是历史上罕见的最骇人听闻的事件……类似的审判案有过，类似的欺骗方法也有过，但是，像这次审判那样不道德和粗暴，则是前所未有的……"

拉科西从拉伊克案件中找出这样一种恒等式，凡是解放前在国内生活和斗争的工人运动领导人和成员,必定是霍尔蒂政治警察的密探;凡是在资本主义国家兄弟党中,如西班牙国内战争中战斗过的,则一定是帝国主义国际间谍组织的奸细。

当时,匈牙利的拘留营里则关满了那些破坏社会主义事业的"可恶之徒":从合作社地里偷了20公斤玉米的老农民,在当地书记印象中不好的小伙子,杀了一头还未达到规定重量的猪的饥饿者,以及许多对"拉科西主义"持不满意见的人。全国各拘留营里关押的犯人有15万之多,以各种莫须有的罪名逮捕的人至少占全体居民的1.5%。总之,在匈牙利,"拉科西主义"给人民这样一个印象:党永远是正确的,她是"集体的智慧",她不会犯错误,如果有失误的话,人们必须沉默。民主和法制、最基本的公民自由权利都遭到蔑视和践踏。然而匈牙利人民是热爱自由的人民,这从他们对裴多菲塑像的景仰之情可见一斑,裴多菲在100多年前就给了他们《自由与爱情》的著名诗篇,他们有义务接过这烫人的自由火炬。

匈牙利面临着一场严重的信任危机。大多数人已失去了对党、政府的信任,他们在解放初期获得的喜悦感和对未来的憧憬已逐渐消失,潜在的、巨大的怨恨情绪在酝酿、增长与扩散。人们想知道,是谁策划、制造出那么多的冤假错案。

纳吉的沉与浮

1953年3月5日,约瑟夫·斯大林去世。苏联和东欧各国开始了所谓的"解冻过程。"苏共中央的调子有些变化,开始清算个人崇拜的错误。拉科西也不得不在后面跟着,做一些政策上的修补。在匈牙利共产党1953年6月全会上,开始提出拉科西集团的错误问题,但并未涉及问题的实质,倒是代替他部长会议主席职务的纳吉做的政府工作报告引起了众人的注意。纳吉在1949年由于反对拉科西强制超速推行农业集体化的政策受到批判,并被贬到大学里当教授。在贬谪期间,他进一步研究重大的理论问题,丝毫未放弃他认为是正确的观点。在这次全会上,他以拉科西的对立面出现,提出的政策颇得人心,尤其是颇得农民的好感。他主张放慢工业化速度,尤其是重工业的发展速度,调整农业、轻工业、重工业的比例;减轻农民交售农产品和税收的负担;并切实保证贯彻自愿参加合作社的原则;提高劳动人民的生活水平。同时,他还提出恢复社会主义法制,对冤假错案进行平反。但是,大权在握的拉科西只是拉出几个替罪羊敷衍一下。他把保安部的头目关进了黑牢,这只是半遮半掩的搪塞之举,而对受拉伊克案件牵连的近20万党员以及与原社会民主党人有关的案件则迟迟不予处理。他毕竟还是一个不错的政治演员,有一次,他当着政治局全体委员的面,把内务部官员和法官们叫去,训斥说:"你们为什么未能及时发现这些错误? 世俗的刀剑竟然对准工人阶级中的受害者!""世俗的刀剑"——匈牙利人民可想象不出它是个什么东西,只有贼喊捉贼的拉科西心里清楚。他甚至一本正经地做出一副对冤假错案一无所知的样子,吃惊地问一位刚出狱的干部:"你有这样的问题,为什么不早来告诉我?"——搞得像真的一样。

不久,纳吉和拉科西的矛盾也公开暴露出来。全国各大报纸刊登文章,表示一致支持纳吉的改革方案,谴责和声讨拉科西的错误。但是,国际形势又发生了变化,苏联与东欧社会主义国家于1955年5月在华沙正式签订了合作与互助的军事条约(即通称《华沙条约》),以抗衡西方对共产主义阵营的"新月形包围。"苏联的国内政策重新回到优先发展工业和军事工业为中心的轨道上来。拉科西又重新得势,精神抖擞地从苏联返回。他指责纳吉是修正主义路线的主要代表人,把以往攻击拉伊克等人的滥调又搬出来,并在1955年4月份的中央全会上通过决议,将纳吉开除出政治局和中央委员会,撤销其党内一切职务,随后又免去了纳吉部长会议主席的职务。莫斯科那些前不久还命令纳吉进行改革的人如今又把他放在一边,开始打拉科西这张牌了。

人民为纳吉叫屈。在由大学生、年轻的知识分子、作家和艺术家组成的"裴多菲俱乐部"里,著名哲学家捷尔吉·卢卡奇和作家蒂波尔·德里发表讲话,揭发党的现任领导的缺点,各文学报刊也发表了严厉批判拉科西政权罪行的文章,党内反对派的力量日益强大。独裁者失去了理智,又打算像过去那样进行镇压。

形势又变了。在1956年1月24日至25日的一夜之间,莫斯科克里姆林宫内的会议大厅里发生了一件使全世界共产党人改变思想的事件,这就是赫鲁晓夫所做的著名的秘密报告。在苏共"二十大"上的这篇报告里,斯大林是位"没有教养的""血腥的暴君。"赫鲁晓夫大揭大批斯大林的错误,开动了改革苏联政治、经济体制的马达。国际关系领域内,赫鲁晓夫又提出了"和平共处""和平过渡""和平竞赛"的"三和路线",与美国的关系有所缓和,与南斯拉夫的关系也不断升温,还为铁托恢复了名誉。

拉科西这回撑不过去了。莫斯科打算把他给打发下台。在匈牙利共产党政治局1956年7月会议上,拉科西正谈着纳吉组织反党和反人民民主的公开派系,谈到了裴多菲俱乐部。推门进来了苏共中央委员米高扬,米高扬插话:"请原谅,拉科西同志。您说裴多菲俱乐部是由人民公敌和反革命分子组成的……据我们所知,这些人在所有集会上都高呼党万岁并高唱国际歌。我还是第一次听说反革命分子会唱这支歌。"几分钟后,米高扬向拉科西逐字逐句传达了赫鲁晓夫的话:"鉴于拉科西同志这些非法措施,建议他辞去匈牙利的一切职务并离开这个国家。"就这样,拉科西被赶下了台。

但是,他为国家指定一位并不比他好多少的代理人埃尔诺·格罗作为他的继任者。格罗是拉科西的人,他制定的脱离实际的生产计划使不少匈牙利人在10年之间倾家荡产。上台后,他执行的是没有拉科西的"拉科西主义",坚持对纳吉的批判并继续弹着政治斗争的老调。这就给人民这样一个印象:靠"党"解决问题已无指望,群众造反是形势使然,正如布达佩斯人在表达无可奈何的感情时常说的:"新娘已到,好歹要和她睡觉。"

从"特种战争"到"越南化"

越南抗美救国战争,是越南人民反对美国侵略,实现国家统一的民族解放战争。这次战争从 1961 年 5 月 14 日美国"特种作战部队"入侵南越开始,到 1975 年 4 月 30 日越南军民解放西贡结束,历时 14 年,是第二次世界大战以后的一场持续时间最长、最激烈的大规模局部战争。在这场战争中,美国共投入侵略军 60 余万人,还拼凑盟国军队 6 万多人,使用了原子弹以外的各种现代化武器装备,对越南军民进行了灭绝人性的屠杀。但是,越南军民遵照胡志明主席决战决胜的教导,不畏强暴,不怕牺牲,英勇抗击,最后夺取了这场抗美救国战争的胜利。美国侵略者遭到了侵朝战争后的一又一次惨重失败。在这场战争中,越南得到了老挝、柬埔寨两国人民抗美战争的密切配合和大力支援,同时也得到中国、苏联、东欧各国以及全世界主持正义的国家和人民的同情和援助。中国人民不惜做出重大民族牺牲,先后向越南派出 30 多万人的防空、工程、铁道和后勤保障部队,并从武器、弹药到粮食、被服等方面,向越南人民提供了巨额无偿援助。

美国早在第二次世界大战结束时就开始插手印支地区。1945 年 9 月 23 日,法国殖民主义者再次对越南南方发动殖民战争。1946 年 12 月 19 日大举进攻河内,开始了对越南的全面武装入侵。自从法国侵越战争爆发,美国就大力支持法国侵略者,而且在越南极力物色和扶植亲美势力,以图一旦法军撤出印支地区,便把越南变成美国的新殖民地和侵略东南亚其他国家的军事基地。

1954 年 5 月 7 日,越南人民军在奠边府战役中取得了全歼法军的辉煌胜利。同年 7 月 21 日,在日内瓦会议上,交战双方就印度支那停战和政治解决达成了协议,法国被迫同意撤出印度支那地区。但是,美国政府却拒绝在日内瓦协议上签字,并宣布不受日内瓦协议各项规定的约束。这就为最终破坏日内瓦协议,发动侵略战争,埋下了伏笔。

1954 年 9 月,美国拼凑了"东南亚条约组织",把越南南方列入由美国实际操纵的东南亚集团的"保护"地区之内。1955 年 1 月以后,美国大量向南越派遣军事人员,将"美驻印支军事援助顾问团"改为"美驻南越军事援助顾问团",逐步取代了法国殖民主义在南越的地位,并竭力扶植西贡傀儡政权。1955 年 10 月 23 日至 26 日,由美国扶植的"内阁总理"吴庭艳组织"公民投票",成立了"越南共和国"伪政权。在美国策划和支持下,吴庭艳政权很快建立了一支拥有数十万人的伪军,并秉承美国的旨意,疯狂发动"诉共""灭共"运动,残酷镇压和屠杀爱国的南越人民。

南越人民有着光荣的革命斗争历史和丰富的斗争经验。特别 9 年抗法战争期间,人民游击战争曾遍及南越各地,除大城市及其近郊地区以外,都建立过革命政权或有过人民武装的活动。其中,中部地区和南部平原的金瓯、同塔梅、西宁以北等地,均为抗法战争时期的巩固根据地。

日内瓦协议签订后,越南人民本来希望能够通过和平斗争,经过普选,实现越南的统一。但是,美国取代法国的地位后,支持吴庭艳集团破坏停战协议,对南越人民进行血腥镇压。

在敌人屠刀的逼迫下,越南南人民于 1959 年开始了英勇反抗美伪统治的革命武装斗争。1960 年 12 月 20 日,越南南方民族解放阵线宣告成立,并着手建立主力部队和地方部队。1961 年 2 月 15 日,越南南方民族解放阵线把各地人民武装统一组成了越南南方人民解放武装力量。美国为防止吴庭艳集团垮台,1961 年 5 月,派 100 名"特种部队"(代号为"绿色贝雷帽")官兵进入越南南方,从此开始了历时 14 年的侵越战争,越南人民也开始了反对美国侵略者的民族解放战争。

这场战争,从 1961 年 5 月至 1965 年 2 月,主要是在越南南方进行。从 1965 年 2 月开始,美国又将战火引向了越南北方,蔓延到整个越南国土;1970 年以后,战祸又殃及老挝、柬埔寨等整个印支那。这场战争按照美国侵越的基本样式和特点,大致可分为 3 个阶段:特种战争阶段;局部战争阶段;战争"越南化"阶段。

"特种战争"阶段(1961 年 5 月~1964 年 7 月)

美国在南越发动的谓"特种战争",实际上是一种由美国出钱、出顾问,协助南越伪军进行的"反游击战。"其根本目的是镇压越南南方人民的爱国革命运动,维持西贡政权的反动统治,以图推行美国的新的殖民主义政策,为实现其"全球战略"的总目标服务。

1961 年 5 月,美国派遣 100 名"特种作战部队"入侵南越,之后又提出了在"18 个月内绥靖南越并在北越建立其地的'斯特莱计划'。"10 月,美国总统的军事顾问泰勒赴南越研究派遣美军后续部队入侵南越问题,提出了 18 个月内"平定"南越游击队的"斯特莱—泰勒计划。"其主旨是争取农民,控制群众,切断革命武装斗争的领导;封锁南越与外界的联系,尤其是切断越南北方的支援。至 1961 年底,侵越美军由 1960 年的 785 人增至 3000 人,飞机约 60 余架。

1962 年 2 月,美国在西贡成立了由保罗·哈金斯为司令的"美国驻南越军事援助司令部",积极扩充南越伪军,提供大量武器装备。到 1964 年,南越伪军已扩充到 38 万,正规部队约 21 万,其中:陆军 18.2 万,编 4 个军、9 个师、2 个旅和 12 个独立团;空军 7000 余人,装备飞机 300 余架;海军 1.5 万人,拥有舰艇 900 余艘。大批美军军事顾问深入到伪军营、连,指挥伪军全面"蚕食""清剿"解放区。

1963 年,南越人民武装在阿巴村成功地伏击了美直升机,并歼灭大量伪军,这不仅使美国政府大为震惊,而且进一步激化了美国与南越之间的矛盾。美国在南越策动了第 1 次军事政变,由杨文明取代了吴庭艳的统治。

1964 年 1 月,伪军第 1 军军长阮庆发动了南越第 2 次政变,并自封为"革命军事委员会"主席兼总理。2 月,美国成立南越问题"特别委员会。"针对"斯特莱—泰勒计划"的破产,美国防部长麦克纳马拉于 3 月 8 日第五次去南越,同阮庆拟定了一项所谓"重点清剿"的"麦克纳马拉—阮庆计划"(亦称"十二点计划")。计划要求适时收缩据点,大力建立"战略村"(后改称为"新生村")和无人地带;强化军事"清剿",实行重点"扫荡。"

所谓"战略村",就是以自然村为单位,在民用工事围起来,实行严密控制,以断绝他们与人民武装的联系,进而把各村连成一片,形成封锁地带,以分割解放区。在"战略村"内成立了反动武装,实行"联保制",镇压了革命力量,以加强对"战略村"的控制。

美伪军的"扫荡"活动,是以师规模的大"扫荡",团、营规模的中"扫荡"和连、排规模

远东新的战争爆发，北地军队在胡志明的领导下展开游击战争，图为被追击的法军。

的小"扫荡"结合进行的。"扫荡"的方法根据行动地区的地形特点而不同。对山区的"扫荡"主要采取分进合击的方法实施。对平原地区的"扫荡"多采取联合"围歼"的方法，依靠直升机、装甲车和小型快艇，迫使人民武装陷入"歼灭区"，聚而歼之。此外，还使用别动队以"游击战对游击战"的方法，对革命根据地进行袭击、破坏。

为了粉碎美国"特种战争"计划，越南南方人民武装在解放阵线的领导下发动全民，坚持全面、长期的游击战争的战略方针，执行"小打稳吃"，积小胜为大胜的作战指导思想，把武装斗争同政治斗争结合起来，逐步改变力量对此，为向运动战发展直到最后消灭敌人创造条件。武装斗争的主要形式是扫荡与反扫荡。反扫荡主要由当地民兵游击队和人民群众在地方部队的配合下，依托"战斗村"进行。主力部队在敌人"扫荡"时，寻机跳出合击圈，转移到敌人侧后，相继打击敌人；或者诱敌到预定地区，给敌以歼灭性打击。当被敌包围时，则依托"战斗村"和有利地形，予以抗击，坚持到夜晚再转移。

在与美伪集团的斗争中，越南南方人民武装力量不断发展壮大，至1964年，已发展成为一支拥有20万人的坚强力量，解放了越南南方4/5的土地，2/3的人口，逐步形成了农村包围城市的有利战略态势。从而宣告了美国侵略者发动的所谓"特种战争"的破产。

据越南南方民族解放阵线统计，在"特种战争"阶段，人民武装力量共歼敌22万余人，其中美军约3500人，击落敌机约2000架，捣毁"战略村"7659个，拔除敌据点1391处。

局部战争阶段(1964年8月~1968年12月)

美国侵越战争，由"特种战争"转化为局部战争是从1964年8月份开始的。国外军

事评论者将这种局部战争阶段称之为美国侵越战争逐步升级阶段。美国政府于 1964 年 6 月 1 日，召开了檀香山会议，确定了"逐步扩大"侵越战争的计划。6 月 20 日，威斯特摩兰接替哈金斯担任美驻南越军援司令部司令。6 月 23 日，泰勒接替洛奇任美驻南越大使。至此，美国完成了由"特种战争"转化为局部战争的作战方针调整和必要的组织准备。

为了制造扩大战争的口实，1964 年 8 月 2 日，美军驱逐舰"麦道克斯"号驶入北部湾挑衅，与越方鱼雷快艇发生遭遇战，制造了第 1 次"北部湾事件。"8 月 4 日，美驱逐舰"麦道克斯"号和"腾纳·乔埃"号再次驶入北部湾寻衅，诡称遭到民主越南的鱼雷快艇攻击，蓄意制造了第 2 次"北部湾事件。"次日，美国政府便借口"北部湾事件"，悍然出动 64 架飞机空袭越南北方的广溪、宜安、沥长、鸿基等地。这次轰炸，成了局部战争的导火线。8 月 6 日，美国防部宣布向西太平洋增兵的 6 点措施。随后，大批美军作战飞机侵入中南半岛，大批美军舰艇集结在越南海面。9 月和 11 月，泰勒两次返美，与总统商定"逐步扩大"侵略战争的具体步骤，确定了轰炸民主越南的三部曲，即逐步轰炸北纬 17 度附近的越南运补基地、纵深的军事目标、工业基地。美军于 1965 年 2 月 7 日，开始对越南北方进行大规模轰炸。3 月 2 日，美空军动用 B—52 轰炸机轰炸越南北方。3 月 8 日，美军地面部队开始大举入侵南越。从此，正式开始了以美军为主体与仆从军相配合的武装侵略越南的局部战争阶段。

美国侵略越南的"局部战争"阶段，按其主要作方战方式大致区分为"南打""北炸"两个战场，即在越南南方以地面作战行动为主，在越南北方以空袭为主。

"南打"1965 年美军大举入侵南越后，首先推行所谓"墨渍"战略，即以北纬 17 度线至西贡的沿海基地为据点，构成环形防御圈的战役布势，逐步向解放区"渗透"，诱导人民武装主力进行"决战。"

1965 年 3 月底，美陆军在西贡成立作战指挥机构。4 月 8 日，美国在西贡成立所谓"国际军事援助局"，参加者有南越、泰国、新西兰、澳大利亚、菲律宾、南朝鲜和台湾当局。4 月 19 日至 21 日，美国决定在继续轰炸越南北方的同时，重点对南越人民武装发动军事进攻，以稳住美伪在南越的阵脚。会议还决定把美国对南伪集团 1965 年度的军援由 2.7 亿增至 3.3 亿美元，把南越伪军从 55 万人扩充到 71 万人。到 1965 年底，侵越美军已增至 18 万人，其中地面兵力共 3 个师、3 个旅、1 个团。

为了寻歼南越人民武装主力，美伪军发动了 1965~1966 年的第 1 个"旱季攻势"，重点指向南越东部、中部平原和西原地区。其企图是：集中美军机动兵力，伺机寻找人民武装主力作战；扩大占领区，改变美伪军的被动局面；打通长期瘫痪的交通干线，特别是贯通整个南越沿海平原的 1 号公路，改善后勤供应状况。同时，出动大量空中力量轰炸南越解放区，配合美伪"攻势"作战。

为了挫败美军的"墨渍"战略，越南南方人民武装力量积极开展机动作战，主要采取了奇袭、伏击、攻点打援等灵活的战法。先后先进行了波莱梅战役和巴嘉、云祥、保邦等大规模的战斗，取得了鼓舞人心的胜利。在局部战争开始后的近 2 年多的时间内，越南南方人民武装共歼敌10万余人,粉碎了美伪军第1个"旱季攻势",使其"墨渍"战略宣告破产。

美伪第1个"旱季攻势"失败后,并不甘心失败,于1966年2月再次召开檀香山会议,决定强化"南打",加强"北炸"继续向南越大量增兵。到1966年10月,侵越美军增加到32.8万人,其中地面部队共6个师、3个旅、2个团。从1966年11月起,美伪军发动了第2个大规模"旱季攻势。"这次攻势,美军将"墨渍"战略改为"搜索与摧毁"战略,即以南越伪军和仆从军守点保线,美军则集中主力和优势装备,深入越柬、越老边境,对南越人民武装的根据地进行长时间的反复"扫荡。"进而摧毁民族解放阵线的军队及其在西贡地区、南越中部和北部的根据地,前出到西贡西北和波莱古以西的越柬边境一线,并把南越人民武装分割成3个部分,切断越南北方通过老挝和柬埔寨向南方输送物资的交通线。从此,越南南方人民武装与美伪军的武装斗争进入了最为激烈的时期。在第二个"旱季攻势"中,美军驻南越

1968年的春天,美军在南越美莱村大开杀戒,图为村民们在被屠杀前瞬间,感到不测之祸即将来临时彼此懔栗着搂成一团的情景。

总兵力已增加到近47万人,并全部投入到"扫荡"活动。此外,美伪军还在非军事区及其附近对人民武装进行了连续不断的"搜剿。"这一系列的"扫荡"和"清剿",使南越解放区蒙受了巨大的损失。

这一阶段斗争最为激烈。南越军民充分发挥人民战争的威力,连续开展反"扫荡"作战,给敌以沉重打击,歼敌约16万余人。正当美军进行最大规模的"联络城扫荡"之际,南越人民武装在非军事区南侧开辟新战场,2次攻占南越北部重镇广冶市,歼敌3000余人。美军被迫匆忙抽调3个旅北上支援。

南越人民武装粉碎美伪第2个"旱季攻势"后,为了不给敌人喘息之机,于1967年雨季结束时就先机制敌,主动出击,在西贡地区、中部越老边境和北部9号公路地区,向美伪军发动了一系列进攻。

1967年至1968年旱季,美伪军为巩固已夺得的最重要的地区和继续扩大战果,采取了"固守与清剿"相结合的战略,其主要固守行动:一是把执行"寻歼任务"的美军主力陆续集中到内线,固守西贡、顺化、岘港等主要城市和基地;二是构筑"堡垒障碍",制造无人区。其清剿行动基本采用搜索围剿的战术手段,以小股兵力在不远离阵地(主要是基地)或驻地的情况下,实施小规模的攻势作战,而在广大农村,美军主要以空军支援南越伪军

进行作战。

南越人民武装在逐渐积蓄力量的同时,其武装斗争亦开始由农村向城市发展。他们实行游击战与运动战相结合,抓住战机,对美伪军实施主动出击。1968 年初,南越解放军在非军事区以南转入战略进攻,1 至 3 月份,组织了 3 次连续大规模的"新春攻势",袭击了敌人的许多城市、机场、重要指挥机关和后方设施等目标,打死打伤敌 25 万人(其中美军 8 万人),全歼敌 30 个营、300 个连,解放区人口增加了 200 万以上。由于南越人民武装在 1968 年取得了巨大胜利,美国在南越实施的局部战争计划遭到失败,被迫进行和谈。

"北炸"对越南北方实施空袭,是美国侵越战争的重要组成部分,其基本目的是切断越南北方与南方的联系,阻断中对越南的物资援助,使南方战场陷入孤立无援的境地。

美军对越南北方的空袭始于 1964 年 8 月 5 日,止于 1968 年 11 月,历时 4 年零 3 个月,大致分为 3 个阶段。

逐步升级阶段(1964 年 8 月~1966 年 6 月)。1966 年 8 月 5 日,美国借口"北部湾事件",出动 64 架飞机对越南北方的广溪、宜安、沥长、鸿基等地实施"报复"、威胁、破坏性轰炸;从 1964 年 10 月 12 日至 1965 年 1 月 14 日美军派出战斗机掩护老挝右派空军大规模轰炸"老挝走廊";从 1965 年 2 月 7 日,美军借口南越人民武装袭击美军波莱古基地,正式把战火引向越南北方,接连实施"报复"轰炸。空袭规模由每次天动 30~40 次增加到 240 架次。空袭目标开始为兵营、仓库、雷达站,后转为交通系统为主。3 月 26 日,美空军首次越过北纬 20 度线,并逐步将空袭地区扩大到河内—老街和河内—友谊关铁路线以及河内、海防地区。轰炸目标仍以交通系统为主。

全面轰炸阶段(1966 年 6 月底~1968 年 3 月底)。1966 年 6 月 29 日,美军集中轰炸河内、海防的石油设施,突破了美军自己划定的所谓"禁区。"随后,美机又轰炸了河内、海防地区的油料、工业和交通系统,并多次袭击了机场、水利工程和居民区。空袭强度也较以往增大,平均每天出动飞机约 300 架次,最多一天出动达。790 架次。

"部分停炸"到"全面停炸"阶段(1968 年 4 月~10 月)。美国当局迫于国内外的种种压力,1968 年 3 月 31 日抛出了"部分停炸"方案。随后,美机便集中轰炸 19 度线以南到非军事区的狭长地带,重点对"胡志明小道"实施遮断轰炸。在"部分停炸"期间,出于和谈需要,美机轰炸地区缩小,但轰炸强度反而增大,出动飞机最多时每天达 380 架次。在美、越第 28 次巴黎会谈后,美国宣布从 1968 年 11 月 1 日起,"全面停止"对越南北方的轰炸。

据美国防部透露,自 1965 年 2 月到 1968 年 11 月,美对越南北方空袭共 10.77 万次(平均每次出动 3 至 4 架次),投弹 258 万余吨。在面积约 15.9 万平方公里的越南北方,平均每平方公里投弹 16.2 吨。其飞机出动量,在 1966 年以出动量为 100 至 200 架次;1966 年以后,日出动量约 300 架次,最多时一天达 749 架次。

在"局部战争"阶段,越南北方军民实行军队防空与群众防空相结合,消极防空与积极防空相结合,开展全民防空运动,与敌空袭进行了顽强斗争。在此期间,越南北方军民共击落敌机 3300 余,有效地挫败了美国"北炸"企图。

战争"越南化"阶段(1969 年 1 月~1975 年 4 月)

1969 年 1 月,尼克松取代约翰逊就任美国总统,随之美国的侵略战争方针也发生了"戏剧性"的变化。1969 年 7 月,尼克松宣布,美军将撤出越南;同时采取了加强南越伪军在南越推行绥靖计划的手段,以实现"以当地人打当地人"的企图。从此,美国的侵越战争便进入了战争"越南化"阶段。

在战争"越南化"阶段,按照双方的企图与行动,大致可分为两个阶段。

边打边谈,美国撤军阶段。1969 年至 1973 年初,美国一面与越南举行和谈,一面大力扩充南越伪军,积极实现战争"越南化"计划。随着伪军接替美军遂行作战能力的加强,美军从 1969 年 7 月开始从越南分批撤离。与此同时,美伪军也更加紧了对解放区的扫荡。

但是,南越人民武装不断壮大,到 1968 年,已拥有 10 个步兵师和若干独立部队,共约 30 万人,连同游击队,已超过 100 万人。在此期间,南越人民不仅挫败了美伪军的进攻,而且也发动大规模进攻。其间,双方进行的主作战行动有:

南越人民武装发动第 2 次战略进攻

1969 年 3 月底至 4 月初,南越人民武装趁美军准备撤退之际,在非军事区到湄公河三角洲一带发动了第 2 次战略进攻,袭击了敌伪 100 多个基地和军事据点。南越人民武装的这次进攻,迫使敌军转入战略防御。1969 年 6 月,成立了越南南方共和,建立了临进革命政府。

9 号公路战役 1971 年 2 月 8 日,美伪军队根据"兰山—719"作战计划,集中 4.6 万人的兵力,在 2000 架飞机和直升机支援下,以九号公路秋轴线,分 3 路在老挝的下寮地区发起进攻。其企图是:切断"胡志明小道",摧毁人民武装在车邦、孟农地区的战略后方基地。所谓"胡志明小道",是指贯穿 9 号公路向南延伸至柬埔寨的南北公路网。车邦是这条通道上的枢纽和南越人民武装的战略基地。

为了粉碎敌人的进攻。确保车邦、孟农地区运输线畅通和后方基地的安全,南越人民武装集中 5 个师,约 5 万余人的兵力,采取诱敌深入,各个歼灭的战法,基本上歼灭了公路北侧的美伪军,粉碎了美伪军进攻孟农和占领车邦的企图,并对进攻敌主力达成了合围态势。至 3 月 23 日,9 号公路战役全部结束,历时 43 天。此役共歼灭美伪军 2.1 万余人,击毁、击伤美伪军飞机 500 多架。这次战役的胜利,加速了美国推行的战争"越南化"政策的破产。

南越人民武装发动第 3 次战略进攻

1972 年初,南越人民武装总指挥部制定了把侵略者赶出国土、推翻西贡伪政权、解放全部国土的战略目标。为了实现这一目标,南越人民武装于 1972 年 3 月 29 日夜在 1000 多公里的战线上发动猛攻,揭开了第 2 次战略进攻的序幕:3~6 月,人民武装分 3 个战役

美国坦克在越南丛林里,后面拖着一名越共。

集团在预先选定的方向上作战:第1战役集团发动了旨在夺取广治和顺化的战役,从非军事区以南向广治实施主要突击,由顺化以西30~40公里的地区向顺化实施辅助突击,结果攻占了广治并前出到顺化的近接近地;第2战役集团在中部高地行动,重创敌2个师,进至中国南海沿岸一线,造成了分割美伪军的威胁;第3战役集团在西贡方向发起进攻,歼敌2个师,解放了安禄并直逼西贡。整个战略进攻的结果,解放了250多万人口的土地。

美国对越南北方再次进行破坏性轰炸 为了抗击南越人民武装的战略进攻,美国悍然撕毁"全面停炸"的诺言,从1972年4月起,动用大量海空军兵力和激光炸弹,对河内、海防进行了比以往规模更大的破坏性空袭。1972年12月,美越巴黎和谈陷入僵局,美国为压越南在谈判桌上让步,遂于18日~29日,动用空军和海军航空兵战术飞机和战略空军B—52型飞机,对河内、海防地区实施最后1次大规模轰炸。其作战企图是:1.从根本上阻截越南北方对南方的支援,并切断国际上对北越的支援;2.摧毁越南北方的经济和国防潜力;3.动摇北越持续抗战的意志和决心;4.稳定南越阮文绍伪政权。在此期间,共出动战术飞机1800架次,B—52飞机729架次,投弹5万余吨,重点突击了越方的交通枢纽、电力系统、工业中心、广播设施、机场等目标。

越南北方军民采用各种积极和消极防空手段,有力地抗击了美国的破坏性轰炸,给敌人造成了极大损失,据越方公布的数字,共击落敌机734架,其中B—52型飞机54架,粉碎了敌人为期12天的大规模空袭,保障了对南方人力物力的支援和交通运输的畅通,有力地打击了美国的战争讹诈政策。

1972年,由于越南军民在各个战场上的英勇斗争和连连胜利,终于迫使美国于1973

年 1 月 27 日,在"关于在越南结束战争,恢复和平的巴黎协定"上签字。

越军解放南方,统一祖国阶段。"巴黎协定"生效后,美国被迫于 1973 年 3 月将美军地面部队撤离南越,但在越南南方仍以"文职人员"名义留驻 2.5 万余名军事人员,并在南越附近地区保持相当规模的海空军部队,继续推行其战争"越南化"政策,支援 110 万南越伪军蚕食解放区。1973 年至 1974 年间,南越战场上蚕食反蚕食,"绥靖"反"绥靖"和扫荡反扫荡的斗争持续不断。

1974 年 4 月,南越伪政权破坏巴黎协定,单方面中断与南方共和临时革命政府的会谈,进一步加强了"蚕食""扫荡"行动。对此,南越人民武装坚决进行了反击,进一步巩固和扩大了解放区,取得了反"蚕食"、反"扫荡"的巨大的胜利。在人民武装的打击下,南越伪政权在军事上接连失败,政治上越来越孤立,经济上更加困难,特别是阮文绍集团的贪污腐败,更激起了南越各阶层人民的强烈不满,直接威胁着阮文绍的"总统"地位。在这种情况下,越南北方于 1975 年 3 月将大部正规部队投入南方战场,与南方人民武装相配合,乘胜扩张战果,发动了著名的春季攻势,经过 3 大战役(西原战役顺化—岘港战役,胡志明战役,又称西贡战役),完成了解放南方、统一祖国的任务。

西原战役 西原地区地处越南南方中部,位于越、老、柬三国接壤地区,14 号和 19 号公路在这里成十字相交,是越南南方南北交通和越柬之间交通的枢纽部,战略地位十分重要。南越伪军在这里部署有 2 个主力师和 7 个团,除波莱古和邦美蜀两地的兵力相对集中外,其余均分散驻守在 14、19 号和 21 号公路沿线。

越军认为,西原地区既是伪军的要害,又是伪军的弱点,因此,选定西原作为初战的战场,并集中 5 个师的兵力首先在该地区实施进攻。其企图是:夺取西原地区,伺机向南北机动,进一步发起进攻。战役从 3 月 10 日开始,至 4 月 3 日结束,历时 25 天。此役中,越军先后攻占邦美蜀、波莱古、昆嵩等要地,控制了西原地区,歼灭伪军万余名,俘敌数千人,为随后进行统一南方的战役创造了极为有利的形势。

顺化—岘港战役 顺化岘港地区与越南北方相邻,伪军驻防较强,共有 5 个主力师,约 10 万人。岘港海军基地设防最强,停泊有作战舰艇和许多运输船只。西原战役打响后,伪军极度恐慌,企图收缩兵力,集中防守顺化和岘港。

越军发起此战役的目的是:歼灭南越北部各省的伪军,把越南南北方连成一片。战役从 1975 年 3 月 21 日开始,3 月 29 日结束,历时 9 天。越军采取分割、包围,逐个歼敌的方针,首先集中 3 个师的兵力,围歼了顺化之敌。然后转战岘港,与从西原战场北调的部分兵力配合,包围了岘港。这时驻岘港美军紧急撤离,当地伪军大批逃亡。在这种情况下,越军在敌后武装的支援下,经过两天战斗,攻克了岘港。

此役,越军共歼灭和瓦解敌军 10 万,缴获了美军遗留的大批武器装备,极大地提高了自己的作战能力。连同西原战役在内,越军共歼灭伪军 35% 的兵力,缴获伪军 40% 以上的作战物资,解放了南方 12 个省,并与北方连成一片,将南越伪军压缩到西贡地区,为统一祖国创造了良好形势。

胡志明战役 西贡是南越伪军的最后据点,兵力集中,共有 2 个军 7 个师驻防。岘

越南和平协议在巴黎签字。上图自左至右，北越代表团的春水、黎德寿和美国国务卿亨利·基辛格。

港战役结束后，伪军实行战略收缩，企图稳住残局，争取时间，继续与北方保持割据局面。为此，将全部兵力集中在西贡周围及其西南地区。

越军领导认为，西原战役和岘港战役胜利后，南方战场的形势和兵力对比发生了有利于己的根本变化，战略决战的时机已经成熟，因此决定，集中兵力，继续进攻，发起解放西贡、统一祖的战役，并将此役命名为"胡志明战役。"为此，越军成立了战役指挥部，集中了5个军，共17个师的兵力，并于1975年4月初，对西贡形成四面包围态势。

战役从4月9日开始，4月30日结束，历时21天，前后分2分阶段。第1阶段，歼灭西贡外围伪军。截至4月21日，越军第2军在解放西贡东北沿海诸省后，趁伪军向西贡收缩之际，攻克了坚固设防的春禄城，为主力投入决战打开了东大门。越军其余主力分别从西北、西南和北面逼近到西贡接近地。至此，南越首都陷入重围之中。第2阶段，合围攻克西贡。总攻发起前，越军5个军完成了对西贡的合围，西贡伪政权陷入混乱之中。4月29日，越军全线发起总攻，仅经2天战斗，解放了西贡。胡志明战役的胜利，导致了越南抗美战争的结束，并为越南的统一奠定了基础。

尼克松水门丑闻的曝光

1972年6月17日凌晨，以尼克松竞选班子的首席安全问题顾问詹姆斯·麦科德为首的5个人闯入华盛顿水门大厦民主党全国委员会办公室安装窃听器时当场被捕。随后，经过初步调查，又逮捕了与此案密切相关的尼克松竞选班子关于募款工作的法律顾问戈登·利迪和原总统特别顾问查尔斯·科尔森的助手小霍华德·亨特。

6月23日，当尼克松从白宫办公厅主任哈里·霍尔德曼那里得知联邦调查局已把被捕人员身上的钱追踪到争取总统连任委员会时，他通过霍尔德曼和国内事务委员会主任约翰·埃利希曼，要中央情报局以联邦调查局继续调查被捕人员身上的钱可能危及中央情报局在墨西哥的资产为借口,转告联邦调查局"停止调查此案。"与此同时,被捕人员收到大量"支持"费用,要他们服罪并保持沉默。在做好这些安排后,尼克松在 8 月 29 日宣称,"白宫和内阁现职官员都与水门事件毫无关系",水门事件的真相就这样被暂时掩盖起来了。11 月 7 日,尼克松在大选中获得空前的胜利。

然而,1973 年 3 月 23 日,华盛顿地区法院的约翰·赛里卡法官公布了面临重刑威胁的麦科德写给他的一封信。麦科德在信中说,"被告们遭受政治压力,要他们承认有罪,并保持沉默。""共和党的一些高级官员事先知道水门闯入事件。"他表示要打破沉默,揭露事实真相。3 月 28 日,《华盛顿邮报》《纽约时报》等大报详尽地报道了麦科德在以民主党参议员小萨姆·欧文为主席的参议院水门事件特别调查委员会上作证的情况,以及其他当事人、知情人提供内幕材料。从此案情急转直下。

4 月 30 日,尼克松被迫宣布霍尔德曼、埃利希曼辞职,企图摆脱白宫与水门事件的牵连,表白自己对水门事件的公正态度。然而,5 月 17 日,欧文委员会开始电视听证会,白宫负责处理水门事件的法律顾问约翰·迪安第三为了免于"单独被大火烧死。"对水门事件及掩盖活动提供了详细的证词。与此同时,哈佛大学法律教授、肯尼迪政府的司法部助理检察长阿奇博尔德·考克斯被任命为特别检察官,负责调查水门事件等问题。7 月 16 日,联邦航空管理局局长亚历山大·巴特菲尔特在欧文委员会上透露,1971 年初以来,尼克松录下了他在白宫和行政大楼办公室的大部分谈话,其中包括迪安证词中提到过的所有谈话。欧文委员会和特别检察官考克斯强烈要求尼克松交出录音带,而尼克松援引"行政特权",公开蔑视欧文委员会和考克斯对录音带的传调令。欧文委员会和考克斯告到华盛顿地区法院。8 月 29 日,赛里卡法官命令尼克松把录音带交给他。尼克松不交,又告到哥伦比亚特区上诉法院。然而,10 月 12 日,上诉法院基本上维持赛里卡法官的原判。尼克松被迫退让,表示愿意做出妥协,向赛里卡法官和欧文委员会提供一份经民主党参议员约翰·斯坦尼斯证实的录音带摘要。但考克斯对此提出异议。10 月 20 日,尼克松公然下令解除考克斯的职务,造成了所谓的"星期六晚上的大屠杀。"引起了全国的强烈抗议,纷纷要求尼克松辞职或"对他弹劾。"

1974 年 2 月 6 日,众议院授权司法委员会开始进行是否应对总统弹劾的调查。4 月 18 日,新任特别检察官利昂·贾沃斯基要传调总统和迪安、埃利希曼、霍尔德曼等人的 64 次谈话录音。白宫仍然根据行政特权加以拒绝。5 月 20 日,赛里卡法官命令尼克松向法院交出贾沃斯基传调的录音带。尼克松告到上诉法院,赛里卡要求最高法院裁决。7 月 24 日,最高法院竟以 8 票对零票一致裁决总统必须交出传调的录音带。尼克松无奈只得接受裁决。此后,众院司法委员会加速了就弹劾问题的公开辩论,并于 7 月 30 日前通过了弹劾尼克松的三项条款,即:1.采取一系列行动阻挠对水门事件进行公正的调查;2.广泛滥用总统权力;3.蔑视国会传调录音带的命令,破坏宪法政府。

在尼克松决定向法院交出的录音带中,包括 1972 年 6 月 23 日他要霍尔德曼让中央情报局制止联邦调查局对水门事件调查的谈话。这就无可辩驳地证明,尼克松对掩盖水门事件不但知情,而且是他直接下令干的。尼克松滥用职权,阻挠司法,几乎肯定要被弹劲。经白宫办公厅主任亚历山大·黑格等人的劝导,尼克松终于在8月8日正式宣布辞职。曾经一心要名垂史册的尼克松就这样成了美国历史上第一个被迫辞职的总统。

"水门事件"前后持续了两年多时间,对美国内外都造成了极为深刻的影响。难怪合众国际社把水门丑闻列为1973年美国的头号新闻,而共同社则将此作为该年十大国际新闻的第三条。尽管杰拉尔德·福特接任美国总统时声称,"一场长期的民族噩梦已经过去。"然而时至今日,其后遗症仍远未消除。

资产阶级历来认为,三权分立相互制衡可以"防止独裁","保障民主和自由。"从现象上看,"美利坚合众国诉理查德·尼克松"一案,是国会(参议院水门事件特别调查委员会与众议院司法委员会)和法院(华盛顿地区法院与最高法院)同总统的对抗,似乎确实证明了"美国最古老的宪法原则——三权分立"的优越性。国会,特别是"众议院司法委员会是反对总统独断专行的堡垒",而法院则"维护任何人,尤其是总统,都不能置身于法律之上"的原则。"自由的新闻界吹响了危险的警报,并推动了调查的进程。"福特总统明确说,尼克松被迫辞职是"美国宪法起了作用。"欧文参议员称,三权分立的优越性是"难于同时腐蚀(联邦政府的)三个部门。"总之,他们企图渲染这些表面现象,来转移人们对水门丑闻恶劣影响的注意,为美国的宪法原则辩解。我们应该透过现象看本质,正确评价美国的资产阶级民主制度。

在调查水门事件过程中揭露出来的大量事实彻底暴露了美国所谓的民主选举中的种种卑鄙勾当。他们为了击败对手,根本无视法律和道德,毫无顾忌地使用诽谤、闯入、窃听、破坏甚至暗杀等种种手段。正如阿瑟·林克和威廉·凯顿所指出,在调查水门事件过程中逐渐揭露出来的"所有这些活动或者是完全非法的,或者是极不道德的,或者是既非法又不道德。尤其是这些活动都是在总统的主要助手默认、批准,甚至在大多数情况下,是他们直接下令进行的。"尽管这类肮脏做法过去历届政府都用,但尼克松政府在破坏法律和道德准则方面确实是骇人听闻的。尼克松政府的副总统阿格纽和司法部长米切尔为首的40多名政府官员受到了刑事起诉:一位副总统、两名内阁部长、10余名白宫官员和分布在行政部门的其他近15名官员表示服罪或经审判后宣布有罪。凡此种种,使美国人民陷入一片"沮丧、幻灭和失望"的情绪之中。他们认为共和党和民主党都滥用了美国的民主制度,有人认为美国官员没有一个是好的。佐治亚州议会前议长老弗雷德·汉德说,"任何一个在州一级搞过竞选活动的人都明白,如果他干的事全部公开出来,他就得作为罪犯被抓起来。"总之,水门丑闻使美国人民越来越清楚地看到了美国的所谓民主制度的虚伪性。

长期以来,美国的白宫和国会之间争权斗争持续不断。第二次世界大战后,总统的权力更为膨胀。特别是50年代中到60年代初,在美国形成了所谓的"一致意见",即共和党和保守派同意把国家的经济福利,尤其是维持充分就业作为总统的责任,而民主党和自由派则赞同总统应该负责维持世界大部分地区的"和平和自由",推行全球遏制政策。这就进一步扩大了总统的权力,以致美国著名历史学家小施莱辛格把合众国总统称之为"帝王式总统。"特别是尼克松担任总统后,向国会隐瞒对柬埔寨的秘密轰炸,大砍

"伟大的社会"的有关计划,禁止联邦官僚机构使用国会已经通过的拨款等等,促使民主党自由派控制的国会于 70 年代通过了大量立法,企图扭转"行政部门篡权日甚"的趋势,夺回宪法授予国会的权力。水门事件把国会向白宫的争权斗争推向了新的高潮。1973年 4 月。尼克松宣布放弃某些行政特权,允许白宫官员出席国会的委员会作证;随后又于 10 月被迫答应交出录音带和秘密文件,这都大大削弱了总统的特权。1973 年 11 月,国会两院又以 2/3 的多数推翻了尼克松的否决,确认了战争权力法,规定未经国会通过宣战或立法的授权,总统所进行的作战行动不得超过 60 天。这项法律是美国国会有史以来第一次限制总统在战争问题上的权力,被称为 70 年代国会"复活"的最重要标志。1974 年,国会又通过了预算和扣款控制法,规定参、众两院任何一院的决议都可否决总统拒绝使用国会拨款的决定,剥夺了从杰斐逊总统以来历届总统拥有的特权。1974 年 7月,国会通过对总统的弹劾调查,终于迫使尼克松宣布辞职。总之,所谓宪法原则在水门事件中发挥了作用,只不过是反映了国会和总统之间长期的争权斗争,是以东部财团为靠山的民主党自由派控制的国会和西部财团扶植起来的共和党保守派总统尼克松之间的冲突。这就是说,水门事件的大吵大嚷充其量不过是资产阶级内部的所谓"平等""民主"罢了,而这种"平等""民主"无非是"尔虞我诈,勾心斗角"的代名词而已。用水门丑闻来证明三权分立的优越性只不过是为了混淆是非,安抚人心。

联邦法院系统,特别最高级法院对总统有重要的影响。"组成最高法院的 9 名法官对一位现代总统讲来犹如宗教对中世纪的君主一样",总统的就职仪式是由首席法官主持的。因此,可以说是他赋予新总统以合法地位和宪法权力。尽管最高法院可以运用司法审查权,宣布总统的行动违宪无效,但是一般讲来最高法院经常维护总统的权力,很少直接与总统发生对抗。在审理"美国诉尼克松"一案中,以沃伦·伯格为首席法官的最高法院为了争取公众的最大支持,并对总统施加最大的压力,以 8 票对零票裁决:尼克松必须向华盛顿地区法院赛里卡法官交出 64 次白宫谈话的录音带。这项裁决不仅成了美国历史上第一位总统辞职的直接原因,而且就总统是否有权阻挠司法程序、三权分立原则是否授予总统保护秘密通讯的绝对权力、特别就总统是否能宣称他自己是总统的宪法权力和特权的唯一裁判人等问题做出了不利于总统的裁决,从而削弱了总统作为行政首脑的权力,提高了最高法院的权威。

"新闻自由"是资产阶级民主的重要表现形式,对维护垄断资产阶级的统治具有重要作用。美国新闻界竭力标榜"新闻自由",声称他们可以自由地发表各种的消息和评论,对政府、包括行政首脑总统,进行揭露、监督和献策,为美国资本主义的发展起过重要作用。《纽约时报》副社长赖斯顿曾大言不惭地说,美国是记者们"创造"的。美国总统对新闻界热衷于揭露政府的隐私深为恼火。华盛顿总统就曾抱怨美国政府及其官员经常成为报纸咒骂的对象。但是,美国总统也都极为重视新闻这个工作,千方百计地加以控制,以便操纵舆论,宣扬他的内外政策,树立他本人的形象。尽管新闻界在维护资本主义制度这个根本利益上是与总统完全一致的。但长期以来,美国总统和新闻界的关系一直比较紧张。特别是尼克松担任总统期间与新闻界多次发生冲突。1973 年 3 月,《华盛顿报》的记者鲍伯·伍德沃德和卡尔·伯恩斯坦首先揭露了水门事件,掀起了美国历史上新闻界与总统之间持续时间最长而且最尖锐的冲突,把尼克松及其政府搞得声名狼藉。资产阶级学者强调,水门事件再次证明了新闻自由的必要性和重要性。但我们在谈论新闻界对政府的监督作用等现象时,决不能忘记所谓"新闻自由"的根本目的是与政府共同维护资产阶级的统治。

从"遏制"战略到"高边疆"的战略

美国耶鲁大学历史学教授保罗·肯尼迪最近出版一本美国畅销书《大国的兴衰》。书中说美国和苏联的全盛时期已经过去,正在不可逆转地走下坡路,步当年奥斯曼帝国、西班牙、荷兰、英国、拿破仑和沙俄的后尘,并终将为其他新兴强国所取代。这本书在美国引起很大争论。有一个无可辩驳的事实是:美国自1968年起霸主地位已经动摇,驾驭国际形势的能力大为削弱,奉行了20多年的"遏制"战略已彻底破产。

二次大战后,美国依仗其在战争中迅速膨胀起来的经济、军事实力,登上了世界霸主的宝座。它到处侵略、扩张,不可一世。1945年杜鲁门宣称:美国今天是没有任何国家能与之匹敌的"强大国家","这意味着我们拥有这样的力量,就得挑起领导的担子并承担责任。"但好景不长,美国很快就从其顶峰跌落下来;侵朝战争的失败打破了美国不可战胜的神话;印支战争的惨败更使美国疲惫不堪;而亚非拉各国人民风起云涌的民族民主运动,动摇了美国的霸主地位。西欧、日本等国战后经济崛起,不再对美国俯首帖耳,导致西方出现3个经济实力中心。1971年,尼克松总统无可奈何地承认"过去25年已经发生了非常巨大的变化","从经济角度来说美国已不再是世界头号国家、超群的世界强国","我们会看到5个强大的经济力量,它们是美国、西欧、苏联、中国,当然还有日本。"

最使美国忐忑不安的是苏联军事力量的迅猛发展,使其成为与美国并驾齐驱的另一超级大国,这是对美国霸权地位的严重挑战。1949年苏联掌握原子武器的秘密后,战略武器飞速发展。特别是1962年古巴导弹危机的胯下之辱后,苏联更是卧薪尝胆,利用美国深陷越南战争泥潭之机,潜心发展导弹武器。到60年代末70年代初,苏联战略核力量基本上已与美国旗鼓相当,迫使美国将其"大规模报复"的军事战略修改为"相互确保摧毁"战略。也就是说,美国承认苏联在战略上已经与美国平起平坐,核大战的结局只能是相互毁灭,同归于尽。苏联取得均势后仍继续发展导弹数量和改进质量,并大力扩展常规军备。

苏联战略核武器数量的增加和质量的改进使美国感到威胁。美国总统科学顾问基沃思说:苏联洲际导弹的数目以3∶1超过美国,运载陆基弹头的能力"现在同我们几乎不相上下。"70年代苏联凭借其军事实力,向第三世界扩张,抢占战略要地,控制战略通道,在安哥拉、埃塞俄比亚、也门等地相继得手。1979年,它又悍然出兵阿富汗,侵占西南亚这一战略要地,向美国霸权地位提出"最为严重的挑战。"

美国在这咄咄逼人的攻势面前,颓势渐显。70年代末,80年代初,美国到了需要对其政策进行重大调整的时刻。此时,美国保守势力抬头,高喊"重振国威"的里根进入白宫。里根执政后,一面重整军备,加强军事力量,扭转不利态势;一面组织人马研究制定新的安全战略,以取代"相互确保摧毁"战略,打破欲战不能,欲罢不肯的局面。前美国国防情报局局长、里根总统竞选时的军事顾问格雷厄姆的"高边疆"战略就在这种情况下产生了。所谓"高边疆"战略就是备,使自己立于不败之地。换言之,美国要另辟蹊径,建立战略防御体系。美国既要加强核进攻能力,又要建立起有效的核防御体系,攻防兼系,重新夺得战略优势。"高边疆"战略认为外层空间今后将是除海陆空之外的第四个战场,是必争的战略"高地。""空间是今天的高地,明天的战场","哪个国家(或国家集团)在宇宙空间获得领先地位,哪个国家就会在这块'战略高地'取得决定性的战略利益。""星球大战"计划就是"高边疆"战略的核心部分。里根政府采纳了"高边疆"战略,将其作为新的国家总战略付诸实施,不惜花费庞大军费开支,不顾国内外的强烈反对,决心推行"星球大战"计划,夺取这个将影响人类命运的"制天权。"美国认为,其经济实力超过苏联,科技水平高于苏联,在外层空间进行军备竞赛正是以己之长击敌之短,定能胜过苏联的,苏联若望而却步,美国可重操战略主动权;苏联若拒绝屈居下风,则将在竞赛中被拖垮。

同时,新的科技革命和兵器革命有了长足进展,为美国建立有效的反弹道导弹防御体系,提供了现实可能。近10年来,美国在红外探测、数据处理、强激光、非核弹头、航天技术等方面取得重大进展。"星球大战"计划负责人亚伯罕将军认为,在直接有关太空军备技术上,美国遥遥领先。美国军方在1986年度《军事态势报告》中指出,在20项对军事领域至关重要的技术中,美国有14项领先,其余几项中苏联只领先1项,4项不相上下。特别是与"星球大战"计划直接相关的三大技术:长波红外探测器和微处理技术日益完善为建立反导的预警、探测、跟踪系统奠定了基础;强激光、高能粒子束航天技术的发展,为建设反弹导弹的拦截武器系统提供了可能;每秒钟能计算10亿次的大型计算机的出现,又为建立复杂的指挥、控制和通信系统(即C^3系统)创造了有利条件。美国认为,已有可能利用现有技术在21世纪初建立起以外层空间为主的反导系统。

美国及世界多数国家估计,90年代至21世纪将出现新技术革命高潮,以微电子技术、生物工程、新材料、外层空间和能源五大技术为中心的高科技将获得大发展,世界经济由此而达到顶峰。到那时,各国在世界上所排的名次将由它们的科技和经济实力来决定,而不是单纯依靠军事力量。"星球大战"计划正是以空前规模动员美国(以及盟国)的科技资源,以空间技术为龙头,带动一批新技术和新工业,振兴美国经济,力求军事上超过苏联,技术上压倒苏联,经济上拖垮苏联,从而在世界上重新确立起美国的霸主地位。由于可见,"星球大战"计划的意义不仅局限于军事方面。

"星球大战"计划

美国"星球大战"计划正式名称为"战略防御"计划(STRAT-EGIC DEFENCE INITIA-

TIVE，缩写为 SDI），是美国总统里根 1983 年正式提出的。

　　1983 年 3 月 23 日，里根向全国发表电视演说，首次公开提供战略防御计划。里根在演说时，先展示了 4 张卫星拍摄的照片和一些图表，说明苏联导弹力量"已大大超过美国"，强调美国必须进一步发展和加强战略进攻武器，同时要加紧研制空间时代的超级武器，建立有效的战略防御体系，以便在苏联战略导弹到达美国之前，就进行层层拦截，予以彻底摧毁。由于这项战略防御计划的实施结果，很可能使外层空间成为陆、海、空之外的第四战场，引起一场从外层空间向地球目标进行袭击的战争，因此被人们称为星球大战计划。

　　星球大战计划主要是研究建立"反弹道导弹战略防御系统。""反卫星计划"和航天计划虽然与其有密切联系，但不包括在内。

　　"星球大战"计划是美国为建立军事优势，争夺世界霸权而制定的。它的实施，必将刺激美苏军备竞赛质的升级，加剧美苏紧张关系，给国际政治和战争与和平问题带来重大而深远的影响；同时导致现代战争的规模和现代军事思想、军事理论发生重大变化，因而引起了各方关注。

　　"星球大战"计划实际上就是"反弹道导弹防御计划"，但与美国过去的反导系统截然不同。过去研制的反导系统是在对方弹头重返大气层后，用导弹进行拦截。拦截率低，仅为 10%，危害也大。"星球大战"计划是要建立一个以天基定向能武器为主要拦截手段的多层综合防御体系，从对方导弹起飞开始就进行层层拦截。

　　洲际弹道导弹从发射到击中目标大约需要 28～31 分钟，整个飞行段分为四个阶段。第一段为助推段，即垂直发射段，约需 2～5 分钟。此时导弹上升速度慢，助推火箭喷射出大量高温喷焰，易被发现和摧毁，且尚未放出多弹头，此时摧毁一枚就相当于在以后阶段摧毁数以十计的弹头。这是拦截的重点阶段。第二段是后助推段，又叫转弯段，约需 8 分钟。此时弹头母舱与燃烧已尽的助推火箭脱落，并释出多弹头。第三段为自由飞行段，又叫中段，多弹头与伪弹头释放完毕，进入较稳定的弹道飞行，约需 15 分钟。第四段是再入段，又称末段，弹头重返大气层，并击中目标，约需 3 分钟。美国把这四个阶段分成三个作战区，由部署在高轨道、低轨道和空中的武器进行拦截。这三个作战区是：远程作战区，包括第一、二飞行段，是在 1200 公里的高空部署装有激光武器的卫星，在对方导弹发射 6～8 分钟内加以击毁；中程防御区，在自由飞行段，是由太空的激光武器进行拦截；低空防御区，即第四阶段，是用地面或飞机发射的导弹进行拦截。如此层层进行围堵，每段可拦截概率据说可达 90%。经四层拦截，就可击毁来袭导弹的 99.9%。苏联即使向美国发射上千枚导弹，上万颗弹头，最后能够击中美国目标的也就所剩无几。这样，核大战不仅可以打，而且能打赢，"确保相互摧毁"战略就可改变为"确保安全"战略。美国将此称为"新威慑战略。"美国估计，到 21 世纪初，即"星球大战"计划完成之时，苏联地对地洲际弹道导弹质量会有改进，突防能力会有提高，数量不会增加，仍为 1398 枚左右，弹头将从现在的 6258 颗增至 1.4 万颗左右（即每个导弹携带 10 个弹头）；潜射弹道导弹也许会有增加（现为 979 枚，携带弹头 2337 颗）。美国按此计划建立起来的多层综合防御系统能够将这些导弹"照单全收。"

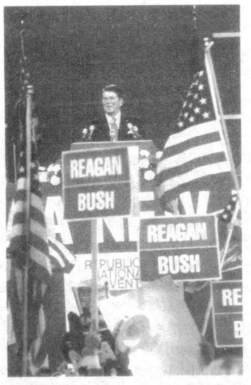

这是罗纳德·里根在 1980 年拍摄的照片。他在担任美国总统期间(1981~1989 年),对苏联进行的抨击格外畅言无忌。

　　为建成这个多层综合防御体系,必须建立 3 个全新的系统,即:预警、探测、跟踪系统,负责发现、识别、探测和跟踪苏联的弹道导弹,为作战指挥和拦截武器提供必要的情报;拦截武器系统,包括天基和陆基的、以定向能武器为主的各种拦截武器,负责摧毁对方导弹;指挥、控制、通信系统,负责根据预警系统提供的情报,指挥、控制己方拦截武器迎战来袭的目标导弹。

　　预警、探测和跟踪系统是防御体系的耳目,其核心技术是红外传感器。苏联地对地洲际弹道导弹都分布在地下井内,位置已知,飞行方向即所谓"威胁走廊"亦可判明,监视尚属容易。潜艇发射导弹以浩瀚海洋为屏障,发射点遍布全球海域,故必须有覆盖全球的监侦系统。

　　美国目前已部署了由照相侦察卫星、电子侦察卫星、海洋侦察卫星、核爆炸探测卫星、预警卫星和预警雷达组成的高轨道早期预警、低轨道中期预警和末端低空探测、识别系统。早期预警早在 3.6 万公里高空部署 3 颗装有红外探测器的地球同步卫星、监视全球范围的助推段目标和跟踪全弹道段的目标。它们可在 60~90 秒内侦测到苏联火箭发射后的信号,6 分钟可查明来袭目标。低轨道中期预警技术比较成熟。美国 80% 的侦察卫星部署在 1000 公里以下的低轨道上,能向作战系统提供目标数量、方位以及弹道飞行的具体数据。低空探测识别系统是由机载光学探测系统与地面雷达组成,能有效地探测、捕捉、跟踪和识别大气层以内的目标。目前,美国预警系统传感器技术尚不能克服天文地理等因素的影响,对伪装特别是天然伪装的揭示能力还不很高,还不能达到在导弹起飞后3分钟内查明目标的实战要求。

拦截武器系统一改过去用导弹来对付导弹的反导系统,广泛采用新的杀伤武器:定向能武器和动能武器。

定向能武器是一定方向发射高能射束以击毁目标的武器。它速度快,能在一瞬间击毁数千公里以外的目标,是一个崭新的武器系统,是新计划研究的重点项目。定向能武器主要是激光、粒子束和微波发射器。激光武器分天基和陆基两种。天基激光器用以对付助推段和后助推段目标。陆基激光器主要用于中途段防御。美国总统科学顾问基沃思设想,在标高3000米以上的高山上设置10个激光基地,在外层空间部署若干激光反射镜。地面激光站把激光射向外空,再由外空的反射聚焦后打向目标,据说能够覆盖全球。

动能武器是指利用高速运动的弹头通过碰撞或爆炸方法来摧毁对方目标的拦截武器系统,如炮、导弹、非核拦截弹头、电磁轨炮等。大气层外的拦截主要靠电磁轨炮。这是一种在两根轨道上通过强大电流,把弹丸高速抛射出去的新式武器。美国正在试验中的电磁轨炮弹丸飞行速度已达20公里/秒,比炮弹初速2公里/秒快10倍。据说将来每秒可达100公里。外层空间另一冲撞武器是靠火箭助推的弹头,每个卫星携带50枚,以"硬碰硬"的方式击毁目标。大气层内的拦截主要靠陆基反导导弹和速射密集火箭群等。

指挥、控制、通信系统是防御体系的"神经中枢。"不言而喻,为使探测和拦截系统分毫不差地互相密切配合、协调作战,必须有一个十分完善可靠,生存能力很强,能在强烈对抗的条件下指挥整个系统进行反导作战的 C^3 系统。这个系统的关键是电子计算机。电子计算机不仅具有高速运算能力,且有人工智能,能使指挥控制的各个阶段——从了解情况到判明击中目标效果,全部实现自动化,而且在极短时间内完成。为此要大力发展高速度、高效能的电子计算机,增强数据信息处理能力。据称美国新研制的最先进的"克雷—2号"电子计算机的运算速度已达12亿次/秒,正在研制的第五代计算机速度可达每秒万亿次。这些数据处理技术为 C^3 系统的建立提供了有利条件。

"星球大战"计划项目繁多,内容庞杂、技术高深玄妙。如果再加上与之相关联的"反卫星计划"和航天技术,更使人眼花缭乱。

波兹南事件的开始

1956年6月发生的波兹南事件,对人民波兰的历史发展产生了重要的影响。由于它是在社会主义制度下发生的第一次大规模罢工,并引起了武力冲突,成为国际上十分令人瞩目的重大事件。

1955~1956年,在全国范围内就民主化和提高供应问题正展开讨论,而在波兹南却在讨论关于降低工资和提高生产定额问题。在策盖尔斯基机车车辆厂和铁路机车车辆修理厂，这是非常棘手的问题。在讨论 1956～1960 年计划时，策盖尔斯基机车车辆厂提出 4700 条的修改意见。然而中央交通车辆和设备管理局对这些意见不屑一顾。工厂缺乏原材料和半成品，往往造成月初没事可干，月底匆忙加班，完不成计划的要减发或不发奖金。工人们批评社会主义建设理论和实践之间脱节，要求补发他们的附加工资，参加工厂管理，开展劳动竞赛，获得起码的劳动安全保护，严格遵守 8 小时工作制的规定，发放加班工资，并要求星期六缩短为 6 小时工作制。由于缺乏劳保服装，工作条件恶劣，导致事故发生率上升。当时的工会只起了组织劳动竞赛的职能，对劳动条件、劳动保护和工作纪律漠不关心。1956 年 1 月和 5 月，策盖尔斯基机车车辆厂没有完成计划，致使工人的报酬继续下降。1956 年的工资甚至比 1955 年还低 20%。尽管工人们长时间进行抗议，但仍然没能解决。

1956 年 6 月波兹南的大罢工是由策盖尔斯基机车车辆厂开始的。该厂有 120 多年的历史。曾荣膺波兰机械工业"最佳"工厂称号。1.3 万名职工中，波兰统一工人党员占 4600 人。但由于工人的加班加点奖励等正当要求长期没有解决，而波兹南地方党的领导竟谴责这些要求是"煽动和挑拨行为"，加上全国形势的急剧变化，终于爆发了震撼世界的波兹南事件。

1956 年 5 月 16 日，策盖尔斯基工厂的职工代表在该厂同党中央代表举行会见。当天厂报上发表了一篇署名文章，批评工厂管理混乱和失误。人们还提出了增加工资、降低赋税等经济要求。对此，工厂无权决定，立即与机械工业部和党中央联系，工人即发出请愿书，还选派代表团前往华沙。6 月 11 日，在工厂领导与省委负责人会议上，领导指责工厂积极"带头闹事"的人组织集会、提出"无理"要求及给党中央写信等。在这种情况下，6 月 21 日，策盖尔斯基机车车辆厂几百工人开始停工停产举行集会，会上有 22 人发言，发言者情绪激动，声称如不解决他们的要求，就将举行罢工和上街游行。该厂工人的行动立即传遍了波兹南其他各厂。6 月 22 日，该厂的积极分子同机械工业部副部长、工会中央理事会代表和省人民委员会主席举行会见。工会中央理事会的代表在报告中再次指责工人集会是"挑衅分子"企图在波兹南"冒险。"工人代表严厉反驳了这个报告，会见气氛异常紧张。6 月 23 日，该厂 3000 人在食堂自发集会，要求答应他们的要求，否则就要上街游行。与会者推选 27 人组成赴华沙的代表团。代表团于 6 月 26 日抵达华沙。当天下午受到机械工业部部长的接见。代表团提出下列七项要求：1.退还过去扣去的不合理的奖金所得税；2.保证原材料的供应和劳动的协调；3.撤销推行以降低工人月工资为目的的检查制度；4.推行所谓英国的星期六（不工作）和 8 小时工作日制度；5.支付加班费；6.改善劳动安全和卫生条件；7.增强工厂在决定有关企业劳动生产中的地位，提高自主权。

接见从 13 时到 19 时，长达 6 个小时，有 12 名代表发言，展开热烈的争论。机械工业部同意考虑代表团的部分要求（即减少赋税可以考虑，但增加工资不可能）。第二天即 6 月 27 日（星期三）代表团返厂，波兰党政、工会负责人组成的中央代表团也前往波兹南，以便就地解决该厂的问题,平息各厂正在高涨的不满情绪。

波兰"十月的春天"

1956 年 10 月,众望所归的哥穆尔卡,在群众的欢呼声中重返政坛,这是人民波兰史上重大的转折点。波兰史学家称"波兹南事件"为"灼热的夏天",而把"十月事件"称之为"十月的波兰春天。"1956 年 10 月 19 日至 21 日,在华沙召开了具有划时代意义的八中全会。早在全会召开之前,党中央就做出决定,让哥穆尔卡出席八中全会。为此,第一书记奥哈布、国务委员会主席萨瓦茨基和总理西伦凯维兹曾前往哥穆尔卡的休养地,请他重新回到党的领导岗位上来。对此,哥穆尔卡提出下列几项条件:1.承认他在 1948~1951 年间的立场是正确的;2.取消农业合作化运动;3.维护波兰的民族权益;4.选举产生他信得过的党中央政治局;5.把国防部长、波裔苏联元帅罗科索夫斯基从党中央政治局中排除出去。奥哈布等人同意了他的要求。10 月 12 日,哥穆尔卡开始参加八中全会的准备会议——政治局会议。10 月 17 日,广播电台、报纸公开报道了这一消息。

10 月 19 日,八中全会正式开幕。除哥穆尔卡外,他的患难与共的战友和同事克利什科、洛加—索文斯基和斯彼哈尔斯基也作为中央委员会出席了会议。当时的形势较前更趋紧张。知识分子(特别是大学生)和部分工人都认为只有施加社会压力才能实现社会生活的民主化。华沙街头议论纷纷、一片混乱,到处试图组织示威游行。

波兰出现的紧张局势,引起了苏联的严重不安。苏共中央唯恐哥穆尔卡重返领导岗位后,可能像纳吉在匈牙利那样,脱离华沙条约组织。10 月 19 日早晨,以第一书记赫鲁晓夫为首的苏联共产党代表团抵达华沙,以施加压力来阻止哥穆尔卡的复出。由于苏共代表团是"不请自来",因而华沙机场不准飞机降落。飞机在机场上空盘旋了 1 小时后称油已耗完,波方才允其降落。波党全会暂时休会,奥哈布和哥穆尔卡等前往机场迎接,在机场,双方进行了唇枪舌剑的交锋。赫鲁晓夫蛮横地大声申斥:"我们为这个国家流了血,而有人却企图把它出卖给美国人和犹太复国主义者,这坦克部队在波兰波兹南街头巡逻绝对办不到!"哥穆尔卡反击说:"我们比你们流了更多的血,我们并没有出卖给任何人。"赫鲁晓夫明知故问地怒指哥穆尔卡问道:"他是谁?"哥穆尔卡"回敬"说:"我就是被你们关进监牢 3 年多的哥穆尔卡!"赫鲁晓夫质问奥哈布:"他来这里干什么?"奥哈布答:"他来这里,是因为我们决定选他为第一书记。"在从机场前往市区的途中,双方争论不休。赫鲁晓夫不顾兄弟党关系准则和应有的礼仪,竟要求直接前往八中全会所在地参加波党八中全会,这一无理要求遭到哥穆尔卡等人理所当然的拒绝,哥穆尔卡命令司机把汽车开往国宾馆——贝尔凡德尔宫。波党中央政治局经选举委派第一书记候选人哥穆尔卡和奥哈布等组成代表团同苏共代表团进行会谈。当天下午,全会继续开会。奥哈布宣称:"过去几个小时内我们政治局同苏共代表团在诚挚的气氛中进行了会谈,涉及的是关于我们两国、两党最主要的关系问题和波兰局势的发展问题,这是苏联同志深深不安的问题。"19日夜,会谈继续进行,赫鲁晓夫指责波兰领导人"盲目地仿效南斯拉夫",哥穆尔卡回答说:"我们并未仿效任何人,我们在走我们波兰自己的道路。"

在谈到与苏联及社会主义国家关系时,哥穆尔卡说,这种关系应该建立在国际工人团结、相互信任和权利平等的基础上,相互帮助、相互友好地批评基础上,……这样才能解决所有争端。在这种相互关系中,每一个国家应拥有充分的独立和自主,独立管理自己国家的权利应该得到完全的相互尊重。我曾说过,过去应该是这样,现在必须这样。遗憾的是在过去,在我们同我们的伟大的友好邻邦——苏联的关系中却常常不是这样。

会谈进行中,苏联坦克已开到华沙城下,罗科索夫斯基解释说,"驻波苏军在比得哥煦和罗兹方向进行演习。"哥穆尔卡当场宣布"在大炮瞄准华沙的情况下,我们不会谈判,如果苏军不撤走,会谈将停止。"他宣称如苏军不解除包围,他将立即通过广播电台向全国人民呼吁。与此同时,华沙的群众在双方会谈的地点贝尔凡德尔宫外,也在举行集会和示威游行,以支持和声援哥穆尔卡及其波兰代表团。苏联代表团也从罗科索夫斯基那里得知,波兰军队不会听命于他,因此苏方只好放弃动用武力的企图,由苏方科涅夫元帅下令苏军回到原驻地。最后,双方终于达成协议,发表了一个简短的公报:波兰统一工人党代表团于近期内前往莫斯科。翌日凌晨,苏共代表团离开华沙回国。

10月20日,哥穆尔卡在会上做了长达6个半小时的纲领性报告,就波兰统一工人党当时的政治和经济任务全面系统地阐述他的基本立场和观点。他认为波兹南事件的根本原因应"在党的领导中间去寻找";他严厉批判了苏联模式的弊病及其恶果;他提出了调整工业结构、改善企业管理和工人自治问题以及超产奖励问题。在谈到波苏关系时,他说,实现社会主义"这个目标的道路可以是不同的,而且也的确是不同的",社会主义"党和国家之间的关系应当以互相信任和权利平等,互相援助"为原则,"每个国家应当有完全的独立";他认为"党的生活要民主化。"

八中全会根据哥穆尔卡讲话的精神通过了《关于党在目前的政治和经济任务的决议》。10月21日,会议选举产生了波党新的政治局,哥穆尔卡被一致推选为党的第一书记,他的患难与共的战友洛加—索文斯基则当选为政治局委员,另两位战友克利什科和斯彼哈尔斯基当选为中央委员。罗科索夫斯基、明兹等人被排出政治局。由于这一变化符合波兰人民的愿望和利益,因而这一段时间被波兰史学家称之为"十月的波兰春天"。从此人民波兰开始了新的一页。

印尼陆军集团的崛起与共产党的发展

1945年八月革命后,印度尼西亚人民挣脱了荷兰帝国主义的殖民枷锁,赢得民族独立。以苏加诺为代表的民族资产阶级知识分子成为印尼民族独立斗争的领导者。然而,印尼民族资产阶级在经济上仍然是很弱的。在政治上是软弱和动摇的。一方面,它主张民族独立,发展民族资本主义,反对大地主和买办资产阶级依附帝国主义的政策。另一方面,它又害怕无产阶级力量的壮大,反对发动工农群众同帝国主义和国内反动派做斗争。

早在共和国成立初期,大地主和买办资产阶级极力要夺取革命成果。它们在政治上的代表马斯友美党在帝国主义指使下,于1949年8月宣布成立所谓伊斯兰教军和伊斯兰教国。它的领导人卡托苏维约自封为"伊斯兰教国元首",在西爪哇等地进行武装叛乱,声称要向一切异教徒发动"圣战。"1956~1957年间,苏门答腊反动军人集团相继建立称为雄牛委员会、象委员会和神鹰委员会等武装叛乱组织。接着,苏拉威西反动军人集团接管地方政权,发表所谓"全面斗争约章",宣布脱离中央政府。这一叛乱组织称为"全面斗争约章集团。"1958年2月10日,苏门答腊叛乱集团向中央政府提出"最后通牒",要求在5天内从政府中清除共产党人。他们的要求遭到拒绝后,便在2月15日宣布成立所谓"印度尼西亚共和国革命政府",以马斯友美党人沙弗鲁丁为"总理。"这些叛乱陆续肃清后,苏加诺总统于1960年8月宣布同叛乱活动有密切关系的马斯友美党和社会党为非法政党,同时封闭了它们的机关报《永恒报》和《指南针报》。

印度尼西亚共产党对民族资产阶级向帝国主义妥协退让的政策日益不满。1948年9月,在帝国主义阴谋扼杀印尼共产党和进步势力的情况下,共产党人在茉莉芬被迫拿起武器自卫。由于力量对比悬殊以及印尼共产党在战略和策略上的错误,许多共产党人惨遭杀害。50年代以后,印尼共产党利用当时的有利形势和合法地位,积极开展工农运动,积蓄了力量。它在1955年9月举行的第一次大选中成为国内第四大党。在两年后的地方议会选举中,它获得了最多的票数,成为第一大党。共产党人担任了爪哇的泗水、三宝垄和梭罗市市长。

印尼民族资产阶级在"茉莉芬事件"中对共产党的镇压行动,以及在平定地方武装叛乱中取缔马斯友美党和社会党的决策,都反映了它的两面性。苏加诺总统企图在共产党人和右派势力之间的斗争中实现平衡,使自己处于制约各派政治力量的地位。这种平衡是极不稳固的。在这一系列对内和对外的错综复杂的斗争中,一个新的强有力的政治集团迅速崛起,这就是陆军集团。

印度尼西亚陆军的前身是共和国成立初期的治安部队,它基本上由两部分人组成。一部分是抗日和独立战争时期的游击队,他们大都是进步青年学生,没有受到多少正规军事训练,后来大部分编入蒂博尼哥罗师;另一部分是战前荷印殖民军队和日本占领时期的"乡土防卫队"和"兵补"的下级官兵,他们是印度尼西亚陆军军官的主要来源,主力部队是西利旺仪师。"茉莉芬事件"后,蒂博尼哥罗师中的共产党人大批被杀害,这个师的力量遭到削弱。另一方面,以西利旺仪师为主力的陆军部队在反荷斗争、镇压地方叛乱和收复西伊里安战争中不断扩大实力,成为国内一支举足轻重的政治力量。1957~1958年印尼政府接管荷兰的大种植园、大银行和大企业时,陆军起了很大作用。这些企业收归国有后,由陆军委派高级军官负责经营管理,其中约有450名军官分别担任国营企业和种植园的经理、副经理等职。印尼最大的国营企业即国民石油公司于1957年成立后,公司经理一直由陆军高级军官担任。1964~1965年印尼政府接管了英国和美国的企业,也由陆军高级军官控制。许多军官从事私人商业活动,利用政治上和军事上的种种特权,损公肥私,贪污受贿,成为一批暴发户和新贵族。这些企业已成为官僚资本。苏加诺总统作为武装部队最高统帅,在实际上徒有虚名。

苏加诺总统为缓和各派政治力量之间的矛盾,巩固自己的统治地位,于 1957 年 2 月提出改组政府的"苏加诺方案。"其主要内容是由代表民族主义、宗教和共产主义三种思潮的人物组成互助合作内阁和民族委员会,这就是所谓纳萨贡政府。苏加诺认为,西方民主不符合印尼国情,应实行"有领导的民主",即加强总统的权力。这个方案反映了印尼民族资产阶级在政治上的需要,即一方面企图通过总统的无限权力来打击帝国主义和右派势力,反对它们夺取国家的最高领导权,另一方面也以这一权力控制印尼共产党力量的发展。苏加诺拟议的互助合作内阁由于马斯友美党的反对,没有组成。在这同时,哈达副总统因主张反共而与苏加诺发生分歧,并于 1956 年底辞去副总统职务。

1957 年 4 月,印尼组成以民族党为核心的朱安达内阁,马斯友美党和社会党被排斥在外。这两个右翼政党同陆军中的反共将领结成同盟,成为军队掌管的官僚资本主义企业的合伙者。1959 年,苏加诺下令恢复 1945 年宪法,根据该宪法改组政府,成立工作内阁,由他兼任总理。内阁成员由总统委任,作为总统的助手,不代表政党。同时,还成立两个新机构,即最高咨询委员会和临时人民协商会议。1959 年 8 月 17 日,苏加诺总统在国庆演说中发表《印度尼西亚共和国宣言》(又称《政治宣言》),提出建立"全民的政权",实现"印度尼西亚式的社会主义。"1960 年 11 月,临时人民协商会议做出决议,宣布政治宣言为"国家方针大纲",成立以苏加诺为主席的"民族阵线。"1963 年 3 月,苏加诺总统发表《经济宣言》,要求肃清帝国主义和封建主义残余,发展国民经济,自力更生,建设公正繁荣的社会。

印度尼西亚共产党利用这一有利形势,在工人阶级中发展组织,积蓄力量,准备新的斗争。到 1965 年,印尼共产党拥有 350 多万党员,它领导的各种群众团体拥有 2700 多万名成员。1965 年 1 月,印尼共产党提出建立第五种军事力量,即在陆、海、空和警察部队之外,建立一支民兵武装。共产党人在空军官兵中较有影响,加上空军领导人对陆军势力的迅速扩张深为不满,印尼共产党的这一要求获得空军部分领导人的支持。陆军当局担心建立民兵将使印尼共产党掌握合法的武装力量,激烈反对。在两个政治势力互相对抗的情况下,苏加诺采取折中妥协的办法。他一方面要派高级军官在各级政府中担任要职(如在工作内阁中有 1/3 阁员是高级军官,1960 年有 5 名省长是现役军人),一方面又任命印尼共产党领导人艾地为临时人民协商会议副主席,鲁克曼为国会副议长,约多为内阁国务部长,允许共产党发展组织。苏加诺把原陆军参谋长纳苏蒂安提升为国防部长,任命陆军实力派人物雅尼为陆军司令,企图以此牵制纳苏蒂安。1963 年 5 月 1 日,印尼收复西伊里安,苏加诺宣布废除 1957 年开展解放西伊里安运动后实施的"紧急状态法令",取消了陆军根据该法令拥有的"维护安全"的无限权力。苏加诺企图利用他的地位和威望,把权力进一步集中在自己手里。

印尼共产党处在和平发展的环境中,壮大了队伍,也滋长了对苏加诺的幻想,提出

"百分之百地实现苏加诺方案"等口号；企图依靠苏加诺的支持，通过改变国内阶级力量的对比，和平掌握政权。1965年5月23～26日，印尼共产党举行庆祝成立45周年群众大会和游行等盛大活动。苏加诺总统应邀在大会上发表讲话，赞扬印尼共产党"始终是一个进步的革命的党。"艾地则在印尼共产党举行的招待会上表示"决心遵照加诺兄的讲话去发展印尼共产党。"

在各派政治力量反复较量的同时，国内的经济状况日益恶化。1963年，苏加诺反对成立马来西亚，它采取"对抗政策。"1965年1月，马来西亚当选为联合国安理会成员，苏加诺宣布印尼退出联合国。这使印尼在国际上陷于孤立。印尼因西方国家中止对它的经济援助，财政赤字增大。工业开工不足，农业连年歉收，物价急剧上涨。到1965年，通货膨胀率达500%，其中大米价格上涨9倍，国家财政赤字相当于收入的3倍。人民的不满情绪日趋增长。

作为"纳萨贡"象征的苏加诺长期患肾脏病。1965年8月3日，他在公众场合突然晕倒。尽管到8月17日，苏加诺仍像往年一样发表激昂慷慨的国庆演说，但是总统的病情使各个政治集团都在考虑他一旦逝世后的形势，以及必须采取的对策。印尼共产党坚持立即建立第五军事力量的主张，并加紧在空军的哈利姆基地训练工人武装，到9月底已有2000人受过训练。陆军和海军当局则坚决反对建立第五军事力量。雅尼和纳苏蒂安声称，如果武装平民，那么所有的人都应该武装，而不只是武装工人农民；武装民兵必须受陆军管辖。双方剑拔弩张，大有一触即发之势。苏加诺总统这时已无法控制局势的发展。

印尼1965年"九·三〇事件"

陆军政治地位的上升，使它内部产生了新的矛盾。陆军高级将领在雅加达过着灯红酒绿的豪华生活，广大下级官兵却因薪饷不足和物价飞涨，甚至养不起妻子儿女。特别是来自小市镇和农村的士兵，对高级将领的奢侈生活极为不满，认为这些将领"玷污了军队的声誉"，"忘掉了他们的部下。"总统府警卫营营长翁东中校就是这些不满现状的中下级军官之一。翁东曾被派往西伊里安作战。那里的环境艰苦，士兵的伤亡率很高。停火以后，幸存的部队在西伊里安留驻6个月以上。根据当时报纸的报道，这些部队甚至没有固定的薪饷和后勤供应，而且处境很不安全。这说明为什么参加西伊里安战役的某些高级军官后来也加入了翁东集团。

翁东等人在军队内部建立了秘密组织，准备采取突然袭击的手段，清除军队中依仗权势、贪污腐化的高级军官。这一主张得到印尼共产党的支持。它于1964年11月成立以夏姆和波诺两人为首的秘密的特别局，具体负责同翁东等人的联系。1965年9月初，总统府获知陆军高级将领成立一个称为"将领委员会"的秘密组织，准备在10月5日举行庆祝活动时发动政变，推翻"纳萨贡"政府。苏加诺责问纳苏蒂安和雅尼等陆军领导人。纳苏蒂安和雅尼否认此事。翁东等人决定对陆军领导采取先发制人的行动。9月29日,他们制定了具体的行动计划。次日上午,又在哈利姆基地集会,作了战斗部署,决定10月1日凌晨4时由阿里夫中尉率领一个分队的士兵逮捕纳苏蒂安等7名高级将领。

9月30日晚10时,阿里夫中尉的分队做好一切准备,10月1日凌晨3时按计划包围7名将领的住宅,开始进行逮捕。在士兵冲入纳苏蒂安住宅院内时,纳苏蒂安闻声从边门逃出,越过围墙跳入相邻的伊拉克驻印尼大使馆院内,后来被他的部下救出。他的女儿被枪击身亡。陆军总部将领班查伊丹和哈尔约诺两人因拒捕当场被击毙。雅尼、苏普拉普多、巴尔曼和苏托约(后3人均为陆军总部将领)等人被捕后,在雅加达郊区称作鳄鱼洞的地方被处决。参加这一行动的其他分队分别占领雅加达的广播电台、中央邮电局和独立广场等地。

10月1日早晨,雅加达市民打开收音机的时候,意外地没有听到新闻广播。到7时15分,电台广播一项公告说,由于"在首都雅加达的军队内部的军事行动,并在武装力量其他部队的帮助下",一个称为"九·三〇运动"的组织已逮捕一批属于"自称的将领委员会"的高级军官,夺取首都的重要设施,并将总统和其他重要领导人置于其保护下。公告指出,采取这些行动是为了阻止将领委员会策划在10月5日发动并得到美国中央情报局支持的政变。公告还说,继雅加达的行动之后,将在全国出现"反对将领委员会的代理人和同情者的行动",并预示将成立印度尼西亚革命委员会以确保政府的政策。当天下午2时5分,雅加达电台广播了印度尼西亚革命委员会组成人员名单。委员会由45人组成,翁东中校任主席,苏巴尔佐陆军准将、赫鲁·阿特莫佐空军上校、苏纳尔迪海军中校和警察助理高级专员安瓦斯任副主席,委员中有23名军队和警察部队的军官,其中包括空军司令奥马尔·达尼中将和海军司令马尔塔迪纳塔中将、雅加达军分区司令乌马尔·哈迪库苏马少将,以及内阁副总理苏班德里约和莱梅纳。委员中有5名共产党员,没有印尼共产党的主要领导人。革命委员会将取代内阁执政。同时,组成以翁东为首的中央指挥部。

但是,形势在瞬息之间发生根本的变化。清晨,没有被"九·三〇运动"列入逮捕名单的陆军战略后备部队司令苏哈托将军得知发生的政变后,立即驱车到独立广场东街的司令部去。由于纳苏蒂安在越墙时脚部受伤而住院治疗,苏哈托决定在当天立即采取行动。他命令所属部队包围独立广场,迫使驻守在那里的两营政变部队投降。下午,在万隆的西利旺仪师的机械化部队奉命调到雅加达。6时30分,苏哈托的部队收复广播电台和中央邮电局。这时,政变集团只剩下哈利姆空军基地这个阵地。政变的中央指挥部就设在这里。

苏加诺总统在10月1日早晨获悉政变已经发生。他准备像往常一样乘车前往总统府。但是,他在途中考虑到总统府和他的住宅都不安全,便同意警卫人员劝告,改往哈利姆空军基地。在基地的奥马尔·达尼中将和苏巴尔佐准将立即向他报告了已经发生的事情。当时,印尼共产党主席艾地也在哈利姆基地。关于苏加诺总统和印尼共产党在"九·三〇事件"发生前同这一事件的关系,缺乏可靠的材料,至今还不清楚。可以肯定的是，苏加诺在"九·三〇事件"发生后，对政变集团抱有同情态度。他始终没有公开谴责"九·三〇事件。"但是，他根据自己多年的政治斗争经验，也没有公开表示支持这一行动。

纳苏蒂安的逃脱和苏哈托迅速控制雅加达局势，对苏加诺的决策产生了重大影响。他宁愿静观事态的发展，准备在情况有利时由他来收拾局面，重建他的领导权威。10月1日下午，当政变已显然失败，局势逐渐明朗化的时候，奥马尔·达尼和艾地决定飞往中爪哇建立第二条战线，并希望苏加诺同行。苏加诺拒绝了这一建议。他匆忙任命普拉诺托为代理陆军司令，同时委任陆军战略后备部队司令苏哈托负责恢复治安与秩序。在达尼和艾地离开后，苏加诺总统也在当晚10时离开哈利姆基地回到茂物行宫。就在这天夜里，苏哈托下令陆军伞兵突击团和装甲部队进攻哈利姆基地。在不可能继续抵抗的情况下，翁东、夏姆、苏巴尔佐等政变领导人在深夜离开了基地。10月2日清晨6时左右，苏哈托的部队攻占了哈利姆基地。"九·三〇事件"至此宣告结束。

对这场突如其来的政变，人民群众毫无思想准备，全国除中爪哇以外，几乎没有引起什么反应。10月1日，日惹和梭罗驻军中的部分官兵占领这两个城市的广播电台，在当晚广播了拥护翁东集团的声明。三宝垄驻军中的部分官兵夺取中爪哇师团的指挥权，建立中爪哇革命委员会，一度控制了三宝垄。但到第二天，当得知翁东等人在雅加达发动的政变已经失败，他们的队伍很快就瓦解了。10月2日，日惹和梭罗出现了支持翁东政变的游行队伍和标语，没有发生新的战斗。同一天，印尼共产党机关报《人民日报》刊载了"九·三〇运动"的新闻公报，发表社论谴责将领委员会，表示同情和支持翁东发动的政变。

10月2日起，陆军展开了一系列反击行动。苏哈托控制了陆军的指挥权，他根本不理睬苏加诺总统新任命的代理陆军司令普拉诺托。一些政党和团体在陆军的支持下成立了"粉碎反革命'九·三〇运动'统筹团体"，要求取缔"九·三〇运动"和印尼共产党。10月5日，陆军为被政变集团在鳄鱼洞杀死的将领举行隆重的葬礼，苏加诺总统没有出席。这件事加深了陆军将领对苏加诺总统的不满。同一天，印度尼西亚共产党发表一项声明，认为"九·三〇事件"是"军队内部的事务，印度尼西亚共产党并未卷入"，一些共产党人是在未征得本人同意的情况下被列入革命委员会成员名单的。10月6日，印尼共产党领导人鲁克曼和约多，照常出席苏加诺总统在"九·三〇事件"发生后在茂物第一次召开的内阁会议。苏加诺在谈到"九·三〇事件"时，谴责政变分子杀死陆军将领，同时主张和解。他说："革命委员会将由他们自行解散。"然而，苏加诺的平衡政策已经失灵。陆军断然拒绝了苏加诺的和解建议。

10月8日，在陆军当局鼓动与支持下，雅加达的青年学生组织焚毁了印尼共产党总部。10月14日，苏加诺总统任命苏哈托为陆军司令。10月17日，陆军派遣攻打哈利姆基地的伞兵突击团去中爪哇镇压政变的残余力量。政变主要领导人翁东、苏巴尔佐、夏姆等人在逃亡中先后被捕获，并被判处死刑。1965年11月22日，艾地在中爪哇三宝垄附近的小镇中被捕，并被就地枪杀。鲁克曼和约多也遭到杀害。奥马尔·达尼受到苏加诺的短暂保护,他被撤销空军司令的职务,改任航空部长,在国外住了半年。但是,他在1966年4月回国后,立即被陆军当局逮捕,并被判处死刑(未执行)。这一期间,陆军在全国各地大批逮捕和屠杀参与"九·三〇事件"的嫌疑分子和共产党人。苏加诺总统仍继续宣传他的纳萨贡原则。他在1966年2月21日改组内阁,企图挽回局势,形势却一天天变得对他不利。

1966年3月11日,在苏加诺总统召开内阁会议时,陆军包围了国家宫,对苏加诺施加压力。苏加诺不得不停止会议,他在第一副总理苏班德里约和第三副总理萨勒陪同下,乘直升飞机前往茂物行宫。下午,苏哈托派遣的代表团来到茂物,提出要在全国创造一个平静和稳定的气氛,就必须将总统的部分权力交给苏哈托。经过5个多小时的谈判,苏加诺总统终于屈服,签署了"移交行政权力给苏哈托将军的命令(通称"3月11日命令")。第二天,苏哈托以总统名义颁布他的第一项法令:在全国取缔印尼共产党及其属下的群众团体。3月15日,苏加诺返回雅加达,他拒绝苏哈托提出改组内阁的要求。3月18日,苏哈托下令逮捕包括苏班德里约和萨勒在内的15名内阁成员,同时任命了一批临时统筹部长和部长。

6月20日,临时人民协商会议第四次会议开幕,批准了"3月11日命令",要求苏加诺任命苏哈托组成新内阁。会议撤销了1963年临时人民协商会议关于任命苏加诺为终身总统的决定。1966年下半年,雅加达等地学生和青年不断举行示威游行,要求苏加诺交出政权,同时攻击中国政府,掀起反华排华浪潮。1967年2月20日,苏加诺宣布,为了迅速结束政治冲突,愿意将权力交给苏哈托。3月12日,临时人民协商会议撤销了对苏加诺总统的任命,在普选前禁止他进行政治活动,同时选举苏哈托为代总统,1967年10月,苏哈托政府宣布中断同我国的外交关系。1968年3月21日,临时人民协商会议决定正式任命苏哈托为总统。1970年6月,苏加诺在雅加达的住宅中病逝。

"九·三〇事件"后的一系列权力斗争终于告一段落。这一事件在印度尼西亚政治生活中引起的巨大震荡,至今尚未完全平息。根据苏加诺在事后任命的一个委员会的调查报告,在陆军当局对印尼共产党的血腥镇压下,有8.7万人遭到屠杀。这显然是缩小了数字。根据美国驻印尼大使馆的估计,被杀人数为25万。而一般的估计是大约50万人遭屠杀,约30万人被投入监狱。包括苏班德里约等在内的政治犯至今未获释放。约有10万名同"九·三〇事件"有牵连的政治犯仍在监禁中。

"蒙巴顿"方案

印度和巴基斯坦独立之前,同属印度的版图,长期受英国的殖民主义统治。第二次世界大战期间,印度民族独立运动高涨,英国感到难以按过去那样继续统治印度,企图采取"分而治之"的办法。1947年6月,英国利用印度国内的宗教矛盾,提出当时驻印总督蒙巴顿制订的方案,即"蒙巴顿"方案,把印度分为印度联邦和巴基斯坦两个自治领。

蒙巴顿方案的核心是按宗教而不是按语言、文化或民族的区别来划分自治领,进一步加深了印度教徒和穆斯林之间的宗教矛盾。根据蒙巴顿方案,旁遮普省和孟加拉省一分为二,东旁遮普和西孟加拉划归印度,西旁遮普和东孟加拉划归巴基斯坦。消息一经传开,印度教徒就在东旁遮普驱赶和杀害穆斯林,穆斯林则在西旁遮普杀害印度教徒。这一冲突迅速蔓延,席卷许多省份。这场大规模教派间的相互屠杀造成了无数人的伤亡,导致了大批散居的穆斯林和印度教徒分别向巴基斯坦和印度境内大迁移。

蒙巴顿方案规定各土邦可以自行决定加入任何一个自治领,这使查谟和克什米尔(简称克什米尔)的归属问题成为悬案,造成印巴两国独立后立即围绕克什米尔问题兵戎相见。巴基斯坦认为,克什米尔地区穆斯林占总人口的77%,按蒙巴顿方案以宗教划分自治领的原则,理应属巴,印度认为克什米尔的土邦王和议会赞同加入印度,所以该地区应属印。1947年10月两国在克什米尔地区开始冲突。1948年8月,联合国印巴委员会通过停火、非军事化和公民投票三阶段解决克什米尔纠纷决议,为印、巴两国接受。1949年1月,双方停火,结束了长达15个月的第一次战争。印度政府后来违背自己的诺言,阻挠在克什米尔举行公民投票。1965年9月,双方在克什米尔再次发生冲突。这次冲突后来升级,引起了两国间的全面战争。这两场战争加深了两国间的互不相让,使两国关系留下难以弥合的创伤。

按照蒙巴顿分治方案,巴基斯坦由东、西两部分组成,分别称为东巴和西巴。东、西巴被印度隔开,相距约2000公里。东巴人绝大部分属孟加拉族,操孟加拉语;西巴人分属信德、旁遮普、俾路支和巴丹等几个民族。两地居民的语言、文化和民族都不尽相同。东、西巴合为一体的基础仅仅是伊斯兰教。这种地理上的相互隔绝,民族、文化和语言的巨大差别,极易为内部分裂和外来干涉势力所利用。

印度的国土面积和人口在南亚均居首位,独立后一直以大国自居,企图跻身于世界大国行列。印度第一任总理尼赫鲁说过:印度以它现在所处的地位,是不能在世界上扮演二等角色的,要么做一个有声有色的大国,要么就销声匿迹。在这种思想指导下,印度独立后对巴基斯坦敢于与其抗衡非常恼火。打击和削弱巴基斯坦,使之不能与印度抗争,便成了印度寻求的目标。

古巴导弹危机

1962年10月,苏联在古巴建立导弹基地引起苏、美两国在加勒比海地区的尖锐冲突。这次冲突,差一点引发一场核战争,使世界处于千钧一发的危险之际。在人类进入核时代以来,在美苏军备竞赛和争夺世界霸权的激烈斗争中,没有任何一次危机达到如此惊心动魄的程度。

1959年古巴独立后,苏联以"保卫古巴"为名,从1962年7月下半月开始,把进攻性导弹秘密运进古巴,以加强对美国的威慑力量。10月中旬,美国根据U—2型飞机的侦察,得知古巴正在修建针对美国的中、远程导弹发射场。10 月 22 日,美国总统肯尼迪发表电视演说,宣布武装封锁古巴,要求苏联从古巴撤出进攻性武器,并威胁不惜使用武力,战争一触即发。23 日,肯尼迪又下令拦截并强行检查可能前往古巴的舰船。同时,美国在古巴周围集中了大批武装力量,驻西欧和远东的美军也都处于高度戒备状态。美国在北大西洋公约组织和美洲国家组织中的盟国军队也进入戒备状态。与此同时,苏联,古巴和华沙条约国家也进行了相应准备。苏联政府也发表声明,坚决拒绝美国拦截,按苏、古协议继续用武器援助古巴,对美国的威胁将进行最强烈的回击。但事实上,苏联驶往古巴的船只却开始返航。25 日,美国在联合国展示了在古巴的苏联导弹和发射场的照片。26 日,赫鲁晓夫给肯尼迪一封秘密信件,提出愿在联合国监督下从古巴撤出进攻性武器,并表示不再向古巴运送这种武器,交换条件是美国撤销对古巴的封锁,并保证不再入侵古巴。27 日,肯尼迪复信赫鲁晓夫并发表白宫声明,要求苏联在联合国监督下从古巴撤出导弹,美国保证不入侵古巴。28 日,赫鲁晓夫回函,表示已下令撤除在古巴的核武器,并同意让联合国代表到古巴核实。11 月 1 日卡斯特罗发表电视演说,宣布拒绝联合国视察,并提出维护古巴主权和领土完整的 5 点要求。11 月 2 日至 26 日,苏联部长会议第一副主席米高扬到古巴同古巴领导人会谈,施加压力。11 月 8 至 11 日苏联从古巴运走了 42 枚导弹,并在公海上接受美国"船靠船的观察。"20 日,肯尼迪宣布取消对古巴的海上封锁。12 月 26 日,苏联轰炸机撤出古巴。至此,古巴导弹危机宣告结束。

美国宇航员约翰·格林成功环绕地球轨道飞行

1962 年 2 月 20 日,美国宇航员约翰·格林乘坐美国载人宇宙飞船"友谊7"号升空,成功地环绕地球轨道 3 圈。他是美国第一个环绕地球飞行的太空人。这也标志着美国在太空领域开始了一个新的开端。

格林于 1921 年 7 月 18 日出生于美国俄亥俄州剑桥,高中毕业后考取了马斯金格姆大学。珍珠港事件爆发后,他加入新组建的海军航空兵训练队,1943 年又加入美国海军陆战队并参加了南太平洋战役。格林曾在海军陆战队担任试飞员数年,主要驾驶喷气式战斗机。1957 年,他从洛杉矶飞到纽约,创造了跨陆飞行的速度纪录。自 1959 年始,格林作为美国航天计划的第一批宇航员之一参加了为期 3 年的训练。1962 年 2 月 20 日,他终于实现了他的太空梦想,也成了美国人民心目中的英雄,当他返回到地面后受到美国人民的热烈欢迎。这次飞行虽然带有一定的冷战色彩(当时美苏两国正处于航天较量中),但它依然是人类征服太空的一次重大胜利。1965 年格林退役,结束了他颇有建树的军旅生涯。此后他经商从政。

玛丽莲·梦露神秘死亡

在美国和西方世界,玛丽莲·梦露这个名字几乎是无人不晓的,即使在今天,她仍然是大多数美国人心目中的"性感女神。"20世纪50年代和60年代初,这名从孤儿院出来的姑娘红透整个好莱坞,是好莱坞的星中之星,但她竟与奥斯卡奖完全无缘。她年仅36岁便服药自杀,她的死因至今还是一个未解之谜。

玛丽莲·梦露于1926年6月1日出生在美国加州洛杉矶,童年在颠沛流离中度过。1942年6月与一个卡车司机结婚,两年后,丈夫应征入伍,她在一家飞机制造厂工作,就在这儿,她的生活突然发生了改变。一家电影机构来飞机厂拍摄电影,25岁的戴维·康纳沃开始为她拍照,效果极为出色,于是她做起了模特。并多次成为杂志封面女郎。1946年7月,梦露与20世纪福克斯电影公司签了约,开始了她的银幕生涯。1950年起,梦露陆续在《无须敲门》《恶作剧》等影片中,开始穿着越来越裸露的服装出现在公众面前,并且得到了影迷们狂热的喜爱。1950年她主演的影片《7年之痒》成为世界新闻,影片中女主角裙子被风卷起的形象成为梦露的经典形象。1956年,梦露参加了《热情似火》的拍摄,这部影片后来成了1956年最受赞扬和最卖座的影片之一。

1961年10月,梦露与美国总统约翰·肯尼迪在一次晚宴上认识,她开始与总统和总统弟弟保持比较密切的关系,而且引起了很多绯闻。可是让所有的人感到吃惊的是,1962年8月4日,玛丽莲·梦露却服用大量安眠药死于自己的寓所。她全身赤裸躺在床上,现场没有留下任何遗言,她的死因引起人们的种种猜测,但谁也没有弄清楚,以至于直到现在,她的死还是一个谜。

非洲统一组织成立

1963年5月22~26日,31个非洲独立国家在埃塞俄比亚首都亚的斯亚贝巴举行首脑会议,非洲未独立国家的一些民族解放运动领导人也作为观察员出席了会议。会议于25日通过了《非洲统一组织宪章》,宣布成立非洲统一组织(简称"非统组织")。总部和秘书处设在亚的斯亚贝巴,现有53个成员。

依据《非洲统一组织宪章》的规定,其宗旨是:促进非洲国家的统一与团结;协调并加强非洲国家之间政治、外交、经济、文教、卫生、科技、防务和安全等方面的全面合作;努力改善非洲各国人民的生活;保卫和巩固非洲国家的主权、领土完整与独立,从非洲根除一切形式的殖民主义;在尊重《联合国宪章》与《人权宣言》的前提下,增强国际合作等。

非洲统一组织主要机构有:国家和政府首脑会议,是最高机构,部长理事会,由成员国的外交部长或其他部长组成;秘书长处,为常设机构,解放委员会(又称非洲解放运动协调委员会）；调解、和解和仲裁委员会；经济和社会委员会；教育、科学、文化和卫生委员会；

世界上第一位妇女进入太空

1963 年 6 月 16 日，苏联宇航员瓦连金娜·捷列什科娃驾驶。"东方 6 号"升空，成为进入太空的第一位女性。她在太空停留了 70 小时 40 分 49 秒，绕地球飞行 48 圈以后，于 6 月 19 日 8 时 16 分平安地在卡拉干达东北 620 千米的地方着陆。这次飞行正是在国际妇女代表大会开幕的前夕。这一事实本身强有力地表明，妇女可以在任何方面与男人并驾齐驱。

捷列什科娃 1937 年出生于莫斯科东北的一个集体农庄。1955 年，她调到一家纺织厂工作。不久，她迷上了跳伞，并成为该纺织厂工人跳伞俱乐部的负责人。1961 年苏联宇航员加加林成功完成了人类的首次太空飞行，世界为之震惊，无数年轻人都梦想成为宇航员。捷列什科娃与女友一起联名上书航天部门，要求培养女宇航员登天。1961 年底，她与许多妇女一起被邀请做身体检查，经过严格的体检和试训，捷列什科娃等 4 名女性人选参加首批女宇航员培训。1963 年 6 月 16 日她成功地进入太空飞行后，成为一名苏联英雄。1967 年她被选为最高苏维埃（苏联议会）成员，成为第一位步入政界的太空旅行者。1971 年成为苏联共产党中央委员会成员。1974 年成为最高苏维埃主席团成员。1989 年被选入人民代表大会。2000 年 10 月 9 日，英国"年度妇女"国际学会授予捷列什科娃"20 世纪女性"荣誉称号。

甲壳虫乐队风靡世界

20 世纪进入 50 年代，在英国逐步兴起并盛行摇滚乐。1959 年，在英国利物浦成立了以 4 名男青年为成员的摇滚乐队——"甲壳虫"乐队。这 4 位成员都出身于利物浦市的工人家庭：约翰·列侬，吉他手，担任节奏演奏（兼奏口琴，风琴和钢琴）；保罗·麦卡特尼，低声部人员（兼奏钢琴、风琴和吉他）；乔治·哈利逊，首席吉他手；林戈·斯达，鼓手。

"甲壳虫"乐队在外形上温文尔雅，他们那稍带点缀的不修边幅与未脱稚气，很具亲和力，他们象征着早期"嬉皮"运动中反主流的美妙的理想主义，他们用自己特有的"甜歌"反映着对于爱情、和平、梦想诸如此类的思考，是"乌托邦"式幻想的缔造者。

"甲壳虫乐队"英文叫 Beatles Band，中文音译名叫"披头士乐队。"有趣的是"披头士"这个词倒用得恰到好处，因为它形象地概括了他们留着长发，穿着牛仔裤、休闲衣的颓废形象。而 Beat 这个词，原义的意思是拍、打，正说明了他们的摇滚演唱风格。"披头士"后来也成了这类形象的时尚青年的专用词。可见，"披头士乐队"已影响了整个社会。

1962 年 10 月，由列侬与麦卡特尼创作的歌曲《请爱我》在英国发行。1963 年 5 月，乐队的唱片《请让我高兴点》发行后连续 30 个星期在排行榜上保持第 1 名。接着乐队的另一张唱片《与"甲壳虫"乐队在一起》又连续 22 个星期占据着第一名的宝座。1964 年 2 月，由美国"开底托"唱片公司出版发行的歌曲《我想握握你的手》在排行榜上达到第一名。不久，"甲壳虫"乐队出现在美国电视台的名为"艾德·萨利文"的文艺节目中。"甲壳虫"热开始冲击整个美国，尤其强烈震撼着青年一代的心灵。

人类首次在太空行走

1965 年 3 月 18 日，苏联"上升 2"号宇宙飞船上的宇航员列昂诺夫完成了人类首次太空漫步。他在太空行走了 24 分钟。接着美国宇航员怀特于同年 6 月 5 日从"双子星座 4"号飞船出舱作了太空行走，历时 20 分钟。他们都身系安全带，以防离开母体飞船后在太空中走失。列昂诺夫与怀特两名宇航员开创了人类太空行走的先河。

肖洛霍夫

从事写作

1905 年，肖洛霍夫出生在顿河畔的维辛克镇，他的父亲是一个磨坊主。小的时候，因为当时沙皇俄国国内发生战乱，所以他只读了四年书就辍学了。此后，他是完全靠自学进行写作的。十月革命后的国内革命战争时期，顿河地区的斗争非常激烈、残酷。少年时代的肖洛霍夫不但目睹了这场斗争，而且还积极参与了组建和保卫红色政权的工作。当时，他担任办事员和扫盲教师，还参加了武装征粮队的工作，征集粮食保卫苏维埃政权。顿河哥萨克地区艰苦而又丰富多彩的生活，不仅磨炼了肖洛霍夫的性格，更主要的是成为他创作的源泉。

1922 年，肖洛霍夫来到莫斯科，从此开始进行写作，步入了他的文学生涯。1923 年，他加入莫斯科共青团作家和诗人的文学团体"青年近卫军。"这期间，他陆续发表了小品文《考验》《三人》和《钦差大臣》等。1924 年，他又加入俄罗斯无产阶级作家联合会，同年发表了第一篇短篇小说《胎记》。1926 年，小说集《顿河故事》和《浅蓝的原野》相继出版，开始受到文坛的特别关注。在小说集的 20 多篇小说中，肖洛霍夫通过对家庭和个人之间关系的描写，把复杂的社会斗争展现得淋漓尽致，尤其是通过对哥萨克内部尖锐的阶级冲的描绘，深刻地展示了触目惊心的悲剧情景和众多鲜活的悲剧人物。

受到攻击

从 1926 年开始到 1940 年，肖霍洛夫用了 14 年的时间，艰苦创作后完成了他的长篇巨著《静静的顿河》。这部小说共四卷，先后在 1928、1929、1933、1940 年完成并与读者见面。小说中描写了当时发生于苏联境内的政治大风暴对一个哥萨克村镇以及镇中一户哥萨克人家的猛烈冲击。小说出版后就受到读者热烈欢迎，再版竟达百次之多，还被翻译成 60 多种语言在世界范围内广泛传播。但却给他带来了很多麻烦，使他先后受到来自不同方面的各种攻击。比如小说第一卷刚出版，就有人散布谣言说是肖洛霍夫抄袭别人的。

第二次攻击是在斯大林时期。斯大林对语言改革非常感兴趣，因而要求极严，而肖洛霍夫使用的却是哥萨克人非常简洁的生活语言，因此受到严格审查。其实正是由于他作品中语言带有浓厚的地方色彩，所以才使作品显得粗犷有力，引人入胜。在经过有关方面的严格删削后，小说在 1953 年再版时，语言已经变得十分苍白无力了。更为严重的是，肖洛霍夫作品的出版在每一阶段的审查都会被长时间延迟。

虽然《静静的顿河》以及小说中的主人公曾引起苏联社会各界多次尖锐而激烈的争论，但是它却以真实地再现了 1912 年至 1922 年动荡岁月中哥萨克民族的经历而在苏联文学史上赢得了高度的赞誉。

声名远播

1941 年 6 月 22 日，希特勒悍然入侵苏联，肖洛霍夫立刻投入到反法西斯战斗中。他先后担任《真理报》和《红星报》记者，撰写了大量的战地通讯和战争题材的短篇小说。1942 年，他发表的《学会仇恨》，用生动的语言和饱满的激情唤起苏联人民对法西斯的仇恨。1943 年，他发表的长篇小说《他们为祖国而战》，又真实生动地反映了卫国战争中的历史情况。在卫国战争期间，肖洛霍夫始终同战士们并肩作战，用自己手中的笔与敌人战斗，反映人民的感情和苦难，揭示战争的残酷。

1957 年，他发表的短篇小说《一个人的遭遇》，在当时产生了巨大的影响，被称为"当代苏联军事文学新浪潮的开篇之作。"小说里描绘了主人公索科洛夫在战争中的不幸遭遇以及他的坚韧品格，深刻痛斥了法西斯侵略战争带给苏联人民的深重灾难，同时又表现出苏联人民强烈的爱国主义精神和坚不可摧的钢铁意志。在作品中肖霍洛夫没有进行任何人为的感情渲染，而是真实客观地描写了主人公的家庭悲剧，以及他所遭受的精神压力和心灵创伤，使作品焕发出强烈的人道主义气息，使英雄主义的品格更加贴切。自然。

1965 年，瑞典皇家文学院决定授予肖洛霍夫诺贝尔文学奖，理由就是"他对顿河流域的史诗般描写，以有力的艺术和真诚的创造性反映了俄罗斯人民的一个历史阶段。"

肖洛霍夫在领奖后说："无论过去和现在，我都认为作家的天职就是用自己的作品，向劳动的人民、建设的人民、英雄的人民表示敬意……帮助人们变得更完美，心灵更加纯洁，唤起人们的爱，唤起人们积极地为人类的进步理想而斗争。"

法国退出北约组织

北大西洋公约组织（简称"北约"），是地球上现存的最大的多国联盟军事集团，1949

年在华盛顿成立,然而它却受控于美国。法国作为北约的一个成员国,既承担有共同防务的义务,又承担着北约在法国领土上驻军的义务,而且在外交和防务政策上都必须和美国保持一致,没有独立性可言。1958 年第五共和国成立后,戴高乐执政。对美苏称霸世界的局面非常不满。为了重振法国,戴高乐政府执行独立自主的外交政策,抵制和摆脱美国的控制。在欧洲问题上,戴高乐主张建立"欧洲人的欧洲",同西德和西欧各国加强联系,同东欧和苏联改善关系。对美国,戴高乐采取不依附的政策,坚持法国防务的独立性。1960 年 2 月法国成功地爆炸了第一颗原子弹,独立地发展了核力量。在这种情况下,法国政府认为,法国不需要美国的核保护,因此无须听命于美国的摆布。1964 年 4月,法国政府召回了在北约海军司令部任职的全体法国军官。9 月 22 日,法国政府又决定,法国不参加北大西洋公约组织的海上联合演习。这些行动是法国正式退出北大西洋公约组织的具体行动。1966 年 3 月,戴高乐致函美国总统约翰逊,要求正式退出北约各军事机构,并宣布在 7 月之前撤回受北约指挥的全部法国军队,同时还取消了北约军用飞机在法国过境和降落的权利,限令美军及其基地在一年内撤出法国。7 月 1 日,法国退出北大西洋公约组织一体化军事机构。10 月,法国退出了北约军事委员会。北约总部从此由巴黎迁至布鲁塞尔。

东南亚国家联盟的建立

1965 年 8 月,美国扩大侵略越南的战争,对靠近越南的东南亚各国的安全造成严重威胁。为了本地区的安全、安定和经济发展,1967 年 8 月 5 日,印度尼西亚、泰国、菲律宾、新加坡、马来西亚 5 国外交部长在泰国曼谷举行会议,8 月 8 日发表《东南亚国家联盟成立宣言》,宣告成立"东南亚国家联盟",简称"东盟。"

东盟的宗旨和目标是:一、以平等与协作精神共同努力促进本地区的经济增长、社会进步和文化发展;二、遵循正义、国家关系准则和联合国宪章促进本地区的和平与稳定;三、促进经济、社会、文化、技术和科学等问题的合作与互相支援;四、在教育、专业和技术及行政训练和研究设施方面互相支援;五、在充分利用农业和工业,扩大贸易,改善交通运输和提高人民生活水平方面进行更有效的合作;六、促进对东南亚问题的研究;七、同具有相似宗旨和目标的国际或地区组织保持紧密和互利的合作,探寻与其更紧密合作的途径。

东盟成员国包括:菲律宾、马来西亚、泰国、文莱、新加坡、印度尼西亚、越南、缅甸、老挝和柬埔寨。东盟对话伙伴国有:美国、日本,欧盟、加拿大、澳大利亚、新西兰、韩国、印度、中国和俄罗斯。

反越战示威与和平旋律

20 世纪 60 年代,美国发动越南战争。反战的抗议浪潮此起彼伏。1967 年 10 月,数千名美国群众在华盛顿举行了一次反对越南战争的示威游行,他们不停地呼喊着停战的口号,朝着五角大楼走去。保卫五角大楼的士兵和联邦执法人员都装备了步枪和刺刀,他们组成警戒线防止示威者的冲击。而示威者仍冲击着警戒线,警戒人员迫不得已使用警棍和枪托击打示威者。在游行示威活动中有近 300 人被捕,入夜后示威活动渐渐平息下来,只有数百人在重要地点举行抗议活动。

而同时许多具有良知的音乐家、歌手们通过音乐和歌声来表达出他们对战争的憎恨以及对和平的憧憬。最让人记忆犹新的就是吉他演奏家吉米·亨德里克斯在 1967 年的蒙特雷音乐节上的表演,他通过手中的吉他,把美国国歌扭曲成最难听的声音,所有的人都知道他为什么这样——对美国政府发动越战的抗议。这次音乐节拉开了 20 世纪 60 年代美国流行音乐反战的序幕。两年后,一次更大规模的以"爱与和平"为主题的伍德斯托克音乐节更使和平的声音深入人心。

人类首例心脏移植手术成功

1967 年 12 月 3 日,在开普敦大学附属医院,巴纳德和他领导的医疗小组经过 5 个小时的手术,成功地将因车祸死亡的 25 岁青年的心脏移植到一位 55 岁的老人路易斯·瓦沙康斯基的体内。尽管瓦沙康斯基因肺部感染于手术 18 天后死亡,但这一人类心脏移植的开先河之举,立即轰动了整个世界。巴纳德一夜之间成为全球新闻人物。

此后,巴纳德在心脏移植领域捷报频传:克服了心脏移植手术后免疫系统出现疾患的困难,接受移植术的病人生命不断延长。巴纳德医生的第二个心脏移植病人活了 18 个月,另外一个名为范齐尔的病人活了 23 年,接受心脏移植术的第一位黑人患者菲什尔活了两年半。

《外层空间条约》签署

《外层空间条约》全称《关于各国探索和利用包括月球和其他天体在内外层空间活动的原则条约》。1966 年 12 月 19 日由联合国大会通过,1967 年 1 月 27 日在伦敦、莫斯科、华盛顿开放签署;同年 10 月 10 日生效,无限期有效。至 1990 年 1 月,已有 93 个国家批准加入。条约主要内容是:(1)探索和利用外层空间应为所有国家谋福利和利益。(2)各国不得由国家通过主权要求、使用或占领等方法将包括月球与其他天体在内的外层空间据为己有。(3)各缔约国在外空的活动须遵守国际法和《联合国宪章》,保证把月球和其他天体绝对用于和平目的,以维护国际和平与安全。(4)不得在绕地球轨道、天体或外层空间放置、部署核武器或其他种类的大规模毁灭性武器。(5)禁止在天体上建立军事基地、设施、工事及试验任何类型的武器和进行军事演习。(6)各缔约国对其外空的物体及所载人员保有管辖权和控制权。(7)对外空的研究和探测应避免使其受到有害污染以及将地球外物质带入而使地球环境发生不利变化。(9)外空活动应依照国际合作和相互援助的原则进行,各缔约国应向宇航员提供一切可能的援助。

《外层空间条约》是外空法方面的第一个成文法,它确立的有关外层空间活动的原则对于各国和平探索和利用外空活动有一定指导意义,有助于限制外层空间的军备竞赛。

"阿波罗 1"号飞船的三名宇航员之死

1967 年 1 月 27 日,人类航天史上一个悲惨的日子。美国"阿波罗 1"号飞船在佛罗里达州卡纳维拉尔角肯尼迪航天中心进行地面模拟飞行试验时船内失火,造成 3 名宇航员丧生,美国举国为之震惊,并将下一次发射推迟 20 个月。

这 3 名宇航员分别是:曾参加过"水星 4"号亚轨道飞行、"双子星座 3"号飞行且经验非常丰富的弗吉尔·卜格里索姆上校,曾参加过"双子星座 4"号飞行并是美国第一个到太空行走的爱德华·怀特中校,还有一名是准备第一次上天飞行的罗杰·查非少校。如果这次地面模拟试验成功,这 3 名航天员即乘此飞船进入环地轨道飞行,以考验登月飞行的程度。

后来查明,这次起火原因是飞船导线短路,电火花引燃了舱内塑料制品。阿波罗飞船采用的是纯氧方案,一些在正常空气中本来是耐火的塑料制品,在纯氧中却成了易燃物品。此外,舱门打开时间设计为 90 秒,着火时船内形成负压,无论在外面还是在里面,舱门在极短的时间内都无法打开。

第一座迪斯尼乐园开放

1955 年 7 月 18 日,孩子们梦想中的奇境迪斯尼乐园,在美国加州安那汉实现了。沃特·迪斯尼乐园将人们所喜爱的米老鼠、唐老鸭等卡通人物重现于距洛杉矶 35 千米、占地 64.7 公顷的主题公园中。这座构思精巧的超级乐园耗资 1700 万美元,每天需要 2500 名工人维护。园内共有 4 个区域:冒险世界、西部边疆、童话世界和未来世界。在这里你可以尽情欣赏有着真人大小的卡通人物,也可以驾驶未来车、搭乘密西西比的船尾舳车嬉游于中世纪的城堡,或在美国大街上漫步。

当 1965 年迪斯尼乐园 10 岁生日时,它的游客总数达到了 5000 万人。在 10 年里,迪斯尼乐园的收入高达 1.95 亿美元之多。自 1955 年迪斯尼乐园建成开放以来,每天到此游玩的人约 4 万人,最多时可达 8 万人。仅一天的门票收入就近百万美元。再加上园内各项服务行业,其收入更为可观。近 40 多年来,乐园已接待游客达 10 多亿人次。

《防止核武器扩散条约》签订

1968 年 7 月 1 日,苏、美、英等 62 个国家分别在莫斯科、华盛顿和伦敦签署《防止核武器扩散条约》。条约于 1970 年 3 月 5 日生效。条约规定,有核武器缔约国不向任何国家转让核武器或其他核爆炸装置,不协助、鼓励或引导无核武器国家获取核武器或其他核爆炸装置,其全部和平核活动接受国际原子能机构的监督;各缔约国承诺促进和平核活动,并就早日停止核军备竞赛和核裁军的有效措施及缔结一项全面彻底裁军条约进行谈判。条约有效期为 25 年。

该《条约》在防止核武器扩散方面起了重要作用,有利于维护世界的和平与稳定。同时,《条约》也存在一些缺陷和不足,主要表现在,对有核武器国家和无核武器国家规定的义务不平衡,未禁止在无核武器国家领土上部署核武器,但总的看来《条约》具有积极意义。

墨西哥奥运会"黑权事件"

1968 年 10 月 12 日,第 19 届奥运会在墨西哥举行。伴随着点燃的奥运圣火,紧张激烈的各项比赛在进行着。

当奥运会进行到第四天时,两名美国黑人运动员史密斯和卡洛斯分别获得了 200 米的金牌和铜牌。在举行发奖仪式时,举世震惊的历史性一幕出现了:这两位黑人运动员戴着黑手套站到了领奖台上,24 岁的史密斯系着黑领带,卡洛斯脖子挂着珠子项链。当国际田径联合会主席艾克萨特向他们颁奖和祝贺时,他们拒不摘下黑色手套。不仅如此,颁奖之后,俩人悄悄脱下鞋,只穿着黑袜子,低垂着头,举起了拳。当星条旗在美国国歌的伴随声中徐徐升起之际,全场沉寂,接着掌声、嘘声、欢呼声、惊叹声潮水般滚滚而来。因为他们的黑领带和珠子项链象征着美国社会强加于黑人的刑法,赤脚代表着黑人的贫穷,黑拳头则显示着黑人的力量和团结,他们在伸张黑人的自由平等权利。抗议美国国内的种族歧视,声援国内的黑人民权运动。史密斯和卡洛斯的抗议引起了奥林匹克世界的震惊。国际奥委会主席布伦戴奇满面怒容,美国代表团的白人更是狼狈之极。

这一抗议活动,后来被人称为"黑权事件。"它迫使美国向国际奥委会道歉。史密斯和卡洛斯也为此付出了代价,二人被取消了本届奥运会参赛资格,并被墨西哥政府移民局驱逐出境。

利比亚"九·一"革命

1969 年 9 月 1 日凌晨,年轻的利比亚上尉卡扎菲领导的"自由军官组织",趁 78 岁的老国王伊德里斯在土耳其度假之机,发动军事政变,参加政变的武装力量逮捕了正在出席宴会的国王警察部队的高级将领,顺利占领了电台和其他要害部门。此时,正在国外度假的国王向英国发出紧急呼吁,要求出兵进行干预,但遭到英国的拒绝。9 月 5 日,哈桑王储发表声明:放弃对王位的一切权力,支持新政权。至此,"九·一"革命不发一枪,不流一滴血而取得成功。卡扎菲上尉担任了新成立的阿拉伯利比亚国家元首和总司令。

越南主席胡志明逝世

1969 年 9 月,越南人民的领袖、劳动党主席、国家主席胡志明因病去世。

胡志明原名阮必成,1890 年 5 月 19 日生于义安省南坛县一个爱国儒生家庭。1920 年 12 月出席都尔大会,加入新建的法国共产党,成为法共最早的党员之一。1921 年参加创立"殖民地各民族联合会。"1923 年到苏联学习和研究革命经验。1925 年在中国广州创立"越南青年革命同志会。"1930 年领导建立越南共产党(同年 10 月改名为印度支那共产党)。日本侵占印度支那后,他于 1941 年 5 月发起建立民族解放统一战线即越南独立同盟,被选为主席,领导越南人民进行反对法国殖民者和日本侵略者的斗争。1945 年发动和领导八月革命,革命胜利后,任越南民主共和国临时政府主席。1946 年 3 月,当选为越南民主共和国主席兼政府总理。1951 年 12 月,党的"二大"将印度支那共产党改为越南劳动党,他被选为党中央委员会主席。1945 年至 1954 年,他领导越南人民进行了长达 9 年的抗法救国战争,终于赶走了法国殖民者,赢得了越南北方的全部解放。20 世纪 60 年代他又领导越南人民进行抗美救国战争,取得了历史性胜利。但是,长期动荡艰苦的革命生涯严重损害了胡志明的健康。1969 年 9 月 3 日,胡志明因严重的心脏病不幸逝世,享年 79 岁。

胡志明为建设社会主义的越南进行了终身的奋斗,建立了不朽的功勋。越南人民待他当作自己民族的灵魂和象征。为纪念他在领导越南人民争取祖国自由独立和建设社会主义斗争中的功绩,越南人民特将西贡市命名为胡志明市。他的遗著有《胡志明选集》等。

阿斯旺高坝建成

1970年,埃及人在尼罗河上建成了举世闻名的阿斯旺高坝。从1960年动工到建成,历时11年,耗资10亿美元。高坝位于埃及阿斯旺市附近,是一种填石坝,坝高111米,顶长3830米,体积4430万立方米,所形成的水库(纳赛尔水库)容量为1689亿立方米。

阿斯旺高坝的建成有效地控制了尼罗河每年的洪水,保护了居民和农作物,使埃及原有的灌溉面积增加32万多公顷,并把28万公顷的洪泛区改造成常年灌溉区。同时也改善了上下游通航能力,发电量大幅度提高,为埃及的经济发展发挥了巨大的作用。但也产生了环境问题。

肯特大学惨案

1970年,美国大学校园的反越战风潮如野火燎原。尼克松总统在宣布将从越南撤军后不久,在1970年4月30日又宣布,他已向柬埔寨派遣了美国作战部队,以摧毁在那里的共产党军队避难所。此事再次激起美国人民的反战浪潮。5月4日俄亥俄州州立肯特大学学生在校园内举行大型集会,抗议美军入侵柬埔寨。学校当局向国民警卫队发出请求,要求恢复校园秩序。荷枪实弹的国民警卫队开进校园,驱散示威学生。愤怒的学生向士兵叫喊并投掷石块。士兵开枪射击,打死4人,打伤多人。消息传出,举国震惊。惨案发生当天,坎特伯里准将为国民警卫队辩护,提出了三条理由:(1)有人打冷枪;(2)催泪弹用完了;(3)学生们离警卫队员太近,他们投掷的石块构成了致命威胁。然而,美国联邦调查局和总统特别委员会的调查结果,彻底推翻了这三条理由。全国各大校园再次掀起抗议浪潮,美国当局又制造了多起血案。

斯塔夫里阿诺斯的《全球通史》出版

世界史,自从它作为一门独立的学科问世以来,就一直被西方垄断着。它的研究对象一直以西方为中心。因此,1970年,当斯塔夫里阿诺斯的《全球通史》出版时,格外引人注目。这部通史被认为是第一部由历史学家运用全球观点,囊括全球文明而编写的世界历史。

该书分为《500年前的世界》和《1500年后的世界》两册。斯塔夫里阿诺斯认为,整个世界是一个不可分割的整体,因此,他将目光投向了那些对人类历史进程产生了巨大影响的历史事件,着重分析了各种历史事件之间的有机联系和相互作用。斯塔夫里阿诺斯在记录西方文明发展的同时,同样对在儒家文化、阿拉伯文明等影响下的东方各国政治、经济、文化做了全面的分析,充分肯定了各民族对世界文明进程所做出的贡献。

该书并不是简单地对人类文明的进程加以总结,它的精华在于,通过对历史现象的分析,对历史的发展提出了作者自己创造性的见解,并对 20 世纪,尤其是第二次世界大战以来至 70 年代的这段历史给予了格外的关注。对于人类所面临的越来越多的社会问题,斯塔夫里阿诺斯认为,其根源在于技术革命在全球范围内突飞猛进地发展,而社会革命却相对沉寂。正是这两种革命之间的时间之差,才使整个世界陷入了空前的危机。由于具有深刻的思想性和深厚的社会责任感,该书在世界上受到了极高的评价,被誉为当今社会的"救世箴言"和现代社会的"资治通鉴。"

柬埔寨"三·一八政变"

1970 年 3 月 18 日,柬埔寨朗诺·施里玛达集团,在美国中央情报局的密谋和策划下,趁西哈努克亲王不在金边而出国治疗和进行国事访问的机会,发动了政变,宣布废黜西哈努克亲王柬埔寨国家元首的职位。这一消息震动了印度支那,震动了全世界。10 月 9 日,在美国的直接导演下,朗诺·施里玛达集团宣布成立"高棉共和国。"为此,柬埔寨人民展开了抗击美国侵略、讨伐朗诺·施里玛达集团的正义战争,最终于 1975 年 4 月推翻了朗诺·施里玛达集团的统治,取得了胜利。

百慕大三角区神秘灾难

1971 年 10 月 21 日,一架"超星座"号运输机,从一艘正在海面工作的探测船上空飞过。船员们眼看它飞了一分钟左右,突然,飞机好像被海水吸住似的一头坠进海里。以后,船员们什么也未看见,既没有发现油迹,也没有找到飞行员的尸体和飞机残骸。唯一能证实飞机失踪的,只是海面上漂浮着星星点点的货物。"超星座"号飞机的失踪,只是这片神秘海域众多起失踪事件之一。据统计,自 1840 年至 1945 年间,这片海域上空就有 100 余架飞机失踪;而在这里消失的船只则更多。这片被世人称作"海上墓地"的地方,就是引起全世界许多科学家关注的百慕大三角区。

"超星座"号的失踪,与以往的众多失踪事件一样,充满着神秘色彩。所有试图对百慕大三角地区失踪事件做出合乎逻辑解释的人都遇到了无法摆脱的矛盾。于是就有人提出"超自然"理论,试图揭开这个世纪之谜。更有一部分研究者,把百慕大三角区发生的灾难与外星人和飞碟联系起来进行推断。

以上所举的各种解释,都很难说清百慕大三角区飞机、轮船失踪灾难的根源。但尽管如此,人们还是信心百倍,随着世界科学技术的日新月异,百慕大三角区海域和上空的神秘面纱终究会被人类所揭开。

第三次印巴战争

1971 年,第三次印巴战争爆发,这次战争直接导致孟加拉国的建立。20 世纪 70 年代初,巴基斯坦国内政局动荡。1970 年 12 月,以穆吉布·拉赫曼为首的人民联盟在东巴基斯坦人民的支持下在大选中获胜,并提出东巴自治的"六点纲领。"这种分裂主张遭到巴政府的严词拒绝,并宣布人民联盟为非法组织,派军队对其进行镇压。印度对东巴人民的行动非常支持,并派各种武装人员渗入东巴,以及调集军队靠近东巴。巴基斯坦高度警惕印度的备战,也进行了相应备战。

到 1971 年 11 月为止,双方的兵力部署基本完毕。1971 年 11 月 21 日,印军向巴基斯坦发起突然袭击,印巴战争爆发。战争在东巴和西巴两个战场展开。在东巴战场,印陆军在海、空军密切配合下,集中兵力,从东、西、北 3 个方向,对东巴实施"多路向心突击",至 12 月 9 日攻占了阿舒甘杰、道德坎迪和昌德普尔 3 个重镇,打开了通往达卡的门户。

在 3 个作战方向的印军先后完成对达卡合围攻击的作战准备后,印军开始向达卡发起总攻。印军第 50 伞兵旅首先在距达卡 70 千米的西北部重镇坦盖尔和距达卡 30 千米的东北要点纳西格迪实施空降作战,一举切断了巴军退路,向南直逼达卡。12 月 15 日,印军完成从东、西、北 3 个方向对达卡的合围,海、空军则从海上和空中实施严密封锁,完全切断了东巴与西巴以及外部的任何联系。在这种情况下,东巴守军于 12 月 16 日向印军投降,东巴战场的攻防作战遂告结束。

在西巴战场,双方主要以空战为主。印军凭借其空军力量的优势,力图重创巴空军于基地,达到削弱与钳制西巴地面部队的目的。巴军则努力加强要地防空,钳制与削弱印空军作战力量,阻止或限制印空军的空袭行动,保障地面作战的进行。交战结果,双方均未取得决定性战果。此时,印军已在东巴战场取得胜利,因此印度于 12 月 17 日宣布,在西巴地区实行"单方面停火。"巴基斯坦接受了印度的停火建议,西巴战场的作战行动至此结束。

第三次印巴战争结束后,东巴脱离巴基斯坦,成立了孟加拉共和国。此外印度还占领了巴控克什米尔地区的 320 平方千米的土地。

九号公路进攻战役

1971 年 2 月 8 日至 3 月 23 日,美军和西贡军队发动了代号为"兰山 719 行动"的进攻战役,企图切断越南人民武装的战略运输线,摧毁位于车邦、孟农地区的越南人民武装后方根据地。

战役分3个阶段,第一阶段(2月8日至12日):美军和西贡军队向老挝境内班东等要点发动进攻,10日攻占班东。越军一部将敌军阻滞于班东地区,主力相继展开。第二阶段(2月13日至3月11日):美军和西贡军队向车邦等要点发动进攻,并增调美军4个营、西贡军队2个团(旅)约5000人加强攻势。越军连续反击,挫败对方攻占车邦的企图,并形成合围态势。第三阶段(3月12日至23日):美军和西贡军队实施退却,越军全线进攻,夺回班东等要点并实施追击,进一步扩大战果。

此役美军和南越军共损失2.1万余人(其中被俘1100余人),被击落、击伤飞机和直升机550余架(其中直升机500余架),被击毁坦克、装甲车1100余辆。

加拿大人民抗击美国核试验运动

1971年,美国在太平洋北部的阿留申群岛进行核试验。一批来自加拿大温哥华的环境保护者乘坐两条船前去抗议。从此绿色和平组织登上了世界环保舞台。

当时,核试验掀起了凶猛的海啸。他们乘坐的第一艘"绿色和平"号船,在汹涌澎湃的海洋上搏击,抗议美国在群岛上进行地下核武器试验。面对美国的蛮横无理,绿色和平组织紧接着再次派出成员,乘坐"绿色和平"2号船,前往阿留申群岛增援。加拿大绿色和平组织的行动引起全世界公众的关注,人们对于核试验可能对人类带来的危害,予以了高度警惕。有人提出,科学技术发展如果被军备竞赛所用,那将是全人类的灾难,因此必须将科学技术发展纳入和平的轨道,使之符合全人类的利益要求,符合人类基本的道德准则。

最后,加拿大绿色和平组织的行动赢得了胜利。美国政府不得不宣布:取消在阿留申群岛上的核试验。前往抗议的成员,乘"绿色和平"号船凯旋,返回温哥华时,他们如同英雄般受到了国民的欢迎。

美国总统尼克松访华

1972年2月21日至28日,应中国政府的邀请,美国总统尼克松及夫人一行,来中国进行国事访问。周恩来总理等中国领导人在北京机场代表中国政府欢迎尼克松来访。21日下午,毛泽东会见了尼克松,两位领导人就中美关系和国际事务认真、坦率地交换了意见。周恩来同尼克松就两国关系正常化及双方关心的其他问题进行了广泛的讨论。28日,中美双方在上海发表了联合公报即"上海公报",指出"双方同意,各国不论社会制度如何,都应根据尊重各国主权和领土完整、不侵犯别国、不干涉别国内政、平等互利、和平共处的原则来处理国与国之间的关系";"中美两国关系走向正常化是符合所有国家的利益的。"双方在公报中阐明了各自对国际形势的立场和态度。中国方面重申："中华人民共和国政府是中国的唯一合法政府"；"台湾是中国的一个省"，"解放台湾是中国内政，别国无权干涉"；"全部美国武装力量和军事设施必须从台湾撤走。"美国方面声明，"认识到在台湾海峡两边的所有中国人都认为只有一个中国，台湾是中国的一部分，美国政府对这一立场不提出异议"，并确认从台湾撤出全部武装力量和军事设施的最终目标。

日本内阁田中角荣访华

1972 年 2 月，尼克松访华改善了自朝鲜战争以来中美两国间相互敌视的状态，在全世界引起了一场政治大地震。其中，震动最大的当属中国的东邻日本。面对美国对华政策的急速转弯，一向追随美国敌视中国的日本政府顿感措手不及。

1972 年 6 月 17 日，佐藤荣作内阁被迫下台。7 月 7 日，田中角荣内阁登场。上任之初，田中角荣便把促成中日邦交正常化作为自己任期内的重要目标。上任当天，田中发表讲话说："在动荡的世界形势下，应该加速实现同中华人民共和国的邦交正常化，强有力地开展和平外交。"9 月 25 日，日本首相田中角荣偕大平正芳外相和二阶堂进宫房长官等来中国访问，周恩来总理与田中首相举行了多次会谈。9 月 29 日，两国政府首脑签署了《中日联合声明》，宣布中日之间的不正常状态宣告结束，日本承认中华人民共和国政府是中国唯一合法政府，双方决定从 1972 年 9 月 29 日起建立外交关系。

慕尼黑奥运血案

1972 年 9 月，第 20 届奥运会在德国慕尼黑举行，主办国新建了现代化比赛场馆，并首次使用精确的电子计时器和激光测距仪，第一次开通卫星环球电视直播。当运动会赛程过半时，巴勒斯坦恐怖组织"黑九月"制造了一起奥运史上罕见的惨剧。

9 月 5 日凌晨 5 点，当运动员们正准备起床参加奥运会的第 10 天比赛时，大约 8 名全副武装的巴勒斯坦"黑九月"恐怖分子悄悄来到了奥林匹克村。这些人身穿黑衣服，涂黑了手和脸，带着武器，在朦胧的天色掩护下翻墙进入村内。有 9 名以色列运动员成了被劫持的人质。经过近一整天的谈判，西德方面同意派飞机将恐怖分子和人质一起运到开罗，并派出 3 架直升机把他们从奥运村送往布鲁克军用机场。此时，西德方面担心以色列人质到达开罗后会有生命危险，决定在机场发动攻击，救出人质。

在机场上，以色列人质们已经同意了和绑架他们的人一起飞往开罗。而德国警方对行动成功并无把握。恐怖分子迫使直升飞机的驾驶员站在前面，然后，恐怖分子的头目检查他们将要乘坐的开往开罗的客机。此时，德国警方突然开火了，由于恐怖分子用人质做掩护加上灯光造成许多阴影，使人难以分辨出人质和恐怖分子，结果未击中目标。

枪声一响,恐怖分子立即还击并向人质开了枪。德国警备队的扫射还没有停止,9 名以色列运动员已经躺倒在机场上了。一个绑架者在直升飞机里拉响手榴弹,直升飞机顿时成了一团大火。其他恐怖分子向救火车开枪。阻止救火车接近直升飞机救火和营救人质。在枪战中,一共有 9 名以色列运动员、2 名警察和 5 个恐怖分子死亡,3 名恐怖分子被捕。

在象征和平的奥运会上,发生这样的流血事件,令人痛心。9 月 6 日,国际奥委会主席宣布当天为哀悼日,慕尼黑体育场比赛暂停一天,改成有 8 万人参加的追悼会。9 月 7 日,比赛才恢复举行。"慕尼黑大血案"作为奥运会上恐怖的一页,将永远载入奥运会史册,并促使以后的奥运会主办国加强了安全警卫工作。

纽约世贸大楼竣工

纽约世界贸易中心大楼位于曼哈顿闹市区南端,雄踞纽约海港旁,是美国纽约市最高、楼层最多的摩天大楼,也是美国人在世界建筑史上的又一个骄傲。

它由纽约和新泽西州港务局集资兴建、著名日裔美籍建筑师雅马萨奇所设计。大楼于 1966 年开工,历时 7 年,1973 年竣工以后,以 110 层、411 米的高度作为摩天"巨人"而载入史册。它是由 5 幢建筑物组成的综合体。其主楼呈双塔形,塔柱边宽 63.5 米。大楼采用钢架结构,用钢 7.8 万吨,楼的外围有密置的钢柱,墙面由铝板和玻璃窗组成,有"世界之窗"之称。大楼内有 84 万平方米的办公面积,可容纳 5 万名工作人员,同时可容纳 2 万人就餐。其楼层分租给世界各国 800 多个厂商,还设有为这些单位服务的贸易中心、情报中心和研究中心。在底层大厅及 44、78 两层高空门厅中,有种类齐全的商业性服务。第 107 层是瞭望厅,极目远眺,方圆可及 72 千米。地下有可供停车 2000 辆的车库,并有地铁站。楼中共有电梯 104 部,一切机器设备全由电脑控制,被誉为"现代技术精华的汇集。"

澳大利亚悉尼歌剧院落成

澳大利亚的悉尼歌剧院是 20 世纪建设史上的一个长篇大作。它位于新南威尔士州首府悉尼市贝尼朗岬角上,紧靠着世界著名的海港大桥的一块小半岛上,3 面环海,南端与市内植物园和政府大厦遥遥相望。建筑造型新颖奇特、雄伟瑰丽,外形犹如一组扬帆出海的船队,也像一枚枚屹立在海滩上的洁白大贝壳,与周围海上景色浑然一体,富有诗意。它已成为悉尼的标志。

悉尼为兴建这座歌剧院于 1955 年举行国际建筑设计竞赛,从 233 个方案中选定丹麦建筑师伍重的设计。1966 年伍重辞去剧院总建筑师职务,剩下的室内设计由澳大利亚建筑师完成。歌剧院从 1959 年破土动工,历时 14 年,耗资 1 亿多澳元,1973 年 10 月落成揭幕。英国女王伊丽莎自二世专程前来剪彩。

悉尼歌剧院建筑总面积 88258 平方米,长 183 米,宽 118 米,高 67 米。包括一个有 2690 个座位的大音乐厅,一个有 1547 个座位的歌剧厅,一个可容 500 多人的剧场和一个小音乐厅。此外,还设有排演厅、接待厅、展览厅、录音厅以及戏剧图书馆和各种附属用房(如餐厅、售品部等),共 900 多个房间,同时可容 6000 多人在其中活动。

歌剧院规模宏大,陈设讲究,演出频繁,除圣诞节和耶稣受难日外,每天开放 16 小时,平均有 10 个不同的活动项目让人共享。歌剧院已成为澳大利亚最热闹的场所,旅游者、观众从早到晚络绎不绝。入夜,到这里来的人,不仅仅能看到精彩的演出,而且也能观赏到悉尼湾迷人的夜景。

智利发生右翼军事政变

1973 年 9 月 11 日,在美国国务卿基辛格的精心策划和中情局的支持下,智利武装部队三军司令和警察首脑发动震惊世界的右翼军事政变。政变部队首先占领了海港城市瓦尔帕米索,接着控制了首都圣地亚哥总统府前的广场,宣布成立了一个以陆军总司令皮诺切克将军为首的军政府委员会。军政府委员会通过广播要求智利总统阿连德立即辞职,并许诺提供飞机,送他与家属及合作者一起离开智利,阿连德总统对此表示坚决拒绝。政变部队开始向总统府发起进攻,除使用坦克外,还出动飞机对总统府进行轰炸和扫射。面对政变部队的进攻,阿连德总统忠于职守,毫不退却,决心誓死保卫智利人民的事业。他辞退了总统府内被认为不能依赖的军队官兵和警察,率领 30 余名总统卫队的战士,坚持抵抗,一直战斗到英勇牺牲。执政不满 3 年的阿连德政府被右派发动的军事政变推翻。从此智利开始了皮诺切克长达 20 余年的独裁统治。

第一次石油危机

1973 年 10 月 6 日,第四次中东战争爆发,为打击以色列及其支持者,阿拉伯石油输出国组织(即"欧佩克")的成员国把石油作为战略武器,采取减产、提价、禁运以及国有化等措施掀起一场震撼世界的石油风暴。

战争爆发的当天,叙利亚和黎巴嫩立即关闭了来自伊拉克的输油管。10 月 7 日,伊拉克宣布将伊拉克石油公司所属巴士拉石油公司中美国埃克森和莫比尔两家联合拥有的股份收归国有。接着,阿拉伯各产油国在短短几天内连续采取了相应措施:10 月 16 日,海湾地区的科威特、伊拉克、沙特阿拉伯、卡塔尔、阿拉伯联合酋长国 5 个阿拉伯国家和伊朗决定,将海湾地区的原油市场价格提高 17%。10 月 17 日,阿尔及利亚等 10 国参加的阿拉伯石油输出国组织部长级会议宣布,立即减少石油产量,决定以 9 月份各成员国的产量为基础,每月递减 5%;对于美国等支持以色列侵略的国家的石油供应,逐月减少 5%。10 月 18 日,阿拉伯联合酋长国中的阿布扎比酋长国决定完全停止向美国输出石油。接着利比亚、卡塔尔、沙特阿拉伯、阿尔及利亚、科威特、巴林等阿拉伯主要石油生产国也都先后宣布中断向美国出口石油。

阿拉伯国家的石油斗争,突破了美国石油垄断资本对国际石油产销的控制,沉重打击了美国在世界石油领域的霸权地位。美国每天的石油进口减少了 200 万桶,许多工厂因而关闭停工,正在受到能源危机困扰的美国政府不得不宣布全国处于"紧急状态",并采取了一系列节省石油和电力的紧急措施,其中包括:减少班机航次,限制车速,对取暖用油实行配给,星期天关闭全国加油站,禁止和限制户外灯光广告等,甚至连白宫顶上和联合国大厦周围的电灯也限时关掉,尼克松还下令减低他的座机飞行的正常速度,取消了他周末旅行的护航飞机。美国国会通过法案,授权总统对所有石油产品实行全国配给。美国国防部正常石油供应几乎有一半中断,美国在欧洲的驻军和地中海的第六舰队不得不动用它们的战时石油储备。美国为了对抗阿拉伯产油国的石油斗争,威胁要使用武力占领这些国家的油田,美国的恫吓遭到阿拉伯国家的迎头痛击。沙特阿拉伯、科威特和利比亚发出严正警告,如果美国武装入侵,就立即炸毁油田和有关设施,彻底摧毁美国在中东的全部石油利益。阿拉伯国家的坚决态度,迫使美国不敢贸然出击。

这场石油斗争大大加强了阿拉伯国家的经济实力。如提价一项使阿拉伯国家的石油收入由 1973 年的 300 亿美元,猛增到 1974 年的 1100 亿美元,而且也极大地鼓舞了第三世界人民捍卫国家主权和保护民族经济权益的斗争。它为第三世界国家的反帝反殖反霸斗争开创了一个新的局面。

嬉皮士运动

新型文化

"现在不结婚就是嬉皮,我对嬉皮不感兴趣。"这是美国著名摇滚巨星、甲壳虫乐队成员约翰·列侬在 1980 年说的一句话,作为嬉皮士运动的代表性人物能说出这样的话,表明风光一时的嬉皮士运动已经开始退潮了。

嬉皮士运动发起于 20 世纪 60 年代的美国。当时,由于物质生活的富足,加上对传统信仰的缺失,一些年轻人对生活感到迷惘,于是在美国东海岸的格林威治村,一些年轻的反文化者聚集起来,他们称自己为"hips",他们的聚集吸引了很多对生活失望的纽约市区的年轻人穿着最破旧的衣服,加入到格林威治村的"hips"们当中。

当时,美国一家广播电台第一个用"嬉皮士"这个词对这些穿着破旧衣服的中产阶级年轻人进行了描绘。1965 年 9 月 6 日,旧金山的一家报纸首先采用了"嬉皮士"这个词,用来描写这些年轻的"波西米亚主义者。"

在旧金山的海特·亚许柏里地区,嬉皮士以 Diggers 这个团体为中心,将即时性的街头剧、无政府主义行动和艺术表演结合在一起,来表现自己的思维。他们受到了波西米亚主义地下艺术剧团和左派民权主义和平运动的影响,宣扬要建立一个"自由城市。" 1967年夏,海特·亚许柏里聚集了大量的年轻人,其中包括75000名警察,他们分享着由音乐、毒品和反抗组成的"新文化。"20世纪60年代末,嬉皮士运动逐渐进入高潮。

政治运动

嬉皮士们主张仁爱、反对暴力,提倡和平主义和利他主义,他们常留着长发和大胡子,穿着色彩鲜艳的衣服,戴上不寻常的饰品,标榜与尔虞我诈的社会现实针锋相对。他们通常听一定的音乐,比如杰米·亨得里克斯和杰菲逊飞艇的幻觉性的摇滚乐、顶级乐队、死之民乐队等的音乐。节日里,他们也会在家里与朋友一起使用吉他弹奏音乐。他们崇尚自由恋爱,喜欢公社式的生活,有一些人还喜欢毒品。

嬉皮士文化的最初发动者是那些反对越南战争的美国青年们,他们自称是"有良知的反对者",拒绝参军,反对使用暴力,坚信和平的思想与表达方式会产生巨大的积极能量,即"花的力量"可以解决世界上的所有问题。因此许多嬉皮士在他们的头发里插着花,或向行人不停地发送花。他们不断地挑战社会的既有规范和传统道德观的"禁区",并决心把社会引导到另一种生活方式上去,即"沉沦"下去。

嬉皮士经常去参加反越战游行和争取人权游行。起初,嬉皮士的性别歧视非常严重,但是很快就开始接受女性主义和平等主义的原则。早期他们也特别排斥同性恋,但慢慢地又接受了同性恋。为了表达自己的政治愿望和实现所寻求的变化,"回到农村去"运动、合作企业、替代型能源、新闻自由运动和有机农业等主张都受到他们的青睐。

新时代的嬉皮士

支持越战的人经常夸张地形容嬉皮士滥用毒品的程度。而实际上,虽然很多嬉皮士使用毒品,但他们是想利用毒品所产生的幻觉来达到内心的修炼,这样一来即使不用毒品的嬉皮士,也往往把毒品看作是嬉皮士的一个标志,来表现他们不肯遵从社会守则的形象。所以,使用毒品至今仍被看作是嬉皮士文化的一个中心内容。

1970年,嬉皮士的许多生活形式进入到美国社会的主流文化当中,但实质性内容却很少被主流文化所吸收。随着时间的推移,媒体渐渐地对这个次文化失去了兴趣,一些年轻人也丧失了时髦感、认同感。庞克摇滚出现后,年轻人开始反感嬉皮士了,但仍有许多嬉皮士保持着原有的生活方式和心中的信仰。

21世纪又出现了新嬉皮士,他们复活了20世纪60年代嬉皮士运动的观点,比如也强调拥有自由,穿自己愿意穿的衣服,做自己想要做的事等。但与60年代嬉皮士属于政治运动本质不同的是他们远离政治,从不参与政治活动。

越南实现统一

1975年3月4日,为了实现南越与北越的统一,越南军民利用南越政权面临严重统治危机的有利形势,以北方正规军为主,在南越人民武装和人民群众的配合下,发起了春季总进攻,连续进行了西原战役、顺化—岘港战役和西贡战役三大战役。经过 55 天激战,共歼灭和瓦解敌军 100 多万人,推翻了南越政权,实现了国家的统一。

1975 年 3 月 4 日,北越集中 4 个师兵力,开始对西原地区之敌进行分割包围,最后确定西原南部的邦美蜀为战役的主要突击方向。至 4 月 4 日,西原战役胜利结束,共歼敌万余名,并缴获大批作战物资,为以后作战行动创造了有利的条件。

西原战役打响后,南越极为惊慌,迅速收缩兵力,准备固守顺化和岘港地区。这一地区与越南北方相邻,驻有武器装备精良的南越 5 个主力师。为了保证战役顺利进行,同时鉴于美军对北越军队南下

美国人狼狈出逃

攻势未采取大的行动,北越将全部主力部队 3 个军投入了南方战场。3 月 19 日,南越人民武装积极配合北方军队行动,乘虚攻入广治市。两天后,北越军主力兵分北、西、南 3 个方向向顺化发起攻击,重点打击该市守敌的指挥所、机场及封锁海上退路。至 25 日,攻克顺化市,随后转兵进攻岘港。北越军相继攻占了岘港南面的广义、王岐、巡养三地,尔后全力逼近岘港市。在这种情况下,南越政府总统阮文绍下令固守城池,要求至少坚持两个月时间,以便调整兵力部署,伺机反扑。与此同时,调兵遣将,增援岘港守军。

然而由于美军顾问临阵撤离,军心混乱,大批南越军向南溃逃。北越军抓住这一时机,大举向岘港以南发起进攻,29 日更进占岘港市。此役,北越军共消灭和瓦解敌军 10 多万人,使该地区与越南北方连成一片,将南越军逼退至西贡一带。西贡是南越政权的首府,也是其兵力集聚的重镇,驻有 7 个师兵力。4 月 9 日,北越军首先向西贡市外围据点的南越军发起攻击,但遭到南越军的顽强抵抗。于是,北越军变更部署,集中强大炮火轰击南越军防御阵地。南越守军损失惨重,军心动摇,被迫退却。4 月 29 日凌晨,北越军向西贡发起全面攻击,重点进攻市内的南越总统府、警察总署、总参谋部、广播电台和郊区的新山机场。经过 1 天激战,北越军相继攻克诺中、龙平、莱眺、富利、厚义、芹德等重要据点和基地。4 月 30 日晨,北越军攻入市区,与南越军队展开巷战,中午时分占领全部西贡市区。至此,越南抗美救国战争终于取得最后胜利,越南实现了国家的统一。

第一次世界妇女大会

1975 年 6 月 19 日至 7 月 2 日,联合国在墨西哥首都墨西哥城举行了第一届世界妇女大会。该次大会是自联合国成立以来第一次专门讨论妇女问题的世界性政府间会议,

也是"国际妇女年"的重要活动之一,有 1000 人参加了这次会议。

会议通过了《关于妇女的平等地位和她们对发展与和平的贡献的宣言》和《为实现妇女年目标而制定的世界行动计划》。同年,联大宣布 1976 年至 1985 年为"联合国妇女十年。"

黎巴嫩内战爆发

1975 年 4 月,黎巴嫩爆发了基督教派与伊斯兰教派之间的战争。

黎巴嫩位于亚洲西部、地中海东岸,是中东地区唯一不以伊斯兰教为国教的阿拉伯国家,首都贝鲁特是西亚通向地中海的门户。黎巴嫩国内教派众多(伊斯兰教和基督教是两大基本教派),党派林立,人口虽只有 300 余万,但却有 80 余个党派团体和不受政府控制的 30 余支武装力量。1943 年独立前,基督教与伊斯兰教的人口比例为 6 :5,各教派即在此基础上达成分配国家领导职务与议会席位的协议:总统、军队司令由基督教马龙派人士担任,总理和议长由伊斯兰教的逊尼派和什叶派人士担任,在议会 99 个席位中,基督教派占 53 席。这种状况一直延续了几十年。后来,伊斯兰教派人口迅速增长,逐渐居全国多数。他们对基督教派继续掌握军政大权日益不满,迫切要求重新分配国家权力。而基督教派统治集团为维护既得利益,不肯做出让步,两派之间的矛盾日益加剧。另外,在黎巴嫩还有 40 多万巴勒斯坦难民;1970 年 9 月,约旦当局镇压巴勒斯坦游击队的事件发生后,巴勒斯坦游击队主力 1 万余人从约旦转移到黎巴嫩境内,并在黎巴嫩南部建立营地,不断对以色列进行袭击,因而黎巴嫩也经常遭到以色列的报复;巴勒斯坦游击队还支持伊斯兰教派的斗争,这些都引起基督教派统治当局的强烈不满。加之,美国、以色列和一些阿拉伯国家经常插手黎巴嫩事务,从而增加了黎巴嫩局势的复杂性,促使全面内战的爆发。

1975 年 4 月 13 日,黎基督教长枪党马龙派武装袭击了巴勒斯坦居民区,造成数十名巴勒斯坦人死亡。这一事件成为内战的导火线,随即发生伊斯兰教派与基督教派民兵的激烈战斗,就这样一场持续 10 余年的内战开始了。

苏联"联盟 19"号与"阿波罗 18"号对接成功

1975 年 7 月 15 日至 21 日,美国的"阿波罗 18"号和苏联的"联盟 19"号宇宙飞船在太空对接成功。这是人类航天史上首次国际合作,它对缓和美苏外空紧张局势起到了重要的作用。该太空计划是美苏于 1972 年 5 月制订的。

1975 年 7 月 15 日格林尼治时间 12 时 20 分,"联盟 19"号飞船在拜科努尔发射场加加林发射阵地准时发射升空。在"联盟 19"号发射后 7 小时 30 分后,美国"土星 1B"火箭运载着"阿波罗18"号飞船从肯尼迪航天中心39号发射阵地发射上天。

在"联盟19"号飞行36圈,"阿波罗19"号飞行29圈,即"联盟19"号发射51小时49分钟之后,两船进行了对接。对接完成得非常顺利,比原计划还提前了几分钟。接着进行航天员互访活动,阿波罗飞船两名航天员进入了联盟号。美国宇航员斯坦福尔德紧紧握住苏联宇航员列昂诺夫的手。列昂诺夫微笑着用英语说:"很高兴见到您!"两人相互拥抱,非常激动。通过电视转播,全世界数以万计的观众目睹了这一重要历史场面。在会见中,两国航天员交换了国旗,共同进餐,一起做体操,还联合举行了太空答记者问的电视节目,回答了苏、美新闻记者的问题。第一次会见进行了10小时,会见完毕后,美国宇航员返回"阿波罗飞船。"第2天,"联盟"号飞船的指令长对"阿波罗飞船"进行了回访。两艘飞船在对接状态下,共飞行了两天。

两艘飞船分离后,"联盟19"号又经过43小时的飞行,于7月20日在哈萨克的阿尔卡利克东北87千米处安全着陆;"阿波罗18"号飞船分离后,又继续飞行了6天,于7月24日溅落于夏威夷以西434千米的太平洋上。

宇宙飞船首次对接飞行取得了巨大成功,促进了美苏两国关系和国际关系的改善。福特总统表示,联合飞行对科学、对国际合作做出了贡献。勃列日涅夫给福特总统致电,希望这次飞行成为今后合作的基础。联合国秘书长瓦尔德海姆称这次飞行是人类史上的一个里程碑。

民主柬埔寨成立

1976年1月,民主柬埔寨正式成立。1970年3月18日,柬埔寨朗诺·施里玛达集团趁柬埔寨国家元首西哈努克出国之机发动政变,推翻了西哈努克亲王领导的王国政府。3月23日,西哈努克亲王在中国北京宣布成立柬埔寨民族统一战线,并担任主席。5月5日成立以宾努亲王为首相的柬埔寨王国民族团结政府。1975年4月,柬埔寨民族解放人民武装力量解放了全国,西哈努克亲王和宾努首相离开北京回国。1976年1月5日颁布新宪法,废除了君主立宪制,改国名为民主柬埔寨。新宪法规定:人民代表大会是最高立法机关,其常设机构为常务委员会,人民代表由选举产生,任期5年;政府为最高执行机关,由人民代表大会决定其组成;司法委员会为最高司法机关,成员由人民代表大会任命。1976年4月,西哈努克亲王辞去国家元首后退休,王国民族团结政府解散,人民代表大会选举乔森潘为国家主席团主席。

沃尔夫基金会创立

1976年1月,德国化学家R.沃尔夫及其家族捐献1000万美元成立了沃尔夫基金会,其宗旨是促进世界科学、艺术的发展。沃尔夫基金会设有数学、物理、化学、医学、农业5个奖(1981年增设艺术奖)。在此之前，在数学界被称为"数学诺贝尔"的菲尔兹奖，只授予40岁以下的年轻数学家，所以年龄较大的数学家没有获奖的可能。而沃尔夫数学奖的设立，则弥补了这一缺陷。沃尔夫数学奖于1978年开始颁发，通常每年颁发一次，奖金为10万美元，可以由几人分得。由于沃尔夫数学奖具有终身成就奖的性质，所有获得该奖项的数学家都是享誉数坛、闻名遐迩的当代数学大师，他们的成就在相当程度上代表了当代数学的水平和进展。

R.沃尔夫于1887年生于德国，曾在德国研究化学，并获博士学位，后移居古巴。他用了近20年的时间，经过大量的实验成功发明了一种从熔炼废渣中回收铁的方法，从而成为百万富翁。1981年，沃尔夫逝世。

马约特岛争端

马约特岛争端是科摩罗与法国之间关于马约特岛的主权之争。马约特岛是科摩罗的四大岛之一，位于科摩罗群岛南部，处于莫桑比克海峡北部的咽喉要道，战略地理位置十分重要。1975年7月科摩罗宣布独立。同年11月联合国大会在接纳科摩罗为其成员国的决议中确认了包括马约特岛在内的科摩罗的统一和领土完整。法国不顾联合国和非洲国家的反对，于1976年4月单方面在马约特岛举行"公民投票"，宣布马约特岛为"法兰西共和国的一个地方行政单位。"

塞韦索毒气泄漏

1976年7月15日，意大利米兰市附近塞韦索村一座使用剧毒化学品二氧芑制造除草剂的化工厂发生毒气泄漏事故。事故发生时，一股烟云状二氧芑排放到大气中，接着塞韦索村的家畜无缘无故地死去。村里人恐慌不已，当局命令群众从该村疏散。二氧芑的毒性极大，人体只要接触到一点点便立即皮肤起疱，出现皮疹。在塞韦索毒气泄漏两周以后，每6个受检居民中，就有1人呈二氧芑中毒症状。但更糟糕的是，二氧芑在人体内的潜伏期很长，其毒性需要很多年才能从人体内消除。二氧芑中毒能导致癌症，孕妇中毒后，就会生育畸形婴儿。在接触二氧芑很长一段时间后所引发的疾病，目前医疗上尚难以解决。自塞韦索毒气泄漏事故发生后，世界各国对涉及化学品的工业事故倍加警惕，对使用危险化学品的工厂也实施更严格、更安全的管制措施。

美国隆重庆祝独立 200 周年

　　每年 7 月 4 日,是美国的独立日,以纪念 1776 年 7 月 4 日大陆会议在费城正式通过《独立宣言》。北美大陆原是印第安人土著居民世代生息繁衍之地。从 17 世纪初开始,北美大陆陆续沦为英国的殖民地。1783 年 9 月 3 日,英国正式承认美国独立,美国人民赢得了独立战争的最后胜利。从此,通过《独立宣言》的这一天被定为美国独立日,成了美国人民永远纪念的节日。

　　1976 年 7 月 4 日,美国各地举行盛大庆祝活动,纪念美国独立 200 周年。这天,费城自由钟首先敲响,接着全美大大小小的教堂钟声齐鸣,国会山上升起了成千上万面星条旗。随后,各地居民自发地进行庆祝游行,有的扮作骑马的旧时牧师或坐着古式马车的贵族小姐举行化装游行;有的组成家庭小乐队参加游行,还有的全家祖孙几辈载歌载舞,边舞边行。大街上更是一片欢乐的海洋,各种彩车、模型车、杂技车和小孩玩具车同欢乐的人群一起排成浩浩荡荡的游行队伍,场面十分壮观。游行结束,人们聚会在公园或公共场所共同欢度节日。在一片乐曲声中,人们或翩翩起舞,或席地野餐,商人们忙着叫卖纪念品,政客们乘机进行竞选演说,孩子们则在草地上做各种游戏,全美各地呈现出一派节日的欢乐景象。

苏联发射"礼炮 5"号空间站入轨

　　从 20 世纪 70 年代起,苏联的太空探索进入以载人航天为主体的研究、试验新阶段。其特点是,充分利用 60 年代载人航天的已有成果,借助于以航天站为主体、以载人飞船和无人货船为运输手段的载人航天体系,在近地轨道上开展频繁的载人航天活动,研究人在空间环境中长期生活与工作的能力,进行与军事,科研和国民经济有关的试验。1976 年 6 月 22 日,苏联发射"礼炮 5"号空间站入轨。运行期间先后与 3 艘载人"联盟"号飞船对接,其中两艘对接成功。"联盟 21"号的航天员在飞船上工作 49 天,因舱内出现呛人的气味,于 8 月 24 日返回。"联盟 23"号对接没有成功。"联盟 24"号对接后,航天员进站工作两星期。"礼炮 5"号共运行了 412 天。"礼炮 5"号属于第一代航天站,一次只能对接一艘飞船。

第 21 届蒙特利尔奥运会

　　蒙特利尔是位于加拿大魁北克市南部蒙特利尔岛上的一个港口城市。为举办 1976

年的第 21 届奥运会,蒙特利尔市耗费了巨额资金,在城区北部开辟了奥运会中心。本届奥运会费用远远超过了预算,亏空 10 多亿美元,使该市纳税人至今无法还清这笔债务。

运动会于 1976 年 7 月 17 日~8 月 1 日举行。应邀参赛的有 88 个国家和地区,运动员 6189 人。首次参赛的有安道尔、安提瓜、开曼群岛和巴布亚新几内亚。中国台湾没有参加本届运动会。本届奥林匹克火焰传递首次采取了卫星传递的方法,最后点燃主体场奥林匹克火焰,是由一对少年男女共同完成的,这是奥运会史上第一次、也是唯一的一次由两人共同执行点燃圣火的仪式。本届奥运会增设了女子篮球、女子手球等项目,单项数由上届的 195 增加到 198。本届奥运会共破 60 项奥运会纪录,其中世界纪录为 33 项。举重、射箭的奥运会纪录被再次刷新。游泳破 24 项奥运会纪录和 21 项世界纪录,其中男子 12 项为世界纪录。

“海盗 1”号登陆火星

1976 年 7 月 20 日,美国“海盗 1”号不载人宇宙飞船在经过近 11 个月的 5 亿英里的飞行后,在火星表面软着陆成功,成为第一艘降落在火星上的太空船。19 分钟后,着陆成功的消息传回地球。数星期后,“海盗 1”号的姐妹船“海盗 2”号也成功地降落在火星表面。

“海盗 1”号于 1975 年 8 月 20 日在佛罗里达的堪培拉海角由“泰坦”型运载火箭发射升空,其上包含有运行于火星轨道的太空探测船以及可供脱离登陆的无人登陆艇。探测船于 1976 年 6 月 19 日进入火星的轨道,登陆艇于 1976 年 7 月 20 日在火星的希律塞平原斜坡着陆成功。接着,它立即投入了事先编好程序的寻找火星微生物的工作中去,并发回了难以置信的周景全彩色照片。科学家由此知道火星的天空是略带粉红色的,并非是他们原先所想的暗蓝色。“海盗 1”号轨道探测船于 1980 年 8 月 17 日在环绕火星 1400 圈后停止传送讯号,1982 年 11 月 13 日其登陆艇也与地面失去了联系。

洛克希德行贿事件

洛克希德行贿事件是美国洛克希德飞机公司于 1976 年制造的一起重大行贿事件。洛克希德公司是美国最大的飞机制造厂家和军火商之一。

1976 年 2 月 5 日,美国民主党人丘奇揭发了洛克希德公司为推销飞机向日本前首相田中角荣和联邦德国、意大利等国政府官员大量行贿的丑闻。消息当天传到了日本,日本朝野为之震惊。5 月,日本众议院成立调查洛案特别委员会,经日本司法当局查明,田中角荣在 1972 年至 1974 年任首相期间共接受洛克希德公司 5 亿日元贿款,同时涉嫌此案的还有日本政界其他高层人士共 15 人。田中受贿事实被揭露后,日本各报几乎全以洛案为头条新闻报道,杂志和专刊也纷纷撰文大曝有关内幕,电视台更是直接转播,事件轰动性极为罕见。1976 年 7 月 27 日,东京地方检察厅逮捕了田中角荣。从逮捕之日起到 1983 年 10 月的 6 年多时间里,田中共受审 190 多次,其审理之细密为世界刑事审判史所罕见。1985 年 2 月田中角荣因患脑血栓而躺倒,洛案也就随之不了了之。

卡特当选美国总统

　　1976 年 11 月,美国举行大选。民主党候选人卡特获胜,当选为美国第 39 任总统。卡特于 1924 年 10 月 1 日生于美国佐治亚州普兰一个花生农场主家庭,1946 年毕业于马里兰州美国海军军官学校(即安纳波利斯海军学院),获理学士学位,随后加入海军服役 7 年。1953 年父亲去世,他退役回家乡经营卡特农场、卡特仓库等业务。1962 年,38 岁的花生农场主卡特决心步入政坛,参加竞选州参议员。1963 年 1 月,卡特当上了佐治亚州的一名州参议员,正式登上了美国政府宝塔的第一层。1971 年 1 月,经过 9 年的拼杀,卡特又在亚特兰大的佐治亚州大会堂,宣誓就任该州第 76 届州长。在当时美国南方的年轻州长中,卡特以办事富有实效、积极消除种族歧视赢得声誉。1974 年卡特宣布竞选总统,并轻易获得民主党提名。1976 年,他经过艰苦的竞选战以微弱优势击败福特总统,出任美国第 39 任总统。

特纳里夫岛空难

　　1977 年 3 月 27 日,一架美国泛美航空公司波音 747 飞机,从加那利群岛特内里费岛上的国际机场起飞。当飞机驶上了机场的主跑道时,驾驶员突然发现前面的跑道上还有一架荷兰皇家航空公司的波音 747 飞机时,已为时太晚。由于喷气式飞机不能及时刹车。撞上了荷兰皇家航空公司的波音 747 飞机,使荷兰飞机上 248 人全部罹难。两架飞机机翼下满载的油箱爆炸起火。泛美公司的飞机上有 70 人死里逃生,但大多数遭到严重烧伤。死亡总人数为 574 名。

　　这次悲惨事故起因是加那利群岛的另一大岛——拉斯帕尔玛斯岛的机场发生了一起炸弹爆炸事件。由于这一紧急情况,这两架巨型喷气式客机都被转移到特内里费岛。而荷兰皇家航空公司喷气式客机的驾驶员未经机场空中交通管制中心许可,擅自起飞是造成该事故的主要原因。

天王星光环被发现

　　天王星在太阳系中的位置排行第七,与太阳的平均距离为 2.9×10^9 千米。因为它距离地球非常遥远,体积也比较小,所以看上去比土星、木星暗得多。1977年3月,科学家们在观察天王星掩食恒星(即挡住了恒星的光)现象时发现,在天王星到达一颗恒星之前,星光突然变暗大约7秒钟,随后又变亮了。在天王星继续接近这颗恒星的过程中,又有4次变暗,每次都为1秒钟。在恒星从天王星的另一侧出现时,也发生了同样变暗的情况,只是顺序相反。科学家们通过进一步的观察,结果发现天王星的周围也像土星那样,有一个美丽的光环,光环中包含有9条环带。最里面的环和天王星中心相距40500千米,最外面的环距离天王星中心49100千米。天王星的光环非常薄,非常暗,亮度仅为土星环的1/3000000,在一般情况下即使用天文望远镜也难以发现。

伊朗伊斯兰革命

20世纪60年代以来,伊朗礼萨·巴列维国王大权独揽,实行君主专制。国王的专制统治激起了群众的不满,遭到以宗教领袖霍梅尼为代表的伊斯兰教什叶派上层的强烈反对,国内政局动荡不定。霍梅尼运用宗教力量组织反国王的群众运动。国王先是实行武力镇压,继之妥协让步。但都无济于事。1979年1月16日国王被迫出国"长期度假"(1980年7月27日在埃及病故)。巴列维王朝覆灭。同年2月,霍梅尼由法国回伊朗,宣布成立伊斯兰革命委员会,废除君主制,建立伊朗伊斯兰共和国。根据新宪法的规定,霍梅尼为"伊斯兰革命领袖",即最高领袖,《古兰经》和《圣训》被宣布为指导人们思想和行动的准则。伊朗的伊斯兰革命对世界上伊斯兰复兴运动有巨大影响。

墨西哥城再现"阿兹特克文明"

1978年2月21日上午,墨西哥城一名电缆管道工在掘地时,在索罗哥广场附近偶然触到特诺奇蒂特兰古都的金字塔。

特诺奇蒂特兰城是墨西哥现在的首都墨西哥城的前身,它是墨西哥古代阿兹特克人于1325年开始填湖而建的斗座都城,人口曾发展到30余万,是当时世界上最大的城市之一。阿兹特克人于14世纪初生活在墨西哥北部高原,以游牧为生。后在部落首领特诺奇率领下向南远征,于1325年到达特斯科科湖的湖心岛并定居下来,修建了特诺奇蒂特兰城,随后以它为中心创立了阿兹特克帝国,同南美的印加帝国并列为西半球最强盛的国家。阿兹特克人极度喜好战争,他们用令人恐怖的方式将活生生的牺牲者的心挑出来,认为战争是捕获为其宗教提供所需的大量献祭用的牺牲者的必要手段。人祭牺牲的必然结果是形成吃人肉的习俗。这段文明史延续了两百年,1521年西班牙殖民者入侵这里,把宏伟的特诺奇蒂特兰城夷为平地,杀戮了成千上万的阿兹特克人。阿兹特克文明从此消失了。

试管婴儿

新的试验对象

剑桥大学生理学家罗伯特·爱德华兹博士、英国曼彻斯特市的妇科医生帕特里克·斯特普托，从 1966 年就开始进行治疗不孕症的理论研究，他们试图找出一种新途径来解决问题，即体外受精—胚胎移植（IVF—ET）。

事实上，从 1960 年开始，爱德华兹就开始研究人类卵子及体外受精技术，并于 1969 年在试管中培育出了第一个胚胎。然而，他对 IVF—ET 实践结果并不乐观。到 1977 年时，经 IVF—ET 受孕的大约 80 例患者，在正常的情况下，没过几星期就都流产了。因此，IVF—ET 存在极大的风险，令人悲观的结果似乎证明它是完全不成功的。

1977 年年底的一天，对于爱德华兹博士和斯特普托医生来说是幸运的，因为又有人愿意接受 IVF—ET，对于接受 IVF—ET 的约翰·布朗和莱斯利·布朗夫妇来说，他们也是幸运的，因为成功将从他们这里开始。

罗伯特·爱德华

"之前的实验不很理想，这你是知道的。现在的方法已经改进很多，而且更为，安全。但是，采用这种受孕方法，仍然存在流产、胎儿不健康等风险。"爱德华兹和斯特普托医生告诉莱斯利。

"没问题，我们已经做了充分的准备，我们愿意承担可能的后果。"因输卵管阻塞、已经 9 年未育的莱斯利说。

实验开始

爱德华兹博士立即准备实验器具，开始进行实验。他先用腹腔内窥镜从 32 岁的莱斯利身上取出卵子，然后放进已经准备好的培养器皿中。随后他又取得健康的约翰的精子，使精、卵在试管内相遇受精。

5 天之后，试管里出现了 5 个胚囊，它们随后被植入了莱斯利的子宫。

"受孕的机会相对较小，或者我们不得不进行第二次实验。"爱德华兹博士告诫她说。

"我感觉一个小生命已经悄悄生长了，我很舒服，直觉告诉我，一定会成功的!"莱斯利充满信心。

随后一切进展顺利，莱斯利的肚子渐渐隆起来了，约翰则像个孩子似的，整天跑前跑后，还不时把细微的变化告诉爱德华兹博士和斯特普托医生。

爱德华兹博士和斯特普托医生欣喜不已,然而他们的心也整天吊着,因为以前太多的失败,让他们还没有足够的准备去迎接成功。

预产期渐渐来临了,莱斯利并没有出现什么不适。

"我感觉他在踢我呢!他似乎有点急不可耐了!"莱斯利满脸洋溢着幸福的笑容。

约翰则更加小心,他希望睁开眼就能看到莱斯利平平安安,抓起电话就能联系到任何妇科医生。

世纪之婴

1978 年 7 月 25 日,莱斯利被推进了产房。约翰和亲戚们在产房外面等待着,一群记者在医院外等待着……

深夜 11 点 40 分,兰开夏郡奥尔德姆市总医院妇产科里,斯特普托医生还在紧张地工作着,莱斯利的剖腹产由他亲自主刀。随着一声婴儿的啼哭,医生、护士都松了一口气。

"快去看你的女儿!"一名护士跑过来通知约翰。约翰喜极而泣,用拳头狠狠地砸在了墙上,然后亲吻了身边的人,包括那名护士。他冲出门外,向手术室狂奔。

爱德华兹博士和斯特普托医生轻托着孩子放到了约翰的怀里,他语无伦次地说:"不敢相信!不敢相信!"而莱斯利因手术麻醉还在沉睡着,那么安详。

此时,那些围在医院外的记者已经着急了,因为种种迹象表明,孩子已经顺利产下了。他们曾报道过多次相关的新闻,但都是令人沮丧的,甚至他们自己也不愿意再看到那些坏消息了。他们拼命地往保卫严密的医院里挤,不仅是要抢头条新闻,更主要是把这个好消息告诉那些关注此事的人们。

看着这名婴儿健康正常,爱德华兹博士和斯特普托长舒了一口气。约翰兴奋得忘了道谢,他正念叨着"路易丝·布朗"这个名字,这是他给这个女婴取的名字。

路易丝在出生时就理所当然地成为报纸头条新闻,被冠以"世纪之婴"的美称。因为,她是全球第一个以体外人工授精方式出生的试管婴儿。

几乎震动了世界

路易丝恐怕从来没有想到,自己一出生就成为公众人物,几乎震动了整个世界。但是,并不是所有的人都为路易丝的出生而欢呼。

有人认为,这样做会把生儿育女的自然生理现象搞乱,是违背道德的行为。也有人认为,体外受精违反胚胎发育的自然规律,因而对试管婴儿能否正常发育成长持怀疑态度。甚至连某些科学家也担心,这个小孩正常吗?实验室的处理是否会留下可怕的遗传缺陷?她如果知道自己是以这种奇怪的方式创造出来的,心灵是否会留下创伤?她会不会是某个非自然物种的先锋,到头来只是为了刻意制造邪恶?

莱斯利和约翰在接受人们道喜的同时,还承受着巨大的压力。他们小心地呵护着路易丝,生怕有丝毫差错。只要有一点疏忽,那些宗教和政治人物,一定会发起更猛烈的攻击。因此,唯一的办法就是,把路易丝照顾得健健康康的。

爱德华兹博士和斯特普托没有想到,当他们实验失败时,受到了无数的苛责;为什么实验成功时,仍然受到无数的苛责。

爱德华兹博士专门召开记者会说:"我不知道他们为什么指责,难道实现一个母亲抱上孩子的愿望有错吗?"

风雨过后

令人欣慰的是,路易丝健康地成长着,和普通的婴儿没有什么区别。在她5岁时,父母就简略地向她讲解了她来到这个世界上的过程,并给她看了那个著名的夜晚、初生的她发出第一声啼哭的录像。此时,路易丝已经有了一个妹妹娜塔莉,英国第40个试管婴儿。

等到10岁时,路易丝发现,自己越来越被出生的方式困扰。她也经常思考,自己到底是怎么来到这个世界上的,真的如母亲所说的那样吗?父母总说自己和普通的孩子一样,但为什么自己还老是觉得很特别、很不正常呢?

路易丝经常被突然跳出来的记者访问,问她各种各样的情况。路易丝发现,记者总是认为她不是普通人,并竭力通过提出各种问题以证明她不是普通人。路易丝感到越来越孤独,而让她感觉头疼的是,同学总是无休止地问她:"你是从试管里出生的吗?"她不得不为此反复解释:自己不是。

路易丝健康地成长着,各种非议、指责越来越少,异样的目光也越来越少,无聊的发问也越来越少,而以相同方式出生的人越来越多。她和普通孩子一样愉快地学习,还成了试管婴儿技术的完美广告。

在路易丝25岁时,全世界的试管婴儿大约已经有150万人了。每一个试管婴儿都不再感到孤独。在路易丝25岁生日时,有数千名宾客和近1000名试管婴儿参加。

路易丝说:"做公众人物的感觉很怪,但活着真好。虽然作为150万名试管婴儿中的第一个,但我并不感到自己很特别。我想过普通的生活,而且我的生活的确很普通。"

2004年9月4日,26岁的路易丝和33岁的安全警官威斯利·穆林德携手走上了红地毯。主持婚礼的牧师罗宾·道奇在35分钟的结婚仪式后对记者道:"一切真是太感人了。"

中美建交

1977年,美国第32任总统卡特上任后,致力发展同中国的外交关系。1978年12月16日(美国为15日),中美双方发表了《中华人民共和国和美利坚合众国关于建立外交关系的联合公报》,"商定自1979年1月1日起互相承认并建立外交关系",并"将于1979年3月1日互派大使并建立大使馆。"在公报中,"美利坚合众国承认中华人民共和国政府是中国的唯一合法政府。在此范围内,美国人民将同台湾人民保持文化、商务和其他非官方关系。"同日,中国政府发表声明,重申"台湾是中国的一部分",美国政府发表声明说:1979年1月1日,美利坚合众国将通知台湾,与之结束外交关系,美国和台湾之间的《共同防御条约》也将按照条约的规定予以终止。至此,中美关系实现正常化。

美苏签订《限制进攻性战略武器条约》

1979 年 6 月,美、苏两国签订《限制进攻性战略武器条约》。

1972 年 11 月 21 日,美、苏在日内瓦开始第二阶段限制核武器会谈,中心议题是制订一项限制进攻性战略武器条约,以取代《临时协定》。1973 年 6 月勃列日涅夫访美,与尼克松签订了《关于进一步限制进攻性战略武器谈判的基本原则》。1974 年 11 月,福特和勃列日涅夫在海参崴举行会谈,签署了《关于进攻性战略武器问题的联合声明》。1979 年 5 月,美苏达成协议,6 月 18 日,卡特和勃列日涅夫在维也纳会晤,草签了《美苏限制进攻性战略武器条约》和《附加议定书》,有效期到 1985 年底。《美苏限制进攻性战略武器条约》由于美国国会的反对未获批准生效。1981 年里根上台后,美国政府反对批准该条约。

英国历史上的第一个女首相

1979 年 5 月 3 日,玛格丽特·撒切尔成为欧洲第一个女首相。在这一天的英国大选中,她和她的保守党获得了决定性的胜利。

撒切尔于 1925 年 10 月 13 日生于英格兰肯特郡的格兰瑟姆。毕业于牛津大学索默维尔女子学院,先后获牛津大学理学士、文科硕士学位。她在大学时代就热衷于政治,在牛津大学读书时,她加入了英国的保守党,曾担任该党在牛津的协会主席。毕业后任律师,并最终走上参政之路。

1965 年至 1969 年先后任保守党要职。1970 年保守党再度执政,任教育和科学大臣。1975 年当选保守党领袖。1979 年 5 月出任英国首相。1983 年 6 月、1987 年 6 月两次连任。她不仅是英国历史上第一位女首相,也是本世纪内执政时间最长的政府首脑。1990 年 11 月,因政策分歧失去内阁支持,22 日宣布退出保守党领袖竞选,并辞去首相职务。次年 4 月正式去职。

曾 4 次访问中国,1984 年在北京代表英国政府与中国政府签署了《关于香港问题的联合声明》。

萨尔瓦多内战

1979 年 10 月 28 日,萨尔瓦多内战爆发。萨尔瓦多位于中美洲,近 50 年来一直由亲美军人实行独裁统治,国家的政治权力和经济命脉一直掌握在本国的"14 个家族"和以美国为主的外国垄断资本家手中,广大人民过着极为贫困的生活。极端的经济不平等孕育着越来越严重的社会动乱,军政府的独裁统治也引起人民的强烈不满和反抗。1977年,前国防部长罗梅罗通过舞弊选举上台后,几年内就有7000人被杀。1979年10月,在尼加拉瓜革命胜利的影响下,萨尔瓦多人民武装斗争进一步高涨,矛头直指罗梅罗军事独裁政府。美国被迫换马,支持宪法派军人发动军事政变,建立温和政府——"执政委员会",进行一些社会改良,企图稳定政局。但执政委员会内部矛盾重重,国内经济日趋恶化,更引起人民的失望和极度不满,反政府武装的规模扩大,活动加强,整个国家处于剧烈的动荡之中。

"天空实验室"退役

1979年7月11日,美国"天空实验室"空间站在轨道运行6年后坠入大气层烧毁。"天空实验室"空间站是利用"阿波罗登月计划"的剩余物资——"土星5"号火箭第三级改造而成的,是第一个实际投入长期使用的空间站,1973年5月14日被发射入轨。

"天空实验室"全长36米,最大直径6.7米,总重77.5吨,由轨道舱、过渡舱和对接舱组成,可提供360立方米的工作场所。它在435千米高的近圆空间轨道上运行,先后接待3批9名宇航员到站上工作。这9名宇航员在站上分别居留28天、59天和84天。1973年5月25日、7月28日和11月16日,先后由"阿波罗"号飞船把宇航员送上空间站工作。在载人飞行期间,宇航员用58种科学仪器进行了270多项生物医学、空间物理、天文观测、资源勘探和工艺技术等试验,拍摄了大量的太阳活动照片和地球表面照片,研究了人在空间活动的各种现象。1974年2月第三批宇航员离开太空返回地面后,"天空实验室"便被封闭停用,直到1979年7月11日在南印度洋上空坠入大气层烧毁。它在太空总共运行了2249天,航程达14亿多千米。

恐怖的天花病绝迹

1980年5月28日,世界卫生组织宣布:人类从此消灭了天花。天花是由天花病毒引起的烈性传染病,主要表现为严重的全身中毒症状和循序成批出现的斑疹、丘疹、疱疹、脓疱等皮疹。天花传染性猛烈,患者死亡率极高,侥幸逃生者,也会留下永久性的疤痕(如脸上的麻子)或失明。历史上天花给人类带来了深重的灾难。1555年,天花在墨西哥大流行,全国1500万人中有200万人死亡。16至18世纪,欧洲每年死于天花病的人数为50万,亚洲达80万。18世纪末,英国乡村医生琴纳发明了牛痘接种术,终于制服了天花这个病魔。人类的最后一例天花病人于1977年出现在索马里。1978年12月以后,世界卫生组织没有再收到天花病例的报告。1980年5月,世界卫生组织在第33届世界卫生大会上宣布天花已在全世界彻底消灭,全世界停止接种牛痘。但是,由于天花病毒杀伤力巨大,冷战期间美国和苏联都曾试验用它制成生物武器,现在还有天花病毒保存在美国和俄罗斯的绝密实验室里。

波兰"团结工会"成立

1980 年 7 月 1 日,波兰政府公布肉制品提价,引起群众不满,全国各地开始出现罢工。面对着不断蔓延的罢工浪潮,波政府不得不同罢工委员会进行谈判。8 月 31 日,罢工领袖瓦文萨与政府副总理雅盖尔斯基签署复工协议,政府同意在承认统一工人党领导作用和波苏同盟条件下成立"独立自治工会。"不久,独芷自治团结工会筹委会宣告成立,瓦文萨当选为临时负责人。9 月 22 日,波全国 36 个独立自治工会的代表在格但斯克举行第二次会晤,通过独立自治"团结"工会章程。这次会议决定,把全国划分为 17 个工会运动行政管理区,工会总部设在格但斯克。9 月 24 日,团结工会全国协议委员会负责人正式向华沙地区法院提交了要求登记的申请。团结工会成立后,组织发展十分迅速,很快就发展到 950 万会员,统一工人党 300 万党员中有 100 万加入了团结工会。

里根当选美国第 40 任总统

1980 年 11 月,共和党人里根以压倒多数的选票优势当选为美国第 40 任总统。里根于 1911 年 2 月 6 日生于美国伊利诺伊州坦皮科城。1932 年毕业于尤雷卡学院获经济学和社会学学士学位。毕业后在艾奥瓦州电台担任广播员 5 年。1937 年进入好莱坞华纳兄弟电影公司当电影和电视演员。第二次世界大战期间应征入伍,在空军服役。退伍后重返好莱坞,此后 20 多年,曾在 50 余部影片中担任角色。1949 年当选为电影业委员会主席。里根早年参加民主党。1962 年改入共和党。1966 至 1974 年连任两届加利福尼亚州州长。1968 年和 1976 年曾两次争取共和党总统候选人的提名,但均未成功。1980 年里根被提名为共和党总统候选人。他选择前得克萨斯国会议员、联合国大使乔治·布什作为他的竞选搭档。当时,选举人深受通货膨胀的折磨,另有数名美国人在伊朗被作为人质扣押了一年。所有这些最终使之前的民主党政府落败,共和党在选举中获胜。11 月 4 日选举揭晓,里根囊括了 538 张选票中的 489 张,以绝对的优势击败前总统卡特(49 票)当选为美国第 40 任总统。

美国总统里根遇刺

1981 年 3 月 30 日,美国第 40 任总统里根上任才两个月,然而不幸却降临到他的头上。这天,里根应邀出席华盛顿康涅狄格大街的希尔顿饭店举行的一次美国劳联—产联集会。下午两点半钟,当他走到汽车跟前,向欢迎的群众招手致意时,突然一个金发青年拔出左轮手枪,向他射出了 6 发爆炸性子弹。枪声响后,白宫特工人员迅速扑向凶手,用自己的身体挡住总统,从而使最后几枪都打偏了。受伤的里根被送往附近医院抢救。其实,子弹并没有直接击中他,而是打在防弹车上反弹进他的胸部,击断了第 7 根肋骨后钻进左肺叶离心脏仅 3 厘米的地方。里根很快地恢复了健康。枪击事件发生 12 天后,里根重返白宫。

航天飞机"哥伦比亚"号发射

1981 年 4 月 12 日,在卡纳维拉尔角肯尼迪航天中心聚集着上百万人,参观第一架航天飞机"哥伦比亚"号发射。宇航员翰·杨和克里平揭开了航天史上新的一页。这架航天飞机总长约 56 米,翼展约 24 米,起飞重量约 2040 吨,起飞总推力达 2800 吨,最大有效载荷 29.5 吨。它的核心部分轨道器长 37.2 米,大体上与一架 DC—9 客机的大小相仿。每次飞行最多可载 8 名宇航员,飞行时间 7 至 30 天,轨道器可重复使用 100 次。航天飞机集火箭、卫星和飞机的技术特点于一身,能像火箭那样垂直发射进入空间轨道,又能像卫星那样在太空轨道飞行,还能像飞机那样再入大气层滑翔着陆,是一种新型的多功能航天飞行器。

王储查尔斯和戴安娜公主结婚

1981 年 7 月 29 日,英国王储查尔斯王子和戴安娜公主在伦敦圣保罗教堂举行结婚典礼。英国官方宣布,这是 300 多年来第一位英国王储和英国的贵族小姐结婚,也是 400 多年来第一位英国王储在圣保罗教堂举行婚礼。英国报刊称誉这场婚礼为"世纪婚礼。"

这天清晨,在王家车队行经的白金汉宫到圣保罗教堂长达 3.2 千米的街道上,早就聚集了观礼和看热闹的人群,估计达 100 万人之多。沿途建筑物的高层窗口边,也站满了观礼的人们。上午 9 时整,远近教堂的钟声齐鸣,应邀来伦敦观礼、身穿各色礼服的外国皇室人员、政府代表、外交使节和英国各界人士共 2500 名贵宾,陆续进入教堂。接着,英国女王夫妇、查尔斯王子、戴安娜公主等英国王室人员,分别乘坐传统精致的王家马车,由骑着高头骏马、身穿红色武士服装的王室卫队护送先后到达。英国的两家电视台对婚礼实况进行现场直播,从早晨 7 时半开始,长达六七个小时。

32 岁的查尔斯王子是英国女王伊丽莎白二世的长子,是英国王位的未来继承人。戴安娜公主年仅 19 岁,是斯本塞伯爵的女儿,曾在伦敦的一所幼儿园担任教员。1981 年 2 月 24 日,白金汉宫宣布查尔斯王子和戴安娜公主订婚的消息后,英国新闻界和出版界做了大量报道,掀起了筹备婚礼的高潮。尤其是进入 7 月下半月以后,查尔斯王子和戴安娜每天的社交活动、言谈举止,都成了各家报纸竞相报道的热门消息。查尔斯与戴安娜的婚礼被誉为 20 世纪最隆重的爱情盛事。

世界首例艾滋病

1981 年 6 月,美国洛杉矶加州大学医院医学中心诊断出世界首例艾滋病。艾滋病的全称为获得性免疫缺陷综合征(AIDS),是一种由逆转录病毒引起的人体免疫防御系统方面的疫病。艾滋病病毒进入人体后要经过数年,甚至长达 10 年或更长的潜伏期以后才发病。艾滋病病毒严重破坏人体免疫功能,病人因抵抗疾病的能力极度下降而重复感染多种疾病,如带状疱疹、口腔霉菌感染、肺结核,特殊病原微生物引起的肠炎、肺炎、脑炎及其他感染,后期常常发生恶性肿瘤。最终因长期消耗,全身衰竭而死亡。艾滋病的传染性极强,是一种病死率高达 100%的极为严重的传染病。

艾滋病发源于非洲,1982 年将此病被正式命名为"艾滋病。"以后,艾滋病迅速蔓延到了各大洲。目前还没有治疗艾滋病的特效药,也没有可用于预防的有效疫苗。至今全球已有 1880 万人死于这被称之为"世纪绝症"的病症。

首例人工心脏移植手术

1967 年,南非开普敦的巴纳德医生进行了人类历史上第一例天然心脏移植手术。他为患者瓦香斯基换了一颗天然心脏,术后病人只活了 18 天。但天然心脏不能长期使用,因为几乎每个人都有自己独特的免疫功能,它具有很强的排斥异己的能力,可以把植人人体内的异体器官很快摧毁。所以科学家们又研究用永久性的人造心脏来代替天然心脏。

1982 年 12 月 1 日,美国犹他大学医疗中心外科医生雅维克进行世界首例人工心脏移植手术获得成功。这颗人工心脏名为"雅维克—7",是雅维克自己研制发明的。它不像天然心脏那样由两个心房和两个心室组成,而是只有两个心室,重量比天然心脏要重些,但体积稍为小一点。"雅维克—7"全部用塑料和铝制成,可以抵挡住人体免疫力对它的冲击。装上这个永久性人造心脏的病人是美国西雅图的退休牙科医生、61 岁的克拉克。克拉克患有心肌病,加之年纪又太大,不能再做天然心脏的移植。于是,雅维克博士在给牛犊进行试验成功后,便给生命垂危的克拉克换上了一颗永久性的人造心脏。克拉克手术后存活了 111 天 17 小时 53 分钟。这次手术被称为"历史性的大手术。"

英阿马岛战争

　　1982 年 3~6 月,英国和阿根廷围绕马尔维纳斯等三个群岛主权的战争,是第二次世界大战以后南大西洋地区爆发的一场局部战争。虽然这场战争规模不大,持续时间不长,但它为现代条件下的局部战争、特别是海上作战提出了值得重视的新问题,创造了新经验,因而引起了全世界的关注。

马岛——南大西洋通往太平洋的"钥匙"

　　马尔维纳斯群岛,也称福克兰群岛。它位于靠近南美洲大陆的大西洋洋面上,形状像一个打开的扇贝。马尔维纳斯群岛的确切地理坐标是南纬 51°40′~52°00′,西经57°40′~62°00′。它由 346 个大小岛屿组成,面积 12800 平方公里。主岛有两个,它们东西并列,中间被福克兰海峡隔开。东岛叫索莱达岛,又叫东福克兰岛;西岛叫大马尔维纳岛,也称西福克兰岛。其他小岛如众星捧月,围绕在两个主岛四周。马岛的这一地理状况,造成了这一带海湾众多,水道纵横的特点。马岛陆上多为山地和丘陵地,平原面积不大。东岛有两条横亘东西的山脉,海拔 705 米的厄斯本山是东岛最高点,山南是一片叫拉福尼亚的平原,山北侧是丘陵地。西岛山峰林立,地势崎岖,亚当山海拔 700 米,是西岛最高点。马岛属海洋性气候,平均气温较低,冬季十分寒冷。这里的海洋资源十分丰富,矿产主要有铝、银、铁、铅、煤和石油。马岛在军事上是一个战略要地。由于它距离麦哲伦海峡东部入海口仅 450 公里,是过往该海峡的船只必经之地,因此被称为南大西洋通往太平洋的"钥匙。"同时,它对于控制南极大陆至南美洲合恩角之间的德雷克海峡,保障大西洋通往太平洋南部航线的安全,也具有十分重要的意义。

　　与马尔维纳斯群岛在地理上相隔较远,但在地缘上却几乎融为一体的另有两个群岛,这就是南乔治亚群岛和南桑德韦奇群岛。围绕马岛主权的争端,通常也包括这两个群岛。南乔治亚群岛位于南纬 54°15′~54°55′,西经 36°45°~38~05′之间,距马岛 1300 多公里,是个火山岛。主岛南乔治亚岛长 168 公里,宽 32 公里,周围有一些小岛和岩礁,总面积 3765 平方公里。主岛中部山峦起伏,地势险峻,最高峰是佩吉特山,海拔 2934 米。雪山、冰川约占全岛面积的 2/3,气候严寒、多暴风雪。周围海上生物资源丰富。南桑德韦奇群岛是个未开发的火山岛,位于南纬 58°18′~59°30′,西经 26°00′~28°30′之间,距马岛 2000 多公里。该群岛主要由 11 个小岛组成,总面积 310 平方公里。岛上多山,覆有冰雪。

错综复杂的历史背景

　　据记载,1504 年有一支意大利探险队在顺阿根廷东部海岸航行时,因暴风袭击,被卷入南大西洋,于漂泊中偶然登上了马尔维纳斯群岛,1520 年,西班牙航海家戈梅斯到达该岛。1529 年,英国航海家约翰·戴维斯在该岛停泊,宣称自此该岛归属英王。1 个世纪以后,另一位英国航海家约翰·斯特朗乘"幸福"号船上岛,他以当时的英国海军司库福克兰子爵的名字,为该岛起了一个英国名字。1764年,法国青年贵族路易·安东·德·布甘维尔率领一支由140人组成的探险队,分乘"雄鹰"号和"人面狮身"号两艘帆船来到岛上,建立了第一个定居地,并给该岛起了一个富有法国式浪漫色彩的名字——马尔维纳斯。在此以后,还有许多知名和不知名的探险队和航海家曾抵达该岛。这里的一个重要因素是,众多的探险队和航海家当时并不知道马尔维纳斯是一个群岛,他们所登临的只是群岛的某个部分,即使是同一部分,大多数情况下也都是从完全不同的方面登岛的。根据国际普遍认定的法则,先占对于拥有无主土地具有决定性意义,但是,有效先占最低限度必须具备两项条件,首先必须是有取得主权意愿的行为,其次,必须以适当的方式表现这种主权。用这一最低标准来衡量他们的行为,都不能认为他们中任何人是这块土地主权完全够格的拥有者。因此,争端的出现成了必然现象。

1764年,西班牙政府首先对法国政府发难,宣称按照1493年《教皇划定的分界线》,马尔维纳斯无可争议地属于西班牙,要求已在岛上建立栖居地的以布甘维尔为首的法国人撤走。经过谈判,1766年10月3日确定,由西班牙付给法国24000英镑,"收回"马岛主权。次年4月1日,西班牙向岛上委派了第一位总督,并将首府定名为索莱达港。在西法两国举行谈判的时候,英国人约翰·拜伦率船队到达马岛,也向法国人提出了归还主权的问题。由于西法两国已达成协议,矛盾遂转为西英之争,1768年,岛上两国官员多次互致信件,要求对方撤离,没有结果。1770年,西班牙派出一支由5艘护卫舰组成的舰队和1500名军人,在胡安·伊格纳西奥·德马达里亚指挥下,以武力赶走了英国人。1806年,在拿破仑战争期间,西班牙投降法国。趁此机会,英国派出由海军上将波费姆率领的舰队,攻陷了西班牙殖民政府在阿根廷的首府布宜诺斯艾利斯,驻马岛的西班牙总督闻讯逃离。英国认为,西班牙对马岛的管辖权就此结束。1810年,阿根廷布宜诺斯艾利斯地区人民举行起

阿根廷前总理加尔铁里

义,推翻西班牙殖民统治。1820年,阿根廷政府特使戴维·朱厄特海军上校以拉普拉塔联合省的名义,宣布正式从西班牙手中接管马岛。1829年,阿根廷又向岛上派出了第一位行政长官。但是,这一切遭到了英国的反对。1831年,阿根廷驻马岛行政长官为了制止外国渔船在马岛海域捕猎海豹,扣留了3艘美国渔船。为了报复阿根廷,美国政府派海军护卫舰"列克星敦"号炮轰了索莱达港。英国抓住了这一机会,以保护马岛不受外来武力侵犯为由,于1833年1月派出由约翰·詹姆斯·翁斯洛舰长率领的"史诗女神"号护卫舰,攻占索莱达港,赶走了阿根廷驻马岛总督。1843年6月23日,英国任命了第一位驻马岛总督,1945年7月18日,又将首府由索莱达港迁往斯坦利港。从此,围绕马岛

主权长达数百年的纷争集中到了英阿两国之间。

英阿争端的激化

英国和阿根廷两国围绕马岛主权问题的争端持续了将近1个半世纪,它由争端发展到战争,有着深刻的原因。

主权争端在长达100多年的过程中得不到解决,两国积怨加深,是导致战争的历史原因。在英国实际控制马岛以后长达1个世纪的漫长过程中,阿根廷始终保持了对马岛的主权要求。20世纪中期,世界反殖民主义的高潮使阿根廷的这一要求变得更为坚定了。由于阿根廷的要求,1958年联合国开始审议这一问题。1964年,联合国非殖民化特别委员会邀请两国举行谈判,以求和平解决争端。1965年以后的多届联大都做出了类似的决定。在联合国的调解和世界舆论的压力下,两国在谈判中取得了一些进展。1971年,两国签署一项协定,将岛上的居民并入阿根廷;1972年,阿根廷与马岛实现通航;1978年,英国外交部代表尼古拉·里德利在受命对马岛问题进行考察后,提出可以考虑将马岛主权遗交阿根廷,但前提是阿根廷将马岛长期租借给英国。但是,英国议会否定了里德利的方案,双方重又回到最初的立场。阿根廷强调,是西班牙殖民体系的组成部分,根据反殖宣言确认的领土完整原则,马岛无疑应归还阿根廷。英国则坚持先占而获得的主权的有效性,同时强调尊重岛上居民的自决权。两国在这一点上各执己见,互不相让,为日后酿成战争埋下了祸根。

马岛海域蕴藏的丰富资源和第二次世界大战以后国际间对资源的激烈争夺,是引起战争的经济原因。马岛海域丰富的海洋资源是逐步被认识的,而且,随着二战后世界各国对资源需求的增加,它的战略地位显得愈益突出和重要了。1975年,英国一个考察团提交的报告说,马岛周围的大陆架估计蕴藏有2000亿桶石油以及丰富的天然气资源,这个数字已经高于北海油田。1981年,由法国和德国等9个国家联合举行的一次国际性海洋生物考察证实,在马岛以南的大片海域中,蕴藏有极其丰富的水产资源。此外,马岛地处南大西洋,靠近南极,是这一纬度的海洋上几乎唯一的陆地,也是任何想在这一地区进行开发和建立自己势力范围的国家必欲利用的"跳板。"由于这些原因,两国对马岛的归属问题愈益重视,而每当有关马岛经济资源新的报告出现时,谈判的气氛就急转直下。在这样的情况下,当一方用武力夺占马岛时,另一方自然不惜用武力来维护它。

阿根廷军政府希望通过解决马岛问题摆脱国内困境,是触发战争的政治原因。阿根廷是南美洲比较发达的第三世界国家。但是,阿根廷经济的外国资本份额巨大,几乎控制了国家的经济命脉。20世纪70年代中期,资本主义世界经济陷入困境,阿根廷成了转嫁危机的对象,国内出现了经济萎缩,生产停滞,出口缩减,财政亏空的严重情况。1976年3月24日,阿根廷武装部队发动军事政变,推翻了束手无策的文官政府,组成军人政权。军人政权企图以强制性措施控制局面,渡过难关,但收效甚微,并且造成了政变频繁发生,社会蕴减更大动乱的危险局面。于1981年12月出任总统的莱奥波尔多·福尔图纳托·加尔铁里将军在对形势进行全面分析后认为,阿根廷陷入了困境:局势的改善需要人民的支持和忍耐,但人民的支持和忍耐又必须以局势的改善为前提。为了铸就整个社会的团结,唤起全体人民的热情,共同克服国内困难,军政府把目光投向了马尔维纳斯群岛。

战争第一阶段:双方开战决策和战略展开(1982年3月26日~4月11日)

1.阿根廷夺取马尔维纳斯群岛

1981年底加尔铁里就任总统后不久,阿根廷军方即制定了旨在武力收复马岛的"罗萨里奥行动"计划。1982年3月19日,阿根廷斯科蒂斯公司一行60人,根据同英方的协议,在商人达维多夫率领下,乘阿根廷海军运输船"布恩苏塞索"号来到南乔治亚岛的利斯港,准备拆除一个旧的鲸鱼加工厂。上岛工人在岛上升起了阿根廷国旗。岛上的英国人发现这一情况后,用无线电向英国驻马岛总督雷克斯·亨特做了报告,后者又向伦敦做了报告。3月22日,英国外交部就此事向阿根廷提出抗议照会。次日,阿根廷军人执政委员会举行会议,讨论马岛主权和应付事变问题,做出了将"罗萨里奥行动"计划付诸执行的决策,时间定于3月26日。

根据计划,阿根廷海军组成3支特混舰队。第一支为第40两栖特混编队,负责占领马岛首府斯坦利港。编成内有"圣特立尼达"号、"赫尔克里斯"号导弹驱逐舰,"德拉蒙德"号、"格兰维尔"号导弹护卫舰,"圣菲"号潜艇,"圣安东尼奥上士"号坦克登陆舰,"伊里萨尔海军上将"号破冰船,"洛斯·埃斯塔多斯岛"号补给船和海军陆战队第一、二营,第一野战炮营,海军航空兵直升机第一、二中队。第二支为第六十特混编队,负责收复南乔治亚岛。编成内有"格里科"号结弹护卫舰,"帕莱伊索湾"号南极供应船,以及海军陆战队2个排和陆军1个支援分队。第三支为第二十特混编队,负责担负这次作战行动的战役掩护任务。编成内包括"5月25日"号航空母舰等7艘军舰。

3月26日夜,第四十和第六十两支特混编队先后离开贝尔格拉诺海军基地,向任务区开进。与此同时,陆军第二十五步兵团在里瓦达维亚空军基地集结待命,准备乘空军飞机对斯坦利港机场实施机降。第四十特混编队出航后,佯装沿正常航线向南行驶,然后突然转向马岛北部海域。4月1日,舰队抵达斯坦利港外海。4月2日凌晨,攻击部队以两栖侦察队为先锋,实施登陆行动。由于岛上英国守军只有几十人,阿军仅遇到了十分有限的抵抗,很快便占领了岛上的英国兵营和机场,包围了总督府。继之,阿军机降部队在被占机场着陆。在这种情况下,英国驻马岛总督被迫宣布投降。

在马岛登陆行动取得成功的次日,第六十特混舰队到达南乔治亚岛的格里特维肯港。经过短时间的交火,英军被迫缴械投降。

2.英国做出强烈反应

阿根廷军队以突然性行动占领马岛,使英国政府感到十分震惊。马岛被占领的当天下午,英国政府在唐宁街10号首相府举行内阁会议,做出6项决定:1.与阿根廷断绝外交关系;2.对阿根廷实行经济制裁;3.向联合国提起控告;4.要求欧共体对阿根廷实行集体经济制裁和武器禁运;5.任何一方出面调停,必须以阿根廷首先撤军为前提;6.立即派出一支特混舰队,以武力复失地。次日,英国议会通过了内阁的决定。

4月3日,英国成立了以撒切尔首相为主席的战时内阁,成员包括外交大臣皮姆、内政大臣怀特洛、国防大臣诺特、主计大臣帕金森。战时内阁决定,在国防总参谋长特伦斯·卢因海军元帅领导下,成立联合作战司令部,负责制订作战计划,协调三军行动,监督战场情况,组织各种保障。联合作战司令部由英国舰队总司令菲尔德豪斯海军上将任总指挥,陆军中将特兰特、空军中将柯蒂斯任副总指挥。在联合作战司令部下建立3个作战司令部,负责具体的作战指挥。这3个司令部是,第三一七特混舰队司令部、登陆部队司令部和第三二四潜艇特混部队司令部。其中潜艇特混部队司令部为原有建制,司令官赫伯特海军中将。另两个司令部为战时建制,特混舰队司令官为50岁的海军少将伍德沃德,登陆部队司令官为54岁的海军陆战队少将穆尔。这两人后因战争的胜利而成为新闻人物。

在确定战时指挥体制的基础上,战时内阁对军事行动采取了"委托式指挥"的原则。根据这一原则,战时内阁仅就军事行动的基本准则做出规定,其余由总部和部队指挥员临时处置,以赋予他们充分的指挥权和机断权。在这次战争中,英国战时内阁规定的基本准则是:尽量减少伤亡,包括敌方的伤亡;不把战斗行动扩大为两国间的全面战争,绝对不得轰炸阿根廷本土;何时展开登陆行动,听从内阁决定。

3.英国组建特混舰队

英国实际的军事行动首先是组建一支特混舰队。英国国防部和海军的计划是,出动各型海军舰船61艘,约49万吨,其中作战舰艇44艘,24万余吨,勤务支援舰艇17艘,25万余吨。对照这个计划,英国海军的困难是十分明显的。原因是多方面的。首先,由于政府财政拮据,海军军费削减,装备计划缩小;其次,由于北约的防务分工,海军规模收缩,已成为一支负责大西洋东北部作战的区域性海军;最后,由于英国政府确定将加强英国战略核威慑力量作为重点,海军常规水面舰艇总数减少。针对这种情况,英国国防部和海军决定,立即启封部分现有舰只;紧急召回分布于各地的舰船;给部分军舰加装必要装备和设施,以适应战争需要;下令缩短部分在造军舰的完工期。

根据计划,正在各执行任务的军舰于4月3日到达指定集结地,等待人员、装备和物资上舰,做好出航前的各项技术准备工作。首批出征人员于4月4日晚6时前全部归队,8时登舰完毕。各军用物资仓库开始进行物资的紧急调拨和出库,并由征用的民用运输工具运往指定港口。接受战时订货的工厂开始加班生产武器和军用物资。

英国特混舰队是分3个梯队出航开赴战区的。第一梯队于4月5日分别由英本土各港口和直布罗陀出航,距4月2日内阁批准组建特混舰队仅3天时间。第一梯队共有海军舰船37艘,占特混舰队舰船总数的62%,其中航空母舰2艘、驱逐舰2艘、护卫舰6艘、两栖突击舰1艘、大型登陆舰6艘、舰队油船7艘、舰队补给舰3艘,其他舰艇10艘。配备"海鹞"式战斗机20架,反潜、攻击、侦察、运输等直升机58架。该梯队搭载的有海军陆战队第三旅第四十、四十二突击营,伞兵第二团第三营,陆军"特别空勤团"和海军"特别舟艇中队"一部及支援分队共约3000人及其建制装备。

4.英国征用商船

从英国本土到马岛的补给线漫长,单靠海军本身的勤务支援舰船是无法满足需要的。因此,英国沿袭了第一次世界大战以来的一个传统的有效方法——征用商船。这是英国军事准备的一个重要方面。4月2日,国防会议刚刚结束,国防部国防物资运输参谋部和海军舰队支援署根据国防大臣诺特的指示,立即开始制定征用商船的计划。由于英国国防部在平时就制定了300艘商船的动员计划,海军同海运部各轮船公司又保持着经常性的联系,因此,计划的制定主要在于通过计算机遴选那些适于本次战争的船只及其船长。十分引人注目的是,像"伊丽莎白二世女王"号和"堪培拉"号这样的豪华邮轮也在征用之列。据统计,计划征用的各类商船达67艘,100余万吨。商船的类别及数量具体为:远洋客轮3艘、油船22艘、散装货船16艘、集装箱货船5艘、滚装车辆渡船7艘、远洋拖船3艘、水船1艘、潜水支援船3艘、补给和修理船1艘、系留船1艘。4月4日,根据战时内阁的要求,英国枢密院在温泽召开会议,做出了授权政府征用商船支援战争的决议。当天,英国女王以国家元首和武装部队统帅的名义签署了征用商船的命令。4月5日,英国国防部和海军发布了第一批征用命令。

在完成了战时军事指挥机构的设置和持混舰队的组建之后,英国于4月7日宣布,自4月12日格林尼治时间4时起对马岛周围200海里海域实行海上封锁。

5.阿根廷向马岛增兵

针对英国的反应,阿根廷也进入了占岛后的战略展开阶段。阿根廷的企图是,以向岛上增兵的行动压制英国的强硬态度,迫使英国接受既成事实。为此,阿根廷在4月7日正式宣布把马岛列为阿根廷的第二十四省,在岛上建立了行政机构,任命前陆军作战参谋长马里奥·本哈明·梅嫩德斯少将为马岛最高军事长官兼岛上行政首脑。成立南大西洋战区司令部,任命海军作战参谋长胡安·何塞·隆巴多海军中将为司令。从4月2日到12日,通过里瓦达维亚海军准将城、里奥加列戈斯和乌斯怀亚等地从海上和空中向马岛紧急运送人员和物资。至4月12日,马岛守军已有1个机械化旅、2个步兵旅、1个海军陆战队营、1个防空营、3个炮兵营,总兵力达到1.3万人。阿军指挥官认为,马岛首府斯坦利港地处岛的最东侧,是英军进攻的重点,因此,在兵力部署上贯彻了东重西轻的原则。在斯坦利港及其周围的制高点和陆上要道共部署兵力约9000人以及防空雷达和导弹;在沿岸地带修筑了抗登脑工事;在港口航道布设了水雷,并在外海部署了侦察船。在马岛东岛的中部地区部署了约2000余人,重点防守作为斯坦利港西南门户的达尔文港和古斯格林两地。在马岛西鸟部署兵力约2000人。其他地方由于多为山地和沼泽地,阿军将之视为天然屏障而没有或很少布兵。

6.国际社会的反应

马岛事件给国际社会造成了强烈震动。对于广大等三世界国家来说,关注的重点是,通过这一事件,探讨究竟如何解决殖民主义留下的历史争端,真正执行联合国多次通过的关于非殖民化的决议,而对于超级大国来说,最关心的则是其战略利益以及相互间战略态势的变化。4月3日,联合国安理会经过激烈辩论,以10票赞成,1票反对。4票弃权通过了502号决议,要求双方采取措施恢复和平。会后,各国先后发表声明,表明本国立场。这些立场大致可分为三类,即:支持阿根廷;支持英国;中立或主张用和平方式解决争端。其中持第一种立场的大多为亚洲、非洲和拉丁美洲的第三世界国家,持第二种立场的则多为西欧、北美和大洋洲国家。在表明政治立场的同时,部分国家还直接以军事和经济方式分别对阿根廷和英国提供了援助。

3月28日,英国外交大臣卡林顿曾致函美国国务卿黑格,要求美国出面,"使局势缓和下来。"4月5日,美国总统里根发表谈话,宣布委派国务卿黑格从中斡旋。4月8日至13日,黑格先后抵达伦敦和布宜诺斯艾利斯。但是,由于双方在先撤兵和先承认主权问题上相持不让,这一阶段的斡旋没有取得成功,于是,随着英国宣布的封锁日期的到来,战争进入了第二阶段。

战争第二阶段:封锁与反封锁(4月12日~5月20日)

4月12日格林尼治时间4时,英国于4月7日宣布的对以南纬51°41′,西经59°30′为圆心马岛周围200海里范围的海上封锁开始生效。英国总的企图是,通过对马岛的封锁,迫使阿根廷从岛上撤军,如不能奏效,则以此对阿造成压力,增强英国在外交谈判中的地位,同时为特混舰队的展开和必要时在马岛的登陆创造条件。针对英国的行动,阿根廷总的指导思想则是,通过战争动员和一系列备战措施,做好抗击英军的准备,以坚决的迎战姿态,迫使英国放弃军事行动,同时配合以外交手段,以期在谈判巾解决马岛主权的归属问题。这一阶段从4月12日起至5月20日英军开始登陆行动的前夜止,其间根据形势的发展,以4月30日为界,又分为前后两个阶段,前段双方主要为继续调整部署,后段则开始了直接的军事冲突,展开了激烈的封锁与反封锁斗争,进行了一系列展示现代战争特点的海空战。

1.阿军调整防御部署

面对英军的封锁,阿根廷开始了一项10万人的动员计划,许多新兵开始补入部队。另一方面,重新组建了"79"舰队,加强了岛上的防御。重新组建的"79"舰队所辖兵力情况是,由"5月25日"号航空母舰和英制42型导弹驱逐舰"圣特立尼达"号和"赫克里斯"号组成"79.1"特混大队,由美制驱逐舰"塞吉"号、"派准将"号、"斯托尼海军上将"号组成"79.2"特混大队,由"贝尔格拉诺将军"号巡洋舰及美制驱逐舰"伊波利托·布查德"号、"布埃纳·彼德拉"号组成"79.3"特混大队,另有法制导弹护卫舰等军舰组成"79.4"特混大队。不知为何原因,阿根廷海军在英军海上封锁生效后,停止了向岛上输送兵力和物资装备,同时,上述特混大队按部署仅限于在封锁范隔以外活动,其中"79.1"特混大队部署在圣尔赫湾东北方至马岛西北海域,"79.2"特混大队部署在圣豪尔赫湾东南方。"79.3"特混大队部署在洛斯埃斯塔多斯岛附近,"79.4"特混大队作为机动兵力。由此而形成的阿军的防御态势是,马岛以岛上兵力形成自身防御体系。而"79"舰队则着重在封锁圈以外伺机抗击英特混舰队,破坏或削弱海上封锁的作用。

2.英军重占南乔治亚岛

英军特混舰队自4月5日陆续启程后,于月中旬抵达位于南纬7°56′。西经14°22′的阿森松岛,作短暂休整。4月19日,英特混舰队离开阿森松岛南下。特混舰队指挥部经过对形势的分析认为,必须首先夺取南乔治亚岛,以进一步向阿军显示英军的决心和存在,鼓舞士气,同时为下一步军事行动建立一个临时后方基地。伦敦的联合作战司令部批准了特混舰队的作战计划。

4月23日,英军从阿森松岛起飞1架C—130型运输机,向预定海域空投了14名海军:"特别舟艇中队"的侦察人员。他们在预定海域登上接应的潜艇,而后由潜艇隐蔽送往南乔治亚岛。侦察人员登岛后在严寒中坚持了3昼夜,对阿军兵力部署进行了周密侦察。

英军派出夺取南乔治亚岛的是由"安特里姆"号、"华美"号、"普利茅斯"和"忍耐"号4艘军舰组成的分遣队及部分地面作战部队。收到侦察人员发回的情报后,分遣队原计划以一支300人的突击队以奇袭方式发起攻击,但一个偶然的插曲使分遣队指挥官改变了原计划而改以强攻方式攻岛。

担负侦察任务的"特别舟艇中队"侦察人员在埋伏侦察的第三天发现了阿根廷海军向岛上运送补给物资的"圣菲"号潜艇,随即向分遣队指挥部报告了这一情况。总指挥"安特里姆"号驱联逐舰舰长布赖思·扬上校立刻派出2架"大山猫"式和两架"黄蜂"式直升机前去攻击。潜艇在毫无防备的情况下被一枚"海上大鸥"式空舰导弹击中,随后抢滩搁浅,被英军俘获。英军的行动暴露了登陆企图。特别舟艇中队指挥官约翰少校建议由他率领的突击队对南乔治亚岛实施强攻。这一建议得到了批准,舰炮在上岛侦察人员的引导下对岛上的阿军目标进行了轰击,突击队员分乘直升机和小艇从空中和海上向格里特维肯港发起攻击。南于阿军守岛部队仅60余人,经2小时激战之后,逐渐支撑不住,被迫投降。次日,英军又占领了岛上的另一主要港口利思港。

3.英军轰炸马岛军事目标

英军重占南乔治亚岛以后,在军事上取得了较为有利的态势。一方面,因重占南岛而取得了临时性后方基地,另一方面,特混舰队大部分舰船已到达指定海域,并展开执行封锁任务。但是,阿根廷并没有因此而屈服。为此,英军开始执行这一阶段的第二步作战计划,于4月28日,将原定以马岛为圆心的200海里封锁圈由海上扩展到空中,实行立体封锁,进一步切断阿根廷本土与马岛的联系,空袭马岛的阿军机场设施、雷达站和导弹基地,寻歼封锁区内的阿军舰船,以对阿方施加更大的压力,为谈判和下一步必要时的登陆作战做好准备。

英国皇家空军轰炸机对马岛军事目标的空袭是从阿森松岛的韦特瓦克机场起飞的。4月30日晚,101飞行中队的1架"火神"式轰炸机在2批3架"维克多"式加油机的伴航下执行奔袭任务。编队起飞后,以1万米高度南下,一路保持无线电静默,相互间仅用信号灯进行联络。在距马岛400多公里处,轰炸机飞行员下降飞行高度,进入轰炸航路,同时打开机载电子干扰机进行电子对抗,摆脱阿军雷达的跟踪。随后,轰炸机飞临斯坦利港机场上空。向机场跑道投射了21枚千磅炸弹。英军的这次远程奔袭取得了成功。在此后的1个月里,皇家空军为配合海上作战和登陆作战,还进行了6次奔袭行动,但由于"火神"式轰炸机毕竟属于接近淘汰的老式飞机,设备和武器系统均不能适应现代条件下作战的需要,尤其不适应在敌方电子对抗条件下对精确目标作战的需要,因而轰炸效果不是很理想。

4.英舰击沉阿"贝尔格拉诺将军"号巡洋舰

英军重占南乔治亚岛后，给阿根廷以很大震动，使其开始比较清醒地看到英军的企图，决定采取相应的回击行动，以"79"舰队的4个特混大队出击，搜索拦截英特混舰队军舰，特别是航空母舰。阿海军的作战指导思想是，以不进入英军重点设防警戒的封锁圈为前提，在英特混舰队的前进方向上，预先查明情况，选准目标，以飞机或导弹采用"打了就跑"的方式攻击之。英军通过对战场形势的分析，察觉了阿军的这一企图，同时认为，一旦使阿根廷海军无所顾忌地活动起来，双方展开大规模海战，就很有可能给远道而来的特混舰队造成较大损失，进而贻误以武力收复马岛的计划。因此英军联合作战司令部决定，一方面加强对进入封锁圈的阿舰的搜索，同时不惜违反不在200海里禁区以内攻击阿舰的限制，有选择地打击阿舰，威慑和制止阿海军的拦截活动。这一请求得到英国战时内阁的批准。

5月2日下午，阿根廷海军"79.3"特大队的"贝尔格拉诺将军"号巡洋舰执行完预定的搜索拦截任务，在埃克托尔·庞索海军上校指挥下，由2艘驱逐舰伴航，向埃斯塔多斯岛方向返航。"贝尔格拉诺将军"号是1艘1939年下水的老舰，由阿根廷于1951年购回。舰上设备大多陈旧老化，防空反潜能力较差。该舰在执行任务时，一直受到英国海军"征服者"号核潜艇的监视。在该舰编队即将脱离任务区时，"征服者"号的理查德·拉斯艇长向上级提出攻击请求，得到同意。旋即，潜艇向"贝尔格拉诺将军"号发射了两枚鱼雷，一枚命中左机舱，另一枚命中一号炮塔前舰身下方。一小时后，该舰沉没于马岛东南225海里南纬55°24′，西经60°32′处。1000多名船员中大部分被救起，321人殉难。

击中"贝尔格拉诺将军"号巡洋舰的是"虎鱼"式鱼雷。此种鱼雷系英国马可尼公司和普利塞公司共同研制生产的一种大型线导加主动声波自导鱼雷。鱼雷长6.464米，直径533毫米，全重1550公斤，最高航速可达33节，航程3.2万米。这种鱼雷射出潜艇后，能通过连在鱼雷上的极细的导线不断发出指令来修正轨迹，当导线放完和拉断后，鱼雷头部的主动和被动式声波自导装置开始工作，将鱼雷继续引向目标。此外，鱼雷上还装有触发式和感应式两套引信，因此，它的命中精度极高。

5.阿海军航空兵击沉英"谢菲尔德"号驱逐舰

在英军击沉"贝尔格拉诺将军"号巡洋舰后，阿军迫于英国海军的实力，从战区撤回了其所有军舰。为了打破英军的封锁，阿军决定出动航空兵，重点打击英特混舰队中的航空母舰及主要作战舰艇。从5月初起，曾进行了多次战斗出动，其中成功的一次就是于5月4日一举击沉英"谢菲尔德"号驱逐舰。

英特混舰队的军舰于4月底大部分已到达指定位置，担任封锁任务。英军认为，对特混舰队构成的威胁主要来自阿军的潜艇和飞机，即来自海底和空中。因此，反潜和防空受到特混舰队高度重视。在导弹问世之后，现代防空，其中包括舰队防空成了战争中的一个新课题。在1973年的第四次中东战争中，以色列海军运用电子对抗，使埃及海军发射的数十枚"冥河"式导弹全部偏离目标，创造了现代条件下舰队防空的成功范例。从理论上讲,舰队防空必须具备3个条件,即1.舰队必须获得及时的空袭警报和预警时间;2.在敌机或其他发射平台发射攻击弹头之前,有能力进行截击;3.在敌方攻击弹头飞近军舰时,有能力将其摧毁或进行电子对抗。用这一要求来衡量,英军认为特混舰队的防空体系是不完善的。诚如英军自己所承认的,其最大的困难在于缺少空中预警。几年前,英国海军的"皇家方舟"号航空母舰曾装备"塘鹅"式舰载预警机,但这艘航空母舰已经退役,"塘鹅"式预警机也已经被淘汰。这次,英军出动了"猎迷"式预警机,但这是一种岸基飞机,航程较短,难以昼夜不停地为舰队防空服务。面对这种情况,英国特混舰队采取了二次大战中使用过的老办法,组成一个以航空母舰为核心,外面由3道防空警戒线组成的防空体系。在舰队的最外围,特别是在阿根廷航空兵威胁最大的方向上派出雷达哨舰,配以在空值班的"海鹞"式战斗机作为第一道,亦即远程防空警戒线。雷达哨舰通常由42型驱逐舰和"利安德"级或"罗思赛"级护卫舰担任。在这一层,舰载对空雷达可以发现250海里范围内的中高空飞机,发现目标后,可引导在空值班飞机前往拦截,在空值班飞机也可自行搜索、拦截空中目标。在舰队的中层,派出部分42型驱逐舰和"州郡"级驱逐舰组成第二道,亦即中程防空警戒线。在这一层,任务舰负责用装备的"海参"式和"海标枪"式中程防空导弹打击来袭飞机,并由航空母舰上3分钟待命的"海鹞"式战斗机升空配合作战。在舰队的内层,也就是航空母舰的周围,由若干艘护卫舰组成第三道,亦即近程防空线。在这一层,军舰用"海狼"和"海猫"式近程防空导弹,以及舰上高炮等武器抗击突破前两道防线的敌机或导弹。然而,即令采用这样的防空体系,漏洞仍然很多,尤其是在最外层,雷达哨舰上的雷达只能够探测到高空目标,而对低空目标则无能为力,在空飞机的活动亦受天气制约,在恶劣气象条件下,它们即使能够起飞,也难以找到母舰而安全降落。阿根廷海军航空兵所利用的正是英国特混舰队在防空方面的这些缺陷。

　　5月4日上午,阿根廷海军的"海王星"式侦察机发现,在马岛斯坦利港东方100海里处有军舰活动。10时45分,从距这一地点760公里的埃斯波罗少校基地起飞了3架"超级军旗"式战斗机。战斗机开始以高空高速飞向英舰,当接近英舰对空警戒雷达探测范围时,急剧下降飞行高度,进行超低空飞行,并在侦察机的引导下继续接近目标。11时30分,战斗机进入导弹发射区,接通了机翼下挂着的"飞鱼"AM39式反舰导弹的电源。"飞鱼"导弹是法国制造的一种超低空掠水面飞行导弹。它能从50~1000米高度上发射,射程50~70公里。导弹发射后,载机可立即返回。发射1.5秒后,弹体自由降落10米,助推器点火,飞行约20公里后,高度降至15米,作水平飞行。当距目标10公里时,高度再次下降,作掠水面飞行,直致命中目标。由于"飞鱼"导弹采用的是惯性制导和末端主动雷达制导,所以在发射前,机载设备必须将目标数据输送给导弹上的计算机,这样,不管海上风速如何,弹体惯性制导系统都能将导弹精确地从发射点制导到距目标一定距离的地方,然后由自动开机的主动雷达引导弹头对目标进行搜索。搜索区的大小主要取决于目标运动的速度,但这个搜索区足能保证导弹截获运动速度从零到时速40海里的水上目标,并有95%的截获概率,一旦跟踪上目标,导弹就能击中它。战斗机接通导弹电源后,急剧跃升,同时打开机载雷达。这时,雷达荧光屏上出现了一大一中两个目标,夹角40°,飞行员按分工分别将目标数据输入计算机,随即按动发射按钮。完成发射后,战斗机重新降至15~20米的高度,调转航向全速返航。

"谢菲尔德"号是英国比较先进的1艘驱逐舰。当它受到攻击时,舰长索尔特上校正在同伦敦通话,并因此而下令暂时关闭舰上雷达。自导弹发射几分钟后,临时设立的目标观察哨值班员用肉眼发现了导弹,然而为时已晚,导弹击中了军舰,在水线以上近2米处穿透10毫米厚的舰舷,穿过厨房和中央指挥舱,在动力损害管制控制室爆炸,炸穿甲板,引起了大火。火势顺着通风管道蔓延到机舱和船体中部,导致供是中断,消防系统失灵。舰上普遍使用的聚氯乙烯绝缘电缆和泡沫塑料地板垫在大火的灼烤下也燃烧起来,散发出剧毒的浓烟。5小时后,军舰开始大量进水。在抢救无望的情况下,舰长下令弃舰。值得提及的是,另一艘被"飞鱼"导弹攻击的"普利茅斯"号护卫舰,因舰员在发现来袭飞机后及时向空中发射了大量金属箔条,同时对导弹实施被动和主动电子干扰而奇迹般地躲过导弹,幸存下来。

6.英军袭击贝卜尔岛

英阿双方封锁与反封锁斗争的激烈化,使和谈成功的可能性降低了。5月7日,英国特混舰队和登陆部队指挥部在伍德沃德和穆尔的主持下,在"无恐"号两栖突击舰上召开军事会议,制定了旨在实施马岛登陆作战的"萨顿"计划。计划要求英军的军事行动更加紧密地同登陆作战联系起来,具体包括:继续扫清外围,消除阿根廷海空军对两栖登陆的威胁;彻底切断阿根廷海上和空中补给线,使马岛阿根廷守军在人力和物资方面得不到新的增援,在精神上承受更大的压力;轰炸岛上机场、雷达站、加油站和其他军事设施,特别是几个沿岸港口的岸防工事;勘察登陆地区航道和海湾的水文、地质及障碍物,派出侦察分队上岛,侦察阿军的兵力部署、工事构筑、火力配系和障碍物设置等情况;派出足够的军舰,实施广泛佯动,迷惑敌方。同一天,英国宣布把禁区扩大到离阿根廷大陆12海里以外的地方。

按照计划要求,自5月9日起,英军飞机和军舰连续数日对马岛军事目标进行袭击。在这个过程中,英军发现在马岛西岛北端的海峡口有一个小岛,岛上有阿军的一个简易野战机场及部分强击机和侦察机,还开设有雷达站。这个小岛就是贝卜尔岛。英特混舰队指挥部认为,这个小岛对英军未来在马岛登陆构成了很大威胁,于是决定摧毁这个障碍。同时认为,对贝卜尔岛进行空袭很容易引起阿方对该岛的注意,进而暴露登陆点的选择方案,而且,采取空袭手段效果也不一定好,因此决定派出特种部队实施登陆突袭。

5月11日夜,"特别舟艇中队"的8名侦察人员首先乘直升机到达贝卜尔岛附近的坎塔依斯岛,然后乘橡皮舟秘密上岛,昼伏夜动,观察并查清了岛上的阿军飞机、人员和各种设施的配置情况,选定了机降区。5月14日凌晨,负责突袭行动的50名突击队又乘直升机上岛,按照侦察人员所掌握的情况,进入指定位置。随后,突击队员用自动夜视激光测距仪测定岛上机场的位置,并将这些数据发给离岸两公里处的"格拉摩根"号驱逐舰。舰指挥所收到情报后,立即在计算机上编出114毫米舰炮的射击程序,以每2秒1发的速度向岛上机场进行轰击。突击队员则分成几个行动小组,分别奔向指定的其他目标,迅速摧毁了这些目标。

英军的这次行动事实上已经叩响了马岛的大门。但是,由于阿根廷军方认为,自4月7日英宣布对马岛实行封锁以来,英军的重点是摧毁马岛军事设施,寻歼阿海上和空中目标,故而判断英军的指导思想是打一场旷日持久的消耗战,以此削弱阿方的实力,压阿方在谈判中做出让步,因此,没有能够判断和掌握英军的真实企图,从而在军事上进一步陷入被动。

7.国际调停

4月15日,美国国务卿黑格再次抵达阿根廷首都布宜诺斯艾利斯。美国政府派出特使出面调停,开始时曾受到了阿根廷和英国的欢迎。阿根廷认为,美国同阿根廷同为美洲国家,两国间长期保持着良好关系,美国的调停最低限度会是中立的。英国则认为,美国同英国是全球战略上的密切合作者,美国站在英国一方是毫无疑义的。事实证明,英国的自信是有根据的。美国非常担心马岛危机会给其全球战略利益带来影响,因此,希望这一事件尽快平息下去。对阿根廷,它采取的是以劝说为主,必要时不惜施加大压力的方针;对英国采取的则是以支持为基调的立场。黑格再度访阿,正是带着这样一种政策来的。在同阿根廷领导人的会谈中,他发现阿方的强硬态度同其所面临的局势以及所做的战争准备很不相称。因此,他着意分析了阿根廷所面临的局势,指出,英国最终收复马岛的决心是巨大的。之后,黑格提出了新建议:双方撤军,岛上建立由阿、英、美3方参加的行政机构;自1982年12月起开始就马岛归属问题举行谈判;在岛上举行公民投票,听取岛民对归属问题的意见;阿根廷同马岛保持商业关系。针对美国的建议,阿方做出了认真考虑。阿方意识到,局势的发展已经把双方推到了做出最后决断的边沿,如果说哪一方原先摆出的强硬态度是为了促使事态向着相反方向发展的话,那么现在这一态度就只能是一种对本来愿望的直接表示了。而且,阿军本身的准备并不充分,三军的协调至今仍是个老问题,岛上的防务也不能使人放心。有鉴于此,加尔铁里总统于4月19日主持军人执政委员会会议,拿出了一个新方案。这一方案除否定由美国参加马岛事务外,同意在1982年12月31日前通过协商解决冲突。阿方的这一方案受到黑格的欢迎,客观上也为和平带来了一线希望。但是,阿政府和军队中持强硬态度的人认为,英军的军事行动不足以对阿军构成威胁,同时,鉴于阿根廷人民的爱国情绪正处于巅峰状态,采取让步势必在国内造成混乱,因而应该撤回这一方案。4月19日下午4时,当黑格怀着满意的心情准备离开布宜诺斯艾利斯时,在飞机上收到了阿根廷外长科斯诺·门德斯的信,信上说:"谈判必须在1982年12月31日结束并谈出结果,这是绝对重要。绝对必要的条件。谈判的结果必须包括承认阿根廷对这个群岛的主权。"这事实上又否定了几小时前提出的建议,回到了原来的立场。4月25日英国重占南乔治亚岛以后,尽管美国又提出了新的调停建议,但是由于仍没有涉及承认阿根廷对马岛主权的问题,因而遭到了阿根廷的拒绝。而在军事上逐步取得主动的英国,这时却摆出了一副十分愿意谈判的姿态。4月30日,美国在一再敦促阿根廷接受它所不能接受的新建议未能奏效的情况下,宣布停止调停，支持英国，中止向阿出口一切军事物资，禁止向阿发放军事销售许可证，中止商品信用公司向阿提供保证。美国的态度使阿根廷感到大为吃惊和愤慨。由于美国撤出调停，双方停止谈判。

战争第三阶段：登陆与抗登陆(5月21日~6月14日)

英国在同阿根廷进行外交谈判和对马岛海域实施封锁的同时，始终没有放弃最终在马岛实施登陆的目的及其准备工作。特别是在美国撤出调停之后，基于对战争形势发展的判断，英国更加紧了登陆作战的准备。在5月7日特混舰队指挥部最后通过"萨顿"两栖登陆计划之后，作为特混舰队后续部队的第五步兵旅3000余人于5月12日搭乘"伊丽莎白二世女王"号客轮从南安普敦港启程，开往战区。在做好登陆准备的同时，英国利用外交、新闻和军事等手段，极力掩盖其登陆的真实企图，以保证最大限度地达成登陆行动的突然性。5月21日，特混舰队指挥部经过对战争形势以及天候、阿方动态等多方面情况的综合分析，下达了实施登陆的命令。

1. 英军选择登陆点

"萨顿"计划最终确定的登陆点是马岛东岛的圣卡洛斯港。英军考虑到：登陆作战的最终目标是位于东岛的马岛首府斯坦利港，因此如果登陆点选在西岛显然是不合适的。东岛的东部是斯坦利港，也是阿军主力所在地，是英军所要回避的；南面是一个自东北向西南延伸的曲折海岸，地形复杂，没有良好的上陆点，而且特混舰队的舰只大多处于马岛北部，向这一地带机动很容易暴露登陆企图；北面是一片开放式的海岸，极易受到阿根廷空军和海军航空兵的袭击。因此，选择东岛的西面(北端)在逻辑上虽然是冒险的但却是正确的。东岛西面(北端)地形的特点是，一个叉状的海湾从福克兰海峡向东插入陆地，这个海湾称为圣卡洛斯湾。此湾北部一个海叉称作圣卡洛斯内湾，通往圣卡洛斯港，湾的北侧是范宁港，从这里向东至圣卡洛斯港之间约10公里的地段是理想的登陆场，而范宁港北部一片叫范宁岬的小山则是良好的观察点和设置防空导弹的场所；此湾南部的一个海叉叫圣卡洛斯水道，优点是水深域宽，适于停泊大型舰船，便于登陆部队换乘。

2. 英军展开登陆行动

5月20日，英国两栖突击编队在福克兰海峡东北200海里的海面完成集结。编队中的军舰有大型两栖突击舰"无恐"号和"勇猛"号、登陆舰"杰拉恩特爵士"号、"加拉哈德爵士"号、"贝德维尔爵士"号、"佩塞瓦士爵士"号、"特里斯特拉姆爵士"号、"兰斯洛特爵士"号，滚装渡船"埃克尔"号，运兵船"堪培拉"号以及6艘护卫舰。登陆部队为先期出发的陆战队和伞兵全部兵力，包括陆战队第三突击旅的第四十、四十二、四十五突击营，伞兵第二、三营，第二十九炮兵突击营，以及坦克、防空和工兵分队共5000多人。此外还有"海王"式、"威塞克斯"式、"小羚羊"式和"支奴干"式直升机，各种建制武器装备、登陆器材和后勤物资。

下午4时，编队收到特混舰队副司令克拉普准将从"无恐"号两栖突击舰下达的登陆命令。此时，一直活动在马岛东面的两艘航空母舰开始向南机动，并不顾恶劣天气带来的危险，起飞多批"海鹞"式战斗机，对马岛南部的古斯格林和达尔文港等地区进行牵制性攻击。部分舰艇在斯坦利港以北的伯克利港进行了佯动。

当晚11时30分,先头舰只驶入了福克兰海峡北口,布置了警戒舰,用雷达和声纳搜索海面和水下可能出现的阿潜艇和军舰。5月21日凌晨2时,突击编队全部驶入福克兰海峡,登陆舰开始向叉型的圣卡洛斯湾开进。3时30分,特种部队在登陆部队副司令汤普逊准将的直接指挥下开始行动。"特别舟艇中队"的突击队员乘直升机上陆,向登陆点的阿军哨所发起攻击,占领了哨所,俘虏了阿军士兵,同时在选定的滩头侦察敌情,勘察地形,清除障碍。5时许,登陆舰驶入圣卡洛斯湾南北两个水叉。登陆部队每个营派出1个排充当警戒分队,首先乘摩托艇上岸,同"特别舟艇中队"的突击队员们汇合,在各自部队的上陆滩头布置警戒哨,控制附近的制高点,设立掩护火力点。6时30分,登陆部队主力开始上陆。登陆兵分批乘登陆舰上岸,直升机则往来于登陆舰和陆地之间,运送火炮、坦克、吉普车和防空武器。至上午10时左右,第一波2800名英军官兵和大部分装备上陆完毕。部队上陆后,士兵们立即开始构筑阵地,炮兵用105毫米野战炮、81毫米迫击炮并协同"蝎"式坦克组成地面火网,防空分队则在山上架设起由全天候盲射雷达控制的"轻剑"式地对空导弹。

英军上陆之后,防空问题迅速突出出来。为此,特混舰队指挥部做出部署,组织了一个由四层对空火力组成的防空网。第一层,由从航空母舰上起飞前来执行战斗巡逻任务的"海鹞"式战斗机用"响尾蛇"式空空导弹截击阿方飞机;第二层,由配置在福克兰海峡北口的驱逐舰和护卫舰用"海标枪"和"海狼"式导弹拦截阿机;第三层,由配置在圣卡洛斯湾出口的护卫舰用火炮和导弹组成又一道拦截火力网;第四层,则由圣卡洛斯湾内的"无恐"号、"勇猛"号两柄突击舰上的火炮、"海猫"式导弹和岸上的"轻剑"式防空导弹、"吹管"式肩射防空导弹以及高射机枪组成最后1道火力网。

3.阿军举行空中反击

英军的登陆达成了突然性,但阿根廷在发现英军大量军舰云集福克兰海峡的异常情况后,立即警觉起来。5月21日上午,马岛守岛部队派出侦察机前往英军登陆点侦察,在查明情况后,立即组织了大规模的空中反击。

5月21日当天,阿军共出动"幻影"式和A—4"天鹰"式飞机约30架70多架次,分几个波次向圣卡洛斯英军登陆场发动空中攻击。攻击中,英军的"热心"号护卫舰被击沉,另有4艘军舰被击伤。5月22日,不知何故阿军没有派出飞机连续攻击,使英军获得了极其宝贵的一天。5月23日下午2时许,阿机又恢复了大规模空袭。阿根廷飞行员表现了突出的勇敢精神。为了保证轰炸效果,不少飞行员将攻击高度降到最低限度。有时飞机甚至撞断了英舰的天线。5月23、25、26三天时间里,阿军平均每天出动飞机约120架次,又先后炸沉和击沉英军"羚羊"号护卫舰、"考文垂"号驱逐舰和"大西洋运送者"号大型运输船。在几天的空中反击中,阿军本身也付出了很大的代价。

值得提及的是,阿军对"大西洋运送者"号的攻击。5月24日晚,针对英军登陆后的形势,阿根廷总统加尔铁里亲自主持召开军事会议。第二天就是阿根廷国庆节,因此,会议着重研究了如何以更加有力的行动粉碎敌人的登陆计划,以新的胜利庆祝这一节日的问题。会议决定,为了使有限的空中力量发挥更大作用,应采取两套办法,一方面继续攻击英军的登陆滩头和舰只,另一方面主动寻击其航空母舰,以此对英特混舰队造成巨大的震慑,破坏其整个登陆计划。根据会议决定,阿根廷海军和空军破例进行了协同合作,将兵力分成两部。一部继续向登陆地区执行轰炸任务,另一部则随时听令出动,打击英航空母舰。

5 月 25 日下午,阿海军航空兵司令部收到发自斯坦利港的情报,得知英航母编队正在马岛东北方向 100 海里海面活动,随即下令在里奥格朗德基地待命的 2 架"超级军旗"式战斗机前往攻击。双机经空中加油后,以超低空飞向目标。由于没有侦察机配合,飞行员几次打开雷达,跃升到有效高度探测目标,都未能查明哪个目标是航空母舰。16 时 30 分,双机进入导弹发射的有效范围,于是再次拉起飞机,从雷达荧光屏上选择了最大的一个目标,按动了导弹发射按钮。显示在机载雷达屏幕上的正是英国航母编队,但是,飞行员选择的那个最大的目标并不是航空母舰,而是集装箱运输船"大西洋运送者"号。该船排水量 1.8 万吨,全长 230 米,宽 30 米。由于它体积较大,而且距阿机来袭方向最近,因此,被阿根廷飞行员当成了航空母舰。"大西洋运送者"号在全然不知的情况下被导弹击中,船体顿时起火并进水,船员们在灭火无效的情况下被迫弃船。船上的 3 架"支奴干"式大型直升机、6 架"威塞克斯"式直升机,以及一大批急需的军用物资随船一起沉入了大海?

阿根廷航空兵的反击最大限度地贯彻了阿根廷军事当局的作战意图,给英军造成了严重损失。但是,由于实力的限制和英军的抗击,它并没能起到完全破坏英军登陆计划的作用。英军在猛烈的空袭下,继续扩大登陆成果。至 5 月 25 日晚,第一梯队 5000 多人,连同 3.2 万多吨作战物资和工程机械全部上陆完毕。登陆场面积由登陆第一天的 25 平方公里扩大到 150 平方公里。英军还在岛上建立了补给基地,通讯枢纽和简易机场,并把部分"海王"式直升机和"海鹞"式战斗机移到了岸上。从这时起,激烈的战斗也就从海上移到了陆地。

4.英军向斯坦利港开进

当阿军的空中反击还在进行时,英军登陆部队副司令汤普森准将已开始着手部署登陆地区的环形防御。然击,英国战时内阁从伦敦发来命令,要求上陆部队立即向马岛首府斯坦利港开进。因为英国战时内阁估计到,由于英军的登陆,残酷,的地面战斗即将展开,因此,联合国可能通过一项要求双方就地停火的决议。这样一来,英国地面部队将处于距斯坦利港数 10 公里之外的不利位置,即将到手的胜利果实也有丢失的可能。根据战时内阁的命令,登陆部队指挥部又不得不在立足未稳之时,改变原计划,做出向斯坦利港开进的部署。

阿军在斯坦利港外围共设有 3 道防线。第一道为肯特山、挑战者山、查林杰山一线,是前哨警戒线;第二道为浪顿山、两姐妹山、哈里特山一线,是主要阵地;第三道为无线岭、欲坠山、威廉山、工兵山一线,是最后防线。最后一道防线被阿军自称为"加尔铁里防线。"圣卡洛斯和斯坦利港处于马岛东岛的东南两端,中间横亘着一大片没有道路、荒无人烟、难以逾越的山地。向斯坦利港进军,唯有经过南北两侧的沿海小路。走北路,依次要通过道格拉斯和蒂尔两个居民点,走南路,则必经达尔文港和古斯格林两地。由于阿军早先估计英军可能在此登陆,加之这里有一个野战机场,因此,在此部署了2个营共1600人的兵力。根据地形和阿军防御态势,英军的决心是,南北两路分进合击,向斯坦利港外围发动钳形攻势,待后援的步兵第五旅上陆后,向斯坦利港发起总攻。具体部署是,北路由陆战队第四十五营担任先锋,伞兵第三营跟随其后。依次攻取道格拉斯和蒂尔两地,进抵肯特山一线;南路由伞兵第二营担任先锋,负责攻克达尔文港和古斯格林。陆战队第四十和四十二营担任预备队。工兵分队负责修筑道路,直升机部队则负责吊运重武器装备。

北路英军两个营按计划于5月28日攻下了道格拉斯和蒂尔两地,并于5月31日攻克肯特山一线阿军阵地。作为预备队的陆战队第四十二营一部也被空运至此一线。

南路的伞兵第二营在达尔文和古斯格林同阿根廷守军打了一场硬仗。该营于5月27日夜间离开登陆场后,经过短时战斗,于28日凌晨占领了预定的进攻出发地域。在白天对达尔文港的进攻中,英军遇到了登陆以后阿军最顽强的抵抗。既设阵地上的机枪、火炮和"普卡拉"式与"天鹰"式飞机的空中支援,阻挡了英军的进攻。英军得不到急需的火力支援,担负炮火支援的"箭"号护卫舰为躲避阿军飞机的空袭撤到了安全区,"海鹞"式飞机也因机场上空浓云密布而无法起飞。在交火中,英军伞兵第二营营长琼斯中校阵亡。下午,英军调整部署,派出1个连加强原先担负攻击任务的2个连。不久,天气放晴,"海鹞"式飞机立即执行了近距空中支援任务。这些措施使英军夺回战场主动权,攻克了达尔文港。29日晨,伞兵2营得到了陆战队第四十二营1个连的加强,以5个连的兵力向古斯格林发起最后攻击。阿军被迫放下武器,宣布投降。在这场战斗中,英军付出了亡17人,伤35人的代价。阿军则有250人阵亡,1200人被俘。至此,英军又打开了通往斯坦利港的南大门。

5.英军发动总攻

当进至斯坦利港外围的英军开始巩固阵地,补充物资的时候,换乘以后进入战区的英军第五步兵旅于5月30日开始在圣卡洛斯上陆。同期抵达的英国地面部队指挥官穆尔少将也带指挥班子登上了马岛,他随即从汤普森旅长手中接过了指挥权,开始组织两个旅对斯坦利港实施决定性的攻击。

穆尔在组织最后的攻击时,首先遇到了1个刻不容缓的战术问题,即,是将1个旅派出担任主攻,另一个旅作预备队,还是令2个旅共同发起攻击。经征求部属意见,最终采取了第二方案,由第三突击旅从肯特山——查林杰山一线阵地沿北部轴线发起攻击,由第五步兵旅在布拉夫湾以外沿南部轴线发起进攻。

命令下达后,第五步兵旅旅长威尔逊准将开始组织本旅向距圣卡洛斯数十公里外的布拉夫湾的集结。这时,一个十分意外的问题发生了:马岛松软的地质使该旅2个机械化营的重装备和战斗车辆无法通行。为此他决定,1个廓尔喀步兵营继续向古斯格林开进,另2个营,即苏格兰第二近卫营和威尔士第一近卫营重新上船,经东岛南部沿海在布拉夫湾进行2次登陆。

6月5日,苏格兰第二近卫营登上"勇猛"号突击舰,次日登陆成功。而在6月7日登上"加拉哈德爵士"号和"特里斯特拉姆爵士"号登陆舰的威尔士第一近卫营却遇上了麻烦。两艘登陆舰于6月8日在布拉夫湾外海遭到了阿根廷航空兵的空袭,其中"加拉哈德爵士"号被炸沉,"特里斯特拉姆"号和另一艘担任护航任务的"普利茅斯"号护卫舰受重创,31名士兵和18名水手阵亡。在遭受了这次损失后,英军终于按计划于6月10日完成了总攻准备。

6月11日黄昏,英特混舰队的10艘护卫舰组成几个编队从不同方向对斯坦利港进行炮击,以进一步破坏阿军防御体系,吸引阿军注意力。地面部队随之向阿军的第二道防线发起攻击。至次日拂晓,伞兵第三营占领了浪顿山,陆战队第四十五营占领了两姐妹山,第四十二营占领了哈里特山。6月13日,英军向阿军第三道防线发起全面进攻。伞兵第二营攻占了最北面的无线岭,苏格兰第二近卫营同阿军战斗力较强的陆战队第五营激战数小时,夺取了无线岭以南的欲坠山,廓尔喀营占领了威廉山。6月14日晨,英军又占领了最南面的工兵山。

由于第三道防线的失陷,斯坦利港已完全暴露在英军面前。攻城和守城都已没有必要。在这种情况下,阿根廷守岛部队指挥部通过无线电向英军提出停火要求。6月14日下午,英军地面部队司令官穆尔少将同阿根廷守岛部队司令官梅嫩德斯少将举行会晤,双方同意自格林尼治时间当日19时起实行正式停火。

6月19日,英国特混舰队派出一支特混小队抵达南桑德韦奇群岛的图勒岛。2架满载武装人员的直升机在岛上降落,占领了岛上的科学站,迫使阿方全体人员投降。至此,一度被阿根廷占领的马尔维纳斯等3个群岛又重新落入英国手中,历时74天的英阿马岛战争宣告结束。

战争结束后,双方公布了战争损失情况。英国死亡255人,负伤777人,被俘91人,损失舰船6艘,其中25%毁于导弹,75%毁于航空炸弹和火箭;损失飞机34架,其中41.2%被击落,26.4%毁于飞行事故,32.4%随舰船沉入海底。阿根廷死亡746人,负伤1053人,被俘11845人;损失舰船9艘,其中66%毁于火箭、鱼雷和炸弹,33%被缴;损失飞机132架,其中26.1%毁于空空导弹和舰炮,73.9%毁于地空导弹和高炮。然而,政治上的得失是无法统计的。1982年6月17日,阿根廷总统莱奥波尔多·福尔图纳托·加尔铁里将军辞职,几天后因被指控对战争的失败负有全面责任而被捕。内政部长圣琼担任临时总统,空军司令拉米·多索任军人执政委员会主席。战争的胜利为英国保守党内阁争得了荣誉,并为保守党在不久后举行的大选中再次获胜奠定了基础。由于阿根廷在战后保留了对马尔维纳斯等3个群岛主权归属的原有立场,因此,这场战争并没有最终鸶决问题。英国为了保护胜利果实,加强了岛上的防务,而阿根廷则开始了争取收复领土的新的斗争历程。

"挑战者"号航天飞机首航成功

　　1983 年 4 月 5 日,美国"挑战者"号航天飞机在佛罗里达州的肯尼迪航天中心发射上天,开始了它的处女航。"挑战者"号共载有 4 名机组人员,他们是指令长韦策、驾驶员鲍勃科以及专家马斯格雷夫和彼得森。这次"挑战者"号的主要任务是把一颗两吨半重的"跟踪和数据中继"卫星送入空间轨道,美国国家航空和航天局将以它作为中继站,保持地面和在空间轨道运行的 26 个有效载荷以及航天飞机之间的通信联络。它的第二个任务是,两名专家将于 6 日离开机舱到敞开的大货舱,按飞行计划进行第一次空间行走,活动时间为 3 个半小时,其目的是试验新的航天服装以及为将来回收和修理人造卫星技术做准备。这次飞行还将对这架新的飞机性能进行广泛的试验,并在宇宙空间进行植物种子和对特殊材料以及微生物进行试验。"挑战者"号计划飞行 5 天,定于 4 月 9 日返回地面,在加利福尼亚州的爱德华兹空军基地降落。

美国入侵格林纳达

　　1983 年 10 月 25 日凌晨,美国出动"快速部署部队",采用突然袭击手段,对加勒比海岛国格林纳达发动了一场海空联合入侵,这是自越南战争失败以来美国最大的一次军事行动,一时间,格林纳达这块过去几乎无人知晓的弹丸之地成为全世界瞩目的中心。对此,人们不禁要问,美国这么一个具有世界头号军事和经济实力的当代超级大国,为什么会对小小的格林纳达大动干戈呢?

格林纳达的战略地位和美国入侵的背景

　　格林纳达是位于中美洲加勒比海的一个小岛国,由主岛格林纳达岛和卡里亚库岛、小马提尼克岛等附属岛屿组成,陆地总面积为 344 平方公里。其中格林纳达岛南北长 34 公里,东西最宽处为 19 公里,面积约 310 平方公里,整个岛屿平面呈石榴状仰卧于加勒比海之中。格林纳达总人口约 11 万(1982 年统计),其中黑人占 80%,混血人种占 15%,其余为加勒比印第安人和白人。格林纳达通用英语,另外还有一种法语和当地土语相混合的独特方言。大多数居民信奉天主教和基督教。首都为位于格林纳达岛西南海滨的圣乔治,人口约 1.2 万,是一个天然良港。格林纳达岛多山,全岛地势由中部向四周逐渐低平。岛上气候宜人,年平均气温 24℃,多雨,年降水量为 1900 毫米。格林纳达半数以上人口从事农业,主要农产品为肉豆蔻等香料作物,故有"香料岛"之称。工业极为落后,仅有十来家制作饮料、香烟和服装等的小工厂。旅游业较发达,为国民经济的支柱产业之一。

　　格林纳达最初由哥伦布于 1498 年 8 月 15 日在其第三次美洲之行中被发现,当时被命名为康塞浦森岛。随后,西班牙人开始在该岛建立殖民地,并从非洲运来大批黑奴。1608 年,英国试图在该岛移民,但未成功。1650 年,法国政府从法商手中购得此岛。1763 年,英国依据凡尔赛条约从法国手里割占了该岛,此后,一直统治该岛达 200 余年,直到 1974 年格林纳达宣布独立。

格林纳达地方虽小,但其战略地位十分重要。格林纳达位于加勒比海东部的小安的列斯群岛南端,西濒加勒比海,与巴拿马运河遥遥相对,东临大西洋,扼加勒比海出入大西洋的东部门户。历来为兵家必争之地。

格林纳达独立后,成为英联邦成员国,由统一工党执政。以埃利克·盖里为总理的统一工党政府奉行亲西方和亲美的政策,引起了在野党"新宝石运动"的不满。"新宝石运动"又称"争取福利、教育和解放的联合进军"运动,成立于 1972 年,由格林纳达亲苏联和古巴的人士组成,主张"恢复一切民主和自由",举行"自由和公正的选举",实行"经济革命化",建立"人民参政的国家",走社会主义道路。该运动于 1979 年 3 月 13 日发动政变,推翻了盖里政府。成立了以莫里斯·毕晓普为总理的新政府。毕晓普政府成立后,在外交上奉行向苏联和古巴"一边倒"的政策。大量接收苏联和古巴的经济和军事援助,成立"人民革命军"和民兵队伍;由古巴派出工程部队在岛上修建新的"旅游机场",其主跑道长达 3000 米。美国认为"格林纳达已经成为苏联和古巴的殖民地,用来作为输出恐怖行动和颠覆民主的基地"(里根总统语)。如果格林纳达被苏古完全控制,由格林纳达、古巴和尼加拉瓜三国的机场构成的"铁三角",将使作为美国传统"后院"的中美洲加勒比海地区处于苏、古作战飞机的威胁之下,美国海上运输线的畅通和本土的安全将受到严重威胁。格林纳达有成为"第二个古巴的危险。"由此,美国便不断向毕晓普政府施加压力,处心积虑地试图推翻格林纳达的亲苏古政权,将其纳入"民主"国家之列。随着格林纳达形势的发展,格实质上已逐渐成为美苏争霸和美古矛盾的一个斗争焦点。

迫于美国的压力,毕晓普政府开始采取措施缓和与美国和其他西方国家的紧张关系。1983 年 6 月 7 日,毕晓普还亲自访问美国,并与美国达成了一项"谅解。"但是,毕晓普的上述行动引起了政府内部以副总理科尔德和政府军司令奥斯汀为首的亲苏古"强硬派"的激烈反对,并且苏联和古巴对此也耿耿于怀。10 月 13 日,强硬派突然发动政变,将毕晓普软禁起来。19 日,数千群众在首都圣乔治游行支持毕晓普,并将毕晓普解救出来,随之,这些人与政变者发生冲突,毕晓普又重新落到政变者手中,当天便被秘密处决。20 日,军方接管政权,并成立了以奥斯汀为首的"革命军事委员会",格政权落入亲苏古的强硬派手中。

政变"使里根政府有了它所需要的派遣海军陆战队的借口:由于格林纳达成立新政权,居住在该岛的上千名美国人遇到了危险。"加之惧于苏、古、格"输出革命"的东加勒比组织于 21 日开会,要求美国出兵格林纳达,22 日,美国副总统布什便召开国家安全委员会计划小组会议,初步决定出兵。24 日,美国总统里根再次召开国家安全委员会计划小组会议,正式决定出兵。当时的美国国防部长温伯格在其回忆录《为和平而战》中宣称,美国是为"……救出在那里(格林纳达)的美国人,使他们不至于被抓起来当作人质,避免再次出现 1979 年在伊朗所发生的那种事。"应加勒比各国的"紧急要求"而决定出兵的。上述情况表明,格林纳达 10 月政变给美国入侵提供了契机,成为美国入侵格林纳达战争的导火索。

美国的战略企图和作战计划

美国的战略企图为:以解救美国在格林纳达的侨民为借口,集中优势兵力,速战速决,推翻政变政权,扶植亲美新政府,同时慑服其他中美洲国家亲苏古的政治势力,以对抗苏联和古巴在中美洲"渗透"和"扩张。"

为实现这一企图,美国参谋长联席会议制订了详细的作战方案。据温伯格在其回忆录中透露,最初制订的方案主要内容是:海军陆战队将在珍珠机场附近的贸易港口的东北部登陆,而突击队将空降到格林纳达西南部的萨林斯机场,这两支部队会合后,迅速向北,向西行进,去营救美国学生,然后,与特种部队一道救出总督,占领电台,释放关押在鲁帕特要塞和里奇蒙山的其他政治犯。方案制订好后,参谋长联席会议又根据总统、国防部长等人的指示,以及侦察得来的情报对方案做了进一步的补充、修改。至 24 日晚 6 时,里根总统签署命令,入侵格林纳达的方案被批准实施,行动代号为"暴怒。"

美军入侵行动的总指挥是坐镇于华盛顿的大西洋舰队司令威廉·麦克唐纳海军上将;第二舰队司令约瑟夫·麦特卡夫海军中将为战场指挥官。美军先后投入的主要作战兵力为:各型舰船 15 艘,主要包括航空母舰 1 艘(关岛号,排水量 7.8 万吨,载机 85 架)、导弹巡洋舰 1 艘、导弹驱逐舰 1 艘、驱逐舰 2 艘,以及包括 1.83 万吨的两栖攻击舰"关岛号"在内的两栖舰船 5 艘;各型陆基与舰载飞机和直升飞机共 230 架;地面部队主要包括陆军第八十二空降师 1 个旅部率 4 个营(5000 人)、特种部队第七十五团 2 个营(700 人)、海军陆战队 1 个加强营(1900 人)等。上述部队均来自美"快速部署部队。"另外,巴巴多斯、牙买加、圣文森特、圣卢西亚、多米尼加和安提瓜等六国还派出 396 人的分遣队配合美军行动,这支分遣队实质上是一支警察部队。

战争爆发前,"独立"号航空母舰编队和"关岛"号两栖攻击舰编队已于 10 月 23 日到达格林纳达周围海域,并在格岛周围建立了半径为 50 海里的海空封锁区,对格林纳达实施全面封锁。24 日,美军又将部分陆军别动队员和武器装备运往距格岛只有 250 公里的巴巴多斯。同日,配合美军行动的加勒比国家的部队也集结于巴巴多斯。与此同时,美国本土的参战部队也进入临战状态。

格林纳达守军计有:格政府军 2 个步兵营、1 个野炮连、1 个高炮连,共约 2000 人,主要装备步兵轻武器,包括冲锋枪、机枪、火箭筒、120 毫米迫击炮、23 毫米双联高炮等,另外还有少量苏制 BTR—60 型装甲输送车,没有海空军,也没有坦克、大口径火炮等重武器;格方民兵约 2000 人;不过,格林纳达还有负责在格修建机场的一个约 700 人的古巴工兵营,据美方在战后发表的缴获的花名册透露,在格林纳达的该营内含 2 个步兵连、1 个迫击炮连和 1 个机枪连,由托尔托洛上校指挥。据美方实战体验,这部分古巴人的战斗力颇强。

格政府军部队主力部署于首都圣乔治周围以及格岛西南海岸地区,一部部署于珍珠机场,格方的 2000 民兵多分散部署。古巴工兵营则主要部署于萨林斯机场及其附近地区,以及从该机场到首都的公路线上。

1983 年 10 月 25 日拂晓,随着格林纳达珍珠机场的第一声爆炸,美国入侵格林纳达战争正式爆发。战争历时共 8 天,大体上可分为 2 个阶段。

第一阶段(10 月 25 日~28 日):南北对进,控制要点

25 日晨 4 时 30 分,美军舰载航空兵对珍珠机场实施航空火力准备。5 时,来自 84—1 陆战队两栖戒备大队的 400 名海军陆战队,从集结于珍珠机场以东水域的"关岛"号两栖攻击舰搭乘直升机,直接在珍珠机场跑道上垂直登陆,接着,后续部队约 800 人分别搭乘直升机和登陆艇登陆。美军在珍珠机场只受到少量敌军的轻微抵抗。经 2 小时战斗,美军便完全控制了珍珠机场。然后,美军继续向机场附近敌据点进攻,占领了格伦维尔。美军在这一方向上的战斗行动十分顺利,基本上是按原计划进行的。

但是,美军在格岛西南方向的行动却比预计的要困难得多。

在攻击珍珠机场的同时,美陆军特种部队第七十五团 2 个别动营约 700 人,分乘 18 架 C—130 型运输机,在 AC—130E 型武装运输机的掩护下,从低空掠过加勒比海,扑向格林纳达,准备在格岛西南端的萨林斯机场实施伞降。在飞机到达目标之前,机上别动队指挥官获悉机场及其附近高地配有大量防空武器,于是决定跳伞高度由原计划的 1200 英尺(约 366 米)降至 500 英尺(约 152 米),以减少伞降时的损失,这将是二战后美军最低跳伞高度。伞降前,从"独立"号航空母舰起飞的 A—6 和 A—7 型舰载攻击机对机场守敌实施了航空火力准备,5 时 36 分,伞兵乘坐的运输机到达萨林斯机场上空,并立刻开始伞降。地面火力非常强,以至第一连美军跳伞后,伞降活动不得不暂时中止。AC—130E 飞机被召来压制敌防空火力,15 分钟后,伞降活动才得以继续进行。在伞降过程中,机场守军对空火力基本上没有中断,美军部分伞兵伤亡,许多降落伞上弹洞累累。别动队员着陆后,立即投入地面交战,经过激战,美军于 7 时 15 分控制了机场。此时,机场周围格方抵抗力量还比较强,机场上美军不断遭到火力袭击。美军别动队队员冒着密集的狙击火力清除机场跑道,同时向机场周围的格方抵抗力量进攻,占领了位于机场附近的圣乔治医学院校园,以"保护"那里的大约 500 多名美国学生。下午 2 时,后续部队第八十二空降师 2 个营和多国警察部队共约 1500 人陆续到达,并立即投入战斗。美军在航空火力支援下,继续打击机场附近的抵抗力量,巩固了机场,占领了弗里昆特。随后,除留多国警察部队保卫机场以外,主力兵分两路:一路向北,沿滨海公路向首都圣乔治方向发起进攻;另一路东进,经特鲁布卢、圣乔治医学院,向卡尔维尼格兵营方向发起进攻。

在萨林斯机场激战的同时,美军"海豹"部队的一个 11 人小组顺利伞降于位于圣乔治的总督官邸,营救斯库恩总督。但当队员准备携总督一家撤离时,3 辆古巴人操纵的 BTR—60 装甲车将总督一家连同美军"海豹"小组成员一起包围在总督官邸内。为解救被围的总督,同时为配合南路美军迅速攻占圣乔治,麦特卡夫将军调整了作战计划:珍珠机场方向美军不再从陆路向圣乔治进攻,而是改走海路。为此,除部分海军陆战队员留在珍珠机场方向担负警卫任务外,其余 240 名海军陆战队员返回"关岛号",并乘该舰从

格岛北面迅速绕到格岛西海岸圣乔治以北约 1 公里处的大马尔弯附近海域。19 时 30 分，陆战队员乘登陆艇登陆，随同登陆的还有坦克和装甲车共 18 辆。登陆后，经 12 小时的通宵战斗，歼灭了包围总督府之敌，救出了总督及"海豹"小组成员。

经过 25 日 1 天的激战，美军夺取了两个对战争具有决定意义的机场，在圣乔治以北开辟了新的战场，从而与萨林斯机场方向的美军形成了从南北两路对格首都实施夹击的有利态势。

鉴于格方抵抗比预料的要强得多，为达到速战速决的目的，美军又紧急从国内增调部队和作战物资，至 26 日，美军在格林纳达的地面部队总数已达 6000 余人，形成了 3 倍于格军的优势。西部美军继续以优势兵力南北对进，逐个攻击沿途格方据点，向首都圣乔治逼近，东路美军则向卡尔维尼格兵营攻击前进。26 日，陆战队攻占格军司令部所在地弗雷德里克堡。27 日，陆战队占领卢卡斯堡和军事要地里奇蒙山监狱；东路美军在卡尔维尼格兵营遇到激烈抵抗，经苦战，攻占了该兵营，缴获了大量武器和文件。28 日，美军南北两路终于会师圣乔治，完成了对格首都的占领。至此，美军完成了对格岛要点的控制，整个入侵行动的主要战斗结束。格军溃散，零散武装人员退往北部和中部山区，继续抵抗。参战的古巴人一部分伤亡，大部分被俘。

第二阶段(10 月 20 日~ 11 月 2 日) : 清剿残敌，巩固胜利

针对格方残余抵抗力量孤立分散，隐藏地形复杂等情况，美军化整为零，以连排为单位，空地配合，清剿残敌，搜捕政变主要领导人。

10 月 29 日，美军在圣乔治郊区抓获政变主要领导人之一前副总理科尔德。30 日，前"革命军事委员会"主席奥斯汀被俘。11 月 1 日，"关岛"号两栖攻击舰编队奉命驶抵格岛以北 32 公里的卡里亚库岛，搜索残敌。登陆兵力共 2 个连(300 人)，其中 1 个连乘 20 架直升机在该岛首府哈维以北的野战机场垂直登陆，另一个连乘 13 辆登陆车在哈维以西的海湾登陆，登陆人员经 7 小时搜索，俘获 15 名格军，并发现一军火库，别无其他收获，于是便返舰离岛。

至 11 月 2 日，美军顺利完成了清剿任务。残敌基本被肃清，缴获了大量武器弹药和文件，美军完全控制了格林纳达，战争遂告结束。战争结果，美军仅 18 人阵亡，90 人受伤，损失直升机 10 余架。格军亡 40 余人，被俘 15 人，其余逃散。古巴人亡 69 人，伤 56 人，被俘者达 642 人。

美方战略指导和战术运用的特点

美国入侵格林纳达战争是一场"一边倒"的战争。美军在战争过程中始终掌握着主动权，并最终以很小代价，在短时间内就完成了对格林纳达的占领，达成了战略目的；而格林纳达方面则处处被动、处处挨打，8 天之内就落得个丧权辱国的局面。之所如此，究其原因，除了双方武器装备数质量差距巨大；国力对比悬殊；格林纳达国土太小，无持久作战的回旋余地；格又是个岛国，远离苏联和古巴，外援易被断绝等方面原因外，美方正确的战略指导和战术运用对美国这次军事行动的成功也起了极为重要作用。

从战略指导和战术运用上看，美方主要有以下几个特点：

1.预有准备,未雨绸缪

面对苏联和古巴在中美洲的挑战,美国早就有必要时在这一地区进行武装干涉的准备。长期以来,美国利用侦察卫星、高空侦察机一直保持着对这一地区,尤其是其中亲苏联、古巴的国家的严密监视。美国在 80 年代初建立的"快速部署部队"的一个重要作战方向就是这一地区,这支部队对这一地区的行动不但有预案,而且还通过训练和演习等手段不断完善作战方案。对格林纳达,美军早在 1981 年就在波多黎各的韦克斯岛举行过侵格模拟演习。从古巴工兵营进驻格林纳达修建机场的那刻起,美国就通过侦察卫星监视施工进度,同时派出地面特工人员前往该国收集地理、水文和军事部署等方面情报,为尔后可能的军事行动做准备。据外电报道,入侵前 9 周,美国陆军特种部队和海军陆战队部分人员还进行了为期 9 周的针对格林纳达作战的专门演习。10 月 20 日,即毕晓普被暗杀的第二天,美国国防部长温伯格在美国总统尚未做出出兵决定之前,就同意了参谋长联席会议主席维西上将的建议,命令"独立号"航空母舰以及去黎巴嫩接防美军的海军陆战队补充舰队改航朝南行进,到格林纳达附近随时待命。所有上述行动,都为美军适时出兵并夺取胜利打下了良好的基础。

2.抓住时机,果断出兵

美国入侵格林纳达是蓄谋已久的,但一直苦于没有恰当的时机下手。格林纳达的 10 月政变给美国提供了难逢的良机。因为格政变使全国处于一片混乱状态,军心不稳,人心涣散,新政权一时难以在全国建立威信,恢复秩序。此时入侵,易收事半功倍之效。另外,格林纳达的内乱还给美国提供了入侵的借口:"救出那里的美国学生。"于是,美国在毕晓普被处决的第二天便命令军队处于战备状态,第四天就正式做出出兵决定,第六天出兵,否则,如果美国出兵太晚,一旦格林纳达国家局势稳定下来,苏联和古巴与新政权的联系进一步加深,美国再出兵就困难了。

3.突然袭击,速战速决

越南战争的失败给美国的主要教训之一就是采用战争手段必须力争做到速战速决。在这次侵格战争中,美国仅用 4 天就完成了主要战斗任务,8 天之内结束了战争,全面控制了格林纳达。美方为了能达成速决,主要采取了以下两项措施:一是集中了绝对优势的兵力兵器;二是力争达成突然性。在集中兵力方面,美军先后投入的兵力对格方形成了 9∶1 之优势,美格双方舰船之比为 15∶0,各型军用飞机之比为 230∶0。为了达成战争的突然性,美方主要做了以下努力:1.利用苏军击落南朝鲜客机事件、驻黎巴嫩美海军陆战队被炸事件,转移国际社会的注意力;2.进行新闻封锁,禁止记者随入侵部队采访;3.打着与加勒比海多国警察部队进行"联合演习"的幌子,隐蔽集结兵力;4.利用拂晓,从多方向对格古兵力密集区突然发动进攻。另外,原计划调往黎巴嫩的舰艇编队在接到转航格林纳达的命令并执行以前的行动,客观上也起到了转移视线的作用。所有上述行动都为美军达成速决提供了有力保障。

4.多种战法配合,充分发挥高技术装备威力

美军是一支装备高度现代化的军队。为充分发挥技术装备的优势,美军针对格林纳

达是个岛国,四面环海,境内多山,格古军队部署比较分散等实际情况,在作战中,十分强调各军兵种的密切协同;在登陆作战时,以垂直登陆为主,广泛采用伞降和机降等手段,从多方向迅速登陆,歼灭守军主力,并向纵深发展;在控制要点作战和清剿作战中,广泛进行空中机动作战,避开不利地形,歼灭孤立分散之敌,加速了战争进程。

南极上空发现臭氧洞

早在 20 世纪 70 年代初,科学家就发现地球上的紫外线有所增加,70 年代末,科学家又发现南极上空的臭氧明显减少。1984 年,英国科学家首次公布了南极上空平均臭氧含量减少约 50% 这一事实,即南极上空已形成一个巨大的臭氧空洞。1985 年,美国"雨云"7 号气象卫星对南极上空进行了探测,证实了英国科学家的预言。"雨云"7 号的探测结果表明,南极上空的臭氧洞面积与美国领土面积相当,高度相当于珠穆朗玛峰的高度。

南极上空臭氧洞的出现,引起了科学界、社会公众和各国政府的忧虑和重视。国际社会开始加强了联系,共同商讨研究制订全球性保护臭氧层的有效措施。1985 年,世界各国在维也纳签署了《保护臭氧层维也纳公约》,《公约》明确指出了大气臭氧层损耗对人类健康和环境可能造成的危害,呼吁各国政府采取合作行动保护臭氧层。

安德罗波夫逝世

1984 年 2 月 9 日,苏共中央总书记、苏联最高苏维埃主席团主席安德罗波夫逝世,终年 70 岁。契尔年科继任苏共中央总书记。

安德罗波夫于 1914 年 6 月 15 日生于俄国斯塔夫罗波尔州一个铁路工人家庭。早年做过工人、电报员和水手。1936 年毕业于水运专科学校。1937 年任共青团雅罗斯拉夫州委书记。1940 年当选为卡累利阿·芬兰共和国团中央第一书记。苏德战争期间,被任命为彼得罗扎沃茨克市党委第二书记。1947 年当选为卡累利阿·芬兰共和国党中央第二书记。1951 年,调到中央机关工作,先后在苏共中央对外联络部任检查员和苏共中央某处处长。1953 年至 1957 年,调外交部工作。1957 年被任命为苏共中央联络部部长。1962 年至 1967 年任苏共中央书记。1967 年安德罗波夫被免去苏共中央书记职务,接替谢米怡斯内伊任国家安全委员会主席(克格勃),1982 年 5 月又重新当选为苏共中央书记。安德罗波夫在执政的一年零三个月期间,进行了大胆的改革工作,大刀阔斧地进行人事调整,为发展国民经济和人民福利事业方面做出了贡献。安德罗波夫先后 4 次来中国,他执政期间主张"改善苏中关系","恢复苏中两国人民的友谊。"

庆祝诺曼底登陆 40 周年

1984 年 6 月 6 日,来自欧美一些国家的元首、政府首脑、参加过二战的老战士在法国北部隆重纪念盟军诺曼底登陆 40 周年。美国总统里根、法国总统密特朗、英国女王、荷兰女王等参加了纪念仪式。

第 23 届洛杉矶奥运会

1984 年 7 月 28 日,第 23 届奥运会在美国洛杉矶举行。洛杉矶奥运会创造了世界体育史上的奇迹,它的赢利额是个天文数字:高达 2.15 亿美元。

另外洛杉矶奥运会吸引了大批崇尚奥林匹克运动而愿为之献身的理想主义者。他们以志愿者的身份投入到工作中去,为的是"促进与维护世界和平,让世界变得更加美好。"事实上,洛杉矶奥运会辉煌的业绩之一就是广大志愿服务人员的加盟,洛杉矶市市长曾说,为奥运会及火炬接力长跑活动工作的千万名志愿服务人员是"奥运会的灵魂和精神。"众多传媒的评论指出:"组委会实行的志愿人员参赛政策,不但为组委会节省了数百万美元,而且它促进了人们对奥运会的了解,激发起人们的奥运激情。"

英迪拉·甘地总理被刺身亡

1984 年 10 月 31 日,印度总理英迪拉·甘地被刺身亡。葬礼那天,数百万人为她送行。英迪拉·甘地是印度已故著名政治家尼赫鲁的独生女儿。1917 年 11 月 19 日生于印度北方阿拉哈巴德市。1929 年 12 岁时即参加反对英国殖民当局的运动。1938 年加入国大党,同年任议员。1942 年 3 月同印度帕西族律师费罗兹·甘地结婚,被称为甘地夫人。婚后不久因从事国大党的反英不合作运动,被英国殖民当局逮捕入狱,一年后出狱。印度独立后,她担任她父亲尼赫鲁总理的私人秘书,同时从事妇女、儿童等社会活动。1959 年任国大党主席。1964 年尼赫鲁逝世后,出任新闻和广播部长,同年 8 月当选联邦院议员。1966 年 1 月当选为国大党议会党团领袖,并首次出任印度总理,为印度历史上第一任女总理。1967 年和 1971 年两次蝉联总理并兼任外交、财政、能源、国防部长等职。在 1977 年 3 月举行的第六届大选中,人民党上台执政,她失去总理职务。1980 年初在大选中获胜再次出任总理。

英迪拉·甘地是集权主义者,被称为"世界上最有权势的女人。"在 1971 年的印巴战争中,她把巴基斯坦肢解为孟加拉和巴基斯坦两个国家。她派兵攻打锡克教的大金庙,制造了金庙血案,激起了锡克人的极大愤怒,最终,英迪拉·甘地被深得她信任的锡克教卫士枪杀。

印度博帕尔异氰酸甲酯泄漏事故

1984 年 12 月 3 日凌晨,印度博帕尔市发生了震惊世界的毒气泄漏事故。2 日午夜,坐落在印度博帕尔市郊的联合碳化杀虫剂厂的一座存贮 45 吨异氰酸甲酯贮槽的安全阀突然松动。1 小时后毒烟雾袭向这个城市,形成了一个方圆 25 英里的毒雾笼罩区。首先是近邻的两个小镇上,有数百人在睡梦中死亡。随后,火车站里的一些乞丐死亡。一周后,有 2500 人死于这场毒气泄漏事故,另有 1000 多人危在旦夕,3000 多人病入膏肓。在整个事故中,有 15 万人因受毒气危害而进入医院就诊,20 多万人双目失明。

事故发生时,在博帕尔估计有 1.2 万人居住在离联合碳化物工厂只隔一条路远的地方,没有人事先告诉他们关于异氰酸甲酯的有关常识。气体泄露的那天夜晚,工厂的警报系统和备用系统一概失灵,3 小时内一次警报也未发出。工厂的 620 名雇员由于缺乏必要的安全措施,大难临头束手无策,各奔东西。博帕尔市的这次毒气泄漏事故是 20 世纪最严重的一次有毒物质泄漏事故。

非洲大饥荒

20 世纪 80 年代,非洲经历着 20 世纪以来最大的一次干旱和饥荒。1985 年一年的统计,从非洲北部至南部有 34 个国家遭受大旱,24 个国家发生了饥荒,1.5 亿至 1.85 亿人口受到饥饿的威胁。这次饥荒被联合国称为"非洲近代史上最大的人类灾难。"

1982 至 1984 年,非洲发生了持续 3 年的特大旱灾。这次百年未遇的特大旱灾,使非洲河流干涸、田地龟裂、粮食歉收。饥荒笼罩着整个非洲大地,数以亿计的非洲灾民挣扎在死亡线上。在埃塞俄比亚,全国 700 万人处于饥饿折磨和死亡的威胁下,其中 47% 是儿童,饥饿的人们拥向巴提难民营,一个只有足球场大的帐篷里竟挤着 16000 人,盼望着过往的车辆发放食物,每天大约有 120 人在这种盼望中悲惨地死去。在乌干达,10 万灾民陷入饥馑,竟然出现同类相食的悲剧。在塞内加尔,仅牲畜就死了 150 万头,村庄、道路两旁,饥民的尸体和倒毙的牲畜处处可见,惨不忍睹。在津巴布韦,30 万头牛被饿得奄奄一息。在坦桑尼亚,每天饿死 1500 名儿童。在莫桑比克,饥魔夺走了 10 万人的生命,并且还有上百万的人苦苦挣扎在死亡线上。在毛里塔尼亚,饥民们四处寻觅小动物,他们挖地 3 尺。以带壳的甲虫充饥,甚至有人吃自己亲人的尸体。在乍得,一座座牧民小村子不再有人。在苏丹,从苏丹港到喀土穆的公路上,饥民们饿得只剩下骨头,有气无力地挪动着脚步,不时有人倒下不再起来,尸体被挪到路边,许多饿得奄奄一息的饥民互相

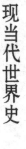

倚靠,坐以待毙。据日内瓦红十字协会的资料显示,1983 年非洲有 1600 万人死于饥饿或与营养不良有关的疾病,1984 年的死亡数字更高,到 1985 年底,大饥荒使上百万人成为幽魂。

尼奥斯湖灾难

1984 年 8 月 21 日,素有"中部非洲粮仓"之称的喀麦隆西部省的尼奥斯湖突然喷发毒气,附近的 1800 名村民因之丧生。这一消息震惊了整个世界。

灾难发生后,喀麦隆政府组织科学家探测"杀人湖"的秘密。由国内外科学家组成的考察团经过几番深入实地的调查研究,终于揭开了这个"杀人湖"的神秘面纱:尼奥斯湖为火山湖,地层深处的二氧化碳缓慢向湖底渗进,并逐渐溶解于湖水中,密度不断增大;湖表层的冷水就像一个大盖子一样平静地盖在上面,使二氧化碳及其他有害气体难以散发。如遇地震或地层变化,湖表层的"盖子"发生震荡,失去平衡,毒气随时有可能发生剧烈的喷发。尼奥斯湖目前至少积存了 3 亿立方米的二氧化碳和二氧化硫等有害气体,而且这些有害气体还正在与日俱增,喷发时造成的灾难也与之成正比。

经过科学论证,科学家采取了"疏导法"释放湖底的有害气体,以达到"排气防喷"的效果。目前,尼奥斯湖已经得到有效的遏制。

戈尔巴乔夫上台

1985 年 4 月 11 日,苏联领导人契尔年科病逝,戈尔巴乔夫当选为苏共中央总书记。

戈尔巴乔夫于 1931 年 3 月 2 日生于俄罗斯南部的斯塔夫罗波尔边疆区的普里沃尔诺耶村的一个农民家庭。1955 年从莫斯科大学法律系毕业后回到家乡从事党团工作。1970 年 6 月起连续当选为第八至第十一届苏联最高苏维埃代表。1971 年 4 月在苏共二十四大上当选为苏共中央委员。1978 年 11 月进入苏共中央书记处任主管农业的书记。1979 年 11 月当选为苏共中央政治局候补委员,次年升为中央政治局委员,成为政治局中最年轻的委员。1984 年 4 月当选为苏联最高苏维埃联盟院外交委员会主席。1985 年 3 月继任苏联共产党中央委员会总书记。戈尔巴乔夫在职期间,积极推行"全面改革"的方针,加速发展经济和苏共政治民主化进程,公开提出苏联应实行多党制。1991 年苏联"8·19"事变后辞去苏共中央总书记一职。1991 年 12 月 21 日苏联解体,25 日戈尔巴乔夫宣布辞去苏联总统职务。

墨西哥大地震

1985 年 9 月 19 日 7 时 18 分,墨西哥太平洋沿岸发生了 8.1 级地震,36 个小时后又发生了 7.5 级强烈余震。距震中 400 千米的墨西哥城遭到严重破坏,7000 多人死亡,1.1 万人受伤,30 多万人无家可归,市区大部分小学校和 10 层以上楼房严重破坏,楼房倒塌上千栋,直接经济损失达 50 多亿美元。大地震发生后,世界各国迅速给墨西哥政府全力支援。墨西哥政府也立即组成了一个由 12 名地震学家参加的委员会,对地震发生的原因进行了研究。这场地震发生在海底,受灾最重的是墨西哥城。墨西哥城周围是死火山区。各种大规模的建筑过分集中在市中心地区地基不到 2.5 千米厚的高含水沉积层上。几百年前,墨西哥城所在地曾是一片湖泊,地质结构不是十分坚硬。所以大地震袭来时,墨西哥城中心就成了重灾区。同时,有些楼房本身施工质量差,经受不起强地震的袭击,也是这场地震损失巨大的一个重要原因。

世界最大的单机空难事故

1985 年 8 月 12 日晚 7 时,日本航空公司的一架波音 747 宽体客机,在东京飞往大阪的途中失去控制,撞到群马县境内上野村附近的山冈上坠毁,机上 509 名乘客和 15 名机组人员仅 4 人获救,其余 520 人全部罹难。这是日本民航史上最大的空难事件,也是世界民航史上单机发生的最大空难事件。消息传出,举世震惊。

事故发生后,人们很快找到了"黑匣子",它记录了机组人员同地面联络的全过程。日本首相中曾根迅速组织了事故调查委员会,参加这个委员会的还有来自美国国家安全委员会和波音飞机制造公司的 9 名代表。8 月 27 日,这个事故调查委员会公布了事故调查结果:飞机起飞 12 分钟后,发生了"异常的冲击",几乎与此同时,压力隔板损坏,飞机密封性能的破坏使机舱内压力急剧降低,导致飞机垂直尾翼损坏并在空中分解;紧接着液压系统失去功能,使飞机失控而撞上山冈坠毁。

哥伦比亚鲁伊斯火山灾难

1985 年 11 月 30 日夜,哥伦比亚鲁伊斯火山爆发,附近的几个小镇被吞没,25000 多人死亡。鲁伊斯火山位于南美洲哥伦比亚的托利马省境内的阿美罗地区。1985 年 8 月,鲁伊斯火山就有浓烟冒出,这本是"死灰复燃"的信号,也是火山喷发的前兆。但阿美罗地区的人们却不以为然,见怪不惊。11 月 30 日夜晚,鲁伊斯山脚下阿美罗小镇上的

25000 人陆续进入了梦乡。半夜 11 点钟声刚刚敲过,鲁伊斯火山在沉睡了百余年后开始大规模喷发了。火山喷发发出了一声声震天动地的巨响,火山喷出的灼热岩浆顺着山脉,挟着大量的泥沙、碎石,犹如脱缰的野马,奔腾咆哮而下。短短的 8 分钟时间,泥石流就吞没了阿美罗镇,两万多居民也在这一瞬间成为大自然的牺牲品,幸存者寥寥无几。奔腾的泥石流在吞没了阿美罗镇之后,又向附近一些村落扑去,农田、牧场、林区、房屋、工厂、各种公共设施均遭破坏,受灾面积迅速扩大。据统计,鲁伊斯火山喷发导致受灾面积达 3 万平方千米,2.5 万人丧生,5000 多人受伤,5 万人无家可归,13 万人成为灾民。鲁伊斯火山给哥伦比亚经济造成的损失达数十亿美元。

"挑战者"号航天飞机失事

　　1986 年 1 月 28 日,美国第二架航天飞机"挑战者"号在进行第 10 次飞行时,从发射架上升空 72 秒后发生爆炸,价值 12 亿美元的航天飞机化作碎片,坠入大西洋,7 名机组人员全部遇难,造成了世界航天史上最大的惨剧。

　　在"挑战者"号 7 名遇难的宇航员中,有两名女宇航员。其中有一位名叫麦考利夫的 37 岁的小学女教师,她是从 11416 位申请者中选拔出来的美国第一位参加航天飞行的普通公民。她准备在"挑战"号进入第四天飞行时,在太空向地面的学生讲两堂课,每堂 15 分钟,以此标志航天飞机走向更为实用的阶段。飞机失事前,她的丈夫和孩子们以及她的学生们都坐在电视机前观看电视转播。不幸的是麦考利夫壮志未酬,献出了宝贵的生命。

　　"挑战者"号的爆炸,使美国举国震惊,华盛顿和其他各地均下半旗致哀。"挑战者"号的残骸落入大西洋中后,被美国海军潜水员打捞出来。经过调查分析,最后确定这次事故是由于一个助推火箭的密封装置出现故障而引起的。"挑战者"号升入天空后不久,泄漏出的燃料便着了火,火焰很快就扩散到了主燃料舱,进而导致航天飞机爆炸。这次事故后,科学家们对所有航天飞机进行了全面的检查,采取了改进措施,提高了航天飞机的可靠程度。两年后,美国航天飞机开始恢复飞行。

帕尔梅遇刺身亡

　　1986 年 2 月 28 日深夜,瑞典首相帕尔梅在斯德哥尔摩市中心的格兰德电影院看完电影后,在回家的路上遇刺身亡,终年 59 岁。

　　帕尔梅于 1927 年 1 月 30 日生于瑞典斯德哥尔摩的一个普通家庭。早年在斯德哥尔摩附近的锡格蒂纳学校学习,毕业后入伍。第二次世界大战后到美国俄亥俄州凯尼恩学院,1948 年获文学学士学位。回国后入斯德哥尔摩大学,1951 年获法学学士学位。1950

参加社会民主党。1953 年任瑞典首相特别顾问。1958 年当选为议员。1969 年任社会民主党主席。1969 年、1982 年两度出任首相。帕尔梅生前一直致力为发展中国家的和平、

血溅政坛的瑞典前首相帕尔梅

民主事业奋斗。他积极主张和平,提倡民主,反对扩张和侵略,为维护瑞典的中立做出了不懈的努力。但他的言行也遭到了国际反对势力和国内政治极端分子的敌视,终于遭到暗杀。帕尔梅遇害后,瑞典人民络绎不绝地到帕尔梅遇害的地方献上束束鲜花,点上长明灯;在他灵车通过的路上,数十万市民自动聚集站在冰雪覆盖的街道两旁为他送行;全世界 132 个国家和国际组织的代表参加了帕尔梅的葬礼。为了永远纪念这位"平民首相",瑞典政府将帕尔梅遇害的那条街被改名为"奥洛夫·帕尔梅大街。"

"和平"号进入天空轨道

1986 年 2 月 20 日,苏联用"质子"号运载火箭将"和平"号载人空间站的核心舱送上了预定轨道,这表明苏联开始正式组装与运行世界上第一个实用型的永久性载人空间站。"和平"号有 6 个对接口,可作为"联盟"号载人飞船和其他专业舱停靠的太空基地。"和平"号总长 13.13 米,最大直径 4.2 米,轨道重约 21 吨。到目前为止,先后有 90 多艘"联盟 TM"号载人飞船和"进步"号货运飞船以及美国的航天飞机与之对接,替换航天员与补给物资设备,有 105 名航天员先后在"和平"号上生活与工作过,他们中除了苏联与俄罗斯的航天员外,还有 44 名美国航天员、6 名法国航天员和 12 名其他国家的航天员。

切尔诺贝利核事故

　　1986 年 4 月 26 日，原苏联乌克兰境内的切尔诺贝利核电站第四号反应堆发生爆炸，大量放射性物质外泄，成为有史以来最严重的一次核污染。在这次事故中，31 人当场死亡，233 人受到严重的放射性损伤，附近 13 万居民被紧急疏散，经济损失达 35 亿美元。事故产生的放射性尘埃，随风飘散，使欧洲许多国家受到不同程度的污染。

　　这一重大事故不仅在欧洲，而且在整个世界引起强烈震动。事故发生至今，已有近万人死亡，数十万人受到辐射伤害。切尔诺贝利周围地区的居民在事故发生后甲状腺癌发病率成倍上升，而这只是开始。因为受核辐射后甲状腺癌的发病潜伏期长达 20 年左右，也就是这次事故的严重后遗症要在 2006 年左右才显现。1994 年，国际原子能机构发表的一份调查材料表明：在当年参加切尔诺贝利核事故救援行动的 15 万名工作人员中，有 6000 人的后代出现了因核辐射造成的病理现象。专家认为，要彻底消除切尔诺贝利事故所造成的核污染至少要 100 年。

空天飞机计划

　　空天飞机是航空航天飞机的简称。它既可以在大气层内飞行，也能在太空中飞行。与航天飞机相比，空天飞机多了一个在大气层中航空的功能，而且它起飞时也不使用火箭助推器。1986 年，美国首次提出了研制空天飞机的计划，美国计划研制一种代号为"X—30"的完全重复使用的单级水平起飞的"国家航空航天飞机"，其特点是采用组合式超音速燃烧冲压喷气发动机。接着英国也提出了一种名叫"霍托尔"单级水平起降空天飞机，其特点是采用一种全新的空气液化循环发动机。以后，法国、德国、日本等国也提出过自己的空天飞机设想。发展空天飞机的主要目的是想降低空天之间的运输费用。其途径归纳起来主要有三条：一是充分利用大气层中的氧，以减少飞行器携带的氧化剂，从而减轻起飞重量；二是整个飞行器全部重复使用，除消耗推进剂外不抛弃任何部件，三是水平起飞，水平降落，简化起飞（发射）和降落（返回）所需的场地设施和操作程序，减少维修费用。

美国自由女神的百年华诞

　　自由女神像矗立在美国纽约港口的自由岛上，它象征着美国人民争取自由的崇高理想。

1986 年 7 月 4 日,美国举行了隆重的自由女神像百年庆典活动。庆典之前,美国政府花费巨额资金将女神像修缮一新。这天清晨,美国总统里根驾驶着"衣阿华"号巡洋舰视察了美国的 2 艘军舰和 21 艘来自外国的军舰。天空中,来自法国的喷气式战斗机在进行特技飞行表演。中午时分,里根会见了法国总统密特朗,双方开诚布公地讨论了武器控制问题。午夜,数百艘船只,从小舢板船到驱逐舰,停泊在纽约港湾。夜深人静,但焰火味仍未散尽。就在几小时前,夜空中呈现着壮观的景象,持续 28 分钟的焰火照耀着自由女神像的面容和火炬。

国际禁毒日

进入 20 世纪以来,世界范围的毒品蔓延泛滥,已成为严重的国际公害。据联合国统计,全世界每年毒品交易额达 5000 亿美元以上,是仅次于军火交易的世界第二大宗买

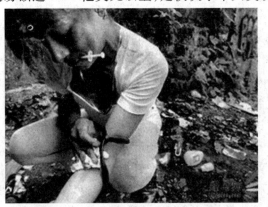

戈罗瑞娜在注射海洛因

卖。毒品是指鸦片、海洛因、吗啡、可卡因等,它损害人的大脑,影响中枢神经系统功能、血液循环及呼吸系统功能,还会影响人的正常生殖能力,并使人体免疫功能下降。吸毒的人容易感染各种疾病,严重还会死亡。20 世纪 80 年代,全世界因吸毒而死亡的人数达 10 万。毒品不仅严重摧残人类健康,危害民族素质,助长暴力和犯罪,而且还吞噬巨额社会财富。

1987 年 6 月,在奥地利首都维也纳举行了联合国部长级禁毒国际会议,有 138 个国家的 3000 多名代表参加了这次国际禁毒会议。这次会议通过了禁毒活动的《综合性多学科纲要》。26 日会议结束时,与会代表一致通过决议,从 1988 年开始将每年的 6 月 26 日定为"国际禁毒日",以引起世界各国对毒品问题的重视,同时号召全球人民共同来解决毒品问题。

华尔街股市狂跌

1987年10月19日星期一,美国华尔街股票交易所的股市发生暴跌。道琼斯工业平均指数下跌了500多点,道琼斯指数骤跌至1738.74点,跌幅达22.6%,远远高于1929年10月28日的黑色星期一的12.8%的跌幅。受纽约股市的影响,世界其他各主要股票市场的股票价格指数也全盘下跌,美元同西方主要货币的比价降到了半年来最低点。10月20日和21日,在各方采取了有效措施后,纽约股市开始出现回升。其后,在经历了一次起伏后,世界各主要股市才恢复正常。

《苏美中导条约》

《苏美中导条约》全称为《苏联和美国消除两国中程和中短程导弹条约》,是1987年12月苏美两国签订的军事协定。条约规定:美苏双方将全部销毁和彻底禁止生产射程为500至1000千米的中短程导弹及射程为1000至5000千米的中程导弹,包括已经部署和虽已生产但尚未部署的导弹,在未来3年内两国首先拆除和销毁双方的2611枚中短程导弹和中程导弹。按照该条约,两国中程和中短程导弹的发射装置、导弹基地等也在销毁之列。1988年5月29日至6月2日,美国总统里根访问苏联期间,与苏共总书记戈尔巴乔夫互换了《苏美中导条约》的批准书,意味着该条约正式生效。据统计,随后的几年中俄罗斯和其他3个独联体国家共销毁中程导弹889枚,发射装置587个,销毁中短程导弹957枚,发射装置238个。美国销毁中程导弹677枚,发射装置288个;销毁中短程导弹169枚和一个发射装置。

德国统一

建立柏林墙

第二次世界大战以后,苏联、美国、英国和法国各占据原德国的一部分地区。1949年,苏联在包括东柏林在内的占领区成立了德意志民主共和国,并把首都定在了东柏林,美、英、法则把各自的占领区连成一体而成立了德意志联邦共和国,首都定在波恩。

马歇尔计划实施后,英、美、法控制下的西柏林发展很快。起初,柏林市民可在各区间自由活动,但随着冷战的加剧,东、西柏林的边界在1952年关闭了,市民的往来受到严格限制。但不断有东德人跨越边界涌入到西柏林,仅1949年到1961年,就有大约250万东德人逃到了西柏林,严重威胁了民主德国的经济发展和政治稳定。为此,在苏联策划下，民主德国政府在 1961 年 5 月做出秘密决定，修建柏林墙以遏制外逃浪潮。

建设柏林墙作为当时的最高机密，如果西方事先得知，民主德国将会非常被动。因此，1961 年 6 月 15 日，当时的民主德国领导人乌普里希曾对西方记者说："西方有传闻说，我们要在东西柏林之间建造一堵高墙，据我所知，政府从没有过这样的打算。"乌普里希的讲话起到了麻痹西方国家领导人的效果，他们被蒙蔽，以为东德人根本没有建墙的打算。

1961 年 8 月 13 日凌晨，与西柏林相接壤的东柏林街道上的所有灯光突然间熄灭了，无数辆军车有序地驶出，车上的大灯把东西柏林的边界线照得通亮，2 万多东德士兵突然涌出，排满了东西柏林间 43 公里的边界上，他们手里都拿着铁丝网、水泥板、铁锹。六个小时后，一道由铁网和水泥板构成的临时屏障绵延在 43 公里的边界上。8 月 18 日，柏林墙的建设全面展开。

高墙难成障碍

最终完成的柏林墙全长 170 多公里，其中路上部分长 115 公里。墙高平均 4.2 米，由水泥浇筑而成，墙顶铺设水泥管。柏林墙共有前后两道，其间留有 100 米宽的无人区巡逻通道，通道内设有防汽车壕、反坦克路障、电网、地雷、自动射击装置等，还设有瞭望塔 190 座，地堡 137 座，警犬桩 294 个。通道内有警卫人员 24 小时值班，对强行闯关者可当场击毙。

但是，柏林墙很难挡住那些坚决去西德的人们：有人以 14 辆载重卡车同时撞倒墙体得以逃脱，有 36 名学生用半年时间挖地道 145 米逃到西德。比这更精彩的是，有一家人制造了一只热气球，乘着夜色"飞"到了西柏林。在柏林墙修建后的 28 年里，先后有 187868 人逃跑成功，但也有 254 人在逃跑时被击毙。

德国统一

作为东、西方政治以及冷战两大阵营相对抗的有力象征，柏林墙的建成使得"铁幕"一词变得形象而具体了许多，冷战也由此升级。但到 20 世纪的 80 年代时冷战渐入尾声，东西方的关系逐渐缓和起来，当时的西德总理勃兰特实行了新政策，促使两个德国之间由对峙走向对话。1987 年 6 月 12 日，美国总统里根在勃兰登堡门发表讲话，建议当时的苏联领导人戈尔巴乔夫拆掉这座柏林墙。

1989 年 11 月 9 日，东德政府决定放松对东德人民的旅游限制。当天夜晚，共有 10 万人次涌入西柏林，其中有 2000 余人滞留未归。11 日和 12 日两天，共有 100 多万东德公民进入西德及西柏林。但人们这时在心中还有一个疑问：自二战以来一直关注德国事务的苏联会对此做何反应？这时，苏联总统戈尔巴乔夫也放出风来："苏联这次不会干出干预柏林墙开放的蠢事。"

西德科尔政府立刻决定顺水推舟，借柏林墙开放的大好时机促成德国迅速统一。1990 年 7 月 1 日，两德建立货币、经济和社会联盟，实现货币统一。8 月底又完成政治联盟。10 月 3 日晚，两德正式宣告统一。

世界艾滋病日

自 1981 年美国诊出首例艾滋病以来,世界艾滋病人的发病率迅速上升,艾滋病的传染范围也在不断扩大,几乎遍及世界各地。1988 年 1 月,世界卫生组织在伦敦召开了一次"全球预防艾滋病规划"的部长级高级会议。这次会议宣布把 1988 年作为"全球防治艾滋病年",把 12 月 1 日作为全世界宣传防治艾滋病的日子,称之为"世界艾滋病日。"世界卫生组织倡导"世界艾滋病日"的宗旨在于号召全世界人民现实,提高生活质量;倡导人们反对歧视,鼓励和动员全社会为艾滋病病人和感染者创建一个宽松的生活环境。在第一个"世界艾滋病日"这一天即 1988 年 12 月 1 日,世界各国的政党领袖、精神领袖、医生、摇滚乐歌星、足球运动员和普通男女,纷纷表明了自己的看法,并且在世界各国纷纷行动起来支持这项伟大的事业。

全斗焕家族舞弊丑闻

1988 年 3 月,韩国总统全斗焕刚刚让出总统职位后,韩国的几家主要报纸几乎在同一天揭露了其胞弟全敬焕贪污的丑行。在在野党和舆论的压力下,新总统卢泰愚被迫成立"调查第五共和国腐败特别委员会",与各地检察机关协同调查全斗焕家族的经济舞弊问题,最终揭露出包括全斗焕本人及其胞兄、胞弟、岳父等亲属贪污舞弊的事实,全斗焕因此被人们称为韩国最大的"腐败总统。"据调查,全斗焕在执政期间共收受贿赂 9 亿美元。他曾强令地方当局耗资 109 亿韩元为其建造 5 处豪华行宫,在汉城(今名首尔)西部的延禧洞,全斗焕占有 1.1 万平方米的宅地,建有 4 处楼房,还花费了 31 亿韩元为其家族的私宅和祖坟大造山林和风景区。在全斗焕执政的 7 年中,仅其总统府的装饰费就达 76 亿韩元。全斗焕起先被判死刑,后改判无期徒刑,1997 年底获释。全斗焕的儿子也被捕入狱,在金大中政府时期获释。

土耳其的欧亚大陆桥

1988 年,土耳其伊斯坦布尔市建成第二座横跨博斯普鲁斯海峡的斜拉网索式大桥——"征服者苏丹迈赫迈特大桥"(全长 1090 米)。从此,一分钟之内乘车往返于欧亚之间,成为伊市居民和土耳其人民的骄傲。伊斯坦布尔是世界上唯一的地跨两大洲的城市,是联系欧亚两大洲的枢纽,公路和铁路四通八达。为解决博斯普鲁斯海峡横断欧亚交通的问题,土耳其政府耗巨资在海峡上建起两座大桥。1973 年土耳其建国 50 周年国

庆之际,第一座连接欧亚的斜拉网索式大桥——"博斯普鲁斯海峡大桥"建成(全长 1074
米),改变了以往必须乘坐渡轮往来于海峡两岸的局面。伊斯坦布尔同时也是土耳其文
化、教育、科研中心之一,拥有著名的伊斯坦布尔大学、土耳其大学、伊斯坦布尔技术大
学、海峡大学等高等学府。全国近 50 家广播电视台和近 30 家日报的总部均设在伊市。
伊斯坦布尔每年接待大量外国游客,许多游客盛赞该市是"欧亚大陆的明珠。"

巴勒斯坦国成立

　　1988 年 11 月 15 日,在阿尔及利亚首都阿尔及尔举行的巴勒斯坦全国委员会第 19
次会议宣告成立巴勒斯坦国,首都耶路撒冷,国家元首为阿拉法特,国土面积和疆界未
定,临时政府待组成。同时宣布承认联合国安理会第 242 号决议和 338 号决议,承认以色
列的存在。同年 12 月,由于美国反对而改在日内瓦举行的"联大"关于巴勒斯坦讨论会
通过决议,以巴勒斯坦国代替巴解组织并成为联合国正式成员。中国于 12 月 31 日宣布
同巴勒斯坦建立外交关系,驻华"巴解"办事处升级为大使馆。

苏联裁军 50 万

　　20 世纪 80 年代中期以来,世界范围的国际关系开始发生深刻变化,美苏在亚太地区
的政治军事对峙局面逐渐缓和。戈尔巴乔夫上台后,在军事建设上提出了"合理足够"的
原则,放弃了同美国争夺全球军事优势的努力。1988 年 12 月 7 日,戈尔巴乔夫在第 43
届联大会议上宣布,苏联决定在两年内裁军 50 万人,常规武器数量也作重大削减,此举
被认为是戈氏对于其外交新思维的实践之一,引起了其他各国的广泛关注。到 1990 年
底,这一计划基本完成。其间,苏军还裁减了 2 万多辆坦克、1.9 万辆装甲车、近 3 万门火
炮、约 1500 架飞机、1900 多架战斗直升机、近 30 艘潜艇和近 50 艘舰艇。

亚美尼亚地震

　　1988 年 12 月 7 日上午 11 时 41 分,一场震级为 6.9 级的地震袭击了位于俄罗斯南部
的亚美尼亚地区。虽然这次地震的规模不算大,但仍是自 1976 年中国 7.8 级的唐山大地
震以来最严重的一次。这次地震夷平了斯皮塔克镇(人口 25000),在离震中 48 千米的亚
美尼亚最大城市列宁纳坎 4/5 的建筑物被摧毁,附近的基洛瓦坎城几乎每幢建筑物都倒
塌了。在这场灾难中,共有 25000 人死亡,15000 人受伤,517000 人无家可归。地震发生
时,苏联新当选的总统戈尔巴乔夫正在访问美国的途中,他立刻中断访问,回国亲自负责

救援工作。

两伊战争

　　20世纪80年代初,在世界热点地区——中东,爆发了一场举世瞩目的战争,即伊拉克和伊朗之间的战争(简称两伊战争)。此次战争,从1980年9月爆发,至1988年9月战争双方握手言和,整整持续了8年之久。长期燃烧的战火,使两伊双方均蒙受了巨大的损失。两伊战争是第二次世界大战以来,又一场延续时间较长、规模较大的局部战争。而且,由于两伊战火蔓延,还殃及海湾地区其他国家的经济利益和安全稳定,尤其是曾导致美国和苏联在海湾地区的严重对立,致使海湾局势一度空前紧张,成为国际社会广泛关注的焦点。因此,追溯两伊战争的起因,纵观两伊战争的进程,分析两伊双方的得失,对于研究现代条件下局部战争的特点,是有意义的。

　　(一)由来已久的领土争端

　　领土问题是导致两伊战争的主要原因。这一问题包括两个方面:一是阿拉伯河的边界划分问题;二是波斯湾入口处3个小岛的主权归属问题。

　　1.阿拉伯河的边界划分问题

　　伊拉克同伊朗长期存在着边界争端,经常发生武装冲突。两伊陆地边界全长1100公里,基本上是根据1913年奥斯曼帝国(当时的伊拉克为该帝国的1个行省)同伊朗签订的"君士坦丁协议"确定的。长约100公里的阿拉伯河是两国南部的自然边界。这段边界原以该河伊朗一侧的浅水线为界。河流主权属伊拉克。根据1914年双方划界委员会会谈纪要和1937年签订的边界条约,双方同意霍拉姆沙赫尔和阿巴丹两段(共约11公里)以该河深水线为界,此后,伊朗一再要求以河流主航道中心线为边界线,并对阿拉伯河实行双方共管,伊拉克则坚决反对,为此双方进行了长期的斗争。1975年3月,在当时的阿尔及利亚总统布迈丁斡旋下,两国领导人就边界问题举行会谈并签署了《阿尔及尔协议》,决定在1913年边界议定书和1914年划界委员会会谈纪要的基础上划定两国疆界,当时处境困难的伊拉克,被迫同意按阿拉伯河主航道中心线划定两国河界。伊朗也答应归还扎因高斯等4个地区约300平方公里的原属伊拉克的领土,并承诺不再支持伊拉克国内少数民族库尔德族的反政府武装斗争。事后,伊朗迟迟未交割土地。伊拉克认为《阿尔及尔协议》是不公平的,多次要求重划边界,均遭伊朗拒绝。于是,伊拉克总统萨达姆·侯赛因下了"以战斗收复领土"的决心。1980年9月17日,伊拉克宣布废除1975年的《阿尔及尔协议》,对阿拉伯河拥有主权。

　　2.波斯湾入口处3个小岛的主权归属问题

　　两伊领土纠纷的另一个问题是波斯湾入口处3个小岛的主权归属问题。1971年,巴列维国王统治下的伊朗,派遣军队,占领了波斯湾入口处的阿布穆沙、大通布和小通布3个小岛。这3个小岛本应属于阿拉伯联合酋长国,但当时阿联酋尚未成立。伊朗占领这些岛屿后,便加强岛上军事设施建设,使之成为可以控制波斯湾出入航道的军事基地。波斯湾国家所生产的石油每天总数约为 2000 万桶,占全世界每天消耗石油 6000 万桶的 1/3,也是每天世界石油市场 3000 万桶的 2/3。所以谁能控制波斯湾的出入航道,谁就扼住了海上石油通道的"咽喉",也就把握住了海湾油库的"阀门。"伊朗占据了这 3 个小岛使海峡阿拉伯国家觉得如鲠在喉,遭到海湾阿拉伯国家特别是伊拉克的激烈反对。伊拉克认为这些岛屿不应该由伊朗占领,而应该归还阿拉伯国家。伊朗根本不理会伊拉克的立场,因此两国在这一问题上也积怨甚深。

(二)难以调和的宗教矛盾

伊朗和伊拉克同是伊斯兰教国家,伊朗把伊斯兰教定为官方宗教,伊拉克定为国教,伊斯兰教在两国政治生活中起着重要的作用。伊斯兰教主要分为逊尼派和什叶派两大教派。伊朗和伊拉克两国的穆斯林(伊斯兰教徒)多数属于激进的什叶派。其中,伊朗什叶派人数占其穆斯林总数的 92%,伊拉克什叶派人数占其穆斯林总数的 60%。但两国什叶派穆斯林在本国政治生活中的地位是迥然不同的。1979 年初,伊朗什叶派宗教领袖霍梅尼领导"伊斯兰革命"在伊朗取得了胜利,推翻了君主制,建立了以什叶派高级教士集团为核心的、政教合一的伊斯兰共和国,什叶派处于领导地位。而伊拉克宪法虽然规定伊斯兰教为国教,但复兴党政府推行的完全是世俗主义路线,在政治生活中努力使政教分离,削弱宗教势力,将宗教活动纳入政府控制的轨道。伊拉克的什叶派穆斯林虽然占国内人口的多数,但长期以来,国家权力却被逊尼派阿拉伯人控制,对此什叶派十分不满。而"伊斯兰革命"后的伊朗,在对国内推行"百分之百的伊斯兰化"的同时,还对外"输出伊斯兰革命。"伊拉克首当其冲,这是因为:在地理位置上,伊拉克紧邻伊朗,历史上双方一直存在很深的矛盾,伊拉克是什叶派的发源地,什叶派的宗教圣地大多在伊拉克境内,什叶派在伊朗得势后,一直想夺取伊拉克地区。伊拉克现在的复兴党世俗民族主义与伊朗的什叶派宗教神权主义在意识形态上根本对立,互不相容。伊朗对伊拉克的政教分离、以极少数的逊尼派统治大多数的什叶派极为不满。伊朗的什叶派与伊拉克的什叶派虽然分属不同的民族,但共同的信仰使他们之间有着千丝万缕的联系,霍梅尼当年受国王迫害流亡伊拉克期间,在纳贾夫居住了 13 年,他在这里讲课传教,著书立说,在伊拉克什叶派中很有威望。所以,伊朗革命胜利后,伊拉克自然就成了其"输出伊斯兰革命"的第一个国家。

伊朗伊斯兰革命在伊拉克什叶派中引起了强烈反响。早在 1977 年和 1978 年,什叶派聚居的卡尔尼拉和纳贾夫曾发生了较大规模的骚乱,并出现了以"号召党"为首的一些反政府什叶派政党。从 1979 年上半年起,什叶派集中的伊拉克南部不断发生政治骚乱,"号召党"的反政府活动空前活跃,并得到了伊朗的支持。在国内外宗教势力的夹击下,加上复兴党内部的权力斗争,伊拉克政局一度出现严重危机。

1979 年 7 月,萨达姆·侯赛因任伊拉克总统,伊拉克复兴党政府为了遏制伊朗的"输出伊斯兰革命",对国内宗教反对势力采取了强硬措施,处死了以什叶派领袖巴克尔·萨德尔为首的数百名宗教界人士,逮捕了数千人,并宣布取缔"号召党。"伊拉克政府还大规模地驱赶侨居在伊拉克的伊朗人和有伊朗血统的伊拉克什叶派居民,先后有 10 余万人被从伊拉克驱赶到伊朗。为了解除伊朗和国内宗教反对势力的威胁,伊拉克决定先发制人,利用伊朗"伊斯兰革命"后的混乱时机抢先发动战争,速战速决,一举打垮伊朗新政权,以战争抵制其"伊斯兰革命的输出"和威慑国内的宗教反对势力,使其停止反政府活动。在此情况下,伊拉克迫不及待地率先开动了战争机器。

(三)错综复杂的民族纠纷

伊朗历史上属于波斯民族,伊拉克则属于阿拉伯民族。很久以来,波斯人和阿拉伯人时常发生冲突,民族矛盾尖锐复杂。而且,伊拉克和伊朗两国国内都有一个少数民族——库尔德族。伊拉克有库尔德少数民族 200 万人,占其总人口的 15%。这一民族一直要求自治,曾多次进行反政府的武装斗争,伊朗积极给予支持。伊朗本身也有库尔德少数民族 200 万人,伊拉克也唆使并支持其进行反对伊朗政府的斗争。此外,伊朗西部的胡齐斯坦省在奥斯曼帝国统治时期属伊拉克,1925 年划归伊朗,该省的大多数居民(约占全省人口 60%)为逊尼派阿拉伯人,在民族感情上亲伊拉克。反政府组织"阿瓦士解放阵线"早在伊朗国王统治时期,便进行反政府斗争谋求该省自治。因此,伊拉克在支持伊朗库尔德族反政府斗争的同时,还联合"阿瓦士解放阵线"共同反对伊朗新政权。

(四)急剧膨胀的称雄海湾的欲望

伊朗和伊拉克都有争当海湾"盟主"的雄心。自从 1977 年 11 月埃及总统萨达特访问以色列,并于次年 9 月在美国与以色列签订"戴维营协议"后,中东形势剧变,阿拉伯世界内部各种力量重新分化、组合。一些阿拉伯国家纷纷与埃及断交,阿拉伯联盟也将埃及逐出该组织,使以往在阿拉伯世界具有极大影响的埃及地位骤然下降。接着,70 年代一直充当"海湾宪兵"的伊朗国王巴列维于 1978 年倒台,海湾霸位悬空。机会难得,素有称雄海湾、觊觎阿拉伯世界领袖地位的伊拉克跃跃欲试。伊朗在"伊斯兰革命"成功后,最初并不急于充当海湾盟主。其一,伊朗是海湾地区的一个大国,盟主地位非伊朗莫属,无须去争;其二,伊朗"伊斯兰革命"刚刚成功,国内矛盾复杂,局势尚不稳定,无暇去争。因此,1979 年 3 月 6 日,霍梅尼宣布"伊朗不当波斯湾宪兵",放弃前国王在波斯湾建立海军基地的计划,并表示不再购买美国武器。这一声明受到波斯湾各国的欢迎。但当对什叶派教徒持较温和态度的伊拉克前总统巴克尔于 1979 年 7 月 16 日辞职,由激进的实权人物、二把手萨达姆·侯赛因接任后,伊朗态度就变了。伊朗深知萨达姆对海湾盟主地位觊觎已久,自然是不甘示弱,针锋相对,极力宣扬要以"伊斯兰革命"推翻萨达姆的统治。这一号召在海湾国家引起了极大恐慌,给萨达姆发动战争、推翻伊朗新政权、夺取海湾霸权提供了借口。萨达姆自恃伊拉克的军事优势,又有海湾国家的大力支持,便企图将立足未稳的伊朗新政权一举推翻,实现其称雄海湾的"壮志。"于是 1980 年 9 月 22 日,伊拉克率先向伊朗发动进攻,导致两伊战争全面爆发。

(五)战前双方基本情况

长期以来,海湾地区既是世界最大的石油输出地,同时也是世界最大的军火输入区。1973 年第四次中东战争,由于广泛使用了先进的导弹、坦克、飞机、电子设备等武器装备,突出地显示了战争的现代化特点。这使海湾国家深受刺激。而且,70年代初期,世界石油价格大涨,海湾国家石油收入猛增,在此情况下,海湾国家都不惜巨资采购武器装备。自1974年到1980年,海湾国家仅引进武器一项开支竟高达3500亿美元。对急于在海湾地区称雄的伊朗和伊拉克来说,自然是不甘落后,从1973~1980年8年中,两伊在兵力与武器装备方面取得了惊人的发展。仅1973~1977年短短的4年中,伊朗和伊拉克的武器采购费竟分别达到705亿美元和374亿美元。在国防开支方面,两伊也是逐年递增。

两伊在耗费巨资购买武器装备的同时,还组建了规模庞大的军队,伊拉克总兵力22万人,其中:陆军19万人;海军4000余人,各种舰艇43艘;空军2.8万人,各种飞机500余架。此外还有人民军10万人,后备役部队25万人。伊朗1979年以前,总兵力为41万人,伊朗"伊斯兰革命"胜利后,对前国王统治时期的军队进行了大规模的清洗。总兵力锐减至24万人。其中:陆军减少了一半,剩15万人;海军减少1/3,有2万多人,各种舰艇80余艘;空军减少1/3,有7万人。此外还有新组建的伊朗革命卫队9万人,预备役部队30万人。伊朗军队由于很多军官被清洗和革职,加之美国顾问及技术人员的撤走,以及武器装备零配件不足,其实力已大大下降。

两伊相比,伊朗总的经济军事实力占优势。但当时伊朗刚刚进行"伊斯兰革命"不久,内外交困,实力大减。与此相反,伊拉克国内政局相对稳定,经济发展较快,军队战备程度较高。在这种背景下,伊拉克认为伊朗此时不堪一击,甚至会不战自乱,因而决定扬长避短,以速战速决一举击垮伊朗。

(六)双方临战准备

1.伊拉克方面

为了对伊朗突然发动进攻,迅速达成战争目的,在临战前伊拉克采取了以下措施:

制造"和平"空气,麻痹伊朗　1980年9月17日,伊拉克总统萨达姆·侯赛因在国民议会宣布1975年两伊"阿尔及尔协议"无效时,声称"伊拉克不希望战争。"次日,萨达姆·侯赛因还强调说,伊拉克要同所有的邻国保持"睦邻关系",并预言不会同伊朗发生大规模战争。伊拉克革命委员会副主席伊扎特·易卜拉欣·杜里1980年9月15日在罗马说,伊拉克在边境地区与伊朗之间进行的小规模冲突"将于本周末结束",而事实上恰好是一周后军事行动突然升级。

突击开展外交攻势,争取同情和支持　1980年8月至9月,伊拉克领导人与海湾国家首脑来往频繁。9月17日至20日的4天中,伊拉克又派出革命指挥委员会成员、副总理和部长等高级官员并通过驻外使节,向13个阿拉伯国家和组织解释伊拉克的立场。萨达姆总统还亲自接见法国大使和巴勒斯坦解放组织代表。在伊拉克进攻伊朗的前一天,总统萨达姆派出副总理塔利克·阿齐兹作为特使,前往莫斯科,进行"紧急磋商",目的是争取苏联的援助。

隐蔽转换飞机,以防对方反击　伊拉克境内多为平原或沙漠,隐蔽飞机难度较大,伊拉克在沙漠中建造一些飞机掩体,并设置假目标。此外,据透露,战争爆发前,伊拉克部分军用运输机事先转移到了亲伊拉克的约旦境内,另有部分军用飞机转移到了巴林。

利用边境冲突掩护地面部队向战区集结 战争爆发前3周内,两伊边境连续发生小规模武装冲突。1980年9月上、中旬,伊拉克发起了收复边界中部被伊朗军队控制的扎因高斯等4个地区的战斗,并以此为掩护,调动地面部队,完成大规模进攻部署。战争爆发时,伊拉克共集结了3个陆军师,坦克1000余辆,后参战兵力增至10多个师,兵力11万余人,坦克1500余辆,作战飞机约300架。另外还有数万预备役部队参战。

2.伊朗方面

临战前,伊朗对伊拉克的进攻企图已有所察觉。据当时的伊朗总统巴尼萨德尔称,早在伊拉克发起进攻前1个多月,伊朗就获悉伊拉克进攻计划的概要,在开战前15天掌握了伊拉克进攻计划的文本。这种报道不一定完全属实,但伊朗方面有所觉察则是确定无疑的。因此,伊朗在临战前采取了一系列应急措施。

及时改变外交政策,谋求他国支援 由于伊朗奉行"既不要东方,也不要西方"的政策,它与美国、苏联都有矛盾,关系也很冷淡。苏联出兵阿富汗,伊朗曾予以严厉谴责,并在行动上支持阿富汗穆斯林抵抗组织。1979年11月14日,霍梅尼在宣布废除1951年"伊美双边军事协定"的同时,也声明废除了1921年"伊苏友好条约"中的第五、六条(该两条规定,如伊朗遭受到别国侵略,从而威胁到苏联安全时,苏联可出兵伊朗)。1980年,两伊战争迫在眉睫,伊朗不得不改变过去的外交政策。当叙利亚总统阿萨德到苏联签订"苏叙友好合作条约"时,伊朗总统巴尼萨德尔便委托其就以下条件与苏斡旋,并取得了一定成果,即:停止援助伊拉克武器,向伊朗提供地地战术导弹;同意越南向伊朗出售印支战争中缴获的美制武器和零部件;恢复1976年"伊苏贸易协定",用伊朗的石油换取苏联的武器。

突击购置武器装备 伊朗临战前先后从国外购买急需的武器装备。为了使之具备有效、持久的作战能力,伊朗不惜一切代价购买零配件和设备。

加强空军戒备 空军战斗机秘密向国内纵深基地转场,并紧急抢修约200架F—4和F—14喷气式战斗机。

释放一批被捕的前国王统治时期的军官和飞行员 1979年"伊斯兰革命"后,对前国王统治时期的伊朗军队进行了大规模清洗,许多军官和飞行员被逮捕。现在,大敌当前,伊朗将他们释放,希望他们能以国事为重,捐弃前嫌,抗击外敌入侵。

转移霍梅尼的住地,以确保其安全 霍梅尼是伊朗的宗教领袖,在伊朗这样一个宗教色彩极浓的国家,霍梅尼的安全对国家稳定起着决定性作用。

进行战争动员 战争爆发前2天,总统下令征召后备役官兵服现役,并在国内进行战争动员,一名总统助理当时宣称:这是一个大规模的戒备行动,不管是否有一方正式宣战,作为一场战争将不可避免。

两伊战争的历程

两伊战争大致经历六个阶段。

(一)第一阶段(1980年9月22日~1981年9月)伊拉克大举进攻,伊朗仓促防御。
战争在伊朗境内进行

1980 年 9 月 22 日拂晓,伊拉克总统萨达姆下达了对伊朗的军事目标发动"威慑性打击"的命令,接着伊拉克出动大批作战飞机,袭击了伊朗首都德黑兰、大不里士、阿瓦士、克尔曼沙赫、提斯乎尔等共 15 个城市和 7 个空军基地,企图一举歼灭伊朗空军。23 日凌晨 3 点,伊拉克以地面部队 5 个师又 1 个旅约 5 万余人的兵力,1200 余辆坦克,越过边境,在北起席林堡、南至阿巴丹的 480 余公里的战线上,分北、中、南 3 路向伊朗境内大举推进。北路以 3 个装甲师重点攻打席林堡;中路以 1 个装甲师、1 个机械化旅向梅赫兰和提斯乎尔等战略要地进攻;南路以 1 个机械化师重点围攻伊朗石油主要产地胡齐斯坦省的 3 个战略要地,省会阿瓦士、炼油中心阿巴丹和重要港口霍拉姆沙赫尔。伊拉克把主要力量集中在北部战线,企图夺取北部边界有争议的地区,控制交通要点,尔后转兵南下,占领阿巴丹,控制阿拉伯河口地区。经过 1 周激战,10 月初,伊拉克军队占领了伊朗约 2 万平方公里的土地和边境全部哨所,控制了阿拉伯河东岸长 600 公里,宽 20 公里的狭长地带。深入伊朗境内 10~30 公里,南部战线最大入侵纵深达 90 公里。其中,北路攻占了席林堡、纳夫特沙赫地区;中路攻占了梅赫兰、提斯乎尔地区;南路则进逼至胡齐斯坦省的霍拉姆沙赫尔、阿巴丹和省会阿瓦士等重要城镇。最激烈的战斗发生在霍拉姆沙赫尔周围地区,伊拉克军队对其实施了 3 面围攻。

面对伊拉克咄咄逼人的强大攻势,伊朗军队仓促应战。9 月 22 日,在伊拉克发动空袭不到 2 小时,伊朗的美制"鬼怪"式飞机就轰炸了伊拉克巴士拉地区的空军基地及大型石油化学工厂。23 日,伊朗空军又对伊拉克实施"报复性回击",袭击了伊拉克境内的 16 个目标,包括首都巴格达、北方产油城市摩苏尔、基尔库克和阿尔比勒。伊朗海军也炮击了伊拉克港口城市法奥的石油码头。与此同时,伊朗国内进行了紧急动员,全国戒备,地面部队迅速调整部署,向边境机动。伊朗在西部边境地区原有 4 个师,分别驻守萨南达季、克尔曼沙赫、霍拉马巴德、阿瓦士等地,战争开始后,又从德黑兰调 2 个步兵师到达梅赫兰、阿瓦士一线;从加兹温调 1 个师至克尔曼沙赫,还从伊苏边境的马什哈德调 2 个旅至纳夫特赛菲德作预备队,使前线兵力增至 7 个师又 2 个旅,此外还有大批的革命卫队。伊朗设防的重点在北线,以扼守主要通道,迟滞伊拉克军队的进攻。在南线,伊朗军队固守阿瓦士、阿巴丹、霍拉姆沙赫尔等城镇,力图持久作战。

伊拉克军队在北线控制了一些交通要点后,开始向南转用兵力,主攻方向为霍拉姆沙赫尔和阿巴丹。为了达到速战速决的目的,伊拉克变原来的全线出击为重点进攻,并进一步调整兵力部署,从北线调 2 个师至中线提斯乎尔方向,又调原提斯乎尔地区的 1 个师到南线阿瓦士、阿巴丹方向。同时,从内地摩苏尔、基尔库克各调 1 个步兵师补充北线席林堡和中线梅赫兰。至此,伊拉克投入的地面部队兵力达 7 个师又 2 个旅。其中,中、南两线为 5 个师另 2 个旅。为保持并发展战场上的有利态势,从 1980 年 11 月起,伊拉克以 2 个师的兵力在北线固守已占城垣阵地,集中 5 个师在中、南两线向东扩张,企图夺取阿巴丹,迅速占领胡齐斯坦省,切断伊朗经济命脉,尔后从实力地位出发,逼迫伊朗接受其和谈条件,签订城下之盟,进而体面地结束战争。

伊朗根据战争初期战场失利的教训,一方面成立有各派代表参加的"最高防务委员会"，通过各地的宗教组织，动员组织人民为伊斯兰革命而战，唤起国民保卫祖国的激情；另一方面用9万余人的兵力，采取制敌扩张、稳定战线、争取时间、伺机反击的战略方针和战术手段，逐步改善战场形势。

11月中下旬，在中部战线，伊拉克军队越过卡尔黑河攻占舒什特尔后，从北、中、南3面进逼提斯乎尔，遭到伊朗增援部队狙击；在南部战场，伊拉克出动2个师约2万余人和10余个坦克旅，对阿巴丹发起持续不断的攻击，由于伊朗军队和革命卫队、民众组织的顽强抵抗而未能奏效。1980年12月底，伊拉克在北线马里万地区开辟了新战场，使整个战线延长到610多公里。伊朗调整部署，加强了重要城镇的防御，并在沙伊普勒扎哈卜、苏桑吉尔德和阿巴丹同伊拉克展开激烈争夺。此后，北部战线冰冻雪封，南部战线进入雨季，双方交战激烈程度有所减弱。加之战争消耗巨大，双方兵员不足，补给困难，战线基本稳定在阿巴丹至阿瓦士、提斯乎尔、沙赫阿巴德一线。1981年1~4月，伊拉克在北、中部战线全面转入防御，南部继续以重兵围攻阿巴丹；伊朗则在阿瓦士地区、提斯乎尔、伊拉姆以东等处多次组织局部反击，并以猛烈的炮火袭击伊拉克石油城巴士拉和纵深要点，由于双方势均力敌，都未能取得大的进展。双方固守各自阵地，实施炮击，互有攻守，战场出现有进有退，时缓时紧，僵持不下的局面，伊拉克由于兵力分散，攻坚能力弱，以守求和，不能也无力发动有效的进攻，因而一步步陷入被动；伊朗则因稳定了战局，争取了时间，逐步改变了被动失利的态势。

(二)第二阶段(1981年9月~1982年7月)伊朗实施战略反攻。伊拉克全线溃退，战争在两伊边界展开

伊朗阻滞了伊拉克的进攻势头后，逐渐夺取并掌握了战争主动权，为进一步发展胜利，伊朗不失时机地发动了带有决战性质的全面反击。

1981年9月，伊朗加强了正规军与革命卫队以及志愿人员的联合作战，将主要力量集中在中部和南部战线，开始大举反攻。9月底，伊朗在南部战场上集中了数十万兵力，发动了大规模的阿巴丹反击战，首先解除了伊拉克对阿巴丹的包围，并由南向北推进。10月，伊朗又在南、北两线发动攻势，收复了一些失地，战场形势逐日向有利于伊朗的方向转化。1982年2月，伊朗在中部地区发动了博斯坦战役，给伊拉克军队一定杀伤，改善了中部战场态势。3月下旬，伊朗经过周密部署准备，发动了"胜利行动"攻势。在胡齐斯坦省集中了3个师的兵力和大批革命卫队，以及数千名具有宗教狂热的青少年参战。同时为迷惑对方，达成突然性，还在南部战线的阿瓦士和阿巴丹一带调集部队，实施佯动，主力则在中部战线从提斯乎尔和舒什特尔分两路发起大规模进攻，迅速突破了伊拉克中路防御。这次战役，伊朗获得了较大的胜利，全歼伊拉克2个旅，重创2个师，共毙伤伊拉克士兵2.5万名，俘虏1.5万名，击毁坦克360辆，击落飞机20余架，缴获了上百辆坦克和装甲车，收复了扎赫阿巴斯、艾因霍什、切纳奈等城镇共约2000平方公里的失地，切断了伊拉克南北两线部队的联系。伊拉克第四军团被迫从中部战线后撤了30至60公里，4月下旬，伊朗又集中了近3个师的兵力和大批革命卫队约10万余人，在南部战线发起了以收复霍拉姆沙赫尔市为目标的"耶路撒冷圣城行动"攻势。以部队兵力在阿瓦士至苏桑吉尔德以南地区和切纳奈方向实施牵制性进攻,主力在达尔霍文一带越过卡隆河,迅速突破了伊拉克军队防御,攻占了对岸的重要据点哈米德市,向西前进至两国边界附近,然后,伊朗军队冒着摄氏 40 多度的高温挥师南进,于 5 月 22 日兵临霍拉姆沙赫尔城下。伊拉克方面也集中了 5 个主力师和大批"人民军",力图阻止伊朗的强大攻势。经过 25 天激战,伊朗终于收复了南部重要港口城市霍拉姆沙赫尔。伊拉克守城部队 3 万余人被歼,南线残部绝大部分撤回国内,伊朗收复了 4000 余平方公里的大片土地。南部战线伊朗夺取霍拉姆沙赫尔的重大胜利,使伊拉克在战场上的处境十分不利。6 月 10 日,伊拉克提出全线停火建议,并单方面实施停火,宣布承认两国于 1975 年签订的"阿尔及尔协议"继续有效,并准备在伊拉克根本权利得到承认的基础上同伊朗谈判。6 月 20 日,又宣布在 10 天内从伊朗境内撤回全部军队。6 月 29 日,其军队基本撤出伊朗。

(三) 第三阶段(1982 年 7 月 13 日~1984 年 3 月)伊朗越境作战,伊拉克奋力反击,**战争在伊拉克境内进行**

伊拉克的停火呼吁和实际行动,使伊朗面临着战与和的战略抉择,经过一番权衡,伊朗最终做出了把战争推向伊拉克境内的决定。首先,伊朗提出了令伊拉克难以接受的极其苛刻的停战条件:1.伊拉克军队必须全部撤出伊朗并承认是侵略者;2.赔偿战争损失 1500 亿美元;3.萨达姆下台并作为"战争罪犯"受到惩罚。这实际上等于拒绝了伊拉克的停火建议。伊拉克欲战不能、欲和不得,被绑上了战车无法脱身。伊朗挟胜利之余威,为了争取时间,乘胜前进,不给伊拉克以喘息之机,决定把战线推向伊拉克境内。1982 年 7 月 13 日晚,伊朗出动包括正规军第七十七师大部,装甲 92 师一部和革命卫队第七师以及动员部队共 12 万多人的兵力,向伊拉克发动了代号为"斋月行动"的大规模进攻。伊朗军队从巴士拉以东当面和东北 50 公里处越过两伊边界,突破伊拉克防线,直取伊拉克第二大城市巴士拉,深入到伊拉克境内 20 余公里。对于伊朗的进攻,伊拉克预有准备,利用本土作战的有利条件,采取后撤一步、收缩战线、正面狙击、两翼迂回的战术,动用 10 万兵力进行反击。伊拉克军队在巴士拉以东地区设下口袋包围圈,对进攻的伊朗军队进行围歼,挫败了伊朗军队的攻势,迫使其退至距边界约 5 公里的狭长地带固守。据美国情报部门估计,"斋月"之战,伊朗伤亡达 3 万余人,伊拉克伤亡 6~8 千人。此战当时被称之为"波斯湾现代史上最大规模的陆战。"

伊朗在"斋月行动"攻势受挫后,经过短暂的准备,于 7 月下旬又先后 5 次向伊拉克守军发起大规模进攻,但都未能取得进展,双方在巴士拉地区处于胶着状态。

自此以后,伊朗频繁采取攻势行动,其中规模较大的有:

1982 年 10 月 1 日至 11 月底,在北线苏马尔以西向伊拉克第二军团防区发动了"穆斯林伊本——阿吉勒"攻势。

1982 年 11 月 1 日至 9 日,在中线提斯孚尔以西地区发动了代号为"穆哈拉姆"的攻势,又称"一月行动"(穆哈拉姆即伊斯兰教历 1 月)。

1983 年 2 月 6 日至 17 日,在中线迈桑地区发动了代号为"曙光"的攻势。

1983 年 4 月 10 日至 15 日,在北线法卡以北地区发动了代号为"曙光—1 号"的攻势。

1983 年 7 月 22 日至 8 月 6 日,在北线库尔德山区发动了代号为"曙光—2 号"的攻势。

1983 年 7 月 29 日至 8 月上旬,在中线德赫骄兰西北地区发动了代号为"曙光—3 号"的攻势。

1983 年 10 月 19 日至 11 月下旬,在北线马里万西北地区发动了代号为"曙光—4 号"的攻势。

1984 年 2 月 11 日、15 日、21 日 5 和 22 日,伊朗军队分别在北线的达尔班迪汗地区、中线的库特东部地区、南线的阿马拉地区和胡韦扎地区发动代号为"解放耶路撒冷""曙光—5 号""曙光—6 号"和"海巴尔"4 次攻势。到 3 月底,攻势基本结束。

这一阶段,伊朗军队连续不断地发动地面攻势,占领了伊拉克南部沼泽地区石油资源丰富的马季农岛和边境沿线一些地区,但未能向腹地推进。伊拉克凭借其坚固多层的防御阵地和空中优势,不仅挫败了伊朗自 1982 年 7 月至 1984 年 3 月先后发动的 10 余次攻势,而且组织了强有力的反击,基本守住了防线,使伊朗军队付出了巨大的代价,战场形势也随之改观,逐步变得对伊拉克有利。

(四)第四阶段(1984 年 4 月~1986 年 1 月)陆上烽烟未灭,海上惊涛骤起,战火由陆地向海上蔓延

伊拉克为了改变 2 年来一直被动挨打的局面,并迫使伊朗罢兵言和,自 1984 年 4 月起,采取了使战争升级的"以战迫和"的方针。变消极的专守防御(又称"静态防御")为积极的攻势防御(又称"动态防御")。在地面和海上连续向伊朗发起主动出击。

陆战场,伊拉克利用伊朗军队急于进攻,忽视防御的弱点,决定在稳固防御的基础上,实行积极主动的进攻,以其打乱伊朗的进攻部署。从 1984 年 4 月开始,伊拉克便在局部地区对伊朗军队发动一系列的小规模袭击,并取得了一定效果。战斗中,伊拉克多次使用了化学武器。1985 年 1 月 27 日,伊拉克第三军团以 2 个师的兵力分 3 路对马季农岛南部的伊朗部队发动了"闪电式"进攻,同月 31 日,第二军团对中线曼达利地区的伊朗军队发动了"扫荡性进攻",据称 1 天之内向伊朗境内推进了 2~3 公里。此后,3 月 22 日、5 月 16 日、7 月 25 日和 9 月 8 日,伊拉克军队又在南北战线发动了 4 次规模较大的攻势。

伊朗在自身发动大规模地面攻势有困难的情况下,为了继续贯彻以长期消耗战拖垮伊拉克的战略方针,从 1984 年 9 月开始采取"蚕食战略",即在前线不同地段发动中、小规模的有限制的进攻,如果发现对方抵抗过猛便撤下来,但是一旦发现有薄弱的地点,便大量投入增援部队,集中力量尽可能多地占领土地,企图通过此举迫使伊拉克将其注意力集中在地面战场,并使全线长期处于紧张状态,以达到积小胜为大胜,最终打败伊拉克的目的。

在这一战略思想的指导下,自 1984 年 4 月以来,伊朗除了在中部战线的梅马克地区(1984 年 4 月 17 日),南部战线胡韦扎沼泽地(1985 年 3 月 11 日),北部战线提卜地区

（1985 年 7 月 10 日）和哈吉乌姆及其以北地区（1985 年 9 月 9 日）向伊拉克发动过 4 次规模较大的进攻外，其余进攻（约 10 多次）都是营以下规模的"打了就跑"式的小规模行动。由于这些攻势行动都没有明确的作战目的，只是一些试探性的"袭扰"，因此，其效果也微乎其微。这一阶段两伊陆战场实际上处于打打停停，时断时续的僵持状态。

海战场：由于两伊陆上战争陷入僵局，双方都无力一举击垮对方，战争表现出明显的消耗战的特点。伊朗凭借国大、人多、经济逐步好转等有利条件，同伊拉克拼消耗，力图在军事和经济上拖垮伊拉克。为了对付伊朗的消耗战略，伊拉克一方面把战争引向海湾水域，打击伊朗的石油设施，另一方面，伊拉克扩建了经土耳其至地中海的输油管道并计划修建通过沙特阿拉伯到红海的新输油管道，以取代被切断的从海湾出口石油的渠道，达到增加石油出口、改善国内经济以支持长期战争的目的。

1984 年 4、5 月间，双方在打击对方军事目标的同时，把袭击的重点转向经济目标和民用目标，尤其是把对方赖以生存的经济命脉——石油设施及为对方运输石油的油轮作为主要袭击目标。由于伊拉克的幅员和人口数量远不及伊朗，战争的长期持续对伊拉克十分不利，加之地面战场上的连连失利，议和的呼吁又遭到伊朗拒绝。为了摆脱战和两难的困境，伊拉克率先发动了举世震惊的"袭船战"，发挥其"空中优势"，开始封锁伊朗的主要石油出口基地哈尔克岛并频繁袭击来往于该岛的油轮。伊拉克发动"袭船战"的主要目的是：1.削弱伊朗的经济潜力。伊朗的经济能否维持，取决于海上的石油出口，位于海湾中的哈尔克岛是伊朗主要的石油出口基地。伊拉克设想，袭击哈尔克岛的石油设施及运油船队可打击伊朗的石油输出能力，从而使伊朗因石油出口大幅度减少而导致经济衰退，这样便可迫使伊朗不得不坐到谈判桌上与伊拉克进行谈判，和平解决争端。2.把战火引向海湾，增强该地区的动荡不安，以引起世界关注，通过国际舆论来促使伊朗停战言和。

由于伊朗的空军力量相对较弱，伊拉克的石油大多通过陆上输油管道出口，而伊朗则主要靠海上油轮运输。因此，在"袭船战"中，伊朗损失较大，处于不利地位，为了报复伊拉克，伊朗一方面更加频繁地对伊拉克发动地面攻势，用地地导弹袭击伊拉克首都巴格达及其他重要目标。另一方面不断增加袭击手段，出动海军快艇并使用岸对舰导弹对伊拉克的石油设施及油船进行"以牙还牙"的袭击；扩大袭船范围，不仅袭击伊拉克的油轮，而且把支持伊拉克的其他国家船只也列入袭击对象，特别是把频频支援伊拉克的科威特油轮作为主要攻击目标。伊朗此举的意图是：1.显示伊朗与伊拉克战斗到底、毫不妥协的决心；保持对伊拉克的军事压力，使之在海上的袭船行动有所收敛。2.增加对海湾阿拉伯国家尤其是科威特的压力，迫使它们减少对伊拉克的支持。

"袭船战"是两伊战火蔓延的产物。自"袭船战"开始以来，在海湾地区遭到袭击的油轮和商船数量不断上升，1984 年为 49 艘，1985 年为 53 艘。"袭船战"的不断升级使海湾成为世界上最危险的水域，而且损害了除两伊之外的其他国家的利益，这样便使海湾局势更趋复杂。

（五）第五阶段（1986 年 2 月～1987 年 3 月）地面战场高潮迭起，海上袭船愈演愈烈

两伊战争进行到 1986 年，又掀起了一个新的高潮。伊朗一反过去打消耗战的方针，力争速战速决。经过长期的精心准备，1986 年 2 月初，伊朗出动 9 万余人的兵力，对伊拉克南部石油港口法奥地区发动了规模较大的代号为"曙光—8 号"的攻势。伊朗发动此战役的企图是：1.攻占法奥，在伊拉克领土上建立一个立足点，以便封锁伊拉克出海口，切断伊拉克与科威特等海湾国家之间的海、陆通道，孤立巴士拉，威胁巴士拉附近两大油田和连接伊拉克、沙特的两条输油管道；2.把战线推进到靠近科威特边界，以此警告海湾阿拉伯国家，迫使它们放弃对伊拉克的政治和财政支持；3.摧毁伊拉克设在法奥北部的 3 个导弹基地和雷达监听站，以减少其对本国哈尔克岛石油设施安全的威胁。

2 月 9 日夜，伊朗正规部队、革命卫队和动员部队一部，共 3 万余人，兵分 2 路向伊拉克南部重镇巴士拉以东和以南地区发起进攻。一路从陆地向巴士拉东北地区插入伊拉克第三军团防区；另一路强渡阿拉伯河攻击伊拉克第七军团阵地。10 日，伊朗按照原计划迅速地在多处突破了伊拉克军队的防线，攻占巴士拉以南阿拉伯河中的乌姆拉萨斯岛以及河西岸的一些阵地。同日夜，伊朗又以 6 个师约 6 万余人的兵力，从陆地和海上 3 面向伊拉克最南端的法奥半岛发起猛烈进攻，攻占法奥港口以及该地区的 3 个导弹发射场，并继续向北、向西推进。到 13 日，其先头部队向北、向西各推进了 20 余公里。

面对伊朗发动的新的攻势，伊拉克投入正规部队 9 个师，共 10 万余人，进行反击。11 日，夺回乌姆拉萨斯岛和北部第三军团失去的阵地，后又击退了伊朗的多次进攻，稳住了阵脚，同时，伊拉克空军对伊朗阵地和后勤供应线进行了轰炸。2 月 14 日，伊拉克军队分北、南、中 3 路向伊朗部队发起钳形反击。北路从乌姆拉萨斯岛以南的哈希卜沿阿拉伯河向南推进；南路从夫旺向乌姆卡斯尔（沿海湾）推进；中路从哈希卜向西推进，旨在包围法奥的伊朗军队。为配合法奥地区的反击，伊拉克空军对伊朗在海湾的海军船只和哈尔克岛石油出口中转站等目标进行袭击。由于法奥地区 2 月份阴雨天较多，地面多泥泞，伊拉克装甲部队行动受限制，无法发挥其优势，因此，伊拉克的反击也未能奏效。

"曙光—8 号"攻势的胜利，增强了伊朗夺取战争最后胜利的信心，伊朗军队士气大振。为了保障法奥战场的胜利，2 月 24 日，伊朗军队又在北线向伊拉克的苏莱马尼亚地区发动代号为"曙光—9 号"攻势，深入伊拉克境内 25 公里。这一推进，不仅对伊拉克基尔库克油田构成威胁，也形成伊朗军队南北呼应的态势，牵制了伊拉克的力量。继"曙光—9 号"攻势之后，伊朗又于 5 月底和 9 月上、中旬，分别在中部战线的梅赫兰和北部的哈杰姆兰等地区发动代号为"卡尔巴拉—1 号""卡尔巴拉—2 号"和"卡尔巴拉—3 号"3 次规模较大的攻势。伊拉克则坚持其"以攻为守"的战略，连续向伊朗发动进攻，并加紧空袭伊朗的经济目标，特别是石油输出中转站，使伊朗在经济上蒙受了重大的损失。

1987 年，两伊战争进入第八个年头。在两伊战场的南部和中部，双方地面部队的厮杀达到了白热化的程度，与此同时，空中报复也交替升级。双方频繁使用飞机和导弹对敌方的重要城市和经济目标狂轰滥炸。仅从 1987 年 1 月 9 日至 23 日的两星期内，伊拉克空军就出动飞机 4000 多架次，对伊朗首都德黑兰、"圣城"库姆等 10 多个城市实施轰炸，伊朗也以飞机、重炮等予以还击。

早在1985年冬天,霍梅尼就公开宣布伊朗将发动一场旨在彻底击垮伊拉克的"最后决战。"1年多来,伊朗确实在为此加紧准备。1987年1月9日,伊朗出动11个师计12万余人的兵力,在两伊边境的沙勒谢赫一带发动了代号为"卡尔巴拉—5号"的攻势。在付出惨重的伤亡代价后,于13日突破伊拉克防线,向伊拉克第二大城市巴士拉推进。在中部战线,伊朗收复了被伊拉克占领的100多平方公里领土,并先后夺取了阿拉伯河中的4个岛屿。数天后又跨过贾西姆河,占领巴士拉以东9公里的杜艾吉地区,其先头部队进逼至巴士拉郊外一座大型石化企业500米处。伊朗发动这次攻势的目的,是要夺取巴士拉。这是继占领法奥半岛后伊朗采取的新的战略步骤。从军事角度看,攻占巴士拉将使它与法奥连成一体,从而确保伊朗能在伊拉克土地上长期站稳脚跟。位于巴士拉地区的乌姆卡斯尔是伊拉克唯一实际使用的海军基地和通往海湾的唯一出海口,如果将其攻占,则不仅能封锁伊拉克的唯一出海口,而且也为伊朗海军在海湾北部自由活动扫清了障碍;从经济角度看,攻占巴士拉地区不仅将使伊拉克失去重要的石油生产和出口中心,还将使位于巴士拉以南48公里处的伊拉克最大油田置于伊朗军队的炮口之下,从而沉重打击伊拉克的石油经济;从政治角度看,攻占巴士拉地区在政治上对伊朗更有着明显的利益。巴士拉地区是伊拉克什叶派穆斯林聚居之地,在这一地区扶持一个伊斯兰什叶派政权同萨达姆·侯赛因的逊尼派政权分庭抗礼,比在其他地区容易得多。而且,一旦夺取巴士拉地区,可以直接威逼伊拉克首都巴格达,震撼萨达姆·侯赛因的统治。同时又能切断伊拉克与科威特的公路联系,对于两伊战争中站在伊拉克一边的阿拉伯国家也将是一个警告。

伊拉克当然也深知能否守住巴士拉对自己生死攸关。为此,它早就在巴士拉东、南、北3个方向筑起一条以防空导弹、直升飞机和坦克为主体的立体防线,部署其最精锐的第二军团进行坚守防御。萨达姆·侯赛因总统也曾屡次亲临前线视察,鼓舞士气。由于两伊对巴士拉地区势在必争,双方都在此投入重兵,反复争夺,为之付出了惨重的代价。由于伊拉克军队的顽强抵抗,伊朗军队尽管尽了最大努力,但终因伤亡过大的后勤供应极为紧张等问题,致使所谓"最后攻势"——"卡尔巴拉—5号"仅仅维持了48天,在未能攻下巴士拉的情况下,于1987年1月26日宣布结束。

与地面战场遥相呼应的海上"袭船战",也是一波未平,一波又起。1986年,两伊"袭船战"一再升级,呈现以下特点:1.袭击次数频繁。1986年遭到袭击的船只数是1985年的2倍,达106艘。其中由伊朗进行的袭击增加了3倍多,从1985年的13艘增加到1986年的41艘;伊拉克的袭击增加了50%,从1985年的40艘增加到1986年65艘。2.打击手段多样。"袭船战"开始之时,伊朗和伊拉克主要出动空军喷气式飞机和直升机发射导弹袭击船只。但由于伊朗在波斯湾沿岸的空军机场和直升机基地被伊拉克摧毁,所以转而主要依靠海军快艇和岸对舰导弹拦截和袭击过往船只,并在波斯湾布放了大量水雷。3.攻击范围扩大。当初,双方都把对方的石油设施及为对方运输石油的油轮作为主要袭击目标。这一阶段,攻击目标明显扩大,其他国家船只也接连遭到袭击。特别是1986年9月以来,"袭船战"更趋激烈。由于伊拉克的出海口早已被伊朗切断,它所需要的武器和货物主要是经由科威特港口运入。因此,伊朗在海上打击的主要目标是进出科威特港口的船只,从而使科威特受到很大威胁。1986年,有28艘进出科威特港口的船只遭到袭击。在这种形势下,科威特于1986年11月和12月,先后向联合国的5个常任理事美国、苏联、中国、法国和英国提出租船和护航要求。伊朗对科威特进一步施加压力,仅1987年的头4个月,袭击出入科威特港口的船只就达16艘。由于两伊"袭船战"日趋激烈,并影响到非交战国的利益,使两伊战争陷入更为错综复杂的局面。

(六)第六阶段(1987年4月~1988年9月)国际社会多方调解,两伊双方弭兵言和

两伊战争进行到1987年,战争的重心由地面转移到海上。自4月以来,伊朗发动了"卡尔巴拉—6、7、8、9、10"5次攻势,伊拉克也加紧在海上的袭船行动。由于苏美相继同意为科威特油轮护航,并以此为由不断向海湾派遣军舰,从而使原来就很紧张的海湾局势增添了更大的危险。为避免战争进一步升级,尽早结束两伊战争,联合国安理会于7月20日一致通过了第598号决议。决议要求两伊双方立即停火,将全部军队撤至国际承认的各自边界线以内;交换、释放战俘,通过谈判解决两国之间的争端。决议还促请有关各方克制,不采取任何导致或可能导致冲突升级的行动。

598号决议通过后,受到国际社会的普遍欢迎。伊拉克于7月23日宣布接受这项决议。伊朗对这项决议的态度是既不拒绝也不接受,迟迟不作答复。鉴于此,伊拉克内阁于8月29日决定恢复打击为伊朗运油的油轮和伊朗的石油设施,迫使其接受第598号决议。伊朗不甘示弱,旋即针锋相对地予以报复,不仅袭击为伊拉克及海湾盟国运油的油轮,甚至袭击在海湾国际航道上的别国商船,海湾局势空前紧张。1987年,共有178艘外国船只在海湾遭到袭击。两伊在海湾频繁袭击船只严重危及国际航运的安全,使这场战争的影响和后果远远超出了两伊的范围。

尽管国际社会广泛斡旋,但两伊对如何执行第598号决议执己见。伊朗方面认为:只有确定伊拉克是侵略者并加以惩罚,伊朗才同意从伊拉克撤军。而伊拉克方面则认为:第598号决议是"实现海湾和平不可分割的整体",执行决议应按照各项条款的顺序即停火、撤军、换俘来进行,"坚决拒绝对决议或决议条款的次序进行重新考虑的任何图谋。"由于两伊积怨已久,在停火问题上立场各异,分歧较大,谁也不愿主动做出让步,因而,两伊冲突一直未能得到缓解。

1988年新年伊始,两伊便在陆上和空中又展开了新的军事较量。1月12日、15日和25日,伊朗军队在伊拉克库尔德族反政府武装配合下,连续在伊拉克北部发动"耶路撒冷—2号""佐法尔—5号""佐法尔—8号"3次攻势。2月7日,伊朗又在中部曼达利地区发动了一次旅级规模的攻势,面对伊朗接连不断的地面进攻,伊拉克继续强化其"以炸逼和"的既定政策,在加强防御力量、顶住伊朗的有限规模地面攻势的同时,依仗"空中优势",不断空袭伊朗的部队集结地域和纵深的政治、经济目标。

1988年2月27日,伊拉克飞机袭击了伊朗首都德黑兰,引发了两伊之间一场空前规模的"袭城战。"在长达8年的两伊战争中,1985年3月6日和1987年1月2日曾发生过2次"袭城战",在这两次"袭城战"中,两伊双方主要是用重炮和飞机轰炸对方边境的一

些城市目标。而 1988 年 2 月 27 日"袭城战",双方都以现代化的导弹武器"唱主角",且目标多集中于一些大、中城市。截止到 4 月 8 日,伊拉克共向伊朗德黑兰等城市发射了 60 枚"飞毛腿—B"型地地导弹,由于双方都使用先进的导弹武器作为袭击对方城市的主要工具,所以,此次"袭城战"的规模也大大超过了前 2 次,伊拉克除将伊朗德黑兰、库姆、伊斯法罕作为主要袭击目标外,还将袭击范围扩大到大不里士等城市。伊朗也把对伊拉克的袭击范围由巴格达扩大到乌姆卡斯尔等地,并由袭击经济目标转向袭击市区中心。同时,也继续对伊拉克的边境城镇进行炮击和空袭。由于用造价昂贵的导弹袭击城市耗资巨大,收获甚微,因而两伊导弹"袭城战"持续了不到两个月,双方就不宣而停了。

伊朗在"袭城战"中始终处于劣势,为了摆脱不利局面,伊朗不得不借助其地面攻势,以转移伊拉克的袭击目标。1988 年 3 月 13 日,伊朗革命卫队约 2 个师,在伊拉克库尔德族反政府武装配合下,在伊拉克苏莱马尼亚城东南约 60 公里的胡尔马勒地区发动"佐法尔—7 号"攻势,14 日,伊朗以另 1 个师向胡尔马勒以南约 20 公里的哈拉卜贾发动攻势。同时在苏莱马尼亚城以北的马沃特和东南的达尔班迪汗两个方向发动"耶路撒冷—3 号"攻势,进入伊拉克纵深 10~15 公里,然后,伊朗又以 2 个师的兵力发动"曙光—10 号"攻势,继续扩大战果。在地面进攻中,伊朗军队击毙击伤伊拉克士兵数千人,占领了包括哈拉卜贾在内的 3 座伊拉克边陲城镇,进入伊拉克领土纵深 20 余公里。

面对这一严峻形势,伊拉克总统萨达姆连续召开了 5 次武装部队总部会议研究对策,国防部长阿德南上将 4 次亲临北部前线视察,并采取了以下措施:

清剿库尔德族反政府武装　伊拉克认为,伊朗此次进攻取得进展的一个重要原因,是得到了伊拉克库尔德族反政府武装的密切配合,因此,伊拉克在组织力量遏制伊朗军队继续推进的同时,于 3 月 18 日和 4 月 1 日先后对位于苏莱马尼亚省的库尔德族反政府武装总部和另一重要据点卡尔达格进行了大规模清剿,控制了反政府武装的主要活动区域。

增强兵力　北部战线失利后,伊拉克从中部和南部前线急调约 2 个师北上,并令共和国警卫部队约 2 个旅增援北部第一军团,从而使该军团由原来的 6 个师增至近 9 个师,形成了梯次纵深防御态势。

组织反击　3 月下旬开始,伊拉克对伊朗突入部队进行了多次反击,第一天出动飞机数百架次对伊朗占领地区进行狂轰滥炸,并多次使用化学武器,伊拉克的反击给伊朗部队以重大杀伤,遏制了伊朗在北线的进攻势头。

伊拉克在北线有效地顶住伊朗的进攻后,又抓住有利时机在南部战线向伊朗军队发动了进攻。

1988 年 4 月 17 日凌晨,伊拉克第七军团的 6 个师及共和国警卫部队 3 个师,在海空军的配合下,兵分两路,对南线法奥地区的伊朗守军发动了代号为"斋月"的攻势,经过两天激战,于 18 日下午全部收复被伊朗占领两年之久的法奥地区。

伊拉克收复法奥地区,拔掉了伊朗赖以进攻伊拉克南部地区的重要据点,是伊拉克在近 8 年的两伊战争中取得的最大的一次战役性胜利。外国评论家和军事专家评论,这是"两伊战争的转换点",它"打开了结束两伊战争的大门","为两伊通向和平开辟了道路。"

历时 8 载的战争,使两伊双方遭受了惨重的损失。由于两伊国力和军力上都势均力敌,因此,双方谁也无法在军事上战胜对方,解决问题的最后出路必然是政治谈判。1988年,伊拉克在其盟国的支持下,国力有所加强,其军队也运用正确的战略战术,在数月之内接连收复数地,几乎夺回了伊朗前几年占领的全部伊拉克领土。而伊朗则在国际上形象孤立,国内经济衰败,政局不稳,人民厌战情绪加剧,军队损失惨重,同时又面临美国的军事压力,这使伊朗在战场上每况愈下,渐渐地陷入被动。严峻的现实再一次迫使伊朗领导人,必须在战争与和平问题上做出理智的选择。

1988 年 9 月 20 日,也就是两伊战争整整进行了 8 年的日子,在国际社会的多方努力下,两伊双方终于弭兵言和,历时 8 年的两伊战争终于落下了帷幕。

日本裕仁天皇去世

1989 年 1 月,日本天皇裕仁因患肠癌去世,终年 87 岁。1 月 7 日,明仁天皇即位,年号"平成",成为日本第 125 代天皇。

裕仁生于 1901 年 4 月 29 日,称号达官,是大正天皇嘉仁的长子。1916 年 11 月被立为王储。1926 年 12 月即位,继任第 124 代天皇。裕仁是日本历史上执政时间最长的天皇,在日本国民的心目中,他一度被尊崇为"神。"在他执政的前半期,日本军国主义先后发动了侵华战争和向美、英等盟军开战的珍珠港事件。日本战败以后,日本国内外都有人主张应追究裕仁天皇的战争责任。但裕仁解释说,他在从执政到战争结束期间,只作过两次个人决定:一次是在 1936 年"2·26"事变后他力主惩办发动叛乱的少壮派军人,另一次就是在 1945 年 8 月 14 日的"御前会议"上宣布日本接受波茨坦公告,无条件投降。1946 年 1 月 1 日,裕仁发表《人格宣言》,表明自己"是人不是神",从而否定了日本一千多年来天皇一直被奉为神的传统。但在日本国民中,裕仁仍然是受到尊崇的"偶像。"

阿拉法特出任巴勒斯坦国总统

1989 年 4 月 2 日,巴勒斯坦解放组织中央委员会在突尼斯召开会议,会上一致选举巴勒斯坦解放组织执委会主席、革命武装力量总司令阿拉法特为巴勒斯坦国总统。

亚西尔·阿拉法特于 1929 年 8 月 4 日生于耶路撒冷。1956 年在英埃苏伊士运河战争中加入埃及军队,从此与战争、政治和革命结下不解之缘。1959 年,阿拉法特筹建"巴勒斯坦民族解放运动"(简称"法塔赫")。1964 年底组建"法塔赫"军事组织"暴风"突击队。1969年任巴勒斯坦解放组织执委会主席。1973年兼任巴勒斯坦革命武装力量总司令。1989年4月当选为巴勒斯坦国总统,1991年9月蝉联总统。1994年7月,阿拉法特由突尼斯返回巴勒斯坦自治区主持自治领导机构工作。同年被授予诺贝尔和平奖。1996年1月,巴勒斯坦自治区举行首次大选,阿拉法特当选为巴民族权力机构主席。

霍梅尼病逝

1989年6月3日,伊朗革命领袖霍梅尼在接受消化道出血手术治疗2周后,因病情突然恶化病逝,享年88岁。

鲁霍拉·穆萨维·霍梅尼于1902年出生在德黑兰附近的霍梅恩镇的一个宗教世家。15岁中学毕业后到伊斯法罕、阿拉克在当时著名的大学者叶兹德长老门下学习。后在库姆执教40年,培养了大批宗教学者。20世纪60年代初被尊为大阿亚图拉,成为伊朗伊斯兰教法权威人物之一。1965年10月,霍梅尼来到伊拉克,并通过一所神学院与国内宗教力量保持联系,指导国内反君主政权斗争。1970年,霍梅尼被拥戴为什叶派领袖。1978年1月,他通过国内的毛拉和市场商人掀起全国性的反巴列维政权浪潮。同年10月移居到巴黎,并在那里建立了伊斯兰革命委员会,通过向国内派遣人员和递送其讲话录音带指挥反巴列维国王政权的斗争。巴列维出逃后,霍梅尼于1979年2月1日回到德黑兰,2月6日建立了伊斯兰共和国,并成为共和国最高领袖和武装力量总司令。霍梅尼回国次年,两伊战争即告爆发,由于双方不肯让步,这场战争在历时近8年后才在联合国的调停下停火,但已造成百万人伤亡。霍梅尼主张政教合一,建立"百分之百"的伊斯兰教国家。他著有伊斯兰教神学理论著作20多部。

奥地利指挥家卡拉扬逝世

1989年7月16日,世界著名指挥大师赫伯特·冯·卡拉扬去世,享年81岁。卡拉扬于1908年4月5日生于莫扎特的故乡奥地利萨尔茨堡镇的一个音乐世家。

从1948年起,卡拉扬开始向国际乐坛进军,他与世界各地著名乐团建立关系,走遍欧洲,四处演出,名噪一时。1955年,卡拉扬成为柏林爱乐乐团的终身首席指挥。1956年,他又就任维也纳国家歌剧院音乐总监。1957年至1970年,他独揽萨尔茨堡音乐节音乐总监的职务。这样,卡拉扬在短期内顺利地夺取了世界4大王牌歌剧院(米兰、维也纳、纽约、伦敦)的霸权地位,成为欧洲乐坛上的"帝王",被称为"欧洲的音乐总监。"卡拉扬一生灌有900张唱片,他的唱片销量永居世界之最。由于他在乐坛上所做的杰出贡献,被人们誉为20世纪下半叶国际乐坛的泰斗。

美军入侵巴拿马

1989 年 12 月,美国为维护其在巴拿马运河区的殖民利益而对巴拿马发动了武装入侵。

1977 年,美、巴签订的巴拿马运河新条约规定,美国于 1999 年底将运河区主权归还巴拿马。1983 年,诺列加任巴拿马国防军司令后,要求美国提前归还运河区。由此美巴关系日趋紧张。1989 年 12 月,美、巴在提名运河管理委员会主任问题上再生争端,关系急剧恶化。15 日,巴全国民众代表大会任命诺列加为政府首脑。16 日,一名美军军官在与巴士兵冲突中丧生,美国随即以此为借口入侵巴拿马。20 日凌晨,美军 2 万多人入侵巴拿马,部分巴军进行顽强抵抗,但寡不敌众。美军仅 8 个小时就击溃巴军的抵抗,15 个小时摧毁巴军主要军事设施,控制巴军大部分兵营,占领了巴拿马城和科隆市,并推翻了诺列加政府。诺列加本人被美军抓获并被押到美国审判。

罗马尼亚内乱

1989 年末,东欧大陆的动荡波及了罗马尼亚。11 月 29 日,罗马尼亚体操明星科马内奇出逃到美国,揭开了罗马尼亚内乱的序幕。12 月 15 日,罗马尼亚边境城市蒂米什瓦拉发生警察与当地居民的激烈冲突,双方都使用了武器,造成了人员伤亡。12 月 20 日,保安部队在蒂米什瓦拉实施"大屠杀",几千人丧生,上万人被捕或失踪。当晚罗马尼亚总统齐奥塞斯库从伊朗出访回国,立即发表电视讲话,呼吁全国保持稳定。12 月 21 日,布加勒斯特爆发了反齐奥塞斯库的示威游行。与此同时,以伊利埃斯库为首的罗马尼亚"救国阵线"宣告成立,宣布解散齐奥塞斯库的全部政权机构。紧接着,支持齐奥塞斯库的保安部队与反对他的军队和群众在首都市区展开了激烈的巷战。12 月 22 日"起义者"占领了电台和电视台。

齐奥塞斯库感到大势已去,决定与夫人一起坐飞机出走。但此时罗马尼亚领空已被封锁,齐氏夫妇无法飞到国外去。22 日 15 时左右,齐氏夫妇在距布加勒斯特约 70 千米的特尔戈维什泰附近被捕。25 日 16 时齐奥塞斯库夫妇被枪决。12 月 26 日,伊利埃斯库任救国委员会主席,28 日,"罗马尼亚社会主义共和国"改名为"罗马尼亚共和国。"

波兰政治的和平演变

1988 年,波兰政府进行第二阶段的改革,决定大幅度地提高消费品和服务的价格,遭到工人的普遍反对,再次爆发了大规模的罢工。美英等国政府趁机向波兰政府施加压力,迫使其恢复团结工会的合法地位。在内外交困之下,1989 年 2 月 6 日,波兰政府被迫同意无条件与团结工会举行圆桌会议。4 月 5 日,波兰政府同团结工会达成协议,同意团结工会重新登记后合法化,同意吸收建设性反对派参政,进行非对抗性的议会选举,实行立法、行政、司法三权分立,实行总统制与两院制,总统由国民大会选举产生。

1989 年 6 月,波兰举行选举。团结工会大获全胜,在议会 460 个席位中占 161 席,在参议院 100 席位中占 99 席。1989 年 7 月 19 日,议会选举雅鲁泽尔斯基为波兰总统。8 月 24 日,团结工会顾问、反对派的核心人物马佐维耶茨基出任政府总理。1989 年 12 月 19 日,波兰人民共和国改名为波兰共和国。波兰从此走上了政治上奉行西方式的议会民主制,经济上实行以私有化为基础的市场经济制度的发展道路。

苏阿战争

1979 年 12 月,苏联经过精心策划和周密准备,乘美国与伊朗关系恶化和南亚动乱之际,采用突然袭击的方式,对阿富汗发动了全面入侵。苏军共动有 9 个多师约十几万人的兵力,以陆空协同的突击行动。七天之内即席卷了阿富汗全境,并建立了由苏联直接控制的卡尔迈勒政权。苏联入侵后,遭到了阿富汗人民的顽强抵抗和国际社会的强烈谴责。尽管苏联使用了各种手段一再强化战争,但始终未能达到征服目的。在阿抵抗运动的沉重打击和国际舆论的强大压力下,1989 年 2 月,苏联撤走了全部侵阿苏军,历时九年的阿富汗战争,由此宣告结束。

阿富汗的基本情况和战略地位

阿富汗位于亚洲中西部,总面积 65.5 万平方公里,人口 2100 万。北邻苏联,边界线长 2300 公里;西接伊朗,边界线长 800 公里;东部和南部紧毗巴基斯坦,边界线长 2200 公里;东北突出部的瓦罕走廊与中国新疆接壤,边界线长 92 公里。阿富汗是个山地内陆国家,兴都库什山脉自东北向西南横贯全境,绵延 1200 余公里,平原只占国土总面积的 1/5。阿交通极不发达,没有铁路。公路线长 7000 余公里。铺装路面仅 2700 公里。主要城市有:首都喀布尔;居于南部的第二大城市坎大哈;古丝绸之路上的西部贸易名城赫拉拉;商业中心马查沙里夫;北部交通枢纽昆都士;东部军事重镇贾拉拉巴德。

苏军入侵前,阿军总后力有 10 万人左右。其中陆军 9 万人,空军约 1 万人。有坦克 500 辆,火炮 1000 余门,飞机近 300 余架为苏式装备。

阿富汗人民勤劳俭朴,英勇善战,有反抗外国侵略者悠久的传统。19 世纪 30 年代,为抵御英帝国主义的入侵,阿富汗人民曾坚持了半个多世纪的斗争,终于在 1919 年恢复了独立,为了反对苏联的渗透与控制,在亲苏的达乌德政权执政时期,阿富汗各部族人民又掀起了反政府武装斗争。塔拉基推翻达乌德后,反抗运动乘隙取得了较大进展,开始从农村扩展到城市,有的地区还建立了地方政权。在阿明政府存在的短暂时间内,反抗运动逐步扩大到阿全境,形成了全社会的反抗力量。

阿富汗位于中近东地区的中心、南亚北端。是联结欧亚两大洲的战略要冲,距阿拉伯海仅400公里。经阿富汗向东,可伸入次大陆的印度乃至中国腹地;西进可至地中海、迂回欧洲;南下可控制中东入印度洋的出海口,并由陆路进入非洲。地缘位置十分重要。从全球战略的角度来看,谁占据了阿富汗,谁就拥有了战略空间上的主动权,早在1857年8月,恩格斯就曾指出,阿富汗的地理位置和民族特征,使这个国家在中亚细亚的事务中具有重大的政治作用。因此,自近代以来,阿富汗就成为帝国主义推行扩张政策的目标。俄国在17世纪就谋划南下印度洋,在彼得大帝设想的三条南进路线中,以通过中亚经阿富汗至阿拉伯海这一条为最佳。拿破仑在1800年远征中东、北非时,也曾企图夺取阿富汗转而进军印度。而英国向来把阿富汗视为防止帝俄南下屏障,并以阿为跳板向周边地区扩充势力。第二次大战前,希特勒为开辟进攻苏联的第二战场,不惜以巨额军费援助扶植当时的阿富汗政府。战后,美国也把这个国家作为其全球战略链条上重要的一个环节,加以经营,以达到遏制、包围苏联的目的。苏联自20世纪50年代开始,利用就近之便,从政治、经济和军事上对阿进行了长期渗透,不断干涉阿内政,最终排除了其他大国的影响。培植起了亲苏势力,为实现彼得大帝的梦想迈出了第一步。

苏联入侵阿富汗的战略目的和战争背景

1.苏联的战略目的

苏联入侵阿富汗,是基于其全球战略的需要,旨在通过占领阿富汗继而挥戈南下,达到战胜美国的目的。战后,国际社会的显著变化是,由过去数个帝国主义角逐的多极格局,演变为由苏美两个超级大国争雄的两极格局。其主要战场在欧洲,次之在远东,其他则分别位于中东、中北非和拉丁美洲。在欧洲,由于华约和北约两大军事集团的长期重兵对峙,使欧洲战场陷入僵局,双方都无力打破均势。而远东地区,已形成中、美、日联合抗苏的局面,力量对比使苏处于劣势,仅能自保。在其他地区。虽然苏联充分利用了战后全球范围由兴起的民族、民主解放运动,借机极大地扩展了自己的势力范围,占据了不少有利阵地。并以咄咄逼人的攻势,迫使美国防不胜防,处于被动。然而,在反复的较量中,苏也并未能取得战略上的重大突破,陷入了全局性的僵持状态。为此,前苏联于70年代中期,逐步把目光转向了中近东,积极准备南下,以求转换局势。

中近东地区居于欧洲和远东两大战区的接合部,邻近的中东产油区是西方赖以维持生存的命脉所在,也是其战略上的软腹部。多年来,这一地区战事频起、动乱不已,美国几乎丧失了控制能力,而苏经过二十余年的经营,已在该地区站稳了脚跟,并且态势极为有利。阿富汗已基本在其掌握之中;东侧的盟友印度,可有效地制约亲西方的巴基斯坦,并掩护苏的战略翼侧;西面,是推翻了巴列维王朝的伊朗,具有强烈的反西方倾向,可作为借用力量钳制美国。只要苏军占领了阿富汗,巩固了这一前进阵地,举兵南下、饮马海湾便指日可待。这样,苏联在战略上便可实现中央突破,割裂美国东西战线的联系,拿到战略主动权。向西,可拊北约侧背,从后方进攻欧洲;向东,可对中国北部完成合围;顺势南进,可切断海湾石油外运通道,扼住西方咽喉,并伺机进占中东,攫取丰富的石油资源,使美国不战自溃。所以,苏联入侵阿富汗是其南下战略的先期重大步骤,是称霸全球的一着重棋。

苏发起阿富汗战争,是在总形势有利,但具体情况又迫使其必须采取行动的境况下进行的。为夺取阿富汗,苏联进行了多年准备。从50年代开始,就打着反对"新殖民主义"的旗号,以帮助阿防止西方利用部族叛乱、颠覆其政权名义,运用经援和军援进行渗透。随后发展为政治干预,扶植亲苏政权。1973年,策划了推翻查希尔王朝的达乌德政变;1978年,又扶塔拉基上台,签订了具有同盟性质的《阿苏友好睦邻合作条约》,为尔后的入侵与军事占领创造了条件和借口。1979年3月,阿明被任命为总理,形势出现逆转。这时,阿富汗政局急剧动荡,统治集团内部纷争愈演愈烈,反政府武装日趋活跃,苏便密谋借塔拉基之手除掉阿明。不想事情败露,反被阿明抢先搞掉了塔拉基。阿明夺权后,自任革命委员会主席兼总理,一方面表示继续保持对苏好关系;另一方面大加防范。先是采取了一系列人事变动措施,撤换了政府内的亲苏分子;继之,公开谴责苏插手阿内部事务,逼苏更换驻阿大使,限制苏军事人员入境,监视苏使馆人员的活动。同时,向美表示要重修旧好,要求美恢复各种援助。阿明的所作所为和澎湃兴起的反抗运动,使苏预感到阿富汗有丢掉的危险,如不及时采取措施,将陷入极大的被动。于是断然决定实施武装占领。这时的美国,正忙于处理伊朗事件和总统选举,无暇他顾。巴基斯坦为应付印度威胁和国内事务,深感力不从心。西方早已丧失了在这一地区的阵地,鞭长莫及。况且苏进入阿富汗尚未直接危及中东"石油生命线",不足以引起美国和西方做出强烈反应。这种背景,为苏突然行动提供了便利条件。

苏联的战前准备

1.隐蔽完成战场建设

苏联利用援助作幌子,为顺利入侵进行了战场准备,并于临战前完成了对阿的军事控制和纵深接应部署。苏在阿境内,先后修建了3条能够通行机械化部队的柏油战略公路。一条由苏阿边境的土尔甘迪经赫拉特至坎大哈;一条由希尔汉港经萨兰隧道至喀布尔;一条由库巴尔甘经马查里沙里夫到普利胡姆里。同时,还建成了巴格拉姆、兴丹空军基地和喀布尔国际机场。并在普利胡姆里修建了大型后勤补给基地。苏在阿军中原派有1000多名专家和顾问,1978年增到3000多名,直接控制了阿军要害部门,并渗透到了营级和部分连级战斗分队。入侵前的1979年11月中,又以协助阿冬训为名,向阿全境增派了1000多名"顾问。"12月8日至9日,苏向格拉姆空运了配备坦克和火炮的3营兵力,于18日至19日将其配置在萨兰山口,以控制2676米长的隧道。12月21日至22日,又向格拉姆机场空运了1个空降团,将机场置于控制之下。24日至27日,连续出动350架次的运输机,向喀布尔投放了1个多空降师。入侵发起的前半年,苏以扩大军援量为名,陆续向阿境内各战略要地运进大批武器装备,进行了充分的物资储备。

2.精心组织兵力编成

根据对阿军作战的特点和大纵深立体突击的闪击战要求,苏军精确地计算了应使用的兵力、武器的种类和数量,有针对性地进行了作战编组。总的编成按照战区战略性战役来设计,大体是个简编的方面军。共动用 26.6 万军人,计摩步师 10 个、坦克师 1 个、炮兵师 1 个、空降师 2 个和空中突击旅 1 个,以及一些战斗勤务支援部队。编有坦克 3600 辆、火炮 3000 门、飞机 600 架,约相当于 3 个合成集团军。主要兵力出自土耳其斯坦军区,外加中亚和高加索军区的部分部队,航空兵和空降兵主要从内地军区调入。实际参战的为方面军第一梯队的 2 个集团军,计有摩步师 7 个、空降师 2 个、前线航空兵师 1 个、运输航空兵团 3

阿富汗萨兰山口

个、直升机团 2 个、防空火箭团 3 个、雷达团 1 个和一些独立支队,共 12.5 万余人;坦克 2000 辆、火炮 2000 门、各型汽车 2500 台、飞机 100 余架、直升机 150 余架。其余部队留驻苏阿边境本土,作为战略预备队集结待命。阿政府军原有兵力近 11 万人,由于内讧和逃跑,至苏联入侵时仅剩 5 万人左右。这样,苏军投入使用的兵力虽然只为阿军的两倍,但在兵器数量和火力,特别是机动、突击能力上却拥有压倒的优势,实际作战能力高于阿军十倍以上,因此,完全掌握了战场主动权。

3.周密安排作战部署

侵阿苏军的战役布局,以能发挥强大的突击能力来安排,以能达成速战速决的目的而展开。具体编成为 1 个梯队和 1 个合成预备队。第一梯队由 2 个合成集团军组成,当前任务是前凸到喀布尔、兴丹一线,夺取该线以北全部城镇,纵深达 320 到 470 公里。尔后任务是攻占坎大哈,控制边境重要通道,纵深近 1000 公里。空降师由方面军直接掌握,主要任务是先期夺占喀布尔、赫拉特和巴格拉姆空军基地等要地,配合第一梯队完成当前任务。诸军兵种合成预备队配备在边境地区,必要时进入阿境,增援或接替第一梯队,并应付来自巴基斯坦或伊朗方向可能的不测行动。方面军直属的运输旅、工兵旅、油管旅随第一梯队后跟进,确保工程需求和补给畅通。歼击航空兵师和 2 个直升机团进驻阿境基地,完成直接支援第一梯队行动的任务。运输航空兵团担负空中机动的输送和供给保障。另有 2 个歼击航空兵师在苏境内前进机场戒备待机。

一梯队两个集团军组成东西突击集群,间隔 500 公里,实施正面钳形突击,东突击群遂行主要突击任务,由第四十集团军组成。编有第二〇一、三六〇、十六摩步师和 1 个加强团,亦分为 2 个梯队。第一梯队左翼为二〇一师,由驻地杜尚别进驻边境地区的喷赤,占领进攻出发阵地;尔后由希尔汗港入阿境,主力沿公路经昆都士、巴格兰、萨兰隧道至啼布尔;部分兵力由昆都士经汉阿巴德到东北部的法扎巴德。右翼为三六〇摩步师,由驻地帖尔美兹出发,过阿姆河,经马查里阿里夫、胡尔姆、普利姆里、多利希到喀布尔;尔后以一部兵力南下,经加兹尼攻占坎大哈;以另一部分兵力经加德兹向霍斯特,封锁巴德吉山口与穆萨塔尔巴尔山口。原驻撒马尔罕的第十六摩步师为第二梯队,在三六〇师后跟进，尔后进驻马查里沙里夫、昆都士、汉阿巴德里等城镇，保护后方补给线的安全。入侵得手后，集团军指挥部进驻喀布尔，预备指挥所设在普利胡姆里。

西突击群遂行辅助突击任务，也分2个梯队、左右两翼。一梯队左翼摩步第三五七师，由驻地库什卡出发，经土尔甘迪、泽尔马斯山口、赫拉特到兴丹；尔后主力沿公路经迪拉腊姆至坎大哈；并派小股部队进占斯宾布耳达克，封锁至霍加克山口的通道；另一部自兴丹南下，攻占法腊。右翼驻马雷的第六十六摩步师，前出至库什卡，出境后经卡腊巴格由西北方向进入赫拉特；尔后以一部南下占

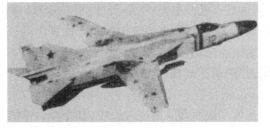

苏空军米格-23"鞭击者"歼击机，该型飞机在阿富汗战争中被全部用来对地攻击

领兴丹。二梯队为摩步五十四师，原驻土库曼斯坦西部基孜尔—阿尔瓦特，战前已进至马雷。战役发起后在一梯队后跟进，到达耶克达腊克特、卡拉巴格一线后留守西路补给线和赫拉特以北的泽尔马斯山口；一部进驻赫拉特。西突击群指挥所在拿下兴丹后进驻该城。

先期投放阿境内的第一〇五、一〇三、一〇四空降师主力，在已进入阿要地的2个步兵团协同下，配合主要突击方向的行动，协助方面军一梯队各师攻占赫拉特、兴丹、坎大哈一线。

入侵经过

1. 发起突击

1979年12月24日至27日，苏联借为阿运送装备及随伴警卫人员之名，开始向阿境内大规模投送部队。几天内出动大型运输机350架次，从奇姆肯特、巴尔喀什、莫斯科等纵深地区将3个空降师运抵阿境内。旋即控制了喀布尔国际机场、巴格拉姆空军基地和萨兰山口，12月27日19时半，一〇五空降师在苏克格勃的配合下，首先夺占了喀布尔电报大楼，切断该市与外界联系。同时，迅速包围占领了阿明官邸、总统府、广播台和阿政府各要害部门。除电报大楼与阿明住处发生短暂冲突外，整个行动十分顺利。经与阿总统卫队和首都部分驻军激战四小时，苏军击毙了阿明，逮捕了重要官员，解除了喀布尔阿军武装。次日凌晨，设在苏中亚某地的秘密电台，使用喀布尔的频率发布了阿人民民主党旗帜派头目卡尔迈勒的声明，宣告新政府成立。

2. 进入纵深

28日晨，苏地面部队蜂拥越过边境，沿东西两条战略公路向阿纵深地区开进。东突击群的二〇一摩步师入境后，经昆都士到达了巴格兰，解除了阿步兵第二十师的武装；尔后一部向东进占法扎巴德，主力经多希、萨兰山口进入喀布尔。第三六〇师由捷尔梅兹出发，进占了马查里阿里夫，解除了阿步兵第十八师武装，尔后也经萨兰山口进入喀布尔，与先期到达的二〇一摩步师会合。西突击群越境后，分别从北和西北方向对赫拉特

实施突击,迅速攻占了该城。30 日,东突击群主力第三六〇摩步师和二〇一摩步师由喀布尔沿公路继续南下,在加兹尼解除了阿军 1 个师武装后,快速向坎大哈挺进。二〇一师一部占领了贾拉拉巴德;三六〇师行进间夺取了加德兹;第十六摩步师随三六〇师之后,到达马查里沙里夫、昆都士、巴格兰地域,即按计划留驻该地区。该师坦克团进占萨兰山口,完成了对隧道的全面控制。西突击群一梯队以一部攻占兴丹、法腊,主力第三五七师则快速向坎大哈进发;其后的第五十四摩步师进占赫格拉特以北地域后,迅速展开布防,并控制了该城。

3.占领全境

在苏军地面部队推进过程中,其空降兵部队又由喀布尔、巴格拉姆机场起运,以机降形式先期占领了赫拉特、兴丹、坎大哈机场,策应地面部队行动。与此同时,苏军还出动 4 个前线航空兵团的数百架米—21、米—23、苏 17 战斗机和米—24 直升机,进行空中随伴支援。1980 年 1 月 2 日,西路苏军主三五七摩步师与东路三六〇摩步师 1 个团在坎大哈会师。次日,完成了对阿巴、阿伊边境和主要通道的封锁。苏军侵阿的战役行动,以在一周内实现了对阿富汗主要城镇和交通干线的占领而结束。在苏军强大突击面前,阿政府军完全丧失了有组织的抵抗能力,仅在马查里沙里夫、昆都士、巴格兰、法扎巴德、赫拉特和贾拉拉巴德进行了一些微弱抵抗,很快就被苏先头部队击溃,对苏军的高速推进未起到多大影响。阿富汗各派穆斯林反政府武装也进行了一些抵抗,但都未形成规模,没能起到必要的作用。这些组织自 1978 年开始,经过一年多的战火,已拥有了近 4 万多人的兵力。虽无力阻止苏军入侵,可是在以后的斗争中,却成为抗苏的主力军,并发展为波澜壮阔的抵抗运动。

自苏军入侵时的 1979 年冬至 1982 年春,是阿人民抗苏斗争最艰苦的时期,也是战争的第一个阶段。

战争的转折与结局

1982 年 6 月至 1988 年 4 月,是阿富汗战争的第二个阶段。这一时期,无论是战场上的形势还是国际环境,都产生了极其有利于抵抗力量的转变。最后,终于导致第三个阶段 1988 年 5 月至 1989 年 2 月苏军的撤离。

1.战场形势的变化

经过初期严峻的战争考验,阿抵抗力量逐步掌握了对敌斗争的规律,积累了丰富经验,军事力量规模也日益壮大。到 80 年代中期,总兵力已近 20 万人,与苏阿军对比也从 1

苏军入侵阿富汗的战争很快演变成一场全面的反侵略的游击战争

:2 提高到 1:1.5。武装斗争一体化进程加快,有组织化程度不断增强。1985 年 5 月,由

7个逊尼派穆斯林组织成的"阿富汗圣战者伊斯兰联盟"(简称七党联盟)在巴基斯坦宣告成立。同时,在东北部成立了"联合抵抗最高指挥部",将北部、东部和中部6个重要省份武装斗争连成一片。此后,8个什叶派穆斯林组织也在伊朗组建了"伊斯兰革命联盟"(简称八党联盟),干西部4省建立了统一的"军事作战司令部。"抵抗力量的装备也不断改善,通过购买、外援、缴获等渠道,开始拥有防空导弹、反坦克导弹和一些重型火器。整体作战能力大大提高,作战行动从过去孤立、分散的小股袭击,向能够进行运动战、阵地战和攻坚战的方向转化。随着斗争的深化,抵抗力量已经控制了全国70%以上的人口,总面积80%的国土,迫使苏军将其控制范围缩在50%多个大中城镇及就近地区。而这时的苏联,由于久战未果,劳民伤财,已暴露出巨大的危机。苏军伤亡总人数已逾5万人,每年耗资近40亿美元;军队士气极度低落,国内不满情绪逐年上升。加之,在这一期间,美国和西方已恢复了元气,借苏深陷在阿战场之机,奉行"推回战略",在全球战场实施了"反攻",使苏联落入了战略上的被动困境。出于内政外交的需要。自1985年戈尔巴乔夫上台后,苏联即图谋从阿脱身,以便腾出身来进行国内改革,推进经济和科技发展,全面加强抗衡美国的综合国力。同时,在对外事务上,改善与中、巴、伊和一些伊斯兰国家及不结盟国家的关系,改变在国际上的孤立处境和不良形象,重新组织国际力量与美展开新的争夺。国内外形势的有利变化,使阿抵抗力量开始占据战场上的主动。

2.有关国家的参与

阿富汗人民的抗苏斗争,得到了国际社会的广泛同情和支持。在苏军入侵后,巴基斯坦和伊朗两国率先发表声明,谴责苏的侵略行径,表示将不遗余力地支持阿富汗人民。巴基斯坦把白沙瓦等边境城镇和地区,划为阿逊尼派抵抗组织的营地和难民营。不仅接受了近400万阿富汗难民,而且提供了大批援助物资。每年支付的费用高达2亿多美元。伊朗也把边境许多地点设为什叶派抵抗力量的基地,为之提供装备、给养和庇护场所。许多伊斯兰国家和不结盟国家则掀起了支持阿人民斗争的运动,尽可能从道义、舆论和物质上提供支持。从某种意义上来说,巴、伊两国,特别是巴基斯坦已成为阿抵抗力量的可靠后盾和对外交往、争取支持的窗口。绝大多数的伊斯兰国家,成为阿的国际盟友。这样,阿富汗人民的抗苏民族解放斗争,在国内有各派抵抗力量进行的独立自主的游击战争,在国外有各派抵抗组织进行的宣传和争取外援的活动,并得到国际社会的大力支持,从而形成了内外互相配合的局面。

美国在苏侵阿初期,尚持观望态度。后意识到,苏长期占领阿富汗并推行苏联化政策,已威胁到其安全利益,并有进一步危及中东、使其南部防线崩溃的危险。于是,很快便把阿富汗问题推上其大政方针的议事日程。自80年代初以后,美一方面着力协调西方和亲西的伊斯兰国家,组成反苏联盟,压苏在阿让步;另一方面逐步增加了对阿抵抗组织的援助。援阿物资从一般救济品发展到后来的军事装备,金额也从数万美元上升到数亿美元。尽管美国是从自身战略利益的考虑采取这些举措的,但在客观上却起到了增强阿人民斗争实力的作用。阿富汗战争的国际化,使阿人民的抵抗运动越过国界,成为世界反霸斗争的一个组成部分,并为最终促进战争的政治解决,驱逐侵阿苏军创造了外部条件。

　　3.联合国的干预

　　从阿富汗战争爆发后的 1980 年至苏军开始撤离的 1988 年,历届联大与其他有关国际会议,都以压倒的多数通过了要求苏停止侵略,实行撤军的决议。1982 年 2 月,联合国秘书长德奎利亚尔选派负责特别政治事务的副秘书长科多韦斯为他的私人代表,往来于巴基斯坦和喀布尔政权之间。进行促成阿富汗问题政治解决的调解工作。当年 6 月,在科氏斡旋下,巴、喀代表在日瓦举行了首次间接会议,并于尔后的六年进行了十一个轮回。1987 年 9 月举行的第十轮会谈终于有了重大突破。双方就互不干涉内政、由苏美提供国际保证和遣返难民问题达成了原则协议。1988 年 1 月 20 日,科多韦斯又飞往中近东,开始了第十一轮调解工作。他四访喀布尔,五进伊斯拉堡,同双方领导人讨论所涉及的各方面问题。并于 2 月 6 日在白沙瓦首次会见了阿七党联盟领导人。他明确表示:所有阿富汗人和组织都有资格参加政治解决的和平进程,由于他的活动,使各方的看法趋于一致。3 月 2 日第十一轮会谈开始,双方就苏撤军及监督问题达成协议。但在会谈中,巴方强调苏联撤军必须同组成广泛的阿富汗临时政府同时进行。但喀布尔代表认为这是阿"内政",拒绝讨论这个问题。美国提出美苏双方分别立即停止对阿的援助,也遭苏拒绝。最后经过磋商,各方同意在苏撤军之后由科氏在建立各派临时政府问题上进行调解,美苏可继续向阿作战双方提供军事援助。4 月 14 日,德奎利亚尔在日内瓦万国宫主持了协议签字仪式。苏、美、巴、阿 4 国外长出席并签了字。协议共包括四个文件和一个谅解备忘录。主要内容是:第一,苏联从 1988 年 5 月撤军,8 月 15 日前撤出一半军队,其余部队九个月内撤完。第二,巴基斯坦和喀布尔政权互相尊重主权、政治独立、领土完整、国家统一以及民族特点和文化传统;互不使用武力或以武力相威胁,避免侵犯彼此边界和破坏对方政治、社会及经济秩序;互不干涉内政,防止在本国领土上为对方的颠覆、骚乱提供各种支持。第三,美苏提供国际保证,支持巴、阿的政治解决方案,保证不以任何形式干涉双方的内部事务,尊重它们的主权、独立、领土完整和不结盟政策,并敦促所有国家采取同样行动。第四,喀布尔政权采取一切必要措施,确保难民自愿返回家园,巴基斯坦为之提供便利和帮助;在协议生效同时,建立联合委员会负责协调和监督难民事宜。第五,规定由联合国选派军事官员监督协议执行,协议于当年 8 月 15 日生效。

　　1988 年 5 月至 1989 年 2 月,苏军除约 1000 名"顾问"仍留在阿境外,作战部队全部完成了撤离,苏侵阿战争以政治解决而告结束。这是联合国多年干预和调解的结果,同时也标志着阿人民反抗外来侵略斗争的胜利和超级大国军事干涉与占领政策的破产。可是,苏联在政治军事上的失败并没有给阿富汗带来和平。由于阿富汗战争的政治解决未能从根本上促成阿民族和解与禁止美苏继续提供援助,因此苏军撤离后,取而代之的是在外部势力支持下,阿富汗各派组织为争夺国家政权而展开的内战,致使这场战火,至今未能停息。

梅杰出任英国首相

1990 年 11 月 22 日,英国首相撒切尔在任职 11 年后宣布辞职,梅杰当选保守党领袖并出任英国首相。

约翰·梅杰于 1943 年 3 月 29 日生于英国梅尔顿一个马戏团演员家庭。毕业于拉特里什中学。曾在银行担任主管。1960 年加入保守党。1979 年当选议员。1981 年起先后任内政大臣秘书、政府助理督导员、财政部专员、社会保障事务政务次官、社会保障事务国务大臣,财政部首席副大臣等职。1989 年出任财政大臣、外交大臣。1990 年 11 月出任首相。1992 年 4 月,梅杰在大选中再次获胜,继续出任保守党领袖和英国首相。1995 年 6 月 22 日,梅杰辞去保守党领袖职务。同年 7 月 4 日,梅杰再次当选为保守党领袖。1997 年 5 月 2 日,保守党在大选中失败,梅杰辞去保守党领袖职务。

海湾战争

海湾,又称波斯湾,位于西亚中部。东西长约 984 公里,南北最窄处 56 公里,最宽处 336 公里,面积 24 万平方公里。海湾周边有 8 个国家,按面积大小依次是沙特阿拉伯、伊朗、伊拉克、阿曼、阿拉伯联合酋长国、科威特、卡塔尔、巴林。霍尔木兹海峡是海湾唯一的进出口,通往印度洋的阿拉伯海,是世界著名的战略通道。海湾地区是世界石油主要产区之一,1990 年已探明的石油储量为 6517 亿桶,占世界储量的 65%。1989 年月产石油 1490 万桶,占世界产量的 25%。海湾石油的 90% 左右供出口,主要输往美国、西欧和日本,对这些国家的经济具有举足轻重的影响。所以,这一地区历来受到西方世界的重视,具有十分重要的战略地位。

1990 年 8 月,由于伊拉克入侵科威特而在这一地区引发了战后世界最大的一场局部战争——海湾战争。以美国为首的多国部队,先后对伊拉克实施了"沙漠盾牌""沙漠风暴"和"沙漠军刀"等军事行动,取得了战争的胜利。这场战争是在东西方关系缓和,各种力量重新分化组合的大背景下发生的,它对国际战略新格局的形成和世界新秩序的建立产生了重大影响。这场战争又是一次广泛使用高技术兵器的现代化战争,它所展示的现代高技术条件下作战的新情况和新特点,对军事战略、战役战术和军队建设等问题带来了众多启示,引起了世界各国的普遍重视。

伊拉克入侵科威特

伊拉克,地处世界古代文明摇篮之一的两河流域——美索不达米亚平原,面积 43.8

万平方公里,人口 1765 万。科威特,位于海湾西北岸,面积 1.7818 万平方公里,人口 205 万。

伊科争端是海湾战争爆发的导火索。但是,战争的起因又有着深刻的历史渊源。主要表现在两个方面,一是伊拉克对科威特主权的承认问题,另一是两国边界的划分问题。历史上,伊科曾同属一个国家。公元 7 世纪时,它们都是阿拉伯帝国的属地。1710 年,居住在阿拉伯半岛中部地区的萨巴赫家族迁至科威特,逐步取得统治地位,于 1756 年建立了科威特酋长国。但在 1871 年,它又被奥斯曼帝国吞并,成为其巴士拉省的一个县。1899 年,英国与科威特酋长签订"英科秘密协定",将科纳入英国势力范围。1913 年,奥斯曼帝国承认这一协定,从此,科威特成为英国保护下的独立国家。伊拉克建国晚于科威特。1920 年,英国在现在的伊拉克建立"委任统治区",次年宣布其独立,成立伊拉克王国。1922 年,伊拉克、科威特和沙特阿拉伯 3 国代表在英国驻巴格达高级专员珀西·考克斯主持下,在地图上划分了 3 国边界线。但是,伊科对边界线均不满意。这时,产生了伊科争端的第一个矛盾冲突点。伊拉克认为,科威特历史上曾为巴士拉省的一个县,因此,应将科全境划入伊。以后,伊拉克一直保留这一观点。1932 年,伊拉克首相赛义德提出划定伊科两国边界的意见,得到科威特埃米尔艾哈迈德·萨巴赫的确认,双方达成协议。该协议成为目前两国边界实际控制线的依据,但边界未能勘定,这又为日后两国产生边界争端留下了遗患。果然,随着石油在这一地区的发现和开发,以及英国殖民者的撤出,伊科两国围绕主权和边界问题的争端突出起来。1958 年,伊拉克发生革命,推翻了费萨尔王朝,建立了共和国。1961 年,科威特脱离英国势力,宣布彻底独立。但伊拉克共和政府不予承认,并对科威特提出了领土要求,只是由于英国人干预,才未贸然动武。1962 年,伊拉克复兴党上台执政,承认了科威特的独立,但两国边界仍未划定,历史争端持续下来,并为此发生多起武装冲突。

两伊战争于 1988 年结束之后,伊科争端又激化起来。1990 年 7 月 15 日,伊拉克外长阿齐兹向阿拉伯联盟秘书长卡利比递交了一份备忘录,指责科威特和阿拉伯联合酋长国不执行欧佩克制定的限产保价政策,仅 1989 年上半年就使伊拉克蒙受 140 亿美元的损失。对此科威特反驳说,两伊战争期间,科威特确实超产石油,但盈利的大部分用在了援助伊拉克、巴解组织和阿拉伯事业之上。两伊停火后,科已为限产保价做出了牺牲,部分超产是为了满足在西欧发展"下游业务"的需要。7 月 18 日,阿齐兹又指责科威特 10 年来一直在伊拉克的鲁迈拉油田南部偷采石油,价值达 24 亿美元,并在这一地区建立军事设施。对此科威特则指出,鲁迈拉油田南部延伸到科境内,科是在自己领土上采油和建立哨所,无可非议,并且反过来指责伊在科境内打井采油,使科威特油田储量蒙受损失。7 月 31 日,伊拉克革命委员会副主席易卜拉欣在同科威特王储兼首相萨阿德谈判时,又向科威特提出了勾销前债,赔款 24 亿美元,重划边界,租用布比延和沃尔拜两岛 99 年的要求,遭到了科方的拒绝。

伊拉克在两伊战争结束不久,国内经济尚待恢复之时,即提出一系列科威特难以接受的要求,致使两国关系恶化,进而发展到对科威特的入侵,绝非偶然,而是有其战略意

图的,主要是:

彻底解决出海口问题 伊拉克虽地处海湾,但在地理条件上却几乎是一个内陆国家。它的东面被扎格罗斯山脉所阻挡,北面是东南罗斯山系,西面是阿拉伯—叙利亚高原,唯有南面是出海口,但海岸线极短,只有 50 公里左右,而且,作为出海水路的阿拉伯河末端在主权上同伊朗存有争议,易遭封锁。唯一的海港法奥港历来是敌对国家袭击的重要目标。在两伊战争中法奥港又遭到严重破坏,吞吐能力有限。这种情况严重制约了伊拉克在海湾的出入,系于其经济命脉的石油出口和事关国计民生的各种物资的进口不能顺畅进行。两伊战争以后,由于法奥港破坏严重,伊拉克出口石油不得不经过土耳其和沙特阿拉伯等国的石油管道输送,既要付巨额费用,又要冒受制于人的风险,又一次饱尝了缺乏出海口的苦头。因此,谋求出海口是伊拉克的一项长期战略方针。历史上伊拉克同科威特的领土与边界争端,对伊朗的战争,以及对布比延和沃尔拜两岛的租借要求,都与此有直接关系。伊拉克从历史上遭受的挫折中认识到,只有获得整个科威特,才能彻底解决出海口问题。是时,伊拉克的海岸线将延长 213 公里,并可获得现代化的科威特港和艾哈迈德油港,海上出入条件将得到极大改善。

免除所欠巨额债务 两伊战争中,伊拉克共欠下 750 亿美元外债,其中欠科威特 150亿美元。两伊战争后,伊拉克国民经济亟待恢复,部分裁减下来的军队需要安置,粮食等必需物品的进口又要花费大量外汇,财政危机十分突出。1989 年,伊拉克的石油收入约为 130 亿美元,如果不重新举债,仅仅偿还非阿拉伯国家的年债务本金和利息就可能占去上述收入的一半以上。沉重的债务使伊拉克感到难以承担。为此,伊拉克曾经提出,它同伊朗作战是为了保卫阿拉伯民族,要求科威特等阿拉伯国家免除债务,但得到的许诺很少。在这样的困境下,如果征服科威特,情况将立即变得完全两样。一方面,欠科威特的债务将一笔勾销。另一方面,又可以利用科威特雄厚的财力。科威特年石油收入近百亿美元,在国外还有 1000 亿美元资产,海外投资收入比石油收入还高,此外,还有 800亿美元的国家储备金。依靠这些财源,不仅可以在短期内偿清外债,而且对于解除伊拉克的财政危机和实现今后的发展起到根本性作用。

提高在中东地区的战略地位 长期以来,伊拉克一直在谋求中东地区的大国地位,执政的阿拉伯复兴社会党把获得阿拉伯世界的领导地位和实现阿拉伯国家的统一作为最高目标。从地缘政治上讲,伊拉克欲向北、东、西 3 个方向发展都将遇到很大困难。北面的土耳其,东面的伊朗,西面的叙利亚和以色列,无论从哪方面讲都是伊拉克的强大敌手。因此,向南发展是伊拉克的战略重点和突破口。向南发展首先将遇到科威特问题。夺取科威特,虽然要冒很大风险,但却是实现战略上突破的关键步骤。从地理上讲,实现这一步,海湾国家沿岸的工业重镇和石油输出港以及海上航路,都将处于伊拉克能够以军事手段控制的范围之内。如果继续向东南发展,控制霍尔木兹海峡南岸的哈萨卜角,那它就真正掌握了关启海湾大门的钥匙。从经济和政治上讲,伊拉克得到的好处更为突出。伊拉克和科威特已探明的石油储量各占世界的 10%,加在一起即意味着掌握了世界已探明石油总储量的 20%,成为仅次于沙特阿拉伯的世界第二储油大国,其石油总产量也将上升至占世界总产量的 7.3%。凭借这一点，它能够在很大程度上影响世界石油价格，进而左右海湾其他石油输出国的利益，制约美国和西方工业国家的经济发展。

伊拉克的军事力量 萨达姆·侯赛因执政以后，经过 8 年两伊战争，伊拉克的军事力量得到迅速发展，已经拥有中东最强大的一支武装力量。伊拉克的武装力量包括陆军、海军、空军、阿拉伯社会复兴党领导的人民军和伊拉克共和国卫队。

陆军兵力 95.5 万人，编有 7 个军部、7 个装甲机械化师、42 个步兵师、6 个总统卫队师、20 余个特种作战旅、2 个地地导弹旅。主要装备有：主战坦克 5500 辆，装甲侦察车 850 辆，步兵战斗车 1000 辆，装甲输送车 7100 辆，自行火炮 500 门，牵引火炮 3000 门，战术导弹发射架 86 个，火箭炮 200 门，地空导弹 330 部，防空火炮 4000 门，武装直升机 103 架，运输直升机 229 架，以及迫击炮、无后坐力炮、反坦克炮和反坦克导弹等武器。

海军兵力 5000 人，装备护卫舰 5 艘，小型护卫舰 4 艘，导弹艇 8 艘，鱼雷艇 6 艘，巡逻艇 20 艘，水雷战舰 8 艘，扫雷舰 8 艘，两栖登陆舰 6 艘，支援和后勤舰 3 艘。

空军兵力 4 万人，编有 2 个轰炸机中队、17 个攻击战斗机中队、16 个战斗机中队、1 个侦察机中队、2 个运输机中队。主要装备有：轰炸机 16 架，攻击战斗机 284 架，战斗机 223 架，侦察机 8 架，运输机 62 架，以及空地、空空导弹等武器。

人民军是阿拉伯复兴社会党领导下的带有预备役性质的民兵部队，规定只有复兴党党员才可参加。两伊战争期间总人数曾达到 65 万人，战后减至约 25 万。人民军的装备较差，任务仅限于保证后方安全。

共和国卫队是独立于总部队以外的一支特殊武装，隶属国家特别安全组织，主要任务是保卫萨达姆·侯赛因总统。共和国卫队是伊拉克作战能力最强的一支部队，装备精良，人员待遇高于其他部队。正规兵力达 12 万人，编为 8 个师，其中包括 2 个坦克师、5 个机械化和装甲师、1 个补给师。主要装备苏制 T-72 主战坦克，苏制 ЬМЛ 装甲输送车，法制 GCT 自行榴弹炮和奥地利 GHЛ-45 牵引榴弹炮等。

十分引人注目的是，在伊拉克的武器库中还有化学武器和生物武器。这些武器均能用于实战。化学武器主要有芥子气、塔崩、沙林和路易氏气，其中以塔崩威力最大，具有速杀性，其蒸汽能在几分钟内致人死命。生物武器主要有肉毒杆菌病毒和疾病病毒，能以火箭炮弹和航空炸弹等多种手段投掷。除此之外，伊拉克还制定了核武器发展计划，并在研制方面取得了显著进展。

当伊拉克确定了对科威特入侵的战略目标以后，开始了一系列周密的战争准备。自 7 月 15 日就石油和边界问题向科威特提起指责之时起，伊拉克开始向伊科边境调集部队。这一行动引起了科威特和其他阿拉伯国家的警觉与不安。在局势紧张的情况下，埃及总统穆巴拉克和沙特阿拉伯国王法赫德曾在伊科之间进行积极斡旋。伊拉克当局和萨达姆本人向穆巴拉克保证，伊拉克不会对科威特使用武力，愿意同科和平解决争端。此后，伊拉克做出了象征性撤军，并一度停止了对科威特的新闻攻击。这一措施使国际舆论认为，伊拉克的兵力调动只是为了配合外交谈判而对科威特施加的军事压力。与此同时，伊拉克的军事准备并没有放松。在战前几周里，先后向伊科边境地区集结了共和国卫队的全部 8 个师,另有一个"蛙—7"战术导弹营,总兵力达 14 万人,配有 1500 多辆坦克和步兵战斗车等重型武器。许多作战飞机也转场到了南部机场。伊军部队主要部署在萨夫旺地区和纳西里亚一线,从此出发,能够保证在科威特来不及预警的情况下取得突然性进攻的胜利。为了隐蔽战略企图,伊拉克在最后时刻还通过新闻媒介向外界宣称,它的兵力集结完全是针对以色列的。这一做法进一步麻痹了阿拉伯国家,也使世界舆论和有关国家情报机构对其真实意图的判断变得更加困难。入侵的日子最终定在 8 月 2 日,而这 1 天正是科威特的周末和什叶派穆斯林为纪念其第 3 个伊马姆侯赛因遇难而举行悼念活动的"阿舒拉"节。

8 月 2 日凌晨 1 时(科威特时间),伊拉克共和国卫队 3 个师越过伊科边界发起突然进攻。担负主攻的 1 个机械化步兵师和 1 个装甲师分多路高速向位于科威特正西的贾赫腊山口开进,另 1 个担负助攻的装甲师在主攻部队西侧跟进。猝不及防的科威特军队没有能够组有效的抵抗。3 个师长驱直入,很快在贾赫腊会师。随后,2 个主攻师挥师东进,直扑科威特市,另 1 个师则从贾赫腊南下,在科沙边境地区建立防御。与此同时,一支特种作战部队乘海军舰艇南下至科威特市外海,开始对首都实施登陆作战和直升机突击。天亮时分,东西对进的两支部队在科威特市汇合,开始逐一攻打市内目标。在王宫、国防部等地发生了激烈的争夺战。科威特埃米尔贾比尔·萨巴赫在伊军到来前,携部分王室成员逃到停泊在海湾的美国军舰上,后转移至沙特阿拉伯。科威特埃米尔的弟弟法赫德亲王在保卫王宫的战斗中阵亡。伊军在粉碎了科威特武装部队有限的抵抗和反击以后,于上午 9 时左右基本控制了科威特市,关闭了国际机场。此后,进攻部队继续南下,分头占领各城镇和港口,至下午 4 时占领了科威特全境。

伊拉克占领科威特以后,开始实施将科威特从根本上吞并的一系列措施。入侵当天,伊拉克当局即宣布废黜科威特萨巴赫政权,解散科国民议会,成立"自由科威特临时政府。"两天后,伊拉克宣布了 9 人"临时政府"名单,阿利亚·侯赛因·阿里上校担任总理。8 月 7 日,"临时政府"宣布成立"科威特共和国。"次日,伊拉克又宣布"科威特共和国"与伊拉克合并,并称这是"科威特回归其祖国大伊拉克。"8 月 28 日,伊拉克进一步宣布将科威特划为其第 19 个省。为了彻底取消科威特的国家特征,伊拉克先后取缔了科威特的货币,代之以本国货币,取缔了科威特政府的喉舌科威特国家通讯社,关闭了科国家航空公司。此外,伊拉克当局还强迫科威特公民在 10 月 31 日以前改为伊拉克国籍,并向科大量移民,企图以此改变科威特的人口结构。

伊拉克还对科威特的财富和资产进行了有计划的劫掠。许多军用车辆、豪华轿车、民航客机被开往伊拉克。科威特金库中约 254 万盎司黄金和 20 多亿美元流动资金被没收。大量油田设施和工厂设备被拆卸后运走。博物馆的名画和其他珍品,以及私人的大量金银珠宝等也遭到浩劫。

伊拉克对科威特的入侵,引起了全世界极大的震惊。国际组织和许多国家从舆论上、政治上、外交上、经济上和军事上做出了强烈反应。

在科威特被占后几个小时,联合国首先做出了反应。安理会 15 个成员国连夜举行 3

个多小时磋商,接着召开紧急会议,于当日清晨以 14 票对零票(也门弃权)通过了安理会第 660 号决议,谴责伊拉克入侵科威特,要求伊拉克立即无条件撤走军队,呼吁两国立即进行谈判。8 月 6 日,安理会通过第 661 号决议,决定对伊拉克实行制裁和武器禁运。8 月 9 日,针对伊拉克政府宣布将科威特并入伊拉克的决定,安理会通过了第 662 号决议,宣布伊拉克对科威特的吞并无效。此后,随着形势的发展,安理会又先后通过了旨在对伊拉克采取各种制裁措施,以迫使它从科威特撤军的 9 项决议。

美国在事件发生后也做出了迅速反应。8 月 2 日当天,布什总统即发表讲话,强烈谴责伊拉克,要求伊拉克立即无条件从科威特撤军,同时宣布美国将采取一切必要行动,保卫在海湾长期而重要的利益,下令冻结伊科两国在美国的资产,停止同伊拉克的一切贸易往来。布什在讲话中还命令在印度洋的美海军"独立"号舰母战斗群迅速驶往阿曼湾,加强在那里的美国军事力量。

西方国家在美国之后也相继做出强烈反应。英国、法国、意大利等国先后宣布冻结伊拉克和科威特在本国的资产。8 月 4 日,欧共体 12 国外交部政治司长在罗马开会,决定在对伊拉克施加压力,使其立即无条件撤军,以及在停止同伊拉克的政治接触和贸易关系等方面采取一致性行动。在军事方面,英国、法国、加拿大等国开始酝酿向海湾地区出兵的方案。意大利、西班牙、德国和希腊表示,如果美国和其他国家采取出兵行动,可以使用其空、海军基地,土耳其则表示允许这些国家的军队在其境内驻扎。严重依赖海湾石油的日本采取了与美国基本协调的立场和政策,并表示在对伊拉克采取军事行动方面,可以提供资金和物资。

长期同伊拉克保持友好关系的苏联对伊的行为进行了谴责,并宣布中止对伊拉克的武器供应。事件发生的第 2 天,苏联外长谢瓦尔德纳泽同前来访问的美国国务卿贝克在莫斯科举行紧急磋商,发表了严厉谴责伊拉克的联合声明,表明了双方的共同立场。苏联还在安理会与美国协调行动,使谴责和制裁伊拉克的一系列决议得以顺利通过。在苏联的影响下,前华约成员国也采取了与之相一致的立场,许多国家表示,将为向海湾运送军队和物资的飞机开放领空,部分国家还表示将提供非战斗人员和人道主义援助。

阿拉伯国家表示了各自的立场和态度。8 月 3 日晚,阿拉伯国家联盟在开罗召开部长理事会。会议经过激烈辩论,最后通过了谴责伊拉克入侵科威特的决议,要求伊拉克立即无条件从科威特撤军,同时强调必须维护所有阿盟成员国的主权和领土完整。8 月 10 日,阿拉伯首脑会议在开罗召开。会议经过激烈争论后通过一项决议,要求恢复科威特主权、独立和合法政府,谴责伊拉克对海湾国家领土主权所造成的严重威胁,支持沙特阿拉伯和其他海湾国家根据联合国决议和阿拉伯共同防务协定为保卫自己而采取的措施,并决定向这些国家派遣阿拉伯部队。8 月 11 日,根据阿拉伯首脑会议的决定,埃及部队 3000 人和摩洛哥部队 1200 人开往沙特阿拉伯,14 日,叙利亚部队 2000 人也进入了沙特阿拉伯。但是,阿拉伯国家的态度并不完全一致,从表明的立场看,明确表示谴责伊拉克的有 14 国,即埃及、沙特阿拉伯、叙利亚、阿尔及利亚、摩洛哥、突尼斯、科威特、阿曼、阿拉伯联合酋长国、巴林、卡塔尔、黎巴嫩、索马里和吉布提;态度不明确的有 6 国,即约旦、巴勒斯坦、也门、苏丹、毛里塔尼亚和利比亚。利比亚和巴勒斯坦还反对向海湾国家出兵。对出兵问题持保留态度的有阿尔及利亚、也门、约旦、苏丹、毛里塔尼亚和突尼斯。

在联合国的决议和各国的谴责与制裁面前,伊拉克并没有退让。伊拉克总统萨达姆·侯赛因宣称,科威特并入伊拉克是不可逆转的事实。伊拉克不但拒不撤军,而且更进一步加强了在科沙边境地区的军事部署。因此,本来已经十分紧张的局势更朝着军事对抗的方面发展,伊拉克入侵科威特事件最终成了一场更大的风暴的序曲。

"沙漠盾牌"行动

长期以来,海湾地区在美国全球战略中一直占有十分重要的地位。这一地区是美国和西方国家经济赖以生存的主要能源供应基地。80 年代末期,美国进口石油的 20%、西欧的 35%、日本的 70%都来自这一地区。由于这里的石油主要经由海上运输,所以海湾通往世界各地的运输线又被西方称为"生命线。"二次大战后,美国为了保护这一重要地区,在这里组织军事联盟,设立军事基地,建立反苏包围圈,防止苏联在这一地区扩张。1958 年伊拉克发生民族主义革命,1979 年伊朗又取得伊斯兰革命的成功,使这一地区发生了深刻变化,亲西方的军事联盟解体,美国军事基地丢失,伊拉克和伊朗相继脱离了西方轨道,只剩下沙特阿拉伯和科威特等海湾西岸产油国仍与美国保持着良好关系。因此,美国害怕丧失这一石油基地。两伊战争中,美国曾派军舰为科威特油轮护航,显示了它对海湾石油及其运输航线安全的关切。伊拉克对科威特的入侵,直接触动了美国和西方国家在海湾地区的根本利益,对美国的全球战略提出了严重挑战,因此,从一开始就引起了美国在军事上的反应。

8 月 2 日和 3 日,美国国家安全委员会连续两次在白宫举行全体会议,研究针对伊拉克的入侵行为采取军事行动的问题。会议认为,单纯地对伊拉克采取经济制裁,不足以迫使它撤军,此外,仅仅采取有限的军事行动,比如对伊拉克的输油管道进行轰炸,也难以彻底阻止它的石油出口。因此,有必要采取大规模军事部署行动,对伊拉克造成强大军事压力,同时为必要时采取军事打击做好准备。8 月 4 日,美国国防部长切尼审核了美军中央总部原有的战备预案,在此基础上,中央总部拟定了代号为"沙漠盾牌"的行动计划。8 月 5 日,切尼和美军中央总部司令施瓦茨科普夫上将携计划前往沙特阿拉伯,同法赫德国王就美国出兵问题进行协商,征得了法赫德国王的同意。同一天,布什在向公众发表的讲话中,宣布了美国将采取的军事行动的国家政策目标,它包括:1.迫使伊拉克迅速从科威特无条件撤出全部军队;2.恢复科威特合法政府;3.维护沙特阿拉伯和海湾的安全与稳定;4.保护在国外的美国公民的生命安全。8 月 7 日凌晨 2 时(美国东部时间),布什总统正式签署了"沙漠盾牌"行动计划。

在 80 年代的大部分时间里,美国对海湾安全的关注集中在被认为是主要威胁的苏联身上。随着美苏关系的缓和,美国开始修改它的防务战略。负责中东地区防务的美军中央总部在对这一地区的形势做出全面分析之后认为,苏联已经不再是主要威胁,而伊拉克的崛起已使这一地区的力量平衡被打破。伊拉克的野心随之不断增长,它的兵力与海湾其他产油国的兵力对比悬殊。所有这一切都表明一种越来越大的可能性,即伊拉克将替代苏联成为对这一重要地区美国利益的地区性威胁。根据这一结论,美国国防部长指示国防部加强美军应付海湾地区性冲突的能力,参谋长联席会议主席也指示中央总部根据这一变化制定新的作战计划。1990 年春,美军中央总部根据新的地区战略和军事形势,制定了一份新的基本计划纲要。根据这一计划纲要,中央总部的参谋部门制定了作战计划,代号"90—100。"在美国总统做出大规模出兵海湾的决策之后。这一计划草案成了具体行动部署的基本依据。在根据新的情况进行修订之后,产生了"沙漠盾牌"行动计划。

根据美国总统的军事决策,美国将在初始阶段部署足够的部队,以慑止伊拉克的进一步进攻,监督执行联合国决议,同时,做好部署更多部队的准备,以达到将伊拉克军队赶出科威特的目的。据此,"沙漠盾牌"行动计划的军事目标是:1.提高海湾地区的防御能力,慑止萨达姆·侯赛因的进一步进攻;2.一旦威慑失败,能有效地保卫沙特阿拉伯;3.建立有效的军事联盟,把所有联盟部队纳入作战计划;4.强制执行联合国安理会第 661 号和第 665 号决议规定的经济制裁。

"沙漠盾牌"行动计划对军事形势的基本估计是:伊军正在向沙特边境沿线部署,并继续向科威特增兵,有可能向沙特发动新的进攻。估计其进攻路线有 3 条:第 1 条是沙特东部的沿海公路,途经米什阿卜、朱拜勒和达曼;第 2 条是以科威特中部为起点,穿过沙特边境,到达输油管线公路,再经东折向沿海公路;第 3 条是从科威特出发,直取利雅得。无论伊军从哪条路线实施进攻,达曼北面的沿海地区都是必争之地,因为一旦失去海夫吉、米什阿卜、迈尼贾、朱拜勒、塔穷拉和达曼等沿海石油基地、港口炮火供应地和工业设施,在经济和军事上对沙特阿拉伯都将是一个沉重打击,同时,对美军向战区的集结也将造成极大的困难。即使伊军不发动新的进攻,军事形势也相当严峻。有 11 个师的兵力已经或正在进入科威特,使伊军在科总兵力达到 20 万人、2000 多辆坦克。这一态势对美军通过部署部队使这一地区的兵力对比达到平衡的设想提出了严峻挑战。

根据对军事形势的分析,"沙漠盾牌"行动计划拟分 2 个阶段向海湾地区部署部队,第 1 阶段,拟用 3 至 4 个月时间(17 周),部署 24 万人的部队,其中地面作战部队约 10 万人;舰艇约 100 艘,包括 5 个舰母编队、1 个战列舰编队、1 个特混舰队和 2 个两栖舰编队;作战飞机约 1000 架(含舰载机)。届时,该地区美军和其他出兵国家部队的兵力将达到与伊军大致相抗衡的水平。第 2 阶段将视形势的发展,在第一阶段部署的基础上继续增兵,以使兵力达到足以将伊军赶出科威特的水平。第一阶段的部署,将根据伊军有可能在短期内向沙特发动进攻的形势,首先在朱拜勒和宰赫兰一线布置快速反应部队和空中打击力量,建立机动防御,采取"以空间换时间"的战略,挡住伊军可能的进攻,保证后续部队的陆续抵达和部署。

第一阶段部署

计划确定之后,美军于 8 月 6 日下达了第 1 道在海湾部署作战部队的命令。

从"沙漠盾牌"行动计划到部署的具体落实,是一个十分复杂的过程。为此,美军利用了"联合战略计划系统""联合作战、计划与执行系统"和"分阶段部队部署数据"等三个计算机计划系统,通过这三个系统,制定具体的部署方案。在部署初期,由于敌情的变化和部署方案的相应变化,难以采用计算机工作,因而采用了人工计划的方式。

在部署方案确定和下达之后,首先遇到的是部队和装备物资的输送问题,从美国东海岸到沙特阿拉伯,空运行程达 1.2 万余公里,约需飞行 15 个小时左右。海运距离在1.5万公里以上,需穿越大西洋、地中海,通过苏伊士运河,约需航行 10~12 天。在本土和其他出发地,部队的集结和物资的调运,也需要相当大的运力才能完成。美军参谋长联席会议指定由美军运输司令部在中央总部的指导下统一领导这项复杂的工作。

以美国为首的多国部队在沙特阿拉伯登陆

美军运输司令部是一个联合司令部,其任务是负责制定战略机动计划,在危机和战争期间指挥、协调、管理运送部队和物资的空运和海运力量,进行战时交通管理。该司令部下辖军事空运司令部、军事海运司令部和军事交通管理司令部三个司令部。为了完成部署计划。三个司令部最大限度地动员和出动了各自管辖的运输力量。军事空运司令部首先出动了空军现役部队、空军后备队和国民警卫队的战略运输机,共有 C-5 运输机126 架、C-141 运输机 265 架。为了充实空运力量,8 月 17 日按法规对民用后备航空队进行了第 1 阶段动员,共动员了 18 架大型客机和 21 架货机及其机组人员。军事海运司令部出动了8艘快速海运船和第一类后备役部队的大部分散装船、滚装船,驳船和油船,以及水上预置船和海上预置船。此外,该司令部还租用了大量商船。军事交通管理司令部承担了部署期间的军事交通管理和本土陆地运输,共用全球水上终端站和本土空运的管理,以及货物的装卸工作。

与战略运输工具动员的同时,部队部署迅速展开。第一道部署命令下达当天,按第1阶段部署方案部署的用以阻挡伊军可能进攻的部队即开始出动。美空军第1战术战斗机联队的F-15C战斗机从弗吉尼亚兰利空军基地起飞,经7次空中加油,不间断飞行14小时,抵达沙特阿拉伯。8月9日,这些飞机即已同从欧洲调来的美空军RC-135"铆钉"式侦察机和从本土飞抵的E-3预警机一起,沿伊沙边境执行空中战斗巡逻任务。同一天,第82空降师的战备旅先头部队从北卡罗来纳州布拉格堡抵达宰赫兰,并在宰赫兰机场周围建立环形防御。8月13日,全旅进入阵地。8月21日,该师另1个旅也到达指定位置。8月9日,第101空中突击师从肯塔基的坎贝尔堡登程,于12日抵达沙特,开始部署。8月14日,海军陆战队第7陆战远征旅到达朱拜勒港,开始卸下海上预置中队的装备。同一时间里,美战略空军司令部1个中队的B-52C7轰炸机和美空军1个C-130运输机中队也到达沙特阿拉伯,开始担负战区值班任务。紧随这些部队之后接到部署命令的有第24机步师、第1骑兵师、第1"老虎"旅、第2装甲师和第3装甲骑兵团。在最初3周内,美军部署的应急部队共有7个旅、3个航母战斗群、14个战术战斗机中队、4个战术空运中队、1个战略轰炸机中队和1个"爱国者"防空导弹系统。

在第1阶段部署的应急阶段行将结束时,为了保证部署的顺利进行,布什总统于8月22日签署第12727号行政命令,授权国防部长按《美国法典》第10编第673条B款征召编组后备役部队和单个后备役人员服现役。次日,国防部长授权各军种部长征召后备役人员服现役,总数为5万名,其中陆军2.5万名,空军1.45万名,海军6300名,海军陆战队3000名。同时,运输部长授权海岸警卫队命令1250名后备役人员进入现役。

从8月下旬开始,部署行动进入了全面展开阶段。至11月8日止,美陆军共部署了4个师另1个团,即第82空降师、第101空中突击师、第24机步师、第2装甲师、第1装甲骑兵团,共计11.5万余人,700多辆坦克、1000余辆装甲输送车、145架AH-64"阿帕奇"直升机、294门155毫米自行榴弹炮。海军共部署了6个航母战斗群、2艘战列舰、"蓝岭"号旗舰、若干艘潜艇、扫雷舰和支援舰只、1支拥有31艘舰船的两栖特遣编队和特种作战部队。空军共部署了1000余架飞机,590余架作战飞机(其中90余架用于夺取制空权,260余架用于遂行对地攻击任务,240余架用于遂行空对空和空对地作战任务)。海军陆战队共部署了2个总部,若干个作战旅。

在美军实施部署的同时,向海湾出兵的其他国家也展开了各自的部署行动。9月初,英军向海湾派出了第1装甲师和其他部队共3万人。8月13日,法国海军由1艘航母、1艘巡洋舰及其他舰船组成特遣编队,从土伦港出发前往海湾,9月24日在沙特廷布港卸下了800名快速反应部队人员和40架直升机。此后,法国陆军和空军又向海湾地区派遣了约1万人的地面部队和800人的空军部队,包括建制装备坦克500辆、直升机120架、作战飞机 40 架。埃及和叙利亚等阿拉伯国家也先后派出了数万人陆军和空军部队。

随着大部队的抵达，美军中央总部开始同沙特阿拉伯军方协商，在伊沙和科沙边境地区建立防御体系。美军的指导思想是，利用机动防御抗击伊军的进攻。具体部署，由沙特阿拉伯、埃及、叙利亚和科威特等国的阿拉伯军队沿边境部署，构成第 1 道防线，以提供伊军进攻的早期预警。其后，由美第 18 空降军建立大纵深机动防御区。其中第 24 机步师占领重要作战地域，第 101 空中突击师作为军掩护部队位于第 24 机步师前方和左翼，在第 24 机步师后方，亦即宰赫兰附近，第 82 空降师建立防御阵地，而第 1 骑兵师则作为预备队留在第 24 机步师后方。空军部队主要部署在沙特阿拉伯和阿联酋、土耳其以及卡塔尔等国机场。美军还在利雅得、宰赫兰等重点城市和沙特油田部署了"爱国者"和"毒刺"防空导弹。在这样的防御体系初步建立起来以后，美军认为它已经具有慑止伊军发动新的进攻的实力，关闭了科沙边境的"易受攻击之窗"，第 1 阶段部署遂于 11 月 7 日告一段落。

第二阶段部署

在第 1 阶段部署正在进行的时候，美军中央总部即开始对下一步军事行动做出考虑。分析认为，伊拉克在美军的部署行动和国际社会的禁运与封锁面前，无意从科威特撤军，相反，更加强了在科境内的军事部署。因此，美军中央总部着手制订进攻作战计划。10 月中旬，中央总部拿出了计划草案。该计划草案提出了动用 1 个军实施进攻作战的方案。10 月 22 日，美军参谋长联席会议主席听取了中央总部关于进攻作战的汇报，指示为了以最小的伤亡将伊军驱逐出科威特，应进一步完善动用 2 个军实施进攻的方案。这一方案得到了美国总统的同意，因此，第 2 阶段的部署提上了日程。

11 月 8 日，美国总统布什宣布，美将向战区增派约 20 万人的部队。根据第 2 阶段部署方案，美军增派的部队有：驻本土堪萨斯州赖利堡的 1 个重型师、驻欧洲的第 7 军（第 1 装甲师、第 3 装甲师、第 2 装甲骑兵团），3 个航母战斗群、1 艘战列舰，第 5 陆战远征旅和第 3 两栖舰大队。此外，还有 410 架作战飞机。驻欧洲的美陆军还向土耳其和以色列部署了"爱国者"防空导弹部队，以防止和反击伊拉克"飞毛腿"导弹的袭击。

为了充实作战部队，加强后勤支援部队，以及弥补部分部队调动后出现的防务空隙，美国国防部长于 11 月 14 日，下令扩大动员第 1 类后备役人员的人数。12 月 1 日，再次扩大动员人数，使各军种部长有权动员的第 1 类后备役人员总数达到 18.8 万人，其中陆军 11.5 万人，海军 3 万人，海军陆战队 2.3 万人，空军 2 万人。

在部署兵力的同时，美军还完善了作战指挥体系。战区的最高指挥机关为美军中央总部（司令施瓦茨科普夫上将），下设各军种司令部，它们是：中央总部陆军司令部（司令约索克中将）、中央总部海军司令部（司令阿瑟中将）、中央总部空军司令部（司令霍纳中将）、中央总部海军陆战队司令部（司令莫纳汉中将）、中央总部特种部队司令部。中央总部通过参谋长联席会议主席向国防部长提出兵力需求，尔后由参谋长联席会议主席指示各军种部确定派遣的部队,这些部队一旦到达战区,即接受中央总部及其下属各司令部的统一指挥。随着多国部队的战区的部署,建立统一、协调的指挥机构的必要性显得日益突出。8月中旬,经过美国和沙特阿拉伯军方领导人的协商,达成了协议,在多国部队的最高层成立协调性指挥机构。原则是,战区内所有部队均接受沙特阿拉伯武装部队司令部哈立德中将和美军中央总部司令施瓦茨科普夫上将的统一指挥,但各国军队又接受本国最高当局的命令和指示。为了协同作战的需要,美军还向多国部队的营一级派遣联络组。

经过第2阶段部署,美军在海湾地区的总兵力达到43万人,其中陆军26万人,海军5万人,空军4万人,海军陆战队8万人。主要武器装备有:坦克1200辆,装甲车2000辆,作战飞机1300架,直升机1500架,军舰100余艘。其他国家的总兵力达到50余万人。这些国家是:英国、法国、加拿大、意大利、比利时、荷兰、西班牙、希腊、埃及、叙利亚、土耳其、摩洛哥、孟加拉国、巴基斯坦、阿富汗、尼泊尔、塞内加尔、尼日尔、阿根廷、洪都拉斯、菲律宾、印度尼西亚、塞拉利昂、捷克和斯洛伐克、保加利亚、沙特阿拉伯、科威特、阿拉伯联合酋长国、卡塔尔、巴林、阿曼。德国、瑞典、挪威、丹麦、葡萄牙、澳大利亚、新西兰、日本、泰国和波兰等国提供了武器装备、舰船、飞机和医疗队。

11月29日,联合国安理会通过了第678号决议,规定1991年1月15日为伊拉克撤军的最后期限。从此,进入战区的美军和多国部队开始完善作战计划,调整作战部署,加强战前训练与演习,逐步进入了临战前的最后准备阶段。海湾地区的气氛变得越来越紧张,一场举世瞩目的战争迫在眉睫。

伊拉克的对策

面对美国和其他国家的出兵行动以及国际社会的经济制裁,伊拉克总的战略意图是,拖延战争的爆发,使海湾冲突长期化,复杂化,进而分化以美国为首的军事阵营,打破对伊拉克的各项制裁,保住既得利益,同时,做好军事上防御作战的准备。为此目的,伊拉克从外交、经济和军事等方面采取了一系列措施。

在外交上,伊拉克首先利用阿拉伯国家同美国的民族矛盾和伊斯兰教同异教的宗教矛盾,打出"圣战"的旗号,号召沙特阿拉伯的穆斯林和阿拉伯世界的民族主义者,共同抵抗沙特阿拉伯王室和西方的"新十字军","保卫先知穆罕默德。"这一口号提出后,引起了也门、苏丹、阿尔及利亚、突尼斯、毛里塔尼亚、巴勒斯坦等国民族激进分子的响应,他们纷纷上街游行,制造了较大声势,在阿拉伯世界产生了一定的影响。这一举措曾使美国感到十分忧虑,在一定程度上影响了它采取军事打击行动的决心。其次,伊拉克竭力将撤军问题同以色列从阿拉伯被占领土撤出联系在一起,试图转移国际社会对伊侵科事件的视线,使海湾局势复杂化,进而化解阿拉伯国家对伊拉克的谴责,变被动为主动,掀起一场阿拉伯人民的反美反以斗争。再者,为了避免两线临敌,伊拉克忍痛向伊朗做出重大让步和妥协,同意接受1975年划定两国边界的阿尔及尔协议,立即开始从伊朗撤军,交换战俘,并同意与伊朗共享阿拉伯河主权。伊拉克还利用人质作武器,制约美国和西方国家采取军事打击行动。8月下旬,伊拉克将入侵科威特时扣留的1.4万余名西方人、其中3000名美国人,5000名英国人,全部分散安置在各个军事设施和重要目标附近,充当"人质。"自12月起,伊拉克又有选择地分批释放人质,借此软化西方国家的立场,延续联合国做出对其动武的决心。

在经济上,伊拉克采取了内部紧缩,对外寻求突破口的政策,以求最大限度地减少经济制裁的影响,配合延缓战争,支撑持久作战的需要。伊拉克政府号召人民精打细算,节衣缩食,并实行粮食定量配给,每人每月6公斤面粉、1公斤大米、半公斤食油。同时,下令农民用80%的耕地种植小麦,并特许农民免服兵役。另一方面,伊拉克通过外交途径,同周边一些同情它的国家沟通关系,维持低水平的进出口,换取部分粮食和药品。

在军事上,伊拉克则最大限度地做好了战争准备。首先,进行了全国性的动员和扩军备战活动。在美军开始实施"沙漠盾牌"行动后,伊立即在全国实行战时体制,将全国18个省划分为5个战区,由各战区最高军事指挥官统管本区内一切事务。命令复员、转业和预备役军人全部转入现役,并征召35岁以下的公民入伍。在此基础上,恢复13个师的建制,新组建11个师,使军队总兵力达到77个师,120万人。此外,伊拉克还扩大了民兵力量,使其总人数达到500万。与此同时,伊拉克加紧向科威特战区增兵,加强了伊拉克南部和沙科边境地区的兵力,并不断完善作战部署。至1月中旬,伊在这一地区的兵力达到43个师,约54万人,装备坦克4280辆,火炮2800门,装甲输送车2800辆。兵力部署按抗击多国部队进攻的设想呈纵深梯次配置,共设立了三道防线。其中一线部队25个师,二线即战役预备队10个师,三线即战略预备队8个师。阵地设置,在一线部队前沿,从伊拉克西南部沿伊沙边界和科沙边界直至科威特南角海岸全长265公里防线上,构筑了坚固防御工事,设置了一道纵深800~6400米不等的障碍带,其内由外向里设置沙墙、浮沟、铁丝网、雷区和反坦克壕。在深沟内还注满了可燃液体,点燃后能使深沟变成一道火墙。在二线部队布防处,建立了一道由许多边长2~3公里的三角阵地组成的防御体系,横跨科威特中部。这些三角阵地外围以深沟、雷阵、铁丝网、土墙构成,可独立作战,三角阵地之间有堑壕相连,又可相互支援和策应。此外,伊拉克还在科威特东部海面布设了大量漂浮水雷和数艘装满石油的油轮。在距沙特北部边界约11公里的科威特海岸和科东北角的布比延岛部署了导弹部队。

"沙漠风暴"行动

作战计划的制定

11月7日美军第2阶段部署的实施,事实上已标志着美军进攻性军事行动的开始。

但是,这只是从准备到真正实施的过渡阶段,当这一阶段结束时,一场暴风骤雨般的战争行动就开始了,这就是"沙漠风暴"行动。

根据对形势的判断,美军自8月中旬起已开始着手"沙漠风暴"作战计划的制定。8月25日,美军中央总部司令施瓦茨科普夫向国防部长切尼和联席会议主席鲍威尔汇报了进攻作战计划草案。

这一计划核定的整个进攻作战行动分为4个阶段。首先,以空中力量打击伊拉克领土,瘫痪其领导、指挥与控制体系,使其无力增援科威特和伊拉克南部的伊军。其次,在科威特上空夺取绝对的空中优势。再次,以空中力量有选择地打击伊军地面部队,削弱其战斗力,消灭其增援部队。最后,地面部队实施进攻,歼灭科威特境内的伊军。在这一计划中,美军中央总部司令定下的决心是,实施这次作战,以达到:1.瘫痪伊拉克国家指挥当局;2.将伊拉克军队赶出科威特;3.消灭共和国卫队;4.尽量摧毁伊拉克的弹道导弹和核生化武器;5.帮助恢复科威特合法政府。根据这一决心拟定了以下作战方案:1.实施协调一致的多国、多方向、空中、海上和地面攻击。2.战略性空中战局的任务是打击敌人的重心,包括伊拉克国家指挥当局、核生化力量、共和国卫队的指挥机构。3.逐步转移空中作战的重点,并在科威特战区实施地面作战,以切断伊拉克的补给线、孤立科威特战区、消灭共和国卫队、用阿拉伯部队解放科威特市。在联合国安理会通过第678号决议后,多国部队其他成员国也参与了进攻作战计划的制定与完善工作。

12月19日和20日,切尼和鲍威尔在利雅得听取了施瓦茨科普夫关于最终确定的进攻作战计划的汇报,并原则上批准了这一计划,不久,美国总统布什正式批准了这一计划。

显然,空中作战在整个进攻作战计划中占有举足轻重的地位,它既要完成特定的打击任务,又要为地面进攻作战创造条件。早在伊拉克入侵科威特的最初阶段,美军中央总部空军的作战部门就已根据战场形势制定了"迅雷"作战计划,并得到了美国国防部长批准。从9月开始,多国部队其他成员的空军人员参加了计划的制订工作。在"迅雷"计划的基础上,制定了"沙漠风暴"行动空中作战计划。此后,计划制定人员又根据中央总部整个作战计划的需求,不断修订和充实了空中作战计划。

空中作战计划确定的军事目标有5项:第一,孤立伊拉克政权,使其丧失能力;第二,获得和保持制空权,扫除空战障碍;第三,摧毁伊拉克的核生化作战能力;第四,摧毁大部队军品生产工厂、基础设施和兵力投放能力,从而消除伊拉克的进攻性军事能力;第五,使伊驻科陆军及其机械化装备失去作战能力,并促使其崩溃。为了实现这五项目标,作战计划拟定了12个将予以打击的目标群。这些目标群是:1.领导指挥机构;2.电力生产设施中为军事部门和军工部门供电的关键部分;3.电信和C^3I系统;4.一体化战略防空系统,包括雷达站、地对空导弹和防空系统的指挥与控制中心;5.空军部队及机场;6.核生化武器研究、生产和储存设施;7."飞毛腿"导弹、发射架和生产与储存设施;8.石油提炼和输送设施;9.海军部队和港口设施;10.军品生产设施和仓库;11.铁路和桥梁;12.伊拉克陆军部队,包括驻科威特战区的共和国卫队。根据空袭的需要,在每个目标群内,又具体筛选

英国前首相梅杰宣布空中打击开始

和确定了具体的打击目标。如同"沙漠风暴"总的作战计划所确定的那样,整个空中作战将分 3 个阶段实施。按照美军中央总部司令施瓦茨科普夫的设想,通过实施空中作战,应达到将科威特战区伊军的战斗力削弱一半的总目标。同时,为了广泛地削弱伊军,整个空中作战的 3 个阶段合在一起实施,逐一达到各阶段规定的作战目的。

参加"沙漠风暴"空中作战的共有 2700 余架各型飞机,分别来自多国部队 14 个国家的空军和其他军种。对如此大量的飞机进行指挥,仅有空中作战计划是不够的。为此,美军中央总部空军司令根据作战计划的要求,领导制定了旨在实施具体空袭行动的更为详尽的计划。这是一项经常性的,随着作战行动的展开而不断深入的工作。其表现形式主要有两项,一是"总攻击计划",二是"空中任务指令。"

"总攻击计划"是联结美军中央总部司令总的战略意图和"空中任务指令"的中间环节。它规定每一作战阶段或每天的作战行动所要达到的预期效果和方法,其中包括目标的选定,任务的分配,兵力的分配与编组,武器系统的选择和作战行动的顺序与时间等等。"空中任务指令"则是每天的具体日程安排。它向飞行员提供执行"总攻击计划"所需的细节和指示。"空中任务指令"由两部分内容组成,一部分主要包括目标和任务的数据以及电子战和压制敌防空配备的支援,第二部分包括有关问题的具体指示,如通信频率、加油机和侦察机支援、空中预警与控制系统飞机的覆盖范围、战斗搜索与救援的安排、进出敌空域的路线以及其他问题的指示。"空中任务指令"制定完后,用保密线路或信使飞机传送到战区各地参加空战的部队。

当"沙漠风暴"作战计划制定完毕之后,美军和多国部队就进入了通往战争的倒计时阶段,各部队加强了战前的图上推演和实兵演练。与此同时,争取和平也到了最后阶段。

1991 年 1 月 9 日,美国国务卿贝克和伊拉克外长阿齐兹在日内瓦举行了战前的最后一次会晤,但是,由于双方都认为没有妥协的余地,会谈没有取得结果。

1 月 12 日,美国国会参议院以 52 票对 47 票,众议院以 250 票对 183 票通过了"关于国会授权布什总统在必要时使用武力解放科威特"的议案。

1 月 16 日美国东部时间上午 10 时 30 分，布什总统签署了给美军中央总部司令施瓦茨科普夫的国家安全指令文件，命令美军向伊拉克开战。文件签署后，布什又对国防部长切尼作了补充指示，要他立即将文件下达，同时，关注伊拉克的动向，如果在当日午夜之前伊拉克宣布无条件撤军，文件将由他本人收回，除此之外，发生任何情况均不能影响它的执行。短暂的一天过去了，当日夜晚，施瓦茨科普夫接到了美国国家安全顾问斯考克罗夫特打来的电话："按计划发动进攻。"根据总统的指令，施瓦茨科普夫于 1 月 17 日凌晨下达了"91-001"号作战命令，一场由现代军事机器掀起的"沙漠风暴"拉开了帷幕。

空袭第一天

空袭第一天是 1 月 17 日，美军称之为 D 日。空袭开始的时间是当地时间凌晨 3 时，美军称之为 H 时。

1 月 16 日黄昏，多国部队的部分空袭飞机即已升空。为了隐蔽企图，它们进入了在"沙漠盾牌"行动期间空中预警和控制飞机每天值班飞行的航线。位于海湾和红海的美军巡洋舰、驱逐舰和战列舰上的海军人员做好了发射"战斧"巡航导弹的准备。RC-135、U-2R 和 TR-1 侦察机如平常一样，保持 24 小时不间断值班飞行。E-3A 和 E-2C 预警机先后升空，在沙特阿拉伯上空飞行，以大功率雷达对伊科纵深地带进行探测。第 1 批执行任务的 KC-135、KC-10、KA-6D 和 KC-130 加油机先后起飞，在伊拉克空域外侧待命。

在 H 时临近时刻，攻击行动开始实施。F-117A 隐形轰炸机首先起飞，直接飞往伊拉克境内。H 时前 90 分钟，美国战舰开始向巴格达的目标发射"战斧"巡航导弹。H 时前 22 分钟，美陆军的 9 架 AH-64"阿帕奇"攻击直升机在 3 架空军 MH-53j"铺路微光"特种作战直升机的引导下，用"狱火"导弹摧毁了伊拉克境内的两座预警雷达站。H 时前 9 分钟，F-117A 向伊拉克南部的一个防空截击指挥中心发起攻击，投下了这次战争中的第一枚炸弹。攻击直升机和 F-117A 的攻击在伊拉克雷达覆盖区和指挥与控制网上打开了一个缺口，随后，执行第 1 波次空袭任务的飞机在 F-15、F-14 和电子战飞机的掩护下，奔向各自的攻击目标。

多国部队第 1 波次攻击的重点任务是分割和摧毁伊拉克的一体化防空系统。参加第 1 波次空袭的共有 700 余架作战飞机，它们分成了 3 个机群，每个机群包含若干个攻击编队，这些编队视任务的需要而组合。在 H 时到来时，两架 F—117A 轰炸机首先以 2000 磅的激光制导炸弹，攻击了位于巴格达市的一座通信大楼。在战争中这种飞机是袭击巴格达市中心目标的唯一一种有人驾驶飞机。其后，对其他各个目标的攻击全面展开。从红海"肯尼迪"号和"萨拉托加"号航母起飞的海军飞机、美国空军和英国皇家空军的飞机攻击了巴格达附近的防空系统、机场和"飞毛腿"导弹发射场；沙特皇家空军、驻沙特东部的科威特空军以及部分美军飞机，袭击了伊拉克东南部的机场、港口设施和防空系统；多国部队空军的其他飞机则从中路攻击伊拉克南部和中部地区的各类目标。

在空袭开始 5 分钟后,巴格达及其附近的 20 个防空系统和领导机构即陷于瘫痪。1 小时后,又有 25 个同类目标被摧毁。多国部队空袭的战术思想在于从一开始即全面瘫痪伊拉克的防空系统,扰乱或切断伊军指挥中心同各战区和各部队之间的通信联络,因此,整个空袭是高度密集、全面压制性的。

在日出时分开始了第 2 波次攻击,许多适于白天作战的飞机投入了空袭行动。至傍晚,伊拉克的战略 C³I 网络、战略防空系统和主要的领导指挥设施遭到严重破坏,部分核生化设施也遭到攻击。当夜幕降临时,又开始了第 3 波次攻击,除继续打击以防空系统和指挥机关为主的目标外,B-52 轰炸机开始攻击伊拉克共和国卫队的主要部队。

在第一天的空袭中,多国部队共出动了 3 个波次 2000 多架次飞机,发射了 118 枚巡透导弹,投掷了 1.8 万吨炸弹。空袭结果,萨达姆的总统府、巴格达电信电报大楼、空军和防空指挥司令部被摧毁,巴格达附近的两个机场遭到严重破坏,许多防空设施,如雷达站、导弹发射场被摧毁,一些工业设施、巴格达电厂、电视大楼也被炸坏。第一天的空袭是多国部队空中力量整个空中作战阶段的一个缩影,随着时间的推移,在以后的空袭中,它的许多作战特点表现得越来越突出。

空袭概况

多国部队对伊拉克和科威特战区的空袭从 1 月 17 日打响后,至 2 月 24 日地面进攻开始,共持续了 38 天。整个空袭行动按照"沙漠风暴"作战计划,分为 3 个阶段,即战略性空中战局、夺取科威特战区制空权和战场准备。从空袭进行的过程来看,3 个阶段同时开始,齐头推进,直至达到各自既定的目标为止。从空袭实施的情况来看,各型飞机齐上,昼夜兼程,不同时期突出不同重点,同时兼顾全局,进行高强度、全方位的打击。38 天中,总共出动了近 10 万架次作战与支援飞机,日出动量平均保持 2400 架次,最多时达 3100 架次。共发射 1288 枚"战斧"巡航导弹和 35 枚空射巡航导弹,投掷了 8 万余吨炸弹。

每次空袭都是一场高难度的空中协同作战。通常,在空袭开始前,E-3A 预警机首先升空,随后,EF-111 专用电子战飞机起飞,在 E-3A 预警机的引导下进入伊科境内,实施强电磁干扰,破坏伊军的早期预警系统,为攻击编队打开安全通道。大批攻击编队起飞后,都伴有电子护航和战斗护航。EF-111 和 EA-6B 在近距离航道上干扰伊军的目标捕捉和地面引导雷达;EC-130H"罗盘呼号"飞机干扰伊军的无线电通信、数据通信和导航系统;F-4G、F-16、EA-6B、A-6E、A-7E 和 F/A-18 飞机则用高速反辐射导弹摧毁目标引导雷达和目标跟踪雷达。F-14、F-15C、F-16 和 F/A-18 等飞机担负掩护攻击的任务。担负攻击任务的机种有 F-117 隐形轰炸机、F-111D/E/F、A-6、A-10、AV-8B、F-15E、B-52 和英国皇家空军的 GR-1 等型飞机。攻击飞机根据不同的任务而组成不同的编队。当攻击编队实施空袭时,E-3A 和 E-2C 空中预警机在战区外实施空中预警、指挥和控制。KA-6D、KC-10、KC-130、KC-135 等加油机则不间断地对各种任务飞机提供空中加油服务。

　　战略性空中战局从空袭第一天起,经过了 20 天的集中攻击,至 2 月 6 日基本达到了预定目标。此后,则继续保持对新发现的目标的攻击。在实施战略性空中战局过程中,总共出动了 1.8 万多攻击架次。攻击重点首先是伊拉克的领导指挥机构。F-117A 隐形轰炸机和"战斧"巡航导弹,以及 F-111、F-15E、A-6 和 GR-1 等型飞机集中攻击巴格达和伊拉克其他地区的国家级政治和军事中心及指挥所。空中打击在很大程度上瘫痪和瓦解了伊拉克的政治和军事领导,使他们疲于迁移和躲藏,无法随时了解和掌握事态的发展,难以相互协调和做出有力决策。电力设施也被列入打击重点。多国部队猛烈轰炸了伊拉克的电厂、变电枢纽和电网等目标,使伊拉克的电力供应陷入困境,造成了预警雷达站、保存生物武器的制冷设备和核武器生产设施等具有战略意义的部门运行的困难。为了进一步瘫痪伊军的指挥,多国部队还以较大兵力攻击了电信和 C^3I 枢纽,轰炸了微波中继塔、电话交换站、配电室、光波通信站以及载有同轴通信电缆的桥梁。军工厂其中包括核生化武器制造工厂,军用仓库、石油提炼和输送设施、港口设施等对支持战争具有战略意义的目标也都列入空中打击目标之列。在伊拉克以"飞毛腿"导弹作为反击手段,多次攻击沙特境内目标和以色列以后,对这种导弹的寻歼也成了战略打击的一项重要任务。除对已查明的固定阵地进行攻击外,多国部队空军还专门指定相当于 3 个中队的飞机执行机动打击任务。RF—4 和 F—14A 侦察机每天出动,搜寻"飞毛腿"导弹发射阵地。F—16 战斗机和 A—10 强击机在白天,F—15E、F—16 和 A—6E 在夜间保持不间断的空中警戒,一旦发现目标,即出动加以摧毁。对"飞毛腿"导弹的攻击没有取得完全彻底的效果,伊军的机动发射没有停止,但受到了很大程度的压制。

　　夺取科威特战区制空权的作战阶段是整个空中作战任务量最大的一个阶段,出动架次占全部出动量的一半左右。这一阶段采取了多国部队飞机、美国海军和海军陆战队空中力量联合行动的方式。攻击的重点是伊军能够破坏多国部队实施空中打击的防空武器系统。首先是地空导弹系统、高炮、预警和目标跟踪雷达、指挥与控制枢纽以及机场和

GBV 激光制导炸弹

飞机。对地面飞机的攻击最主要的是摧毁掩藏这些飞机的飞机掩体。伊拉克共建造了594 个飞机掩体,其中有些掩体用加固导弹发射井的方式加固,能承受核武器空中爆炸所

产生的效应和超压。为此,多国部队采用了2000磅的加固弹壳钻地激光制导炸弹。多国部队空军还使用空空导弹,攻击了升空作战的伊空军战斗机。

经过这一阶段作战,伊军由防空雷达、导弹、高炮和作战飞机组成的一体化防空体系遭到了严重破坏。95%的雷达已无法运转,48个固定防空导弹连受重创,375个飞机掩体被摧毁,44个军用机场被炸毁,151架作战飞机被击毁在地面,33架在空战中被击落,另有109架飞机被迫转移至伊朗和其他国家,剩余的400余架作战飞机因机场设施被破坏或受到压制而无法升空。在取得了这些战果后,美军中央总部在空袭开始后的第11天(1月27日)宣布多国部队已掌握制空权。

多国部队空中作战的第3阶段即战场准备阶段贯穿于空中作战的始终。美国空军、海军、海军陆战队、陆军和多国部队空军,出动空中力量,同来自海湾的军舰上的炮火,以及陆基火炮和火箭炮一起,有计划地削弱了伊拉克的装甲兵、炮兵和步兵部队。为袭击科威特战区的目标,飞机出动了3.5万多攻击架次,其中针对共和国卫队的5600架次。多国部队空中力量几乎每天都保持了对伊炮兵、指挥所、指挥和控制设施、装甲部队和后勤供应设施的打击。从空袭第一天起,就开始重点打击共和国卫队各师。在多国部队夺取制空权和初步完成战略性空中战局之后,从2月6日起,开始以大部分力量集中攻击伊军地面部队和坦克以及海军舰艇。B-52轰炸机的"地毯式"轰炸给伊军地面部队造成了相当大的伤亡。多国部队的F-111、A-10、F-16、AV-8B和F/A-18飞机用激光制导炸弹和"小牛"空地导弹,摧毁了伊军大量坦克。多国部队还出动B-52、A-6和MC-130飞机,对伊前线阵地投撒了2100万张心理战传单。至地面进攻开始前夕,伊军部队54万人中伤亡达25%以上,重装备损失达30%~45%,4280辆坦克中的1600多辆,2800门火炮中的近1400门,2800辆装甲车中的840多辆分别被击毁和击伤。美军中央总部估计,由于空袭造成的伤亡和损失、开小差,以及由于供给不足,伊拉克前线部队的战斗力大约下降了50%,后方部队的战斗力大约下降了25%。

在整个空中作战阶段,多国部队取得了比较显著的战果。但是,由于各种原因,空袭行动也遭受了许多挫折。在空袭中,总共有45架飞机被伊拉克的导弹和高炮击落。由于恶劣天气的影响,空袭行动受到严重阻碍,对有些目标的轰炸只能反复进行,带有很大盲目性。普通非制导炸弹的命中率大大低于预先估计。在投弹总数中,非制导炸弹占93%,但命中率仅为25%,精确制导炸弹占7%,命中率却高达90%,只是由于这类炸弹的使用,才保证了空袭的效果。由于组织指挥和飞行员判断的失误,还发生了多起误伤事件。

伊拉克的反空袭行动

在多国部队猛烈的空袭面前,伊拉克主要是立足于"防。"这种"防"既有积极的,也有消极的,既有成功的,也有失败的。

伊拉克防空兵力在多国部队空袭过程中遭受沉重打击,未能采取有效行动。尤其是对多国部队的首次空袭,未能做出及时反应,进行有效抵抗。在以后的反空袭行动中,虽然防空火力有所加强,但主要是使用高炮和高射机枪,防空导弹系统基本上未能发挥作用。多国部队飞机多在夜间出动,并且采取高空水平投弹,使用高炮和高射机枪,反空袭效果十分有限。伊空军只有少量飞机升空作战,战果甚微,多数情况下反而被多国部队空军击落。

在多国部队的空袭面前,伊拉克采取的比较成功的措施主要有两项,一是用"飞毛腿"导弹反击,另一则对重要目标进行隐蔽和制作假目标,隐真示假,迷惑敌人。

在多国部队实施空袭期间,伊拉克总共发射了81枚"飞毛腿"导弹,其中向沙特发射了41枚,向以色列发射了38枚,向卡塔尔和巴林各发射了1枚。发射的导弹中有80%被"爱国者"导弹拦截,另20%击中目标或附近地区,产生了一定的影响。在1月17日多国部队发动首次空袭后2个多小时,伊拉克就向沙特发射了5枚"飞毛腿"导弹,其中1枚落在利雅得郊外,造成了该市的巨大恐慌。次日,伊拉克又发射了两枚"飞毛腿"导弹,其中1枚击中了宰赫兰机场。25日伊拉克发射的1枚导弹击中了沙特东部的盖布格油田。25日晚,伊拉克的1枚"飞毛腿"导弹击中宰赫兰附近一座美国兵营的餐厅,炸死28名美国军人,另有100多人受伤。伊拉克对以色列发射导弹是带有战略企图的军事行动。它想激怒以色列,迫使以色列参战,从而转移阿拉伯国家的视线,在多国部队阵营中制造矛盾,从根本上打乱美国的军事部署,瓦解多国部队的军事行动。1月18、19两日,伊拉克连续2天向以色列发射了11枚导弹,特拉维夫、耶路撒冷和海法均遭袭击,造成了人员伤亡和一些建筑物倒塌。1月22日,伊拉克又一次用导弹袭击特拉维夫,其中1枚导弹摧毁了几栋楼房,造成3人死亡,98人受伤。面对伊拉克的导弹袭击行动,以色列在政治上做出强烈反应,只是由于美国的影响,才未在军事上采取还击行动。美国还及时向以色列增派了"爱国者"防空导弹部队。伊拉克的导弹袭击行动最终虽未达到战略目的,但给整个战争局势增添了几分紧张气氛。

伊拉克的隐蔽和隐真示假措施对防空袭起到了一定作用。战前,伊拉克修建了几十个坚固的地下指挥所和隐蔽部。空袭开始后,萨达姆总统以及各总部领导人全部转入地下。在两伊战争期间,伊拉克修建了许多永久工事和非常坚固的隐蔽设施。海湾战争前夕,伊拉克又对原有的防御体系进行了完善,进一步提高了其抗打击能力。在多国部队空袭期间,这些设施为飞机、导弹、坦克和部队提供了较为可靠的掩蔽所,最终保存了相当一批武器装备和有生力量。在隐蔽军事目标的同时,伊拉克用塑料和木板制作了大量飞机、导弹和坦克模型,涂上与真武器一样的涂料,置于易被敌方卫星和飞机发现的地方。此外,伊拉克还从国外购买了大量充气坦克和战车,视需要机动布置,诱惑敌方空袭飞机上当。伊拉克还在许多重要目标附近设置油罐,引燃后形成大面积烟雾,使多国部队的导弹和制导炸弹的制导系统失灵,难以捕捉目标。伊拉克的这种伪装欺骗战术,迷惑了多国部队包括卫星在内的各种侦察和探测手段,在一定程度上减轻了对真实目标的打击,同时也使对方难以对空袭做出准确的战损统计。

海夫吉之战

海夫吉是沙特阿拉伯东北沿海地区的一座石油城镇,距科沙边界 15 公里,位于一条与海岸平行的南北公路线上,居民 2 万多人。1991 年 1 月 29 日至 31 日,当多国部队的"沙漠风暴"行动进入第 3 周,激烈的空袭正在进行时,在这一带发生了一场双方地面部队交锋的插曲。

1 月 29 日午夜,来自伊陆军第 5 机械化步兵师和第 3 装甲师的部队,越过科沙边界,向沙特境内发动了 4 次进攻。向瓦夫腊等地进攻的部队,遭到了美国海军陆战队的阻击,受到重创。另一支由 3 个营约 1500 人组成的先遣队,以 50 辆坦克为先导,越过边界,兵分 3 路向沙特境内纵深和海夫吉推进。海夫吉因战争已无人居住,多国部队在此没有重兵把守,因此,伊军先遣队一路只遇到了担负巡逻任务的士兵轻微的抵抗,很快占领了该城,另两路随之到达该城附近地区。

30 日凌晨,一支由 MAX-30 坦克和装甲车组成的卡塔尔部队沿滨海公路北上,在海夫吉外围遭到伊军火箭筒、迫击炮和其他轻型火炮的拦截。美国海军陆战队的一支机动部队赶来增援,也遭伊军炮火猛烈射击。在这种情况下,美海军陆战队、卡塔尔装甲车队以及赶来增援的沙特部队被迫后撤数公里,重新组织进攻。在多国部队新的进攻发起后,双方在海夫吉郊外展开了激烈战斗。美军 A-10 攻击机和 AH-1"眼镜蛇"攻击直升机进行了空中支援。经过 5 个多小时战斗,海夫吉外围的伊军退守城内,多国部队迅速包围了该城,封锁了城郊各条公路。

中午前后,约 4000 名伊军在 80 多辆坦克和装甲车配合下,向沙特军队把守的阵地发起攻击,企图打破包围圈,解救被围伊军。沙特部队和美海军陆战队先后打退了伊军 4 次冲击,伊军企图未能实现。在地面激战进行时,多国部队的空中力量发挥了重要作用。AV-8B、A-6 和 F/A-18 与 OV-10 在前方空中控制人员配合下,向靠近的伊军投掷了常规炸弹和集束炸弹。A-6 飞机利用地面特种部队发出的雷达信标轰炸了伊军炮兵阵地。装备"小牛"导弹的 A-10 和装载 GBU-87 综合效应弹药的 F-16 攻击了伊军装甲车辆。与此同时,多国部队进一步收缩包围圈,双方在城中展开巷战。31 日,战斗继续进行,伊军增援部队被击退,城内部队逐渐支持不住,于当日下午宣布投降。美军宣称,在海夫吉战斗中,伊军有数百人被击毙,400 余人被俘,42 辆坦克和 35 辆其他战斗车辆被摧毁。美军有 11 名海军陆战队士兵被打死,2 人受伤,2 人被俘。

在多国部队的空袭处于高潮阶段时,伊拉克军队贸然发动地面进攻,其作战意图曾受到多国部队的多种猜测。在地面战斗进行时,美军的 TR-1 侦察机和无人驾驶侦察机发现伊军在科沙边境距海夫吉 55 公里处的沃克拉还集结了 5~6 个师,6 万余兵力。这一情况表明,伊军可能有两种企图,一是在小规模部队向海夫吉发动试探性进攻成功后,紧接着向多国部队发起大规模地面进攻;另一是激怒多国部队,迫其在尚未准备好的情况下投入地面战斗,并且在伊预有防御准备的方向展开进攻,以便伊军予以有力打击。

这一情报对于多国部队修改和完善地面进攻作战计划,起了重要作用。

"沙漠军刀"行动

争取和平的最后机会

在多国部队的空袭进入第 5 周的时候,伊拉克最高当局鉴于本国军队和军事设施遭受严重损失,决定寻求达成停火,避免战争进一步升级的途径。2 月 17 日,伊拉克外长阿齐兹抵达莫斯科,同苏联就这一问题进行协商。次日,苏联总统戈尔巴乔夫同阿齐兹举行会谈,提出了政治解决海湾问题的具体建议。其要点包括:为迅速实现和平,伊拉克无条件地从科威特撤军;苏联支持保持伊拉克的国家结构和边界;苏联反对针对伊拉克的所有制裁,包括针对萨达姆·侯赛因本人的任何惩罚性行动;中东地区所有其他问题,将通过谈判解决。会谈结束后,苏联将这一建议通报了美国及其他国家领导人,并希望尽快得到萨达姆总统的回答。

阿齐兹回国后,萨达姆于 2 月 20 日主持召开伊拉克革命指挥委员会会议,研究了苏联的建议。21 日,阿齐兹再次赴苏,向苏联通报了伊拉克的立场。22 日,戈尔巴乔夫同阿齐兹举行会谈。会谈后,苏联总统发言人伊格纳坚科宣布了苏伊两国关于解决海湾冲突的 8 点计划。这一计划的要点是:伊拉克完全和无条件地从科威特撤军;停火第二天即开始从科威特撤军;在规定的期限内完成撤军,在伊拉克撤出 2/3 的武装力量之后,国际社会停止对伊拉克的制裁;撤军以后,联合国安理会通过的关于伊拉克的各项有关决议失效;停火之后,双方释放战俘;在联合国主持下,由安理会委托非参战国监督撤军;双方继续商定有关撤军细节问题。12 小时后,伊格纳坚科又在新闻发布会上宣读了苏伊两国提出的 6 项细则,即:伊拉克同意执行联合国安理会第 660 号决议,立即无条件地从科威特全部撤军,回到 1990 年 8 月 1 日的状况;撤军在陆地、海上和空中停火后的第 2 天开始;撤军在 21 天内完成;在结束从科威特的撤军后,联合国的其他有关协议失效,所有战俘将在停火后的 3 天内全部释放;监督停火和撤军由联合国安理会委托观察员或维护和平部队执行。

当日,苏联把上述方案向布什总统做了通报。布什当即召集高级助手研究苏联的方案。2 月 23 日,美国提出了对伊拉克的 7 点最后通牒,要求伊拉克必须在 23 日格林威治时间 17 时开始撤军,并限定在 1 周内全部撤完。显然,从军事角度来看这一要求是根本行不通的。美国的根本指导思想是不想让苏联在这场战争中显示其左右国际事务的作用,夺走即将到手的胜利果实,同时,也不想使从根本上削弱伊拉克军事力量的计划半途而废。因此,美国的最后通牒只不过是用另一种方式表达的对苏伊方案的拒绝和打到底的宣言。

"沙漠军刀"计划

1990年9月初,在施瓦茨科普夫于8月25日提出的"沙漠风暴"行动计划草案的基础上,美军中央总部空军已就这一计划空中作战部分制定出具体计划,但是,此时地面作战的具体计划却尚未制定。9月中旬,一个由陆军高级军事研究院的4名专家组成的小组,根据美军中央总部的要求,来到利雅得,开始在施瓦茨科普夫的直接领导下,根据美军的空地一体战作战理论的基本原则,制定地面作战计划。10月6日,计划制定完毕。这是一个以1个军的兵力从沙特阿拉伯向科威特实施正面直接进攻的计划。10月11日,美军中央总部参谋长约翰斯顿将军携计划回国向美军参谋长联席会议主席鲍威尔、国际部长切尼和布什总统做了汇报。在汇报中约翰斯顿指出,尽管美军地面部队已经具备了发起进攻的能力,但双方军事力量的对比情况并不能确保进攻的胜利,同时,美军还将冒补给线不断延长、战区预备队缺乏装甲部队,以及面临化学战的风险。有鉴于此,切尼和鲍威尔指示美军中央总部考虑制定以美陆军2个军实施进攻作战的计划,并且表示将在兵力、装备和物资方面满足中央总部的要求。在11月8日布什总统宣布向海湾增兵以后,美军中央总部开始按照新的要求完善作战计划,并着手同多国部队代表一同制定联合作战计划。11月中旬,计划基本制定完毕。11月14日,施瓦茨科普夫在美军地面部队师以上指挥官会议上,简述了地面作战计划的基本构想。12月20日,该计划作为"沙漠风暴"作战行动计划的组成部分,先后得到了美军参谋长联席会议主席、国防部长和布什总统的批准,这就是"沙漠军刀"行动计划。

"沙漠军刀"计划对地面进攻作战的部署是,由美军中央总部陆军担负主攻任务,其中第18空降军在整个战线的西部实施进攻,突入伊拉克纵深,控制沿8号公路东西走向的交通线,并切断科威特战区的伊拉克部队同后方的联系;第7军在战线中段担负主攻任务,在第18空降军的东侧和巴廷干河的西侧实施进攻,先向北推进,然后向东进攻,消灭伊共和国卫队部队。在第7军右翼,依次是北线联合部队、美军中央总部海军陆战队和东线联合部队。他们将突破科威特的伊军防线,包围科威特后方及科威特市内的伊军部队,达到牵制敌战术和战役部队的目的。北线联合部队将封锁科威特市北面的交通线。美军中央总部海军陆战队将歼灭伊军部队,夺占贾赫腊市东南面的重要目标,并保障北线联合部队右翼的安全。在地面进攻发起前和实施过程中,位于海湾的海军和陆战队部队将实施登陆演习和佯攻,以达到欺骗伊军的目的。东线联合部队将歼灭伊军部队,夺战沿海重要目标,保障美军中央总部海军陆战队右翼的安全。在包围科威特市,驱逐或击败伊拉克部队之后,东线联合部队和北线联合部队的阿拉伯部队将解放科威特市。计划决定,由美陆军第1骑兵师担任战区预备队。

为了进一步打乱伊军部署并调动其战术和战役预备队,计划拟定地面进攻依次展开,设定发起进攻日为G日。配属第18空降军的法国第6轻型装甲师、第18空降军第82空降师和第101空中突击师,将于G日4时首先向巴格达方向和幼发拉底河下游发动进攻,以确保主攻安全。美海军陆战队同时发起进攻。随后,北线联合部队发起进攻。担负战区主攻任务的第7军在G日第2天开始进攻。1小时后,北线联合部队发起进攻。

计划要求主攻部队尽量避开伊军坚固防线,突入伊拉克腹地,从西部包围伊军,重点攻击并歼灭伊拉克共和国卫队装甲师、机械化步兵师以及加强这些部队的其他伊军重型师。计划强调要贯彻空地一体战作战理论"主动、灵敏、纵深、协调"的基本原则,利用精确的情报、空中优势、空袭效果和技术优势,通过不易被发现的沙漠地,从伊军意想不到的方向,以出乎其意料的方式,最大限度地打击伊军。

多国部队调整地面进攻部署

在"沙漠军刀"计划制定完毕之后,随着空中作战的开始,多国部队开始按计划要求调整进攻部署。

部署调整最大的行动是美军第18空降军和第7军从原驻防地向西部进攻出发阵地的转移。这是美军历史上作战部队规模最大、时间最长的机动之一。这次机动是在高度隐蔽的情况下进行的。美军利用空袭期间伊军疲于应付的机会,从1月17日至2月24日完成了部署调整。其间,共有26万余人和大量装备物资进入了新的进攻出发阵地。第18空降军向西实施机动约260英里,第7军向西实施机动150多英里。

在作战部队实施部署调整的同时,美军加强了后勤支援工作。美军2个军以及英、法部队共有25.8701万名士兵、1.1277万辆履带车辆、4.7449万辆轮式车辆和1619架飞机。为了保障这些部队的后勤补给,美军中央总部在进攻出发阵地后方建立了6个后勤站。在进攻发起前,共向巴廷干河以西的前沿阵地输送了2960万份快餐、3600万加仑汽油和11.49万吨弹药。

在地面进攻开始前夕,多国部队完成了从海湾至西部沙漠300英里长的战线上的部署。共组成了4个主要作战集团。在战线的西段,是美军中央总部陆军部队,由第18空降军和第7组成。其中第18空降军配置在战线的最西端,下辖第82空降师、第101空中突击师、第24机械化步兵师、第197机械化步兵旅、第3装甲骑兵团、第12、18航空旅、军炮兵(3个旅)、法军第6轻型装甲师(战术控制);第7军配置在第18空降军右方,下辖第1装甲师、第3装甲师、第1机械化步兵师、第1骑兵师、第3机械化步兵师第3旅、第2装甲师前方梯队、第2装甲骑兵团、军炮兵(4个旅)、英军第1装甲师(战术控制)。上述两军占领的战线宽度约相当于多国部队战线总长度的2/3。在战线中央,是北线联合部队,由该军第3机械化师和第4装甲师、叙军第9师、埃军别动团、叙军特种部队团、沙特皇家部队第20机械化旅、第4装甲旅、科威特沙希德旅和塔赫里尔旅组成。在北线联合部队右翼,是美海军陆战队第1陆战远征部队,下辖第1陆战师(5个团、5个独立营)、第2陆战师(1个旅、3个团、4个独立营)、第3陆战队航空联队、第5陆战远征旅。在战线最右端,是东线联合部队,由来自海湾合作委员会6个成员国的部队组成。下辖3个特遣部队,其中"奥马尔"特遣队辖沙特皇家地面部队第10步兵旅和阿联酋1个摩托化步兵营;"奥斯曼"特遣队辖沙特皇家地面部队第8机械化步兵旅、阿曼的1个摩托化步兵营、巴林的1个步兵连、科威特的法塔赫旅;"巴克尔"特遣队辖沙特第2国民卫队摩托化步兵旅和卡塔尔的一个机械化步兵营。

在多国部队调整部署的同时,采取了一系列欺骗行动,以隐蔽部队的大规模机动,使伊军搞不清多国部队的真实意图,无法做出相应的部署调整。在地面战发起前,美军第1骑兵师向科威特西部地区当面伊军实施了猛烈的佯攻,吸引住了最有可能向第7军进攻出发阵地当面机动的伊军5个步兵师和1个装甲师。美海军陆战队特种部队还在阿曼进行了公开的两栖登陆演习,并在科威特东部沿海实施了一系列攻击行动。由于多国部队采取的这些措施。伊军的部署同空袭开始前相比没有发生大的变化。就这样,在多国部队空袭的爆炸声和一系列隐真示假行动的枪炮声中,地面进攻的日期一天天临近了。

100 小时地面作战

2月24日凌晨4时整,多国部队在整个战线的3个地点向伊军发起了大规模诸军兵种合同进攻,将海湾战争推向了最后阶段。

美海军陆战队第1陆战师在沙特边境中段首先发起进攻,其当面是伊军在科威特战区最坚固、最集中的防御体系。总部工兵在地空火力掩护下,排雷破障,开辟通路,主力成功地在伊军第1道防线打开了2个突破口。90分钟后,第2陆战师也投入了进攻,在更宽的战线上突破伊军防御阵地。至上午8时,两个师的先头部队已前出至科威特境内55公里处,突破伊军第2道防线。战斗中,地面部队得到了陆战队航空联队的近距离空中支援,空中火力摧毁了大量伊军装甲车辆和坚固支撑点。至傍晚,该方向美军已进至距科威特城30公里处。在美海军陆战队的进攻面前,伊军进行了顽强抵抗,但是,终因力量悬殊,并不断遭到来自翼侧、后方和空中的打击,被迫撤退和投降。美海军陆战队第1天的进攻,完成了预定的战役任务,转移了伊军最高统帅部的注意力,使之一直把关注重点放在科威特,而忽视了来自战线西端的威胁。

在美海军陆战队发起进攻后不久,东线联合部队在美海军"密苏里"号和"威斯康星"号战列舰16英寸舰炮的火力支援下,也开始发起进攻,并顺利突破伊军第1道防线。至夜幕降临时,该方向部队已占领预定所有目标,逼近科威特城。

最主要的进攻在战线西端。凌晨4时整,在美军18空降军进攻地段内,法军第6轻型装甲师侦察部队首先进入伊境。3小时后,师主力在美军第82空降师第2旅的加强下,向位于伊纵深170公里处的萨勒曼机场和一个要塞发起进攻。前进途中,美军炮兵部队和法军"小羚羊"武装直升机发射的"霍特"反坦克导弹击溃了伊军的坦克和步兵部队,不少伊军纷纷投降。美第82空降师另两个旅在法军师后跟进。至下午2时左右,法军第6轻型装甲师攻克萨勒曼机场,完成预定任务,并继续向北进攻。该师的行动使多国部队整个左翼的安全有了保障。几乎与法军第6轻型装甲师同时,美军第101空中突击师也发起了进攻。该师在第18空降军第18航空旅的支援下,以AH-64和AH-1攻击直升机担任掩护，用60架UH-60和CH-47运输直升机载运第1旅出击，迅速进抵伊纵深160公里处，即距幼发拉底河一半路程的"眼镜蛇"前方作战基地。美军把这次行动称为军事史上规模最大的直升机机降行动。随后，该师战斗勤务支援部队由700辆车组成的运输车队，同运输直升机一道，开始向"眼镜蛇"前方作战基地运送燃料、弹药和其他补给物资。地面部队和直升机经过补给以后，继续向北前进，于当日黄昏进至伊境内约270公里处，切断8号公路，封锁了科威特战区伊军通往巴格达的部分道路。在法军第6轻型装甲师和美军第101空中突击师取得初步战果的情况下，美军第18空降军第24机步师也越过出发线，比预定时间提前5小时发起进攻。该师以师属骑兵营在前方实施侦察和掩护作战，主力3个旅并列展开，以每小时40多公里的速度向前推进。夜晚到来时，部队使用远程电子导航系统、成像增强仪与夜视镜、红外与热成像系统以及全球定位系统继续前进，至当日结束时，深入伊境130公里，并准备继续进攻。

在多国部队强大攻势面前，伊军除少数部队进行了强有力的抵抗外，大部分部队均被击溃，整个战区的进展比多国部队总部预想的要快得多。至中午时分，战区后方的伊军开始组织撤退，并炸毁了作为其唯一饮用水水源的科威特海水淡化厂。美军中央总部司令施瓦茨科普夫在得知这些情况之后，为了防止伊军撤退，迫其在极为不利的情况下与美军主力展开交战，最大限度地歼灭伊军主力，做出了一项十分重要的决定：将美第7军进攻发起时间从原定25日凌晨6时改为24日下午3时，提前15小时投入进攻。

接到命令后，美第7军立即发起进攻。第1骑兵师首先在第7军进攻地段的右侧发起攻击。该师的主要任务是吸引驻军进攻地段当面的伊军，使之误以为这是第7军的主攻方向，掩护军主力在进攻地段左侧发起进攻。在军进攻地段中部，美第1机械化步兵师同时发起进攻，以图在当面伊军阵地打开1个突破口。按计划，突破口打开后，英军第1装甲师将越过第1机械化步兵师，通过突破口攻击位于进攻地带内的1个伊军装甲师，阻止它向左侧的军主力机动。在军进攻地段西部，第7军主攻部队第1和第3装甲师以1个装甲骑兵团为先导，绕过当面的伊军阵地向伊境内长驱直入，很快便深入伊境30多公里。但是，由于在中部的第1机械化步兵师的突破行动比预料的困难得多，直至天黑才成功的突破伊军障碍地带的50%，英军第1装甲师来不及在当天通过突破口。在这种情况下，第7军军长担心主力前进过快，遭到翼侧攻击，于是命令第1和第3装甲师当夜停止前进。

随着第7军发起进攻，多国部队最后一个作战集团北线联合部队也于当日下午4时投入进攻。

25日，多国部队4个作战集团继续向前推进，歼灭伊军战术部队。其中北线联合部队进展顺利；美海军陆战队遇到了地面进攻以来伊军最顽强的抵抗，双方在多处展开激战。为了阻止多国部队的进攻，伊军放火点燃了科境内的油井。美军不得不在近乎黑暗的条件下同伊军交战。至当日夜，该路美军进到了距科威特市仅16公里的地方；东线联合部队则沿海岸继续前进，一路未遇伊军特别有力的抵抗。

关键还在于西部。第18空降军当日继续向伊拉克纵深推进，以切断伊军交通线和

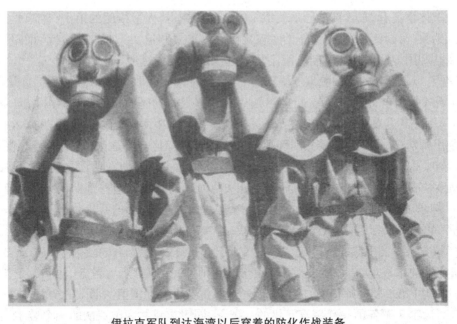

伊拉克军队到达海湾以后穿着的防化作战装备

孤立伊拉克部队。其中最为突出的行动是最后投入进攻的美第101空中突击师第3旅的空中突击。该旅从其在沙伊边界上的集结地域出发,向北空中奔袭约300公里,占领了幼发拉底河南岸的观察与拦阻阵地。当天日终,第18空降军各师基本都到达了幼发拉底河岸,建立了若干阵地。第7军在第1天晚上停止进攻后,引起了施瓦茨科普夫极大的不满,他命令该军不顾一切向前突进,防止伊拉克共和国卫队部队判明多国部队的主攻方向后逃跑。于是,该军在天亮后不久恢复了进攻。但是,战场上骤起的暴雨和沙暴又减缓了第7军的推进速度。当晚,该军克服困难,终于逼近向伊拉克共和国卫队发起决定性攻击的出发地——"柯林斯目标。"

在这一天,空中支援达到了高潮。多国部队空军刨纪录地出动3159架次,其中1997架次执行直接战斗任务,包括反空袭作战、近距离空中支援和空中遮断。

26日,即进攻发起后的第3天,是整个战场形势发生根本转折的1天。从凌晨起,伊军根据伊拉克最高统帅部的命令开始全面撤退。因此,这1天多国部队的主要任务是乘胜发起进攻,歼灭伊军第2梯队战役集团,封闭战场,准备打击伊军的精锐部队和伊拉克共和国卫队部队。在这一天,东部3个集团军继续向北进攻,至傍晚已攻克科威特国际机场,扫清了科威特城外围的伊军,做好了攻取科威特城的准备。从科威特城及其附近地区撤退的伊军拥上了通往巴士拉的两条公路,这恰好成了多国部队空军袭击的明显目标,无数车辆被炸毁,车辆残骸排列了40余公里。

同一天,第18空降军的进展也比较顺利。法军第6轻型装甲师夺取了所有预定目标,在战区的左翼转入防御。第24机步师抵达幼发拉底河岸之后,控制了纳西里亚地区,切断了伊军的唯一退路。第82空降师开始把作战重点转向保护后方地区,特别是补给干线的安全。第101空降师则开始挥师向东,向巴士拉方向攻击前进。

世界传世藏书

世界通史

现当代世界史

二三三二

　　从上述情况看，东线部队已迫使伊军向北和西撤退，而最西侧的第18空降军又关闭了战区的大门，因此，中路第7军的主攻显得更为重要和迫切。如果它的行动跟不上，则伊拉克共和国卫队部队就可能从刚刚建立起来的封闭线逃脱，或与第18空降军的部队展开交战，以求突围。当日拂晓，第7军第3装甲师终于夺取了"柯林斯"目标。从此，第7军开始挥师向东，将攻击矛头指向伊拉克共和国卫队的坚固设防阵地。开始向东进攻时，第7军在其进攻地带北部正面上展开了3个师和1个团，其中第1装甲师居左（北），第3装甲师居中，第2装甲骑兵团和第1机步师居右（南）。再往南，是英军第1装甲师。但是，这时发生了一个新的情况。在发觉多国部队的主攻方向在西面之后，伊军调集了大量尚保存战斗力的部队和坦克前来抗击从西面来的进攻。这些部队同第7军进攻部队的右翼，即南面的第2装甲骑兵团发生遭遇，并取得了局部的兵力优势。面对这种情况，第7军军长弗兰克斯决心暂停向东进攻，首先消灭此路伊军，于次日（27日）黎明再向东对伊拉克共和国卫队发动进攻。这一决定引起了施瓦茨科普夫的强烈不满，他要求第7军坚定地向东进攻，并把战役预备队第1骑兵师配属给第7军。终于，第7军于当日傍晚以5个师（第1骑兵师稍晚）的兵力展开了对伊拉克共和国卫队部队的全面进攻。

　　27日，第7军各师在武装直升机的支援下，同伊拉克共和国卫队的3个装甲与机械化师——塔瓦卡尔那师、麦地那师和汉谟拉比师进行了带有决战性质的战斗。双方几次展开激烈的坦克战。至傍晚，这3个师基本被歼，全部开始溃逃。与此同时，第7军还攻击了当面其他伊军部队。第18空降军在夺取了幼发拉底河岸最后一批重要目标——泰利勒和杰利拜机场之后，于当日下午开始向东面的巴士拉推进。协助第7军的攻击行动，同时，摧垮了试图重新部署以抵抗美军进攻或逃往幼发拉底以北的伊军部队。

　　当美军2个军向东猛攻之际，北线联合部队和东线联合部队的阿拉伯部队开始从各个方向陆续进入科威特城。而美海军陆战队部队则在消灭科威特国际机场附近最后几股伊军之后，在科威特城外停止了攻击。

　　28日晨，科威特城已全部被阿拉伯部队控制。第18空降军进抵巴士拉以西50公里处。第7军在追击过程中，到达了临近科威特城的贾赫腊和巴士拉之间地区。就在这时，美国总统下达了当日8时（格林尼治时间5时）暂停一切军事行动的命令。

<h1 style="text-align:center">停　火</h1>

　　一场历时42天的战争终于停止了。布什是在巴格达时间上午8时（格林尼治时间晨5时，美国东部时间28日零时）的电视讲话中宣布暂时停火的。在讲话中，他还就实现永久停火向伊拉克提出了以下几项条件：1.伊拉克必须立即释放所有多国部队战俘、第三国公民，并归还所有阵亡者的遗骸；2.伊拉克必须释放所有被拘押的科威特人；3.伊拉克必须把所有地雷和水雷的分布地点和种类告知科威特当局；4.伊拉克必须完全遵守联合国安理会的所有有关决议，其中包括撤销伊拉克8月份做出的吞并科威特的决定，承担战争赔偿的责任。他还要求伊拉克政府委派军事指挥官在48小时内同多国部队指挥

官在指定地区会晤,为停火事宜做出安排。

在多国部队停火实际生效时,巴格达电台广播了伊拉克军方发言人的声明,宣布从上午 11 时(格林尼治时间 8 时)开始停止军事行动。

3 月 3 日,在伊拉克境内距科威特边界 5 公里的萨夫万空军基地,美军中央总部司令施瓦茨科普夫上将和沙特阿拉伯武装部队总司令哈立德中将同伊拉克军方代表、伊拉克军队副参谋长哈宰中将举行了会谈。双方就多国部队提出的关于释放战俘、避免双方军事冲突、伊拉克提供科威特境内布雷地点的资料等问题进行谈判并达成了协议。伊拉克方面接受了对方提出的全部要求。会谈从上午 11 时开始至下午 1 时 30 分结束。

在谈判进行的同时,联合国安理会通过了由美国提交的、包括伊拉克在停火过程中必须遵循的一系列准则的第 686 号决议案。不久,伊拉克宣布接受安理会该项决议。随后,伊拉克议会又通过决议正式宣布放弃对科威特的吞并。

3 月 4 日,双方战俘释放工作开始。在短期内,多国部队全部遣返了 6.2 万名伊拉克战俘,伊拉克也全部释放了 35 名多国部队战俘、40 余名各国记者、4000 多名科威特人。

3 月 19 日,伊拉克驻联合国大使安巴里致函安理会,表示伊拉克将全部归还伊拉克掠夺科威特的财产、飞机和艺术品,同意赔偿战争损失。

在这种情况下,联合国安理会成员国开始考虑拟定全面结束战争的决议。美国等国草拟了一项决议草案。在该草案基础上,安理会各成员国、各常任理事国、不结盟国家成员国进行了广泛磋商,提出了修改意见,终于在 4 月初达成一致。4 月 3 日,安理会以 12 票赞成、1 票反对(古巴)、2 票弃权(也门和厄瓜多尔)通过了海湾正式停火决议,即第 687 号决议。该项决议就停火问题向伊拉克提出了严厉的条件,其要点包括:1.伊拉克应承认 1963 年伊拉克和科威特边界协议(这一协议规定的边界线比现有边界线向伊拉克一侧推进 5~8 公里);2.伊拉克应无条件地接受在国际监督下拆除、销毁所有生物和化学武器以及射程超过 150 公里的弹道导弹,不能拥有研制核武器以及制造核武器所需的材料,并将它拥有的核材料完全置于国际原子能机构的控制之下;3.在伊科 1963 年划定的边界伊拉克一侧 10 公里和科威特一侧 5 公里的范围内建立一个非军事区,由联合国观察员进驻;4.伊拉克必须对因其侵占科威特而使外国政府、公民和公司蒙受的一切直接损失和伤害,以及所造成的环境破坏和自然资源的消耗进行赔偿;5.伊拉克不得参与或支持任何国际恐怖主义活动。此外,决议取消对伊拉克的食品和其他生活必需品的禁运,但对武器和军事技术继续实行禁运。对伊拉克的出口,主要是石油出口的制裁是否取消,将视伊拉克政府的政策和表现再作决定。

4 月 6 日,伊拉克外长致函联合国秘书长和安理会主席,表示伊拉克愿意接受安理会第 687 号决议。不久,伊拉克议会正式通过决议,接受第 687 号决议。

4 月 11 日,安理会宣布,从即日起在海湾实现正式停火。至此,海湾战争终于宣告结束。

据战后统计,在这场战争中,伊拉克方面在参战的 43 个师中共有 38 个师被重创或歼灭,6.2 万人被俘,3847 辆坦克、1450 辆装甲输送车、2917 门火炮被击毁或缴获,107 架飞机被击落、击毁或缴获。多国部队方面共有 126 人阵亡,其中美军 74 人,300 余人受伤,12 人失踪。

前南斯拉夫内战

进入 20 世纪 90 年代,在国际战略格局的剧烈动荡中,位于欧洲南部巴尔干半岛的南斯拉夫社会主义联邦共和国(以下简称前南斯拉夫)陷入了一场深刻的国家危机,并且在国家分裂和民族冲突的漩涡中越陷越深,逐渐演变成为第二次世界大战以来欧洲大陆规模最大的内战。迄今,战争的硝烟仍然笼罩在巴尔干的上空。这场旷日持久的战争夺去了数万人的生命,吞噬了上千亿美元的财富,造成了上百万背井离乡的难民。

地处巴尔干半岛西北部的前南斯拉夫,面积 25.6 万平方公里,人口 2300 多万。周围的邻国有意大利、奥地利、匈牙利、罗马尼亚、保加利亚、希腊和阿尔巴尼亚 7 个国家,西部和南部面向亚德里亚海。它是中欧一些内陆国家通往黑海和地中海的必经之地,也是中欧到西亚的一条最近的陆上通道和连接巴尔干半岛南北交通的一条重要走廊,战略地位十分重要。

前南斯拉夫是一个联邦制的多民族国家,构成联邦的 6 个共和国和两个自治省基本上反映了前南斯拉夫的民族状况。6 个联邦共和国是:塞尔维亚、克罗地亚、斯洛文尼亚、波斯尼亚——黑塞哥维那、马其顿和黑山(门的内哥罗);两个自治省是:科索沃和伏伊伏丁那。在这些共和国和自治省的土地上,分别居住着塞尔维亚族、克罗地亚族、穆斯林(在南被当作一个民族)、斯洛文尼亚族、黑山族(门的内哥罗族)五个主体民族。此外,还有阿尔巴尼亚、匈牙利、罗马尼亚、土耳其等 20 多个少数民族。

前南斯拉夫各民族真正形成一个统一的国家仅有 70 余年的历史。在形成统一国家的漫长历史岁月,前南斯拉夫各民族有着一段异乎寻常的复杂经历。

一般认为,前南斯拉夫人的祖先是生活在东部欧洲的斯拉夫人。斯拉夫人形成于公元前 2000 年至公元前 500 年,他们主要分布在东至奥得河和伏尔加河流域、北至波罗的海、南至喀尔巴阡山、第聂伯河和顿河流域广大地区。公元 6 世纪,部分斯拉夫人从波罗的海与黑海之间的地区,或是从喀尔巴阡山以东地区向巴尔干半岛迁移(造成这种迁移的原因以及起始地点,从中世纪起就存在争议)。到公元 7 世纪,这些斯拉夫人部落历尽艰辛,先后几乎占领了整个巴尔干半岛地区,在一些有森林和河流的地方定居下来。这样,斯拉夫民族遂分成 3 支:东部斯拉夫(俄罗斯、白俄罗斯、乌克兰)、西部斯拉夫(捷克、斯洛伐克、波兰)和南部斯拉夫(斯洛文尼亚、克罗地亚、塞尔维亚、马其顿、黑山、保加利亚)。

南部斯拉夫人在巴尔干定居下来的很长一段时期,由于居住分散,相互来往较少,还难于形成像样的国家。从 9 世纪起,南部斯拉夫人在与其他民族的长期斗争中,开始先后建立自己的国家。

克罗地亚人在 10 世纪已建立国家,其疆土远远超出了现今克罗地亚的版图。这是克罗地亚人引为自豪的一段历史。然而,当时十分强盛的匈牙利帝国,在 1089 年克罗地亚国王死后,将克罗地亚吞并。在此后形成的匈帝国中,克罗地亚一直是匈牙利管辖的属地,前后长达 800 余年。

塞尔维亚人在 12 世纪也建成了一个幅员相当辽阔的国家,至 14 世纪,所统治的地区从北面的多瑙河一直延伸到爱琴海,自称为"塞尔维亚人、希腊人、保加利亚人和阿尔巴尼亚人国家。"15 世纪中叶,土耳其奥斯曼帝国攻占塞尔维亚,统治达 400 余年之久。

在奥斯曼帝国与奥匈帝国对巴尔干半岛这一战略要地的争夺中,波斯尼亚和马其顿

古代的种族仇恨沸腾于南斯拉夫各共和国间

先后被并入土耳其的势力范围,斯洛文尼亚则成为奥匈帝国的属地,只有英勇善战的黑山人,由于得益于黑石峭壁的自然地利,以及依靠俄国并利用土耳其与奥匈帝国的矛盾和奥俄矛盾,才幸运地在土耳其和奥匈帝国的包围中保持了 400 余年的独立。

连年的战乱,造成了大量背井离乡的难民,使得南部斯拉夫地区的民族聚居区频繁更移。1683 年奥匈帝国将土耳其人逐出维也纳,长驱直下马其顿,"解放"了塞尔维亚。此后不久,奥斯曼军队又回占失去的领地并残酷报复塞尔维亚人,数万塞族人紧随北撤的奥匈帝国军队进入匈牙利。原塞族聚居区由阿尔巴尼亚人迁入,这成为原属塞尔维亚

的历史疆域有众多阿尔巴尼亚人的历史原因。而进入匈牙利南部的塞尔维亚难民则被奥匈帝国编入边屯区,用于防御土耳其人的入侵。19 世纪末,边屯区被取消,作为克罗地亚地区的一部分并入克罗地亚。边屯区内的大约 64.6 万塞尔维亚人,以占当时克罗地亚总人口 24.6%的比例,成为克罗地亚的一部分,这也成为导致现今克罗地亚地区塞族人地位问题的原始起因。到后来,战争又使克罗地亚和塞尔维亚的难民逃往波斯尼亚。一部分阿尔巴尼亚人也被迫离开其传统地区进入马其顿。只有斯洛文尼亚地区由于属于奥匈帝国的世袭领地,而相对平静,成为前南斯拉夫土地上唯一一最"纯洁"的单一民族地区。

尽管奥匈帝国与奥斯曼帝国为了维护其统治,对南部斯拉夫各族人民采取了种种分化瓦解和分而治之的手段,企图磨去南部斯拉夫人的民族意识,但是,南部斯拉夫人一直为争取独立和统一而进行着不屈不挠的斗争。1878 年塞尔维亚人和黑山人同俄国联合共同反对土耳其,从而获得独立并得到国际承认。1912 年由塞尔维亚、黑山、希腊和保加利亚组成的巴尔干同盟,在巴尔干战争中战胜土耳其,迫使它放弃长期占领的巴尔干领土。然而,早就觊觎这块战略要地的德国和奥匈帝国,在 1914 年,借口奥地利皇太子斐迪南大公在萨拉热窝被塞尔维亚爱国青年刺杀,遂向塞尔维亚宣战,导致了第一次世界大战的爆发。

第一次世界大战,改变了巴尔干半岛的格局。奥匈帝国的解体,使斯洛文尼亚和克罗地亚摆脱了哈布斯堡王朝的统治,建立了一个南部斯拉夫人的国家,定名为"斯洛文尼亚人、克罗地亚人和塞尔维亚人的王国",后又与塞尔维亚王国和黑山联手,于 1918 年 12 月在贝尔格莱德成立了一个统一的国家,即"塞尔维亚人——克罗地亚人——斯洛文尼亚人王国",后改称"南斯拉夫王国。"这就是历史上的"第一南斯拉夫。"

1939 年 9 月,第二次世界大战爆发伊始,"南斯拉夫王国"政府曾对交战双方保持中立,但很快便决定参加德、意、日三国轴心条约。在南斯拉夫人民反对的声浪中,一批军人发动政变推翻了王国政府。希特勒对此极为恼怒,发誓要把南斯拉夫作为一个国家从地图上抹掉。1941 年 4 月 6 日,德、意等国的 82 个师侵入南斯拉夫。南军最高指挥部下令不抵抗,30 万大军向德国投降。南斯拉夫遂被侵略者瓜分:斯洛文尼亚由德国、意大利占领;塞尔维亚和黑山分别为德军和意军管辖;意大利鉴于阿尔巴尼亚已成为其保护国,将科索沃和梅托希亚以及马其顿的一部分划归阿尔巴尼亚;保加利亚则占领了马其顿、科索沃和塞尔维亚东部的部分地区。至此,存在了 22 年的"第一南斯拉夫"彻底解体。

德、意法西斯在肢解南斯拉夫的同时,还利用克罗地亚与塞尔维亚的民族矛盾,在克罗地亚、波斯尼亚和黑塞哥维那的大部队地区,扶植亲法西斯的"克罗地亚独立国",在塞尔维亚也建立了傀儡政府,极力挑唆南斯拉夫内部进行种族灭绝的自相残杀。

为了反抗外来侵略,以铁托为首的前南斯拉夫共产党领导各族人民开展了拯救祖国和打击法西斯的武装斗争,经过 4 年多浴血奋战,以 170 万人壮烈牺牲的代价,于 1945 年 11 月 29 日重新组成了南斯拉夫人民共和国,1963 年改称南斯拉夫社会主义联邦共和国,史称"第二南斯拉夫。"

在"第二南斯拉夫"40 多年的建设历程中,以铁托为首的南共联盟曾是前南斯拉夫加强民族团结、维护国家统一的核心力量。尽管在和平建设的各个时期无视多民族存在的"一元主义"和热衷于地方利益的民族主义一直是威胁南民族团结和国家统一的危险因素,也尽管南共联盟在民族政策上有不少失误,但由于铁托本人在领导南各族人民战胜法西斯的斗争中建立的崇高威望和南共联盟各族领导人的总体团结,民族分裂的倾向多被消灭在萌芽之中。1971年克罗地亚领导人曾助长本国的"群众运动",大闹民族主义,甚至要求拥有自己的军队,脱离联邦加入联合国。南共联盟采取断然措施,撤换了一大批闹民族主义的干部,很快控制了局势。但在后来,南共联盟逐渐自我削弱,特别是铁托逝世后,各共和国的共盟组织在不同程度上陷入了民族主义的泥坑。南共联盟也逐步地由只赞成搞"政治多元化"而反对实行多党制的立场,退让到"放弃一党垄断",把多党制模式引进南的政治生活。此口一开,形形色色的政党在各地纷纷成立,很快发展到250多个,并大多具有强烈的民族主义倾向。

1990年初,南共联盟领导层分歧日益加深,南共联盟第14次代表大会因斯洛文尼亚代表退场不欢而散,从而陷入了公开分裂的危机,直至最后彻底瓦解。南共联盟的瓦解,使其在各个共和国的议会选举中将会全部获胜的乐观预测化为泡影。多党制选举的结果是民族主义的反对党占了上风。这些政党先后在斯洛文尼亚、克罗地亚和马其顿共和国上台执政,只有塞尔维亚和黑山共和国仍由原共盟(后改称社会党)掌权,形成了分庭抗礼的局面。

克罗地亚反对党上台后,极力推行西方式的民主,扬言要铲除塞尔维亚这个"欧洲最后的共产主义堡垒",主张克从前南斯拉夫分裂出去。塞尔维亚则针锋相对,先是主张保持前南斯拉夫的统一和集中,后又认为塞族是南最大的一个主体民族,生活在塞尔维亚共和国之外的塞族有权不成为某个分裂出去的共和国的少数民族。对由此带来的边界问题,他们认为:南原各共和国虽有自主权,但不是主权国家,更不是国际法的主体,彼此间的边界仅是一个联邦国家内部的行政划分线,而不是正式边界。为了实现"所有塞族人生活在一起的目的,母体国之外的塞族,先后成立了数个塞族自治区,甚至成立国中之国。对此,克罗地亚当局也针锋相对,认为只有各共和国或各共和国的主体民族才享有民族自决权和分离权;非主体民族,如克境内的塞族聚居区可享有自治权,但不能分离出母体共和国;南宪法规定的各共和国边界也是不可变动的。为了"捍卫自己的主权和领土完整"以及"保障民族生存权益",塞、克、斯、穆的地方武装以及以塞族为主体的人民军部队错综复杂地交织在一起,在未来国体之争、领土之争和边界之争的尖锐对立中,终于爆发了武装冲突。

所谓的前南斯拉夫内战,包括了南联邦的解体过程中,以塞尔维亚为主体的联邦政府和军队同斯洛文尼亚克罗地亚之间的战争,以及南联邦解体后,在波黑境内爆发的穆斯林、克罗地亚、塞尔维亚族之间的战争。

这也可以说是前南斯拉夫内战进程中的两个明显阶段。

斯洛文尼亚内战

1991年6月25日,斯洛文尼亚和克罗地亚同时宣布独立。斯洛文尼亚在宣布独立后的第2天便派遣地方防御部队和警察部队接管了境内的边防哨卡和海关检查站,封锁了边境通道,并把国界上的前南斯拉夫标志和国旗取下,换上了斯洛文尼亚共和国的标志和国旗。与此同时,他们还占领了首府卢布尔卡雅那郊区的飞机场,在跑道上停满了各种车辆,防止军用飞机起落。斯洛文尼亚的一些地方当局还下令切断南人民军驻军的水电供应和电话联系,禁止商店给驻军供应食品,在当地就业的人民军军官家属也被解雇。此举遭到南联邦政府和军队的坚决反对。6月27日,南人民军驻斯洛文尼亚第五军区奉联邦政府之命,派出近2000名军人和110辆坦克开赴斯边界一线,收复过境通道和海关。斯洛文尼亚认为,人民军此举是对斯洛文尼亚主权的侵略,号召打击人民军,于是一场内战正式打响。双方主要目标是争夺斯洛文尼亚与奥地利、意大利和匈牙利接壤的边界地区28个较大的过境站和居民区的控制权。

从6月27日傍晚起,斯洛文尼亚地方武装在境内20多个地方向南人民军及其军事设施发动大规模进攻,双方爆发了激烈的战斗,人民军的6架直升机被击落、15辆坦克被击毁,多处人民军军营遭攻击,人民军官兵100多人伤亡。

6月28日,南人民军在坦克、喷气战斗机和直升机配合下,开始向被占领的过境通道和海关发起攻击,当天便收复了预定目标,并包围了卢布尔卡雅那郊区的机场。

斯洛文尼亚的局势引起了国际社会的严重关注。欧洲各国担心这个曾经是第一次世界大战导发地的国家,会因为新的战乱而成为"欧洲的黎巴嫩",从而危及欧洲刚刚建立起来的新秩序。它们因此积极参与解决前南斯拉夫的这一危机。欧共体率先做出了反应。6月28日,由荷兰、卢森堡和意大利外长等组成的代表团与南联邦总理马尔科维奇、塞尔维亚总统米洛舍维奇和斯洛文尼亚总统库昌及克罗地亚总统图季曼分别进行谈判。在欧共体的斡旋下,冲突各方一度达成停火和恢复联邦主席团合法性的协议。但欧共体代表团刚离开,有关各方就开始反悔。塞尔维亚共和国总统米洛舍维奇首先提出,若要选举克罗地亚的梅西奇担任联邦主席团主席,则斯洛文尼克、克罗地亚必须放弃其独立决定;而斯洛文尼亚则未遵守停火协议,在人民军停火撤回军营后仍不断对其进行袭击,继续切断对人民军驻军的水电、食品和药品供应。企图重新包围军事设施并占领边界的过境通道。

6月29日晚,前南斯拉夫武装力量最高指挥部向斯洛文尼亚共和国领导人发出最后通牒,要求他们遵守停火协议,否则南人民军将采取"坚决的行动制止把国家和各民族人民推入灾难深渊的分裂行径。"

6月30日凌晨,斯洛文尼亚议会发表声明,强烈谴责"南军队和联邦机构对斯洛文尼亚共和国领土的野蛮侵略行径,并坚决驳回侵略者的最后通牒",并紧接着出动3万余名武装人员向南人民军发动大规模袭击。南人民军由于低估了斯洛文尼亚地方部队的作战能力,付出了很大代价,仅被俘人员就达2100多名。面对斯洛文尼亚当局新一轮的军事行动,南人民军增派了部队,出动约200辆坦克,分多路在空军掩护下到达斯洛文尼亚和克罗地亚边境敏感地区。

随着冲突的升级,欧共体立场出现变化,认为"应由南斯拉夫人民自己决定其国家和前途",不允许前南斯拉夫军队在没有联邦主席团主席命令的情况下擅自行动,并以对整个前南斯拉夫停止经济、军事援助向塞尔维亚施加压力,要其同意梅西奇担任联邦主席团主席,以便对人民军进行必要控制。欧共体内部也在是否承认斯洛文尼亚和克罗地亚独立的问题上产生分歧。以德、意等国为一方极力主张不应去维护前南斯拉夫联邦的统一,承认斯洛文尼亚和克罗地亚的独立。两国认为,联邦已成为塞尔维亚推行其"大塞尔维亚"的伪装,人民军也成为塞尔维亚镇压其他共和国的工具。而以英、法、西班牙等国为另一方则反对仓促承认,担心这会进一步助长民族分裂主义,使这一地区陷入更大的危机。

美国对斯洛文尼亚乃至整个前南斯拉夫的局势,在开始时的态度是反对使用武力,仍希望看到南斯拉夫联邦的统一,甚至表示不会与宣布独立的共和国打交道。但随后又公开指责前南斯拉夫联邦政府和人民军,对其军事行动表示遗憾,"不支持使用武力来维护南斯拉夫的统一",并表示,美国将支持斯洛文尼亚和克罗地亚以和平方式争取更多主权和独立,甚至彻底独立。美国还采取了与欧共体一致的立场,对南斯拉夫实行武器禁运。

由于国外的压力和战场形势的变化,交战双方均做出了一定的让步。斯洛文尼亚虽有地方武装部队及警察6.8万人,而且从国际市场上购买了数亿美元的导弹、坦克、火炮及大量反坦克武器,并拥有数万名预备役军人,但是,在武器精良、训练有素和数倍于己的南人民军的强大攻势下,不得不再次接受停火,宣布将独立活动暂缓3个月,释放了被俘的人民军士兵和警察,同时宣布遣散近万名地方部队。几个回合的较量,也使联邦政府和人民军意识到,与其同一个斯洛文尼亚人占94.8%的民族成分较纯的小共和国,打一场有可能引发与周边意大利、奥地利冲突的长期消耗战争,倒不如集中力量打击和孤立使塞族生存受到威胁的正在闹独立的克罗地亚。于是,南联邦政府在欧共体的斡旋下,同斯洛文尼亚当局于7月8日达成包括停火、控制边界、联邦主席团对军队拥有充分权力等4点协议,并决定人民军在3个月内撤出斯洛文尼亚,从而使局势趋向缓和。

在短短十几天的交战中,双方死伤数百人,180多个基础设施遭到破坏,战争造成的直接经济损失达150亿美元。

克罗地亚内战

斯洛文尼亚战争刚刚平息,克罗地亚的内战烽火燃起,并迅速升级。

　　克罗地亚是前南斯拉夫第 2 大共和国,面积 5.6 万平方公里,人口 450 万,其中信奉天主教的克罗地亚人占 78%,信奉东正教的塞族约有 60 万人,他们主要居住在与塞尔维亚共和国及波黑共和国接壤的东部和东南部地区。由于历史积怨和宗教信仰不同,两民族之间历来不和。克境内的塞族人,对二次世界大战中,德意法西斯扶植的克罗地亚傀儡政权肆意屠杀塞族人的恐怖记忆犹新。克、塞两族多次发生武装冲突,例如,1991 年 3 月,在克罗地亚中部的普利特维察国家公园,塞族和克族警察发生了较大规模的冲突。

　　在克罗地亚宣布独立后,出于对历史悲剧重演的恐惧,塞族人遂也宣布独立,成立了克罗地亚塞族自治区,并建立了自己的政府和武装,要求脱离所在的母体国,准备归属塞尔维亚共和国。克罗地亚当局坚决反对塞族独立,并进行了武装镇压,塞族武装则奋起反抗,1991 年 7 月 7 日,克罗地亚内务部警察部队和特种部队,向境内的塞族人聚居区特尼亚镇,发起了大规模围攻。当地居民奋起抵抗。冲突中双方动用了机关枪和无坐力炮等武器,直到南人民军装甲车赶到将冲突双方隔开,才避免了进一步流血。在这次冲突中,至少有 5 人死亡,20 人受伤。克当局认为,人民军进驻冲突地区是保护塞族,因而同人民军发生冲突。7 月 8 日晚,克内务部警察部队向守卫克罗地亚和塞尔维亚边界一座大桥的人民军开火,并发射了 3 枚火箭。南人民军以猛烈炮火回击。这是克罗地亚地方部队第 1 次与南人民军发生武装冲突。从此,战争开始在克罗地亚为一方与南人民军和塞族为另一方之间进行。

　　在克罗地亚宣布独立后的一段时间内,双方的武装冲突虽不断扩大,但基本上是打打停停,冲突的规模和对抗的强度尚处在较低水平双方都在争取时间积极备战,创造机会争取主动。克罗地亚采取边战边和的策略,促使西欧和美国的立场朝有利于自己的方向转变,并从国外购买了数十亿美元的军事装备,把原先只装备轻武器的 7 万余人的国民卫队扩编成为 20 多万人的、拥有现代化重型武器的正规部队,加之人民军内的克族高级将领和战士的"投诚",以及克军队高价雇佣外国人及西方教官,使克军的战斗力和指挥素质明显提高。随着军事力量的壮大,1991 年 8 月下旬,克罗地亚武装开始对克境内的塞族聚居区展开大规模的攻势。与此同时,他们把南人民军视为其独立和彻底消灭塞族武装的最大障碍,一方面,一再要求南人民军从克罗地亚完全撤走,另一方面,加紧封锁和袭击人民军部队驻地和军事设施,切断其水、电、食品供应和通信联络,迫使人民军处于困境,进而逼人民军撤出克境。9 月 13 日,人民军第 5 军区副司令一行乘坐的直升机,被克军炮火击伤迫降,克当局将该副司令及前去接应的 20 多名人民军官兵扣押,准备作为侵略克罗地亚的战犯予以审判。此举引起人民军官兵强烈不满。

　　为解救被围困的人民军部队,南人民军总部于 9 月 14 日起在克全境发起反击。人民军的战略目标:一是解救被围困的部队;二是保护塞族人的占领区和控制战略要地;三是解除克罗地亚地方部队的武装。14 日中午,第 1 军区的坦克、机械化步兵、炮兵部队率先向克东部战略重镇发起攻击,中路部队主攻格利纳市;沿海军区和第三军区部队在克宁市以南展开,在 100 余公里的宽大正面上向南部海岸实施攻击,先后控制了 150 公里宽的沿海地区;沿海军区的舰艇部队也投入了战斗,迅速控制了克罗地亚所有大港口,从海上切断了克与外界的一切联系;空军也出动了数十架歼击轰炸机和武装直升机进行空中支援,摧毁了克罗地亚用于军火运输的 18 架飞机及满载弹药的车队。战至 9 月 22 日,人民军在东部、中部、南部 3 个作战方向上均取得进展,收复了一些被占领的军营等军事设施,初步掌握了战场主动权。直至 22 日中午,交战双方才在克罗地亚总统图季曼主动要求下达成停火协议。

在这期间,欧共体曾积极斡旋,将闪战双方拢到一起,迫使其达成协议。但由于双方均尚未实现各自的战略目标,加之欧共体成员国之间存在越来越明显的分歧,这些斡旋和协议也显得越来越无约束力,常常是协议达成后仅数小时,战端又起。在此情况下,法国出于不希望德、意、奥在其战前势力范围内重新恢复影响的考虑,一直反对德、意、奥要求承认斯洛文尼亚和克罗地亚独立的呼声,率先要求联合国干预前南斯拉夫的冲突。9 月下旬,联合国通过了呼吁有关方面不要向南运送武器的决议。美国在安理会上从支持前南斯拉夫的统一转为指责塞尔维亚领导人和人民军,说他们"对将这个国家悲剧性地引向内战负有特殊的、日益加重的责任。"

克罗地亚的战局,在安理会决议后不仅没有缓和,反而在 1991 年 10 月后进一步升级。

为了形成一个"所有塞族人生活在一起"的新南斯拉夫领土和解救处在克武装包围封锁中的 2 万多人民军部队,人民军总部发动攻势,并对著名的中世纪城堡杜布罗夫尼克市进行炮击。地面部队在海空军的掩护下,攻占了战略要地德贝利布里耶格地区,控制了杜布罗夫尼克西北约 20 公里长的海上交通线,切断了克罗地亚武装的增援通道,并猛攻萨格拉布以南 50 公里的卡尔洛瓦和锡萨克,一度对克罗地亚首府形成严重威胁。此后,克境东部重镇武科瓦尔也被人民军攻克,市内 2000 多名克军投降,人民军俘虏、击毙克军各 1000 多人。

克当局不甘心丢失塞族人聚居的土地,积极向东挺进,试图肃清和赶走东北部的塞族人。11 月 2 日,克武装力量集中约 2 万兵力,在 T—72、M—84 重型坦克、装甲车、多管火箭炮的支援下,向克东北部塞族人聚居的村庄发动大围剿,上万塞族人逃到与克相邻的波黑共和国,难民车队绵延长达几十公里。

由于人民军在武器装备和战斗素质方面占有优势,战至 12 月下旬,战场形势明显地对塞族有利,三个塞族聚居区在克罗地亚领土上立足,其面积占克罗地亚的 1/3。

半年多的大规模血战夺去了 1.5 万人的生命,使数万人受伤致残,直接经济损失达 210 亿美元。经过反复较量,冲突双方都意识到一时无法打垮对方。1992 年初,双方终于接受联合国秘书长特使万斯提出的和平计划,签署了开战以来的第 15 个停火协议。

1992 年 1 月 5 日,欧共体 12 国宣布承认克罗地亚共和国和斯洛文尼亚共和国。这既标志着前南斯拉夫联邦的解体,也意味着欧共体实际上已失去了中立地位,很难继续充当调停者的角色。所以,不得不求助于联合国向南派遣维持和平部队,以制止南内战蔓延。

向南派遣维和部队经历了一波三折。1991 年 9 月 17 日,原南联邦主席团主席梅西奇最早要求联合国派维和部队进驻塞、克两共和国间的边界地区,但遭到塞尔维亚方面的反对,认为"任何向南派军队的举动都将被视为对南的侵略"和"对南独立的威胁。"

但是,在南人民军控制了全部塞族聚居区后,尤其是在 1991 年 11 月 8 日欧共体宣布对南实行经济制裁后,塞尔维亚方面对维和部队的态度发生了根本转变。11 月 9 日,科斯蒂奇以联邦主席团名义要求联合国安理会派维和部队进驻克境内的军事分界线上。

经联合国赴南考查调解,有关各方曾于 1991 年 12 月 8 日就部署维和部队问题达成一致意见,但因停火尚未实现,该计划无法付诸实施。1992 年 1 月 2 日,克、塞双方达成了第 15 次停火协议,并表示完全接受联合国秘书长特使万斯提出的和平计划。按照这一计划,维和部队将部署在克境内 3 个塞族聚居区,即所谓"塞尔维亚克拉伊纳共和国"领土上。2 月 21 日深夜,联合国安理会通过第 743 号决议,决定向前南斯拉夫派遣总数为 1.4 万人的维持和平部队。3 月 8 日下午,维和部队先遣队抵达贝尔格莱德,4 月全部抵达预定地区。此后,克境塞族居住区被置于联合国维和部队保护之下,克武装力量和南人民军都撤离该地区,同时解散当地地方武装。

克塞双方对部署维和部队的动机截然不同:克罗地亚当局打算在维和部队入境地及人民军撤退后,可在包括塞族居住区在内的整个领土行使主权,收回每一寸土地;塞尔维亚当局则认为,可以利用维和部队造成塞族聚居区脱离克当局控制的既成事实,为今后改变共和国边境,把克境内的塞族聚居区并入塞尔维亚铺平道路。所以,联合国维和部队的部署并未解决塞族聚居区未来归属这一实质性问题,克当局与塞族聚居区也一直处于临战状态,零星冲突时有发生。

1993 年 1 月 22 日,克当局乘联合国维和部队任期将到之际,集中 2 万多政府军,出动了飞机和坦克,在长达 100 多公里的战线上,向本国境内的塞族聚居的"塞尔维亚克拉伊纳共和国"南部发动猛烈攻势,以期"解放"塞族聚居区。"塞尔维亚克拉伊纳共和国"领导人立即发布总动员令,宣布全国进入战争状态,组织地方武装奋起反击,战斗中双方伤亡惨重。这一重启的战端,遭到联合国安理会和欧共体的强硬干预,克当局慑于国际社会制裁的压力,不得不停止进攻。9 月 9 日,克罗地亚和克境内塞族武装又爆发激烈战斗。联合国驻前南斯拉夫观察员双方如此激烈地交战和动用如此大威力的杀伤性武器"局势极其严重,极其危险。"联合国安理会 14 日呼吁克政府将其武装力量撤到 9 月 9 日前占领的阵地上,并敦促塞族武装停止一切军事挑衅行动。克罗地亚总统后来下令单方面停火,局势趋于平静。

波黑内战

1992 年 3 月底爆发的波黑内战是前南内战的第 2 阶段。

波黑位于前南斯拉夫中部克罗地亚和塞尔维亚两国之间,地处通往中、西欧和亚德里亚海的交通要道,面积 5 万多平方公里,人口 436 万,民族结构复杂,宗教信仰各异,其中穆斯林族190多万,占波黑总人口的近43%,信奉伊斯兰教;塞尔维亚族130万,占31.4%,信奉东正教;克罗地亚族近70万,占17.3%,信奉天主教。另外还有其他民族和一些混血儿即南斯拉夫人,信仰不一。由于历史和宗教的原因,这三部分居民历来不和,民族矛盾尖锐。

  1991年10月,在塞族议员抵制的情况下,穆斯林和克罗地亚族议员宣布波黑从前南斯拉夫独立出来,自此已孕育了战乱的诱因。1992年,波黑就独立问题举行全民公决,又遭塞族人反对。投票过程中,波黑首府萨拉热窝发生塞族人在教堂举行婚礼遭枪杀的惨案,引发了塞族骚乱并迅速扩展到波黑其他地区,武装流血冲突频频发生。3月下旬,穆斯林和克罗地亚武装人员在波斯尼亚布罗德的一个村庄纵火焚烧70多户塞族居民住宅,枪杀了尚未逃出火海的15人,导致南人民军驻当地部队同穆、克武装部队直接交火,武装冲突开始升级。4月6日和7日,欧共体和美国等西方国家先后宣布承认波黑独立,波黑塞族也立即成立塞尔维亚波黑共和国,并在波黑全境展开抢占重要城镇的攻势。塞族的行动得到塞尔维亚共和国和南人民军的支持和鼓励,原驻扎在克罗地亚的10万人民军迅速撤至波黑境内以加强塞族聚居区的军事力量。波黑的克族和穆斯林也得到克

  1992年4月7日,波黑内战爆发。不到两个月时间已有近400人丧生,15万至20万人为逃避战乱而背井离乡。

罗地亚共和国的全力支持,双方并结成军事同盟,联合反对塞族。于是,一场以塞尔维亚和人民军为一方,穆斯林和克罗地亚族为另一方的大规模内战在波黑境内全面展开。战场主要分布在:东部,与塞尔维亚共和国相邻的边界附近耶利纳市周围地区;北部,与克罗地亚共和国接壤的边界附近波斯尼亚布罗德和德尔文塔两市及其周围地区;西北部,

库普雷斯地区;西南部,莫斯塔尔市;以及中部,波黑首府萨拉热窝。这些地区均为穆斯林与塞族,或塞族与克族的混居区。

战争各方都想尽量夺取更多的领土,扩大自己的地盘,并把自己控制的各地区连接起来。因此,同克罗地亚境内持续 9 个月的内战相比,波黑内战投入的兵力更多,总兵力一度达到 50 多万,战斗也更加激烈。为争夺一块地盘,一座桥梁,一座建筑物,交战各方不惜动用坦克、飞机,甚至使用火箭、导弹互相攻击,造成大量人员伤亡。交战各方都指责对方进行"种族清洗",他们每占领一地,便把当地的异族赶出,烧毁其房屋和村庄,甚至屠杀无辜、断四肢、挖眼睛、开膛破腹、剥人皮等,还有组织地大规模强奸妇女。战争之残酷,令人难以置信。

经过 1 年多的激烈争夺,塞族、克族和穆斯林三方基本控制了各民族占多数的地区,形成了三足鼎立的民族武装割据的格局,其中占波黑人口 32% 的塞族控制约 65% 的领土;占人口 17% 的克族控制约 25% 的领土;占人口 43% 的穆斯林控制近 10% 的领土。塞、克两族分别在其管辖区建立了政权。此后,战斗虽仍在继续,局部地区甚至有所升级,但战场基本态势变化不大。

1993 年 1 月,在国际社会,特别是西方国家的强大压力下,波黑交战三方领导人在日内瓦举行自内战爆发以来的首次直接和谈,讨论由联合国调解人万斯和欧文提出的包括波黑版图划分、立宪原则、停火协议等内容的一揽子和平计划。该计划忽视了波黑 3 个民族历史积怨甚深和愈演愈烈的内战使民族矛盾更加激化的事实,提出把未来波黑划分为 3 个民族混居的 10 个自治省,并且明显地对在战场上取得优势的塞族不利,遭到塞族拒绝。

为使塞族在和平计划上签字,美国和西欧国家对前南斯拉夫联盟共和国和波黑塞族施加重压。北约部队在波黑执行禁飞命令,加强对南联盟的制裁。美国提出对塞族军事目标进行空袭,并解除波黑穆斯林的武器禁运,提出设立军事法庭,审判被美国列为战犯的塞族领导人卡拉季奇等。迫于重压,卡拉季奇在 5 月的雅典会议上签署了万斯—欧文和平计划,但波黑塞族和穆斯林在波黑中部展开血战,克、穆联盟瓦解,和平计划破产。

自波黑内战爆发以来,克、穆两族出于各自战略利益的需要结成了共同对付塞族的联盟。穆斯林的战略目标是建立一个由居民人口占多数的穆斯林占统治地位的伊斯兰国家,但因军事力量不足以同塞族武装对抗,便企图利用克族力量达到"解放波黑"的目的。克族则想利用穆斯林的势力打击塞族,达到控制波黑建立"大克罗地亚"的目的。所以,在共同反对塞族的同时,穆斯林同克族为争夺地盘而发生的冲突一直时断时续,并呈不断激化的趋势。尤其是穆斯林同克族"并肩"作战 1 年多仅占据了不足 1/10 的领土,就更有一种被克族"出卖"和"愚弄"的屈辱感。自 1993 年 4 月双方均签署万斯—欧文计划后,便依据计划中版图划分的地盘归属展开了"武力解放"行动。克穆两族武装在波黑中部爆发的大规模战斗,其激烈程度甚至超过了塞族与双方进行过的一些战斗。其间,克穆两族领导人虽也签署过一些停火协议,但往往是墨迹未干,激战又起。

在穆克两族"反目"的同时,克族和塞族走上联合的道路,他们联手提出了将波黑分为 3 个民族政治实体,成立邦联的新建议。对于这场肢解波黑的计划,在前南斯拉夫 6 个主体民族中唯独没有"母体国"的穆斯林自然不能轻易同意,但终因势单力薄无法改变波黑目前的现状,也难以实现把波黑建成一个穆斯林占统治地位的伊斯兰国家。在国际社会,尤其是欧共体和美国的撮合下,波黑内战三方领导人在 1993 年 8 月重新回到日内瓦的谈判桌,就波黑分治问题,讨价还价。新一轮谈判依然是困难重重,波黑塞族由于在战争中占领了较多土地,因而处在"以土地换和平"的有利境地。然而,领土是一个民族生存与发展的重要基础,要想让波黑塞族让步到以土地取悦战争对手的程度,也不现实。波黑克族在领土问题上处在"得失相当,略有盈余"的中间层次,但在领土的"质量"上仍有许多需讨价还价的问题。波黑穆斯林则是战争中的"弱者",在领土总面积上吃了大亏,因此,它在谈判中不仅要使其得到战争手段难以获得的足够的民族生存空间,而且要在诸如出海口等关键性问题上竭尽全力。由此可见,人们在对谈判结局抱有乐观期望的同时,不能不对谈判进程的复杂和曲折留有充分思想准备的余地。事实上,谈判的进程也明显地不像西方有些人士估计的那么乐观。就在波黑三方领导频繁地往来于日内瓦谈判桌的同时,在波黑南部城镇莫斯塔尔,克族武装和穆斯林军队 9 月 14 日夜间再次爆发激战,其时间仅为克罗地亚总统图季曼和波黑总统伊泽特贝戈维奇在日内瓦会议上达成停火协议后数小时。鉴于波黑内战三方历史遗留的民族和宗教矛盾根深蒂固,加之 1 年多的战斗又结下了难以化解的新仇,即使能够达成某些协议,其基础也是十分脆弱的,而且协议的实施还必须依赖第三者——联合国维持和平部队来强制进行。因此,要使波黑土地上真正出现较稳固持久的和平,很可能是一个长期曲折的过程。

目前,前南斯拉夫的内战还没有结束。这是一场留下"省略号"和"问号"的战争。

从现代主义到后现代主义

美国艺术史论家路易·史密斯在他的《1945 年以来的视觉艺术》一书中,把西方美术近 30 年来的发展趋向概括为:"从极端的自我性转向相对的客观性;作品从几乎是徒手制作转变成大量生产;从对于工业科技的敌视转变为对它产生兴趣并探讨它的各种可能性。"并声称,现代艺术已进入"后现代主义"的阶段。

"后现代主义"美术的这三个特点是与第二次世界大战以前(即 20 世纪初到 40 年代初)的现代主义(或称前卫派)的美术相比较而言的。现代派的开始阶段,从后印象派、象征派、野兽派开端,到表现主义、立体主义、未来主义、超现实主义、抽象主义⋯⋯,是以强调艺术家的主观表现、强调自我为特征的。它们否定传统,但还没有彻底和传统的艺术观念决裂,还保留了传统审美观念和表现技法的若干特点。从 19 世纪中期即已开始流行的"为艺术而艺术"的唯美主义学说,对早期现代派影响很大,这种学说企图使艺术与社会、与人生完全断绝关系。马蒂斯的一段话是这种逃避现实的艺术观念的集中表现。(当然他的艺术实践也极鲜明地体现了这种观念。)他说:"我梦寐以求的,乃是一种具有均衡性、纯粹性以及清澈性的艺术,这种艺术免掉一切带有麻烦和令人沮丧的题材。它对于每一个劳心的工作者,无论是商人或作家,都能产生镇定的作用,既像是一服心灵的镇静剂,又像是一把能恢复身体疲劳的安乐椅。"表现主义热衷于表现人的本性、本能,追求艺术表现的原始性,实际上是以人的本性、自然性来反抗和逃避机械文明和充满着矛盾和斗争的现实。立体主义和未来主义的探索,有受现代科技成果启示的一面,但就其总的特征来说,仍然属于逃避现实的极端主观的形式主义。

　　介绍最近30多年来西方出现的美术新思潮,就得先从西方现代派的艺术中心的转移说起。

　　在第二次世界大战以前,巴黎是西方美术界公认的现代主义(前卫派)的中心。但是在第二次世界大战之后,情况突然发生了变化。西方前卫派的中心逐渐转移到纽约。产生这种情况的原因主要有二:一是包括法国在内的欧洲,在第二次世界大战以后,经济实力受到严重的削弱,在没有经济力量支持的情况下,前卫派艺术很难有发展的天地,而美国,有充足的经济力量支持前卫派的各种试验。二是在战争期间受到德国法西斯迫害的许多欧洲前卫派艺术家,作为移民到美国来逃难,对于在前卫艺术方面比较后进的美国有很大的刺激和推动。这样,美国的前卫艺术迅速地走到了欧洲的前面。当然,法国人并不愿意承认这一点,他们利用各种机会回击美国人在艺术上的自高自大和傲慢无礼。他们对于美国人轻视当代欧洲艺术非常反感,也非常困惑不解。当代美国的前卫派艺术家们埋怨欧洲现代艺术太复杂、不单纯,吹嘘当代美国的艺术具有北美民族特有的质朴和粗犷。

抽象表现主义及其后的抽象派美术

　　美国在战后崛起的第一个流派是抽象表现主义。为抽象表现主义奠定基石的是杰克逊·波洛克(Jackson Pollok)。

　　波洛克说:"我喜欢将没有绷在木框上的画布放在墙上或铺在硬的地板上。我需要这种表面所产生的抗力。当画布铺放在地上时,我感到很自由,我可以更加接近于画布,我能够在画布的四周走动,从四面八方作画,甚至可以站到画的里面去。这有些近似美国西部印第安人的沙画。我抛弃了画家通常用的工具,如画架、调色板、画笔等,而采用棍子、泥刀、画刀等,并且将沙、玻璃碎片和其他东西掺杂在颜料里,使其成为稠厚的流体,将它滴在画布之上。当我在作画时,我并未意识到我正在画些什么,只有在经过一个'认知'的阶段以后,我才看到了我自己到底画了些什么。我并不害怕改变或者破坏意象等事情的发生,因为绘画本身有它自己的生命,我只是尝试着使它显现出来。"

　　抽象表现主义实际上是把超现实主义的潜意识创作的理论加以进一步的发挥,赋予它新的因素——行动,所以抽象表现主义又被称作"行动绘画"(Action Painting)。美国现代派的理论家哈罗德·罗森堡(Harold Rosenberg,1906~1978年)解释说,行动绘画已经不是为了"美""趣味"等艺术目的;行动绘画的作品已经不是某种物体的画像,而是物体的本身;它们不是自然的再现,而本身就是自然。他们认为,画家的创作过程才是真正的现实。罗森堡把波洛克的这种艺术行动称作是"一种从政治的、美学的、道德的价值中解放出来的行动。"另一位美国评论家弗兰克·奥哈拉(Frank OHara)说,像波洛克这类艺术家是在"受自我怀疑的折磨及焦虑的鞭打。"似乎可以这样说,抽象表现主义是西方前卫派艺术主观化的最高表现,同时也是艺术从主观、从自我走向客体性的开端。

抽象表现主义之后出现的色面绘画(Colour field painting)、硬边抽象(Hard-Edge abstraction)和后色彩性的抽象(Post-paintely abstraction),都属于抽象画的范畴,虽然它们之间存在着细微的差别。它们的共同特征在于:都强调色彩作为独立的艺术语言的美学价值。它们很有点像哲学中的逻辑的实证论者(Logical positivist),他们在哲学中把注意力集中于探索纯粹语言方面的课题。它们抛弃绘画中的其他一切追求,沉湎于纯粹的抽象色彩和纯粹的色彩画面。

这种思潮既是抽象表现主义的发展,又是对抽象表现主义的悖逆。美术理论家格林堡在描述后色彩抽象的代表人物莫里斯·路易斯(Morris Louis)的作画过程时写道:"路易斯将他的颜料倒在还没有决定大小,也还没有涂上第一层漆的棉质帆布之上……他总是设法使画布上各处的颜料都稀薄得使眼睛可以看出颜料下面那一层画布的纺织的纹路和肌理……颜料已经完全被帆布吸收了,而不是仅仅盖在它的上面,因此,布的本身便是画,便是色彩,像染织的布一样,而不是在布的上面有画,有色彩。"

波普艺术

在抽象表现主义和"后色彩性抽象"之后出现的典型的具象派别是波普艺术(pop Art)波普派出现在50年代。

波普派的最初表现是集合艺术(The Art of Assemblage)。集合艺术反对抽象艺术的极端主观性和以我为中心的观念,反对艺术与客观环境之间关系的割断,主张艺术应返回到生活中去,返回到可视、可以触知的一切事物上去。而在现代日常可感知的物体便是消费文明的废物。集合艺术派把象征消费文明和机器文明的废物、影像加以堆砌和集合,作为艺术品来创造,来表示现代城市文明的种种性格、特征和内涵。这样,集合艺术派便一反早期现代派的艺术家与社会、与现代文明的隔绝、离开的倾向,而转向与社会、与现代文明的"结合",从早期现代派的沉湎于主观创造和自我,转向客体性。同时,它也开辟了用机械方式大量地复制艺术品的途径。

集合艺术开始于1961年纽约现代美术馆的集合艺术展览和1962年由威廉·C.塞茨(William C.Seitz)在詹尼斯画廊举办的"新写实画展"(New Realists)。塞茨对集合艺术的定义是:第一,它们是以实物的凑合而成,不是由描绘、塑造或雕刻而成;第二,它们是由以前认定的不能作为艺术材料的、不经过艺术家作造型处理的工厂材料、实物片段等构成。塞茨在"集合艺术展"的目录导言里阐述了这种艺术的美学思想:当前的集合思潮……标明了从一种主观的、流动的抽象艺术转变为一种与环境重新调整关系的综合艺术的改变。这种物体并置的手法,在即将变得散漫无力的抽象艺术的简单的国际语汇失却魅力的情况下,用来反映对社会价值的感受,是一个很适当的方式。

由于集合艺术和达达派的美学见解有着这样一些关系,人们把它称作"新达达"是完全合乎逻辑的。达达派的活动家拉乌尔·豪斯曼(Raoul Hausmann)在解释它们之间的差异时说:"达达好像是从天空降下来的雨滴,然而新达达艺术家所努力学习的却是那些降雨滴的行为,而不是模仿雨滴。"达达派中的著名人物马塞尔·杜桑在1962年给朋友汉斯·里希德尔的信里说:"新达达,也就是某些人所说的新写实主义、波普艺术、集合艺术等,是从达达的余烬里复燃而成的。我使用现成品,是想侮辱传统的美学,不料新达达却干脆接纳现成品,并发现其中的美。我把瓶架和小便池丢在人们的面前,作为向传统艺术的挑战,谁料到现在他们却赞叹它的美了。"

达达派采用现成品,新达达采用当代现成品。什么是当代的现成品?波普派认为,当代的现成品是和"大众文化"密切相关的。在西方人的心目中,大众文化是工业革命以及之后一系列科技革命的产物,它们是机械的、大量生产的,广为流行的,是低成本的,是借助于大众传播工具(电视、报纸、印刷物)的力量普及的。在电视、报纸、印刷物传播时,为了吸引人,必须新奇、活泼,而且在西方必须还要有性感(即有色情味),以刺激大众的注意力,引起他们的消费感。这种大众文化在美术中的反映便是"流行艺术"即"波普艺术。"

公认的第一件波普艺术品是美国画家理查德·哈弥顿(Richard Hamilton)创造的《是什么使今日的家庭变得如此不一样,如此地有吸引力?》这幅画不大,画面上的天花板用月球表面的照片粘贴而成;阶梯上有一女工用吸尘器扫地;沙发上坐着一个裸体女人;墙壁上挂着一幅古典肖像和现代的广告画;房间里有电视机、录音机等美国工业产品;室内中间站着一个身体强壮、四肢发达的男人,他右手拿着一个巨大的棒棒糖,上面贴着"Pop"的字样(有人据此认为Pop Art一词即从这里产生)。

在美国萌发的波普派在美国广为流行,因为它注重的消费文明在美国胜于英国。美国出现了许多著名的波普艺术家。安迪·沃渥(Andy Warhol)把杂志上的广告、海报放在或直接印刷在画布上。罗伊·利希滕斯坦(Roy Lichtenstein)把漫画等现成的影像放大,用类似印刷效果的网点或条纹表现出来。克拉斯·奥登伯格(Claes Oldenburg)把实物(如热狗、巧克力)用布或石膏翻成艺术形象。汤姆·韦塞尔曼则把广告上常见的裸体画像绘制在画布上,并配上浴室和家具等。波普派一般不直接取材于日常生活,它是通过现代传播工具的影像、形象来"复制"日常生活现象。

这种表现机械文明的欲望在法国新写实主义(Nouveau realisme,严格地说,应译作"新具象艺术")中表现得也很强烈。它侧重于表现被消费了的机械文明的一面,而不是现代科技文明的成果。这派的口号和美国的波普相似,力主艺术必须回到实在(reality)的世界。新写实主义的发起人是美术评论家雷斯塔尼(Pierre Restany)和艺术家克莱因

（Yves Klein）。1960 年他们在米兰发表宣言,并于同年 11 至 12 月在巴黎雷斯塔尼画廊举办第一次美展;1961 年 5 月,又在同一画廊举办第二次美展。值得注的是,他们自己把第二次美展称作是"达达之上四十度",表明新写实主义与达达的关系。雷斯塔尼说:"新写实主义不用任何争论的意图记录社会学的实在性;不用表现主义或社会写实主义似的腔调叙述,而是毫无个性地把主题呈现出来。"

正因为他们的目标与美国的波普派相似,所以美国的新达达派、集合艺术和波普派的艺术家们都参加了法国的新写实主义展览。同样,法国新写实主义派的成员也参加了纽约詹尼斯画廊举办的"新写实画家展。"雷斯塔尼说过一段为西方当代画家们所赞赏的话:"在欧洲和美国,我们正发现到自然的新意义。当代的自然是指机械化、工业化和被广告充斥了的自然。日常生活的现实,就是今天的工厂和城市。在标准化(规格化)与效率化这两个现代标志下出生的人们,向外探讨题材才是这种世界的准绳。法国的新写实主义比起美国的波普来,与达达主义和超现实主义的传统保持着更密切的联系。他们通过一定的媒介和行为,一方面对当代不断发生的现实提出批评和反省,另一方面也有自我反省的成分在内。

在波普派的基础上,视觉派(Op Art,有译作光效应艺术的)、活动艺术(Kinetic Art)则更侧重于歌颂当代的科技成果,力图使新的科技成就和艺术表现结合起来。视觉派是使观众的眼睛和脑海中产生错视或幻觉的艺术。它的制作需要数学、物理学、心理学的知识作为基础。因为视觉派的一部分作品是用机器产生活动效果的,因而视觉艺术和活动艺术又是相互重叠的。自然,把活动派完全说成是歌颂机械时代、赞赏机器美,也不够恰当。在这一派中,有些艺术家设计的机器含有嘲讽现实和揶揄机械文明的意味。当然,大多数活动派艺术家从赞美的角度利用科技成果进行创造。希腊出生的塔克斯(Takis)利用电磁原理显示"能"的作用。匈牙利出生的法籍雕刻家肖弗尔(Hicolas Schof-fer)则充分利用科学原理造成的光和声相结合的效果。阿根廷的朱理奥·勒·珀克(Jnlio Le Parc)的设计属于机械作用的实验,同时用于工厂机器的生产及游艺场的玩具。活动派的艺术家也面临困难,因为要创造出真正具有科学价值的复杂作品,对于他们来说是力不从心的,活动派艺术家的科学知识毕竟很有限。

在西方最近的利用科技成果的艺术流派是电脑艺术(Computer Art)。电脑艺术的理论是为"被动的艺术家"开辟艺术创造的途径。他们的理论是:有艺术想象和创造力的艺术家是"主动的艺术家",一个人要成为"主动的艺术家"需要经过长期的专业训练。但是,经过长期专业训练的人创造出来的作品可能是缺乏想象力、创造性和乏味的。在这方面,有艺术鉴赏力、想象力而无技术基础的人(即"被动的艺术家"),则可能在现代科技的帮助下大有可为。他们可以利用计算机的数据排列,把头脑中设想的画面表现出来,电脑艺术的试验表明,西方美术家试图把最新的科技发明与艺术创造结合起来。

波普艺术一方面沿着和科技结合的方向发展,一方面又向实际生活环境渗透。向实际的生活环境渗透的结果,便产生出"综合绘画"(Combine Painting)。最早制作"综合绘画"的是美国新达达派的代表人物罗伯特·劳申伯格(Robert Rauschenberg)和贾斯伯·

琼斯(Jasper Johns)。劳申伯格(1925 年生)是波普派早期的重要画家,1964 年在威尼斯双年展上为美国在国际上争得第一次美术大奖,从而确定了他在当代美国艺坛上的位置。开始,他的画还留着抽象表现主义的尾巴,画一系列完全白色的绘画,画中除了可见观众的影子外,什么也没有,以后又画了一系列完全黑色的画。他作的波普画开始于 50年代中期,"综合绘画"也在这阶段出现。所谓综合绘画,就是将绘画的表面和其他生活中常见的许多物体结合在一起,这些物品被粘贴在画面之上。不久,他的"画"进一步发展为完全立体的、三度空间的物体,例如一只山羊标本,在它的腹中装满了杂物;一只正在发出音响的无线电收音机或一只时钟,也被放在作品中,还有铁丝网、霓虹灯、木棍等等。他也广泛运用照相技术,把影像用丝网印在画布上。画中采用的照片一般被他用刀刮过,形象模糊。到了 70 年代,他又把纸箱拼凑在一起,作为他的创作。

环境艺术、偶发艺术

"综合艺术"必然导致"环境艺术"的出现。非焦注的环境艺术的最初探索见于美国雕塑家乔治·西格尔(George Segal,1924 年生)的作品。西格尔的创作特点是直接从真人身上翻成石膏模型,然后把白色的石膏雕像配置在真实的环境之中。人是石膏的,环境(包括浴盆,墙壁等等)都是真实的。劳申堡评论西格尔的雕刻时指出,它们是静态的,但能表现出某种社会行动,例如以美国侵越战争为题材的《枪决》。这类作品对观众所造成的心理效果不是由单一的媒介所能达到的,只有配合真实的环境,才能对人的各种感觉发生综合作用。

在这方面做试验的还有法国艺术家伊夫·克莱因。克莱因的基本观念之一是:"创造"应该与艺术完全无关,行动本身应该比行动的结果更为重要。他重视"创造者"的整体经验,包括思想、行为和知觉,而不是创造有形的艺术品。他偏爱蓝色,申请了"克莱因国际蓝"注册商标。1958 年,他在巴黎伊里斯·克莱尔画廊举办了题为《空无》(Le Vide)的展览,展览会上空无一物,无家具,也无展品。窗子被涂上蓝色,室内刷了白漆。展览会场有一名警卫把门。在参观的人群中,有著名的法国存在主义作家、记者加缪(Albert Camus)。加缪在观众留言簿上写道:"因为空无,所以充满了力量。"克莱因还故弄玄虚,出售所谓"非物质的绘画感应地带。"人们用钱币向他买画,他给买者以收据,当他收到钱币时立刻把钱币扔进塞纳河,而买者旋即把字据烧掉。他的一些"作品"的创作法完全与传统的画法不同。例如,他用火焰喷射器在画布上喷颜色;把蓝色的漆涂在画布上,不待干燥时把画布放在雨天奔驰的汽车上,让它承受雨滴。最轰动一时的,是 1960 年他举行的"绘画仪式。"在三个女裸体模特儿身上涂上蓝色,让她们在铺在地面的画布上跃动、翻滚、蠕动,使蓝色在画布上留下痕迹。在做这样的"表演"时,观众被邀来参观,有 20 人组成的乐队伴奏克莱因自己谱写的"单色交响乐"(一个单音持续 10 分钟,接着 10 分钟的沉默)。克莱因的绘画仪式的过程被拍成纪录片。克莱因之所以得到像加缪这些文化界知名人士的赞赏,清楚地表明人们对艺术的哲学思考远远超过艺术本身。克莱因的活动强调创作的独特性,从资产阶级人道主义出发强调人的生存和创造的价值,是和存在主义的思想吻合的。正是基于这一点,克莱因于 1962 年从尼斯一幢两层楼房上往下跳,"试验人体在空中的张力",也得到西方艺坛的热烈赞扬,说这是独一无二的、具有自我牺牲精神的、勇敢的探索行动。

在使艺术品具有"综合感受"方面,有一种被称作"最少派艺术"(Minimal Art,又译作"最低限艺术")派别的,也值得注意。

"最少派"艺术又称作"基本构成"(Primary structure)或"ABC 艺术",出现在 60 年代中期,盛行于 70 年代,主要在美国流行。它基本上是一种简单、明确的几何形体的雕刻。

"最少派"艺术有以下几个特点:1.它的作品像工厂生产出来的产品一样,标准化、规格化,毫无个性,艺术家只作设计,至于制作任务则由工厂完成;2.它反对传统雕刻把大理石或青铜雕像置放在台座上,使艺术作品(包括台座在内)孤立于周围环境的做法,主张抛弃台座,使艺术品在无台座的情况下置于一定的空间;3.排斥艺术的一切再现的特征,而以单一的几何形态或几个单一形体的连续来创作作品。这里要指出与"最少派"艺术有关的一个美学观念,这个观念重视事物的"共相",轻视事物的"殊相",也就是重"共性",轻视"个性。""共相"(Generality)与"殊相"(Specificity)是事物对立而统一的一对范畴。在"最少派"艺术家们看来,传统的、以前的艺术一般都是把事物的"殊相"(即独特性)放在表现的首位。艺术家面对对象时,依照自己的主观看法选取对象最有特征的要素,赋予个人的主观感觉,把它表现出来。这种艺术表现,按照"最少派"的意见,因为加进了创作者的主观因素,因而距离对象的"真实"便很远。"最少派艺术"则认为,每个事物有它固有的真实与美,创作者面对它们时,倘若把个人的主观判断减到最低限度,事物本身才会表达出自己的声音。怎样才能使事物的"共相"突出地显示出来呢?他们认为必须舍去物象外形的偶然性,把对象减约为最低限度的、基本的几何形体。唯有如此,才能给予每个观众以相同的感觉。

艺术品不仅要作用于视觉,而且应该作用于听觉、触觉,甚至于嗅觉的美学主张,导致"环境艺术"(Environment Art)的出现。

环境艺术在 60 年代流行于美国,它是一种制造空间、支配空间,把整个环境作为作品的艺术,它消灭了观众与作者之间的距离,还消灭了平面与立体的差异、可观与触摸的界限、视觉与听觉的界限。环境艺术往往包括整个室内环境和建筑物。这一派的主要艺术家之一阿伦·卡普罗说:"环境艺术必须让人能走进去,这一点就与传统雕塑不同;另一方面,环境艺术的空间并不具有居住的实用功能,因而又与建筑有差别。"一件雕刻品要让观众能走进去,那就不但要有实的空间,而且也要虚的空间,让人们在虚的空间里接受艺术的刺激。法国女艺术家尼基达·圣—法勒于 1966 年在瑞典斯德哥尔摩现代美术馆制作了一件大雕塑,标题是《她,一所大教堂》(Hon-en Katedral),规模是 30×80×30 英尺,外观是一个巨大的女性裸体像,表面涂上各种色彩,在雕像的两腿间有个"入口处",观众可以走进雕像。雕像的内部又分成若干小房间,有楼梯可供上下爬动。人们从狭小的空间忽然走进大的空间,感到豁然开朗。这种环境雕刻的人体内部的各种器官,都用机器形状来表示(有古代神话中性爱的象征意义),并且还有各种机械(包括电视)来刺激视、听、触觉;出入口有红绿灯指挥。

"偶发艺术"(Happening Art)和"环境艺术"是一对孪生弟兄。偶发艺术盛行于50年代末、60年代初。从表面上看,"偶发艺术"是类似戏剧的一种表演艺术,但它又与戏剧不同。不同之处在于无前后衔接的观念,没有传统的脚本,表现手段主要是表演者的姿势、动态。偶发艺术不在戏院演出,而在画廊、屋顶的阁楼、旅馆的院子、篮球场、汽车站、游泳池等地进行。参加"演出"的人有美术家,也有观众,最著名的"偶发艺术"的例子,是阿伦·卡普罗在1959年于纽约的鲁本画廊举行的称之为"分成六部分的十八个偶发"的表演,参加表演的有卡普罗等男女6人,乔治·西格尔和萨姆·法兰西斯等八个画家协助布置会场。他们把塑料布及木条把画廊分割成三个房间和一条走廊,每个小房间里放着数目不等的椅子,并用不同颜色的光线照明。在塑料布的壁面上,拼贴着文字、绘画和其他印刷品;走廊上也有各种各样的东西;在进门的地方为观众准备了印着"参加者的任务"、节目单以及座位号码的三联单。在观众入席后,"偶发"的情节立即发生,伴随着悦耳的电子音乐,三三两两的男女演出者走进走出,沉默地做着各种手势和动作,室内还放幻灯……当音乐逐渐停止时,经过五分钟的沉默,演出者消失。卡普罗事先是编好剧本并确定了每个演出者的行动的,也经过排练。他要把行为、影像、声响、光亮、文字、色彩、形体、实物等效果组合成一体。西方评论家认为"偶发艺术"是一种"行为的拼贴"(Action Collage),"是一种超越具体时间和地点所感受和所演出的许多事件的集合。"

微软帝国

小试牛刀

1955年10月28日,比尔·盖茨在美国西北部华盛顿州的西雅图出生。他的父亲是律师,母亲是学校教师。

盖茨从小就酷爱数学和计算机,在踏上中学的时候,就成为有名的"电脑迷。"当时,保罗·艾伦是他最好的朋友,两个人经常在湖滨中学的电脑上玩各种电脑游戏。从8年级开始,盖茨就和同学一起帮人设计简单的电脑程序,以此赚取零用钱。那时候的电脑就是一台PDP8型的小型机,学生们可以在一些相连的终端上,通过纸带打字机玩游戏,也能编一些小软件,诸如排座位之类的,小比尔·盖茨玩起来得心应手。当时,学校曾经要求比尔·盖茨编制一个排座次的小程序,盖茨很快就完成了任务,只不过在编写的过程中他要了一点小聪明,使自己座位的前后左右都是女生。

保罗·艾伦后来回忆说:"我们当时经常一直干到三更半夜,我们爱死了电脑软件的工作,那时候我们玩得真开心。"

盖茨说："那时候，保罗常常把我从垃圾桶上拉起来，而我却继续趴在那里不肯起来，因为在那里我找到一些上面还沾着咖啡渣的程序设计师的笔记或字条，然后我们一起对着这些宝贵的资料研究操作系统。"

1973 年，盖茨考进哈佛大学，在那里和现在微软的首席执行官史蒂夫·鲍尔默结成了好朋友。哈佛给盖茨提供了更广阔的空间，他更加无法抵抗电脑的诱惑，于是就经常逃课，一连几天呆在电脑实验室里整晚地写程序、打游戏。在哈佛时，盖茨为第一台微型计算开发了 BASIC 编程语言的一个版本。

创立微软

1975 年，盖茨感觉到，计算机的发展速度太快了，如果等到大学毕业后再投入进去，可能就会失去一个千载难逢的好机会。于是，他毅然退学了，然后和保罗创立了微软公司。他们在一间灰尘弥漫的汽车旅馆中租用了一间办公室，开始了艰苦的创业旅程。他们挤在那个杂乱无章、噪音纷扰的小空间中，没日没夜地写程序，饿了就吃个比萨饼充饥，太累了就出去看场电影或开车兜兜风解困……

"电子革命已经来临，它具有极强的冲击力。伴随这场革命，在如何工作、如何消遣、如何相互影响、甚至在如何去思考方面部产生了巨大的变革。"盖茨敏锐地感觉到，计算机将会成为每个家庭、每个办公室中最重要的工具，在这种信念的引导下，他们开始为个人计算机进行软件的开发。

微软公司发展的初期，同样面临着员工管理问题。二十多岁的盖茨处理问题还不够老练，而且由于脾气急躁和缺乏耐心，大家觉得很难与他共事。有些时候，如果他发现身边的人没有尽力工作时，他就向他们大发脾气。而盖茨疯狂的工作态度，让他的员工也不敢在下班后早早地离开。终于有一天，他的助理认为自己做的工作太多，而且工作时间很长，但薪酬却没有相应地提高，于是向盖茨提出付超时工作的报酬。盖茨一口回绝了，因为盖茨认为她们的贡献并不是太大。后来，这事竟然闹到了劳工部。

盖茨被震怒了，他认为这些人想毁掉他的事业，但最后盖茨还是决定付所有超时的报酬。为了不被这些小事牵绊，盖茨邀请哈佛的同学担任总裁助理，公司的管理逐渐成熟起来，为公司的腾飞创造了条件。

微软腾飞

1980 年，对于微软来说，是极其重要的一年。8 月的一天，盖茨正在忙着手头的工作，突然有一个陌生的电话找他。

"我对你的公司作了简单的了解，希望能与你见一面。"

"哦，那我们下周见面怎么样？"

"太迟了，我希望是现在，马上我就过去，我是 IBM 的代表。"

盖茨一听是世界最大的电脑公司 IBM 时，立即安排了会晤。这名代表在与盖茨作了简单的交流后说："你的谈话技巧很高超，你是我见过的最出色的人物之一，但你的技术并不是我们最需要的。你的热情我很欣赏，你能带着报告到我们公司详谈吗？"

盖茨用敏捷的反应、幽默的口才征服了挑剔的 IBM，他赢得了这个合同。接下来的日子里,微软上上下下所有的员工都忙碌起来。尽管如此,IBM公司似乎还不放心,他们在保密工作上做得似乎不近人情:盖茨和同事们关在西雅图国家银行大厦十八层的一间小房子里开发软件,IBM又送来专用保密锁,还要求整天不许开门,小房间没有窗户和通风设备,因此室内温度高达 38℃……

盖茨和他的员工终于完成了合同中的工作。在去IBM公司的路上,盖茨发现自己没有系领带,真是太匆忙了! 于是,他中途停下车,专门去买了一条领带,以至于比约定时间迟了半个小时。但是,如果不系领带,或许要比迟到的代价还大。

一切都很顺利。1981年8月12日,IBM公司向全世界宣布80年代电脑界最大的一项新闻:新一代个人电脑IMBPC问世。而IBM个人电脑在热卖的同时,随它一起销售的还有盖茨和他的微软公司开发的MS—DOS操作系统及其他软件。而微软的报酬是,IBM每出售一台个人电脑,无论其是否安装MS—DOS或微软的其他软件,微软都可以得到一笔使用权费。

在此后的几年里,IBM的产品被大量模仿复制。由于IBM急于把其电脑推向市场,因此,80%以上的零件来自其他公司。这样就使得其他制造商容易仿制其电脑产品并生产出被称作IBM兼容机的电脑。

虽然IBM从这种仿制浪潮中没有得到什么好处,微软却获利颇丰,因为每一台仿制品仍需要获得MS—DOS的使用权,这样微软又收了不少费用。

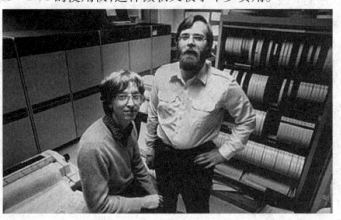

艾伦与工作中的盖茨

1984年,是盖茨和微软公司丰收的一年,公司的营业额超过一亿美元,登上了软件公司的头把交椅。更引人注目的是,这年4月,比尔·盖茨上了《时代》杂志封面,而此时他还不到30岁。

建成微软帝国

1983年11月,盖茨推出了一种新的技术软件——Windows,并断言一年后它将在90%的采用MS—DOS的PC机上运行。但一年过去了,Windows在客户中反应平平。

1990年5月,Windows3.0在卧薪尝胆7年之后,终于隆重推出。Windows3.0推出的当天,微软公司仅宣传费就花了300万美元,看来他们准备放手一搏了。这个成熟的窗口软件,获得了空前的成功,它的问世,标志着个人电脑领域内又一轮革命开始。Windows3.0 版由于其"图形化"和"易于使用"的特点,受到千百万用户的欢迎。它的问世,把比尔·盖茨和微软公司推向了顶峰,也让一个软件帝国初步成形。

2004 年 3 月,英国王室授予比尔·盖茨荣誉爵士勋章及荣誉爵士称号,以表彰其在英国的企业发展、就业、教育和志愿事业等方面做出的杰出贡献。

在美国《福布斯》杂志公布的 2005 年度美国富豪排名榜上,微软公司创始人比尔·盖茨连续十一年蝉联榜首,同他共创微软的保罗·艾伦则名列第三。

叶利钦当选俄罗斯联邦总统

1991 年 6 月,叶利钦在全民选举中当选为俄罗斯联邦首任总统。鲍里斯·叶利钦于 1931 年 2 月 1 日生于俄罗斯联邦斯维尔德洛夫斯克州布特卡村一个农民家庭。1955 年毕业于乌拉尔工学院建筑系。1968 年起先后任斯维尔德洛夫斯克州党委部长、州委书记。1981 年 3 月当选为苏共中央委员。1989 年 7 月,叶利钦与萨哈罗夫等一批持不同政见的议员组建了"跨地区议员团",并任主席。1990 年 1 月,叶利钦又联合一些激进派人士成立苏共内的"民主纲领",并任该组织三人核心领导之一。1990 年 7 月在苏共二十八大会议上,叶利钦宣布退出苏共。1990 年 4 月,他联合部分持激进观点的俄罗斯联邦人民代表组成"民主俄罗斯。"1990 年 5 月他当选为俄罗斯联邦最高苏维埃主席。

1991 年 6 月,俄罗斯举行总统选举,叶利钦以 57.30% 的选票率获胜,成为俄罗斯历史上第一位总统。1991 年 12 月,他同原苏联其他 10 个加盟共和国领导人一起发表联合宣言,宣布建立独立国家联合体。1996 年 7 月,叶利钦再次当选为俄罗斯联邦总统。他曾于 1992 年 12 月和 1996 年 4 月两次访问中国。

南斯拉夫共和国分裂

1991 年初,南斯拉夫境内的克罗地亚当局突然收缴塞族聚居区警察的武器,3 月双方发生武装冲突,而且冲突愈演愈烈。1991 年 6 月 25 日,南斯拉夫斯洛文尼亚和克罗地亚两个共和国单方面宣布独立,斯洛文尼亚武装力量还与南人民军发生了武装冲突。经欧共体调解,7 月 7 日冲突双方达成停火协议,南人民军撤出斯领土。不久,克罗地亚当局同克境内的塞族再次发生冲突,造成众多人员伤亡。塞尔维亚共和国也派"志愿军"去克罗地亚境内为塞族人"助战",致使冲突越来越大。随后南人民军又去干预克境内冲突,使战火愈燃愈烈。

斯洛文尼亚、克罗地亚两个共和国宣布独立后,在南斯拉夫引起连锁反应,另有一些共和国相继宣布独立。10 月 8 日,斯、克两共和国正式宣告独立,并表示与南斯拉夫联邦

"断绝一切联系。"1991年10月15日,波黑共和国议会通过了《波黑主权国家问题备忘录》,强调波黑是"主权国家。"11月20日,马其顿颁布新宪法,宣布成立"独立的主权国家。"这样,南斯拉夫6个共和国就有4个宣布独立,战后重建的南斯拉夫联邦制国家分裂了。

格林纳达的战略地位和美国入侵的背景

格林纳达是位于中美洲加勒比海的一个小岛国,由主岛格林纳达岛和卡里亚库岛、

分裂前的南斯拉夫共和国

小马提尼克岛等附属岛屿组成,陆地总面积为344平方公里。其中格林纳达岛南北长34公里,东西最宽处为19公里,面积约310平方公里,整个岛屿平面呈石榴状仰卧于加勒比海之中。格林纳达总人口约11万(1982年统计),其中黑人占80%,混血人种占15%,其余为加勒比印第安人和白人。格林纳达通用英语,另外还有一种法语和当地土语相混合的独特方言。大多数居民信奉天主教和基督教。首都为位于格林纳达岛西南海滨的圣乔治,人口约1.2万,是一个天然良港。格林纳达岛多山,全岛地势由中部向四周逐渐低平。岛上气候宜人,年平均气温24℃,多雨,年降水量为1900毫米。格林纳达半数以上人口从事农业,主要农产品为肉豆蔻等香料作物,故有"香料岛"之称。工业极为落后,仅有十来家制作饮料、香烟和服装等的小工厂。旅游业较发达,为国民经济的支柱产业之一。

格林纳达最初由哥伦布于1498年8月15日在其第三次美洲之行中被发现,当时被命名为康塞浦森岛。随后,西班牙人开始在该岛建立殖民地,并从非洲运来大批黑奴。1608年,英国试图在该岛移民,但未成功。1650年,法国政府从法商手中购得此岛。1763年,英国依据凡尔赛条约从法国手里割占了该岛,此后,一直统治该岛达200余年,直到1974年格林纳达宣布独立。

格林纳达地方虽小,但其战略地位十分重要。格林纳达位于加勒比海东部的小安的列斯群岛南端,西濒加勒比海,与巴拿马运河遥遥相对,东临大西洋,扼加勒比海出入大西洋的东部门户,历来为兵家必争之地。

格林纳达独立后，成为英联邦成员国，由统一工党执政。以埃利克·盖里为总理的统一工党政府奉行亲西方和亲美的政策，引起了在野党"新宝石运动"的不满。"新宝石运动"又称"争取福利、教育和解放的联合进军"运动，成立于 1972 年，由格林纳达亲苏联和古巴的人士组成，主张"恢复一切民主和自由"，举行"自由和公正的选举"，实行"经济革命化"，建立"人民参政的国家"，走社会主义道路。该运动于 1979 年 3 月 13 日发动政变，推翻了盖里政府，成立了以莫里斯·毕晓普为总理的新政府。毕晓普政府成立后，在外交上奉行向苏联和古巴"一边倒"的政策。大量接收苏联和古巴的经济和军事援助，成立"人民革命军"和民兵队伍；由古巴派出工程部队在岛上修建新的"旅游机场"，其主跑道长达 3000 米。美国认为"格林纳达已经成为苏联和古巴的殖民地，用来作为输出恐怖行动和颠覆民主的基地"（里根总统语）。如果格林纳达被苏古完全控制，由格林纳达、古巴和尼加拉瓜三国的机场构成的"铁三角"，将使作为美国传统"后院"的中美洲加勒比海地区处于苏、古作战飞机的威胁之下，美国海上运输线的畅通和本土的安全将受到严重威胁。格林纳达有成为"第二个古巴的危险。"由此，美国便不断向毕晓普政府施加压力，处心积虑地试图推翻格林纳达的亲苏古政权，将其纳入"民主"国家之列。随着格林纳达形势的发展，格实质上已逐渐成为美苏争霸和美古矛盾的一个斗争焦点。

迫于美国的压力，毕晓普政府开始采取措施缓和与美国和其他西方国家的紧张关系。1983 年 6 月 7 日，毕晓普还亲自访问美国，并与美国达成了一项"谅解。"但是，毕晓普的上述行动引起了政府内部以副总理科尔德和政府军司令奥斯汀为首的亲苏古"强硬派"的激烈反对，并且苏联和古巴对此也耿耿于怀。10 月 13 日，强硬派突然发动政变，将毕晓普软禁起来。19 日，数千群众在首都圣乔治游行支持毕晓普，并将毕晓普解救出来，随之，这些人与政变者发生冲突，毕晓普又重新落到政变者手中，当天便被秘密处决。20 日，军方接管政权，并成立了以奥斯汀为首的"革命军事委员会"，格政权落入亲苏古的强硬派手中。

政变"使里根政府有了它所需要的派遣海军陆战队的借口：由于格林纳达成立新政权，居住在该岛的上千名美国人遇到了危险"。加之惧于苏、古、格"输出革命"的东加勒比组织于 21 日开会，要求美国出兵格林纳达，22 日，美国副总统布什便召开国家安全委员会计划小组会议，初步决定出兵。24 日，美国总统里根再次召开国家安全委员会计划小组会议，正式决定出兵。当时的美国国防部长温伯格在其回忆录《为和平而战》中宣称，美国是为"……救出在那里（格林纳达）的美国人，使他们不至于被抓起来当作人质，避免再次出现 1979 年在伊朗所发生的那种事"。应加勒比各国的"紧急要求"而决定出兵的。上述情况表明，格林纳达 10 月政变给美国入侵提供了契机，成为美国入侵格林纳达战争的导火索。

美国的战略企图和作战计划

美国的战略企图为：以解救美国在格林纳达的侨民为借口，集中优势兵力，速战速决，推翻政变政权，扶植亲美新政府，同时慑服其他中美洲国家亲苏古的政治势力，以对抗苏联和古巴在中美洲"渗透"和"扩张。"

为实现这一企图,美国参谋长联席会议制订了详细的作战方案。据温伯格在其回忆录中透露,最初制订的方案主要内容是:海军陆战队将在珍珠机场附近的贸易港口的东北部登陆,而突击队将空降到格林纳达西南部的萨林斯机场,这两支部队会合后,迅速向北,向西行进,去营救美国学生,然后,与特种部队一道救出总督,占领电台,释放关押在鲁帕特要塞和里奇蒙山的其他政治犯。方案制订好后,参谋长联席会议又根据总统、国防部长等人的指示,以及侦察得来的情报对方案做了进一步的补充、修改。至 24 日晚 6 时,里根总统签署命令,入侵格林纳达的方案被批准实施,行动代号为"暴怒。"

美军入侵行动的总指挥是坐镇于华盛顿的大西洋舰队司令威廉·麦克唐纳海军上将;第二舰队司令约瑟夫·麦特卡夫海军中将为战场指挥官。美军先后投入的主要作战兵力为:各型舰船 15 艘,主要包括航空母舰 1 艘(关岛号,排水量 7.8 万吨,载机 85 架)、导弹巡洋舰 1 艘、导弹驱逐舰 1 艘,驱逐舰 2 艘,以及包括 1.83 万吨的两栖攻击舰"关岛号"在内的两栖舰船 5 艘;各型陆基与舰载飞机和直升飞机共 230 架;地面部队主要包括陆军第八十二空降师 1 个旅部率 4 个营(5000 人)、特种部队第七十五团 2 个营(700 人)、海军陆战队 1 个加强营(1900 人)等。上述部队均来自美"快速部署部队。"另外,巴巴多斯、牙买加、圣文森特、圣卢西亚、多米尼加和安提瓜等六国还派出 396 人的分遣队配合美军行动,这支分遣队实质上是一支警察部队。

战争爆发前,"独立"号航空母舰编队和"关岛"号两栖攻击舰编队已于 10 月 23 日到达格林纳达周围海域,并在格岛周围建立了半径为 50 海里的海空封锁区,对格林纳达实施全面封锁。24 日,美军又将部分陆军别动队员和武器装备运往距格岛只有 250 公里的巴巴多斯。同日,配合美军行动的加勒比国家的部队也集结于巴巴多斯。与此同时,美国本土的参战部队也进入临战状态。

格林纳达守军计有:格政府军 2 个步兵营、1 个野炮连、1 个高炮连,共约 2000 人,主要装备步兵轻武器,包括冲锋枪、机枪、火箭筒、120 毫米迫击炮、23 毫米双联高炮等,另外还有少量苏制 BTR—60 型装甲输送车,没有海空军,也没有坦克、大口径火炮等重武器;格方民兵约 2000 人;不过,格林纳达还有负责在格修建机场的一个约 700 人的古巴工兵营,据美方在战后发表的缴获的花名册透露,在格林纳达的该营内含 2 个步兵连、1 个迫击炮连和 1 个机枪连,由托尔托洛上校指挥。据美方实战体验,这部分古巴人的战斗力颇强。

格政府军部队主力部署于首都圣乔治周围以及格岛西南海岸地区,一部部署于珍珠机场,格方的 2000 民兵多分散部署。古巴工兵营则主要部署于萨林斯机场及其附近地区,以及从该机场到首都的公路线上。

1983 年 10 月 25 日拂晓,随着格林纳达珍珠机场的第一声爆炸,美国入侵格林纳达战争正式爆发。战争历时共 8 天,大体上可分为 2 个阶段。

第一阶段(10 月 25 日~28 日):南北对进,控制要点

25 日晨 4 时 30 分,美军舰载航空兵对珍珠机场实施航空火力准备。5 时,来自 84—1 陆战队两栖戒备大队的 400 名海军陆战队,从集结于珍珠机场以东水域的"关岛"号两栖攻击舰搭乘直升机,直接在珍珠机场跑道上垂直登陆,接着,后续部队约800人分别搭乘直升机和登陆艇登陆。美军在珍珠机场只受到少量敌军的轻微抵抗。经2小时战斗,美军便完全控制了珍珠机场。然后,美军继续向机场附近敌据点进攻,占领了格伦维尔。美军在这一方向上的战斗行动十分顺利,基本上是按原计划进行的。

但是,美军在格岛西南方向的行动却比预计的要困难得多。

在攻击珍珠机场的同时,美陆军特种部队第七十五团2个别动营约700人,分乘18架C—130型运输机,在AC—130E型武装运输机的掩护下,从低空掠过加勒比海,扑向格林纳达,准备在格岛西南端的萨林斯机场实施伞降。在飞机到达目标之前,机上别动队指挥官获悉机场及其附近高地配有大量防空武器,于是决定跳伞高度由原计划的1200英尺(约366米)降至500英尺(约152米),以减少伞降时的损失,这将是二战后美军最低跳伞高度。伞降前,从"独立"号航空母舰起飞的A—6和A—7型舰载攻击机对机场守敌实施了航空火力准备,5时36分,伞兵乘坐的运输机到达萨林斯机场上空,并立刻开始伞降。地面火力非常强,以致第一连美军跳伞后,伞降活动不得不暂时中止。AC—130E飞机被召来压制敌防空火力,15分钟后,伞降活动才得以继续进行。在伞降过程中,机场守军对空火力基本上没有中断,美军部分伞兵伤亡,许多降落伞上弹洞累累。别动队员着陆后,立即投入地面交战,经过激战,美军于7时15分控制了机场。此时,机场周围格方抵抗力量还比较强,机场上美军不断遭到火力袭击。美军别动队队员冒着密集的狙击火力清除机场跑道,同时向机场周围的格方抵抗力量进攻,占领了位于机场附近的圣乔治医学院校园,以"保护"那里的大约500多名美国学生。下午2时,后续部队第八十二空降师2个营和多国警察部队共约1500人陆续到达,并立即投入战斗。美军在航空火力支援下,继续打击机场附近的抵抗力量,巩固了机场,占领了弗里昆特。随后,除留多国警察部队保卫机场以外,主力兵分两路:一路向北,沿滨海公路向首都圣乔治方向发起进攻;另一路东进,经特鲁布卢、圣乔治医学院,向卡尔维尼格兵营方向发起进攻。

在萨林斯机场激战的同时,美军"海豹"部队的一个11人小组顺利伞降于位于圣乔治的总督官邸,营救斯库恩总督。但当队员准备携总督一家撤离时,3辆古巴人操纵的BTR—60装甲车将总督一家连同美军"海豹"小组成员一起包围在总督官邸内。为解救被围的总督,同时为配合南路美军迅速攻占圣乔治,麦特卡夫将军调整了作战计划:珍珠机场方向美军不再从陆路向圣乔治进攻,而是改走海路。为此,除部分海军陆战队员留在珍珠机场方向担负警卫任务外,其余240名海军陆战队员返回"关岛号",并乘该舰从格岛北面迅速绕到格岛西海岸圣乔治以北约1公里处的大马尔弯附近海域。19时30分,陆战队员乘登陆艇登陆,随同登陆的还有坦克和装甲车共18辆。登陆后,经12小时的通宵战斗,歼灭了包围总督府之敌,救出了总督及"海豹"小组成员。

经过25日1天的激战,美军夺取了两个对战争具有决定意义的机场,在圣乔治以北开辟了新的战场,从而与萨林斯机场方向的美军形成了从南北两路对格首都实施夹击的有利态势。

鉴于格方抵抗比预料的要强得多,为达到速战速决的目的,美军又紧急从国内增调部队和作战物资,至 26 日,美军在格林纳达的地面部队总数已达 6000 余人,形成了 3 倍于格军的优势。西部美军继续以优势兵力南北对进,逐个攻击沿途格方据点,向首都圣乔治逼近,东路美军则向卡尔维尼格兵营攻击前进。26 日,陆战队攻占格军司令部所在地弗雷德里克堡。27 日,陆战队占领卢卡斯堡和军事要地里奇蒙山监狱;东路美军在卡尔维尼格兵营遇到激烈抵抗,经苦战,攻占了该兵营,缴获了大量武器和文件。28 日,美军南北两路终于会师圣乔治,完成了对格首都的占领。至此,美军完成了对格岛要点的控制,整个入侵行动的主要战斗结束。格军溃散,零散武装人员退往北部和中部山区,继续抵抗。参战的古巴人一部分伤亡,大部分被俘。

第二阶段(10 月 20 日~11 月 2 日):清剿残敌,巩固胜利

针对格方残余抵抗力量孤立分散、隐藏地形复杂等情况,美军化整为零,以连排为单位,空地配合,清剿残敌,搜捕政变主要领导人。

10 月 29 日,美军在圣乔治郊区抓获政变主要领导人之一前副总理科尔德。30 日,前"革命军事委员会"主席奥斯汀被俘。11 月 1 日,"关岛"号两栖攻击舰编队奉命驶抵格岛以北 32 公里的卡里亚库岛,搜索残敌。登陆兵力共 2 个连(300 人),其中 1 个连乘 20 架直升机在该岛首府哈维以北的野战机场垂直登陆,另一个连乘 13 辆登陆车在哈维以西的海湾登陆,登陆人员经 7 小时搜索,俘获 15 名格军,并发现一军火库,别无其他收获,于是便返舰离岛。

至 11 月 2 日,美军顺利完成了清剿任务。残敌基本被肃清,缴获了大量武器弹药和文件,美军完全控制了格林纳达,战争遂告结束。战争结果,美军仅 18 人阵亡,90 人受伤,损失直升机 10 余架。格军亡 40 余人,被俘 15 人,其余逃散。古巴人亡 69 人,伤 56 人,被俘者达 642 人。

美方战略指导和战术运用的特点

美国入侵格林纳达战争是一场"一边倒"的战争。美军在战争过程中始终掌握着主动权,并最终以很小代价,在短时间内就完成了对格林纳达的占领,达成了战略目的;而格林纳达方面则处处被动、处处挨打,8 天之内就落得个丧权辱国的局面。之所如此,究其原因,除了双方武器装备数质量差距巨大;国力对比悬殊;格林纳达国土太小,无持久作战的回旋余地;格又是个岛国,远离苏联和古巴,外援易被断绝等方面原因外,美方正确的战略指导和战术运用对美国这次军事行动的成功也起了极为重要作用。

从战略指导和战术运用上看,美方主要有以下几个特点:

1.预有准备,未雨绸缪

面对苏联和古巴在中美洲的挑战,美国早就有必要时在这一地区进行武装干涉的准备。长期以来,美国利用侦察卫星、高空侦察机一直保持着对这一地区,尤其是其中亲苏联、古巴的国家的严密监视。美国在 80 年代初建立的"快速部署部队"的一个重要作战方向就是这一地区,这支部队对这一地区的行动不但有预案,而且还通过训练和演习等手段不断完善作战方案。对格林纳达,美军早在 1981 年就在波多黎各的韦克斯岛举行过侵格模拟演习。从古巴工兵营进驻格林纳达修建机场的那刻起,美国就通过侦察卫星监视施工进度,同时派出地面特工人员前往该国收集地理、水文和军事部署等方面情报,为尔后可能的军事行动做准备。据外电报道,入侵前9周,美国陆军特种部队和海军陆战队部分人员还进行了为期9周的针对格林纳达作战的专门演习。10月20日,即毕晓普被暗杀的第二天,美国国防部长温伯格在美国总统尚未做出出兵决定之前,就同意了参谋长联席会议主席维西上将的建议,命令"独立号"航空母舰以及去黎巴嫩接防美军的海军陆战队补充舰队改航朝南行进,到格林纳达附近随时待命。所有上述行动,都为美军适时出兵并夺取胜利打下了良好的基础。

2.抓住时机,果断出兵

美国入侵格林纳达是蓄谋已久的,但一直苦于没有恰当的时机下手。格林纳达的10月政变给美国提供了难逢的良机。因为格政变使全国处于一片混乱状态,军心不稳,人心涣散,新政权一时难以在全国建立威信,恢复秩序。此时入侵,易收事半功倍之效。另外,格林纳达的内乱还给美国提供了入侵的借口:"救出那里的美国学生。"于是,美国在毕晓普被处决的第二天便命令军队处于战备状态,第四天就正式做出出兵决定,第六天出兵。否则,如果美国出兵太晚,一旦格林纳达国家局势稳定下来,苏联和古巴与新政权的联系进一步加深,美国再出兵就困难了。

3.突然袭击,速战速决

越南战争的失败给美国的主要教训之一就是采用战争手段必须力争做到速战速决。在这次侵格战争中,美国仅用4天就完成了主要战斗任务,8天之内结束了战争,全面控制了格林纳达。美方为了能达成速决,主要采取了以下两项措施:一是集中了绝对优势的兵力兵器;二是力争达成突然性。在集中兵力方面,美军先后投入的兵力对格方形成了9:1之优势,美格双方舰船之比为15:0,各型军用飞机之比为230:0。为了达成战争的突然性,美方主要做了以下努力:1.利用苏军击落南朝鲜客机事件、驻黎巴嫩美海军陆战队被炸事件,转移国际社会的注意力;2.进行新闻封锁,禁止记者随入侵部队采访;3.打着与加勒比海多国警察部队进行"联合演习"的幌子,隐蔽集结兵力;4.利用拂晓,从多方向对格古兵力密集区突然发动进攻。另外,原计划调往黎巴嫩的舰艇编队在接到转航格林纳达的命令并执行以前的行动,客观上也起到了转移视线的作用。所有上述行动都为美军达成速决提供了有力保障。

4.多种战法配合,充分发挥高技术装备威力

美军是一支装备高度现代化的军队。为充分发挥技术装备的优势,美军针对格林纳达是个岛国,四面环海,境内多山,格古军队部署比较分散等实际情况,在作战中,十分强调各军兵种的密切协同;在登陆作战时,以垂直登陆为主,广泛采用伞降和机降等手段,从多方向迅速登陆,歼灭守军主力,并向纵深发展;在控制要点作战和清剿作战中,广泛进行空中机动作战,避开不利地形,歼灭孤立分散之敌,加速了战争进程。

苏联解体

历史回放

1991 年 12 月 25 日晚 7 时左右,往年这是一个美妙的圣诞节,人们应该在暖暖的炉火旁品尝着欢声笑语。但今天莫斯科市民却冒着凛冽的寒风赶到隆冬中的红场,随之而来的还有大批的外地人。戈尔巴乔夫今晚 7 时左右将要发表辞职演说——这是莫斯科电视台在前一天预报的。这意味着,克里姆林宫上空飘扬多年的旗帜将要更换。人们希望自己能见证这一历史时刻。

有些人围在一起,用收音机收听戈尔巴乔夫的演讲,那么认真、投入;有些人面红耳赤地争论着,寒冷的空气在他们的争吵中逐渐升温;有些人举着苏联国旗,高声地喊着"苏联万岁";有些人庄重地站在那里,凝望着暮色中飘动的苏维埃社会主义共和国联盟国旗……

"怎么能没有联盟呢? 一个大国分裂成 15 个国家,就不是什么大国了。"一对来自乌克兰的老年夫妇叹息道。

"换旗是理所当然的,苏联已经不存在了。"几名女青年说。

"挂什么旗都可以,只要有吃的就行,我有六个孩子啊!"一位中年妇女无奈地说。

"俄罗斯又复兴了,就看叶利钦有没有办法制止饥民造反了!"一位来自雅罗斯拉夫尔的工人说。

"戈尔巴乔夫辞职倒无所谓,但换旗是一件大事,应当举行一个隆重的仪式,毕竟这面旗帜已经在克里姆林宫飘扬几十年了。我从小就是在这面旗帜下长大的,我一直都认为自己是苏联人,可现在他们突然决定我不是苏联人了! 我的祖国改变了,这么大的事一定要隆重些才行!"来自萨拉托夫的一位青年工人说。

"我倒觉得举不举行仪式无所谓,关键是给我们做点实事,不要总是说空话就行了!"另外一个工人回应道。

7 时 25 分,躁动的人群安静下来了,戈尔巴乔夫的讲话已经结束。透过暮色望去,一个人影出现在苏联总统府的屋顶上。人们寂静无声,都屏住呼吸静静地看着那个模糊的身影。

7 时 32 分,陪伴了人们几十年的镰刀锤子旗徐徐下降,有的人呆呆地看着,有的人露出了笑容,有的人充满了祈盼,有的人发出了啜泣声……

7 时 45 分,一面三色的俄罗斯联邦国旗缓缓升起,克里姆林宫有了新的旗帜。莫斯科的夜空开始飘起了雪花,有人离开了广场,有人又赶到了广场,但人们都已经意识到:苏联从地图上消失了。

走向解体

1985 年,戈尔巴乔夫走上了苏联政治的前台。让人意想不到的是,他随即推行了一条背离马克思主义的政治路线。1990年苏共二月全会以后,受西方国家的影响,他提倡实行"人道的民主的社会主义",鼓吹"民主化、公开性、多元化",并主张多党制,甚至放弃了党对国家政权的领导。他这种不计后果的做法,在苏联国内引起了极大的恐慌,人们不知道国家将会朝哪个方向发展,不知道自己的未来会变成什么样子,甚至动摇了对社会主义制度的信仰……整个国家陷入了恐慌之中,人民不知道将何去何从,而那些政客们不是想着如何去拯救苏联这条飘摇不定的巨轮,而是想着如何逃生,如何保证自己的利益……

于是,苏联全国上下思想上的混乱,导致了政治上的危机,经济危机也随之而来,苏联这艘巨轮似乎真的要沉了。

1990年3月11日,立陶宛宣布独立,不再依托苏联;拉脱维亚和爱沙尼亚随后也宣布独立,脱离苏联;紧接着,摩尔多瓦和亚美尼亚宣布脱离苏联……10月底,格鲁吉亚共产党在竞选中失败,反对派"自由格鲁吉亚圆桌会议"发表了独立宣言,希望国际社会给予支持;而另一些加盟共和国如俄罗斯联邦、白俄罗斯、乌克兰等,虽然没有宣布独立,但却发表了"主权宣言",声称本共和国的法律"至高无上",并颁布了与联盟宪法相悖的法律,公然对抗苏联总统的命令,实际上与苏联已是貌合神离。

"8·19事件"

为了保住逐步走向解体的苏联,1991年5月,戈尔巴乔夫和十五个加盟共和国领导人达成协议,同意组成"新苏联。"1991年8月14日,苏联公布了新联盟条约文本,苏维埃社会主义共和国联盟将改名为"苏维埃主权共和国联盟",简称仍为苏联。新联盟条约的签署工作预定在8月20日开始。

就在新联盟条约签署的前一天,即8月19日,清晨六点钟时,苏联副总统亚纳耶夫突然发布命令宣布,鉴于苏联总统戈尔巴乔夫健康状况已不能履行总统职务,根据苏联宪法,他本人即日起履行总统职务。亚纳耶夫同时宣布,成立由8人组成的苏联"国家紧急状态委员会",在苏联部分地区实施为期6个月的紧急状态。在此期间,国家全部权力移交给苏联国家紧急状态委员会行使。

苏联国家紧急状态委员会发表《告苏联人民书》说,戈尔巴乔夫倡导的改革政策已经"走入死胡同","苏联国家和人民的命运处在极其危险的严重时刻",呼吁苏联公民支持该委员会使国家摆脱危机的努力。此时正在黑海海滨克里米亚半岛休养的戈尔巴乔夫被软禁在别墅里,他同莫斯科的联系完全中断。

苏联解体

"8·19事件"发生后,莫斯科市进入紧急状态,坦克和军队开始出现在莫斯科街头。莫斯科市民表现得比较平静,人们照常上班工作,似乎已默认了这种变更。但时任俄罗斯联邦总统的叶利钦立即跳到议会大厦前的坦克上发表演讲,指责紧急状态委员会要恢复苏联的政治铁幕统治,并号召群众进行总罢工。

紧急状态委员会过于谨慎,纵容了反对言论的传播,议会大厦成了叶利钦的表演舞台。20日晚,议会大厦前聚集了数万示威群众,甚至有人构筑了堡垒,要誓死保卫议会。

21日下午,苏联国防部命令军队撤回驻地,国家紧急状态委员会领导人放弃了行动。

21日晚8点,戈尔巴乔夫发表声明,强调他已完全控制了局势,并恢复了曾一度中断的与全国的联系,并称将于近日内重新行使他的总统职权。

然而刚到24日,戈尔巴乔夫就宣布辞去他的苏共总书记职务,并建议苏共中央"自行解散。"8月29日,苏联最高苏维埃通过决议:"暂停苏共在苏联全境内活动。"

随后,宣布独立的浪潮开始兴起。截止到9月底,宣布独立的加盟共和国已达到12个。1991年12月1日,第二大加盟共和国乌克兰宣布独立,1991年12月8日俄罗斯、白俄罗斯、乌克兰宣布成立独立国家联合体。同时宣称,苏维埃社会主义共和国联盟"已不存在。"1991年12月21日,俄罗斯等11个独立国家领导人在哈萨克斯坦首都阿拉木图举行独立国家首脑会议,正式宣告建立独立国家联合体。

1991年12月25日,在克里姆林宫上空飘扬了七十余年之久的苏联国旗缓缓降下。世界上第一个社会主义国家从此在地图上消失了。

加利就任第六届联合国秘书长

1992年1月2日,原埃及副总理兼移民部部长布特罗斯·加利接替佩雷斯·德奎利亚尔,成为联合国第六任秘书长。这是自联合国成立以来,第一次由非洲人和阿拉伯人担任这一职务。

加利于1922年出生在一个科普特人家庭。祖父在20世纪初曾任埃及首相,父辈中也出过外交大臣、农业大臣等高级官员。1949年加利毕业于法国巴黎大学,获法学博士学位。毕业后做了近30年的国际法教授。1977年,加利被埃及总统萨达特选入内阁后任代理外长和外交国务部长。1978年,加利陪同萨达特总统对以色列进行访问,他在后来埃以谈判签署戴维营和平协议过程中发挥了重要作用。1979年至1982年,加利参加了埃、以、美有关巴勒斯坦人自治的会谈。穆巴拉克执政后,加利继续任埃及外交国务部长。1990年3月,他被提升为掌管外交事务的副总理。加利经常以部长身份出访非洲及拉美的第三世界国家,为埃及和这些国家的关系架桥铺路,在非洲有"埃及飞行大使"之称。1992年1月,加利出任联合国第六任秘书长。在联合国6种工作语言中,加利能流利地使用英、法、阿拉伯3种语言,这在历任秘书长中也是头一个。

美军撤出苏比克海军基地

1992年11月24日,美军从菲律宾苏比克海军基地撤军,从而结束了美国军事力量在菲律宾将近一个世纪的存在。

苏比克海军基地是美国在海外最大的海军基地。该基地位于菲律宾马尼拉市以西的苏比克湾。从 20 世纪 50 年代初,菲律宾与美国缔结了《共同防御条约》和《军事基地协定》,从此美军就驻守在菲律宾苏比克海军基地。冷战结束后,它的战略地位有所下降,同时菲律宾人民民族情绪高涨,要求收回该基地。1992 年 11 月 24 日,苏比克海军基地正式被移交给菲律宾。1993 年,当时的菲总统拉莫斯将其开辟为自由港。

消除贫穷国际日

贫穷是困扰人类生存和发展的重大问题之一。这一问题在世界发展中国家尤其是在非洲一些国家表现得特别明显。在非洲,几乎每年都有成千上万的人们因饥饿而死亡。1992 年,许多国家的非政府组织在总部设在法国的"第四世界扶贫国际运动"这一非政府组织的倡议下,宣布以 10 月 17 日为"世界克服赤贫日。"同年 12 月 22 日,联合国大会通过第 47/196 号决议,宣布 10 月 17 日为"消除贫穷国际日。"从 1993 年起,人们开始在这一天通过开展宣传、演讲等各种不同形式的活动来纪念消除贫穷国际日。在 2000 年的世界千年首脑会议上,各国元首和政府首脑明确许诺:至迟在 2015 年将极端贫穷者(日收入少于 1 美元者)的比例减少一半。目前,为达到这一目标所需减少的贫穷人口数量已不到原有数量的 1/3。

欧洲迪斯尼乐园开放

1992 年 4 月 12 日,位于巴黎以东 32 千米处马恩拉瓦莱的欧洲迪斯尼乐园正式投入使用。该乐园是欧洲最大的文化娱乐和度假中心,面积达 5000 英亩。它分 5 部分:美国城镇、边疆乐园、探险乐园、幻想乐园和发现乐园。从正门进入乐园是主街,它模仿 20 世纪初美国一座城市的一条大街而建造。主街左边边疆乐园的游乐项目有雷鸣山,可以乘小火车在峡谷中狂奔。在该区还可以乘印第安人的独木舟游河。探险乐园里到处可见加勒比海海盗。中部幻想乐园的主要景观是睡美人城堡,城堡内的旋梯下有流水瀑布,还有彩绘玻璃窗。发现乐园有宇宙飞船等娱乐项目,而且还有影视节目。

日本正式向海外派兵

1992 年 6 月 9 日、15 日,日本参、众两院分别通过了允许向海外派兵的法案。20 世纪 90 年代以来,日本一直在谋求突破传统"专守防卫"的自卫队体制,力图摆脱宪法第 9 条的"不战"约束。1991 年 4 月 24 日,在美国总统布什的邀请下,日本政府绕开国会,以政府令形式决定向海湾派遣扫雷艇,协助多国部队作业。这虽然不是参加战争,但实际上是日本战后第一次向海外派兵。

1992 年 6 月 9 日和 15 日,日本分别在参众两院强行通过了"联合国维持和平活动合作法案。"法案规定日本自卫队可以以自卫队员的身份,携带武器装备以部队的形式参加联合国的维持和平活动,而且在人身生命受到威胁时可以用武器进行自卫。法案于 1992 年 8 月 10 日生效。同年 9 月 23 日,日本向柬埔寨首次派出自卫队,日本自卫队在柬期间完成了修路、架桥等任务后,于 1993 年 4 月 10 日撤回国内。1993 年 5 月 11 日,日本又向莫桑比克派出一个运输中队的"国际和平合作队。"这一系列行动标志着日本战后以来的防卫政策框架被突破了。日本越来越大胆地在国际军事领域中充当参与者。

克林顿当选美国第 42 任总统

1992 年底,民主党人克林顿在美国总统大选中以压倒多数的选票获胜,当选为美国第 42 任总统。

克林顿于 1946 年 8 月 19 日出生于美国南方阿肯色州。1976 年,克林顿通过竞选担任阿肯色州首席检察官。1978 年,32 岁的克林顿被选为这个州的州长,成为当时美国最年轻的州长。1982 年至 1992 年他又连续 5 次担任阿肯色州州长。1990 年,克林顿被选为民主党最高委员会主席。1992 年 11 月 3 日,克林顿在大选中击败前任总统布什,当选为美国第 42 任总统,从而结束了共和党人连续 12 年的统治。1996 年他再次当选美国总统。1998 年 6 月 25 日至 7 月 3 日,克林顿对中国进行了国事访问。他是第 5 位在任时访华的美国总统。访问期间,克林顿提出美国不支持"两个中国"或"一中一台",不支持台湾独立,不支持台湾以主权国家身份参加国际组织的"三不"政策。

《禁止化学武器公约》签订

化学武器是一种大规模杀伤性武器。1993 年 1 月 13 日,世界 120 多个国家在巴黎联合国教科文组织总部召开了《禁止发展、生产、储存和使用化学武器及销毁此种武器的公约》的(简称《禁止化学武器公约》)签约大会,其中大多数国家在公约上签了字。中国外长钱其琛代表中国政府在公约上签了字。

公约规定任何缔约国不得发展、生产、储存和使用化学武器;任何拥有化学武器的国家应在 10 年之内全部销毁其所拥有的化学武器及其生产设施;缔约国应负责销毁其遗留在另一国领土上的所有化学武器。该公约是迄今为止世界上第一个多边裁军协议,公约的达成使人类朝着无化学武器世界发展的目标迈出了重要的一步。

欧洲军团成立

1993年11月5日,在德国科尔总理和法国密特朗总统的大力推动下,由法国、德国和比利时3国创建的欧洲军团宣告成立,其总部设在法国东部的斯特拉斯堡。

欧洲军团的成立,表明欧洲有了第一支统一指挥的武装力量。在欧洲军团成立前,整个欧洲仅有一个没有实际权力的联合组织——西欧联盟,这个机构只能在各国防务政策方面发挥某种协调作用。当时欧洲一体化进程正在加紧推进,实现欧洲政治联盟,使欧共体在欧洲防务安全方面有所作为,必然需要一支可以自行指挥调遣的武装部队,面对欧洲的动荡局面,西欧联盟就显得难有作为。欧洲军团的成立,弥补了这一空白。欧洲军团计划明确提出,其使命是充当西欧联盟的防卫部队,一旦发生危机,其成员国将参加人道主义行动和维持和平行动。欧洲军团成立前负责欧洲安全的是以美国为首的北约组织。

世界水日

20世纪以来,由于全球经济的飞速发展,人口的迅猛增长,水污染的加剧,世界水资源日趋枯竭。1993年1月18日,第47届联合国大会通过决议,确定每年的3月22日为"世界水日",从而为地球水资源的日益短缺和不断加重的水污染敲响了警钟。水日的确定,旨在使全世界都来关心并解决这些问题。每年的这一天,世界各国根据自己的国情,就水资源的开发与保护开展各项活动,以提高公众的水意识。

美国"大卫派"教徒集体自杀

1993年4月19日,一场大火焚毁了美国得克萨斯州近百名"大卫派"教徒武装据守了51天的卡梅尔庄园。据当时的报道,仅有9名教徒从火海中逃生,其余86名教徒包括约24名儿童下落不明。这是自1978年圭亚那"人民圣殿教"913名教徒惨死于"森林事件"后的又一起教徒集体死亡的宗教悲剧。

这场大火是在美国联邦调查局4月19日早晨出动装甲车捣毁大卫派据点围墙,并向里面施放催泪弹之后发生的。联邦调查局发言人里克斯说,当局之所以决定用催泪弹将教派成员赶出据点,是因为担心他们可能会集体自杀。

据美国新闻界报道,"大卫派"头目考雷什曾告诉联邦调查局,如果联邦执法人员企图加害于他,那么执法人员将被"烈火吞没。"之后考雷什本人下落不明。

不过,据《华盛顿邮报》报道,两名逃离现场的信徒说,他们认为,政府坦克向庄园的木结构建筑物施放瓦斯时,把屋内的煤油灯打翻,从而引起了这场大火。一个死里逃生的考雷什信徒说,他们不可能集体自杀,否则,他们不可能在据点里戴上防毒面具。

"大卫教"派是从一个名叫"七日历险者教"的宗教团体中分裂出来的。"七日历险者教"的前身是由一位保加利亚移民维克多·霍特夫于 20 世纪 30 年代在美国洛杉矶创立的"大卫七日历险者教。"

莫斯科"十月事件"

1993 年 9 月 21 日晚,叶利钦总统突然在俄电视台发表告俄罗斯人民书,宣布终止俄罗斯人民代表大会和现届最高苏维埃,同时宣布将于 12 月 12 日举行国家新的立法权力机构——联邦会议选举。与此同时,俄罗斯最高苏维埃也于当晚在俄议会大厦举行紧急会议,宣布停止叶利钦的俄联邦总统职务,同时决定由副总统鲁茨科伊接替。一时间,克里姆林宫和议会大厦中的两位总统形成对峙局面,俄"双重权力"危机达到了白热化。对叶利钦总统做出解散议会的决定,以切尔诺梅尔金为首的俄政府表示坚决支持,俄国防部也宣布"不服从已解散的最高苏维埃。"但俄宪法法院通过决议,认定叶利钦总统解散议会的命令和告人民书"违反宪法",俄总检察长斯捷潘科夫也表示支持议会。10 月 3 日,叶利钦总统下达攻打俄议会大厦的命令。政府军同忠于议会的战斗队进行了长达 10 个小时的激战。最后,议长哈斯布拉托夫和"代总统"鲁茨科伊等人被捕入狱。至此,长达 70 余年的苏维埃议会制度不复存在。

"十月事件"后,叶利钦总统对新宪法草案做了重大修改,进一步扩大了总统的权力和联邦中央政府的权力。在 12 月 12 日新议会选举的同时就新宪法草案举行全民公决,在全民公决中,叶利钦总统提出的"总统制"新宪法顺利通过。

斯里兰卡总统普雷马达萨遇刺身亡

1993 年 5 月 1 日,斯里兰卡总统普雷马达萨在由统一国民党组织的庆祝五一劳动节游行途中遇爆炸身亡,终年 69 岁。五一节中午 11 时 30 分,普雷马达萨带领群众游行队伍行进到科伦坡阿姆奥街,突然一名青年骑车向他冲来。普雷马达萨总统的助手和保镖上前阻拦,就在这时,那名青年拉响了绑在他身上的炸药。总统和他的同事、保镖约 25 人一同丧生。斯里兰卡长时期来存在着严重的种族冲突,泰米尔猛虎组织不断袭击政府军,并频繁进行恐怖主义活动。普雷马达萨总统生前拒不接受该组织提出的单方面停火协议,并对其进行军事围剿,要求其无条件放下武器后进行谈判。双方矛盾十分尖锐。警方调查宣布,炸死总统的凶犯名叫韦拉库尔,化名巴布,他是泰米尔猛虎组织成员。

世界贸易中心爆炸事件

1993 年 2 月 26 日中午 12 点 18 分,位于美国纽约曼哈顿岛南端的世界贸易中心地下发生爆炸事件。停在该中心地下停车场一辆装有数百公斤烈性炸药的汽车突然发生爆炸,中心地下建筑层(包括 3 层停车场)有 4 层被炸穿,6 人被炸死,1042 人受伤。事件发生后,世贸中心大楼被迫关闭数周,经济损失达 5.5 亿美元。事后经调查,这起爆炸事件系恐怖组织所为。

印度发生强烈地震

1993 年 9 月 30 日,印度西部的马哈拉施特拉邦拉杜尔县附近发生一场毁灭性的地震灾害。印度地震监测部门称,这次地震震级为里氏 6.4 级。地震波及 7 个邦,使基拉里镇和 73 个村庄被毁,地震发生时,大多数印度人都在家休假,加上一些楼房年代久远,结构老化,因此伤亡格外惨重,约 3 万人丧生,1 万多人受伤。这是印度 50 年来伤亡人数最大的一次地震,也是 20 世纪全球十大地震之一。

巴以签署和平协议

1993 年 9 月 13 日,以色列和巴勒斯坦及解放组织签署和平协议。全世界观看了这样的历史性镜头:在美国白宫草坪上,在笑容可掬的克林顿总统主持下,以色列外长佩雷斯与巴解组织执委会成员阿巴斯分别代表以色列和巴解组织在《巴勒斯坦人首先在加沙和杰里科实行自治的原则宣言》上签字。随后在一片热烈的掌声中,在过去几十年间相互视为仇敌的巴解主席阿拉法特和以色列总理拉宾握住了对方伸出的手……此前的 9 月 9 日巴解和以色列已宣布互相承认对方的存在。此后的 9 月 16 日,巴解宣布结束对以色列的敌对状态。

巴勒斯坦问题是阿以问题的核心。1948 年,根据 1947 年联合国通过的第 181 号分治决议,在巴勒斯坦的 70 万犹太人建立了以色列国,阿拉伯人强烈反对分治决议和犹太复国主义。1949 年,联大又通过对耶路撒冷实行国际托管的决议。从此,历史上两个饱受压迫的民族开始了旷日持久的激烈冲突,双方先后进行过 5 次大规模战争,积怨甚深。

巴以和平协议的签署具有重要历史意义,它不仅标志着巴勒斯坦人与犹太人开始结束近百年来的敌对,准备走向和解,而且还打开了解决整个中东问题的锁。

哥伦比亚贩毒集团头子埃斯科瓦尔被击毙

1993 年 12 月 2 日,越狱潜逃达 16 个月之久的世界头号毒枭、哥伦比亚贩毒大王巴勃罗·埃斯科瓦尔在麦德林市被警察击毙。

埃斯科瓦尔于 1949 年 12 月 1 日生于哥伦比亚第二大城市麦德林西南约 20 千米的小镇思维加多的一个中产阶级家庭。他于 20 世纪 70 年代初开始贩毒,80 年代成为世界最大贩毒组织麦德林贩毒集团的头子。1989 年 8 月 18 日,他制造了震惊世界的枪杀哥伦比亚自由党总统候选人路易斯·加兰的血案。这一事件激怒了哥伦比亚政府,8 月 19 日,哥伦比亚总统巴尔科命令陆、海、空三军与警察部队采取联合行动,在全国范围内进行"全面扫毒大战。"面对政府强大的军事攻势,1991 年 6 月埃斯科瓦尔向政府投降,投降后被关押在麦德林一座特别监狱中。1992 年 7 月 22 日,埃斯科瓦尔越狱潜逃。哥当局巨额悬赏缉拿埃斯科瓦尔,并进行了多次全国性搜捕。埃斯科瓦尔曾无数次逃脱上百人甚至数千人的搜捕。1993 年 12 月 2 日下午 1 时,埃斯科瓦尔企图逃跑时被打死在房顶上,其尸体由其家属埋葬在麦德林城南的一块墓地,从而结束了他罪恶的一生。

卢旺达种族大屠杀

1994 年 4 月 6 日,卢旺达的胡图族总统哈比亚利马纳因飞机失事遇难身亡。许多胡图族人认为这是一起由图西族策划的谋杀行动,从而引发了一场图西族与胡图族间的部族大屠杀。在历时 3 个月的种族大屠杀中,共约有 107 万人死亡,其中 94% 的受害者是图西族人。

卢旺达大屠杀震惊了国际社会。1994 年 11 月,联合国在坦桑尼亚北部城市阿鲁沙成立卢旺达国际刑事法庭,专门调查审判这起大屠杀事件的策划者、组织者、鼓动者及参与者。案件审理至今已有约 3000 名嫌疑人受到了审判,其中 500 多人被判处死刑,而涉案人员的身份很复杂,有政府要员、新闻记者、神职人员,而更多的还是未成年人。目前,仍有大约 12 万人被关在监狱中,等待接受与屠杀有关的各项审判。

欧洲海底隧道通车

1994 年 5 月 6 日,连接英伦三岛与欧洲大陆的欧洲海底隧道建成通车,为欧洲交通史写下了重要的一笔。

欧洲隧道又称海峡隧道,它西起英国的福克斯通,东到法国的加来,横穿英法之间多

被杀害的部分图西族人头骨

佛海峡的海底,全长50千米,水下长度38千米,为世界最长的海底隧道。这项工程由3条隧道和两个终点站组成。3条隧道自北向南平行排列,南北两隧道相距30米,是单线单向的铁路隧道;中间隧道为辅助隧道,用于上述两隧道的维修和救援工作。在辅助隧道的1/3和2/3处,分别为两运营隧道修建了横向连接隧道。当铁路出现故障时,可把在一侧隧道内运行的列车转入另一隧道继续运行,而不中断整个隧道的运营业务。在辅助隧道线上,每隔75米,都有通道与两主隧道相连,以便维修人员工作和在紧急情况下疏散人员。据英国铁路当局估算,每年通过隧道的旅客人数达1800万人,货运量可达900万吨。

"太阳圣殿"教成员集体自杀

1994年10月5日,在瑞士、加拿大同时发生3起"太阳圣殿"教成员集体自杀事件,共死亡53人,包括教主儒雷、迪蒙布洛。这些教徒是因相信世界末日即将来临而集体自杀的。

10月5日凌晨,位于瑞士弗里堡州的一个村子发生了神秘的农舍起火事件。当地消防人员扑灭了农舍大火后,共发现了23具尸体。多数死者身穿红色或白色斗篷,一些女子则穿着金色长裙。许多死者脑袋上有枪伤,还有一些教徒的手互相捆在了一起,有10具尸体头上包着塑料袋。在教徒们自杀的会议室和地下圣殿的墙上挂着镜子和宗教象征物。当天凌晨,位于瓦莱州的第二个村子里的3座农舍也神秘起火。消防人员在两座农舍中发现25具尸体,自杀的人中有瑞士人、法国人和加拿大人。同一天在加拿大也发生了"太阳圣殿"教成员自杀事件,共有5人死亡。

"太阳圣殿"教以加拿大为基地,该教派的成员分布在法国、瑞士和加拿大的魁北克省。"太阳圣殿"由刚果人儒雷和加拿大人迪蒙布洛创始于20世纪80年代初,布道基地设在瑞士日内瓦,1987年迁到加拿大。该教成员有数千名,分布世界各地,在瑞士、加拿大、法国、比利时、荷兰、丹麦等国设有分支机构。"太阳圣殿"教拥有武器,鼓吹世界末日

说,要求信徒把火焚自杀看成是飞向天界的旅行,是一种真正的解脱。

美国偶像派人物辛普森杀妻案

1994年6月13日,美国前橄榄球明星、影视界当红演员辛普森的前妻妮科尔和她的男友戈德曼在妮科尔的公寓外惨遭杀害。当日警方传讯辛普森后将其释放。17日,辛普森在驾车外逃时被捕,美国全国电视实况转播了警察在洛杉矶高速公路上惊险追捕辛普森的场面。

辛普森是一名黑人,在美国是一位家喻户晓的体育、电影、广告三栖明星,也是美国人心目中的英雄。1994年6月13日,妮科尔和戈德曼被发现双双倒在血泊之中。妮科尔的脖颈被砍去大半,颈部脊椎骨露出,戈德曼则死得更惨,身上被剁20余刀。辛普森被捕后,警方指控他犯有双命血案,辛氏自称无罪。于是警方开始了一场历时474天、震撼全美的"世纪审判。"1995年10月3日由绝大多数黑人组成的陪审团在分析了113位证人的1105份证词后,宣判辛普森无罪。受害者亲属对判决不满,又将辛普森告到民事法院。1997年,受害者亲属获得了3350万美元的赔偿。

美国家喻户晓的明星辛普森

彗星撞击木星

1994年7月16日~22日,一颗名为"苏梅克·列维9"号的彗星断裂成21个碎块(其中最大的一块宽约4千米),以每秒60千米的速度连珠炮一般向木星撞去。这是人类首度实际目睹的千米级天体撞击行星现象。

这颗彗星是美国天文学家尤金·苏梅克和卡罗琳·苏梅克夫妇以及天文爱好者戴维·列维,于1993年3月24日在美国加州帕洛玛天文台用天文望远镜发现的,故以他们的姓氏命名。这颗彗星曾于1992年7月8日运行到距木星表面仅4万千米的位置,被木星引力拉碎,慧核断裂成21块碎块。该彗星与木星相撞的撞击点在相对于地球的背面阴暗处,人们在地球上无法直接观察到撞击情况。但是木星周围有16颗卫星和两道暗淡的光环,科学家们可以观察到撞击对木星的卫星和光环产生的反光效应。"苏梅克·列维9"号彗星的第一块碎片于格林尼治时间7月16日20时15分以每小时21万千米的速度落入木星大气层,释放出相当于2000亿吨TNT炸药的能量,它撞击木星后产生的多个火球绵延近1000千米,发出强光。科学家们计算,在太阳系中,像这次彗木相撞的天文奇观大约要隔数百万年乃至上千万年才会出现一次,它为人类更深刻地了解宇宙的奥秘,揭示地球上生命的起源及进化提供了一次千载难逢的机会。

俄军大举进攻车臣

1994 年 12 月 11 日,俄国防部和内务部出动 4 万大军,在飞机、坦克、火炮的掩护下,分 3 路向车臣全境发起大举进攻,从而开始了自苏军入侵阿富汗以来俄军所采取的最大规模的军事行动。

车臣是俄罗斯联邦下属的 21 个自治共和国之一,位于俄罗斯南部大高加索山脉以北地区,人口约 32 万,面积仅为 1.7 万平方千米。1936 年车臣与印古什两自治州合并而成自治共和国,二次大战中被解散,1957 年又重建。1991 年,曾任苏联空军重型轰炸机师少将师长的杜达耶夫趁"8·19 事件"爆发之机,发动兵变,自任总统,并宣布车臣脱离俄联邦独立。为了遏制杜达耶夫的分离倾向,1994 年俄当局出兵向车臣发起大举进攻。俄当局一开始对速战速决充满了盲目自信。当时的国防部长格拉乔夫甚至声称,"俄军可在几天内拿下车臣首府格罗兹尼。"实际上,这场战争打了两年,最终以失败告终。在长达 20 个月的车臣战争中,共有 8 万人丧命,24 万人伤残,近百万人沦为难民,耗资数十亿美元。其中,俄军 2941 名官兵阵亡,1.78 万名受伤。

世界防治荒漠化和干旱日

由于日益严重的全球荒漠化问题不断威胁着人类的生存,1994 年 12 月,联合国第 49 届大会决定将每年的 6 月 17 日定为"世界防治荒漠化和干旱日",呼吁各国政府重视土地沙化这一日益严重的全球性环境问题。世界防治荒漠化和干旱目的确立,标志着人类共同防治土地荒漠化时代的开始。

国际保护臭氧层日

大气中的臭氧层能够保护地球免受太阳紫外线的强烈辐射。但近些年来,由于人类生产活动所产生的一些化学物质排入大气中,导致了臭氧层的破坏,在两极上空形成臭氧空洞,并已经对地球生物包括人类的正常生存造成威胁。为唤起人们保护臭氧层的意识,采取协调一致的行动保护地球环境和人类的健康,1987 年 9 月 16 日,46 个国家在加拿大的蒙特利尔签署了《关于消耗臭氧层物质的蒙特利尔议定书》,开始了保护臭氧层的具体行动。1995 年 1 月 23 日,联合国大会通过决议,确定从 1995 年开始,将每年的 9 月

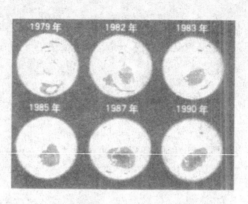

南极上空的臭氧洞变化过程

16日定为"国际保护臭氧层日。"国际保护臭氧层日的确立,进一步表明了国际社会对臭氧层耗损问题的关注和对保护臭氧层的共识。

世界贸易组织成立

1995年1月1日,关贸总协定的继承组织——世界贸易组织(简称WTO)——在日内瓦成立。

建立世界贸易组织的设想是在1944年7月举行的布雷顿森林会议上提出的,当时的设想是成立一个"货币—金融—贸易"三位一体的国际性贸易组织。1947年联合国贸易及就业会议签署的《哈瓦那宪章》同意成立世界贸易组织,由于美国反对,世贸组织未能成立。同年,美国发起拟订了关贸总协定,作为推行贸易自由化的临时契约。1986年关贸总协定乌拉圭回合谈判启动后,欧共体和加拿大于1990年分别正式提出成立世贸组织议案。1994年4月在摩洛哥马拉喀什举行的关贸总协定部长级会议正式决定成立世界贸易组织。

WTO素有"经济联合国"之称

世界贸易组织是处理国际贸易全球规则的唯一国际组织。其宗旨是促进经济和贸易发展,以提高生活水平、保证充分就业、保障实际收入和有效需求的增长,根据可持续发展的目标合理利用世界资源、扩大货物和服务的生产;达成互惠互利的协议,大幅度削减和取消关税及其他贸易壁垒并消除国际贸易中的歧视待遇。实际上这些宗旨有些并未实现。世界贸易组织的最高决策权力机构是部长会议,每两年召开一次会议。部长会议下设总理事会和秘书处,负责世贸组织日常会议和工作。截至1999年10月底,加入WTO成员国有134个。WTO现任总干事是新西兰的迈克尔·肯尼思·穆尔。

日本阪神大地震

1995年1月17日,日本兵库县南部发生里氏7.2级强烈地震。地震波及14个府县,其中大阪、神户损失尤为惨重。这场灾难造成5200多人死亡,26800多人受伤,10万多栋建筑物被毁,31万人无家可归,经济损失约8万亿日元。这次地震也是日本自1923年关东大地震以来人员伤亡最惨重的一次。

东京地铁"沙林"毒气事件

1995年3月20日晨,日本"奥姆真理教"的成员在东京地铁的几处施放了一种名叫"沙林"的毒气,东京地铁系统中的日比谷线、丸内线、千代田线上共有5辆列车、16个车站的乘客受到危害,造成了震惊一时的东京特大毒气恐怖事件。

"沙林"被称为"穷国的原子弹",是一种比空气重的毒气,比氰化物威力大出500多倍,它对接触到的东西可以产生永久的影响,对受害者的肺、眼睛和中枢神经系统产生长期的危害。"沙林"毒气能破坏神经系统,使受害者产生最终使其窒息的黏液,接着使人出现心脏和呼吸系统衰竭症状。在这场"沙林"毒气事件中,共有12人丧生,5500人受伤。事发后据东京警方说,当时大批乘客相继从地铁站被抬出,出来的人都是大口喘气。有人口吐白沫,有人神志已经不清。各方投入了紧急救援,各种救援及救护车辆笛声不断,来往于各地铁出口和医院之间,导致全市交通堵塞。事件发生后,奥姆真理教教主麻原彰晃等主犯被捕。1995年6月,东京地方检察厅以杀人和杀人未遂罪对麻原彰晃等7人提起公诉。到目前为止,东京地铁沙林事件的5名执行主犯中有3人被判死刑、两名被判无期徒刑。

以色列总理拉宾遇刺

1995年11月4日,以色列总理兼国防部长拉宾在参加特拉维夫一个有10万人参加的和平集会后遭一名犹太极右组织成员刺杀,经抢救无效身亡,终年73岁。拉宾是以色列建国后第一位被国内反对派势力暗杀的总理。

伊扎克·拉宾于 1922 年 3 月 1 日生于耶路撒冷一个左翼犹太复国主义贵族家庭。曾在以色列农业学校和美国迈阿密大学受过教育。1940 年底加入"帕尔马赫突击队"（犹太人秘密武装组织），第二次世界大战时参加盟军在叙利亚的敌后作战。1948 年 5 月第一次中东战争时期，他任著名的哈雷尔旅旅长，1964 年晋升为三军参谋长。1967 年第三次中东战争爆发时，他是以军的主要组织者和指挥者，6 天之内率军攻占了 6.5 万平方千米的阿拉伯土地，成为以色列的一代英雄。长达 27 年的军旅生涯，使拉宾养成了直率、果断、务实的性格。他于 1974 年和 1992 年两次出任工党领袖和内阁总理。1993 年 9 月 17 日，联合国教科文组织授予拉宾"博瓦尼和平奖。"1994 年，拉宾获诺贝尔和平奖和"阿斯图里亚斯王子国际合作奖。"拉宾曾于 1993 年 10 月访华。拉宾在任职期间积极致力于实现中东和平。他自 1968 年退役后即为阿以和解奔忙，他不同意对阿拉伯人采取"寸土不让"的政策，而主张"以土地换和平。"在他的总理任期内，以色列先后同巴勒斯坦解放组织和约旦签署了和平协议，中东和平进程取得空前进展。但他提出的"土地换和平"的政策也遭到了以色列右翼势力的强烈反对，终于在 1995 年 11 月 4 日遭到杀害。6 日，以色列人民在耶路撒冷西的赫茨尔山国家公墓为拉宾举行了盛大国葬，世界 80 多个国家的领导人及代表参加了葬礼，联合国总部全天降半旗悼念拉宾。

八国核安全首脑会议召开

1996 年 4 月 20 日，由俄罗斯总统叶利钦建议召开的 8 国核安全首脑会议在莫斯科举行，英、德、意、加、美、俄、法和日本领导人参加了会议。会议由叶利钦和法国总统希拉克主持。

这次会议的主要成果是通过了"关于加强核安全合作宣言"，"反对核材料非法交易的纲领"，"关于全面禁止核试验条约的声明"和"关于乌克兰问题的声明"等 4 项文件。但会议也表明了各国间、特别是西方 7 国与俄罗斯之间在一系列问题上存在分歧。针对北约东扩，核武器可能部署到新加入北约的国家领土上，俄罗斯在会上提出只把核武器部署在本国领土的建议。在落实会上提出的提高核安全措施的经费问题上，各方的反应也不尽一致，日本首相桥本表示将向俄提供援助。德国总理科尔认为经济问题不应超越现实的框架。俄则认为，不出资金落实，核安全的前景未必光明。8 国核安全首脑会议的召开，使美、欧、俄伙伴关系达到了新水平。

阿富汗"塔利班"攻占喀布尔

塔利班在普什图语中是"学生"的意思，实际是伊斯兰学生运动组织。1994 年，一个名叫穆罕默德·奥马尔的阿訇因不满连年内战,便在坎大哈省率领难民营中的数百名伊斯兰学校学生发动了起义,并成立了塔利班政权。他们提出"铲除军阀,恢复和平,重建国家"的口号,深得人心,民众很支持他们。1996 年 1 月,塔利班发起代号"进军喀布尔"的大规模战役,仅一个多月就夺取了 9 个省。9 月 25 日晚,塔利班向喀布尔发动进攻,翌日,占领塔戈巴战略村,直取巴格拉空军基地,拉巴尼总统与西克马蒂亚尔总理被迫退出喀布尔。27 日塔军顺利占领喀布尔并宣布由 6 人委员会组成临时政府,穆尔拉·穆罕默德·拉巴尼被任命为该委员会主任,并且将前总统纳吉布拉和他的兄弟处死。截至 1996 年 10 月,塔利班控制了阿富汗境内 75% 的土地。1998 年,塔利班控制了全国 90% 的土地。这支派别高举铲除军阀、重建国家的旗帜,而且纪律严明、作战勇敢,并提出反对腐败、恢复商业的主张,因此深得阿富汗平民的支持和拥戴。

"巴尔干铁娘子"普拉夫希奇出任波黑总统

1996 年 5 月 18 日,波黑塞尔维亚共和国总统卡拉季奇迫于内外压力宣布辞去总统职务,由副总统比丽亚娜·普拉夫希奇继任总统。

普拉夫希奇于 1930 年 7 月出生于波黑小镇图兹拉。1956 年任萨拉热窝大学生物学教授。1990 年她与卡拉季奇一道创建波黑塞族民主党,开始进入政坛。1992 年波黑穆斯林和克罗地亚族通过全民公决宣布脱离南斯拉夫独立,但遭到波黑塞族的拒绝。波黑战争就此爆发。战争期间普拉夫希奇担任波黑塞族副总统,被认为是总统卡拉季奇的亲密助手。普拉夫希奇为人十分干练,能力超群,是被公认的强硬派人士,因此在国际社会获得了"巴尔干铁娘子"的称号。她上台后,奉行亲西方政策,对卡拉季奇的强硬政策予以谴责。1998 年她退出政界。2001 年初海牙国际法庭发出

巴尔干铁娘子普拉夫希奇

了对她的通缉令,普拉夫希奇主动赴海牙法庭自首。2002 年海牙法庭以"反人类罪"罪名判处普拉夫希奇 11 年监禁。

美国女宇航员露西德进入太空

1996 年 3 月 22 日,美国女宇航员、生物化学家香农·露西德(时年 53 岁),乘坐"亚

特兰蒂斯"号宇宙飞船,在"和平"号太空站同两名俄罗斯宇航员一起从事研究工作。她在那里生活了188天,同年9月26日返航。露西德于1943年1月生于上海,其父亲是美国传教士。她自幼就梦想当火箭科学家。1978年她才考入美国航天局,成为美国第一批6名宇航员中的一员。这次是她第四次飞行(1985年第一次飞行)。她已累积了223天的太空飞行纪录。

联合国通过《全面禁止核试验条约》

1996年9月10日,第50届联大全体会议以158票赞成、3票反对、5票弃权通过了《全面禁止核试验条约》。全面禁止核试验条约谈判于1994年正式开始,1996年8月中旬《全面禁止核试验条约》条文拟定。1996年9月24日在联合国总部举行了条约签字仪式。

《全面禁止核试验条约》包括序言、17条、两个附件及议定书。条约规定:缔约国共同努力在全球范围内裁减核武器,以求实现消除核武器、全面彻底核裁军的最终目标;所有缔约国承诺不进行任何核武器试验爆炸或任何其他核爆炸;建立国际监测系统对全世界违反条约的核试验进行监测;在证据充分的情况下,对被怀疑进行核试验的国家可进行现场核查;在奥地利首都维也纳建立全面禁止核试验条约组织,其主要机构是成员国大会,大会下设由51个成员国的代表组成的执行理事会,在程序问题上,以参加投票成员国的2/3多数来作决定;条约须在附件2所开列的44国签字并批准后方能生效。联大通过《全面禁止核试验条约》后,于1996年9月24日开放供所有国家签署,中国、法国、俄罗斯、英国和美国首先在条约上签字。1997年3月17日,核禁试组织在维也纳正式开始工作。至2000年3月,签约国有155个,批准该公约的国家有55个。

艾滋病新疗法鸡尾酒疗法发明

1996年12月,美国艾伦·戴蒙德艾滋病研究中心的主任何大一,因研究治疗艾滋病获突破,被评为《时代》周刊1996年度风云人物。何大一经十多年潜心研究,首创"鸡尾酒疗法",即让刚感染艾滋病毒的患者服用由蛋白酶抑制剂和其他多种抗毒药物调配而成的混合药品,取得显著疗效。"鸡尾酒疗法"是一个重大突破,它提供了治愈艾滋病的可能性。

安南当选联合国秘书长

1996年12月13日,安南当选为联合国第7任秘书长。

科菲·安南于 1938 年 4 月 8 日生于加纳的库马西。先后就读于库马西理工大学、美国明尼苏达州麦卡莱斯特学院、日内瓦高等教育大学和美国麻省理工学院,曾获经济学学士和管理学硕士学位。从 20 世纪 60 年代起,他先后在联合国非洲经济委员会、联合国总部、联合国日内瓦办事处、日内瓦难民专员办事处、世界卫生组织等部门工作。20 世纪80 年代初,安南调回联合国总部,先后担任人事和财政部门的领导工作。1986 年,他升任联合国助理秘书长。1991 年海湾战争期间,他率领联合国小组同伊拉克谈判释放联合国及国际组织工作人员和西方人质问题。1993 年 3 月 1 日,安南任负责维持和平事务的副秘书长,总管全球的维和行动。1996 年 6 月,联合国第 6 任秘书长加利宣布竞选连任,由于美国的反对,选举陷入僵局。12 月 13 日,安理会一致同意安南为秘书长候选人。17日,联合国以鼓掌方式通过了任命安南为联合国第 7 任秘书长的决议。1997 年 1 月 1日,安南正式走马上任,任期 5 年。安南头脑冷静,富有幽默感,精通英语、法语和几种非洲语言,是位经验丰富的外交家,在联合国外交官中享有较高的声誉。

英国疯牛病

1996 年 3 月 20 日,英国政府首次承认食用疯牛肉可能导致一种脑衰竭的绝症。据当年统计,英国已发生 10 起这种病症,其中 8 人死亡。消息传出,在英国和全球引起恐慌。

该病症起源在 1986 年,英国政府兽医人员在解剖"疯牛"时,发现牛的脑部呈海绵状病变。疯牛病的正式名称是牛脑部海绵状病,系人畜共同传染病,目前无药可治。此病是由一种病原性蛋白颗粒,在染病绵羊山羊脑组织内,经制成肉骨粉喂牛而传染给牛的。人误吃病牛脑,这种病就从牛传染给了人。此种病原性蛋白颗粒极具抗热性及抗药性,感染后潜伏 3~9 年,病况异常复杂,患者脑组织呈海绵状。

疯牛病严重冲击了全球肉品供应市场。英国 660 家麦当劳连锁店当即决定停止用英国牛肉,欧盟各国、澳大利亚、新西兰、新加坡、日本和南非等 30 多个国家相继宣布禁止进口英国牛肉,疯牛病风波严重损害了英国经济,使英国养牛业面临危机,不仅 5 亿多英镑的牛肉出口化为泡影,每年还需花费 35 亿英镑进口牛肉,因而扩大了英国的贸易赤字。4 月 3 日结束的欧盟农业部长会议决定,继续禁止英国牛肉出口,对英国宰杀处理肉牛的损失给予 70% 的补偿。

波音、麦道公司联姻

1996 年 12 月 16 日,美国波音公司总裁菲利浦·康迪完成了他一生中最重大的商业活动。在经过 3 年的不懈努力后,他终于成功说服美国国防工业的老大麦道公司的董事们同意同波音合并。波音同麦道的合并组成世界上最大的航空工业公司。

克隆技术

绵羊多莉的诞生

1996 年 7 月 5 日,在苏格兰的罗斯林研究所里,人们都在焦急地等待着一只绵羊的诞生。

罗斯林研究所是英国最大的家畜家禽研究所,也是世界著名的生物学研究中心,它建在距爱丁堡市 10 公里远的郊区,一个叫罗斯林村的地方,这里风景优美,堪称"世外桃源。"

傍晚 5 时左右,随着"咩"的一声,一只绵羊顺利地产了下来。人群立刻沸腾了,人们击掌相庆。

和普通的绵羊诞生一样,这只后来被称为"多莉"的绵羊也以普通的方式来到了这个世界。多莉体重 6.6 千克,显得有些虚弱,但看起来很健康。生下多莉的母体是一只黑脸羊,它正亲昵地用舌头舔着多莉湿漉漉的身体。但是,多莉看起来和它长得一点也不像。

对于罗斯林研究所伊恩·威尔穆特科学研究小组全体成员来说,这是一个令人激动的日子;对全世界来说,这也是值得庆贺的一天。多莉绵羊虽然以普通的方式来到了这个世界,但它的身世却不平凡,因为它是科学家们用克隆技术"复制"出来的。

多莉虽然 1996 年就出生了,但 1997 年才首次向公众披露。它被美国《科学》杂志评为 1997 年世界十大科技进步的第一项,也是当年最引人注目的国际新闻之一。科学家认为,多莉的诞生标志着生物技术新时代的来临。而威尔穆特因此被称为"克隆羊之父",并获得了德国最高医学奖——"保罗·埃尔利希—路德维希·达姆施泰特"奖。评委会称,威尔穆特的杰出工作使"胚胎学研究发生了根本性的改变。"

复杂的身世

多莉的身世是复杂的,它没有父亲,但有三个母亲。

伊恩·威尔穆特科学研究小组成员,首先从一只 6 岁芬兰多塞特白面母绵羊的乳腺中取出乳腺细胞,将其放入低浓度的营养培养液中,经过 5 天左右的"挨饿"后,细胞逐渐停止分裂,此细胞称之为"供体细胞",而这只芬兰多塞特白面母绵羊则成为多莉的"基因母亲。"

然后从一头苏格兰黑面母绵羊的卵巢中取出未受精的卵细胞,并立即将细胞核除去,留下一个无核的卵细胞,此细胞称之为"受体细胞。"研究人员随后利用电脉冲方法,使供体细胞和受体细胞融合,最后形成"融合细胞。"电脉冲可以产生类似于自然受精过程中的一系列反应,使融合细胞也能像受精卵一样进行细胞分裂、分化,从而形成"胚胎细胞",而这只苏格兰黑面母绵羊则成了多莉的"借卵母亲。"

研究人员最后将胚胎细胞转移到另一只苏格兰黑面母绵羊的子宫内,胚胎细胞开始分化和发育，最后形成小绵羊——多莉，而这只黑面母绵羊则是多莉的"代孕母亲。"

从理论上讲，多莉继承了"基因母亲"的遗传特征，即继承了那只芬兰多塞特白面母绵羊的特征，因此它应该是一只白面羊，而不是黑脸羊。事实也是如此，多莉的确是一只白面山羊。

从多莉的形成过程来看，它没有父亲，而是有三个母亲。实际上，多莉与"基因母亲"的关系也很复杂，不能简单地理解为"母子关系"，因为它们有完全相同的细胞核遗传物质，我们甚至可以把它们看成是一对隔了6年的双胞胎。

多莉带来的轰动

多莉诞生后，引来了各界的评判。"你们知道吗？在多莉诞生前一年，我们就已经克隆出了'玛根'和'莫瑞'两只威尔士小山羊，虽然技术不同，但也很成功。为什么只有多莉一举成名呢？我想这不是科学家的问题，是媒体把它捧起来了！"伊恩·威尔穆特科学研究小组一名成员说。

世界各大媒体争相报道，只要是关于多莉的信息，无不以醒目位置用醒目标题标出。一时间，有人欢呼，有人兴奋，有人茫然，有人恐惧，有人开始克隆其他动物，甚至有人要克隆人！

"人们一直为克隆人的安全性争执不休，那让我来说说两只小母羊的故事：一只大出风头，一只却早已死去。"伊恩·威尔穆特科学研究小组一名成员说。

那只大出风头的母羊就是多莉，而已经死去的则是紧随着多莉诞生的一只，它出生时看起来和普通的羊没有什么区别。但它气喘得非常厉害，一连几个星期，每天都气喘吁吁的，似乎随时都有可能被一口气憋死。经过研究人员的讨论和兽医的检查，最终给这只羊实行了安乐死。在对它进行解剖时发现，它的肺还没有发育完全。

因此，从克隆羊的成果来看，克隆技术并不完善，它存在相当大的风险。我们姑且不说对人克隆所面临的道德问题，如果克隆出来一个怪胎，我们难道也要像对等待那只肺还没有发育完全的绵羊一样吗？

多莉之死

1998年，多莉与一只叫戴维的威尔士山羊结成配偶，并于当年4月13日凌晨产下一只雌性小羔羊，体重达2.7千克，1999年，多莉又产下了三个小羔羊。

就在人们为多莉的幸福生活庆祝时，罗斯林研究所的科学家在1999年宣布，多莉体内细胞开始显露出老年动物所特有的症状。

2003年2月14日，经兽医诊断，多莉患有严重的进行性肺病。所谓"进行性"疾病是指病情不断发展恶化，情况越来越严重，直到生命衰竭。罗斯林研究所不忍眼睁睁地看着多莉郁郁而终，因为它已经不停地咳嗽一个多星期了，已经被折磨得十分虚弱。研究所最后决定，对多莉实施"安乐死"，让它平静安详地离去。

早衰的争论

多莉之死引出了更大的争论，就是克隆动物是否会引起早衰？一般说来，一只绵羊平均可以活11~12年，而多莉只有6岁，寿命仅相当于普通羊的一半。

其实绵羊多莉自出世后两年,科学界就发现,它正在以异常快的速度衰老。科学家们对多莉羊的染色体进行了认真细致的研究,之后得出了令人惊讶的结论:按照普通羊的成长速度,多莉此时应该是两岁,可是实际上多莉已不是两岁了,而是六岁!

于是人们把目光瞄向用以克隆多莉羊的细胞供体,它取一只六岁绵羊的身上。人们似乎可以这样解释:用以克隆多莉的细胞年龄是六岁的,而这一数据会随着细胞进入到多莉的体内,所以克隆出来的多莉在年龄上也要很快赶上它的供体的年龄。多莉的死亡,再度引发了克隆动物是否早衰的争论。

伊恩·威尔穆特教授对多莉的死亡"感到十分失望。"他说,他在大约一年前已经发现多莉羊的左后腿患上了关节炎,而这种典型的"高龄病症"对当时还年轻的多莉而言,很可能意味着目前的克隆技术尚不完善。

继多莉问世之后,克隆技术在近年来得到了一定的发展,各国科学家相继克隆出牛、鼠、猪等动物,但与此同时也陆续有科学家发现一些克隆动物表现出"早衰"迹象,它们的寿命都要比正常的寿命短。早衰现象是克隆技术自身不完善所致,还是其他原因所致,人们仍在争论中。

美国女商人芬奇驾机成功绕地球飞行

1997 年 5 月 28 日,美国女商人琳达·芬奇(时年 46 岁)驾驶一架 ElectralOE 型"老古董"式的飞机徐徐降落在美国西海岸的奥克兰国际机场,从而成为首位单人驾机完成环球飞行的女飞行员。芬奇驾驶的这架飞机是洛克希德公司 1935 年生产的旧式飞机,开始被遗弃在威斯康星州的野地里,样子破旧不堪,上面还筑了鸟巢,芬奇对它进行了修复和改装。芬奇驾驶这架修复的飞机,凭借自己熟练的飞行技术,在天空飞行历时 73 天,途中停留 19 个国家,累计飞行 225 小时,总航程 4.18 万千米,堪称世界飞行史上的壮举。

登陆火星

成功登陆火星

"成功了,终于成功了!"激动的人们欢呼着拥抱在了一起。此时是 1997 年 7 月 4 日下午 1 时,就在刚才,美国的"火星探路者"飞船经过整整 7 个月旅途,在飞行了约 5 亿公里后安全而平稳地在火星上着陆了。虽然旅途漫长而艰苦,但它还是按计划准时到达了。它的神圣使命是寻找宇宙的生命。

飞船在火星上的阿瑞斯平原着陆后,人们便将焦点放在了由美国 NASA 喷气推进实验室科技人员研制成功的高科技无人自动生命分析装置火星漫游车上。火星车像个微波炉,有 6 个轮子,十几公斤重,它会自动进行火星取样、成分分析、收集样本等复杂工作。它身上的太阳能电池板,能将火星夜晚微弱的光线有效地转化为足够的电能,保证自己正常工作所需的能量。

火星车能将收集到的探索信息随时储存起来,然后把重大信息通过无线电信号及时反馈到地球上去,这个过程只需要约 11 分钟。

在火星上刚着陆的火星车

"火星探路者"发回的数千张火星地表的照片,使人类对火星地表的景观有了直观的认识:火星表面的阿瑞斯平原和地球上的荒漠极为相像;火星上也有山脉、丘陵和沟谷,甚至还有陨石坑。这都是以前人们所不清楚的。

圆满完成任务

此时的火星车在登陆探测中也顺利地完成了自己的任务,火星车通过自己身上的阿尔法——质子——X 射线光谱仪,能对岩石的化学成分进行现场分析,并及时将分析结果传回地面控制中心。它的前期工作中,共分析了两块火星岩石,并将其中一块岩石的分析结果传回地面,结论显示这块岩石的化学成分与地球上的岩石极为相似,这是科学家们所没有想到的。此后它返回的信息显示,火星上还有大量不同种类的岩石。从它留下的车辙也可以清晰地看到,火星表面覆着一层虚土,下面就是坚硬的壳层。

在它的帮助下,人类对火星的气候也有了深入的了解。火星的外围没有大气层保护,这使火星夜晚的最低温度达零下一百摄氏度。测定结果显示,火星当时正是夏季,白天的地表温度约是零下十几摄氏度,夜晚则骤降到零下七十多摄氏度。白天还有微风轻拂。"火星探路者"在距火星地表 48 公里高处测得的温度为零下 170 摄氏度,这是当时所记录到的火星大气层的最低温度。

在这次探测中,人们还找到了能够支持"火星生命之说"的证据。

从"火星探路者"拍到的照片科学家们得出结论,火星阿瑞斯平原在几十亿年前曾经发生过特大洪水,进一步证实了"海盗"号飞船在 21 年前的判断是正确的。火星车对火星岩石的化学成分分析表明,这块火星岩石在化学组成上与地球上的一块火星陨石具有相同的生物化石微粒,证明地球上的这块陨石的确来自火星。但科学家们还不能准确断定火星上确实曾经有过生命,还需要进一步测试。

此次火星探测任务成功地完成了,而且要比预先计划的要好。"火星探路者"及其所释放的火星车的工作时间都超过了科学家们的预计,从而说明美国航天局火星探测计划是具有可行性的。"火星探路者"的成功登陆,以及获得许多有重大价值的信息都充分地说明了这一点。但也暴露出了一些问题,主要集中在通信联系上,先后共出现了四次通信故障。

"火星探路者"飞船共耗费了近 3 亿美元,发射与探测的预算接近 2 亿美元,但是总成本还不到"海盗"号火星探测计划的 1/15。它返回的大量信息使人类对火星有了更进一步的了解,为以后的进一步火星探测工作奠定了坚实的基础。

布莱尔当选英国新首相

1997 年 5 月 2 日,在野 18 年之久的英国工党以绝对优势击败保守党,43 岁的工党领袖布莱尔当选英国新首相,成为英国自 1812 年以来最年轻的首相。

托尼·布莱尔于 1953 年 5 月 6 日生于英国北部的爱丁堡市一个中产阶级家庭。毕业于牛津大学圣约翰学院法律系。1984 年成为大律师。1994 年被女王封为枢密院成员。1983 年布莱尔进入下议院,从此步入政坛。此后他历任财政、工贸、能源和就业事务部发言人、内政事务发言人。1994 年当选工党领袖。1997 年 5 月,英国举行大选,年轻的布莱尔以"知识革命、脑力革命、技术革命和信息革命"为口号唤起民众,赢得大选的压倒性胜利。在 659 个下议院席位中,梅杰领导的执政 18 年的保守党仅获得 240 个席位,而布莱尔领导的工党则获得了 419 个席位。5 月 2 日,布莱尔出任英国首相,成为英国工党历史上最年轻的领袖,也是英国 185 年来最年轻的首相。布莱尔出任首相后,对工党大胆进行革新,对原保守党政府的内外政策进行了一系列调整,他被视为锐意改革、

前英国首相布莱尔

有思想并具魄力的领导人。布莱尔曾于 1988 年和 1998 年两次访华。1997 年,布莱尔出席了香港政权交接仪式,并与江泽民主席和李鹏总理举行了会谈。

东南亚金融危机

　　1997 年 7 月 2 日起,东南亚爆发了一场始于泰国、后迅速扩散到整个东南亚并波及世界的金融危机,使许多东南亚国家和地区的汇市、股市轮番暴跌,金融系统乃至整个社会经济受到严重创伤。1997 年 7 月至 1998 年 1 月仅半年时间,东南亚绝大多数国家和地区的货币贬值幅度高达 30% 至 50%,最高的印尼盾贬值达 70% 以上。同一时期,这些国家和地区的股市跌幅达 30% 至 60%。据估算,在这次金融危机中,仅汇市、股市下跌给东南亚国家和地区造成的经济损失就达 1000 亿美元以上。受汇市、股市暴跌影响,这些国家和地区出现了严重的经济衰退。直到 1998 年 2 月初,东南亚金融危机恶化的势头才初步被遏制。

英国王妃戴安娜遇车祸身亡

　　1997 年 8 月 30 日,英国王妃戴安娜在法国巴黎塞纳河畔的高速公路上,为躲避尾随拍照的记者遇车祸惨死,年仅 36 岁,与她同车的男友多迪和司机也一同丧命。

　　1981 年 7 月 29 日,戴安娜与查尔斯王子的"世纪婚礼"在伦敦圣保罗教堂隆重举行,100 万人亲临现场,至少有 8 亿人通过电视领略了这一现代婚姻童话的美丽与辉煌。然而婚后不久,两人的婚姻即陷入危机。首先两人在性格、志趣上格格不入,查尔斯经常外出打球、钓鱼,很少有时间陪戴安娜。1992 年传媒指出查尔斯和已婚的卡米拉有婚外情,而且维持已久。在种种压力下,戴安娜变得心情抑郁,并患上了厌食症,她先后曾 5 次自杀。1992 年 12 月 9 日,英国首相梅杰向国会宣布两人将分居。1996 年 8 月 28 日,两人正式宣布离婚。离婚后的戴安娜更是成了传媒关注的焦点和摄影记者的饭碗,他们不分昼夜、动用飞机、汽艇对戴安娜的行踪紧追不舍,满世界地拍照。最终,戴安娜为躲避记者的追击而丧生车祸。

戴安娜

戴安娜不仅年轻美丽,而且心地善良、平易近人。她热衷于慈善事业,经常出席各种慈善活动。她及时出访饱受战争之苦的国家,在波黑、安哥拉探望伤病员和生活贫困的难民,出面禁止使用地雷。她也常去医院看望普通的病人,其中包括麻风病和艾滋病患者。她为自己的使命奔波世界各地,赢得了全世界数百万人的爱戴,被誉称为"平民王妃。"戴安娜猝然辞世的消息传到英国,英国人民陷入一片悲痛之中,男女老幼纷纷涌到戴安娜生前居住过的白金汉宫和肯因顿宫前,献上 1000 多万束鲜花,以悼念戴妃。1997 年 9 月 6 日 4 点 10 分,戴安娜的灵柩从她生前府邸肯因顿宫运到威斯敏斯特大教堂安葬。大道两旁有 600 万人肃立为她送葬。据有关统计,全世界至少有 25 亿人通过电视直播观看了她的葬礼。她的遗骨被安葬在她的家乡奥尔索普。

以色列大规模兴建犹太人定居点

1997 年,以色列决定在东耶路撒冷的哈尔霍马大规模建设犹太人定居点。以色列是世界上唯一依靠移民并建立定居点而形成的国家。犹太人定居点在巴勒斯坦地区的存在已有 100 多年的历史。现在所谈的犹太人定居点问题,主要是指以色列在其公认边界外,尤其是 1967 年第 3 次中东战争后,不顾国际法和有关协议规定,在巴勒斯坦被占领土上建立的非法定居点。目前主要集中在加沙地带、约旦河西岸附近、约旦河谷、西岸南部的希伯伦山区以及东耶路撒冷等。截至 1999 年,以色列建立的犹太人定居点已超过 200 个,定居者达 35 万人左右。此次以色列又强行在东耶路撒冷修建犹太人定居点,这引起了巴勒斯坦和整个伊斯兰国家的强烈反对,从而加剧了这一地区的动荡局势。

金大中当选韩国总统

1997 年 12 月 19 日,韩国在野党领导人金大中击败执政的大国家党候选人李会昌和国民新党候选人李仁济,当选韩国第 15 任总统,成为韩国自 1948 年建国以来第一位以在野党候选人身份当选的总统。

金大中于 1925 年生于韩国全罗南道务安郡。早年毕业于庆熙大学经济科。毕业后办过报纸,经营过海运。从 20 世纪 60 年代起开始步入政坛,曾 6 次当选为国会议员,3 次竞选总统。1995 年他重返政坛,创建新政治国民会议。金大中长期致力于反独裁、争民主的斗争,为此曾几度入狱,两次面临杀身之灾。他在长期与朴正熙军事政权进行斗争的过程中,作为在野党的一面反独裁、争民主的旗帜,在韩国民众中有自己稳固的政治根基。1997 年 12 月 19 日他终于当选为韩国第 15 届总统。金大中政府的诞生宣告了韩国长期军事独裁政权的结束和民主政治的开始。金大中当选总统后表示,他将诚实履行与国际货币基金组织达成的协议,彻底实行市场经济并进行经济改革。对于南北关系,他建议南北双方以南北协议书为基础开展对话,在必要的时候和朝鲜领袖金正日举行会晤。

国际象棋冠军卡斯帕罗夫与"深蓝"计算机对弈

1997 年 5 月 3 日~11 日,国际象棋冠军卡斯帕罗夫与美国 IBM 公司生产的一台超级国际象棋"深蓝"在纽约曼哈顿对弈。结果卡斯帕罗夫以 2.5 分比 3.5 分败北,暂时退居为世界上第二高手。由于"深蓝"是机器而不是人,所以就人类棋手而言,目前卡斯帕罗夫仍然是第一象棋高手。

"深蓝"和卡斯帕罗夫曾于 1996 年交过手,结果卡斯帕罗夫以 4 :2 战胜了"深蓝。"经过一年多的改进,"深蓝"有了更深的功力,因此又被称为"更深的蓝。""更深的蓝"重1270 千克,有 32 个微处理器,每秒钟可以计算 2 亿步。它输入了 100 多年来优秀棋手的对局 200 多万局。

卡斯帕罗夫是人类有史以来最伟大的棋手,在国际象棋棋坛上他独步天下,无人能敌。前世界冠军卡尔波夫号称是唯一能与其抗衡的棋手,但在两人的交战史上,每次都是卡斯帕罗夫取胜。可是,在临近世纪末的 1997 年,独孤求败的卡斯帕罗夫不得不承认自己输了,而战胜他的是一台没有生命力、没有感情的电脑。也许这是一件偶然的事件,可是,这件事使人类看到了一个自己不愿看到的结果:人类的工具终于有一天会战胜自己。

这次人机大战也引来了全世界无数棋迷和非棋迷的关注。人们对此次人机大战倾注了巨大的热情,各种新闻媒体都竞相报道和评论此次人机大战,显然不只是出于对国际象棋的热爱,事实上,许多关心比赛的记者和读者都是棋盲,是因为这场比赛所蕴含的机器与人类智慧的较量的特殊意义吸引了他们。

意大利时装设计师范思哲遇刺

1997 年 7 月 15 日早晨 9 点,意大利时装设计大师詹尼·范思哲在美国迈阿密他的寓所门前遇刺身亡,年仅 50 岁。这一事件在国际上引起极大震动。

范思哲于 1946 年 12 月 2 日出生在意大利南部的雷佐卡拉布一个裁缝师家庭。高中毕业后在他母亲的服装店帮忙。1972 年范思哲和他母亲一起搬到米兰经营服装工厂和服装店。除设计服装外,范思哲还为顾客复制"仙奴"和"迪奥"等名牌高级时装,其模仿的时装几可乱真,大受顾客青睐。"佛罗伦萨之花服饰坊"的老板发现了范思哲才能,于是重金邀请范思哲担任佛罗伦萨之花服饰坊的设计。自此范思哲开始步入独立自由设计师之途。1971 年,第一批以范思哲名字为品牌的服饰正式上市,从此范思哲声名大噪。

范思哲的设计风格奔放、幽默、豪华、性感、超现实、色彩缤纷。他最重视女性美的体现，善用不同的质料和剪裁方式；范思哲曾为英国王妃戴安娜，世界级名模辛迪·克劳馥、克罗迪亚·雷芙，流行乐圣手艾尔顿·约翰、斯汀、昆西琼斯·蒂娜特娜，以及国际电影红星伊丽莎白·泰勒、波姬小丝、金贝辛格、珍妮西·摩尔等世界知名人士设计过时装。然而这样一位天才服装设计师在处于他事业辉煌的时期却死于非命。范思哲的死是世界服装业的惨痛损失。杀害范思哲的凶手后来畏罪自杀，使他被害的真正原因至今仍是个谜。

世界拳击冠军争霸赛

1997年6月28日，在美国拉斯维加斯举行了世界重量级拳击冠军争霸赛。前世界重量级拳王泰森与强敌霍利菲尔德战至第三局，泰森眼见败势已定，气急败坏地张嘴去咬霍利菲尔德的耳朵。说时迟那时快，泰森一口就把霍利菲尔德的右耳咬掉了一块。泰森这个臭名昭著的"世纪之咬"断送了他的职业拳击生涯——他当即被取消比赛资格，并被裁决无限期地停止比赛，他的拳击执照也被吊销，3000万美元出场费也付之东流……

《美国全能体育》杂志摄影记者杰德·亚克布森拍摄的霍利菲尔德被泰森咬损的右耳，成为这一"世纪之咬"的最佳佐证。这张照片被1998年第41届世界新闻摄影比赛评为体育单幅照片一等奖。目前，霍利菲尔德受损的耳朵已由外形整容师进行了补治。

克林顿的性丑闻

1998年1月，美国总统克林顿与白宫实习生莫妮卡·莱温斯基的性丑闻被曝光，震动美国与世界。

1995年11月期间，克林顿与在白宫当实习生才几个月的莱温斯基发生了不正当关系。1998年8月，莱温斯基正式出庭向大陪审团承认与克林顿有染，克林顿也接受了大陪审团的讯问，其受审的过程被录了像后又被公开。同月，克林顿在白宫向全国发表了电视讲话，就自己在莱温斯基性丑闻案中误导美国人民而向全国人民道歉，并表示对所发生的事情负全部责任，同时希望国人能转移注意力，去面对下个世纪的挑战和机遇。但事情并没有就此结束。1999年1月中旬，美国参议院开始了131年来的第一次弹劾审判，这是美国历史上第二次对总统进行弹劾审判，也是美国总统第一次因性丑闻而遭到的弹劾审判。1999年2月，在参议院表决中，由于民主党议员的大力帮助，克林顿免遭弹劾。后来参议院判定克林顿无罪。尽管如此，经过这一番折腾，克林顿已在美国和世界人民面前出尽了洋相。

欧洲中央银行正式运作

1998 年 6 月 1 日,欧洲中央银行正式成立,以取代欧洲货币局。

1991 年 12 月,欧洲联盟在马斯特里赫特条约中商定,最晚至 1999 年建立一个政治上完全独立的欧洲经济与货币联盟——欧洲中央银行。1998 年 5 月初,欧盟理事会决定,首先由 11 个国家采用共同的货币。1998 年 6 月 1 日,欧盟理事会在德国法兰克福召开董事会议,正式任命欧洲中央银行行长、副行长及执行董事会的 4 位成员,这一天被视为欧洲中央银行的正式成立日期。欧洲中央银行的宗旨是保障欧元的稳定,并和欧元区各成员国的中央银行共同组成"欧洲央行体系",负责制定欧元区统一的货币和金融政策,以维持欧元区的价格稳定、刺激欧元区的经济增长。欧洲中央银行总部设在德国法兰克福,机构有监管理事会、执行董事会和常务理事会。欧洲中央银行行长正常任期为 8 年,但由于欧盟成员国对第一任行长人选争执不下,后达成折中方案,两位行长候选人各任 4 年。荷兰人维姆·德伊森贝赫被推选为第一任行长。

克隆牛诞生

1998 年 7 月 5 日,日本科学家宣布,他们利用成年动物体细胞克隆的两头牛犊顺利诞生。日本石川县畜产综合中心与近畿大学畜产学研究室在宣布这一成果时指出,这两头牛犊是利用与克隆羊多莉相同的细胞核移植技术克隆成功的。这两个机构的研究人员从成年雌牛的输卵管和子宫内侧取出体细胞,将体细胞的核进行了 5 天的血清培养后,移植入事先去除了核的卵子,再采用电刺激的方法促进两者融合,并经过 8 天的体外培养,培育出胚胎。1997 年 11 月 13 日,研究人员将 10 个这种胚胎以两个一组分别移植到 5 头母牛子宫内。结果这 5 头母牛全部怀孕,其中两头怀的是双胞胎。5 日诞生的两头克隆牛是采用输卵管细胞克隆出来的,它们出生时体重分别为 18.16 千克和 17.26 千克。这两头牛是自 1996 年 7 月 5 日多莉羊诞生后第一批利用成年动物体细胞克隆成功的动物。

国际空间站升空

1998 年 11 月 20 日,由美国、俄罗斯、加拿大、日本和欧洲航天局 12 个成员国组成的 16 国国际空间站首批发射成功。这标志着人类在太空领域进行的最大规模的科技合作项目进入实际装配阶段,意味着人类在探索、开发太空道路上又向前迈出了一大步。

1998 年 11 月 20 日莫斯科时间 9 时 40 分，俄罗斯"质子"号火箭带着"太空城"主体装置俄制功能货舱"曙光"号，在哈萨克斯坦北部拜科努尔航天发射场飞向太空。9 分 48 秒后，"曙光"号功能货舱在 200 千米的高空成功地与运载火箭分离，并顺利进入轨道。12 月 7 日 1 点 7 分，俄罗斯"曙光"舱与美国"团结"舱在地球上空约 340 千米顺利对接。"曙光"号功能货舱是由美国宇航局出资、俄罗斯制造的。该舱重约 20 吨，长 13 米，内容积 72 立方米，可用面积为 40 立方米，是空间站的基础舱。该舱主要用于连接空间站的各公务舱和生活舱，为空间站提供电源、导航、通讯、温控等多种服务，是国际空间站的大本营。整个空间站建设将在 2004 年完成，使用期限为 15 年。国际空间站建成后，太空中将出现一个长 108 米、宽 88 米的大型"金字塔"，成为世界最先进的综合科研基地。

印尼骚乱

1998 年 5 月，印尼发生了持续 3 天的排华暴乱。5 月 13 日上午，一些不明身份的人带头在雅加达西区拦截公路上行驶的汽车，哄抢华人商店，然后在其他城区也相继发生类似事件，一场大规模的针对华人的骚乱开始了。14 日，骚乱进一步加剧，有"唐人街"之称的班芝兰一带成为骚乱者攻击的主要目标，所有华人开的商店、旅馆均被抢劫一空，焚烧殆尽。短短几个小时，班芝兰地区变成了一片废墟，被烧的汽车、摩托车残骸狼藉满地，令人惨不忍睹、触目惊心。在雅加达发生骚乱前后，其他一些大中城市如梭椤、棉兰、巨港等地也发生了严重的骚乱抢劫事件，受害者大多是华裔。在骚乱中，暴徒还丧心病狂地对妇女进行强暴。

据"印尼全国人权机构"的不完全统计，在 3 天的骚乱中至少有 1188 人死亡，168 名华人妇女遭强奸或轮奸，其中有 20 多名华人妇女因此而重伤死亡，包括一个 9 岁和一个 11 岁的女童。仅在雅加达就有 40 座购物中心、12 个市场、4000 多家店铺、2400 多间住宅和办公室、66 家银行、25 家饭店、19 家旅馆遭到砸、抢、烧，1119 辆机动车和 8000 多辆摩托车被烧毁，经济损失达 10 亿美元。骚乱还迫使 10 万多华人出国逃难。

国际社会对印尼华人华侨受迫害的事件高度关注，要求印尼采取切实措施伸张正义，保障基本人权。印尼的公正舆论也对暴行予以强烈谴责。在各方的呼吁下，印尼政府于 1998 年 7 月下旬提出了加入联合国《反种族歧视公约》和《反酷刑公约》方案，制订了人权五年计划行动纲领，并承诺将公布《反种族歧视法》。司法部长也表示要取消对华人的特别行政管制。

欧元启动

1999 年 1 月 1 日，欧洲统一货币——欧元正式启动，成为欧盟的统一货币。

欧洲货币体系自 1979 年 3 月正式运作以来,走过了整整 20 个年头。在这 20 年的时间里,欧洲货币体系推进了欧共体货币一体化的发展。欧元的正式启动是欧洲经济一体化几十年发展顺理成章的一个结果。1999 年 1 月 1 日,由比利时、德国、西班牙、法国、爱尔兰、意大利、卢森堡、荷兰、奥地利、葡萄牙和芬兰等 11 个欧盟成员国联合推出共同货币欧元。其纸币和硬币到 2002 年元旦开始流通。欧元硬币总共分成 8 种,分别为 2 元、1元、1 分、2 分、5 分、10 分、20 分和 50 分。所有欧元硬币其中一面的设计是一样的,另外一面的设计则反映出每个国家的民族特征。欧元纸币有 7 种,分别为 5 欧元、10 欧元、20欧元、100 欧元、200 欧元和 500 欧元。无论在哪个国家印制,纸币两侧的印刷必须一致。每一种纸币都显示了欧洲各个文化历史时期从古典到现代的建筑风格。纸币背面是欧洲中央银行现任行长维姆·德伊森贝赫的签名。欧元的诞生,打破了美元在国际金融体系中的垄断地位,深深影响着 21 世纪的国际金融体系。

海勒黑色幽默文学

苦涩的笑

刑场上,一个被判绞刑的人走到绞架前,看了看,又看看围观的人们,故作轻松地问:"这玩意结实吗?"顿时人们哄然大笑。这个人的表现,美国作家尼克称之为"黑色幽默",又称"绞刑架下的幽默""大难临头的幽默",还叫"病态幽默""黑色喜剧""绝望喜剧"等。因为"黑色"有绝望、痛苦、恐怖和残酷的意味。黑色幽默以悲观主义为思想基础,在面对荒诞的死亡时,化悲痛为苦笑,用不以为然的喜剧的方式来表现悲剧的内涵,酿造出具有苦涩阴郁味道的笑来。

黑色幽默主要表现世界的荒谬,否定个人主观能动性,存在着消极悲观的思想。作家们通过幽默的人生态度拉开了与惨淡的现实间的距离,认为荒诞是一种合理的存在,因而从容地描绘,力求在绝境中寻找心理平衡。

用荒诞的形式表现荒诞的内容是黑色幽默惯用的手法。作家们抛开传统的叙事原则,也打破一般语法规则,同时大量地采用夸张、讽刺的手法进行创作,使作品中场景奇异古怪,情节怪诞,人物滑稽可笑,但语言却睿智尖刻。从喜中揭露出悲来,因而在文坛上取得了很大的成就。

第二十二条军规

黑色幽默文学的代表性人物约瑟夫·海勒,是 1923 年 5 月 1 日出生于美国的犹太人。他中学没毕业就当邮差。二战中,19 岁的海勒应征入伍,在空军服役,曾执行过约60 次的飞行任务。这段不寻常的经历为他日后的创作打下了扎实的生活基础。二战后,海勒进入大学学习,后又从事教学研究工作。1952 年,他步入报界后,利用业余时间从事文学创作。

1961 年,海勒的第一部作品《第二十二条军规》问世后就引起巨大轰动。作品中虚构了一个"皮亚诺扎岛",描绘了二战期间驻守在这里的美国空军大队的生活。小说中没有统一完整的情节,每一章只对一个人物的故事进行描述,最后再由小说中的主人公尤索林的经历把这些不同的故事串联在一起。

小说采用喜剧的手法来描写悲剧,把故事夸张到了几近荒唐的地步,是黑色幽默的典型代表。作者大量采用逻辑悖论的手法,故意在众人皆知的错误大前提下进行细致的正确推理,但得出的结论却是极其荒谬可笑的。比如作品中"第二十二条军规"规定:"疯子必须停飞",但又同时规定:"必须由本人提出申请。如果某人以精神出现问题为由提出了停飞申请,那么就说明他具有正常的心理状态,所以必须继续进行飞行。"还规定:"只要飞满六十次就可以停飞,但无论何时都必须执行司令官的命令。"这"第二十二条军规"制定得滴水不漏,它像"圈套"和陷阱一样,网罗住每个人,使任何人都得不到公平的待遇。海勒用逻辑悖论构造故事情节,比如,有个叫丹尼卡的军医想得到飞行补助,就托人将自己的名字编入一个机组,巧的是飞机失事,机组成员全部遇难。丹尼卡根本就没上飞机,却同样被宣判为死人,人们在悲痛地哀悼他时又避免和他说话,可笑之极。

畸形的世界

1974 年,在海勒发表的《出了毛病》一书中,塑造了一个大公司的高级职员斯洛克姆的形象,在这个人物身上集中反映出了美国社会、特别是中产阶级的精神危机,海勒用"出了毛病"这个词对这种危机进行了形象的高度概括。虽然斯洛克姆生活富裕,官运通达,是典型的中产阶级,但却每天总是忧心忡忡的。既怕上司,也怕下级;讨厌妻子,也讨厌儿女,每天都惴惴不安地担心害怕各种各样的"怪事"会发生,他认为"没有怪事本身就是一件惊人的怪事。"在他的周围也有很多像他这样的人生活得"不愉快",每个人似乎都存在着危机,个个都恐慌不安。斯洛克姆肯定地认为这个世界"出了毛病",但哪里"出了毛病",他却一直未找到,只能痛苦而无奈地讥笑和自嘲。

1979 年,海勒的第三部长篇小说《像高尔德一样好》出版。小说中展示了一位美国犹太裔大学教授的畸形精神世界,从而深刻地揭示了美国官僚政治的腐败。作品中所表现的典型的黑色幽默风格使它成为二战后美国最优秀的政治讽刺小说之一。1999 年 12 月,海勒在纽约东汉普敦的家里由于心脏病突发不幸逝世,享年 76 岁。

八国集团首脑会议闭幕

1999 年 6 月 20 日,在德国科隆举行的西方 7 国与俄罗斯的首脑会议通过了最后公报、《关于地区问题的声明》和《科隆宪章》等几份文件后闭幕。

会议就世界经济、国际金融秩序、免债等问题发表了十点公报。在谈到对最贫穷的国家免债问题时,公报说,最新的经验表明,对于不可忍受的债务负担必须继续做出努力,以便取得持久的解决办法。从免债中获益的国家应该将相应的款项用于卫生、教育和其他社会福利事业。在《关于地区问题的声明》中,8 国要求科索沃冲突的有关方面遵守停火协议,呼吁科索沃的全部居民为重建做出贡献。在谈到中东问题时说,8 国支持"以土地换和平"的原则,以便和平地结束冲突。在谈到印巴在克什米尔地区的冲突时,8 国呼吁双方立即结束军事行动,印巴现有边界不能改变。

北约确立联盟新战略

1999 年 4 月 23 日,北约首脑会议在美国的里根国际贸易中心开幕。会议主要议题是纪念北约成立 50 周年、科索沃危机以及迎接 21 世纪的安全挑战等。来自北约 19 个成员国以及 23 个和平伙伴关系国的国家元首和政府首脑出席了会议。俄罗斯和白俄罗斯因抗议北约对南斯拉夫空袭而拒绝与会。4 月 24 日,会议通过了新的《联盟战略概念》。这是冷战结束后北约提出的第二份有关战略概念的文件。

北约通过的战略概念共 65 条,主要包括 4 项内容:联盟的目的和任务,战略展望,21 世纪维护安全的方式,北约军事力量指导原则。文件提出,北约今后将继续坚持"集体防御"政策,但同时将对其周边地区的冲突做出反应,确保欧洲—大西洋联盟地区的安全。文件还强调,北约在解决 21 世纪的安全问题时,不仅要采取军事措施,而且还将在政治、经济、社会和环境领域动用"广泛的手段",以便建立一个"欧洲安全大厦。"

北约轰炸中国驻南联盟大使馆

1999 年 5 月 8 日,以美国为首的北约用 5 枚导弹从不同角度袭击了中国驻南斯拉夫大使馆,造成包括许杏虎、朱颖夫妇及邵云环 3 名中国新闻工作者牺牲,20 余名外交官受伤,馆舍严重毁坏。这一强盗行径严重违反了有关国际公约和国际关系基本准则,严重侵犯了中国主权,极大地伤害了中国人民的感情。同日上午,中国政府发表声明,对这一野蛮行径表示极大的愤慨和严厉谴责,并提出最强烈抗议。此后,中国的各大城市的学生和市民都举行了声势浩大的示威游行,强烈抗议以美国为首的北约的侵略暴行,世界上许多正义人士和国家都纷纷表示支持中国政府的行动。美国政府表示此一事件完全是"无意"造成的,完全是"失误",向中国人民郑重道歉,后又赔偿 2800 万美元。

巴基斯坦发生军事政变

1999 年 10 月 12 日晚,巴基斯坦总理谢里夫宣布解除正在斯里兰卡访问的参谋长联席会议主席兼陆军参谋长穆沙拉夫的职务,穆沙拉夫及其支持者立即策动军事政变,宣布解散总理谢里夫领导的穆斯林联盟政府。10 月 25 日,穆沙拉夫成立了国家安全委员会,并担任首席执行官。这次政变没发一枪一炮,也没流一滴血,被称为"没有流血的政变。"穆沙拉夫执政后表示,巴基斯坦的对外政策不会改变,将遵守一切国际关系准则,发展与伊斯兰国家和中国的友好合作关系,重视保持与美国等世界大国的关系。他重申,将继续致力于改善与印度的关系,在核问题和导弹问题上继续保持克制,以缓解巴印边境地区的紧张。

布什出任美国总统

2000 年 1 月 20 日,布什宣誓就任美国第 43 届总统。乔治·W.布什是美国前总统乔治·布什(老布什)的长子。1946 年 7 月 6 日生于得克萨斯州。在耶鲁大学获学士学位后又在哈佛商学院获工商管理学硕士学位。毕业后在得克萨斯州当过一段空军驾驶员。1975 年后从事其石油天然气事业。1994 年,布什成功当选得克萨斯州州长并于 1998 年获选连任。在州长任期内,他对得克萨斯州的税收、教育等方面进行了行之有效的改革,降低了得克萨斯州的犯罪率,获得了包括西班牙和非洲等不同种族的多数民众的支持。

1999 年底,美国举行新总统选举。在选举过程中,作为共和党总统候选人的布什和民主党总统候选人戈尔得票数十分接近。由于佛罗里达州计票程序引起双方争议,最终结果迟迟不能确认。而佛罗里达州的 25 张选举人票的归属关系到谁能入主白宫,因此戈尔要求在佛罗里达州的一些地方重新进行人工计票,但遭到得票数领先的布什的反对,双方遂对簿公堂,官司一直打到美国联邦最高法院。这在美国 200 多年的历史上还是第一次。最终,美国联邦最高法院做出裁决,判定在佛罗里达州人工重新计票"违反宪法。"12 月 18 日美国东部时间下午 5 时 30 分(北京时间 19 日上午 6 点 30 分),美国国会宣布布什当选美国第 43 届总统。2000 年 1 月 20 日,布什正式宣誓就职。

构建人类基因组草图

2000 年 6 月 26 日,人类基因组草图绘制完成。中国是参与完成这项草图绘制工作的唯一发展中国家。这项南美国科学家提出、并于 1990 年 10 月正式启动的人类基因组计划,旨在通过国际间的合作,用 15 年时间构建详细的人类基因组遗传图和物理图,确定人类脱氧核糖核酸(DNA)的全部序列,定位约 10 万个基因,并对这些基因进行鉴定识别和分离破译。这一计划的实施将为人类自身疾病的诊断和防治提供依据,给医药产业带来不可估量的变化,将促进生命科学、信息科学及一批高新技术产业的发展。

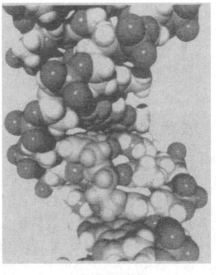

人类基因组草图

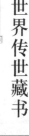

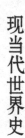

普京出任俄罗斯总统

2000年3月26日,普京在俄罗斯全国大选中当选俄罗斯联邦第三届总统。

弗拉基米尔·普京于1952年10月7日生于俄罗斯第二大城市列宁格勒。1975年毕业于国立列宁格勒大学法律系国际法专业,毕业评语是"诚实、纪律性强、具有高度责任感。"1975年起进入苏联国家安全委员会(克格勃)对外情报局工作。1989年离开克格勃。此后历任列宁格勒大学副校长的国际问题助理、圣彼得堡市第一副市长、俄罗斯总统事务管理局副局长、总统办公厅副主任、俄联邦安全局局长、俄罗斯总理、俄罗斯和白俄罗斯执行委员会主席。1999年12月31日,叶利钦总统宣布辞去总统职务,并宣布由普京代行总统职务。2000年3月26日至27日,俄罗斯总统选举在俄全国范围内举行,俄全国近1.08亿登记选民纷纷前往设在各地的9万多个投票站参加选举。来自55个国家和82个国际组织的近1000名外国观察员和俄各党派团体派出的众多观察员在各投票站监督选举进程。选举结果,普京以获52.52%的选票当选俄罗斯联邦第三届总统。5月7日,普京正式宣誓就职,任期为4年。

首批居民进驻国际空间站

2000年10月31日,俄美3名宇航员搭乘"联盟TM-31"号宇宙飞船从哈萨克斯坦拜科努尔航天发射场升空,于11月2日进入国际空间站。国际空间站始建于1998年,是以

美国和俄罗斯为主、共有 16 个国家参与的国际合作项目,是迄今为止世界上最大的航天工程,也是世界航天史上第一个国际合作建设的空间站。这 3 名宇航员成为国际空间站的首批"居民",到 2001 年 2 月由其他宇航员接替他们。这预示着人类的身影有可能永远在太空存在,更标志着一个国际合作、和平利用空间的新时代的开始。

联合国千年首脑会议

2000 年 9 月 6 日~8 日,世界上 150 多位国家元首和政府首脑出席了在纽约联合国总部举行的千年首脑会议。召开千年首脑会议的倡议是由联合国秘书长安南在 1997 年提出来的,并于 1998 年 12 月 17 日在第 53 届联大上获得通过。千年首脑会议的主题是"21 世纪联合国的作用。"会议着重讨论了和平与安全、裁军、全球化、消除贫困、保护环境、强化联合国机构的职能等影响世界和平与发展的主要问题。中华人民共和国主席江泽民在会上发表了重要讲话。首脑会议在结束时通过和发表了一项政治宣言,承诺努力实现全人类谋求和平、合作与发展的普遍愿望。联合国秘书长安南敦促世界各国积极行动起来,力争在 2015 年以前帮助 10 亿人口摆脱贫困,并要求发达国家对贫穷国家的产品敞开大门。减免其债务负担,向其提供经济、技术等方面的援助。

印度复兴

不断发展的印度

作为四大文明古国之一的印度,在经历了英国长期的殖民统治后,终于在 1947 年获得独立。

独立后的首位总理尼赫鲁确定了国家长远的战略目标:富国强兵、称雄南亚,挺进印度洋,称雄世界。他曾明确地指出:"印度要么成为一个有声有色的大国,要么销声匿迹。"在 20 世纪 50 年代时,印度是"和平共处五项原则"的倡导国和不结盟运动的创始国之一。历届印度政府都贯彻不结盟的原则,发展跟各国间的友好关系,努力争取在地区和国际事务中发挥重要的作用。80 年代后期,随着冷战格局被打破,和平与发展成为时代的主流,印度也像别国一样把发展高科技、提高综合国力作为国家核心战略,并确定要在 21 世纪继续巩固其在南亚和印度洋的主导地位,从而力争从地区性大国转而成为世界强国。90 年代,伴随着经济全球化、政治多极化的大趋势,印度认为实现其世界大国的大好时机到了。

改革成就

1998 年 5 月 11 日,冒天下之大不韪的印度进行了 3 次核试验,又进行了一次短程导弹的发射试验。尽管招致国际社会的强烈谴责,却使印度国内欢欣鼓舞,国内人士普遍认为:这是印度综合国力增强的具体表现。虽因核试验在国际上一度处于孤立的地位,但是 1999 年,在同邻国巴基斯坦就克什米尔问题发生的冲突中,印度表现出来的克制态度又赢得了国际社会的同情。印度抓住这个时机,积极地调整和美国等西方国家的关系,成功扭转了外交上的被动局面。

经过近年来的经济改革,印度的综合国力明显加强,国民经济体系逐步完善。"绿色革命"后粮食在自给自足的同时还成为世界第三大粮食出口国。"白色革命"使印度成为世界上最大的牛奶生产国。1998 年,印度国内生产总值就跃居世界第十一位。在科技上,印度每百万人口中科技人员达 3000 多人,仅次于美国和俄罗斯,居世界第三位,已成为科技大国。在计算机软件开发方面,印度已经成功地研制出了第五代计算机,仅次于美国,居世界第二位。在军事方面,印度一直把扩充军备当作一项基本国策,印度现有总兵力已经由独立初期的 30 万人增加到了 120 万人。2000 年时,印度海军已发展成为世界十强之一,空军实力居世界第四。

积极的外交斡旋

印度一心想实现其大国梦想,但经济实力的薄弱,决定它不可能在短时间内实现这一梦想。印度目前总人口已达 10 亿,居世界的第二位,但三分之一生活在贫困线以下。有分析家指出,按印度目前的经济发展水平,要达到中等发展中国家的水平,至少要 20 年的时间。

尽管如此,印度仍没有放弃大国梦。2000 年以来,全球外交舞台上掀起了一股"印度热",一些大国的领导人纷纷造访这个"东方神秘国家。"2000 年 3 月下旬,克林顿成为 22 年来首位对印度进行访问的美国总统,访问期间,印美两国签署了《印美关系:21 世纪展望》的声明,表示建立一种"持久的、政治上建设性、经济上有成效"的新型关系,8 月下旬,日本首相森喜朗访问印度,双方宣布建立一种全球性伙伴关系;10 月初,俄罗斯总统普京访问印度,双方共同签署了《战略伙伴宣言》。

为了实现大国梦,印度政府对内进行经济改革,对外进行开放,努力加速经济的发展、提高综合国力和国际竞争力,逐步实现其在地区的主导作用乃至在世界政治、经济舞台上的主要地位。

"9·11"事件

"9·11"事件爆发

2001 年 9 月 11 日,美国航空公司的四架民航班机几乎同时遭到恐怖分子的劫持,当地时间早上 8 时 46 分,一架装满燃料的波音 767 飞机,以每小时约 500 英里的速度撞向纽约世界贸易中心北塔楼的 94 至 98 层之间,当即发生爆炸,油箱里的燃料从楼体的缺口处倾倒进大楼,大火迅速燃起,使北楼的建筑结构遭到严重毁坏。9 时零 2 分,又一架波音 767 飞机以每小时约 600 英里的速度撞向世界贸易中心南塔楼的 78 至 84 层之间,飞机的残骸从大楼两侧穿出,在六个街区以外的地方落地,不久,世界贸易中心南塔楼就爆炸倒塌。与此同时,另一架波音 757 飞机则撞向美国国防部五角大楼的西翼,并立即燃起大火。10 时零 3 分,又一架波音 757 飞机坠毁在宾夕法尼亚州的尚克斯维尔南部,机上人员全部丧生,据估计,可能是乘客与劫机者发生冲突而导致飞机提前坠毁的。

在这次事件中,共有近 3000 人死亡,六座高层建筑被完全摧毁,23 座高层建筑遭到破坏。世界贸易中心南、北塔楼相继倒塌后,废墟上的大火燃烧了三个月。半年后,遗址上的 150 万吨瓦砾才被完全清理干净。这就是"9·11"恐怖袭击事件。

恐怖的阴云

9·11 事件发生后,世界为之震惊。美国政府高度戒备,严防类似恐怖袭击事件再次发生,同时,还多次发布最新的恐怖袭击警报。英国军事基地也提高到警戒状态,命令所有途经伦敦市区的航班全部改为绕过市区飞行,飞往美国和加拿大的航班一律停飞。北约总部和欧洲议会还进行了紧急疏散,并郑重声明宣布启动 1949 年北大西洋公约中的第五款,即:如果恐怖袭击事件是受到了某个国家的指示,那么这将被视为是该国对美国实施的军事袭击,同时也将被视为是对所有北约成员国发动的军事袭击。这还是北约历史上第一次启动共同防卫机制。

9 月底,美国各地又爆发了多起炭疽菌感染案件,虽然没有发现和 9·11 事件有关联,但又在世界范围内引起了极大的恐慌,一时间恐怖袭击的阴云笼罩着全世界。

影响深远

9·11 事件是美国建国以来所遭受的最严重的恐怖袭击事件,这一事件的发生使原本已经下滑的美国经济又遭到严重打击,对全球经济也造成了负面影响。此外,另一个重大影响就是导致了国际范围内的反恐大行动发生。美国政府在事件发生后立即公开表示要用军事行动打击事件的策划者。9 月底,英国首相托尼·布莱尔公开表示,沙特阿拉伯恐怖头目奥萨马·本·拉登就是这起事件的幕后主使者。本·拉登在苏联入侵阿富汗时曾接受美国中央情报局的资助组织阿富汗义勇军抵抗苏军,后与阿富汗塔利班政权关系密切。美国要求阿富汗塔利班政权交出本·拉登,但塔利班政权以没有确凿证据为由拒绝合作。

2001 年 10 月 7 日中午 12 点 30 分,美英联军以反恐为名发动了对阿富汗的军事袭击,将塔利班政权的军事、通讯设施以及恐怖分子训练营一举摧毁。11 月,在美英支持下的阿富汗北方联盟控制了首都喀布尔,铲除了塔利班政权。尽管将悬赏提到 50 万美元,地点锁定在巴基斯坦和阿富汗边境,但至今没有发现拉登的踪迹。

伊拉克战争

攻打伊拉克

在经历了 9·11 恐怖袭击的沉重打击后,美国开始变得草木皆兵了,动辄就发表将遭受恐怖袭击的警报,弄得人心惶惶。基于此,美国总统乔治·沃克·布什宣布向恐怖主义宣战,同时将伊拉克等几个国家列入所谓"邪恶轴心国"名单。接着,又以萨达姆政权拥有大规模杀伤性武器、生化武器、践踏人权、支持恐怖主义与基地组织头目本·拉登有联系等为借口,在2003年3月20日,绕开联合国,正式宣布向伊拉克开战。

在布什发出要萨达姆本人和他的儿子在48小时内离开伊拉克的最后通牒期限过后,军事行动就开始了。以美军为首的大约21万多人的联合部队,通过驻扎在科威特的美军基地正式对伊拉克发动了军事打击,其中美军约有12万人,英军有4.5万人,澳大利亚军队2000多人,波兰军队200多人,还有大约5万人的伊拉克反叛军队。

战争打响后,美国第三步兵师和空中突击师、空降师的若干部队从科威特西北方向的沙漠出发直扑巴格达。美国海军陆战队第一远征部队和英国远征军在伊拉克的东南部地区,发动了钳形攻势,以便打开伊拉克的海运通道。两周后,在伊拉克的北部山区,美军又投入了空降旅和特种部队,配合当地的库尔德反叛武装,从北面夹击巴格达,使萨达姆形成腹背受敌之势。

而萨达姆为了避免再出现海湾战争时被美军摧毁通讯系统,使指挥失灵、军队乱作一团的情况,改变了由总统统一指挥全国各地的军队进行作战的做法,把军队的指挥权下放到各个战区的指挥官手里,让他们根据实战情况灵活指挥。而各战区的指挥官也如法炮制,逐级地下放指挥权力,一直下放到最基层的指挥官手中,这就使得战争打响后,伊拉克各部队之间各自为战,不能有效地协调合作共同抵抗。从而造成从中央到各战区没有组织起具有一定规模的反击战,基本上是一触即溃,没什么战斗力可言。仅两周时间,英军就控制了伊拉克南部的石油重镇、第二大城市巴士拉;三周后,美军就几乎兵不血刃地顺利进入巴格达,沿途并没有受到任何顽强的抵抗。

安定人心

美军占领伊拉克首都巴格达后,萨达姆已不知去向,当地时间4月10日晚6时,美国总统布什和英国首相布莱尔向伊拉克人民发表了电视讲话,宣布"萨达姆政权正在被推翻",并悬赏捉拿萨达姆政权的高官。

遭受战火的伊拉克一片狼藉,人心惶惶,为收拢伊拉克以及阿拉伯世界的民心,美、英展开了强大的攻心宣传。

英国首相布莱尔在解释发动这场战争时声称:"并不希望发动这场战争,但萨达姆拒绝解除大规模的杀伤性武器,我们别无选择,只好如此",现在萨达姆政权已经被推翻,"一个崭新和美好的未来正在向伊拉克人民招手致意。"

美国总统布什也宣称:"萨达姆政权的残暴以及拥有大规模的杀伤性武器、生化武器和与恐怖组织的联系,使它成为对世界独一无二的威胁,我们的行动目标明确而有限,那就是结束这个残暴的政权,恢复伊拉克的统治和秩序,使伊拉克人民能安全度日","然后我们就撤军","帮助你们所建立的保护所有民众权利的、和平的、有代表性的政府"将使"伊拉克成为一个独立的、统一的主权国家。"

抓获萨达姆

在美军攻占巴格达后,萨达姆就下落不明,不知去向了。2003 年 5 月 1 日,布什宣布伊拉克战争结束后,开始了对萨达姆以及他政权中各级高官的追捕缉拿行动。

虽然一直未能抓获萨达姆,但从伊拉克境内不时出现的号召伊拉克人民武装反抗入侵者的磁带录音中,美国情报部门料定他还活着,并且还在伊拉克境内,于是便加大了搜索力度。2003 年 7 月 22 日,萨达姆的两个儿子乌代和库赛被美军发现后击毙。12 月 13 日,大约 600 名美军第四步兵师的士兵与特种部队在萨达姆的家乡提克里特开始了一次突袭搜捕萨达姆的军事行动。行动开始后,士兵们对一个很小的有围墙的农家院产生了怀疑,于是决定对它进行搜查。结果在院子中金属架和小泥棚的掩遮下,士兵们发现了一个用砖头和垃圾伪装起来的人工挖的小洞。训练有素的特种部队士兵一看就知道,这伪装的洞口下面一定是掩体或隧道网。于是他们进入洞内,抓住了正在洞里的萨达姆,随后萨达姆被美军秘密关押。

2004 年 6 月 30 日,萨达姆被移交给伊拉克临时政府司法部门羁押。

2004 年 1 月时,美国就宣布萨达姆为战俘。2005 年 6 月,伊拉克过渡政府总理贾法里的发言人称,萨达姆面临达 500 多项的指控,但仅就其中 12 项“证据确凿”的接受审讯。2005 年 10 月 19 日,萨达姆与 7 名他政权时的高官同时受审。

伊拉克战争的影响

伊拉克战争是 21 世纪人类所爆发的第一次国际性的战争,这次战争对未来的国际影响极大。

从整个战争过程可以看出,美国的单边主义更加突出,霸权主义形象更加清晰,世界必须以它为中心,它可以根据自己的价值观去决定一个主权国家的存在,可以不受联合国的授权,不顾国际舆论的谴责而用武力去改变一个国家的政权和领导人。

伊拉克战争还使欧洲在政治上分裂了。尽管随着欧元的流通,欧洲经济一体化的步伐在加快,但是由爆发伊拉克战争而显露出来的法、德等国与英、美、西等国的分歧,使统一的政治欧洲在短期内不可能建成,弥合这一分歧是需要一定时间的。

伊拉克战争美国的胜利,意味着以美国为中心的单极主义世界政治体制正在威胁着全世界的和平,绕开联合国而公然用武力打击一个主权国家的军事行动,对用和平方式解决国际争端是极大的挑战,开了一个很不好的先例,对联合国宪章的宗旨和原则是极大的蔑视。

东扩计划

东扩计划的提出

北约全称是北大西洋公约组织,是由美国、加拿大、英国、法国、比利时、荷兰、卢森堡、丹麦、挪威、冰岛、葡萄牙和意大利十二国于 1949 年 4 月 4 日在美国首都华盛顿签订了《北大西洋公约》后成立的。其宗旨就是缔约国实行集体“防御”,其中任何一个缔约国如果同其他国发生战争,缔约国都必须给予包括武力在内的一切援助。北约的最高决策机构是北约理事会,理事会由各成员国的国家元首及政府首脑,外交部长、国防部长组成,常设理事会则由全体成员国大使组成,总部设在布鲁塞尔。

20 世纪 90 年代,华沙条约组织解散、东欧剧变,欧洲冷战的格局发生了巨大的变化,1990 年 7 月,北约第十一届首脑会议在伦敦宣布冷战结束。1991 年 12 月,北约罗马首脑会议上又决定和部分中东欧国家成立北大西洋合作委员会。自 1992 年开始,波兰等东欧国家相继提出加入北约的请求。同年,北约批准了允许它的军队离开成员国领土到其他地方参与维和行动的提议。按照这一原则,当年年底北约就以军事力量介入了南斯拉夫危机。1994 年 1 月,北约布鲁塞尔首脑会议通过了与中东欧国家以及俄罗斯建立"和平伙伴关系"的计划,12 月开始向波黑派出了维和部队。1996 年 9 月,北约正式公布了《东扩计划研究报告》。1997 年 5 月,旨在加强北约同欧洲和欧亚大陆的非北约成员之间安全关系的"欧洲—大西洋伙伴关系理事会"正式成立了,就这样北约逐步转型为政治军事型组织。

持续东扩和新使命

《东扩计划研究报告》提出来后,1997 年 7 月,马德里首脑会议首先接纳了波兰、捷克和匈牙利加入北约,这 3 个国家于 1999 年 3 月正式成为北约新成员。2002 年 11 月,北约布拉格首脑会议决定邀请爱沙尼亚、拉脱维亚、立陶宛、斯洛伐克、斯洛文尼亚、罗马尼亚和保加利亚 7 个国家加入北约,这是北约成立以来规模最大的一次扩充。到 2004 年 3 月 29 日,随着向保加利亚、爱沙尼亚、拉脱维亚、立陶宛、罗马尼亚、斯洛伐克与斯洛文尼亚等国正式打开大门,北约的成员国已达 26 个,还有若干个国家在等待挤进北约的大门。

对北约的东扩计划,俄罗斯是旗帜鲜明表示反对的。因为俄罗斯认为,北约东扩的主要目的就是对俄罗斯进行封锁,从而削弱俄罗斯的力量,这对俄罗斯的切身利益和安全是巨大的威胁。从军事政治意义上来讲,北约东扩把俄罗斯从黑海方向给包围了,那样的话,面对一个地域、军事实力、经济和人力资源极大增长的北约,俄罗斯将无法应付。尽管一再表示了对北约东扩的不满,但北约却并不理睬而继续东扩。美国明确表示,最终会让阿尔巴尼亚、克罗地亚和马其顿加入其中。而当拉脱维亚等波罗的海国家加入北约后,美国的军事基地就将直抵俄罗斯北部边境,到那时,中东欧地区将不再是美俄双方的军事缓冲地带,而直接成为前沿,北约的军事触角很快将伸向俄罗斯"柔软的腹部。"

"9·11"事件发生以后,美国驻北约大使曾经说过:"北约需要苏醒过来。它应当去出问题的地方。"这句话表明,今后北约的存在价值将体现在美国的全球军事战略之中。因此,2002 年,美国提出建立一支拥有 2.1 万人的"新北约快速反应部队"的计划获得通过。建立这支部队表面上说是为了建立一支技术先进、行动灵活、部署迅速、协作能力强、后勤供给有保障的"北约快速反应部队",实际上是建成一支由海、陆、空各兵种组成的、可按照北大西洋理事会的决定迅速奔赴任何地方的、能够维护美国利益的"世界警察。"

欧盟成立

欧盟的成立与扩大

1946 年 9 月,英国首相丘吉尔就提出过建立"欧洲合众国的设想。"1950 年 5 月 9 日,法国外交部长罗伯特·舒曼代表法国政府提出建立欧洲煤钢联营的倡议后,很快得到了联邦德国、意大利、荷兰、比利时和卢森堡 6 国的响应,并于 1951 年 4 月 18 日在巴黎签订了建立"欧洲煤钢共同体条约。"1957 年 3 月,6 国又在罗马签订了建立"欧洲经济共同体条约"和"欧洲原子能共同体条约。"1965 年 4 月 8 日,6 国签订的《布鲁塞尔条约》,决定将三个共同体的机构合并,统称为欧洲共同体。1967 年 7 月 1 日,《布鲁塞尔条约》生效,欧洲共同体正式成立。

1973 年后,英国、丹麦、爱尔兰、希腊、西班牙和葡萄牙也先后加入欧共体,使成员国扩大到 12 个。欧共体成员国之间建立起关税同盟,统一了外贸政策和农业政策,创立欧洲货币体系,从而建立起统一预算和政治合作制度。就这样,欧共体逐渐发展成为欧洲国家经济、政治利益的代言人。1991 年 12 月 11 日,欧共体马斯特里赫特首脑会议通过了以建立欧洲经济货币联盟和欧洲政治联盟为目标的《欧洲联盟条约》,其宗旨是"通过建立无内部边界的空间,加强经济、社会的协调发展和建立最终实行统一货币的经济货币联盟,促进成员国经济和社会的均衡发展","通过实行共同外交和安全政策,在国际舞台上弘扬联盟的个性。"随着该条约 1993 年 11 月 1 日的正式生效,欧盟就诞生了,这标志着欧共体已从单纯的经济实体过渡到经济政治实体。

欧盟成立后,经济得到了快速发展,1995 年至 2000 年间,经济增速达 3%,人均国内生产总值也迅速提升。2002 年 11 月 18 日,欧盟又决定邀请塞浦路斯、匈牙利、捷克、爱沙尼亚、拉脱维亚、立陶宛、马耳他、波兰、斯洛伐克和斯洛文尼亚 10 个中东欧国家入盟。2004 年 5 月 1 日,这 10 个国家正式成为欧盟的成员国。这是欧盟历史上规模最大的一次扩充。此后,欧盟成员国增加到了 25 个,总体面积、人口、国内生产总值都有了很大提高,特别是经济总量,跟美国已不相上下。

欧洲人的欧洲

作为当今世界上一体化程度最高的国家集团,欧盟组织机构健全,有自己的盟旗、盟徽、盟歌、名言以及庆典日,还有统一的货币欧元,以及欧盟宪法,使"欧洲人的欧洲"意识更加突出。

欧盟还有自己的武装力量,一支由 5000 人组成的联合警察部队,可随时参与处理发生在欧洲的危机和冲突。

在外交上,欧盟与世界上大多数国家和地区建立了外交关系,160 多个国家向欧盟派驻了外交使团,欧盟也在 120 多个国家和国际组织派驻了代表,用以加强双边关系,宣传欧盟主旨,提升欧盟的国际形象。

但是欧盟的政治一体化进程不可能是一蹴而就的,首先不可能在短时间使所有欧洲国家都加入欧盟,这是由政治,经济等各方面的因素所制约的。

其次,作为冷战结束后世界唯一超级大国,美国绝不允许任何国家或国家集团来与它平起平坐,挑战它的霸权地位,它需要的是听命于它的欧洲,这与欧盟强调在国际舞台上"弘扬联盟个性"的宗旨是相悖的,这决定了欧盟政治一体化进程不可能顺利完成。

2003 年 7 月,欧盟制宪筹备委员会全体会议就欧盟的盟旗、盟歌、名言与庆典日等问题经过磋商后达成了一致:欧盟的盟旗为现行的蓝底和十二颗黄星图案,盟歌为贝多芬的第九交响曲中的《欢乐颂》,名言为"多元一体。"定 5 月 9 日为"欧洲日。"欧洲人为"建立一个统一的欧洲,增强人们对欧洲联盟和欧洲同一性的印象",付诸的活动会越来越多。

国际反恐

血迹斑斑的恐怖罪行

1995 年 3 月 20 日,日本东京的早晨,正是人们乘坐地铁上班的高峰时间,这时几名日本"奥姆真理教"的成员拥挤在人群中,趁人们不注意施放了一种名叫"沙林"的毒气。这是一种比空气重的毒气,对人的肺、眼睛和中枢神经系统会产生长期的危害,是纳粹德国研制的,但连希特勒都拒绝使用。当时东京地铁系统中的日比谷线、丸内线、千代田线上共有 5 辆列车、16 个车站的乘客受到伤害,共造成 5000 多人中毒,70 人昏迷不醒,12 人死亡。

2001 年 9 月 11 日早晨,在美国的纽约,人们像往常一样走进了自己的工作岗位——世界贸易中心。8 点 45 分,一架波音 767 飞机突然撞向了世贸中心的北塔楼,顿时火球喷射,黑烟弥漫。正值上班高峰时间的人们被惊得目瞪口呆、不知所措。在人们还没有缓过神来的时候,又一架飞机穿过云霄迅速在人们的注视下撞向了南塔楼。它从一侧撞入,从另一侧钻出,顿时又引起巨大的爆炸。大约一个小时后,两座塔楼先后倒塌,造成近 3000 人死亡。9 点 35 分时,一架飞机还撞向了位于华盛顿中心的美国国防部五角大楼,造成楼体一角毁坏倒塌。还有一架飞机坠毁在宾夕法尼亚。原来这是由恐怖分子精心策划的恐怖袭击,他们劫持了四架民航客机,用来作自杀式袭击,坠毁的那架是因为乘客的顽强搏斗才没使他们的阴谋得逞。据后来美国官方公布的数字,"9·11"事件共有 3113 人死亡或失踪。

2004 年 3 月 11 日,当地时间早晨的 7 点 45 分,也是上班的高峰时刻,人们像往常一样焦急地等待着火车。这时一列短途旅客列车驶入了马德里的阿托查火车站,人们正要上车,突然两声巨响在拥挤的人们头上响起,顿时一辆列车被炸成两截。几乎与此同时,蒂奥雷蒙多和圣欧享尼娅两个火车站也相继发生爆炸。爆炸现场到处躺满了遇难者的尸体,列车车厢被炸得面目全非。火车站顿时一片混乱,人们四处逃奔,拥挤不堪,甚至于发生了严重的踩踏事件。据事后调查,恐怖分子在列车车厢内及铁轨上共安置了13包黄色炸药,其中有10包相继遥控引爆了,每次爆炸最长间隔不超过3分钟。幸存者回忆:当时到处是尸体和炸断了的胳膊、腿,简直如同人间地狱一般。据事后统计,此次恐怖袭击共造成190人死亡,1800多人受伤。

此外,恐怖分子还制造了俄罗斯别斯兰劫持人质事件、两次巴厘岛爆炸事件、伦敦地铁爆炸事件、莫斯科地铁爆炸事件等许多恐怖事件,造成大量无辜生命丧失,罪行累累,罄竹难书。

"恐怖主义"的由来

"我们要对一切阴谋分子采取恐怖的革命手段!"这是18世纪法国大革命时期,执政的雅各宾派针对封建贵族对抗资产阶级革命和共和制政权,策划大量暗杀资产阶级革命派代表人物活动而喊出的呼声。封建贵族们把这一措施叫作"恐怖主义。"

而现代恐怖主义是从20世纪60年代末才开始蔓延开来的,据不完全统计,在1968~1980年间,全世界范围内共发生了6000多起恐怖事件,造成近4000人无辜丧命,所以国际上把1968年作为现代恐怖主义的起点。现代恐怖主义不同于以前那种单个杀手、刺客的个人恐怖行为,而是包装"政治行为"的、跨国性的、职业性的、有组织的、游击性、多样化的暴力活动。恐怖分子实施恐怖活动的手段极为残暴,上至老人,下至婴儿都成了残杀的对象;他们的恐怖活动遍布世界,已完全打破了国家、地区的界限;他们恐怖袭击的方式也变得越来越隐蔽,而且采用先进的高科技手段,甚至瞄向了生化武器和核武器。

现代恐怖主义的盛行与国际政治、经济和文化的发展等有着十分复杂的关系。因南北差距、民族矛盾、宗教歧视、贫富不均等许多问题没能很好地解决,而这些有关民族、文明、社会、宗教、地区冲突等本可以通过对话、经济合作等方式来加以解决的问题,在怀有不同政治目的的各种势力介入后,变得更加激化,于是孕育出了名目繁多的恐怖组织。

反恐武装

"9·11"事件后人们清醒地认识到,恐怖活动已是21世纪威胁人类生存的主要敌对力量。因此,世界上绝大多数国家都采取了绝不向恐怖分子妥协的严厉打击政策,千方百计地力争消灭恐怖组织,保护人类生命、财产的安全。

为此,建立一支专业化的、具有极强战斗力的反恐怖特种部队是十分必要的反恐的措施,因为它对恐怖组织具有巨大的震慑作用。世界上主要的反恐武装有:

德国的边防警察第九大队,队员都是百里挑一、训练有素的,并配有最精良的武器和各种先进设备。英国的反恐怖部队是"特别空勤团",有900人,队员是从空降伞兵中精选的,又经过长达三年的严格训练。法国的反恐怖部队叫"国家宪兵干涉组",只有50名成员,十分精干,快速反应能力极强。美国的反恐怖部队规模最为庞大,由四支部队组成,其中最著名和最精锐的是陆军的"三角洲"部队,被誉为"美国武装部队的精英。"荷兰有两支反恐怖特种部队,一个是海军陆战队中的"反恐怖支队",一个是皇家陆军的"骑警队。"意大利的反恐特种部队叫"宪兵突击队",因在战斗中常戴着头套,所以又叫"皮头套突击队。"这些反恐武装力量给恐怖分子带来了极大的震慑。

训练有素的德国边防警察第九大队

国际反恐合作

由于恐怖活动越来越国际化,光有专门的反恐特种部队还不够,必须加强国际间的协调合作,共同对敌。因此在 1996 年 2 月 21 日,19 个国家的代表在菲律宾召开了首次国际反恐会议,3 月 13 日又有 29 个国家的首脑参加了在埃及举行的国际反恐大会,共同研究国际合作反恐问题。

各国普遍认为应从三个方面入手应对恐怖主义:第一是切断恐怖组织的经费来源,第二是对恐怖主义、恐怖组织以及恐怖活动的概念理解,进行沟通和统一,在法律法规方面进行协调和确认,第三要加强在情报和安全行动方面的合作。

同时各国也认识到,国际合作打击恐怖主义任重而道远,只有在联合国的领导下,才能完成。因为只有联合国才能担负起在国际间就反恐问题达成共识以及建立广泛的国际反恐联盟等艰巨的任务。为此,联合国安理会专门成立了反恐怖主义委员会,用以指导、监督各国对安理会有关反恐问题决议的执行情况。

哈勃望远镜

冲上云天

1990 年 4 月 24 日,在美国佛罗里达州卡纳维拉尔角的肯尼迪航天中心里,数百名天文学家和技术专家正全神贯注地注视着巨大的发射平台,马上,倚靠在发射塔边的"发现号"航天飞机将要把耗资巨大且备受世人瞩目的哈勃空间望远镜送入太空。哈勃空间望远镜是以美国天文学家哈勃的名字来命名的,是美国航天局主持建造的四座巨型空间天文台项目中的第一台,也是迄今为止天文观测项目中投资最多,最受关注的项目之一。

8 点 34 分,伴随着指令的发出,"发现号"航天飞机喷着火焰,轰鸣着冲上蓝天,这标志着人类探索宇宙历程又翻开了新的一页。

20世纪40年代时就有人开始构想在空间设置望远镜了,但是直到七八十年代才开始进行设计和建造。哈勃空间望远镜就像一个五层楼高的圆筒,主体长13.2米,最大直径4.3米,其中光学主镜口径为2.4米。两侧是两块长达12米左右的太阳能电池翼板,总重量达11.5吨。这座空间天文台望远镜具有高度的自动化性能,比通常地面光学望远镜的主要性能要优越一个量级以上。哈勃空间望远镜是1979年才开始设计的,到1990年正式投入观测。十余年中共耗资15亿美元,按重量来计算,平均每克造价接近130美元,比纯金还要贵。天文学家期望凭借它的"神眼",看到宇宙里更远的地方,洞察到宇宙更深层的奥秘。

遭遇困境

哈勃望远镜被成功送上太空几周后,人们才发现它的成像质量与预期效果存在着很大差距。经过地面专家的仔细查找,很快发现,原来是在主镜研磨制作过程中发生了人为的差错,使得主镜边缘处按设计要求的尺寸少了两微米。这在现代精密光学标准中衡量是一个非常大的错误,它使得望远镜光学主镜产生严重的球形像差,使观测图像的分辨率大大降低,观测力大大受损,捕捉遥远天体信息的能力降低了近二十倍。

这样一来,原定的许多重要观测计划没法继续进行。更为严重的是,这期间,哈勃望远镜还不断遇到各种麻烦:太阳能电池板因受热不均,引发微颤;瞄准系统的稳定性被破坏后观测图像的清晰度受到很大影响;机载导向系统中的六个陀螺有两个相继失灵,一个只能断断续续地工作。这使得被寄予厚望的哈勃空间望远镜处于岌岌可危的境地,根本实现不了它的预定使命。

针对此种严峻的情况,美国航天局和科学家们决心将问题减少到最小程度。为此,他们利用先进的计算机图像还原技术,尽可能地将哈勃传回图像的缺陷弥补到最佳状态。由于主镜在加工过程中造成偏差的形状非常有规则,所以计算机能将哈勃望远镜在图像清晰度上的损失控制到最小程度。因而,哈勃望远镜在最初的3年观测中效果不错,为人类提供了大量珍贵资料。但是,哈勃望远镜的集光能力却比原来设计的降低了20多倍,在地面上根本没有办法补偿这个损失。因此,天文学家们决心在太空对它进行"脱胎换骨"的维修。

脱胎换骨

1993年12月2日,7名机组人员搭乘"奋进号"航天飞机驶入太空。他们此行的目的是要对哈勃进行为期12天的太空维修,这次共携带了7吨重的各种器材,力图矫正哈勃望远镜的"视力",同时也要检验一下人类在太空中是否能从事高难度的操作,以便为建造空间城积累经验。

宇航员在到达太空后,用机械臂将哈勃望远镜抓进"奋进号"的敞开式货舱。随后开始对它进行一系列的"手术",几位宇航员按照事先周密的安排和演练,轮番进入太空对哈勃望远镜的诸多病症进行根治。在他们紧张而有条不紊的工作后,哈勃望远镜原先所设计的科学能力得以全面恢复。宇航员们更换了哈勃望远镜的两台陀螺仪和太阳能电池翼板上的驱动控制部件,解决了望远镜空间定向的稳定性问题。这时,矫正望远镜主镜的像差成为此次太空维修工作成败的关键,宇航员们把"光学矫正替换箱"装在了哈勃望远镜上,这就如同是给近视眼者配上了一副"矫光眼镜",它的视力马上得到恢复。

宇航员还对望远镜上的一些科学仪器做了更换,装上了一台新一代的广角行星照相仪,这是加州喷气推进实验室精心策划制作的,能保证望远镜的天文观测能力更加突出。此外,还安装了新的计算机存储器,进一步改善了电脑的操作效率。外层空间与地面环境是截然不同的,在这种状态下圆满完成复杂而精细的工程维修工作,充分表明人类是能够在太空从事高难度作业的,这次成功也是人类科技史上伟大的创举。正如美国航天局的主管韦勒博士所说的那样:"这次飞行维修无论成功与否,都将载入史册。"

创造奇迹

12 月 28 日,哈勃望远镜被维修后拍摄的第一幅照片传回到了地面。图像的清晰程度令天文学家们不敢相信自己的眼睛。韦勒博士说:"维修后的效果比我们做出的最大胆的设想还要棒。"哈勃望远镜被治愈后,不仅像差消失了,分辨率甚至超过了当初的设计水准。

在接下来的几年里,哈勃望远镜用它高清晰的观测能力,传回一系列极有价值的图像,为人类对天体物理学的研究提供了巨大帮助。

1997 年 2 月,"发现号"航天飞机再次为哈勃望远镜换装上两台更新一代的仪器。一台是"空间望远镜成像光谱仪",它装备了更为灵敏的探测器,可以同时对多个目标进行光谱测量,另一台是"近红外照相仪",它在 2.5 微米以下的近红外波段进行成像观测,尤其适合观测研究恒星形成区和高红外星系方面的诸多天文奥秘现象。正是由于对哈勃空间望远镜仪器设备的更新换代,使它观测宇宙的能力不断提升。

迟暮的"哈勃"

1999 年 4 月,美国纽约州立大学斯托尼布鲁克分校的研究人员利用它传回的深空图像,惊奇地发现宇宙边缘附近有一个距离地球 130 亿光年的古老星系,这是迄今为止人类发现的最遥远的天体。科学家还利用哈勃望远镜的宽视场和行星摄像机,获取了第一张伽马射线爆发的光学照片。2003 年 9 月 24 日至 2004 年 1 月 16 日,哈勃空间望远镜又拍摄到了 130 亿年前宇宙早期畸形"婴儿"时的图像。2005 年 4 月 24 日,哈勃望远镜迎来了 15 岁的生日。恰恰就在这段时期,哈勃望远镜似乎"返老还童"了,它发回的观测数据使科学家取得了突破性的进展。为了纪念哈勃 15 岁诞辰,美国天文官员展示了哈勃望远镜近来拍摄的"雄鹰星云"照片。

哈勃望远镜似乎还在努力证明自己的价值,但是美国航天局已经决定不再对它进行定期维护了,因为经过了 1991 年、1993 年、1997 年和 2002 年的四度维修,哈勃望远镜"身体状况"还是十分令人担忧。并且,当初在设计哈勃望远镜时,寿命就只定有 15 年。

或许在 2007 年或 2008 年,哈勃望远镜将"退役",然后沉入深深的大海。

西班牙"3·11"系列爆炸案

事件概述

3·11 事件是指一系列发生在 2004 年 3 月 11 日针对西班牙马德里市郊火车系统的恐怖主义炸弹袭击,这是西班牙历史上最严重的恐怖袭击事件。在这次恐怖袭击中,201 人死亡,其中包括 14 个国家的 43 名外国人,2050 人受伤。成为西班牙二战结束以来遭受人员伤亡最惨重的恐怖袭击。本次事件发生的当天距离两年前的美国 9?11 事件正好是 911 天。这一事件被称为"欧洲的 9?11 事件"。

2004 年 3 月 11 日的这次袭击有一系列共十次爆炸。其中有一次发生在西班牙首都马德里的一列短途旅客列车上,事发当时这辆列车正驶进马德里阿托查火车站。火车车厢被炸得面目全非。几乎与此同时,在开往阿托查火车站的铁路线上,马德里附近的蒂奥雷蒙多火车站和圣欧亨尼娅火车站也相继发生爆炸。这次袭击共在 4 列火车上发生了 10 次的爆炸。据报道,在 13 个土制炸弹中,有 10 个被引爆。这次爆炸引起的伤亡,远比西班牙上次发生在 Hipercor 最严重的爆炸要多得多。那次爆炸发生在 1987 年,共造成 21 人死亡,40 人受伤。那次爆炸后,巴斯克武装恐怖组织埃塔承认责任。到 3 月 12 日上午,3·11 恐怖活动中共有 201 名死难者,2050 多人在爆炸袭击中受伤。死难者中包括 14 名外国人。本次爆炸是由手机引爆的,引爆炸弹的手机把爆炸时间设为当地时间 11 日上午 7:39 分。这次爆炸的发动者不明。早些时候,西班牙政府曾表示埃塔为主要的嫌疑组织,但是这个组织否认了这个指控。后来的证据强烈的暗示这次爆炸与一些极端的伊斯兰组织有关,并把注意力放到与基地组织有密切联系的摩洛哥战斗旅上。

事件影响

2004 年 3 月 11 日,正值西班牙全国大选之时。爆炸发生后,西班牙各大政党随即宣布暂停竞选活动,以哀悼爆炸事件中的死难者。3 月 12 日晚,在西班牙多个城市共有 1140 万人游行,抗议这次袭击,在首都马德里就有 230 万人游行;西班牙全国人口超过 4000 万,马德里人口 550 万。而在维戈,人口少于 30 万,但游行人数则有 40 万。

纪念

2005 年为悼念去年 3 月 11 日马德里火车系列爆炸案的遇难者,西班牙政府宣布 3 月 11 日"3·11"周年纪念日为全国哀悼日。2006 年在"3·11"恐怖袭击事件 2 周年之际,西班牙首都马德里举行各种活动,深切缅怀在恐怖袭击中死去的亲友,强烈谴责恐怖主义行径并呼唤世界和平。西班牙首相萨帕特罗以及包括议会两院议长在内的政界要人参加了在雷蒂罗公园的纪念活动。纪念活动在"缅怀林"举行,这片树林由 192 棵柏树和橄榄树组成,象征着 192 名遇难者(其中包括一个在母亲腹中遇难的胎儿)。全体与会者向遇难者默哀,两名儿童向遇难者敬献花环。萨帕特罗走到袭击事件受害者及家属中间,向他们表示慰问并与他们亲切交谈。在马德里美术馆,救助"3·11"受害者协会主办了一场呼唤和平唱诗会，马德里政界人士以及 20 个国家的使节参加。唱诗会结束时宣读了一份宣言，号召人们团结一致与恐怖主义做斗争，维护人类尊严，实现和平的愿望。与此同时，200 名大学生志愿者在市中心向人们散发了宣传材料。

2007 年 3 月 11 日是马德里爆炸案 3 周年的日子，为了向罹难者致上最深的哀悼，当地特别兴建一座玻璃纪念碑，并且由西班牙国王卡洛斯举行揭幕仪式，场面隆重肃穆。死难者的亲属等数千民众也参加了仪式。西班牙国王胡安? 卡洛斯在侍卫的带领下，向纪念碑献上花圈，场面隆重哀伤。马德里 3·11 恐怖攻击事件届满 3 周年，在马德里的阿托卡车站前广场，卡洛斯与皇后索菲亚带领政府高级官员先默哀 3 分钟，低沉的大提琴乐音将现场的思绪又带回到 2004 年的恐怖攻击事件中。

这场堪称是欧洲历年来伤亡最惨重的恐怖攻击事件，至今还是许多西班牙民众内心无法抹灭的伤痛，11 米高的圆形玻璃纪念碑上，也写满对罹难者的无限悼念。设计师表示这座纪念碑内部可以洒满阳光，供人们反思历史。

日本首相小泉纯一郎参拜靖国神社

日本首相小泉纯一郎 2006 年 8 月 15 日再次参拜靖国神社。这是小泉自 2001 年 4 月就任日本首相以来，不顾日本国内舆论和亚洲各国反对，第六次参拜靖国神社。

靖国神社坐落在日本东京千代田区九段，占地 10 多万平方米。它始建于 1869 年，最初叫"东京招魂社"，1879 年改称为"靖国神社"。第二次世界大战结束以前，靖国神社既是宗教设施，也是军国主义的国家设施。

靖国神社供奉着日本明治维新以来的 246 万多军人，其中包括日本历次对外侵略战争中战亡的军人。1978 年 10 月，东条英机等 14 名甲级战犯也被移进这个神社，作为"为国殉难者"祭祀。

靖国神社里还有一个陈列馆"游就馆"。馆内不仅展示着日军的各种杀人工具和二战中使用的一些武器装备，还美化日本的侵略战争历史，极力歪曲侵华战争，粉饰南京大屠杀事件。展厅里的影像墙上，还悬挂着东条英机等 14 名甲级战犯的照片，供人顶礼膜拜。

第二次世界大战以后，占领军总司令部在 1945 年 12 月发出"神道指令"，切断了靖国神社与国家的特殊关系。1952 年 9 月，根据日本宪法政教分离的原则，靖国神社改为独立的宗教法人。但是，靖国神社一直是日本右翼势力鼓噪军国主义的大本营，每年"8? 15"日本战败日，日本右翼势力都通过参拜活动，美化侵略战争，宣扬军国主义思想。参拜靖国神社关系到日本当政者如何认识和对待日本侵略历史的重大原则问题。小泉无视深受日军侵略之害的中国和亚洲其他国家人民的感情，曾于 2001 年 8 月 13 日、2002 年 4 月 21 日、2003 年 1 月 14 日、2004 年 1 月 1 日和 2005 年 10 月 17 日 5 次参拜供奉有双手沾满中国和亚洲其他国家人民鲜血的甲级战犯的靖国神社，招致中国和亚洲其他国家的强烈反对和谴责。

小泉的一意孤行也遭到日本国内有识之士的强烈抗议。2001年11月1日,日本关西地区的民众率先向大阪地方法院提起诉讼,状告小泉参拜靖国神社的行为违反了日本宪法。此后,日本各地地方法院又受理了多起小泉参拜靖国神社违宪诉讼案。其中,福冈地方法院和大阪高等法院分别于2004年4月和2005年9月对小泉参拜靖国神社做出了违反宪法的判决。

卡特里娜飓风

卡特里娜是10号热带低压的残余和东风波的相互作用的产物。2005年8月23号,她被提为12号热带低压,24号,她继续晋升为TS(热带风暴),此时她的路径趋于佛罗里达。就在她登陆佛罗里达州HallandaleBeach和Aventura的前两个小时,卡特里娜正式到达飓风强度。由于穿越陆地,系统强度减弱,但在进入墨西哥湾1小时后,卡特里娜再次恢复往昔强度。

一进入墨西哥湾高水温区域,卡特里娜增强速度明显加快,8月27号,卡特里娜达到了三级飓风的强度。此时,卡特里娜历经了一次达到一定强度的TC都会碰到的必修课——眼壁置换,这影响了她的增强,但也因祸得福,卡特里娜的环流因此扩大了一倍。置换后,KATRINA再次向巅峰发起挑战,28日,卡特里娜达到了五级飓风的强度并于下午一点钟(CDT)攀上顶峰,中心附近最大风速高达175MPH,最低气压902HPA。29日,卡特里娜于上午6点十分在路易斯安那州的Buras-Triumph登陆,登陆时的最高风速是125MPH,中心附近最低气压920HPA,飓风风力风圈半径达到190KM。接着,她又以120MPH的风速第三次登陆,登陆点位于路易斯安那和密西西比州交界处。

卡特里娜在密西西比州的Meridian附近减弱为TS,接着于田纳西州的Clarksville减弱为低压,最后被一个锋面气旋所吞并。

社会影响

美国政府要求新奥尔良城市百万人撤离飓风可能抵达的地区。"卡特里娜"导致墨西哥湾附近三分之一以上油田被迫关闭。七座炼油厂和一座美国重要原油出口设施也不得不暂时停工。纽约商品交易所原油价格8月29日开盘时每桶飙升4.67美元,达70.8美元。在亚特兰大,加油站的价格更要高5美元/加仑。8月31日,布什政府同意动用战略石油储备,帮助严重破坏的原油加工厂恢复生产。国际能源机构9月2日宣布,所有26个成员国一致同意每天将战略储备的200万桶原油投放市场,为期30天,以帮助解决因"卡特里娜"飓风造成的市场紧张局面。纽约市场原油期货价格当天应声大幅下跌。

在宣布路易斯安那州紧急状态一天后,8月28日布什又宣布密西西比州进入紧急状态。密西西比州哈瑞森县共有80人丧生。整个密西西比州的死亡人数至少为218人,路易斯安那州423人,亚拉巴马州2人,佛罗里达州14人。密西西比、路易斯安那州、亚拉巴马州和佛罗里达州至少有 230 万居民受到停电的影响。另外也造成了大规模的通讯故障。

由于投资者担心飓风会给美国经济带来巨大损失，8 月 30 日纽约股市三大股指全线下挫。有些城市甚至 90% 的建筑物遭到了毁坏。完全恢复到灾前水平需要数年的时间。

纽奥良市 9 月 1 日出现了无政府状态的混乱局面，部分地区的抢劫之风越刮越猛。劫匪们公然当着警卫队和警察的面，大肆烧杀抢掠和强奸，又和警方枪战。美国路易斯安那州州长布兰科当天说，300 名刚从伊拉克撤回的国民警卫队队员已经抵达新奥尔良市维护治安，并被授权随时开枪击毙暴徒。当地时间 9 月 2 日凌晨 4 时 35 分，新奥尔良的河岸边突然发生数次剧烈爆炸。布什 9 月 3 日表示，他将下令 7000 名士兵在 72 小时内紧急赶赴美国南部墨西哥湾的受灾地区。9 月 4 日该市发生了武装团伙与警察之间的枪战，有 4 人死亡，局势仍相当混乱。新奥尔良市警察面临沉重压力，有两名警察自杀身亡，200 人交出了自己的警徽提出辞职。联合国儿童基金会发言人佩索纳兹 9 月 2 日在日内瓦说，灾区目前有 30 至 40 万儿童无家可归。

基地组织三号人物扎卡维领导的"伊拉克圣战基地组织"9 月 4 日在网站上发表声明说，"压迫者"美国遭受飓风袭击导致大量伤亡是"真主动怒"的结果。新奥尔良市 5 名灾民已感染霍乱弧菌丧生。位于灾区的两处航天设施遭飓风破坏。

紧急救援

美国国务院发言人麦科马克 9 月 1 日在新闻发布会上说，国务卿莱斯在与白宫协商后表示，美国愿意接受外国因飓风而提供的任何援助。

联合国人道主义事务协调办公室官员 9 月 2 日表示，联合国已经组建了一支特殊任务部队，准备派往灾区协助救灾工作。已有包括欧盟、澳大利亚、中国、俄罗斯、以色列、日本、加拿大、美洲国家组织等 20 多个国国家、地区和组织向美国提供了援助。

196 名墨西哥官兵 9 月 8 日乘车越过边境进入美国，协助灾区的救灾工作。这是 159 年来墨西哥部队首次踏上美国领土。当时连阿富汗都捐赠了十万美元。

9 月 1 日晚参议院批准 105 亿美元的救灾款。9 月 8 日晚，美国总统布什正式签署了一份总额为 518 亿美元的紧急救灾拨款法案。布什 9 月 23 日签署了金额为 61 亿美元的灾后紧急减税法案，以帮助卡特里娜飓风灾民渡过难关。面对国内民众的质疑和批评，美国白宫和国会 9 月 6 日宣布将对联邦政府在应对飓风袭击过程中是否存在失误展开调查。为了回应国内外对救援灾区不力的指责，美国政府 9 月 9 日宣布，撤去联邦紧急措施署（FEMA）署长迈克尔? 布朗的救援指挥职务，由美国海岸警卫队副司令长官萨德? 艾伦中将接替他主持救援工作。由于受到救灾不力的批评，美国联邦紧急措施署署长迈克尔? 布朗 9 月 12 日提出辞职。不久以后，布什总统宣布提名该署有着 30 年消防经验的高官戴维? 保利森接替其职。12 月底，美国联邦当局说，有 49 人被指涉嫌参与盗窃卡特里娜飓风受害者援助基金，而面临刑事指控。

灾后重建

2006 年 2 月 20 日，美国路易斯安纳州推出房屋重建计划，帮助该州在卡特里娜飓风中损失惨重的居民重建家园。

第一，联邦政府将承担飓风灾区重建的大部分费用。据估计，重建工作将需要 2000 亿美元甚至更多的费用，其中包括重建路桥、学校和供水系统等重要基础设施。

第二，布什下令所有内阁高官都参与全面评估联邦政府此次对飓风灾难的反应。此外，布什说，他已经命令国土安全部立即评估美国主要城市的紧急应对计划。他说，像"卡特里娜"这样的灾难需要更强大的联邦权力，以及更广泛的武装部队介入。

布什在讲话中承认美国政府对"卡特里娜"反应不够充分。他说，飓风过后的几天，美国人心中充满了"悲伤和愤怒"，美国经历了前所未有的"绝望"。布什对灾民曾经痛苦地要求水、粮援助表示悲痛，并谴责那些趁火打劫的犯罪分子。

第三，布什提议建立失业工人账户，为每个寻找工作的灾民提供 5000 美元援助，用于职业培训、教育以及子女看护支出。

第四，布什称他还将要求国会批准一项法案，将多余的联邦政府财产以抽奖形式，移交给受灾的低收入市民。

第五，飓风过后，墨西哥湾沿岸重灾区的居民都被转移到了别的州。布什政府表示，他们将 100% 地补偿这些灾民接纳州花在灾民身上的医疗和看护费用。

第六，拨款 19 亿美元补贴地方政府为受灾学生提供的教育费用；为受灾地区学生免去 6 个月助学贷款利息，利息减免总额达到了 1 亿美元。

禽流感防控国际筹资大会召开

2006 年 1 月 17 日—18 日，由中国政府、欧盟委员会和世界银行共同举办的禽流感防控国际筹资大会在北京举行。国务院总理温家宝大会部长级会议上致辞时宣布，为支持全球禽流感防控事业，中国政府决定提供 1000 万美元，并迅速到位。中国还将继续通过双边途径，向周边和其他有需要的国家提供力所能及的援助。

为进一步推动全球禽流感防控合作，温家宝提出四点建议：建立全球防控合作机制；加强防控能力建设；发挥联合国和有关国际组织的作用；争取更多的资金支持。>>大会通过了《北京宣言》和《禽流感防控多边援助资金框架报告》，包括中国在内的一些国家和国际组织在本次大会上踊跃认捐 19 亿美元，以支持和帮助有关国家应对和防控禽流感疫情。中国农业部部长杜青林主持大会闭幕式并发表讲话说，会议评估了当前有关国家和地区禽流感防控资金和技术的需求形势，各有关单位也对禽流感防控认捐了资金，资金管理协调机制也已建立，会议取得了积极成果。

禽流感的发生是没有国界和区域限制的，需要国际社会全力应对。大会通过的《北京宣言》是本次会议重要的成果文件，是国际社会加强禽流感防控工作、共同迎接挑战的具体体现。大会在通过的《禽流感防控多边援助资金框架报告》中，呼吁各方为遭受疫情的国家，特别是发展中国家，提供及时、必要、充足的资金，强调了加强各方协调的重要性，并重申受援国应当在疫情防控中发挥主导作用。会议指出禽流感防控形势依然严峻，需要各方立即采取行动，尽快将承诺变为现实，将防控战略付诸实践。国际社会，特别是发达国家，应对发展中国家提供更多的资金和技术，以有效地提高他们的自身防控能力和水平。联合国禽流感问题高级协调员纳巴罗、世界银行副行长亚当斯、欧盟卫生委员基普里亚努高度评价中国主办本次大会，并赞扬中国在禽流感防控国际合作中发挥了重要的作用。

本次大会是迄今为止在防控禽流感疫情上级别最高、范围最广的国际会议，共有100多个国家和地区、20多个国际组织的约700名代表与会，其中包括70多位部长级代表。

校园枪击案震撼全美

一名男子2007年4月16日在美国弗吉尼亚工学院开枪行凶，至少打死32人、打伤20多人，并随后自杀身亡。这是美国历史上最严重的枪击案。美国总统布什说，它使"全国感到震惊和悲伤"。

血腥屠杀

弗吉尼亚工学院位于华盛顿西南390公里处的布莱克斯堡，已有135年历史，目前共有2.6万名学生。美联社报道说，当地时间上午7时15分左右，凶手在学院男女混住的"安布勒·约翰斯通宿舍楼"开始行凶，约两个小时后，学院另一端的"诺里斯教学楼"又传出枪声。

两栋建筑间大约有800米远。警方官员说，他们在调查宿舍枪击案时，才听见教学楼又发生了枪击。

弗吉尼亚工学院校长查尔斯·斯蒂格当天晚些时候在新闻发布会上说，枪击案中共有33人丧生，包括枪手本人。

美国政府官员说这是美国历史上最严重的枪击案。校警负责人温德尔·福林丘姆说，警方认为只有一名凶手，他在行凶后已自杀身亡。罹难者中有一些学生，但不全是。

福林丘姆没透露枪手所用枪械，但一位不愿公开姓名的执法部门人员说，根据初步掌握情况，凶手拿了两支手枪，并带了大量弹药。

凶手是否是弗吉尼亚工学院的学生现在还不清楚，他身上没有身份证明，警方正在核实他的身份和作案动机。

美国有线电视新闻网（CNN）报道说，至少有29人在枪击事件中受伤。由于枪击案持续时间长，有人拍摄到了警方应对的画面。从CNN播出的录像看，弗吉尼亚工学院外布满警车，全副武装的警察有的躲在树后向楼宇瞄准，有的在校园附近执行警戒。一段用手机拍摄的录像显示，至少有26声枪响。

美国一些媒体在报道这起惨案时用到了"大屠杀"一词。弗吉尼亚工学院校长查尔斯·斯蒂格说："今天发生了悲剧，这使学校受到震撼和惊骇。"

美国总统布什当天晚些时候在新闻发布会上说,这一事件是"可怕的悲剧",它使"全国感到震惊和悲伤"。

校园恐慌

发生枪击案的宿舍楼离学校操场很近,里面住有 895 名学生。宿舍楼传出枪声后,学生被要求待在屋里,并远离窗户。

埃米·斯蒂尔是弗吉尼亚工学院一份校报的主编,她说,住在宿舍楼的一名校报记者告诉她楼里发生了"大混乱","好多学生乱跑并变得疯狂,警方则在试图安抚他们"。

大一学生艾梅·卡诺德说,枪击案发生在"安布勒·约翰斯通宿舍楼"的 4 层,在她的宿舍上一层,上午 8 时左右,一名宿舍管理员敲她的门,要求学生待在屋里。

"他们让我们待在屋里,后来短暂解除了限制。枪手后来又开始射击了,"卡诺德说,"我们被困在屋里,只能通过上网来了解到底发生了什么。"

学生麦迪逊·范·杜恩在接受 CNN 采访时说,学生们被困在屋里,大多坐在地板上,远离窗户。

据温德尔·福林丘姆介绍,宿舍楼的枪击案至少造成两人丧生,多人受伤。校方说,教学楼的枪击造成 30 人死亡,"一些受害者在教室遭到了枪击"。

学生迈克尔·奥布赖恩对福克斯电视台说,教学楼传出枪声时,他正穿越操场,看到学生们尖叫着从楼中逃出。"你能看见学生抬着像是尸体似的东西从楼里出来,外面有救护车,立即把他们接走。"

一名学生对 CNN 说,凶手走进教学楼,向每间教室射击。

枪击在校园中造成了恐慌情绪,一些目击者称看到当时有人从 3 层或 4 层楼的窗户跳下逃难。大批戴着头盔、穿着防弹衣的警方突击队出现在校园,学校一些工作人员和学生有的不等救护车到就自行抬出了一些伤者。

应急质疑

据学生介绍,两座楼的枪击发生时间大约间隔两个小时,两楼中间还有一段距离,而目前已知的凶手只有一人。有学生质疑校方和警方在如此长的时间内为什么没能采取疏散等有效行动。

一些学生说,第一声枪响两个多小时后,他们也没收到公告或警告,他们后来收到电子邮件警告时,大约是在第二座楼发生枪击时。

学生激动地质疑校方反应。学生贾森·派亚特对 CNN 说:"今天发生的事很荒谬,当他们发电子邮件的时候,有 20 多人已经死了。"

劳拉·韦丁等学生说,他们第一次接到关于枪击的邮件通知是在 9 时 26 分,那时离第一次枪击已有两个多小时。

学生说,邮件中的细节也很少,只是说:"今天早晨早些时候,'安布勒·约翰斯通宿舍楼'发生了枪击事件,警方正在现场调查。"

这封邮件警告学生保持警惕,告诉学生发现任何可疑情况可同警方联系。

学生安德鲁·卡珀斯·汤普森说:"关于到底发生了什么,我们被蒙在鼓里。"

弗吉尼亚工学院校长查尔斯·斯蒂格辩解说,当局一开始以为宿舍发生的枪击源于内部纠纷,并误认为枪手已经逃离。"我们那时没理由怀疑还会发生任何事件,我们只能根据那时有的情报做出决定,没有几个小时来做出反应"。

斯蒂格说,学校决定用电子邮件和其他电子手段通知学校成员,但早上有超过1万人驾车到校,很难通知到每个人。警方正在继续调查这起惨案。弗吉尼亚工学院所有出入口都已经封闭,17日的课程也已全部取消。

北京 2008 年奥运会

2008年北京奥运会,也就是第29届夏季奥林匹克运动会,于2008年8月8日20时在中华人民共和国首都北京国家体育场鸟巢开幕,并于2008年8月24日闭幕。

主办城市是中国首都北京,参赛国家及地区204个,参赛运动员11438人,设302项(28种)运动,共有60000多名运动员、教练员和官员参加北京奥运会。本届北京奥运会共创造43项新世界纪录及132项新奥运纪录,共有87个国家在赛事中取得奖牌,中国以51枚金牌居金牌榜首名,是奥运历史上首个登上金牌榜首的亚洲国家。

申奥过程

1998年11月25日,递交申请举办2008年奥运会的申请书。1999年4月7日,国际奥委会正式接受北京的申请。2000年2月1日,确定了申奥会徽和申奥口号,申奥网站正式开通。

奥申委

奥申委由76人组成,刘淇任主席,伍绍祖任执行主席。袁伟民、刘敬民任常务副主席,何振梁任顾问,张发强、于再清、李志坚、林文漪、汪光焘、张茅任副主席,屠铭德、王伟任秘书长。朱镕基总理表示中国政府全力支持北京申奥。

申请过程

2000年6月20日,北京奥申委秘书长王伟在瑞士洛桑向国际奥委会正式递交申请报告。报告回答了国际奥委会向申请城市提出的22个问题,陈述了关于北京筹办2008年奥运会的计划和构想,是北京市申办2008年奥运会向国际奥委会递交的第一份正式答卷。

2000年12月,北京奥申委聘请香港著名演员成龙为申奥形象大使,随后又与杨澜、巩俐、邓亚萍和桑兰四位杰出女性签订协议,她们和后来加盟的刘璇、王治郅等一道竭力宣传北京申奥,并利用各自的国际关系,帮助北京在申办2008年奥运会的竞争中获得胜利。

2000年8月28日,北京成为2008年第29届奥运会的候选城市之一。2001年1月17日上午,北京奥申委代表团将申办报告交到国际奥委会总部,2001年7月13日晚22:10,国际奥委会莫斯科第112次全会的主会场,国际奥委会主席萨马兰奇郑重宣布:北京获得 2008 年奥运会主办资格！可以将剩余的报告寄给 120 多名国际奥委会委员等人士和 28 个国际单项体育组织。从 1 月 21 日开始,北京奥申委向世界各地寄出 182 套北京 2008 年奥运会申办报告。

由荷兰人海因·维尔布鲁根和瑞士人吉尔贝·费利领衔的国际奥委会评估团 17 名成员,从 2001 年 2 月 19 日至 2 月 24 日对北京申奥工作进行考察。评估团在新闻发布会上评价说,北京申办奥运会得到了中国政府和北京市民强有力的支持。时任中国国家主席江泽民在会见评估团时强调了中国政府对北京申办奥运会的支持和承诺。北京奥申委提供了一份调查结果,有 94.9% 的市民支持北京申办奥运会。我们在北京的考察,也证实了这个数据是准确的、真实的。北京还提出了一个非常好的比赛规划以及场馆建设方案,这将给奥林匹克运动的发展和北京人民的生活留下一笔宝贵的财富。

2001 年 7 月 13 日,在莫斯科举行的国际奥委会第 112 次全会上,国际奥委会投票选定北京获得 2008 年奥运会主办权,这也是奥运会继东京(1964 年)、首尔(1988 年)之后第三次花落亚洲。

奥运会徽

奥运会会徽(Emblem of Olympic Games)是一届奥林匹克运动会的奥林匹克徽记,亦称奥运会会标。现代奥运会(包括冬季奥运会)的组织委员会都为所举办的奥运会设计一种独特的会徽。会徽的图样有时是通过广泛公开征集,择优选中的。但是,奥运会会徽必须经过国际奥委会执行委员会审查批准。

会徽

2008 年第 29 届奥运会会徽——“京”由三个部分构成:

1.像一个人的“京”字中国印。

2.汉语拼音“Beijing”和“2008”字样,象征 2008 年北京奥运会。

3.奥运五环:奥林匹克精神的象征。

4.会徽字体

第 29 届奥运会会徽为一个小巧篆书“京”字图案,形似一个奔跑冲刺的运动员,又如一个载舞之人欢迎奥运会的召开;既代表奥运会举办地北京,同时又极富中国东方的神韵。

会徽作品“中国印·舞动的北京”中的字体采用了汉简(汉代竹简文字)的风格,将汉简中的笔画和韵味有机地融入“北京 2008”字体之中,自然、简洁、流畅,与会徽图形和奥运五环浑然一体。字体不仅符合市场开发目的,同时与标志主体图案风格相协调,避免了未来在整体标志注册与标准字体注册中因使用现成字体而可能出现的仿冒侵权法律纠纷。

会徽文化

如果把“中国印·舞动的北京”看作一个汉字“京”,她便是奥运会徽史上第一次汉字字形的引入。汉字是表意文字,是象征性的符号体系。汉字中的一笔一画,充满着对生活气氛的烘托和对生命意义的隐喻。如果把“中国印·舞动的北京”当作一个“人”形画,她便是东方绘画表现手法上的一次杰出应用。和西方严格的写实方法相比,东方画在空间要求上比较灵活、概括,允许虚拟和省略。但正是这种虚拟和省略,给观者创造了真实而无限的想象空间。"中国印·舞动的北京"是一次融合中国书法、印章、舞蹈、绘画艺术和西方现代艺术观念的成功的艺术实践。她表达了人们要表达的理念,也寄托着人们将要赋予她的理想。她是中国的,也是世界的。她将当之无愧地成为奥林匹克运动视觉形象史上的一座艺术丰碑。

"中国印·舞动的北京"之一笔一划,她的每一个构成要素,承载着凝重的中华文化传统和激越的奥林匹克精神,彰显着先进的审美观念和昂扬的时代激情。它带给人们的,不仅仅是一个奥运会历史上史无前例的会徽,也将是中华文明在世界文明史上的又一次发扬光大。

会徽特点

1.会徽设计将中国特色、北京特点和奥林匹克运动元素巧妙结合。

2.会徽外形及特点富含中国传统文化。

3.会徽的字体设计采用了中国毛笔字汉简的风格,设计独特。

4.会徽总体结构与独立结构比例协调。

5.利于今后的形象景观应用和市场开发。

吉祥物

福娃(英语:Fuwa 或 Friendlies)是 2008 年在北京举行的第 29 届奥运会的吉祥物。作家郑渊洁提议,本次奥运会吉祥物数量应该最多,后来他提议与奥运五环相匹配,之后由画家韩美林设计完成,并于 2005 年 11 月 11 日,距离北京奥运会开幕恰好 1000 天时正式发布问世。

五位福娃中的每个娃娃都有一个朗朗上口的名字:"贝贝""晶晶""欢欢""迎迎""妮妮",当把五个娃娃的名字连在一起,你会读出北京对世界的盛情邀请——"北京欢迎你"。

福娃向世界各地的孩子们传递友谊、和平、积极进取的精神和人与自然和谐相处的美好愿望。他们的造型融入了鲤鱼、大熊猫、圣火、藏羚羊以及燕子的形象。

福娃代表了中国的奥运梦想以及中国人民的渴望。他们的原型和头饰蕴含着其与海洋、森林、火、大地和天空的联系,其形象设计应用了中国传统艺术的表现方式,展现了中国的灿烂文化。

贝贝

贝贝传递的祝福是繁荣。在中国传统文化艺术中,"鱼"和"水"的图案是繁荣与收获的象征,人们用"鲤鱼跳龙门"寓意事业有成和梦想的实现,"鱼"还有吉庆有余、年年有余的蕴涵。贝贝的头部纹饰使用了中国新石器时代的鱼纹图案,代表温柔纯洁,是水上运动的高手,代表奥林匹克五环中蓝色的一环。

晶晶

晶晶是一只憨态可掬的大熊猫,无论走到哪里都会带给人们欢乐。作为中国国宝,大熊猫深得世界人民的喜爱。它来自广袤的森林,象征着人与自然的和谐共存。他的头部纹饰源自宋瓷上的莲花瓣造型。晶晶憨厚乐观,充满力量,代表奥林匹克五环中黑色的一环。

欢欢

欢欢是福娃中的大哥哥。他是一个火娃娃,象征奥林匹克圣火。欢欢是运动激情的化身,他将激情散播世界,传递更快、更高、更强的奥林匹克精神。欢欢所到之处,洋溢着北京2008对世界的热情。欢欢的头部纹饰源自敦煌壁画中火焰的纹样。他性格外向奔放,熟悉各项球类运动,代表奥林匹克五环中红色的一环。

迎迎

迎迎是一只机敏灵活、驰骋如飞的藏羚羊,他来自中国辽阔的西部大地,将健康的美好祝福传向世界。迎迎是青藏高原特有的保护动物藏羚羊,是绿色奥运的展现.迎迎的头部纹饰融入了青藏高原和新疆等西部地区的装饰风格。他身手敏捷,是田径好手,代表奥林匹克五环中黄色的一环。

妮妮

妮妮来自天空,是一只展翅飞翔的燕子,其造型创意来自北京传统的沙燕风筝。"燕"还代表燕京(古代北京)。妮妮把春天和喜悦带给人们,飞过之处播撒"祝您好运"的美好祝福。天真无邪、欢快矫捷的妮妮将在体操比赛中闪亮登场,她代表奥林匹克五环中绿色的一环。

奥运火炬

2008年北京奥运会火炬——祥云火炬。火炬长72厘米,重985克,燃烧时间15分钟,在不高于65km/h的风速下能正常燃烧,在零风速下火焰高度25-30厘米,在强光和日光情况下均可识别和拍摄。

奥运奖牌

2008年北京奥运会奖牌:金镶玉、银镶玉、铜镶玉。

奥运会中国奖牌数:金牌:51,银牌:21,铜牌:28,总数:100。

北京2008年奥运会奖牌直径为70毫米,厚6毫米。奖牌正面为国际奥委会统一规定的图案——插上翅膀站立的希腊胜利女神和希腊潘纳辛纳科竞技场。奖牌背面镶嵌着取自中国古代龙纹玉璧造型的玉璧,背面正中的金属图形上镌刻着北京奥运会会徽。奖牌挂钩由中国传统玉双龙蒲纹璜演变而成。整个奖牌尊贵典雅,中国特色浓郁,既体现了对获胜者的礼赞,也形象诠释了中华民族自古以来以"玉"比"德"的价值观,是中华文明与奥林匹克精神在北京奥运会形象景观工程中的又一次"中西合璧"。

奥运口号

同一个世界,同一个梦想(One World,One Dream),集中体现了奥林匹克精神实质和普遍价值观——团结、友谊、进步、和谐、参与和梦想,表达了全世界在奥林匹克精神的感召下,追求人类美好未来共同愿望。尽管人类肤色不同、语言不同、种族不同,但我们共同分享奥林匹克魅力与欢乐,共同追求着"世界和平"的理想,我们同属一个世界,我们拥有同样的希望和梦想。

"同一个世界,同一个梦想"(One World,One Dream),深刻反映了北京奥运会的核心理念,体现了作为"绿色奥运、科技奥运、人文奥运"三大理念的核心灵魂的人文奥运所蕴含的和谐的价值观。建设和谐社会、实现和谐发展是我们追求的梦想。"天人合一""和为贵"是中国人民自古以来对人与自然,人与人和谐关系的理想与追求。我们相信:和平进步、和谐发展、和睦相处、合作共赢和美好生活是全世界的共同理想。

"同一个世界,同一个梦想"(One World ,One Dream),文简意深:既是中国的,也是世界的。口号表达了北京人民和中国人民与世界各国人民共有美好家园,同享文明成果,携手共创未来的崇高理想;表达了一个拥有五千年文明,正在大步走向现代化的伟大民族致力于和平发展,社会和谐,人民幸福的坚定信念;表达了13亿中国人民为建立一个和平而更美好的世界做出贡献的心声。

奥运歌曲

主题曲

2008 年北京奥运会主题曲—《You And Me》(《我和你》)

主题歌作曲:陈其钢,中文词:陈其钢

英文词译配:陈其钢、马文、常石磊

配器:陈其钢、常石磊、王之一

演唱者:刘欢、莎拉·布莱曼

其他歌曲

倒计时一周年歌曲:《We are ready》《Everyone is No.1》《Forever Friends》

2008 年北京奥运会倒计时 100 天主题歌:《北京欢迎你》《千山万水》《同一个世界,同一个梦想》

2008 年北京奥运会志愿者主题歌:《我是明星》

2008 年北京奥运会暨残奥会火炬接力主题歌:《点燃激情 传递梦想》

奥运精神

奥运精神是"更快、更高、更强"。支撑和造就"更高、更快、更强"的是"自尊、自强、自信"。这既是奥运精神的原动力,更是奥运精神的境界升华。奥运会不仅是世界性的体育竞技比赛,而且象征着世界的和平、友谊和团结,这就是奥运精神。

比赛项目

项目介绍

在 2008 年北京奥运会上,28 个大项和分项比赛项目不变,但是还有一项武术为本次奥运会的表演项目。根据国际奥委会的资料,奥运会比赛项目是这样划分的:大项(sport)、分项(discipines)和小项(event)。

与雅典奥运会一样,北京奥运会的比赛项目是大项28项,这28项是:田径(track and field)、赛艇(canoe)、羽毛球(badminton)、垒球(softball)、篮球(basketball)、足球(soccer)、拳击(boxing)、皮划艇(canoeing)、自行车(cycling)、击剑(fencing)、体操(gymnastics)、举重（weightlifting）、手球（handball）、曲棍球（Hockey ／ Field Hockey）、柔道（judo）、摔跤（wrestling）、水上项目（aquatics）、现代五项（modern pentathlon）、棒球（base-ball）、马术（equestrian）、跆拳道（kickboxing）、网球（tennis）、乒乓球（table tennis）、射击（shooting）、射箭（archery）、铁人三项（triathlon）、帆船帆板（sailing）、排球（volleyball）。其中，有些项目设有分项，分项最多的是水上项目，包括了游泳、花样游泳、水球和跳水 4 个分项。田径虽然没有分项，却有 46 个小项，其中男子 24 个小项，女子 22 个小项，是奥运会项目中金牌最多的。其次是游泳，有 32 个小项，男女各 16 项。

金牌分布

1.射箭：4 枚；2.拳击：11 枚；3.水球：2 枚；4.田径：47 枚；5. 棒球：1 枚；6. 羽毛球：5 枚；7.篮球：2 枚；8. 足球：2 枚；9. 击剑：10 枚；10.曲棍球：2 枚；11. 跆拳道：8 枚；12. 手球：2 枚；13. 柔道：14 枚；14. 帆船帆板：11 枚；15. 垒球：1 枚；16.射击：15 枚；17. 乒乓球：4 枚；18.赛艇：14 枚；19. 网球：5 枚；20. 举重：15 枚；21.现代五项：2 枚；22.皮划艇：静水：12 枚 激流回旋：4 枚；23.自行车：山地：2 枚 公路：4 枚 场地：10 枚 小轮车：2 枚；24.摔跤：自由式：11 枚 古典式：7 枚；25.马术：障碍赛：2 枚盛装舞步：2 枚 三项赛：2 枚；26.排球：排球 2 枚 沙滩排球：2 枚；27.体操：竞技体操：14 枚 艺术体操：2 枚蹦床：2 枚；28.铁人三项：2 枚；29.游泳：34 枚；30.跳水：8 枚；31.花样游泳：2 枚。

金牌总数：302 枚

比赛场馆

2008 年北京奥运会比赛场馆：

1.国家体育场

2.国家游泳中心

3.国家体育馆

4.北京射击馆

5.五棵松体育馆

6.老山自行车馆

7.奥林匹克水上公园

8.中国农业大学体育馆

9.北京大学体育馆

10.北京科技大学体育馆

11.北京工业大学体育馆

11 个改扩建场馆：

12.奥体中心体育场

13.奥体中心体育馆

14.工人体育场

15.工人体育馆

16.首都体育馆

17.丰台垒球场

18.英东游泳馆

19.老山自行车场

20.北京射击场飞碟靶场

21.北京理工大学体育馆

22.北京航空航天大学体育馆

9个临时场馆：

23.国家会议中心击剑馆

24.奥林匹克森林公园曲棍球场

25.奥林匹克森林公园射箭场

26.奥林匹克森林公园网球场

27.五棵松棒球场

28.北京朝阳公园沙滩排球场

29、小轮车赛场

30.铁人三项赛场

31.城区公路自行车赛场

6个奥运京外比赛场地：

32.青岛国际帆船中心

33.香港奥运赛马场

34、上海体育场

35.天津奥林匹克体育场

36.沈阳水晶王冠奥林匹克体育场

37.秦皇岛奥林匹克体育中心

共计37个场地

比赛情况

参赛国家

2008年北京奥运会参赛的国家和地区名单（按参赛国家和地区入场顺序排列）：

1：希腊 2：几内亚 3：几内亚比绍 4：土耳其 5：土库曼斯坦 6：也门 7：马尔代夫 8：马耳他 9：马达加斯加 10：马来西亚 11：马里 12：马拉维 13：马其顿 14：马绍尔群岛 15：开曼群岛 16：不丹 17：厄瓜多尔 18：厄立特里亚 9：牙买加 20：比利时 21：瓦努阿图 22：以色列 23：日本 24：中华台北 25：中非 26：中国香港 27：冈比亚 28：贝宁 29：毛里求斯 30：毛里塔尼亚 31：丹麦 32：乌干达 33：乌克兰 34：乌拉圭、35：乌兹别克斯坦 36：巴巴多斯 37：巴布亚新几内亚 38：巴西 39：巴拉圭 40：巴林 41：巴哈马 42：巴拿马 43：巴基斯坦 44：巴勒斯坦 45：古巴 46：布基纳法索、47：布隆迪 48：东帝汶 49：卡塔尔 50：卢旺达 51：卢森堡 52：乍得 53：白俄罗斯 54：印度 55：印度尼西亚 56：立陶宛 57：尼日尔 58：尼日利亚 59：尼加拉瓜 60：尼泊尔 61：加纳 62：加拿大 63：加蓬 64：圣马力诺 65：圣文森特和格林纳丁斯 66：圣卢西亚 67：圣多美和普林西比 68：圣基茨和尼维斯、69：圭亚那 70：吉布提 71：吉尔吉斯斯坦 72：老挝 73：亚美尼亚 74：西班牙 75：百慕大 76：列支敦士登 77：刚果 78：刚果民主共和国 79：伊拉克 80：伊朗 81：危地马拉 82：匈牙利 83：多米尼加 84：多米尼克 85：多哥 86：冰岛 87：关岛 88：安哥拉 89：安提瓜和巴布达 90：安道尔 91：汤加 92：约旦 93：赤道几内亚 94：芬兰 95：克罗地亚 96：苏丹 97：苏里南 98：利比亚 99：利比里亚 100：伯利兹 101：佛得角 102：库克群岛 103：沙特阿拉伯 104：阿尔及利亚 105：阿尔巴尼亚 106：阿拉伯联合酋长国 107：阿根廷 108：阿曼 109：阿鲁巴 110：阿富汗 111：阿塞拜疆 112：纳米比亚 113：坦桑尼亚 114：拉脱维亚 115：英国 116：英属维尔京群岛 117：肯尼亚 118：罗马尼亚 119：帕劳 120：图瓦卢 121：委内瑞拉 122：所罗门群岛 123：法国 124 ：波兰 125：波多黎各 126：波斯尼亚和黑塞哥维那 127：孟加拉国 128：玻利维亚 129：挪威 130：南非 131：柬埔寨 132：哈萨克斯坦 133：科威特 134：科特迪瓦 135：科摩罗 136：保加利亚 137：俄罗斯 138：叙利亚 139：美国 140：美属维尔京群岛 141：美属萨摩亚 142：洪都拉斯 143：津巴布韦 144：突尼斯 145：泰国 146：埃及 147：埃塞俄比亚 148：莱索托 149：莫桑比克 150：荷兰 151：荷属安的列斯 152：格林纳达 153：格鲁吉亚 154：索马里、155：哥伦比亚 156：哥斯达黎加 157：特立尼达和多巴哥 158：秘鲁 159：爱尔兰 160：爱沙尼亚 161：海地、162：捷克 163：基里巴斯 164：菲律宾 165：萨尔瓦多 166：萨摩亚 167：密克罗尼西亚联邦 168：塔吉克斯坦 169：越南 170：博茨瓦纳 171：斯里兰卡 172：斯威士兰 173：斯洛文尼亚 174：斯洛伐克 175：葡萄牙 176：韩国 177：斐济 178：喀麦隆 179 ：黑山 180：朝鲜 181：智利 182：奥地利 183：缅甸 184：瑞士 185：瑞典 186：瑙鲁 187：蒙古 188：新加坡 189：新西兰 190：意大利 191：塞内加尔 192：塞尔维亚 193：塞舌尔 194：塞拉利昂 195：塞浦路斯 196：墨西哥 197：黎巴嫩 198：德国 199：摩尔多瓦 200：摩纳哥 201：摩洛哥 202：澳大利亚 203：赞比亚 204：中国

　　第 29 届奥运会共有 204 个国家和地区参赛。

　　注：由于文莱奥运前没有为任何运动员参赛注册，文莱奥委会被国际奥委会取消参加本届奥运会的资格。因此参加北京奥运会的国家和地区奥委会成员总数为 204 个。

奥巴马当选新一届美国总统

　　民主党总统候选人、伊利诺伊州国会参议员贝拉克·奥巴马在 2008 年 11 月 4 日美国总统选举中获胜，当选美国第 56 届总统，并将成为美国历史上首位非洲裔总统。

　　奥巴马 1961 年 8 月 4 日出生在美国夏威夷檀香山，父亲是来自肯尼亚的留学生，母亲是堪萨斯州白人。两人在就读夏威夷大学期间相识。由于父亲此后前往哈佛大学求学，奥巴马从小由母亲抚养。奥巴马两岁多时，父母婚姻破裂。6 岁时，奥巴马随母亲和继父前往印度尼西亚生活。4 年后，奥巴马回到夏威夷。中学毕业后，他进入加利福尼亚州西方学院学习，后转入位于纽约的哥伦比亚大学，1983 年毕业。1985 年，奥巴马来到芝加哥，从事社区工作。1988 年，他进入哈佛大学法学院深造，还成为院刊《哈佛法律评

论》首位非洲裔负责人。1991年在获得哈佛大学法学博士学位后,他返回芝加哥,成为一名律师,并在芝加哥大学法学院教授宪法。

1997年,奥巴马进入政坛,当选伊利诺伊州参议员。2000年,他竞选联邦众议员,但没有成功。2004年,他在民主党全国代表大会上发表主题演讲后引起广泛关注。同年11月,他当选伊利诺伊州联邦参议员。

在担任联邦参议员期间,他参与起草了有关控制常规武器的议案,推动加强公众监督联邦基金使用,并支持有关院外游说、选举欺诈、气候变化和核恐怖主义等问题的一系列议案。他还出访了东欧、中东和非洲的一些国家。

2007年2月,奥巴马正式宣布竞选总统。他在竞选中以"变革"为主题,强调结束伊拉克战争、实现能源自给、停止减税政策和普及医疗保险等,并承诺实现党派团结、在国际上重建同盟关系、恢复美国领导地位。8月27日,他在民主党全国代表大会上获得总统候选人提名。奥巴马1992年与米歇尔·罗宾森结婚,育有两个女儿。

奥巴马的当选本身改变了这个世界,因为这个世界上最强大的国家,也是这个世界上曾经有过最惨痛的种族歧视的国家,出现了一位黑人总统。马丁-路德-金博士四十年前"我有一个梦"的理想已经实现了,如果还有人认为没有实现的话,那是因为他自己的内心的阴影如此厚重,挡住了他的眼睛。奥巴马当选首先是给美国少数族裔特别是黑人族群带来新的希望。奥巴马当选美国总统对于生活在美国甚至全世界的华人华侨也是一个振奋人心的消息。

中国人常常挂在嘴边的话就是,这个国家是人家的,我们是旅居在此,这里永远不会是我们的。这种思想一直钳制着华人华侨在当地向政治领域进军,反过来又常常损害了华人华侨的长远利益。奥巴马的当选——登上美国最高权力宝座——给所有居住在民主国家的华人华侨带来新的启示和巨大的希望。

法律还是那个法律,宪法也还是那个宪法,然而,我们心中的魔障应该消除了,如果我们被自己心中的魔障羁绊,怨天尤人,那能够怪谁呢? 当我们再一次想老调重弹对美国等国家的种族歧视做一番评头论足的时候,也许我们应该先检视我们的内心,想一想,我们首先在内心消除了对自己的歧视了没有? 我们为了自己和人家的权利奋力发声了没有? 我们努力了没有? 我们心中是否曾经有那么一个梦并一直追求这个梦想?

奥巴马当选美国总统的意义就在这里了,这比所谓美国未来四年的经济如何,是否还继续泥足深陷伊拉克意义要大得多。在美国竞选24小时倒数的时候,我很紧张,我眼中看不到经济和伊拉克战争,我看到的是一场心灵之间的南北战争。我忍不住给我的一位有投票权的美国朋友打电话。我在电话里说,你应该把票投给奥巴马,不是因为他的税收政策,不是因为他要从伊拉克撤军,不是因为他承诺要对华人怎么好……你投给他的那一票,是投给一种理念和信念,投给一种希望和理想! 美国已经有几十个清一色的白人男性总统了,但没有一个总统被选上后,可以像奥巴马被选上时那样,全世界都可以自豪地说,世界已经被改变,新的历史被创造了!

5·12汶川大地震

综述

2008年5月12日14时28分04秒,8级强震猝然袭来,大地颤抖,山河移位,满目疮痍,生离死别……西南处,国有殇。这是新中国成立以来破坏性最强、波及范围最大的一次地震。地震重创约50万平方公里的中国大地!

截至2009年4月25日10时,遇难69227人,受伤374643人,失踪17923人。其中四川省68712名同胞遇难,17921名同胞失踪,共有5335名学生遇难或失踪。直接经济损失达8451亿元。

这是中华人民共和国自建国以来影响最大的一次地震。震级是自1950年8月15日西藏墨脱地震(8.5级)和2001年昆仑山大地震(8.1级)后的第三大地震,直接严重受灾地区达10万平方公里。

地震参数

时间:2008年5月12日14时28分

纬度:31.01°N

经度:103.40°E

深度:14km

震级:里氏震级8.0级,矩震级7.9级

最大烈度:11度

震中位置:四川省汶川县映秀镇

都江堰市西21km(267°)崇州市西北48km(327°)

大邑县西北48km(346°)成都西北75km(302°)

历史背景:

汶川地震是中华人民共和国自建国以来影响最大的一次地震,震级是自1950年8月15日西藏墨脱地震(8.5级)和2001年昆仑山大地震(8.1级)后的第三大地震,直接严重受灾地区达10万平方公里。

地震成因:

印度板块向亚洲板块俯冲,造成青藏高原快速隆升导致地震。高原物质向东缓慢流动,在高原东缘沿龙门山构造带向东挤压,遇到四川盆地之下刚性地块的顽强阻挡,造成构造应力能量的长期积累,最终在龙门山北川—映秀地区突然释放。逆冲、右旋、挤压型断层地震。四川特大地震发生在地壳脆—韧性转换带,震源深度为10千米—20千米,持续时间较长,因此破坏性巨大。

地震类型:

汶川大地震为逆冲、右旋、挤压型断层地震。

震源深度：

汶川大地震是浅源地震,震源深度为 10 千米~20 千米,因此破坏性巨大。

影响范围：

包括震中 50km 范围内的县城和 200km 范围内的大中城市。陕西、甘肃、宁夏、天津、青海、北京、山西、山东、河北、河南、安徽、湖北、湖南、重庆、贵州、云南、内蒙古、广西、海南、香港、澳门、西藏、江苏、上海、浙江、辽宁、福建、台湾等地等全国多个省市有明显震感。中国除黑龙江、吉林、新疆外均有不同程度的震感。其中以陕甘川三省震情最为严重。甚至泰国首都曼谷,越南首都河内,菲律宾、日本等地均有震感。

损失及伤亡情况

全国各地伤亡汇总

（截至 2009 年 4 月 25 日 10 时）

遇难:69225 人

受伤:374640 人

失踪:17939 人

四川省共有 68712 名同胞遇难,17921 名同胞失踪。其中共有 5335 名学生遇难或失踪。

经济损失

（截至 2008 年 9 月 4 日）

这次汶川地震造成的直接经济损失 8451 亿元人民币。四川最严重,占到总损失的 91.3%,甘肃占到总损失的 5.8%,陕西占总损失的 2.9%。国家统计局将损失指标分三类,第一类是人员伤亡问题,第二类是财产损失问题,第三类是对自然环境的破坏问题。在财产损失中,房屋的损失很大,民房和城市居民住房的损失占总损失的 27.4%。包括学校、医院和其他非住宅用房的损失占总损失的 20.4%。另外还有基础设施,道路、桥梁和其他城市基础设施的损失,占到总损失的 21.9%,这三类是损失比例比较大的,70%以上的损失是由这三方面造成的。

道路抢修情况

由绵竹至北川的 105 省道已于 2008 年 5 月 15 日 18 时抢通,通往北川的救灾物资路线增加到两条,原由绵阳市经安县到北川的县道运输压力得到缓解。

北线公路抢通也取得进展,由黑水至茂县的 302 省道抢通工作顺利推进,距离茂县县城还有 6 公里。由松潘至茂县的 213 国道也已抢通到距茂县县城 6 公里处。

目前汶川至茂县中间还有 29 公里的路段没有抢通。据遥感监测,其间约有 14 处路段因滑坡被淹没或垮塌。

西线除上述由马尔康经理县至汶川的 317 国道外,由丹巴经小金至映秀的 303 省道已经抢通至卧龙,距离映秀还有 40 公里。

据四川省交通厅副厅长鲜雄介绍,目前各路抢通工作中,最艰巨的是东线公路。由北川至茂县的 302 省道在抢至距茂县 28 公里处时,由于抢通路段再次发生山体崩塌,北川县城至漩坪 16 公里处被水淹没,使抢通工作难以推进。

关于全国哀悼日

国务院宣布:2008 年 5 月 19 日至 21 日为全国哀悼日

国务院公告:

为表达全国各族人民对四川汶川大地震遇难同胞的深切哀悼,国务院决定,2008 年 5 月 19 日至 21 日为全国哀悼日。在此期间,全国和各驻外机构下半旗志哀,停止公共娱乐活动,外交部和我国驻外使领馆设立吊唁簿。5 月 19 日 14 时 28 分起,全国人民默哀 3 分钟,届时汽车、火车、舰船鸣笛,防空警报鸣响。

在 5 月 19 日至 21 日全国哀悼日期间,北京奥运会圣火将暂停传递。

专家详析

专家详析:汶川地震破坏性

汶川大地震是中国一九四九年以来破坏性最强、波及范围最大的一次地震,地震的强度、烈度都超过了一九七六年的唐山大地震。中国地震研究及地质灾害研究专家今天分析了汶川地震破坏性强于唐山地震的主要原因。

中国地质科学院地质力学所基础地质研究室专家冯梅做客国土资源部门户网时分析指出,汶川地震破坏性强于唐山地震,首先,从震级上可以看出,汶川地震稍强。

唐山地震国际上公认的是七点六级,汶川地震是八级。其次,从地缘机制断层错动上看,唐山地震是拉张性的,是上盘往下掉。汶川地震是上盘往上升,要比唐山地震影响大。

第三,唐山地震的断层错动时间是十二点九秒,汶川地震是二十二点二秒,错动时间越长,人们感受到强震的时间越长,也就是说汶川地震建筑物的摆幅持续时间比唐山地震要强。

第四,从地震张量的指数上看,唐山地震是二点七级,汶川地震是九点四级,差别很大。

第五,汶川地震波及的面积、造成的受灾面积比唐山地震大。冯梅说,这主要是由于断层错动的原因,汶川地震是挤压断裂,错动方向是北东方向,也就是说汶川的北东方向受影响比较大,但是它的西部情况就会好一些。

汶川地震波及面积大,据称几乎整个东南亚和整个东亚地区都有震感。"主要是因为汶川地震错动时间特别长,比唐山地震还长,这就是为什么唐山地震虽然死亡人数多,但是实际上灾害造成的影响不如汶川地震大。"冯梅说,因为汶川灾情分布比较广。

第六,汶川地震诱发的地质灾害、次生灾害比唐山地震大得多。国土资源部高级咨询研究中心教授岑嘉法分析说,因为唐山地震主要发生在平原地区,汶川地震主要发生在山区,次生灾害、地质灾害的种类都不太一样,汶川地震引发的破坏性比较大的崩塌、滚石加上滑坡等,比唐山地震的次生地质灾害要严重得多。另外,因为四川水比较多,所以堰塞湖跟唐山地震相比也是不一样的。

中国地质科学院地质力学所基础地质研究室专家安美建补充说,汶川地震的震级比唐山地震的震级稍微高一点,能量差三倍,地震波及能量越大,地震传得更远,在更远的距离内造成破坏。另外,汶川地震的位置也非常特殊。唐山地震发生在中国东部,因为东部地区延迟线比较薄,东部地震波衰减厉害,而四川的延迟线厚,所以地震波衰减慢。从这两个角度来说,汶川地震造成的影响要比唐山大。

资金物资援助

国内社会援助情况

全国共接收国内外社会各界捐赠款物(截至 2008 年 9 月 25 日 12 时)总计 594.68 亿元,实际到账款物 594.08 亿元,已向灾区拨付捐赠款物合计 268.80 亿元

捐赠区 国家电网 2.1 亿,全国证券期货行业 1.01 亿 ,荣程钢铁 1.1 亿 ,台塑集团 1亿,恒基地产李兆基 1 亿,中国石油 1.03 亿 。(均为人民币)

国际社会援助情况

四川汶川特大地震发生以来,国际社会向中国政府和人民表达真诚同情和慰问,并提供了各种形式的支持和援助。截至 2008 年 7 月 18 日,外交部及中国各驻外使领馆、团共收到外国政府、团体和个人等捐资 17.11 亿元人民币。其中,外国政府、国际和地区组织捐资 7.70 亿元人民币;外国驻华外交机构和人员捐资 199.25 万元人民币;外国民间团体、企业、各界人士以及华侨华人、海外留学生和中资机构等捐资 9.39 亿元人民币。

截至 5 月 17 日 16 时,来自中国香港、中国台湾、日本、俄罗斯、韩国、新加坡的六支境外救援队伍,已经抵达灾区开展救援行动。其中中国香港 20 人、中国台湾 22 人、俄罗斯51 人的救援队在绵竹市开展救援。日本两批 60 人的专业救援队在青川、北川开展救援。韩国 47 人的救援队、新加坡 55 人的救援队在什邡市开展救援。

各个国家和地区的捐款捐物统计(不含民间团体)

台湾省——20 亿新台币援助灾区。(约合 4.5 亿人民币)

香港特区政府——3.5 亿港元援助。(约合人民币 3.1 亿元)

澳门特区政府——1.1 亿人民币。(包括半官方的澳门基金会的 1 千万人民币)

沙特阿拉伯王国——5000 万美元现金和 1000 万美元物资。(约合 4.3 亿人民币)

印度政府——决定向中方提供 500 万美元救灾物资。(约合人民币 3500 万元)

日本政府——决定提供约 5 亿日元紧急援助。(合人民币 3300 万元)

俄罗斯联邦政府——已提供四批救灾物资,价值 400 万美元。(约合人民币 2800 万元)

以下并未按顺序排列

美国——50 万美元现金(约 350 万人民币)

韩国——100 万美元

英国——100 万英镑

法国——25 万欧元的抗震救灾物资

德国——50 万欧元

波兰——10 万美元

挪威——2000万克朗（约合400万美元）

丹麦——75万丹麦克朗（约合15万美元），超过100万丹麦克朗（约合20万美元）的救灾物资

西班牙——100万欧元加7吨药品支援

比利时——65万欧元

希腊——20万欧元

爱沙尼亚——50万爱沙尼亚克朗（约合49000美元）

越南——20万美元现金

新加坡——20万美元

巴基斯坦——政府向灾区捐赠价值100万美元的救援物资。（约合人民币700万元）

莫桑比克政府（世界最贫困国家之一）向中国政府捐款4万元人民币

国际组织援助情况

欧盟——欧盟人道主义援助办公室决定通过红十字国际委员会等机构向中方提供200万欧元紧急援助

联合国儿童基金会——基金会提供30万美元紧急援助

国际奥委会——国际奥委会捐款100万美元援助

省区市对口支援情况

灾后恢复重建是一项十分艰巨的任务。为举全国之力，加快地震灾区灾后恢复重建，并使各地的对口支援工作有序开展，经党中央、国务院同意，建立灾后恢复重建对口支援机制。对口支援安排方案（一）支援方。东部和中部地区共19个省市，考虑海南省的实际情况不做安排；同时考虑重庆市是直辖市，且与四川的历史联系，西部地区安排重庆市承担对口支援任务。支援省市为19个，即广东、江苏、上海、山东、浙江、北京、辽宁、河南、河北、山西、福建、湖南、湖北、安徽、天津、黑龙江、重庆、江西、吉林。（二）受援方。根据国家地震局提供的汶川地震烈度区划和四川省提供的受灾县（市）灾情程度，将四川省北川县、汶川县、青川县、绵竹市、什邡市、都江堰市、平武县、安县、江油市、彭州市、茂县、理县、黑水县、松潘县、小金县、汉源县、崇州市、剑阁县共18个县（市），以及甘肃省、陕西省受灾严重地区作为受援方。（三）对口支援安排。考虑支援方的经济实力和受援方的灾情程度，兼顾安置受灾群众阶段已形成的对口支援格局，对口支援安排如下：1.山东省——四川省北川县2.广东省——四川省汶川县3.浙江省——四川省青川县4.江苏省——四川省绵竹市5.北京市——四川省什邡市6.上海市——四川省都江堰市7.河北省——四川省平武县8.辽宁省——四川省安县9.河南省——四川省江油市10.福建省——四川省彭州市11.山西省——四川省茂县12.湖南省——四川省理县13.吉林省——四川省黑水县14.安徽省——四川省松潘县15.江西省——四川省小金县16.湖北省——四川省汉源县17.重庆市——四川省崇州市18.黑龙江省——四川省剑阁县19.广东省（主要由深圳市）——甘肃省受灾严重地区20.天津市——陕西省受灾严重地区

（四）未纳入对口支援的受灾县（市、区）由所在省人民政府组织本省范围内的对口支援。社会各界及境外提出对口支援的，由受灾省人民政府统筹安排。

外国媒体评论

《纽约时报》：关键时刻中国政府反应迅速 温总理对灾区群众高度关切的形象和他亲临第一线的鲜明姿态一次次出现在电视屏幕上，与其他一些国家发生灾害后政府的迟缓表现形成了鲜明对比。中国领导人的努力证明了在关键时刻中国政府能够做到反应迅速。

新加坡《联合早报》："中国式总理"难以复制，这次四川大地震，中国政府展现了高度的自信心。

新加坡《联合早报》：谣言止于真相，电视台播"原汁原味"新闻。

新加坡《联合早报》于 5 月 16 日发表评论《撼山易，撼四川人民难》。

美联社：这种快速的动员，反映了中国领导层已经将灾难救援放在突出的位置，也向世界展示了，他们对奥运期间的任何突发事件都会准备充分。

美国有线电视新闻网：团结和爱国浪潮席卷中国，在这次地震中，中国人民展现出了深深的同情心，他们是一个团结的民族，紧紧联合在一起。

俄新社：中国，挺住！汶川地震让半个亚洲震动，让整个世界震惊。中国经历的磨难太多，但从没在磨难中倒下。面临灾难，中国展现出坚韧与顽强；珍视生命，中国赢得了全世界的敬意和赞扬。

西班牙《世界报》：《一个摧不垮的民族》：正是这些志愿者、战士和救援人员不屈不挠的精神把这个已经无数次遭受过外来入侵和各种灾难的国家一次又一次地从废墟中拯救过来。

《日本经济新闻》：在天安门广场，默哀完毕后，人们列队高呼"中国加油！"等口号，显示出爱国主义高涨。

加拿大 CBC 电视台：中国军队的反应速度和人员、装备、物资投放能力均给人留下深刻印象。

葡萄牙《快报》：地震检验了中国领导层的能力。

德国《世界报》：中国"历史上最大的军事行动"为了救灾。

CNN：在中国举国默哀 3 分钟后，发表了题为《情感在中国举国默哀中流淌》的报道。文章说，在四川省的省会城市成都，数千百姓的情感在哀悼活动得到了宣泄。在 180 秒的哀悼活动结束后，他们高喊着支持灾区的口号。CNN 现场记者口述说："在静默的那一刻，所有人的手紧紧握在一起，一些人哭泣着……他们对于如此多人的遇难感到难以置信和震惊。"

《澳大利亚人报》：中国人正敞开胸怀，慷慨解囊，踊跃献血。

美国《基督教科学箴言报》：中国似乎对这种救灾行动准备充分，他们非常善于迅速制定救灾计划。

美国《洛杉矶时报》："越来越人性化的政府努力向民众提供精神安慰和国家支持"。

路透社：从四川平通镇发回报道说，从四川省城市的抗震帐篷中到北京天安门广场上，警报悲鸣、亿万中国人静立三分钟为上万名在四川大地震中遇难的同胞默哀。

汶川地震卅日感怀

茫茫宇宙最深处，凤翥龙翔乐中土；一从盘古开辟后，百姓熙熙膺天哺；如何礼乐五千岁？煜煜煌煌升平驻；如何世界有天府？蜀道嵯峨藏富庶，汶川一震八荒震，忍把天府变地府；处处丘墟掩尸臭，市井村落无人迹；昔年人声鼎沸处，一时寂寂无声息；可怜繁华锦绣地，郁勃腾昂尽消失；原来合族欣欣醉天伦，忽然一门尽归阴，昨夜春帏同鸳梦，今隔阴阳再难逢；幽幽冥冥都是恨，蜀山蜀水不葱茏；死者埋没随瓦砾，生者孑孑似飘蓬；伤残奄奄余微命，日夕彷徨旧时梦；身或无虞还忧惧，惶惶离家不安宁；故园一望心裂碎，不知何日是归程；君不忆去年今日家还在，明年今日家成蒿；蒿叶带露迎风泣，蒿下玉人颜色凋；忽然陌上哭一声，泯尽世间仇与恩；草木萋萋连天碧，不知究是谁家坟；匐匐但下千掬泪，绿水嘤鸣子规啼；只为音容难挥去，还将心雨普奠之；后来岁岁清明日，更是蜀人断肠时；蜀人泪涌入长江，蜀人断肠恸八方；直教闻者齐掩面，天地为之一感伤；雨收云霁日依旧，浩渺秋水复旧流；逝者如斯存追忆，蜀风川草也关愁；何为乎浮屠七级抵一命，天地之大宝乃曰生；千秋万代此一纪，纷纷救人是何人？十万将士岿然在，应见人心似佛心；天欲堕兮拄其间，中有大爱号忠诚；嗟乎，一番灾后还思量，几人名姓标汗青；闻得仙家歌舞薰，罹难苍生列其中；歌舞叠叠思不尽，似盼人间报捷音；后来但有捷音至，报与天地共峥嵘。

汶川地震灾害范围评估结果

一、极重灾区

共10个县（市），分别是四川省汶川县、北川县、绵竹市、什邡市、青川县、茂县、安县、都江堰市、平武县、彭州市。

二、重灾区

共41个县（市、区），其中：

四川省（29个）：理县、江油市、广元市利州区、广元市朝天区、广元市旺苍县、梓潼县、绵阳市游仙区、德阳市旌阳区、小金县、绵阳市涪城区、罗江县、黑水县、崇州市、广元市剑阁县、三台县、阆中市、盐亭县、松潘县、苍溪县、芦山县、中江县、广元市元坝区、大邑县、宝兴县、南江县、广汉市、汉源县、石棉县、九寨沟县。

甘肃省（8个）：文县、陇南市武都区、康县、成县、徽县、西和县、两当县、舟曲县。

陕西省（4个）：宁强县、略阳县、勉县、宝鸡市陈仓区。

三、一般灾区

共186个县（市、区），其中：

四川省（100个）：郫县、成都市金牛区、成都市青白江区、成都市新都区、成都市成华区、成都市锦江区、成都市青羊区、成都市温江区、成都市武侯区、名山县、邛崃市、金堂县、南部县、蒲江县、成都市龙泉驿区、射洪县、乐山市金口河区、巴中市巴州区、新津县、丹巴县、南充市顺庆区、夹江县、天全县、丹棱县、金川县、通江县、雅安市雨城区、洪雅县、双流县、仁寿县、乐山市沙湾区、峨边彝族自治县、康定县、沐川县、仪陇县、马边彝族自治县、井研县、南充市高坪区、彭山县、犍为县、荥经县、荣县、西充县、泸定县、乐山市五通桥区、峨眉山市、简阳市、马尔康县、青神县、南充市嘉陵区、蓬安县、资阳市雁江区、眉山市东坡区、华蓥市、平昌县、乐山市市中区、营山县、安岳县、达州市通川区、乐至县、大英县、遂宁市船山区、万源市、甘洛县、威远县、遂宁市安居区、红原县、岳池县、达县、武胜县、广安市广安区、自贡市大安区、资中县、越西县、渠县、蓬溪县、自贡市自流井区、自贡市沿滩区、富顺县、内江市东兴区、自贡市贡井区、内江市市中区、隆昌县、屏山县、宜宾县、南溪县、大竹县、宜宾市翠屏区、若尔盖县、宣汉县、美姑县、雷波县、泸县、邻水县、开江县、阿坝县、道孚县、冕宁县、九龙县、高县。

陕西省(36个):宝鸡市金台区、南郑县、留坝县、凤县、汉中市汉台区、陇县、麟游县、太白县、宝鸡市渭滨区、眉县、西乡县、岐山县、千阳县、城固县、扶风县、凤翔县、佛坪县、镇巴县、永寿县、洋县、石泉县、周至县、武功县、乾县、彬县、长武县、咸阳市杨陵区、兴平市、西安市碑林区、汉阴县、宁陕县、紫阳县、礼泉县、西安市雁塔区、户县、西安市莲湖区。

甘肃省(32个):礼县、宕昌县、清水县、崇信县、天水市秦州区、临潭县、武山县、甘谷县、灵台县、平凉市崆峒区、天水市麦积区、秦安县、迭部县、张家川县、通渭县、岷县、漳县、庄浪县、渭源县、泾川县、华亭县、静宁县、陇西县、镇原县、卓尼县、定西市安定区、庆阳市西峰区、会宁县、宁县、临洮县、碌曲县、康乐县。

重庆市(10个):合川区、荣昌县、潼南县、大足县、双桥区、铜梁县、北碚区、璧山县、永川区、梁平县。

云南省(3个):绥江县、水富县、永善县。

宁夏回族自治区(5个):隆德县、泾源县、西吉县、彭阳县、固原市原州区。

各地地震造成影响:

四川

震灾造成遇难62161人,受伤347401人。

甘肃

死亡365人,受伤10158人,紧急转移安置179.7万人。

陕西

死亡113人,受伤1920人。房屋倒塌6.32万间,危房24.6万间。

重庆

死亡16人,受伤637人,受灾人口213.33万人。

贵州

死亡1人,受伤15人,多处民房开裂倒塌,发生破坏性地震可能性极小。

云南

死亡1人,受伤51人,楚雄昭通等地部分房屋倒塌。

湖南

死亡1人,长沙房屋震动明显。

湖北

死亡 1 人,受伤 14 人。武汉震感明显,襄樊、十堰等地受波及。

河南

死亡 2 人,受伤 7 人。

震后举国默哀

2008 年 5 月 19 日电 14 时 28 分起,中国全国人民为四川汶川大地震遇难者默哀 3 分钟。各地汽车、火车、舰船笛声长鸣,防空警报在各城市上空鸣响。

全国人民静立默哀

胡锦涛、吴邦国、温家宝、贾庆林、李长春、习近平、贺国强等领导同志在中南海怀仁堂前肃立默哀 3 分钟。

全国人大常委会、国务院、全国政协、中央军委有关负责同志同时哀悼。

19 日下午 2 时 28 分,香港的轮船、火车和非运营状态中的公交车辆同时鸣笛,向四川地震遇难者致哀。行政长官曾荫权率全体公务员默哀。

北京时间 19 日 14 时 28 分,中国驻外使领馆、驻国际组织代表处、中资机构等举行悼念活动,参加活动全体人员默哀 3 分钟,沉痛悼念四川汶川大地震遇难者。

为表达全国各族人民对四川汶川大地震遇难同胞的深切哀悼,中国国务院决定,2008 年 5 月 19 日至 21 日为全国哀悼日。在此期间,全国和各驻外机构下半旗致哀,停止公共娱乐活动,外交部和中国驻外使领馆设立吊唁簿。5 月 19 日 14 时 28 分起,全国人民默哀 3 分钟,届时汽车、火车、舰船鸣笛,防空警报鸣响。

新兴市场国家新秀——金砖四国

2001 年 12 月高盛投资公司分析师吉姆·奥尼尔创造性地提出了"金砖四国"的概念。不过,直到 2003 年 10 月 1 日高盛发表题为《与 BRICs 一起梦想》的报告,金砖四国才引起国际社会的普遍关注。"BRICs"是由巴西(Brazil)、俄罗斯(Russia)、印度(India)和中国(China)四国的英文名称首字母缩写而成,由于"BRICs"发音与砖块(bricks)相似,故称为"金砖四国"。

根据高盛公司 2003 年的报告,50 年内,"金砖四国"国内生产总值将超过 6 大工业国家,股市市值成长 66 倍。10 年内,四国股市将翻四倍,出现 8 亿中产阶级,单是这一数字将超过美国、西欧和日本的总和。这份报告预言,四国在能源、天然资源、资本三大市场方面将扮演主角,成为全球最重要的消费市场。

进入 21 世纪,世界经济发展不平衡的趋势更加明显,主要表现为一批新兴市场国家迅速崛起,其中最突出的当属金砖四国。2007 年,在世界经济 20 强中,新兴经济体占了 7 个,分别是中国、巴西、俄罗斯、印度、韩国、墨西哥、土耳其,而在世界经济 50 强中,发展中经济体占了 25 个,形成"半壁江山"。2008 年,"金砖四国"对世界经济增长的贡献率继续超过 50%。金砖四国已经成为国际社会一支不容忽视的重要力量。

事实上，金砖四国提升话语权的努力早在去年 IMF 改革时就已经有所表现。有着"金融联合国"之称的国际货币基金组织 2008 年 4 月 29 日批注了份额和投票权改革的方案。根据这一方案，发达国家在该组织的投票权比例将从目前的 59.5% 降为 57.9%，发展中国家的投票权比例则从目前的 40.5% 上升为 42.1%。美国仍是拥有份额和投票权最多的国家，分别为 17.674% 和 16.732%。中国在 IMF 的份额增加到 3.997%，投票权增加至 3.807%。

根据 IMF 的议事规则，重大议题都需要 85% 的通过率，因此美国享有实际上的否决权。即便中国向 IMF 注资，增加份额比例和投票权，对在 IMF 地位的改变也不大。事实上，在目前的改革方案下，即使金砖四国联合起来也难以发挥实质性作用，原因很简单，因为拥有 16.732% 投票权的美国对所有重大事项都拥有事实上的否决权。

如果拿出具体数据来比较的话，金砖四国与发达工业国家的差距就更加明显。2008 年金砖四国 GDP 加在一起的总和为 88081 亿美元，远远落后于美国的 142003 亿美元。（仅相当于美国的 62%）。如果与七国集团整体相比，则差距更大。2008 年七国集团 GDP 总和为 321983 亿美元，金砖四国 GDP 总和仅仅相当于七国集团 GDP 总和的 27%。很显然，两者之间力量对比相差悬殊。因此，金砖四国提升话语权短期内不太可能取得实质性进展。

波兰总统卡钦斯基因飞机失事身亡

2010 年 4 月 10 日，波兰总统莱赫·卡钦斯基俄罗斯场附近飞机失事身亡，共有 96 人在事故中遇难，其中包括总统夫人以及很多波兰高官。坠毁飞机系图-154。为此波兰将进行为期一周的哀悼活动。俄罗斯宣布 4 月 12 日为全国哀悼日；各国政府首脑和民众对此次事件给予关注，并为遇难者哀悼！

失事经过

2010 年 4 月 10 日，波兰总统卡钦斯基乘坐的一架图-154 飞机在俄罗斯斯摩棱斯克州北部一军用机场降落时失事，机上 96 人全部遇难，其中包括总统和总统夫人以及很多波兰高官。随后，俄罗斯总统梅德韦杰夫下令成立由俄总理普京负责的调查飞机失事政府委员会，并派俄紧急情况部长绍伊古紧急赶往斯摩棱斯克。发文时，卡钦斯基的遗体已被找到。飞机上的两个"黑匣子"也已被发现。事发后，波兰政府发言人宣布，因总统卡钦斯基在坠机事件中遇难，波兰将于 6 月底前提前举行总统选举。众议长科莫罗夫斯基将暂时履行国家元首的职务。

失事现场

在俄罗斯斯摩棱斯克的事故现场，失事的波兰总统专机图-154 的尾翼摔在沼泽地里。树木中间以上部分全部被烧毁，痕迹非常明显。据当地人说，10 日上午 10 点到 11

点多,当地有雾。目击者称,飞机由东向西降落过程中,触到了树木。

空中交管员曾发警告

波兰《新闻报》10日称,在波兰总统专机失事前,俄罗斯联邦空中交管员曾向飞行员建议不要实施降落。报道称,空中交管员曾建议这架飞机掉头飞往明斯克,因为飞机试图着陆的斯摩棱斯克州军用机场缺少必要的导航设备,无法在大雾天气指挥飞机降落。但飞行员并没有听从空中交管员建议。俄罗斯调查人员称,发文时有关飞机失事原因有多种推测,包括天气原因、人为错误和技术故障等。发文时飞机上的两个"黑匣子"都已被找到。波兰总统卡钦斯基的遗体也已被发现。不过遇难者遗体都将被送往莫斯科接受专家辨认,包括DNA检验。

卡钦斯基

波兰总统家庭悲剧

波兰总统卡钦斯基遇难后,其双胞胎哥哥雅罗斯瓦夫正在赶往俄罗斯西部飞机坠毁地点。雅罗斯瓦夫因这一灾难性消息受到打击,但情绪比较镇定。另外,卡钦斯基的母亲、现年84岁的雅德维加因病重已经入院一个多月。相关人员表示尚不清楚有关卡钦斯基遇难的事情是否已通知其年迈的母亲。儿时的卡钦斯基和其双胞胎哥哥雅罗斯瓦夫因出演电影《偷月亮的人》是风光一时的波兰童星。当时的电影海报上,这对金发男童虽然衣衫褴褛,却拥有天使般面容,令观众油然而生怜爱之心。但上世纪80年代,卡钦斯基兄弟开始在政坛崭露头角。他们坚持右翼立场,意志坚定且毫不妥协,代表"法律与公正党"。

国际社会关注

国际社会和多国领导人纷纷对波兰总统和其他遇难者表示哀悼。

中华人民共和国主席胡锦涛2010年4月10日向代行总统职权的波兰众议长科莫罗夫斯基致唁电。胡锦涛在唁电中说,惊悉贵国总统卡钦斯基及随行人员在斯摩棱斯克飞机失事中不幸罹难,我深感悲痛,谨代表中国人民,并以我个人名义对卡钦斯基总统和所有遇难者表示深切哀悼,并向他们的亲属和波兰人民致以诚挚的慰问。同日,温家宝总理和杨洁篪外长也分别向波兰部长会议主席图斯克和外交部长西科尔斯基发了唁电。

俄罗斯总统梅德韦杰夫、总理普京向波兰总统在飞机失事中遇难表示哀悼,并誓言将"彻底"调查波兰总统专机坠毁原因。

美国总统奥巴马致电波兰总理图斯克,就载有波兰总统卡钦斯基的飞机在斯摩棱斯克发生空难表示哀悼。奥巴马当日发表声明表示,这起"不可思议的灾难"对波兰、对美国、对世界都是重大的打击。他形容卡钦斯基是卓越的国家领导人,"他与周围很多杰出的文武官员一起,帮助波兰实现令人鼓舞的民主改革"。

联合国秘书长潘基文对波兰总统和多名高官在飞机坠毁事件中遇难感到"震惊",并向遇难者表示哀悼。潘基文发表声明,代表联合国向波兰人民、波兰政府和遇难者家属表示深切和衷心的慰问。

欧盟向波兰发出慰问声明,欧盟轮值主席国西班牙外长称:"我们向波兰人民表示支持。"他表示,在这个关键的时刻,波兰和欧盟会团结在一起。

此外,法国总统萨科齐、英国首相布朗、德国总理默克尔、乌克兰总统亚努科维奇等纷纷对此次空难表示震惊,并向遇难者表示哀悼。

遇难名单据 2010 年 4 月 10 日报道,波兰图-154 飞机遇难人员名单已经公布,机上 96 人全部遇难,其中包括 88 名波兰政府代表团成员和 8 名机组人员。其中 88 位波兰政府代表团成员分别是:

波兰总统卡钦斯基

波兰总统夫人玛丽娅-卡钦斯卡娅

正式代表团成员:

1. 波兰流亡总统 理查德·卡秋罗夫斯基(Richard Kaczorowski)

2. 副议长 克莱斯特夫·普特拉(Krzysztof Putra)

3. 副议长 耶兹·沙枚迪兹尼斯科(Jerzy Shmaydzinski)

4. 副议长 克莱斯提那·巴克莱克(Krystyna Bochenek)

5. 总统办公厅主任 沃来斯洛·斯代萨艾科(Wladyslaw Stasiak)

6. 国家安全局局长 亚历山大·施葛洛(Alexander Schiglo)

7. 波兰总统办公室副主任 杰凯克·萨斯因(Jacek Sasin)

8. 波兰总统办公室国务秘书 保罗·威派奇(Paul Vypych)

9. 总统办公厅副国务秘书 马瑞兹·汉德兹里克(Mariusz Handzlik)

10. 波兰外交副部长 安德鲁在杰·库瑞姆(Andrzej Kremer)

11. 国防部副部长 斯坦尼斯洛·库姆若维斯基(Stanislaw Komorowski)

12. 文化部副国务秘书 托马斯(Tomas)

13. 波兰军队总参谋长 弗朗提塞科·刚格(Frantisek Gongor)

14. 蒙难和斗争记忆保存委员会(ROPWiM)秘书 安德鲁雅·普什沃兹尼克(Andrzej Pshevoznik)

15. 波兰社区协会主席 麦克雅基·普兰芝尼斯基(Maciej Plazhinsky)

16. 波兰外交部外交协议主任 马瑞茨·卡扎那(Mariusz Kazana)

17. 安德鲁雅·普瑞策沃兹尼克(Andrzej Przewoznik)

18. 皮沃特里·努瑞沃斯基(Piotr Nurowski)

19. 斯拉沃米尔·思克兹佩克(Slawomir Skrzypek)

20. 亚努兹·库尔提卡(Janusz Kurtyka)

21. 亚努兹·库鲁匹斯基(Janusz Krupski)

波兰议会代表：

1. 议员 赖兹在克·达普图拉（Leszek Deptula）

2. 议员 顾瑞格瑞·多尼亚克（Gregory Dolnyak）

3. 议员 格莱兹那·杰斯塔斯卡（Grazyna Gensitska）

4. 议员 普斋梅斯雷·功尼斯威思科（Przhemyslav Gonsiewski）

5. 议员 塞巴斯顿·卡平余科（Sebastian Karpinyuk）

6. 议员 爱扎贝拉·嘉如噶·诺外可亚（Izabella Jaruga-Nowackaya）

7. 议员 兹比格纽·崴思散（Zbigniew Vassersan）

8. 埃里克山大·娜塔莉·思维艾特（Aleksandra Natalli-Sviat）

9. 议员 阿卡迪欧斯·瑞比科科（Arkadiusz Rybicki）

10. 议员 尤兰达·什马尼科·德锐什（Yolanda Shimanek-Deresh）

11. 议员 威尔斯洛·福欧达（Wieslaw Voda）

12. 议员 爱德华·福亚塔斯（Edward Voytas）

13. 议员 詹妮娜·菲特林斯卡亚（Janina Fetlinskaya）

14. 议员 斯坦尼斯洛·扎杰克（Stanislaw Zajac）

随行人员：

1. 调查员 亚努兹·克察诺维斯基（Janusz Kochanowski）

2. 波兰央行行长 斯拉沃米尔·思克茨佩克（Slawomir Skrzhipek）

3. 民族记忆研究所所长 亚努兹·科提卡（Janusz Kurtyka）

4. 老兵和被镇压人员问题管理局主任 亚努兹·科瑞普斯基（Janusz Krupsky）

5. 安娜·瓦伦蒂诺维茨（Anna Walentynowicz）

6. 亚努兹·扎克岑斯基（Janusz Zakrzenski）

宗教领袖：

1. 主教，少将 泰德乌茨·弗莱特（Tadeusz Flat）

2. 东正教大主教 弥隆·科达科沃斯基（Miron Khodakovskii）

3. 福音派的牧师 亚当·普利奇（Adam Pilch）

4. 中校 简·欧斯尼斯科奇（Jan Osinskij）

5. 诺曼·英德鲁雅兹克（Roman Indrzejczyk）

6. 孟斯葛诺·格斯托莫斯基（Monsignor Gostomski）

7. 奥泽夫·偌尼克（Ozef Joniec）

8. 察兹斯洛·克罗兹（Zdzislaw Kroz）

9. 安德鲁雅·克瓦斯尼克（Andrzej Kwasnik）

参加纪念仪式的社会组织代表和卡廷惨案遇难家属代表：

1. 西伯利亚流放者委员会总秘书长 爱德华·杜荷诺维斯基（Edward Duhnovsky）

2. 主教 布若尼斯洛·格茨托马斯基（Bronislaw Gostomsky）

3. Parafiada 协会主席 乔泽夫·尤尼茨（Jozef Yonets）

4. 牧师,卡廷惨案遇难者家属代表 兹德兹斯洛·科若尔(Zdzislaw Krol)

5. 牧师,卡廷惨案遇难者家属联盟 安德罗·科瓦斯尼克(Andrew Kvasnik)

6. 泰德乌茨·里尤特伯斯基(Tadeusz Lyutoborsky)

7. 卡廷惨案遇难者家属联盟主席 波在娜·里欧克(Bozena Loek)

8. 卡廷事件调查委员会代表 史戴凡·马莱克(Stefan Melak)

9. 蒙难和斗争记忆保存委员会(ROPWiM)副主席 史坦尼斯莱夫·米奇(Stanislav Mickey)

10. 布让尼斯洛·奥拉维奇(Bronislaw Oravik-Loefler)

11. 克塔瑞娜·皮茨科斯基(Katarina Piskorski)

12. 卡廷惨案遇难者家属联盟主席 安德鲁雅·萨尤兹·斯科姆普斯基(Andrzej Saryusz-Skompsky)

13. 沃杰斯依克·瑟维瑞恩(Wojciech Seweryn)

14. 莱茨克·索尔斯基(Leszek Solsky)

15. "东方磨难"基金 特莉丝·维拉斯盖亚·普扎科夫斯卡亚(Teresa Valevskaya-Przhalkovskaya)

16. 加布里埃拉·兹荷(Gabriela Zih)

17. 将军外孙女 伊娃·巴克维斯盖亚(Eva Bakovskaya);米克兹斯洛·斯莫若温斯基(Mieczyslaw Smorawinski)

18. 玛利亚·布若维斯卡亚(Maria Borovskaya)

19. 巴托兹·布若维斯基(Bartosz Borovsky)

20. 达瑞尤茨·马力诺维斯基(Dariusz Malinowski)

波兰军队代表:

1. 将军 波诺尼斯诺·昆塔科沃斯基(Bronislaw Kwiatkowsky)

2. 空军将军 安德鲁雅·布拉斯基(Andrzej Blasik)

3. 少将 波兰陆军总司令部 塔德乌茨·布克(Tadeusz Buk)

4. 少将 波兰特种部队 弗拉德米尔·波塔辛斯基(Vladimir Potasinsky)

5. 中将 安德鲁雅·卡福特(Andrzej Carveth)

6. 将军 卡兹米尔兹·季拉斯基(Kazimierz Gilarsky)

波兰国家安全局工作人员:

1. 杰罗斯拉夫·洛卡克(Jaroslav Lorchak)

2. 保罗·杰耐科克(Paul Janecek)

3. 达瑞尤茨·麦克洛维斯基(Dariusz Michalowski)

4. 皮特·诺塞克(Peter Nosek)

5. 杰凯克·瑟拉夫卡(Jacek Suruvka)

6. 保罗·科拉杰维斯基(Paul Krajewski)

7. 弗兰奇曼·阿瑟(Frenchman Arthur)

紧急善后

俄罗斯空军第一副参谋长阿廖申中将 10 日说,波兰总统专机事发时,斯摩棱斯克"北方"军用机场处于正常工作状态,失事的图-154 专机在距离机场 1.5 公里处加快了垂直下降速度,开始低于正常下降轨迹,机场飞行管理人员曾提示飞机修正轨迹,并建议其转降备用机场,但机组人员忽略了机场方面的建议。阿廖申同时表示,最终调查结果将由俄事故调查政府委员会公布。

俄罗斯紧急情况部部长绍伊古对专程赶来斯摩棱斯克的俄罗斯总理普京报告说,在斯摩棱斯克空难事发现场已找到了所有 97 名遇难人员的遗体。在当地政府的全力协助下,遗体正开始送往莫斯科。

普京 10 日抵达斯摩棱斯克市附近波兰总统专机失事现场,了解事故善后工作并组织召开政府事故调查委员会会议。

飞机失事后,俄总统梅德韦杰夫当即下令成立由普京负责的事故调查政府委员会。该委员会成员包括俄副总理伊万诺夫、交通部长列维京、内务部长努尔加利耶夫、紧急情况部长绍伊古及斯摩棱斯克州州长安图菲耶夫等政府官员。

梅德韦杰夫当天发表电视讲话宣布 2010 年 4 月 12 日为全国哀悼日,并承诺全力调查波兰总统专机失事事件。梅德韦杰夫说,他同所有俄罗斯人民对波兰总统、总统夫人及飞机上的其他波兰公民遇难这一悲剧事件感到震惊。梅德韦杰夫还与波兰众议长科莫罗夫斯基和波兰总理图斯克通了电话。

普京当天也打电话给图斯克,就波兰总统专机失事表示哀悼。普京还向图斯克通报了俄方掌握的有关坠机事故的调查情况。双方商定保持密切接触。

俄总检察院发言人格里德涅娃说,事发时斯摩棱斯克大雾弥漫,能见度较低,飞机在降落时撞上了机场附近的树丛。

波兰总统卡钦斯基乘坐的专机 10 日从华沙飞往俄罗斯斯摩棱斯克市,在斯摩棱斯克"北方"军用机场附近降落时失事。俄紧急情况部长绍伊古 10 日在坠机事件现场向记者宣布,共有 96 人在波兰总统专机失事事件中遇难。

另据报道,波兰总理图斯克也已于当天飞往事发现场。

失事客机图-154(Ty-154)是苏联图波列夫设计局研制的三发动机中程客机。当年在北大西洋公约组织的代号称为"大意"(Careless)。同类机型是美国的波音 727、英国的三叉戟客机。

图-154 飞机重大意外事故

1980 年 7 月 7 日 一架图-154B-2 型客机从阿拉木图机场起飞后坠毁,163 人死亡。

1984 年 10 月 15 日 一架图-154 客机在鄂木斯克机场的跑道上与一辆加油车相撞,150 人在大火中丧生。

1985 年 7 月 10 日 一架图-154 客机从塔什干机场起飞后进入螺旋并坠毁,造成 200 人死亡。

1991 年 5 月 23 日 一架图-154 客机在列宁格勒的普尔科沃机场进场时失速坠地,机上164名乘客，12人死亡，34人受伤。

　　1992年7月20日一架图-154货机因超载在第比利斯机场坠毁，7名机组人员和6名送货人员死亡。

　　1993年2月8日伊朗航空公司一架图-154客机与伊朗空军一架战斗机相撞，130-135人死亡。

　　1994年1月3日一架从伊尔库茨克飞往莫斯科的图-154客机起飞后不久，因故障在返回机场途中坠毁，9名机组人员和111名乘客全部遇难。

　　1994年6月6日中国西北航空公司一架图-154M型客机（B-2610号）在西安附近坠毁，160人死亡。经事后调查操纵系统的维修差错故障是导致事故的原因。

　　1995年12月7日俄罗斯一架图-154客机从南萨哈林飞往哈巴罗夫斯克途中坠毁，机上88名乘客和8名机组人员全部遇难。

　　1996年8月29日俄罗斯一架图-154客机在挪威斯匹次卑根群岛的朗伊尔机场进场着陆时坠毁，机上10名机组人员和131名挪威矿工全部遇难。

　　1997年12月15日塔吉克斯坦航空公司一架图-154客机在阿联酋沙迦机场进场时坠毁，机上86名乘客中，只有一人幸免于难。

　　1998年8月31日古巴航空公司一架图-154客机从厄瓜多尔基多机场起飞过程中坠毁，70人遇难。

　　1997年9月13日德国一架图-154客机在纳米比亚与美国一架C-141军用运输机相撞，33人遇难。

　　1999年2月24日中国西南航空公司一架图-154客机（B-2622号）从成都飞往温州途中，在下降着陆过程中失速坠毁在距温州机场30公里的地方，64人丧生。经调查事故原因是由于大修厂发生升降舵操纵连杆装配错误、日常维修又未能发现问题隐患，导致该机在航班运营中升降舵操纵连杆脱开、失去俯仰操控能力而失速坠地。

　　2001年7月3日俄罗斯一架图-154M型客机在伊尔库茨克机场进场过程中，坠毁在距机场20公里的地方，机上127名乘客和9名机组人员全部遇难。

　　2001年7月3日俄罗斯一架图-154客机在伊尔库茨克机场以西22公里的地方坠毁，机上136名乘客和9名机组人员全部遇难。

　　2001年10月4日俄西伯利亚航空公司一架图-154客机的从特拉维夫飞往新西伯利亚途中，在黑海上空被乌克兰防空部队导弹击中，机上78人全部遇难。

　　2002年7月2日俄罗斯巴什基尔航空公司一架图-154客机在德国南部巴登-符腾堡邦乌伯林根上空与一架波音757货机相撞，客机上的69人与货机上的2名机组人员全部丧生。

　　2002年2月12日伊朗航空公司的一架图154客机在伊朗西部霍拉马巴德附近山区坠毁，机上105名乘客和12名机组人员全部遇难。

　　2004年8月24日俄罗斯西伯利亚航空公司一架图-154客机从莫斯科飞往索契途中，被一名叫捷比尔汉诺娃的车臣"黑寡妇"实施自杀性恐怖袭击，在罗斯托夫州坠毁，机上 46 人全部遇难。

2006 年 8 月 22 日 俄罗斯普尔科沃航空公司一架图-154 客机在乌克兰东部城市顿涅茨克附近坠毁,机上 160 名乘客和 10 名机组人员全部遇难。

2009 年 7 月 15 日,伊朗里海航空公司一架载有 168 人的图 154 客机(由伊朗的德黑兰飞往亚美尼亚的埃里温的 7908 航班),在伊朗西北部加兹温省坠毁。机上共有 153 名乘客和 15 名机组人员全数罹难。

2010 年 1 月 24 日,在伊朗东北部城市马什哈德机场,伊朗一架图 154 客机在马什哈德机场迫降时着火,造成至少 46 人受伤。这架伊朗塔班航空公司的俄罗斯制造图-154 型客机载有乘客 157 人,机组人员 13 人。

后续事件

遇难者账户失窃

波兰政府官员 7 日说,波兰总统专机坠机事故中一名遇难者的两张信用卡失窃,俄罗斯已拘留 4 名涉嫌盗窃的士兵。

波兰检方发言人莫妮卡·莱万多夫斯卡说,失窃信用卡户主是波兰官员安杰伊·普热沃兹尼克,负责看管波兰战争纪念物。他 4 月 10 日搭乘波兰总统莱赫·卡钦斯基专机前往俄罗斯斯摩棱斯克。飞机在降落过程中坠毁,所载 96 人全部遇难。

莱万多夫斯卡告诉美联社记者,普热沃兹尼克两张信用卡失窃。有人在空难发生数小时后在斯摩棱斯克一台自动取款机上使用其中一张卡提取现金,随后 3 天内用这张卡取款 11 次,共计 6000 兹罗提(约合 1700 美元)。偷窃者还 6 次试图从另一张信用卡中提取现金,但未能成功。波兰国内安全局一名女发言人说:"我可以证实,我们接到(俄方)通知,4 名负责空难现场安保的俄军士兵已遭拘留。"波兰政府发言人帕维尔·格拉斯也证实这一消息。俄罗斯国防部尚未对波兰方面说法予以置评。路透社报道,空难发生后,一些当地居民在事故现场附近收集遇难者遗物。波兰代总统布罗尼斯瓦夫·科莫罗夫斯基上月要求俄方加强事故现场周边安保。

波兰高官施压降落致专机失事

俄罗斯国家间航空委员会 12 日在公布的最终调查报告中表示,由于机组人员在外界施压情况下决定在恶劣天气条件下降落,从而导致波兰前总统卡钦斯基专机坠毁。

当天,俄国家间航空委员会通过波兰驻俄大使馆向波方转交了空难最终调查报告。同时,209 页的报告用俄文和英文刊登在该委员会官方网站上。

俄国家间航空委员会主席阿诺金娜说:"空难的直接原因是机组在不利天气情况下没有接受转飞备用机场降落的及时建议。"她表示,在看不到地面目标的情况下,飞机进行下降。在地形提示和警告系统(TAWS)启动的条件下应当做出反应时机组却没有做出反应,这导致了事故的发生。

阿诺金娜同时表示,有波兰高级官员出现在驾驶舱,并对机组成员造成心理压力,影响机长在不当状况下作出不惜一切代价降落的决定。俄塔社报道称,所指高官是波兰空军司令和总统府礼宾司司长。阿诺金娜补充说,根据法医鉴定结果,在波兰空军司令的血液中检测到千分之 0.6 的酒精含量。

阿诺金娜强调说,斯摩棱斯克地面调度人员的行为和"北方"机场的技术条件不是导致事故发生的原因。在波兰总统专机距离斯摩棱斯克尚有 55 公里时,当地地面人员就已建议其改飞备用机场。

俄国家间航空委员会技术委员会主席莫罗佐夫表示,该委员会认为空难事故调查工作已经完成,在最终调查报告中附有波兰方面提出的所有意见。他同时表示,对于空难肇事者的认定不属于该委员会权限之内。

2010 年 4 月 10 日,前波兰总统卡钦斯基夫妇及部分波军政要员乘坐图–154M 专机在俄罗斯斯摩棱斯克降落时不幸坠毁,机上 96 人全部遇难。俄方 2010 年 10 月向波方提交了空难调查报告。波兰总理图斯克 12 月 17 日说,波兰不接受俄方提交的空难调查报告,原因是一些结论"站不住脚"。

坠毁原因

波兰 29 日公布了前总统专机坠毁原因调查报告,称专机机组人员在收到地面关于天气恶劣的警告后没有及时转降备降机场,飞机在降落时飞行高度过低、速度过快,直接导致飞机坠毁。

主要责任在波方

时任波兰总统卡钦斯基 2010 年 4 月 10 日在赴俄罗斯参加"卡廷"事件 70 周年纪念活动时,所乘图–154 专机在俄斯摩棱斯克附近坠毁,包括总统夫妇与波众多高官在内的 96 人全部遇难。这份由波兰国家空难事故调查委员会公布的调查报告共 328 页,详细介绍了专机行前的准备情况、起飞条件、飞机技术状况、与地面的通话记录以及对事故原因的分析等。

报告认为,导致本起空难事故的主要原因是,专机机组人员在接到地面警告后未及时转降备降机场而是决定继续降落,在机组人员肉眼无法看清地面的条件下,飞机飞行高度低于最低高度,飞行速度过快,第二次试降操作迟缓等,从而导致飞机受损,左侧机翼被撞,飞机失去控制撞向地面。

俄罗斯也有责任

报告还指出了俄罗斯方面在事故中的责任,包括当飞机偏离正确位置时机场提供给机组的飞机位置信息有误;当飞机飞行过低时机场没有及时向机组发出指令等。

报告提到的导致事故发生的其他因素还有,飞机没有做好前往斯摩棱斯克机场的安全保障准备;机组人员对机场发出让飞机拉起的指令反应滞后;波兰机组人员缺乏必要的训练等等。

国防部长辞职

俄罗斯发文年 1 月发布了对波总统坠机事件的最终调查报告。报告认定专机失事系机组人员受波兰高官施压、不顾恶劣天气强行降落所致,坠机责任在波兰方面。波兰政府随即表示,俄方公布的调查报告不全面。

当天,波兰总理图斯克说,他当天已接受国防部长克利赫的辞职申请。图斯克在前总统专机坠毁原因调查报告公布后举行的记者招待会上说,克利赫28日递交了辞呈,他已于29日接受这一辞呈。

日本东北9级大地震日本东北9级大地震

基本介绍

历史背景

此次日本东北地区宫城县北部发生的里氏9.0级地震,恐为日本有地震记录以来发生的最强烈地震。而由于地处地壳板块交界处--亚欧板块和太平洋板块。日本一直是一个地震频发的国家,历史上造成重大伤亡的地震也不计其数。

20世纪日本经历的第一次重大地震发生于1923年9月1日。里氏7.9级地震袭击日本关东地区,受灾城市包括东京、神奈川、千叶、静冈和山梨等地,死亡99331人,下落不明43476人,受伤103733人,200多万人无家可归,经济损失达300亿美元。

自此之后的70年间,日本发生了几十次7级以上大地震。人员伤亡数较大的几次包括,1927年3月7日,日本西部京都地区发生的里氏7.3级地震,造成2925人死亡。1933年3月3日,本州岛北部三陆发生里氏8.1级地震,造成3008人死亡。1943年9月10日,日本西海岸鸟取县发生里氏7.2级地震,造成1083人死亡。1944年12月7日,日本中部太平洋海岸发生里氏7.9级地震,造成998人死亡。1945年1月13日,日本中部名古屋附近三川发生里氏6.8级地震,造成2306人死亡。1946年12月21日,日本西部大面积地区发生里氏8.0级地震,造成1443人死亡。

1995年1月17日的阪神大地震是关东大地震之后日本发生的最严重地震,甚至被称为20世纪日本经历的、除原子弹袭击之外的最大灾难。这场发生于日本西部神户市及附近地区的地震震级为里氏7.3级,但由于震中处于人口密集、建筑林立的市区,死亡及失踪人数达6437人,经济损失达1000亿美元。

21世纪日本第一次大地震发生于2004年10月23日日本中部新潟的里氏6.8级地震,67人死亡。就在此次宫城县特大地震发生前两天,也就是3月9日,日本本州东海岸近海也发生过7.2级地震,或为此次地震的"前震"。

北京时间2011年3月11日13时46分26秒,2011年3月11日,日本当地时间14时46分26秒,发生在西太平洋国际海域的里氏9.0级地震,震中位于北纬38.1度,东经142.6度,震源深度约10公里,属浅源地震。据统计,自有记录以来,此次的9.0级地震是全世界第三高,1960年发生的智利9.5级地震和1964年阿拉斯加9.2级地震分别排第一和第二。

日本气象厅随即发布了海啸警报称地震将引发约6米高海啸,修正为10米。根据后续调查表明海啸最高达到24米。

北京小部分区域偶有震感,但对中国大陆不会有明显影响。不过,此次地震可能引发的海啸将影响太平洋大部分地区,由于此次地震发生在西太平洋,距离中国大陆比较远,且中国大陆架性质决定了在这段距离中有一片相对较浅的海域,所以对大陆不会有明显影响。

地震级别

西太平洋地区 11 日下午发生里氏 9.0 级地震,东京震感较强。日本气象厅已向本州岛太平洋沿岸地区发出高级别海啸警报。据日本气象厅观测,地震发生在当地时间 11 日 14 时 46 分(北京时间 11 日 13 时 46 分),震中位于宫城县以东的西太平洋海域。

余震级别

3 月 11 日在当日内累计发生余震 64 次,其中最高为 7.1 级,最低为 4.1 级。

3 月 28 日当地时间 7 点 24 分日本东北部发生 6.5 级余震。据日本气象厅观测,当地时间 4 月 11 日 17 时 16 分(北京时间 16 时 16 分)发生 7.0 级地震,震中位于福岛县磐城市西南 30 公里附近,震源深度约 6 公里。日本共同社报道,这次地震持续 1 至 2 分钟;停止大约 1 分钟后,又发生一次里氏 6 级的同源余震。受地震影响,福岛第一核电站部分外部电源供电短暂中断。

4 月 12 日上午日本中部长野县、千叶县发生里氏 6.4 级余震,东京、福岛县等地震感明显。

7 月 10 日 8 时 57 分,在日本本州东海岸附近海域(北纬 38.0 度,东经 143.4 度)发生 7.3 级地震,震源深度约 10 公里,为 3 月 11 日强震的余震。

12 日下午,福岛县和茨城县又发生里氏 6.3 级余震。

7 月 23 日下午日本东北地区发生里氏 6.5 级地震,岩手县、青森县和宫城县等地有较强震感。

7 月 31 日凌晨 3 点 54 分(北京时间凌晨 2 点 54 分),日本福岛县附近海域发生里氏 6.5 级地震。导致 9 人受轻伤。日本气象厅表示,本次地震依然是 3.11 大地震后的持续余震。

根据日本气象厅测定的数据显示,截至 6 月 2 日上午 8 点日本大地震五级以上余震已达 500 多次,创观测史上新高。

12 月 7 日下午东北部海域再次发生 7.3 级地震已造成多人受伤,据日本放送协会报道,截止日本当地时间 19 时 27 分(北京时间 18 时 27 分),此次地震共造成东北及关东地区 10 人受伤。此外,截止日本当地时间 19 时 20 分,日本气象厅解除对宫城县、岩手县、青森县、茨城县等地发布的所有海啸警戒警报。

地震原理

释放能量

由于这次地震缘于板块间垂直运动而非水平运动,因此触发海啸,对日本一些海岸造成严重破坏,给整个太平洋沿岸带来威胁。美国地质勘探局学者布赖恩·阿特沃特告诉美联社记者,这次地震释放的能量"将近美国全国一个月的能量消耗"。这一机构地球物理学家肯·赫德纳特说,依据美国国家航空航天局收集的资料,这次强震使日本本州岛向东移动大约 3.6 米,使地球自转加快 1.6 微秒,地轴移动 6 微米。

美国地震专家 11 日表示,日本时间 11 日下午发生的里氏 9.0 级强震是日本历史上"近 1200 年一遇"的地震,预计将造成数以千万美元计的损失。

具体灾难

地震引发海面上出现大漩涡

西太平洋海域 11 日发生里氏 9.0 级地震后,位于夏威夷的太平洋海啸预警中心针对太平洋沿岸大部分地区发布了海啸预警,各相关国家已分别采取了预警措施。

太平洋海啸预警中心北京时间 11 日 15 时 30 分对包括俄罗斯、菲律宾、印度尼西亚、澳大利亚、新西兰、墨西哥、美国夏威夷等在内的多个国家和地区发布了海啸预警。

夏威夷州首府檀香山市警报长鸣,当地广播反复播发海啸预警,动员居住在沿海撤离区的居民及时撤离。预计第一波海啸可于当地时间 11 日 2 时 55 分(北京时间 20 时 55 分)抵达。当局已经组织大巴疏散当地居民,并准备开放疏散中心。

印尼气象、气候和地球物理机构对该国巴布亚省、北苏拉威西省、北马鲁古省等地发布了海啸预警。预测海啸将于北京时间 19 时左右抵达印尼,该机构说,海啸可能对印尼多地区造成影响,该国东部各岛的北端尤其可能受到冲击。

燃气泄漏火灾频现

强震发生在当地时间 11 日 14 时 46 分 26 秒(北京时间 13 时 46 分 26 秒),出现多次余震,宫城县、岩手县、青森县和包括东京在内的关东地区震感强烈。按照美国地质勘探局的说法,震级为里氏 8.8 级,震中位于宫城县以东 130 公里的太平洋海域,震源深度 24 公里。

日史上最大级别地震

地震及其引发的海啸迄今已造成至少 15900 人死亡,大量人员受伤或失踪,已有 5 个中国公民在此次大地震中死亡。日本媒体报道说,由于地震影响范围较广,死伤数字势将继续上升。

炼铁厂出现爆炸

当地电视台画面显示民众纷纷从楼中跑出。震后,宫城县仙台市发生大规模停电。市内多处发生燃气泄漏。仙台机场全部航班停止起降。千叶县 JFE 钢铁东日本炼铁厂因燃气管道破损发生爆炸,火焰冲上数十米高,生产被迫中断。据统计,震后日本由于燃气泄漏等原因,共有 84 处地点发生火灾。宫城县地方消防部门则称,利府町购物中心的天花板坍塌,有多人被掩埋。NHK 电视台报道说,目击者称有"数人受伤"。

东京塔出现歪斜

东京市内因为地震发生 14 起火灾,日本电视台画面显示,东京市中心一些大型建筑物剧烈摇晃,办公室内书本散落,正在上班的职员安全起见走上街道。东京警视厅透露,东京台场的东京电信中心大楼附近冒出浓浓的黑烟。东京一座大型购物商场屋顶坍塌,有人员受伤,但数量不明。

日本著名地标性建筑东京塔 11 日下午因受强烈地震影响,塔顶部三分之一处出现歪斜。工作人员紧急关闭了塔内部的电梯,并将正在观光的游客紧急疏散。因为疏散工作紧急有效,因此未出现踩踏事故。

日本列岛部分沉没

约有443平方公里的领土在地震和海啸后沉入水中,相当于大半个东京,日本可能变得"更窄"

日本媒体6日报道,3月11日大地震导致日本东北部沿海地区许多地方发生地面下沉,没入水中,面积相当于大半个东京。

通信网络中断

海上保安厅官员大井阳介说,强震大约30分钟后,东京市内一些高楼仍在摇晃,移动电话通信网络中断。"建筑物长时间晃动,办公室内许多人抓起头盔,躲在桌子下,"路透社驻东京记者琳达·西格说,"这可能是我到日本20多年所经历最强烈地震。"

证券市场

地震发生后,日元对美元汇率一度由82.70跌至83.20,而日经225在地震发生后曾经下跌1%。

3月14日,日本股市正常交易,开始交易前日本政府也宣布注入15万亿日元以稳定市场,最终日经指数9620.49点收盘跌幅达−633.94点(−6.18%)跌破万点。

3月15日,日本政府再注入5万亿日元,但还是无法止住跌幅,盘中还两度暂停交易30分钟,最终日经指数8605.15点收盘跌幅−1015.34点(−10.55%),日股连两天交易日跌幅也超过千点,全球各国股市也无一幸免。

3月17日,由于福岛第一核电厂事故进展未明朗,日元对美元汇率一度急升至76,为第二次世界大战后最高值。

震后影响

经济冲击

受日本发生强烈地震影响,包括香港在内的亚洲股市11日全面下跌。香港特区政府财政司司长曾俊华当日表示,特区政府已成立跨组织协调机制,密切关注市场发展,必要时会采取行动,确保市场稳定及操作有序进行。

受到日本发生强烈地震影响,亚洲区内股市11日全线下跌,其中日本日经平均指数下跌1.72%,新加坡海峡时报指数下跌1.04%,印尼雅加达综合指数下跌1.27%;而香港恒生指数当日盘中跌幅一度逾2%,最多跌509点,收市时跌幅略有收窄,跌1.55%。

曾俊华表示,特区政府密切关注市场发展,当日港股虽然下跌,但仍保持稳定,操作也有序进行。日本地震对香港市场带来短期波动,但不会有长远影响。他还提醒投资者,下周一港股开市难免会有波动,应小心进行操作。

在这个地震发生之后,东京证交所仍然进行交易,日经225指数在今天中午的收盘下跌了1.72%,报收在10254.43点。同时地震消息公布之后,日元兑美元走高上破了83.00的重要阻力关口,如果真的引发海啸,可能会导致日元出现较大的贬值。

丰田部分停产

3月11日下午2时46分,里氏9.0级强震足足在东日本震了好几分钟,1个小时后20米高的海啸在东日本沿岸纵深5公里范围肆虐了数小时,将汽车、渔船推上了数层楼房的房顶。地震海啸还造成东京电力公司福岛核电站重大事故。

地震发生后,丰田迅速在公司内设立了抗震救灾本部,宫崎直树常务董事直接兼任本部长。公司内有着救灾经验的人也先后聚集到这里。

到了10天后的24日,停产已经持续了10天,奋力筹措的零部件,仅够普锐斯等销量好的轿车使用。3月28日开始能组装普锐斯了,但并不能保证今后持续生产下去。生产电池的宫城工厂正式开工还需要不少时间。

经济损失

为评估此次强震,美国负责应对自然灾害的联邦救灾局、地质调查局及国家气象局当日联合举行电话会。地质调查局高级顾问戴维·艾伯盖特表示,地震还在海底造成一条长300公里、宽150公里的裂缝。

据台湾媒体报道,美国风险分析业者AIR Worldwide表示,西太平洋9.0强震或会致保险损失金额高达近350亿美元,成为史上代价最昂贵灾难,这还未计入海啸造成的损失。这项数额几乎等同2010年全球保险业的全世界整体灾损金额,或会迫使保险市场调高保费。

二次事故

海啸警报

日本气象厅已对岩手、宫城、福岛三县的太平洋沿岸发布大海啸警报。从北海道至伊豆群岛均发布海啸警报。地震或将引发约6米高的海啸。日本岩手县釜石市观测到最高4.2米的大海啸。另据悉有许多汽车被冲走。

共同社报道说,测得震度6强的地区为宫城县中部、福岛县中通、福岛县滨通、茨城县北部等。测得震度6弱的为岩手县沿岸南部、岩手县内陆北部、岩手县内陆南部、宫城县南部、福岛县会津、栃木县北部、栃木县南部、千叶县西北部等。

太平洋海啸预警中心也已向俄罗斯、马里亚纳群岛以及菲律宾发布了海啸警报。

这次特大地震发生后,当地时间11日下午2点50分,日本政府在首相营直人的官邸危机管理中心设立官邸对策室,并发出指示让所有内阁成员到官邸集中。

据最新报道,日本港湾空港技术研究所18日发表调查报告指出,这起海啸最大高度可达到20米。日本读卖新闻报道,至少有23米高。

福岛第一核电站发生核泄漏

3月12日,日本时事社援引东京电力公司的消息说,日本福岛县第一核电站1号机组15时6分爆炸后释放大量核辐射造成重大二次灾害。日本当局建议

福岛核电站爆炸

核电站附近居民应迅速撤离,不要在撤离过程中吃喝任何东西,尽量不要让皮肤暴露在外。到安全场地后要更换衣物。应该扩大疏散区域,如不能马上疏散,应提醒居民关闭门窗,关闭空调。

日本经济产业省原子能安全保安院 12 日宣布,福岛第一核电站 1 号机组周边检测出放射性物质铯和碘,铯和碘都是堆芯的燃料铀发生核分裂的产物,这表明反应堆堆芯燃料熔化进一步加剧。不过,1 号机组的反应堆容器内的蒸汽已被释放,容器内的气压已经开始下降。

原子能安全保安院官员在当天的记者招待会上说:"可以认为堆芯的燃料正在熔化。"堆芯的具体温度还不明确,但设计能够耐 1200 度高温的燃料包壳已经熔解。这表明,自地震发生后核电站反应堆自动关闭约 1 天以来,放射性物质的扩散仍然持续,核电站事故已经达到了非常严重的状态。

受 11 日大地震影响,日本福岛第一核电站发生放射性物质泄漏,随后 1 号机组发生氢气爆炸。日本政府把福岛第一核电站人员疏散范围由原来的方圆 10 公里上调至方圆 20 公里,把第二核电站附近疏散范围由 3 公里提升至 10 公里。国际原子能机构说,日本正从两座核电站附近转移 17 万人。

据日本共同社报道,日本东京电力公司福岛第一核电站 3 号机组当地时间 14 日上午 11 点过后发生氢气爆炸。据电视画面显示,现场冒出白烟。

3 月 14 日,据日本 NPH 电视台报道,日本女川核电站附近的核辐射已降至正常水平。

3 月 15 日早晨,2 号机组又传出爆炸声。负责核电站运营的东京电力开始撤离部分工作人员。

3 月 15 日电 据日本共同社报道,日本福岛第一核电站四号机组发生氢气爆炸后起火,火已经被扑灭。据称,四号机组爆炸是与一、二、三号机组类似的氢气爆炸。

法新社消息,日本原子能与工业安全局维持福岛核电站爆炸事故的 4 级定级。此前法国原子能安全机构将日本福岛核电站爆炸事故调升至 6 级。

3 月 20 日,日本内阁官房长官枝野幸男表示,在东日本大地震中受到破坏的福岛第一核电站最终将被废弃。

3 月 26 日,一,二,三号机组进行直升机喷水。

3 月 30 日,日本东京电力公司会长胜俣恒久在公司总部举行的记者招待会上说:"客观地分析(福岛第一核电站)1 至 4 号机组的状况,可以说将不得不报废。"

4 月 12 日,决定将福岛第一核电站事故定为 7 级。这使日本核泄漏事故等级与苏联切尔诺贝利核电站核泄漏事故等级相同。

4 月 19 日,福岛核电站第 4 核反应堆发现高浓度污染积水。日本原子能安全与保安院 18 日夜举行记者会,宣布有一个重大数据出现了差错。保安院说,18 日下午发表的福岛第一核电站第 4 号反应堆地下出现高浓度污染积水,其深度不是原先发布的 20 厘米,而是 5 米。

核电站事故等级

法国原子能安全机构将日本福岛核电站爆炸事故调升至 6 级。而日本原子能与工业安全局维持福岛核电站爆炸事故,原子能安全保安院将福岛第一核电站核泄漏事故等级初步定为 4 级。此后,该核电站发生了反应堆燃料熔毁、向外界泄漏放射性物质的情况,原子能安全保安院根据国际标准将事故等级提升到 5 级。

3 月 18 日新华网东京电,日本经济产业省原子能安全和保安院 18 日将福岛第一核电站核泄漏事故等级从 4 级提高为 5 级。这是日本迄今最为严重的核泄漏事故。原子能安全和保安院官员 18 日在记者会上说,福岛第一核电站 1 号、2 号和 3 号机组的核泄漏等级为 5 级,4 号机组的核泄漏等级为 3 级。

3 月 26 日,福岛核泄漏放射量达到 6 级"重大事故"水平。日本原子能安全委员会启用"紧急状态放射能影响快速预测系统"(SPEEDI),以各地的放射能测定值为依据,对福岛核泄漏的放射性物质扩散量的数值进行了推算。结果显示,从事故发生的 12 日上午 6 时至 24 日零时止,福岛第一核电站外泄放射性碘的总量约为 3~11 万万亿贝克勒尔。这个数值已经超过美国三里岛核事故(5 级),相当于国际评价机制的 6 级"重大事故"水平。而部分地区的土壤核污染水平,已与切尔诺贝利事故相当。有分析称,核泄漏依然在持续,核电站周边的土地很可能无法再继续使用。根据国际原子能现象评价机制(INES),1986 年的切尔诺贝利核事故被定性为最高等级 7 级的"特大事故"。官方说法是,切尔诺贝利释放的放射性物质总量达到"几万万亿贝克勒尔",也有说法认为,那次事故的放射总量实际为 180 万万亿贝克勒尔。

放射性物质剧增

日本经济产业省原子能安全保安院 30 日说,福岛第一核电站排水口附近海域的放射性碘浓度已达到法定限值的 3355 倍,这是迄今日本方面在这一水域检测到的最高相关数值。据原子能安全保安院介绍,海水样本是 29 日下午从福岛第一核电站 1~4 号机组排水口南 330 米处所采集,经检测发现放射性碘-131 的浓度达到法定限值的 3355 倍。此外,同一天在 5~6 号机组排水口北 50 米处采集到的海水样本显示,放射性碘-131 的浓度也达到法定限值的 1262 倍。

共同社援引原子能安全保安院发言人西山英彦的话说,还不清楚引起海水放射性物质浓度升高的具体原因,但东京电力公司收集的数据显示,从核电站泄漏的放射性物质有可能已进入海里。西山英彦还说,受污染的海水现阶段还不会对人们造成健康上的影响,核电站周围 20 公里范围内居民已全部疏散,核电站附近海域如今也没有渔船作业。福岛核电站 1~4 号机组将被废弃

3 月 30 日下午,日本电力公司社长胜俣恒久在记者招待会上就福岛第一核电站事故向公众正式道歉,并宣布核电站 1-4 号机组已确定无法使用,将被废弃。

为解决核电站周边受灾居民的生活援助问题,东京电力将专门设置"福岛地域支援室"进行处理。针对因事故而受损的农作物赔偿问题,东京电力将在国家援助的同时,依据核能损害赔偿制度制定赔偿标准。

核电站事故后续影响

3 月 24 日,日本东京电力公司 3 名工作人员在放射性物质含量较高的水中作业时遭受过量辐射受伤。

3月25日,日本东京电力公司官员在日本福岛市对新华社记者说,福岛核电站事故处理可能长期化。

东京电力公司原子能本部福岛事务所副所长小山广太当天对记者表示,由于此次福岛第一核电站事故非常复杂,很难确定事故何时才能处理完毕。公司现阶段主要任务是控制核物质泄漏,暂时无法给出今后1个月或半年的工作日程表,此次事故处理可能长期化。

据日本新闻网报道,日本原子能安全与保安院25日表示,3号核反应堆的原子炉可能已经损坏,高温熔解的核燃料棒的放射性物质在炉心的水中溶解,并且泄漏,导致反应堆建筑物内沉积的水的核放射物的浓度超高。

3月26日东京电力公司在3号反应堆里检测出浓度超过炉心1万倍的放射量。这是迄今为止检测出的最高放射量。

3月26日晚CCTV《新闻联播》:日本福岛核电站事故未对我国环境及境内公众健康产生影响。

3月27日新华网东京电,针对福岛第一核电站1至4号机组涡轮机房地下室出现的积水,日本原子能安全保安院27日说,其中1至3号机组积水已检测出超高浓度放射性物质,而2号机组积水放射性活度超标1000万倍。此外,检测还表明,核电站附近海水中放射物浓度正继续上升。

3月26日,中国环境保护部(国家核安全局)有关负责人介绍,环保部门设在黑龙江省饶河县、抚远县、虎林县的三个监测点的气溶胶样品中检测到了极微量的人工放射性核素碘-131,浓度分别为0.83~4.5×10贝克/立方米、0.68~6.8×10贝克/立方米、0.69~6.9×10贝克/立方米,相应的国家标准(GB18871-2002)规定限值为24.3贝克/立方米。所检测出的放射性剂量值小于天然本底辐射剂量的十万分之一,仍在当地本底辐射水平涨落范围之内,不需要采取任何防护行动。

3月29日,继黑龙江省、江苏省、上海市、浙江省、安徽省、广东省、广西壮族自治区之后,国家环保部门又在山东省、天津市、北京市、河北省、河南省、山西省和宁夏回族自治区的监测点气溶胶取样中检测到了极微量的人工放射性核素碘-131,浓度均在10-4贝克/立方米量级及以下;此外,在安徽省、广东省、广西壮族自治区和宁夏回族自治区的监测点气溶胶取样中还检测到了极微量的人工放射性核素铯-137和铯-134,其浓度均在10-5贝克/立方米量级及以下。

4月12日,日本原子能安全保安院根据国际核事件分级表将福岛核事故定为最高级7级。

最新调查显示大地震造成日本农业损失超过8500亿日元。据日本经济新闻调查,东日本大地震给岩手、宫城、福岛、茨城和千叶五个县的农业设施和农作物造成严重损害,损失超过8500亿日元,其中农业设施损失超过8100亿日元,农作物损失超过400亿日元。若核辐射继续泄漏,农作物损失将会继续扩大,农田若不能尽快修复,将不可避免地影响食品供应。

地震所引起的火山活动

活动情况

日本气象厅等 26 日透露,大地震后日本全国至少有 14 座活火山周边的地震活动趋于活跃,专家指出"一两个月内有必要仔细观测"。这些活火山分布的区域为关东及中部日光的白根山、富士山、箱根山、烧岳、伊豆大岛、九州阿苏山、南西诸岛的诹访之濑岛等。11 日大地震发生后,上述地震多发区的地震活动有所增加,其中箱根山、烧岳和富士山周边截至 25 日仍有地震,箱根山在 11 日地震后多次发生里氏 4 级的地震,富士山附近 15 日还发生了里氏 6.4 级的地震。不过日本气象厅表示,这些火山不会立即喷发。

震后情况

日本"3.11 大地震"发生已经一年半了,但日本政府灾后重建工作进展缓慢。至今,日本地震灾区还有 30 多万人无家可归,过着痛苦的避难生活。日本 3.11 大地震已过去 1 年半,但至今仍有约 34.3 万人过着避难生活,有 13.6 万户居民还住在临时住宅里。

据日本警察厅统计,截至 9 月 10 日,日本 3.11 地震遇难人数为 15870 人,失踪人数为 2814 人。加上在避难时生病去世的 1632 名死者,总遇难人数已达 2 万人以上。

9 月 11 日,日本地震灾区在沿岸地区进行了失踪者集中搜寻,不少居民双手合十为死者祈福。日本部分地方政府呼吁民众在"3.11 大地震"来袭的 14 点 46 分进行集体默哀。

到 2014 年 3 月末为止 3 县只能完成 2347 户灾害公营住宅建设,仅为计划的 9%。10.4 万户居民不得不居在临时住宅生活。岩手、宫城、福岛 3 县临时住宅的入住率约超过 84%。与阪神大地震时 50% 左右的入住率相比,东日本大地震的住宅建设明显滞后。

由于政府重建住宅工作进展缓慢等因素,约 26.7 万人仍在全国各地疏散。福岛核电站事故在处理放射性污水问题上困难重重,始终没有全面解决的迹象。灾后 5 年的"集中重建期"已经过半,但重建道路依然充满荆棘。

救援

日本自卫队参与救灾

地震发生后,日本政府迅速做出反应,在首相官邸危机管理中心设立官邸对策室,并发出指示让所有内阁成员到官邸集中,并指示防卫大臣北泽俊美派自卫队参与救灾活动。数小时以后,日本首相菅直人发表电视讲话,就救灾工作做出部署。日本政府发言人说,政府正在派遣自卫队前往地震灾区救援。防卫省也设立地震灾害对策本部,负责与受灾的日本各地进行联系,并下令在灾区的自卫队随时待命。

3 月 11 日傍晚,日本政府在首相官邸召开了紧急灾害对策总部会议,包括菅直人在内的全体内阁成员悉数出席,会议决定日本的自卫队军舰和战斗机受命赶往灾区,参与搜救。此外,日本自卫队已派遣 8000 名救援人员展开救援行动。

日本共同社报道,所有停泊在横须贺港的自卫队军舰已受命前往宫城县。8 架 F-15 型战机已从位于石川县和北海道的航空自卫队基地起飞,赴灾区核实受损情况。陆上自卫队派出几架搭载有视频传送仪器的直升机。

日本防卫省 17 日表示，陆上自卫队的两架直升机已开始向福岛第一核电站三号机组注水。报道指出，直升机这种作业一次注水量最多可达 7.5 吨。日本当局还计划派遣更多架直升机，前往福岛核电站协助注水作业，同时，直升机也对福岛核电站上空的辐射量进行检测和监测。

日本发生地震后，中国国务院总理温家宝就此致电日本首相菅直人，代表中国政府向日本政府和人民致以深切慰问，表示中方愿向日方提供必要的帮助。同日，杨洁篪外长致电日本外相松本刚明表示慰问。

国际救援

中国外交部发言人姜瑜 11 日说，中方已向日方表示，为帮助日本抗震救灾，愿意向日本派遣救援队和医疗队。

中国红十字会已经向日本红十字会捐款 100 万人民币。

中国救援队已于 3 月 13 日下午抵达灾区展开救援工作。

3 月 14 日，中国国际救援队队员在日本岩手县大船渡市准备展开救援工作。来自中国的救援队当地时间 13 日抵达日本受灾严重的岩手县大船渡市，并于 14 日清晨 7 点从集合营地出发，与日本当地救援队一起展开搜救工作。这是地震发生后来到当地参与救援活动的第一支国际救援队。大船渡市靠近海滨，遭受地震和海啸双重袭击，是此次受灾最严重的地区之一。中国国际救援队 14 日清晨从日本岩手县集合营地出发，与日本救援队一起展开搜救等震后救援活动。这是震后来到当地参与救援行动的第一支国际救援队。

据了解，当地时间 13 日 22 时 30 分左右，中国国际救援队一行 15 人抵达日本受灾严重的岩手县大船渡市。在向当地救援部门了解情况后，救援队在当地一所中学的操场露宿。

当地时间 14 日 7 时，中国国际救援队从露营地出发，来到一所小学与当地救援队汇合。在集合地，中国国际救援队和当地救援队负责人确认具体行动计划，队员们对携带的救援器材等进行了检查。

中国国际救援队领队尹光辉表示，这次赴日的救援队员都参加过多次国内外地震救援活动，具有丰富的搜救经验。他们将克服困难，尽一切可能继续搜寻地震灾害中的幸存者。

3 月 21 日凌晨 00 时 03 分，国航包机 CCA057 搭载 15 名完成计划任务的中国国际救援队员从日本回到北京。

中国国际救援队 21 日凌晨结束对日本地震海啸灾区的救援任务回到北京。作为第一支抵达和最后一支撤出这一灾区的外国救援队伍，中国国际救援队获得了当地政府和同行的高度评价。

加拿大政府最初派出一个由 17 人组成的救援队，并带有化学、生物、放射性和核去污染装备，总理史蒂芬·哈珀下令让加拿大军队进行空投。2011 年 3 月 16 日，加拿大宣布再向日本提供 25,000 份保暖毛毯。

美国总统奥巴马发表声明,向遭遇大地震的日本表示哀悼,表示已做好支援日本的准备,并出动驻日美军协助救灾。当地时间 3 月 12 日,日本政府透露正在参加美韩军演的隆纳·雷根号航空母舰在 1-2 日内即将奔赴受灾地区参与救援工作,协助日本自卫队直升飞机加油并为灾民提供相应的据点。国务卿希拉里·克林顿宣布已派出空军载着冷却剂参与救援"一个有危险的核电站"。美国派出一支 150 人救援队,美国时间 2011 年 3 月 11 日晚到达。美国移民局通告,凡受日本地震及其引发的海啸影响的外国公民,可以延长在美居留期限 1 个月。至 16 日,美国国际开发局向日本政府转交了 585 万 6000 美元援助款,里根号航空母舰转运了 3 吨救援物资。在前往处理福岛核亏电站的车辆中有美军交给日方的,日本为了提供现场电力向通用电力要了十辆高功率车载发电机,17 日美国运输机冒险降落并修复了仙台机场供运送物资的飞机起降。

此外阿富汗、巴基斯坦、巴勒斯坦、吉尔吉斯斯坦、哈萨克斯坦、塔吉克斯坦、土库曼斯坦、乌兹别克斯坦等中亚国家均提供援助。

韩国派出先遣队,3 月 12 日到达日本。随后又派出 102 人的救援队,3 月 14 日到达日本。

朝鲜红十字会于 14 日发来慰问。

印度初步计划捐助毛毯 22 吨。3 月 24 日,印度外交部宣布,将向日本派遣一支由 45 名人员组成的搜救队伍。

孟加拉国、柬埔寨、东帝汶、印度尼西亚、老挝、马来西亚、马尔代夫、蒙古等国也向日本提供援助。

新加坡派出了一个救援队。

泰国政府捐款 660 万美元,提供 15,000 吨大米,和罐头、毛毯、衣服等生活必需品。

土耳其总理致以问候。外相阿赫迈特表示将全力支持救灾,派出救援队前往日本救援人员于 19 日抵达成田机场,20 日到达宫城县。

伊朗外相阿里·阿克巴尔·萨利希 11 日发表声明称"对此次灾难表示哀悼。"

中东阿拉伯联合酋长国、约旦、阿曼、卡塔尔、伊拉克、科威特、沙特阿拉伯、巴林等国给予了援助。叙利亚、也门、黎巴嫩向日本政府发来慰问。

英国首相大卫·卡麦隆声明他已"立即要求我国政府视我们所能提供帮助",外交大臣威廉·海格表示英国已准备好提供"日本所需要的一切援助",包括人道救援、搜索和救援队。英女王伊丽莎白二世向明仁天皇传达一封慰问信,内容写道:"我们的祈祷和思想与遭受可怕灾难的每个人同在。"

德国总理安格拉·梅克尔派遣搜救队前往日本协助,并对受害者家属表示同情。她在官方声明上表示:"在此悲痛时刻,德国和日本位于同一阵线上,已完成援助的准备。"

俄罗斯总统梅德韦杰夫愿意向日本提供援助,并表示:"日本发生特大地震,还出现了遇难者。我们当然有支援邻国的准备。"

3 月 13 日法国向日本派出两支救援队。3 月 17 日,法国救援队因担心核亏辐射,放弃救援活动,退避至青森县三泽市。同日,法国派出一架载有约 100 吨硼酸的包机前往日本,同时法国电力公司将派专业人员帮助日本控制核电站事故。

斯洛文尼亚政府决定向斯洛文尼亚红十字会捐款 150,000 欧元。

3 日 9 时保加利亚政府,3 月 14 日 6 时芬兰政府、立陶宛政府表示愿意提供支持。

墨西哥总统费利佩·卡尔德龙表示"真诚地悼念地震灾区人民。"派出 3 名建筑专家前往日本。

萨尔瓦多、尼加拉瓜、巴拿马、洪都拉斯、危地马拉、伯利兹、哥斯达黎加古巴、格林纳达、多米尼加、牙买加纷纷向日本提供援助。

委内瑞拉总统乌戈·查韦斯表示愿意派遣救援队前往日本,愿意提供救灾物资。

巴西外交部表示,巴西政府和人民对此致以强烈的声援和慰问。

智利、厄瓜多尔、乌拉圭、阿根廷政府对此表示慰问。

秘鲁、哥伦比亚、巴拉圭、玻利维亚、苏里南等国提供援助。

澳大利亚总理茱莉雅·吉拉德表示澳大利亚政府正密切关注着日本灾情,随时准备提供救灾所需的一切援助,帮助日本度过最困难的日子。外交部长陆克文在 12 日早些时候向传媒表示澳大利亚 72 人的震后救援队刚刚从新西兰地震灾区回国就将整装待发在当地时间 12 日晚间前往日本,利用嗅探犬展开搜救工作。3 月 16 日,澳大利亚以及新西兰空中救援人员在福岛核亏电站上空遭到核泄漏辐射,紧急迫降至福岛附近并被测试为轻微辐射,这亦是海外救援人员首次被证实遭到核泄漏辐射。

2011 年 2 月,新西兰第二大城市基督城发生强烈地震;日本曾向新西兰派出 66 名的搜救队员展开营救行动。时隔不到一个月,正在重建家园的新西兰政府派出 48 人的搜救队员奔赴日本参与救援,这亦达到了该国紧急搜救人员全部人数的三分之一。

祈福

日本天皇希望国民互助互爱 坚强活下去

日本明仁天皇当地时间 3 月 16 日下午通过电视向日本国民发表讲话,他祈祷在这次大地震和海啸后人民平安,并对正在升级的核危机表示关注。

天皇怀着沉痛的心情表示,这一场大地震带来了巨大的生命与财产损失,自己为此感到痛心,希望国民不要放弃希望,互助互爱,坚强地生活下去。

天皇在讲话中说,这一场史无前例的巨大地震让许多人遇难,许多人失去了家园。"遇难者人数在不断地增加,到底会有多少人遇难,现在还不知道,我为此感到十分的心痛。"

他表示:"我祈祷所有人都能够平安。"在谈到福岛第一核电站的核泄漏问题时,明仁天皇对"不可预知"的事态表示"十分关心",他说:"我知道核电站的情况目前处于十分危险的状态,有关方面正在努力,希望最终能够得到很好的解决。"

天皇同时向奋斗在灾区的自卫队员、警察和消防队员、海上保安官,向各行各业为救灾而工作的国民,向来自海外的各国救援队表示衷心的感谢。天皇说,自己收到了来自世界各国元首的慰问电,自己感动的是,各国人民都把日本的震灾当作自己的事。

天皇说,余震还在继续,天气也十分的寒冷,一些救灾物资还无法及时送到灾区,灾民们一定十分痛苦,生活一定很艰难,希望大家能够互爱互助,共渡难关。天皇说:"苦难的日子也许还会很长,但是我们不要放弃希望。希望大家保重身体,为了明天好好地活着,只要有一丝希望就不要放弃!"

死亡人数超过 2 万人

日本警察厅称,截至 2014 年 3 月 10 日东日本大地震死亡人数为 15884 人。除失踪者外,因不堪疏散之苦而自杀等"地震相关死亡"人数达到 3000 人以上,两者相加的总遇难人数超过 2 万人。

据共同社报道,日本内阁府 22 日公布的推算结果显示,2011 年 3 月 11 日东日本大地震当天首都(东京)圈回家困难者约达 515 万人。该数字是根据 10 月进行的网络调查结果计算得出,内阁府在中央和东京都主办的"首都直下型地震回家困难者等对策研讨会"予以公布。

家住埼玉县、千叶县、东京都、神奈川县和茨城县南部的约 5400 人回答了调查问卷,这些人地震时均外出不在家中。回家困难者的大致人数为东京 352 万、神奈川 67 万、千叶 52 万、埼玉 33 万、茨城南部 10 万。

调查问卷还包括当天的回家办法等问题。徒步回家者以 37% 人数居首,其次为驾车回家者。

鉴于东京直下型地震可能引起火灾和交通混乱,该研讨会呼吁不要盲目在外移动。但是,调查中约 50% 受访者回答称发生首都直下型地震时"想立即回家"。回家困难已成为地震中的突出问题。

北朝鲜领导人金正日逝世

金正日(朝鲜语:김정일,英语:Kim Jong Il,1942 年 2 月 16 日-2011 年 12 月 17 日)朝鲜前领导人金日成长子,1942 年 2 月 16 日出生在中朝边境白头山密营。朝鲜民主主义人民共和国的第二代最高领导人,原朝鲜劳动党总书记、国防委员会委员长、朝鲜人民军最高司令官,拥有共和国元帅军衔。2011 年 12 月 17 日上午 8 时 30 分,因疲劳过度引发心脏病,在列车上去世,享年 69 岁。

主要经历

教育时期

金正日于 1945 年随父亲金日成回到朝鲜,自 1950 年 9 月至 1960 年 8 月,在平壤接受普通教育课程;自 1960 年 9 月至 1964 年 3 月,在金日成综合大学接受高等教育课程。

金正日于 1961 年 7 月 22 日加入朝鲜劳动党。

普通教育

金正日自 1950 年 9 月至 1960 年 8 月,在平壤先后就读于培养朝鲜高级干部子女的平壤南山幼儿园、南山人民学校、平壤第一中学和平壤南山高级中学。其间,1950 年 10

月至 1952 年 11 月,曾在中国吉林省抚松县就读。

高等教育

1960 年 9 月,金正日进入金日成综合大学经济学系就读政治经济学,于 1964 年 3 月毕业。

从政时期

1964 年 6 月至 1973 年 9 月,金正日历任朝鲜劳动党中央委员会组织指导部科长、副部长、部长。

1972 年 10 月,在朝鲜劳动党第五届中央委员会第五次全体会议上,当选为党中央委员会委员。

1973 年 9 月,在朝鲜劳动党第五届中央委员会第七次全体会议上,当选为党中央委员会书记。

金正日

1974 年 2 月,在朝鲜劳动党第五届中央委员会第八次全体会议上,当选为党中央委员会政治委员会委员,被推戴为金日成的接班人。

1980 年 10 月,在朝鲜劳动党第六次代表大会上,当选为党中央委员会政治局常务委员会委员、党中央委员会书记、党中央军事委员会委员。

1990 年 5 月,在朝鲜民主主义人民共和国第九届最高人民会议第一次会议上,当选为国防委员会第一副委员长。

1991 年 12 月,任朝鲜人民军最高司令官。

1992 年 4 月 20 日,被授予朝鲜民主主义人民共和国元帅军衔。

1993 年 4 月,在朝鲜第九届最高人民会议第五次会议上,被推戴为国防委员会委员长。

执政时期

1997 年 10 月,金正日被朝鲜劳动党中央委员会、中央军事委员会推举为朝鲜劳动党中央委员会总书记。

1998 年 9 月,在朝鲜第十届最高人民会议第一次会议上,再次当选为国防委员会委员长。

2003 年 9 月,在朝鲜第十一届最高人民会议第一次会议上,再次当选为国防委员会委员长。

2009 年 3 月,金正日当选为朝鲜民主主义人民共和国第 12 届最高人民会议代议员。

2009 年 4 月,在朝鲜第十二届最高人民会议第一次会议上,再次当选为国防委员会委员长。

2010 年 9 月,在朝鲜劳动党代表会议上,再次当选为朝鲜劳动党总书记;同日举行的朝鲜劳动党中央委员会 9 月全会上当选党中央政治局常委、中央军事委员会委员长。

2011 年 12 月 17 日,朝鲜最高领导人金正日逝世。另据朝中社报道,朝鲜已经成立了国家治丧委员会,决定将金正日遗体安放在锦绣山纪念宫,将12月17日至29日定为哀悼期,从12月20日至27日接受吊唁,28日在平壤举行告别仪式,29日举行中央追悼大会。

遗体告别仪式

朝鲜最高领导人金正日的遗体告别仪式于2011年12月28日上午在平壤举行。朝鲜劳动党中央军事委员会副委员长,朝鲜党、国家和军队的最高领导者金正恩与朝鲜党政军高层一起参加了遗体告别仪式。

金正日遗体告别仪式在锦绣山纪念宫举行。朝鲜中央电视台播放的画面显示,锦绣山纪念宫庄严肃穆,半旗低垂,哀乐低回。金正日灵柩安放于鲜花丛中,由卫兵守卫。灵柩前镌刻着金正日的生平,摆放着金正日生前所获的金日成勋章等各种勋章。纪念宫里摆放着金正恩及前来悼念人士送来的花圈,花圈上写有"最最沉痛的心情悼念伟大的领袖金正日"等字样。

画面显示,金正恩与朝鲜党政军高层一起参加了遗体告别仪式。金正恩表情哀痛,不时掏出手帕擦拭眼泪。前来参加告别仪式的人员按序经过金正日的灵柩,并向其三鞠躬。告别仪式现场,妇女们身穿朝鲜传统丧服,多人捶胸顿足失声痛哭,还有人哭倒在地。吊唁大厅内笼罩着悲痛的气氛。

朝鲜中央电视台当日稍早时解说称,金正日为了朝鲜人民的主体事业,倾注毕生精力。前来悼念的人士誓言坚决拥护朝鲜的社会主义伟业,高举金正日的遗志,团结在金正恩周围,将朝鲜建设成主体思想的社会主义强国,创造新的社会主义奇迹。朝中社报道说,金正日为祖国和革命、人民的幸福和主体事业的辉煌胜利献出了一生。

28日上午,朝鲜中央电视台一直在播放金正日生前对生产建设、舞台表演、剧本创作、革命电影拍摄、广播电视等工作的现场指导画面。该电视台还播放了回顾金正日生平的音乐电视以及朝鲜军乐团演奏《国际歌》的画面。

所获荣誉

1975年、1982年、1992年,金正日先后三次被授予"朝鲜民主主义人民共和国英雄"称号。

1978年、1982年、1992年,金正日先后三次被授予"金日成勋章"。

1973年2月,金正日被授予"国际金日成奖"。

2011年12月30日朝鲜媒体报道说,已故最高领导人金正日被授予共和国英雄称号。朝鲜最高人民会议常任委员会19日发布了相关政令。政令说,金正日在长达数十年的岁月里英明领导朝鲜党、军队和人民,为祖国和人民、时代和历史建立了永不磨灭的革命业绩。朝鲜最高人民会议常任委员会代表全体党员和人民军官兵以及人民的一致愿望,向朝鲜劳动党总书记、朝鲜国防委员会委员长、朝鲜人民军最高司令官金正日同志授予朝鲜民主主义人民共和国英雄称号、金星奖章和一级国旗勋章。

据朝中社2012年2月15日报道,朝鲜劳动党中央委员会、党中央军事委员会、朝鲜国防委员会、朝鲜最高人民会议常任委员会14日发表决定,宣布向已故领导人金正日授予朝鲜民主主义人民共和国大元帅称号。

报道指，金正日加强和发展金日成创建和领导的朝鲜人民军，维护了社会主义祖国和民族的命运，为世界和平与稳定做出了不朽的贡献。

此外，报道还强调金正日以战无不胜的先军革命领导把朝鲜转变成为军事强国，为祖国和革命建树了永不磨灭的丰功伟绩。

人物分析

朝鲜是一个新的"王朝"，在全世界先后出现的"畸形工人国家"里，朝鲜是唯一一个实行"子承父业"的封建世袭制的。西方和朝鲜对金正日的介绍当然是不同的。这个不同甚至从出生地就开始了。朝鲜官方的介绍说："金正日同志1942年2月16日诞生在位于两江道三池渊郡的白头山密营"。甚至还说，当时，"一道双重的彩虹和一颗圣星宣告着他的到来。"而德语的维基百科中则说，他实际上是在苏联沙巴洛夫斯克附近的村庄弗佳茨科耶（Wjatskoje）出生的。当时，他的父母躲避日本军队来到了这个村庄。金正日当时登记在出生名册上的姓名是个俄罗斯名字"JuriIrsenowitsch Kim"（尤利日成诺夫斯基·金），把父亲金日成的姓名都放了进去，加上俄罗斯词根。

朝鲜官方报道中只提到金正日的生母是"金正淑同志"。德文维基中说，金正日的生母在他童年时代就已去世，而他的继母对他"实施恐怖统治"，因为她希望自己亲生的孩子成为朝鲜帝国的接班人。

金正日得到全面培养和全面发展。大学时代（学政治经济学），他就发表了许多论文，谈修正主义、工人阶级等，尤其值得注意的是一篇题为"重新查考三国统一问题"的历史论文。后来，他在政治上、军事上、经济上全面参政，对文学艺术也深感兴趣。当年让亿万中国观众落泪的电影"卖花姑娘"据称也是在他"积极指导"下完成并获奖的。1974年，金正日被正式宣布为金日成的接班人。为别于被称为"伟大领袖"的父亲金日成，他被称为"亲爱领袖"。还在金日成在世时，他已于1991年12月24日被任命为朝鲜人民军最高司令官。1994年金日成去世，他接管了朝鲜全部大权。1997年10月8日，被选举为朝鲜劳动党总书记。

朝鲜官方介绍文字说："30多年来，他（金正日）通过夜以继日，废寝忘食的革命活动，将朝鲜劳动党加强和发展成为百战百胜，久经考验，千锤百炼的革命的党、受到全体人民绝对支持和依赖的战无不胜的党；把朝鲜人民培养成为具有坚定的信念和意志的自主的人民。"然而，这些年来"叛逃"到韩国的朝鲜高级官员们所陈述的金正日则几乎是另一个人：腐败，性生活放荡，酗酒。人们说，金正日拥有一个藏有1万多瓶名贵葡萄酒的巨大酒窖，爱西方金发美女，收集了马自达RX7跑车系列。此外，不少人证实说，金正日有恐飞症，总是坐他私人的防弹列车旅行；他总是穿高底鞋，以掩盖个子矮小（他身高约1米60）。

对金正日的报道经常是正反面相互矛盾的。韩国情报机构KCIA说，他的出场表现、神经是不稳定的，起伏的。但萨克森报说，曾经与他数小时面谈的一些外国领导人如韩国前总统金大中、美国前国务卿阿尔布赖特、瑞士首相佩尔森则都没有把他描述成与世隔绝的人,更没有认为他是神经不正常的。他们异口同声地说:金正日是个信息灵通的、有谈话热情的会谈伙伴。可见,许多传说,包括从那个国家跑出来的人说的话,不见得都是可靠的。奥地利标准网日前报道道,奥地利总统菲舍尔已接受金正日邀请,将于3月31日至4月1日间访问朝鲜。完了再看看这位总统是怎么说的吧。金正日现在的夫人是第四位,是他长年的女秘书金玉,现年42岁。他的第一任夫人叫金英淑,于1974年生下女儿雪松,1976年生下女儿春松,金英淑现年59岁,遭金正日冷落。第二任夫人叫成惠琳,是长子金正男的母亲,电影演员出生,2003年因心脏病在莫斯科去世。有说她才是金正日的第一任夫人,但据称从来没有与金正日正式结婚。第三任夫人叫高英姬,2004年因乳癌去世,二子金正哲和三子金正恩都为她所出。

2008年9月9日,在朝鲜首都平壤当天举行了隆重的阅兵仪式。朝鲜最高领导人金正日没有现身。这是朝鲜建国60周年国庆日,极为重要的日子,金正日除非出于非常极端的原因,不可能无故不出席。因此外界揣测他的健康状况已经恶化,更有极端传闻"已经死亡"。一直以来西方媒体就在关注金正日的身体健康状况,都期待着他寿终正寝。金正日本人据说有酗酒的习惯,去年传出心脏出了问题,已经很少喝酒,除了喝少量对心脏有益的红酒。还传出金正日在5月动了心血管搭桥手术,金正日很早就有患有糖尿病的报道,糖尿病是一种无法治愈的疾病,其主要危害在于它的并发症,尤其是慢性并发症。它可以引发脑血管、心血管、肾脏、眼底、神经等并发症,蒋经国就是死于糖尿病的并发症。糖尿病晚期视网膜脱落病变率达64%。金正日去年7月会见中国外交部部长杨洁篪,官方曾经发过一张照片,经医学分析,得出"肚子小了""头发少了""皮肤没光泽了"等描述。暗指金正日健康状况日益恶化。联系到5月的心脏手术,据被采访的心脏内科医生说"这些症状在接受了心脏外科手术的人中很普遍"。还有一个被外界关注的焦点,金正日平时喜欢戴深色墨镜,但在朝鲜人民军建军纪念仪式上,金正日戴的却是透明眼镜。据称,如果患有糖尿病性视网膜症或为此接受治疗,视野就会变暗,因而戴透明眼镜合适。从种种迹象表明,金正日的健康状况可能非常不乐观,已经时日不多。

联合国机构世界粮食计划2008年04月16日警告,朝鲜粮食严重短缺,避免朝鲜发生人道惨剧的时间即将消耗殆尽。又有美国经济学家表示:朝鲜目前正面临十年来最严重的粮食危机。假如金正日的去世,朝鲜甚至有政权崩溃的危险。一旦发生这种情况,对中国国家利益产生严重挑战,中国不可能傻看着朝鲜被韩国并吞,很可能再次出兵朝鲜,以维护中国的国家利益,保障中国的国家安全,这势必和美国在朝鲜半岛发生直接对峙。俄罗斯也不可能闲着,它一样与朝鲜有着共同边界,中国插手朝鲜事务,将获得日本海的出海口,对它来说也是一种潜在威胁,这种威胁对日本来说就更要命了,将直接影响中日关系,同时也间接影响到中俄关系的发展。对美日韩的关系倒有加强的刺激作用。再往长远来看,是不是会严重影响中国正在进行的经济建设,都是一个未知数。在这种混乱情况下,很难预料会发生怎样的冲突,同时中国东北地区还可能面临朝鲜难民潮的冲击,东北亚地区将出现大动荡。

朝鲜阅兵

2008年9月9日,平壤举行朝鲜建国六十周年纪念大会的阅兵式意外缩水,黯然失色,尤为引人注目的是,朝鲜劳动党总书记、三军统帅金正日也没出席。外界猜测是金正日病重,朝鲜陷入粮荒也是大阅兵缩水的原因。9月8日,朝鲜迎接六十周年大庆的气氛还非常浓厚,当局不仅将首都平壤和地方城市装扮一新,还创作和上演特别团体操《祝愿祖国繁荣》。平壤市中心用于阅兵的金日成广场布置得焕然一新,四周的建筑物都贴满国庆宣传大标语,为九日下午阅兵式布置好观礼台。为确保在国庆演出成功,朝鲜人民和学生十分忙碌,平壤市连日不定期交通管制,一些主要场所的路口禁止车辆通行,以方便群众各种活动彩排。

朝鲜建国六十周年大庆可能是有史以来规模最大的阅兵式和军事装备游行。已发现射程六十公里的二百四十毫米火箭炮等重装备。西方军事专家密切关注平壤阅兵式是否亮出新武器,特别留意朝鲜是否秘密地研制新型核武器的象。朝鲜建国六十周年一甲子是大庆典,爱出风头、善于宣传的金正日不能出席肯定有负面原因。现在,西方聚焦在"金正日之后的北韩"上。一九七四年,金日成六十二岁时提名金正日为接班人,如今六十六岁的金正日身患糖尿病和心脏病,却一直没确定接班人。是长子金正男或次子金正哲世袭,还是军方集体领导体制?或者至今仍未确定接班人?西方媒体估计,核问题和经济困境同北韩接班人也有关联,金正日可能想利用核筹码使美朝关系恢复正常并发展经济,然后制订接班人版图。联合国世界粮食计划署近日宣布,从现在到2009年11月,朝鲜需要五亿多美元口粮援助才能避免饥荒。目前朝鲜大半家庭每天最多吃两顿饭,愈来愈多人依赖采集野生植物充饥。世界粮食计划署七月警告,朝鲜的粮食危机大概是上世纪九十年代末期以来最严重的,当年估计有五十万人饿死。无论是金正日之后的北朝鲜动乱,还是粮食危机引发骚乱,中国都要有文事武备;严防殃及池鱼。

病重传闻

朝鲜官方电视台2009年7月8日罕有地播出领导人金正日的片段这是自从金正日2008年8月中风之后,电视台第二次播出他近期的片段。片段显示金正日前往平壤室内运动场,与数百名军方及政府官员,一同出席中央追思会。金正日步入会场时显得一拐一拐,默哀鞠躬的时候,亦可见头发稀疏,面容憔悴,身材也显得消瘦,和他一月时精神饱满的样子形成强烈对比。

据传闻,金正日2008年8月中风,同时被诊断患有胰脏癌,估计活不过五年,不过消息未获韩国情报机关证实。韩美媒体早前报道,金正日曾中风并接受脑部手术,平壤一直未证实,但金正日2009年7月8日出席纪念金日成逝世十五周年的追思会时,消瘦了不少,健康情况更惹人关注。韩国《朝鲜日报》周日报道,美国中情局最近评估金正日未来五年内的死亡机率,高达71%!

另据《劳动新闻》报道,金正日在当地时间2009年7月8日凌晨,率领国防委员会和军队领导人到平壤锦绣山纪念宫,瞻仰金日成置于玻璃棺木内的遗容。

否认患病

建国60周年庆典,外界对于他健康状况的揣测越来越多。朝鲜最高人民会议常任委员会委员长金永南昨天对有关金正日患病的报道予以了否认。金永南当天在接受媒体采访时说,金正日的健康没有任何问题。朝鲜一名高级外交官当天也称,相关不实报道是西方媒体的阴谋。此前,来自韩国情报部门的消息说,金正日因中风身体虚弱,已经无法行走,不过神志仍然清醒,预计可以康复。9号,朝鲜举行盛大庆典庆祝建国60周年,身为朝鲜最高领导人的劳动党总书记金正日没有出席。朝鲜国防委员长金正日的长子金正男回国,并在劳动党组织指导部工作。组织指导部是掌管朝鲜党、军、政大权的核心部门。对此,有分析指出,人们一直认为金正日的次子金永南(26岁)和三子正云(24岁)中一人将会成为接班人,但是这种继承格局可能发生了根本性的变化。

外事活动

对中关系

1983年,金正日曾访问中国。2000年5月、2001年1月、2004年4月、2006年1月、2010年5月以及2011年5月对中国进行非正式访问。

第一次访华

2000年5月29日至31日,应时任中共中央总书记、国家主席江泽民的邀请,对中国首次进行非正式访问。

江泽民同金正日在人民大会堂举行了会谈。两国领导人在亲切、友好的气氛中,就进一步发展中朝两党两国关系、国际和地区形势等共同关心的重大问题交换了意见,取得了共识。

两国领导人一致认为,在国际形势复杂多变的世纪之交,巩固和发展中朝友好关系,不仅符合两国人民的共同愿望和根本利益,也有利于本地区乃至世界的和平与稳定。双方表示,两党两国将共同努力,继承传统,面向未来,睦邻友好,加强合作,不断充实中朝友好合作关系的内涵,把两国友好关系带入新世纪,推进到一个新的发展水平。

第二次访华

2001年1月15日至20日,应时任中共中央总书记、国家主席江泽民的邀请,对中国进行非正式访问。

金正日首先在上海进行了四天的参观访问。之后,江泽民同金正日在北京人民大会堂举行了会谈,并为金正日等朝鲜贵宾举行了欢迎宴会。中朝两党两国领导人在亲切友好的气氛中相互通报了各自的国内情况,就进一步发展两国关系以及共同关心的重大国际问题交换了意见,取得了广泛共识。

双方表示,中朝两党两国领导人会晤的传统要保持下去;将做出更大努力,继续巩固、发展和加深两国老一辈领导人亲手缔造和培育的传统友谊,把两国友好合作关系推向更高发展水平。这不仅符合两国人民的共同愿望和根本利益,也有利于本地区乃至世界的和平、稳定与繁荣。

第三次访华

2004年4月19日至21日,应中共中央总书记、国家主席胡锦涛之邀,金正日对中国进行了非正式访问。

中朝两党两国领导人相互通报了各自国内情况,就进一步发展中朝两党两国关系、国际和地区形势及朝鲜核问题交换了意见,取得了广泛的共识。

第四次访华

2006 年 1 月 10 日至 18 日,应中共中央总书记、国家主席胡锦涛的邀请,朝鲜劳动党总书记、国防委员会委员长金正日对中国进行了非正式访问,并在湖北、广东、北京等省市参观考察。

在会谈中,两党两国领导人在热烈、坦诚的气氛中就进一步发展中朝两党两国关系和共同关心的国际和地区问题深入地交换了意见,达成了重要和广泛的共识。

金正日还是对中国访问最深入的外国国家最高领导人,2006 年 1 月访问了北京、武汉、广州、珠海、深圳,深入过的单位有:长飞光纤光缆公司、烽火通讯股份有限公司、长江三峡水电站、威创日新电子公司、联众不锈钢公司、广州国际会议展览中心、广州地铁、广州市中山大学、星海音乐学院、东升农场有限公司、珠海市中国工商银行软件开发中心、格力空调生产公司、东信和平智能卡股份有限公司、深圳市盐田港、华为技术有限公司、大族激光科技股份有限公司、深圳广播电影电视集团、中国农科院作物科学研究所等。

对于这次访问,朝中社说:金正日同志在中国中部和南部地区往返数万里,深入了解了勤劳、智慧的中国人民的思想感情和中国经济和文化等各领域的情况

第五次访华

2010 年 5 月 3 日至 7 日,应中共中央总书记、国家主席胡锦涛的邀请,朝鲜劳动党总书记、国防委员会委员长金正日 5 月 3 日至 7 日对中国进行非正式访问。在北京期间,胡锦涛同金正日举行会谈并举行欢迎宴会。中共中央政治局常委、全国人大常委会委员长吴邦国,中共中央政治局常委、国务院总理温家宝分别会见金正日。中共中央政治局常委贾庆林、李长春、习近平、李克强、贺国强、周永康分别陪同金正日参观或参加有关活动。

第六次访华

2010 年 8 月 27 日,中共中央总书记、国家主席胡锦涛在长春同朝鲜劳动党总书记、国防委员会委员长金正日举行会谈。应胡锦涛的邀请,金正日 8 月 26 日至 30 日对中国进行非正式访问,并在吉林省、黑龙江省参观考察。

第七次访华

2011 年 5 月,朝鲜领导人金正日乘坐火车专列,访问中国,在吉林省、黑龙江省和江苏省等省参观调查。

对俄关系

2000 年 2 月 9 日至 10 日,俄罗斯时任外长伊万诺夫访问朝鲜,两国外长签署了友好睦邻合作条约。

2000 年 7 月 19 日,普京应朝鲜领导人金正日的邀请访朝,这是两国关系史上俄国家元首第一次访朝,双方签订了旨在发展两国关系的《俄朝共同宣言》。此次会晤推动了朝俄关系的进一步改善,揭开了两国关系发展史上新的一页,也进一步说明了俄罗斯对朝

鲜的重视。

2001 年 7 月 26 日至 8 月 16 日,金正日对俄罗斯进行国事访问,并同普京就经济合作和朝鲜半岛局势等问题交换了意见,达成了广泛共识。会后两国首脑发表了《莫斯科宣言》。此次访问,标志着近年来俄朝确定的双边关系新框架进入了巩固和落实阶段。

对美关系

2000 年 10 月 23 日,时任美国国务卿的奥尔布赖特飞抵平壤访问。在短短的 3 天行程中,她与金正日一共举行了两次共计 6 小时的会谈。在 24 日晚的记者招待会上,奥尔布赖特表示,朝美关系已取得重大进展。

2001 年 1 月,乔治·布什就任美国总统后,取代克林顿政府的对朝接触政策,转而奉行对朝敌视政策,朝美关系陷入了僵局和对立。

2009 年 8 月 4 日,金正日在平壤会见了来访的美国前总统克林顿,并发表公报称,金正日特赦两名被扣美国记者,克林顿将此行加深朝美理解和信任。

对日关系

2002 年 9 月,金正日与时任日本首相小泉纯一郎在平壤会晤,签署《日朝平壤宣言》,初步实现朝日两国关系正常化,后因绑架人质问题恶化。

2004 年 5 月 22 日,日本首相小泉纯一郎再次访问平壤。金正日与其举行会谈,双方再次确认了 2002 年 9 月签署的《朝日平壤宣言》,并在解决绑架人质问题上取得了一定成果。### 对韩关系

2000 年 6 月 13 日至 15 日,金正日和已故前韩国总统金大中在平壤举行了历史性会晤,这是朝鲜半岛分裂 55 年后朝韩最高领导人的首次会晤,双方签署了《北南共同宣言》。在《北南共同宣言》中,两位领导人同意进行互访。

2007 年 10 月 2 日至 4 日,金正日与已故前韩国总统卢武铉在平壤举行了朝韩首脑第二次会晤,双方签署了《北南关系发展与和平繁荣宣言》。双方表示将超越思想和制度的差异,把朝韩关系转变为相互尊重和信任的关系。

2009 年 1 月 30 日,朝鲜发表声明,单方面宣布朝韩双方有关"消除政治军事对立的有关协议事项"全部无效,并废除《南北基本协议书》和附带协议书中的"西海北方界线(NLL)相关条例"。

个人著作

金正日发表的文章和讲话收录在《金正日选集》(总 14 卷)和《为了完成主体革命事业》(总 10 卷)中。

意识形态著作

《朝鲜民主主义人民共和国是拥有战无不胜威力的主体的社会主义国家》《金日成花是在自主时代人类心中开出的永不凋谢的花》《我国社会主义是体现了主体思想的我们朝鲜式社会主义》《以人民群众为中心的我们朝鲜式社会主义战无不胜》《切实贯彻伟大领袖金日成同志关于统一祖国的遗训》《思想工作先行,是完成社会主义事业必不可少的要求》《主体哲学的理解上的几个问题》《全民族团结起来,实现祖国的自主和平统一》

《对主体哲学要有正确的观点和理解》《主体哲学是独创性的革命哲学》《社会主义是我国人民的生命》《不容许毁谤社会主义》《对民族主义要有正确的理解》《关于社会主义的思想基础的几个问题》《社会主义是科学》《关于主体思想》。

政党建设著作

《朝鲜劳动党是我国人民一切胜利的组织者和向导者》《朝鲜劳动党是继承了光荣的打倒帝国主义同盟传统的主体型革命政党》《先军革命路线是我们时代的伟大革命路线，是我国革命百战百胜的旗帜》《社会主义建设的历史教训和我们党的总路线》《关于革命政党建设的根本问题》

执政建设著作

《用主体的社会主义经济管理理论牢固地武装起来》《进一步发挥我国人民政权的优越性》《在革命和建设中坚持主体性和民族性》《进一步改进和加强保健工作》《改进和加强国土管理工作》

文学艺术著作

《论话剧艺术》《电影艺术论》《进一步发展团体操》《论主体文学》《论美术》

艺术成就

朝鲜电影最有影响力的时代，是金正日将军一手打造起来的,而且一直到今天他仍持续在影响着朝鲜的社会主义电影事业。新近由朝鲜艺术电影制片厂完成的电影《红楼梦》,就是金正日指导下的作品,而此片又是由金正日指示下完成的朝鲜文版歌剧《红楼梦》改编而来。去年10月中国总理温家宝访朝时,金还陪他一起观看了那部歌剧。

金正日在电影理论方面颇有造诣,曾经著书立说,于1973年发表《电影艺术论》——实际上,除了"染指"电影外,他还写过《论话剧艺术》《论舞蹈艺术》《论音乐艺术》《论美术》——很显然,年轻时的金正日,不仅是个政治家,还是个标准的文艺青年。

毫无疑问,金正日亦是朝鲜最大的电影发烧友。金正日拥有一个神秘而庞大的私人电影资料库,据说配音、翻译、字幕师、录音师等等加在一起有250人之多,其规模远超很多国家的电影资料馆。

金正日毫不掩饰自己对电影的热爱,他曾经说过:"如果我没有成为一名政治家,我肯定是个出色的电影导演,或者至少是个电影评论家。"其实政治和电影并不排斥。在朝鲜,电影是最主要的大众娱乐活动之一,也是团结群众、巩固社会主义政权的重要宣传手段。在某些西方媒体看来,一个热爱并推动电影事业的领袖形象,正是电影和政治紧密结合、相互支撑的见证。

在朝鲜,出产电影人才的摇篮是位于平壤的电影大学,它的地位就好比中国的北京电影学院,这里通过考试入学的人并不多,很多学生是从遍布全国的基层艺术小组里被选拔或推荐上来的。每年朝鲜各地都要举行各种文艺会演,从中发现人才。

金正日在上世纪60年代进入金日成综合大学,但就读的是政治经济学。他并非科班出身,但基于很可能非常庞大的观影数量积累起来的素养,他很快适应了毕业后父亲金日成委派来的工作——1964年,在金正日进入朝鲜党中央工作后,金日成在一次对朝鲜电影制片厂的视察中指出要大量摄制革命影片,随后,他将领导电影工作的任务交给了金正日。

1968 年,金正日 26 岁。他以自己的出生地"白头山"为名组建了一个创作团体,并着手将父亲金日成在抗日期间创作的《血海》搬上银幕。据朝鲜相关资料记载,他在这部片子拍摄期间,经常到片场"视察指导",帮助导演,并交代演员的表演技巧、谈论形象设计和摄影,这些建议都是具体而微的,而非门外汉的泛泛之谈。在拍摄一幕日本兵的施虐场面时,他甚至冒着现场木头房子着火后的滚滚浓烟协助拍戏。

在金正日的带领下,朝鲜电影在 20 世纪六七十年代达到了艺术高峰。这时期内的其他经典作品如《党的好女儿》《一个自卫团员的遭遇》《鲜花盛开的村庄》等等,都是在他直接组织并参与创作下完成的,电影里的很多歌曲,都由金正日亲自选定,他还完成了其中的部分歌词。

在金正日的"政绩"中,中国人最熟悉的还是《卖花姑娘》。在中国大规模引进罗马尼亚、阿尔巴尼亚、朝鲜、越南电影的 70 年代,《卖花姑娘》堪称"大片",虽然那个年头并不提"票房"这样的概念,但这部电影的观影人次恐怕至少需以千万来计算。《卖花姑娘》的剧本出自金日成的手笔,金正日指导多达 150 余次。节奏缓慢,情节朴素,表演略显夸张,人物脸谱化,在今天看来简陋异常的电影,当年大大地赚取了中朝两国人民的热泪,也在国外的电影节上收获了荣誉,经久不衰,从而融入了一代人的记忆。在厚达 330 页的《电影艺术论》里,金正日谈及了导演、演员、摄影、美术、音乐等多个方面,并对电影和文学、政治的关系做出了自己的解释。不过,与其说这是一本理论研究书籍,倒不如说是朝鲜所有电影导演的指导手册。在每一章之前,都题有金日成的话,而金正日的著述,又形成了对朝鲜电影从业者的约束。譬如,在"电影和音乐"这一章之前,金日成的看法是"没有音乐和歌曲的电影,就不是电影。没有歌曲的电影,就会给人以寂寞感。电影要成为扣人心弦的影片,就一定要有好的歌曲"——这在一定程度上解释了金正日对电影音乐之重视的"世袭"来源:《血海》中大量的歌曲,不少是金正日挑选的。金正日和电影的缘分,不仅仅限于电影本身。在他的原配夫人洪一茜生下一个女儿后,他爱上了比他大 6 岁的成蕙琳,后者当时已经结婚并育有一子一女,是朝鲜最性感的电影明星。长子金正男,就是金正日和成蕙琳后来的爱情结晶。

不得不提的是,一对韩国夫妇——当红导演申相玉和知名演员崔银姬也为朝鲜电影事业做出了不朽贡献。

1978 年,申相玉的事业不断下滑,韩国朴正熙军人独裁政权在全韩艺术业推行严厉审查,还关闭了他的工作室。他和他的妻子、知名演员崔银姬对此一筹莫展。与此同时,朝鲜"白头山创作团"的创作水平有所下滑,金正日批评说,"表达方式总一模一样,情节老套,桥段单一,影片里到处是哭天抢地的场景"。这时,金正日听说了申相玉夫妇工作室被关的事,他认为,这是借此吸收人才提高本国电影水平的大好机会,申相玉是导演,崔银姬是明星,这样的搭配再好不过了。1978 年,为着创作的自由,为着民族统一的高尚事业,这对夫妇经不同渠道先后来到朝鲜,开始为社会主义电影事业服务。

在之后两年零四个月的时间里,拍摄了七部电影。作为艺术家,他们受到了金正日物质和创作上极为丰厚的待遇,申每年可以得到 300 万美元自由支配的资金。朝鲜第一个银幕上的吻,就来自申相玉的作品。在朝鲜,申相玉仍然拍出了他自认为职业生涯中最好的一部影片《Run Away》(1984)。他甚至还拍了一部阵容浩大的"社会主义哥斯拉电影"《Pulgasari》,想办法从日本请来了不少怪兽电影的演职人员。即使这对夫妻在八十年代末离开朝鲜,开始定居美国,但他们都不约而同地认为,和这位朝鲜的最高领导人在电影上十分聊得来,"金正日无疑是一个具备极高文化素养的人,并且十分热爱文化。"

除了年轻时代在朝鲜电影事业上的呕心沥血,就个人喜好而言,他最喜欢看的,除了自己亲自指导的杰作外,还有香港动作片、风靡欧美的 007 系列和《13 号星期五》这类恐怖片,此外,他还特别喜欢伊丽莎白·泰勒主演的电影和唐老鸭系列动画。

在朝鲜电影前进的道路上,金正日始终走在最前面。上世纪 90 年代以后,随着东欧剧变带来的影响和美国"和平演变"政策的变本加厉,一方面朝鲜本国电影停滞不前,一方面不少外国反动电影电视剧通过边境流入,这给朝鲜社会主义制度的稳定也带来了压力——这种压力绝不仅在电影上。

2006 年,讲述一位当代普通朝鲜少女生活的《女学生日记》让西方惊叹,按照惯例,金正日参与了剧本创作。这部被法国片商送往戛纳的朝鲜影片,不仅在国内创下了票房和口碑双丰收的佳绩,而且引起了西方人前所未有的关注和讨论,金正日的电影道路再次往前迈了一大步。2500 万朝鲜人中,有 800 万看过这部电影。《朝鲜劳动新闻》的评价是:"新时代青年的理想是什么?不是父母留下的荣誉和财产,而是真心拥戴金正日将军的真心气节和实际行动。"《朝鲜新报》认为它"勾勒出了全世界都难以寻觅的朝鲜人民的生活"。

《女学生日记》与过去朝鲜的经典的"样板戏"很不同,风格近似韩剧,讲述了一个女孩离开父母到平壤追求理想生活的故事。好莱坞大名鼎鼎的《综艺》杂志是这么看的:此片风格与以往朝鲜经典影片风格迥异,类似于上世纪 70 年代的台湾片,色彩明艳,整个故事很讲究技巧,显示朝鲜电影水平提升了一大截。《女学生日记》是朝鲜首部国际发行的电影。按照挑中它的片商说法,放在旁边的其他朝鲜电影就像是"绿叶衬着红花"。它能够登上国际舞台,要拜平壤国际电影节所赐。这个曾经名叫"不结盟国家和其他发展中国家电影节"的活动,是朝鲜民众得以一睹国外优秀影片的大好机会,在改名"平壤国际电影节"后,更是扩大了国际影响。

婚姻生活

1967 年,金正日同由父亲金日成介绍的朝鲜革命烈士遗孤洪一天(也译作:洪一茜)结婚。

1968 年,金正日的长女金惠敬出生。1970 年,金正日与洪一天离婚。

1975 年,金正日结识了当时朝鲜"万寿台舞蹈团"的舞蹈演员高英姬,1977 年,两人开始同居。

1981 年,高英姬生下第一个儿子金正哲。

1983 年,生下第二个儿子金正恩(现为朝鲜人民军大将朝鲜劳动党中央军事委员会副委员长 朝鲜第三代领导人)。

2004 年 8 月 27 日,高英姬在法国巴黎接受乳腺癌治疗的过程中逝世,享年 52 岁。

朝鲜有"从白头山到汉拿山"这一宣传口号,因为白头山是金正日出生之地,而汉拿山是高英姬的原籍。

一年三度访华

江苏访问

2011 年,法新社北京 5 月 24 日电,有报道称,朝鲜领导人金正日 24 日抵达中国东部城市南京,这是他此次马拉松式访问的最新一站,此次访问被认为是旨在学习中国经济繁荣的秘密。

韩联社报道,69 岁的金正日在武警护送下和约 40 辆随行车辆前往了江苏省会南京,此前他在扬州住了两晚。韩联社称金正日此次自 20 日开启的访问预计将持续一周。

韩联社南京 5 月 24 日电,正在访问中国的朝鲜国防委员长金正日 24 日在南京参观了熊猫电子。

当地的消息渠道表示,金正日当天乘汽车于上午 9 时 50 分许抵达南京,参观了熊猫电子股份有限公司,然后下榻于东郊宾馆。在宾馆稍做休息后前往南京郊区参观体育设施和博物馆等。

东郊宾馆是朝鲜前主席金日成访问南京时曾下榻的宾馆。从金正日在南京的行程来看,他是在了解中国的社会经济发展面貌,同时探访金日成走过的旧路。

韩国《中央日报》5 月 24 日报道,朝鲜国防委员长金正日在访华的第四天(23 日)来到了江苏省扬州市,寻找 1991 年金日成主席在这里访问的痕迹,并学习市场经济的有关情况。可能是因为前一天刚从东北三省的长春奔波约 2000 公里,乘了 30 个小时左右的火车,所以当天的路线非常简单。但是,其日程的目的却很明显。

当天上午游览瘦西湖之后,金委员长接着来到邗江经济开发区。这个地方是由太阳能、风力发电设备、金属板材加工、生物、医药、保健品产业为主而构成的工业区。朝鲜可以从这里看到招商引资创建开发区会得到的成果。

金委员长当天下午来到了大型超市华润苏果的 2 层食品区,在这里观看了 20 余分钟。超市相关人员说,"他特别注意查看了卖食用油和大米的区域","还向服务员询问了商品的种类"。扬州市委书记王燕文随行参加了金委员长当天突然进行的"市场经济"现场视察。

韩联社首尔 5 月 23 日电,消息人士今天说,在访华归国途中,朝鲜领导人金正日也许将前往一处中朝联合工业园。此举可能会凸显他与盟友开展经济合作的决心。

本周晚些时候,朝鲜和中国将举行一个联合项目的奠基仪式。该项目将把鸭绿江上的黄金坪岛打造成为一个工业园区。消息人士说,金正日可能将出席该仪式。专家说,如果金正日在仪式上露面,将凸显他与中国开展经济合作的决心。

金正日从 20 日开始秘密访华,这是金正日首次同时访问中国东北 3 座城市和南方地区。分析人士说，金正日此行要么是为了获取经济或粮食援助，要么是为了表明自己牢牢掌握着政权。

日本《朝日新闻》5月24日报道，题：中朝在经济合作上寻找出路

北朝鲜金正日总书记一年三度访华，这种频率实属罕见。去年5月金总书记访华之后，各种各样的经济合作项目便在中朝边境相继启动。据认为，金正日总书记此次访华的目的仍是进一步促进双边经济合作，以期重建凋敝的北朝鲜经济。

据韩国媒体报道，中国国企去年底向罗津港所在的罗先特别市投资了约20亿美元，并和北朝鲜就建设港口设施和炼油厂达成了一致。这被认为是中国对北朝鲜的最大投资项目。

抵达北京

据韩国KBS电视台25日报道，金正日乘坐的专列于24日下午2点左右从南京站出发，经过17个小时的长途跋涉，于25日上午10时抵达北京站，之后乘汽车前往钓鱼台国宾馆。日本共同社称，金正日25日下午进入北京的人民大会堂，预计将同中国领导人举行会谈。韩日媒体还援引消息人士的话称，请求中国经济、军事援助和对金正恩接班的承认，是金正日到访北京的主要任务，中国则可能就重启朝鲜核问题六方会谈对金正日提出要求。

韩联社称，中国警方25日加大了北京站至钓鱼台国宾馆区间道路的交通管制，根据惯例，金正日可能下榻在钓鱼台国宾馆18号楼。报道称，25日傍晚，金正日进入人民大会堂，预计将同中国领导人进行会谈。韩国SBS电视台引用"北京消息灵通人士"的话表示："经济合作是会谈的主要内容，如鸭绿江现有黄金坪岛的共同开发问题等"。韩联社25日认为，金正日此行考察了长春一汽、扬州开发区包括生产太阳能产品在内的3个高科技企业、大型超市以及南京的熊猫电子集团等，这些企业有可能会加入对朝经济合作中。特别是此前中国领导人提出的将长吉图开发与朝鲜经济开发连接，能取得什么成果令人瞩目。此外，会谈能否就中国"梦寐以求"的日本海出海口达成协议，也是国际社会关心的重点。韩国《文化日报》认为，会谈很可能出现朝鲜向中国请求经济援助，以举行韩朝核问题会谈、进而重启六方会谈作为回应。日本时事通讯社25日称，金正日可能在会谈中请求中国对其三儿子金正恩接班的支持。

根据从各种渠道获得的金正日代表团图片，韩日媒体也开始"按图索骥"分析到底哪些人陪同金正日访华。《朝鲜日报》25日的报道称，除了朝鲜劳动党行政部长张成泽外，堪称"经济通"的劳动党中央书记处书记太钟洙、朴道春也出现在金正日左右。由于朴道春在上个月举行的朝鲜人民最高会议上当选负责军工的国防委员会委员，因此韩国政府相关人士认为，金正日此访很可能包含向中国要求军事援助的目的。此外，韩国《中央日报》还称，在金正日访问南京被拍的照片中，还有一个疑似金正日"四夫人"金玉的女人，该人曾是金正日的机要秘书，去年5月和8月金正日两次访问中国时，金玉也曾陪同。日本《读卖新闻》25日称，在金正日访华的每一站，都有高丽航空的飞机先行到达，这引发金正恩等另一拨"别动队"乘机随行访华的猜测。报道称，该飞机是朝鲜几年前从俄罗

斯买进的,去年秋天朝鲜总理崔永林访华时曾使用过。

韩联社 25 日将金正日此次访华总结为"先考察,后会谈",认为这种访问方式虽然不符合外交惯例,但也可以以非正式访问解释。报道还认为,金正日此行的重要目的是两国经济合作,因此先到地方看中国改革开放的具体成果,并思考提高朝鲜经济活力的具体方案。

共同社 25 日称,虽然对此次金正日访华,中朝两国政府仍然坚持"保密原则",但是中国政府并未管制网络上铺天盖地的"金正日访华图片",日韩媒体就是根据中国网民发布的"戒严"等消息推断金正日行程的。文章还引述"中国官员"的话称,"秘密访问的时代已经过去",北京的态度转变值得注意。日本《产经新闻》25 日称,金正日访华的每一站都是前主席金日成曾到过的,他此举是为了向中国宣扬"中朝友好"。

出访俄罗斯

2011 年 8 月 21 日,金正日乘坐的专列经过海参崴和哈巴罗夫斯克,当地时间当天上午 9 时 30 分抵达阿穆尔州布列亚火车站。金正日在布列亚站出席迎接活动约 5 分钟后,乘坐朝方利用专列专门带去的汽车前往布列亚水电站进行访问。俄罗斯总统德米特里·梅德韦杰夫与朝鲜国防委员会委员长金正日在封闭的军事重镇索斯诺维博尔举行会谈。此次会谈采取"一对一"的形式。

梅德韦杰夫先抵达位于乌兰乌德郊区的俄罗斯东部军管区所属第 11 空降袭击旅团驻地索斯诺维博尔。金正日则乘坐 1995 年出产的奔驰(Mercedes)S 系列专车抵达。两国领导人的会晤议题包括巩固政治对话与两国各部委感兴趣的合作领域、扩大人文和地区间联系的问题。迫切话题之一将是对俄韩朝参与的三方经济项目的实施开端前景的讨论。两位领导人还建议关注朝鲜半岛核问题六方会谈。

2012 伦敦奥运会

2012 年伦敦奥运会,即 2012 年夏季奥林匹克运动会,正式名称为第 30 届夏季奥林匹克运动会。2005 年 7 月 6 日,国际奥委会在新加坡举行的第 117 次国际奥委会会议上宣布,由英国首都伦敦主办此次奥运会,这是伦敦第 3 次主办夏季奥运会。在伦敦当地时间 2011 年 7 月 27 日晚上 7 点,伦敦奥运会开始倒计时一周年活动。2012 年 4 月 18 日,在伦敦奥运会开幕倒计时 100 天时,伦敦奥组委公布口号为"Inspire a generation",翻译中文为"激励一代人。"伦敦奥运会在斯特拉特福德奥林匹克体育场于北京时间 7 月 28 日 4 时整开幕。8 月 13 日凌晨,第 30 届伦敦奥运会圆满闭幕。

基本概况

2012 年 07 月 27 日(当地时间)伦敦奥运会主体育场坐落在伦敦东部的奥林匹克公园内,除举办赛事外,也是开、闭幕式的举办地。和以往奥运会不同的是,2012 奥运会会徽的颜色一共有 4 种,分别是粉色、橙色、蓝色和绿色。会徽以数字"2012"为主体,包含了奥林匹克五环及英文单词伦敦(London)。

举办城市

2012 年第 30 届夏季奥林匹克运动会在伦敦举行。英文口号为"lnspire a generation"。于 2005 年 7 月 6 日在国际奥委会会议上宣布,这是伦敦第 3 次主办夏季奥运会。伦敦是迄今为止举办夏季奥运会次数最多的城市。也是历史上第二座三度举办奥运会的城市。

第一次:1908 年伦敦奥运会;

第二次:1948 年伦敦奥运会;

第三次:2012 年伦敦奥运会。

第一座是奥地利的因斯布鲁克,分别是 1964 年冬奥会,1976 年冬奥会和 2012 年青冬奥会(比伦敦早几个月)。

举办时间

2012 年伦敦奥运会已于 2012 年 7 月 27 日(星期五)开幕,并已于 2012 年 8 月 12 日(星期日)闭幕。

伦敦奥组委宣布 2012 年第 30 届夏季奥运会将于 2012 年 7 月 27 日 21 时(伦敦当地时间)开幕(北京时间 2012 年 7 月 28 日 4 时),开幕式将在位于伦敦东区的斯特拉特福德奥林匹克体育场举行。

英国女王替身锁定中国女孩李格。而这一环节在奥运会开幕式彩排上也有上演,只是英女王不可能出现于彩排上,毕竟岁数已高(86 岁)。为此,主办方找来了一位中国姑娘扮演英国女王,这名代替者叫李格,来自中国广西。被选中的理由则是,李格是第一个用邮件报名的人。当然,一口标准的"伦敦腔",更加使其成为女王替代者的不二人选。每一次奥运会开幕式彩排,李格都会用标准的英语读出:"我宣布:第 30 届伦敦奥运会正式开幕,让我们为这个城市、奥运和时代欢庆!"。当 24 岁的广西女孩李格用流利的英文念出这段女王致辞,还真颇有几分"皇家气质"。

2012 年是英国女王伊丽莎白二世登基 60 周年庆典,因此,能够在奥运会开幕式彩排上扮演英女王也是一次特殊的经历,而由一位中国女生来扮演这一角色就更加有趣了。

基本情况

原本共有 9 个城市申办第 30 届夏季奥林匹克运动会。最后阶段的 5 个城市的选择是根据各申办城市于 2004 年 1 月 15 日所提交的 50 页报告来决定的。国际奥委会在 11 个项目中给各城市评分,范围包括了财政、安全和交通等。

巴黎是总评分最高的城市,一般相信巴黎是最有希望最终赢得主办权的城市。马德里得分第二,可能是由于受到西班牙在 1992 年已经举行过巴塞罗那奥运会的影响。伦敦名列第三,因为它在交通和公众意见方面得分很低。纽约名列第四,也可能是受到 2010 年冬季奥运会在加拿大的温哥华举行的影响。一般来说,国际奥委会希望避免两届奥运会在同一个大洲举行。俄罗斯首都莫斯科是 5 个城市中得分最低的。

其他城市

另外 4 个申请但未进入第二阶段的城市是：古巴的哈瓦那；土耳其的伊斯坦布尔；德国的莱比锡；巴西的里约热内卢。

还有一些城市考虑过申请，但是最终没有提出正式申办：尼日利亚的阿布贾；匈牙利的布达佩斯；埃及的开罗；印度的海德拉巴；意大利的米兰；巴西的圣保罗；瑞典的斯德哥尔摩；加拿大的多伦多；波兰的华沙。

进行考察

国际奥委会委员在 2005 年初访问 5 个城市，进行考察，并在 5 月递交一份报告，报告于 6 月 6 日公开发表，这份厚达 120 多页的报告指出，巴黎和伦敦的申办具极高素质，马德里和纽约均获得正面的评价，只有纽约仍未能确定奥运会主场地。莫斯科则被评为欠缺周详的方案。这份报告决定进入最后阶段的城市名单，国际奥委会于 2005 年 7 月 6 日在新加坡召开全体会议，并在会上举行投票表决最终的主办城市。参与申办的 5 个城市已经被允许在其申办的会徽上使用奥运会五环标志。

作为国际大都市，伦敦曾于 1908 年和 1948 年两次举办过奥运会，这次他们提出申请，并迅速成为胜出的热门城市。"浪漫之都"巴黎此前曾主办过两届奥运会，分别是在 1900 年和 1924 年，距今时间比较久远。2000 年以来，巴黎积极参与奥运会申办工作，但前两次的申办却均以失败告终。其中，在 2001 年 7 月他们不敌北京，无缘 2008 年夏季奥运会的主办权。不过他们很快就从失利的阴影中恢复过来，满怀信心地宣布参加 2012 年的奥运会申办。在 5 个候选城市中，他们被认为是最大的热门城市。

其他三个城市分别是纽约、马德里和莫斯科。不过，纽约民众反对该城市申办奥运会情绪很高，加上申奥方案不完善，因此成功的难度很大；马德里从来没有主办奥运会的经验，虽然他们拥有民众和西班牙王室的鼎力支持，但其安全保卫能力却受到一定的质疑。作为俄罗斯的首都，历史悠久的莫斯科受到各种因素的影响，并不被看好。

2012 年夏季奥运会主办城市 2005 年 7 月 6 日晚揭晓。在国际奥委会全体委员的投票选举中，在莫斯科、纽约和马德里先后出局后，在第四轮投票中，伦敦击败了巴黎，成为第 30 届夏季奥运会的主办城市。这样，伦敦将于北京奥运会后，接过奥林匹克运动的大旗。

前三轮投票的结果正如人们事先的预料。在第一轮投票中，莫斯科得票数目最少，率先被淘汰出局。他们的代表随即也有机会进行后面的投票。在随即进行的第二轮投票中，美国的纽约得票最少，也难逃被淘汰的命运。在第三轮的投票中，仍然没有一个城市得到半数以上的选票提前胜出。被认为可能成为"黑马"的马德里在该轮中得票数最少，也被淘汰。

北京取经

2012 年奥运会主办城市伦敦需向中国首都取经，学习北京如何成功实施各项污染防控措施。

污染问题可谓老生常谈，这个老大难问题也成了 2012 年伦敦奥运会的主要困扰之一。环境问题现已威胁到伦敦 2012 的公众形象，这不禁令人想起 2008 年北京奥运会的筹备工作。

伦敦国王学院环境研究组教授兼主任弗兰克-凯利（Frank Kelly）建议伦敦方面学习北京的成功经验，在2012年奥运会期间实行道路交通限行措施。那些还记得中国，尤其是北京，在奥运会筹备阶段所采取各项措施的人也许会称其为一种无奈之举。

伦敦的空气质量在欧洲各大城市中是最糟糕的。凯利说："至今在限制车辆排放方面也未见任何创新或进展。因而，污染问题依旧严峻。事实上，自2000年世纪之交以来，这一问题就未见任何改善。"

据彭博社报道，英国将斥资93亿英镑（145.6亿美元）为奥运会兴建各类设施，这也是欧洲最大的建设工程之一。然而，凯利认为，尽管官方投资巨大，但用于改善伦敦奥运会期间空气质量的举措仍力度不够。凯利领导的伦敦国王学院在伦敦各地拥有160个空气监测点，同时还可获得英国环境、食品与农村事务部的分析数据。

伦敦市市长兼奥委会（负责监督奥运规划）委员鲍里斯-约翰逊（Boris Johnson）已宣布，大货车和小型巴士须在2012年1月前达到低排放区标准。这些车辆原本于2010年10月起就被纳入低排放区，如不符合排放标准，就需支付罚款。

前任伦敦市长肯-利文斯通（Ken Livingstone）于2008年2月引入了低排放区制度，要求大型卡车、公交车和小型巴士均需符合排放标准。

约翰逊的清洁计划包括：启用柴电混合动力公交车，禁用老式出租车，公交系统整体升级。市长办公室还就此表示："空气质量问题不会影响伦敦奥运会的顺利召开。"

但凯利却没有如此乐观。如果天气不好，那么"我们就有可能遭遇空气严重污染问题。"为了提高空气质量，他建议当地政府扩大低排放区的限制范围，同时政府应在"财务许可的条件下，尽快更新所有的公交车和出租车"。

但他还表示，由于距离2012年奥运会开幕还有不到两年时间，伦敦已没有充足的时间完成大规模的升级工作。"因此，我认为，他们应当制定应对不良天气的计划，其中可能会涉及某种交通限行措施。"

在2008年奥运会期间，北京政府采取了严厉举措，将污染企业一律从市内迁出，同时限制上路车辆的尾号，要求司机按照车牌尾号单双数隔日出行。

凯利称北京所采取的举措是一种"成功的方案"，限制交通流量（伦敦空气污染的最大成因）同时也是2012年奥运会期间，改善伦敦空气质量的有效方式。"（如果）没有车辆，伦敦就没有污染。就是这么简单，"凯利说。

为了制定"适当的防控措施"以防不测，凯利希望伦敦官方与成功实施此类方案的北京方面多多进行交流。这一方案显然是北京奥运篇章中呈现出来的一抹绿色。

公布结果

主办城市选举的悬念留到了最后一轮，由巴黎"决斗"同样强大的伦敦。在这轮投票选举中，双方没有让国际奥委会主席罗格难堪地战成平手，而是高下立分。在经过一段让人几乎窒息的等待之后，一位13岁的华裔新加坡女孩把放有结果的信交给了罗格。罗格在感谢了东道主新加坡民众、此前提出申请的国家和5个候选城市后，向世人大声宣布:第 30 届夏季奥运会的主办权属于伦敦。

2012 年夏季奥林匹克运动会主办城市各轮投票结果

第一轮:伦敦 22 票;巴黎 21 票;马德里 20 票;纽约 19 票;莫斯科 15 票。(莫斯科被淘汰,其他城市票数均未过半)

第二轮:伦敦 27 票;巴黎 21 票;马德里 32 票;纽约 20 票。(纽约被淘汰,其他城市票数均未过半)

第三轮:伦敦 39 票;巴黎 33 票;马德里 31 票。(马德里被淘汰,其他城市票数均未过半)

第四轮:伦敦 54 票;巴黎 50 票。(巴黎被淘汰,伦敦胜出)

国际奥委会的以色列代表声称,伦敦赢得 2012 年奥运会的主办权,是由于在第三轮投票时希腊代表兰比斯·尼古劳把给马德里的票错投了给巴黎。

奥运会徽

伦敦申办奥运的会徽是采用具有 5 种颜色的彩条代表奥运,在"LONDON 2012"的字样上下穿过;而会徽上则有国际奥委会会徽。

会徽文化

2007 年 6 月 4 日,伦敦时间 11 时 30 分公布了 2012 年第 30 届夏季奥运会的会徽,新会徽完全没有伦敦当地的传统标志或色彩。在会徽公布后不久,即有英国民众在互联网上指责该会徽;此外在公布的新会徽宣传片放映后,有人因宣传片中的色彩转换过快,导致癫痫发作。伦敦 2012 年奥运会、残奥会会徽一经发布,立即引发广泛争论,支持者对会徽大胆而惊人的设计表示热烈欢迎,批评者则认为,会徽设计太过凌乱,糟糕透顶。

会徽字体

会徽以数字"2012"为主体,包含了奥林匹克五环及英语单词伦敦(London)。这一设计清晰地传达出伦敦的声音——"伦敦 2012 年奥运会将是所有人的奥运会、所有人的 2012。"

会徽颜色

会徽颜色一共有 4 种,分别是粉色、橙色、蓝色和绿色,可根据不同场合的需要使用不同颜色的会徽。这一设计是百年奥运史上第一次由奥运会和残奥会"共享"同一个会徽。

会徽是由世界著名设计公司奥林斯(WolffOlins)设计。WolffOlins 是一家成立于 1965 年的知名品牌咨询公司,隶属于奥姆尼康(OmnicomGroup)——世界最大广告集团。这个标志设计选定 WolffOlins,并没有举行相应招标,费用 40 万英镑。

意义象征

据伦敦奥组委主席塞巴斯蒂安·科介绍说,该会徽象征着"活力、现代与灵活,反映了一个崭新的、丰富多彩的世界,在这个世界上,人们特别是年轻人不再处于静止状态,而是用新技术和新媒体网络武装起来工作"。

塞巴斯蒂安·科在发布会上说:"2012 年伦敦奥运会将是每个人的奥运会。该会徽表明我们将用奥运精神激励每个人,特别是全世界的年轻人。"

国际奥委会主席罗格认为,这是一个"真正富有创造精神的会徽,几何图形抓住了 2012 年伦敦奥运会的实质,即激励全世界的年轻人参加体育运动,体现奥运价值"。

奥运口号

在伦敦奥运会 2012 年 4 月 18 日开幕倒计时 100 天时,公布口号为"Inspire a generation",翻译中文为"激励一代人。"

这个口号是伦敦奥组委在国家皇家植物园举行的倒计时 100 天庆典活动之前,在一份新闻公报中公布的。公报称,这个口号体现了伦敦申办奥运会时对世界的承诺,这个口号将出现于以后所有的奥运会特许商品和所有印刷品和出版物上。

伦敦奥组委主席塞巴斯蒂安·科和首席执行官将在伦敦当地时间上午 9 点出席庆祝活动。

奥运门票

伦敦奥林匹克组委会估计可安排大约 660 万张奥运会门票与 150 万张残奥会门票。它们都将从 2011 年起售,且至少一半的门票价格低于 20 英镑。为了减轻交通压力,持票人可在比赛当天凭门票免费乘坐伦敦的所有公共交通工具。中国分配 1 万张门票。

国际奥组委估计能售出 82% 的奥运会门票和 63% 的残奥会门票。同时,也会有一些项目可供免费现场观看,比如马拉松、三项全能和公路自行车比赛。

伦敦奥组委(Locog)15 日公布了 2012 伦敦奥运会的门票价格,其价格参考此前多届奥运会,变化不是很大,从 20 英镑到 2000 英镑不等。但最高门票价格高达 2012 英镑。

伦敦奥运会最高门票是 7 月 27 日开幕式的贵宾票,高达 2012 英镑,折合人民币 21352 元,是 2008 北京奥运会开幕式最高门票的四倍。2008 北京奥运会开幕式最低门票 200 元,最高 5000 元,但是门票进入市场后遭到爆炒,黄牛党的价格一度炒到 50 万元一张。

伦敦奥组委解释说,高价格门票的目的是让更多的人有机会以低价格购买门票。另外,伦敦奥组委还为伦敦市的 14000 名学生提供一次免费门票机会,16 岁以下青少年儿童的门票价格比最低价门票还要优惠一些。伦敦奥组委尚未公布门票销售的具体办法和时间。

大多数项目男子和女子门票价格差别不大,但是男足(Football)决赛是 100 到 525 英镑,女足(Football)决赛则是 55-325 英镑;男曲(Field Hockey)决赛 65-425 英镑,女曲(Field Hockey)决赛为 40-285 英镑。

从英国媒体公布的重要比赛决赛门票也可以看出,英国人或者欧洲人眼中的"重要"赛事是哪些项目,体操、跳水、篮球这样中国人喜欢看的项目,在英国并非主流项目。

奥运火炬

北京时间 2011 年 6 月 8 日,距离伦敦奥运会开幕还有 415 天,伦敦奥组委发布了 2012 年奥运会火炬。

伦敦奥运火炬上镂刻有 8000 个圆环,包含着向 8000 名火炬手的人生成就致敬的寓意。在火炬设计上还融入了火炬手的符号，这在奥运史上也是第一次，将人的因素加入火炬中，也充分表明了伦敦奥运会的创新性。

伦敦奥运会的火炬顶部是三角形的设计，这是奥运历史上第一柄三角形的火炬，全身均为金色。设计师称三角形象征了奥运会"更快、更高、更强"的口号，同时，非圆形的火炬手感更好，也更容易被火炬手握住。

火炬的设计者是来自伦敦本地的爱德华·巴伯和杰·奥斯格比，这位来自奥运主会场所在区（伦敦东区）的设计者的作品最终征服了组委会，相信这不仅仅对于设计师意义重大，对于伦敦也具有非凡的意义。

主题曲

6月27日，在伦敦奥运进入最后一个月倒计时之际，英国摇滚乐乐队缪斯 Muse 的新单曲《Survival》被定为2012年伦敦奥运会主题曲。在7月27日至8月12日的比赛期间，这首歌会在运动员入场以及奖牌颁发仪式上播放。官方版 MV 特地剪辑了过往奥运会中的精彩瞬间，展现"更高 更快 更强"的奥运精神。

比赛情况

参赛国家/地区

伦敦奥运会总共有205个国家和地区参加。出场顺序上，希腊第1个出场，阿富汗第2个出场，中国在第42位出场，中国香港第83位出场，中华台北在第180位亮相。此外，朝鲜第53个出场，法国第69位，德国第73位。韩国第100位，美国195位，英国205位压轴。

奖牌榜

最终奖牌榜

前5名奖牌榜

国家	金牌	银牌	铜牌	名次	奖牌总数
美国	46	29	29	1	104
中国	38	27	23	2	88
英国	28	16	19	4	63
俄罗斯	21	25	33	3	79
韩国	13	8	7	5	28

奥运场馆

主体育场

2012年伦敦奥运会体育场位于伦敦东部的斯特拉特福（Stratford），因外形上阔下窄，又被称为"伦敦碗"，预计可容纳8万人，分为两层，上层是55000个临时座位，在2012年伦敦奥运和2012年夏季残奥会结束之后将拆除，只剩下25000个固定座位，成为一座中型社区体育场，本场地除了北边是陆地，其他三面是环水，被戏称为"体育场岛"。

除了原始屋顶，设计者还将使用一种用纺织品做成的遮阳棚，纺织品上画马赛克和与奥运会相关图像在2012年伦敦奥运和2012年夏季残奥会结束之后，遮阳棚将被拆下，做成袋子出售。

2012 年的伦敦奥运会主要场馆均由英国本土建设事务所完成设计,包括 Atkins 公司负责地面清理和循环利用,他们被要求循环利用率要达到 90%;Populous 公司负责"伦敦碗"设计,扎哈·哈迪德建筑事务所负责游泳馆设计。

"伦敦碗"被誉为伦敦奥运"跳动的心脏"。伊丽莎白女王奥林匹克公园有一处开放的建筑物顶层,可以一览"伦敦碗"的全貌。伦敦碗的外观全部为白色,外形下窄上宽,酷似一个汤碗。"伦敦碗"一共有 5 个环状结构组成。伦敦碗下沉式的碗形设计,可以让观众更近距离地观看运动员的动作。同样因为下窄上宽的设计,导致由绳索支撑的伦敦碗屋顶只有 28 米的半径,只能遮盖场馆三分之二的观众。考虑到奥运会比赛时间处于伦敦比较干燥的两个星期,赛事主席冒险决定放弃使用全顶房屋。通过 6 个月的研究,他们终于确定,使用三分之二屋顶也不会产生强烈的侧风而影响比赛成绩,最终定下这一方案。

伦敦奥运主场馆"伦敦碗"在设计方案公布之初,被指模仿"鸟巢"。跟鸟巢一样,它可以容纳 8 万观众。不同的是,鸟巢仅有 1.1 万个临时座席,但伦敦碗却拥有 5.5 万个临时座席。"鸟巢"最初建筑预算 35 亿人民币实际上花了 31.5 亿人民币;而"伦敦碗"花费是 4.96 亿英镑。

"伦敦碗"拥有最为复杂的装卸工程,像一只盛满空气的大碗。为了保证赛后有效利用,设计人员在建设过程中采用了与众不同的"遗产"设计理念:2.5 万个座椅设计在碗底下,外围架设有一个可拆卸的轻质铁架作为附加的 5.5 万个座椅的看台。馆内没有建设过多的私人包厢,从而将体育馆的整体高度下降,这也让坐在最上面的观众拥有更好的视野。

在外部,他们打算用特殊的材料把整个体育馆"包裹"起来,这种多孔的、半透明的印花织物,可以令整个场馆都"自然呼吸"。2012 年 8 月,"伦敦碗"找到新的全球合作伙伴——化学巨头陶氏化工,他们将为这个体育馆的新的装饰外壳买单。据悉,它将被钢筋和混凝土覆盖上 336 个 25 米高的临时垂直板。

温布利大球场

温布利大球场为英格兰国家队体育场,是世界上最著名的足球场之一,新温布利体育场为欧足联五星级体育场,是 2011 年欧洲冠军联赛决赛场地,奥运会期间将作为足球决赛举行场地,老温布利球场建于 1923 年,乔治五世国王亲自为球场剪下第一寸草坪。当然当时的名称还不叫温布利,正式名称是帝国体育场(Empire Stadium),是为 1924 年的大英帝国博览会所建,因为地处伦敦西北的温布利区而称之为温布利球场。球场设计师是约翰·辛普森爵士(Sir John Simpson)和马克斯维尔·艾尔顿(Maxwell Ayrton),首席工程师是欧文·威廉斯爵士(Sir Owen Willams)。在他们的鼎力合作下,温布利仅用 75 万英镑就在 300 天内完工了。工程使用了 25000 吨混凝土、1000 吨钢和 50 多万枚铆钉。

自行车馆

"伦敦奥运会筹建局"(ODA)公布 2012 年奥运场馆——室内自行车馆建成后将可容纳 6000 名观众,主要举办 2012 奥运室内自行车比赛项目。

距离伦敦奥运会开幕还有 10 个月,英国伦敦 2012 年奥运会主要比赛近 75% 已经完工,主场馆将于 2012 年在测试赛前完工。至少从外观来看,包括媒体中心、手球馆与篮球馆在内的建筑已经完工。奥运村也已经开始成形,预计将可接待 10500 名选手。在位于伦敦东部斯特任拉特福德的奥林匹克体育场,一些地方已经安装好观众座席,跑道的形状也已清晰可见。

奥林匹克公园

占地 250 英亩的原工业用地正在进行改造。在计划中包括 4 座巨大的足球场,赛后将成为分配式花园,当地人可在此种植水果和蔬菜,这也是英国生态居住的一个趋势。永久性的林地上将种植 4000 棵树木,从斯特拉特福德城过来的步行桥上设置了大型的悬挂花园。这座公园很像是维多利亚风格的公园,为人们和野生动物创造了优越的公共空间和栖息地。再加上世界一流的体育设施,这里将成为英国人倍感骄傲的地方。这座巨型公共艺术雕塑将建造在 2012 伦敦奥运会的奥林匹克公园,其官方名称为:安赛乐米塔尔轨道。这座建筑投资总额高达 1910 万英镑,需要 1400 吨钢铁,建成后高 115 米。游客站在位于其顶部的观光平台上,可以俯瞰整个奥林匹克公园的美景。整座建筑采用不对称结构,周身布满蜿蜒曲折的钢管,好像一个跳动的音符,也好像互相缠绕的奥运五环。

奥林匹克主会场是举世瞩目的场所伦敦奥运会主会场将建在奥运公园的南部,三面环水。主会场外形下窄上宽,酷似一个汤碗,故被称为"伦敦碗"。开幕式、闭幕式以及主要的田径赛事,都将在这个圆形场地举行。"伦敦碗"的设计颇具创新,将成为奥运建筑史上的一个里程碑。其最独特之处,是合计了临时比赛场馆和可拆卸看台,这是前所未有的创新。会场可以容纳 8 万观众。为了保证奥运会后场地可以继续有效利用,设计人员在建设过程中,把底部的田径场和底层的 2.5 万个座位放在地平面之下,而上部的 5.5 万个座位,将在奥运会和残奥会结束后全部被拆除。奥运会结束后,这里将成为社区体育场,用来举办综合性运动会或其他大型活动。

"伦敦碗"的设计非常合理,下沉式的碗形设计,让观众能够更近距离地观看运动员的动作。另外,考虑到奥运会比赛时,正处于伦敦比较干燥的两个星期,由绳索支撑的屋顶,半径只有 28 米,只用来遮盖场馆三分之二的观众,而放弃了全顶房屋设计。经过 6 个月的研究论证,确认这样的设计不会使赛场内产生强烈的侧风,从而导致世界纪录无效。

水上运动中心

In Progress: Aquatic Center 扎哈哈迪德设计的 160 米长的长波浪形伦敦水上运动中心屋架刚刚被架起降低到位,这标志着 2012 年伦敦奥运会奥林匹克公园最复杂的工程和建筑之一迎来挑战。这个重量超过 3000 吨的巨型钢桁架上仅用了三个混凝土柱支持,供大型比赛和跳水使用。屋顶呈现出拉升扭曲状的另一个目的是为了应对气候变化,雨雪风等对屋顶和运动中心造成的冲击。

O2 体育馆

2012 年奥运会手球(Handball)、篮球(Basketball)比赛和轮椅橄榄球、篮球赛将在伦敦手球馆举行,同时还是开幕式和闭幕式运动员休息所在地.

奥运会期间 O2 体育馆将为手球预赛和四分之一决赛提供 12,000 个座位,半决赛和决赛也将在此举行。残疾人轮椅橄榄球赛和残疾人轮椅篮球比赛期间则是提供 10,000 个座位。

这座临时性手球、篮球馆最初位于奥林匹克公园西侧,奥林匹克运动场北侧。2008 年迁至奥林匹克公园北侧的原击剑馆原址,而原奥运击剑、残疾人轮椅击剑和残疾人柔道赛比赛场馆迁至 Docklands 的 ExCel 大道。而本次迁移将使得 ODA 能够腾出更多的空间,将其他场地的用途最大化。

O2 馆项目主办人 Snoddy 说道:"O2 体育馆将是现代奥运中面积最大的场馆之一,将为观众和参赛运动员提供一种前所未有的精彩体验。"

室内赛车馆

6000 个座位的室内赛车场 VeloPark 将建在奥林匹克公园的北边,旁边为 BMX 轨道,也是奥运项目。奥运会比赛结束后,这里还将增加一条 6 公里的自行车道和山地自行车赛道,并连接到伦敦的自行车路线中。公路自行车环形赛道和山路自行车跑道的建设将会使场馆更加强大来形成一个新的 VeloPark 遗产,集所有训练的单车设备于一个自行车俱乐部。

VeloPark 的设计是要创建一个可为赛车新手与赛车运动员同时使用的赛车场所。其形式富有戏剧性并且表现出车道的优雅,必将成为奥林匹克公园的标志性建筑。负责该项目的设计团队由英国 Hopkins 建筑公司、伦敦 Expedition 工程咨询公司、伦敦 BDSP 设计公司以及 Grant 景观设计公司组成,他们是从 2010 年的设计大赛中评选出来的。

赛时交通

公共交通

在申办考察期间,国际奥委会认为伦敦有许多的交通设施需要改善,包括伦敦地下的东伦敦线、北伦敦线加长,新建码头区轻便铁路,并且引进新的高速电车——日本子弹列车。伦敦计划运动员在 20 分钟可从奥运村到奥运比赛场馆。奥林匹克公园由 10 个不同铁路线环绕,可每小时有 240,000 位乘客的载客量。陆上交通计划以在比赛期间减少交通车流量。

航空系统

伦敦因为奥运而新增飞机航线。特别是在伦敦飞往波特兰的国际航线,及飞往南安普敦的国内航线。

市场开发

赞助商

伦敦奥组委已经宣布的一线合作伙伴(赞助商)有:Lloyds TSB、EDF Energy、BT、British Airways、BP、British Telecom、Nortel、Adidas、McDonald´s 、Coca - Cola、Acer、Panasonic、BMW 等。

"中国制造"

奥运会被全世界商家视为推广与宣传的绝佳平台,不过在即将拉开大幕的伦敦奥运会上,65%的奥运产品打上了"中国制造"的标签。伦敦奥运开幕式上用于燃放的烟火3/4来自中国浏阳。由于伦敦倡导环保,开幕式的烟火被要求不能产生烟雾。

中国的服装制造业也成为伦敦的焦点,美国代表团的复古风服装就是由中国生产,而埃及代表团曾声称要穿中国山寨的阿迪达斯运动服参加开幕式的事件也让中国山寨名扬世界。

伦敦奥运商品中,有5类毛巾床上用品、19类杯子、11类玩具车、190类别针、23类服装、4类毛绒玩偶吉祥物以及共18类徽章、腕带和手环,全部都由中国制造。人造草坪来自北京,主体育馆椅子来自上海,参赛国国旗产自武义,伦敦奥运几乎就是一个"made in china"的盛会。

主办地

英国首都,政治、经济、文化和交通中心,全国最大港口,世界大城市之一。位于英格兰东南部,泰晤士河下游两岸,距河口88公里,海轮可直达。由"伦敦城"(一译"西蒂")和32个市组成"大伦敦",面积1,605平方公里,人口700万(1987);在伦敦城周围的12个市,相当于市区,称"内伦敦",面积303平方公里,人口214.5万。始建于公元前43年。伦敦是世界著名都市,是英国的首都,是金融、文化、艺术、教育的中心。她历史悠久,名胜古迹众多,拥有计多世界一流的博物馆、美术馆和著名建筑,是世界著名的旅游胜地,每年吸引着大量的海内外游客到此观光。她还有着丰富多彩的文化教育生活,众多的世界著名大学、学院和其他教育机构,吸引着世界各地的学者来此求学深造。伦敦交通发达、地铁、火车、地面公共汽车连接成网,遍布城市的各个角落,公共汽车二十四小时服务。伦敦还可以品尝到世界各地的风味食品,地处市中心的中国城(唐人街)聚集着众多的中国餐馆和中国商场,它是中国人活动的中心。

伦敦位于英格兰东南部,跨泰晤士河下游两岸,人口717万,居全国首位。它是英国的首都,也是全国政治、经济、文化与交通的中心,还是世界金融中心之一。伦敦交通发达,古迹繁多,有"英国旅游中心"之称。伦敦以它悠久的历史、斑斓的色彩、雄伟的风姿屹立于世界名城之林。伦敦有2000年左右的悠久历史,是历代王朝建都之所在。这里的名胜古迹和现代化建筑多姿多彩,美不胜收。伦敦是个车水马龙、熙熙攘攘的热闹城市,很多建筑物都是维多利亚时代的遗物。市区中最高的建筑是邮政电信塔,高189米。

泰晤士河是伦敦的生命线,绵延300多公里,两岸风景秀丽。28座建筑风格不同的桥梁把泰晤士河两岸连成一片。滑铁卢大桥是英国人为纪念威灵顿将军击败拿破仑而命名的。最漂亮的大桥是伦敦塔桥,这座塔桥风格独特,气势磅礴,在两个巨大的桥墩上建有5层楼的高塔。桥面是开启式的,每当有高过桥面的船只通过时,桥面可分开吊起。连接双塔顶层的是一条高出水面140米的行人桥,站在塔顶可观赏附近的绮丽风光。许多人仍然相信,英国是盎格鲁—撒克逊的国家,白人占绝大多数。事实并非如此,初次访问伦敦的客人大概会对这里有如此之多的黑人、东方人而感到惊。作为过去大英帝国的首都,伦敦不仅收纳了旧殖民地的遗产,也收纳了大量的移民,由此产生了各种深刻的社会问题。但从另一方面来说,这也是成为国际性大都市的条件之一。

奥运奖牌

在伦敦奥运会倒计时 1 周年活动上,伦敦当局在特拉法加广场发布了 2012 伦敦奥运会的奖牌设计。

本次奥运会的金、银、铜奖牌是由英国艺术家大卫-沃特金斯设计的,奖牌的直径为 85 毫米,重量高达 400 克,其重量要大大高于以往大部分奥运会的奖牌,在夏季奥运会中最重的,很多运动员可能因此需要在回程时支付更多的行李运费。

英国体育网站《sportsbeat》在奖牌发布之后第一时间进行了网上调查,其结果显示,有超过 58% 的网站认为相关的设计让人失望,甚至不明白为何伦敦当局会起用这样的设计,只有大约 33% 的网民对这一奖牌的设计表示认同,大约还有 9% 的网民表示不在意奖牌的设计,只是更在意英国能够在奥运会上赢得多少枚奖牌。参与奖牌及海报等设计的 15 位艺术家,伦敦奥组委公布了 15 位参与本届奥运会艺术设计、创作类的指定艺术家名单,他们分别为本届伦敦奥运会设计奖牌、海报、邮票及创作油画。据了解,这 15 位艺术家中,只有一位是外籍艺术家:中国籍的刘铁飞。这些艺术家中,有 4 名获得过英国最著名的视觉艺术大奖特纳奖,5 名曾代表英国参加过威尼斯双年展。

官方制服

英国伦敦奥组委 22 日公布了 2012 年奥运会和残奥会官方志愿者以及技术官员制服。

志愿者制服的设计灵感来源于英国文化和传统,取材于英国卫兵制服、1948 年伦敦奥运会、温布尔登网球赛等,并加入一些英式的古怪和现代元素。该制服主打深紫色调,搭配罂粟红色的领子和袖口。这一独特的颜色组合使志愿者在人群中很容易被辨别。

伦敦奥运会志愿者制服的独特之处还有领子的剪裁、肩章设计和金属纽扣。外套袖口可以反折以适应不同臂长。不同颜色的肩章用以区别负责特定工作的志愿者。医护人员将佩戴白色肩章,领队戴红色肩章,反兴奋剂工作人员戴绿色肩章。

伦敦奥运会和残奥会工作人员将穿着同一套制服,制服外套前胸和后背的标识均采用可拆卸设计。志愿者们将只更换外套上的奥运会和残奥会标识,并换着 T 恤和帽子。制服裤子、鞋和其他配件无须更换。

伦敦奥运会技术官员制服也取材于英国传统,并加入了现代设计元素,包括刻有大本钟和议会大厦的雕花纽扣、刺绣翻领、印有伦敦标志性建筑的内衬等等。

志愿者制服套装包括外套、马球衫、长裤、运动鞋、袜子、帽子、包、水壶和一把伞。技术官员制服包括外套、长裤(男)、短裙(女)、衬衫、皮带、电脑包、软呢帽、领带(男)、丝巾(女)。

据伦敦奥组委介绍,志愿者和技术官员制服均采用了环保材料。如志愿者穿着的马球衫和外套外层由 100% 再生涤纶制造,包和水壶为 100% 可回收材料。技术官员穿着的西装外套和衬衫也含有再生涤纶。制服的生产过程也以尽量减少温室气体和废物排放为宗旨,供货商和制造商须按伦敦奥组委要求的环保标准进行操作。

届时,7万名志愿者、6000名奥组委工作人员和4500名技术官员将穿着这些制服参与伦敦奥运会和残奥会工作。

奥运会志愿者和技术官员将分别于2012年4月和6月开始领取制服。

奥运大使

英国皇室周四宣布,威廉王子(Prince William)与他的妻子凯特·米德尔顿(Kate Middleton)和他的弟弟亨利王子(Prince Harry)即将出任2012年伦敦奥运会的官方大使。

圣詹姆士宫宣布,三位皇室成员将鼓励并引领"英国民众担当900名英国奥运代表团和残奥代表团运动员的坚强后盾,"激励他们为英国而战。

皇宫方面还表示,三人将充分利用自身的感召力,提升民众对奥林匹克价值观和残奥价值观的认识。

除这3位皇室成员外,英国奥林匹克协会还于年初发布了其他27名2012奥运大使名单,他们均为历届奥运会英国代表队的知名选手。

威廉王子通过皇宫方面表示,他为自己能够当选奥运大使而深感荣幸,他及他的家人都热切盼望着奥运会的到来。"伦敦将通过主办2012年奥运会和残奥会激励许多人发挥出自己的最大潜质,尤其是年轻人,"威廉王子表示。伊丽莎白二世女王一直是英国奥林匹克协会的重要支持者,安妮公主曾以马术运动员的身份亲自出战1976年蒙特利尔奥运会。当前,安妮公主不仅担任英国奥林匹克协会的主席职务,同时还兼任国际奥委会委员和伦敦奥组委委员等职。

安妮公主的女儿扎拉·菲利普斯(Zara Phillips)也是一位世界级的马术运动员,她还有望参加2012年的伦敦奥运会。

官方态度

伦敦奥组委再次承诺,将维持2012年奥运会预算资金146亿美元不变,国际奥委会对此决定表示欢迎。

国际奥委会奥运会执行主任吉尔伯特-费利(Gilbert Felli)表示,在英政府为削减财政赤字而开展大规模预算削减的过程中,奥运会预算能够保持不变确属"好消息"。

伦敦奥组委周日向国际奥委会执行委员会汇报,主办方决定取消使用装饰布包裹主体育场(拥有80000个座位)的方案,并将就此实现增效节支1100万美元。

费利认为,未经修饰的体育场依然"外观壮丽",并补充说伦敦奥运会的门票定价方案同样令国际奥委会感到满意。"我认为这对奥运会的筹备工作或氛围的营造不会产生任何影响。体育场看起来依然非常壮丽,"费利说。

费利还表示,对奥运资金的保证再次证实奥运会"仍被视为英国社会的重中之重,这对于我们而言确实是个好消息。"

国际奥委会还了解到,2012年伦敦奥运会票价最低为普通赛门票20英镑(31.5美元),最高为开幕式头等座位门票,象征性定价2012英镑(3167美元)。

观看热门赛事100米决赛的头等座位票价最高为1140美元。90%的门票定价不超过100英镑(157美元)。

费利表示,国际奥委会对门票设置不同价位的原因表示"理解"。"这对于整个筹备进程至关重要,我们充分理解 LOCOG(伦敦奥组委)实现预算平衡的需要,"费利补充说。

中国旗手

早在在 7 月 10 日中国奥运代表团成立时,国家体育总局奥运备战办便拟定了一个开幕式旗手推荐名单并上报,这其中包括了中国飞人刘翔、羽毛球健将林丹以及易建联等。但是由于刘翔 8 月初才抵达伦敦,林丹在开幕式第二天将出战小组赛,只有易建联的比赛时间与开幕式不冲突,因此阿联顺利当选伦敦奥运会旗手。

7 月 16 日左右代表团团部领导确定由易建联担任旗手,根据国际奥委会规定,各代表团必须在 7 月 26 日下午 3 点之前提交最终旗手人选名单,虽然在截止日期之前人选仍然可以修改,但是几率非常小。

中国奥运会代表团旗手本身就有由男篮运动员担任的传统,中国代表团副团长肖天在兵发伦敦前也提出旗手"这个人选必须高大伟岸,运动成绩和影响力都比较高"标准。在中国代表团到达伦敦时,副团长段世杰透露了中国代表团开幕式旗手肯定会出在中国男篮,"这个还是按过去的传统吧。高大、帅气嘛!"

而易建联是这支男篮的核心,率领中国队拿到了亚锦赛冠军,符合奥运代表团旗手的各项标准。之前中国参加的几届奥运会代表团旗手全部都是由男篮球员担任,这些易建联的前辈在他们打球的时期个个都是响当当的球员,1984 年中国代表团旗手是中锋王立彬,1988 年是中锋宋涛,1992 年是宋力刚,1996 年和 2000 年是刘玉栋,2004 年和 2008年都是姚明。

开幕式
主题

开幕式于当地时间 7 月 27 日晚 9 时(北京时间 7 月 28 日凌晨 4 时)开始。这场持续近 3 个小时的盛典,展示了英伦三岛的历史、文化和现代社会风情。开幕式艺术总监、曾执导过《贫民窟里的百万富翁》的丹尼·博伊尔透露,开幕式的主题为"奇妙岛屿",灵感来源于英国文学标志性人物莎士比亚的戏剧作品《暴风雨》。

开幕式表演共分为三幕,开幕为:绿色和愉悦;整个开幕式在悬挂于主会场内的巨钟的轰鸣声中徐徐揭开大幕,钟身上还镌刻上了《暴风雨》中的名句:"不必害怕,这岛上众声喧哗"。此外,英国最著名人物"007"詹姆斯·邦德的扮演者丹尼尔·克雷格在开幕环节中有精彩"戏份"。随后,奥林匹克体育场"伦敦碗"被变身为英式乡村风景,舞台呈现了草地、田野、河流等风景,同时还展现了家庭野餐,人们参与体育运动,农民耕作劳动的场景。此外,一些真正的农场动物,包括 30 只羊、12 匹马、3 头牛、2 只山羊等都出现了。表演充分展现了英国的风采,让我们认识了英国这个迷人的国度。

第二幕主题为黑暗的撒旦磨坊,这是出自英国诗人威廉·布莱克的作品《耶路撒冷》,后来人们用来比喻英国的工业革命。整个场馆也从英国淳朴的乡村转换到了工业革命时期的景象。表演者也化身为工人等角色,带领观众"穿越"回英国历史的重要时期。

第三幕的"走向未来"主要是描写战后英国。包括大本钟在内的许多伦敦地标模型都会被搬上舞台,英国的历史名人和现代英国的一些成就被展示出来。当前席卷全球的经济危机也得到了展现。开幕式重现了1936年200多名史称"加罗十字军"的来自英格兰东北部的工人徒步到伦敦议会大楼抗议的历史镜头。1936年正值全球经济大萧条。

详情

田园风光、工业革命、披头士、《猜火车》、007、"憨豆先生"……一个个令英国人引以为傲的文化符号一一登场。27日夜,著名导演丹尼·博伊尔以"奇迹之岛"为主题,在伦敦奥运会开幕式上向全世界奉献了一场视觉盛宴。

这场全球瞩目的盛典开始于伦敦时间晚上9点,现场大屏幕里显示的群岛奇迹拉开序幕。跟随镜头,英伦三岛的风土人情一一呈现。随着大屏幕里的镜头与"伦敦碗"的现场融为一体,一幅田园画卷展现于主体育场内,马拉动的耕犁的工具,辛勤的挤奶妇女、野餐的家庭、爱德华时期的村庄板球队以及舞蹈着的人们。

田园风光被高耸的烟囱取代,象征着英国进入工业革命时期。工业革命改变了英国,也改变了全世界的生活方式,开幕式总导演丹尼·博伊尔在回顾这一人类历史上的里程碑进程时,不光有骄傲,也有反思。著名演员布拉纳朗诵莎士比亚著名戏剧《暴风雨》中的经典选段,描述英国在工业化进程后恢复的过程。失去土地的底层劳动者为了自己的权利而奋斗,也有努力争取参政权而抗争的妇女。

007的扮演者丹尼尔·格雷格在白金汉宫出现,他的新任务是用直升机护送女王前往奥运会开幕式现场。这是英国女王首次"触电",她在影片中扮演了自己。大屏幕中,直升机从白金汉宫出发,穿越伦敦塔桥,来到"伦敦碗"的上空。"女王"一跃而下,当然了,这仅仅是影片的虚实结合。画面切换到开幕式现场,真正的英国女王伊丽莎白二世进入体育场内,和她一起出现的还有她的丈夫菲利普亲王和国际奥委会主席罗格。升国旗之前,现场唱起了祝福女王的歌曲,随着儿童乐团唱起英国国歌,英国国旗缓缓升起。

接着,开幕式变成了一个童话的国度。一阵欢快舞蹈之后,进入一片宁静,孩子们都进入了梦乡。孩子们的梦境开始了,梦中有《哈利·波特》里的大反派伏地魔,仙女保姆从天而降,最终恶魔被打败,童话故事的经典结局,一片欢快的景象。

伦敦交响乐团会演奏奥斯卡经典音乐电影《火的战车》的主题曲,由英国著名指挥家拉斐尔指挥,而演奏电子琴的是给全世界带来无限欢乐的"憨豆先生"。盛大的摇滚狂欢开始了,英国流行音乐史上的知名歌手几乎全部囊括,甲壳虫、滚石、皇后各个露脸,朋克、电子、说唱无一遗漏。

现场的大屏幕回顾了这次伦敦奥运会火炬从采集到传递过程,从雅典到伦敦。贝克汉姆驾驶一艘快艇从泰晤士河出发,向"伦敦碗"进发。桑迪演唱《与主同行》之后,各国运动员开始入场。

评价

本次奥运会被称为最节俭的奥运会,因为大多数新建场馆都是临时建筑,因此也被称为"临时奥运"。

《星期日泰晤士报》爆料，伦敦奥运会开幕式将会持续 3 个小时，仅花费约 2700 万英镑，相比于北京奥运会开幕式 150 亿美元的花费和雅典奥运会 75 亿美元的花费，只能用"节俭"甚至"抠门"来形容……

闭幕式

主题

"英国音乐交响曲"

主要内容

奥运闭幕式的其他演出人员主要是 4000 多名志愿者，其中包括 400 名儿童。闭幕式还包括各国执旗手以及运动员，但运动员将混合一起走进会场，而不是按照国家团体出场，象征奥运团结全世界人民。

闭幕式上还将升起三面国旗，分别是希腊国旗，主办国英国国旗，以及 2016 年奥运主办国巴西国旗。

届时，国际奥委会主席罗格将宣布 2012 年伦敦奥运会闭幕。

闭幕式最后，奥运圣火也将会熄灭。

参演者

乔治·迈克尔表演

英国乐队 The Who

辣妹(Spice Girls)

接招(Take That)

Madness 乐队

各方评价

主题为"英国音乐交响曲"的奥运闭幕式着力展现了英国近 50 年来的流行音乐史。对于这场几乎囊括英国流行音乐界各阶段重要人物的演出，国际舆论褒贬不一，有的称赞"美妙绝伦"，有的则认为是"英伦三岛的自娱自乐"……

圆满闭幕

北京时间 8 月 13 日凌晨 4 时，英国伦敦斯特拉特福德奥林匹克体育场再一次成为欢乐的海洋，一场"英国音乐交响曲"音乐会在此上演。2012 年第 30 届夏季奥林匹克运动会闭幕式上演，204 个参加伦敦奥运会的国家和地区的运动员经过 17 天的角逐后，如约来到"伦敦碗"，参加这场盛大的 PARTY。

和开幕式上盛大但漫长的运动员入场式相比，闭幕式的入场式非常简单，每个国际奥委会的成员协会派一名旗手，在身着闪亮裤装的礼宾小姐陪同下入场。

中国旗手是为中国夺得首枚帆船金牌的运动员徐莉佳，包括乒乓球队的张继科、拳击队的邹市明以及前两天刚刚结束比赛的花游队、现代五项队队员也来到了体育场。

传承传统，象征着奥运故乡的希腊国旗被升起。国际奥委会的五环旗在奥林匹克会歌的伴奏下，也徐徐降下，八位护旗手将奥林匹克五环旗送到舞台中央。伦敦市长鲍里斯-约翰逊把奥运旗帜交还给国际奥委会主席罗格，罗格把旗帜转交给里约热内卢市长爱德华多-帕埃斯,现场奏起巴西国歌,升起巴西国旗。

伦敦奥组委主席塞巴斯蒂安-科与国际奥委会主席罗格上台分别致辞。塞巴斯蒂安-科特别感谢了成千数万的志愿者,也感谢了各个代表团的参赛者,对于激励一代人,他承诺英国一定能做到。罗格点评伦敦奥运会是一届欢乐与荣耀的赛事(happy and glorious Games),最后宣布伦敦奥运会闭幕,2016年里约再见。

事件

国际奥委会新闻发言人马克·亚当斯4日证实,又有两名运动员药检未过关。伦敦奥运会曝出4例兴奋剂丑闻。

最新落网的两名"作弊者"分别是俄罗斯场地自行车选手维·巴拉诺娃和哥伦比亚男子400米选手迭戈·帕洛莫克。22岁的巴拉诺娃现世界排名第二,本是伦敦奥运会场地自行车女子凯林赛奖牌的有力争夺者。18岁的帕洛莫克则是首次参加奥运会。

此前,乌兹别克斯坦体操选手加柳里娜和阿尔巴尼亚举重选手普拉库因兴奋剂检测阳性,先后被逐出本届奥运会。

经济效益

英国政府2013年7月19日表示,2012年举行的伦敦奥运会给英国经济带来的拉动效益价值150亿美元,大大超过举办奥运会所付出的成本。

拉动经济

在2012年举行的伦敦奥运会上,英国代表团在赛场上获得29块金牌的同时,赛事带来的商业价值和体育遗产也让英国经济从中获益。一份官方报告显示,奥运会对英国经济的拉动主要来自新的商业项目、额外增加的零售业销售和新的国外投资。

生意机会

举办奥运会的成功经验给一些英国公司带来了生意,据悉里约奥运会和巴西世界杯方面和英国公司签署了价值1亿2千万英镑的合同。

相关讨论

对于英国政府提供的数据,有一些声音认为即使没有奥运会,某些投资项目还是会进行,但英国商务大臣文斯·凯布尔表示:"有一些投资活动是迟早会发生,但奥运会在其成为现实的过程中起到了催化剂的作用。"

印度强奸案泛滥

2012年12月,23岁就读于印度德里大学医学系女大学生,在与男友看完电影回家时,误上了一辆不在当班的公交车,公交车上7名男子将其男友围殴后关押在驾驶室,然后将其拉到车厢后轮奸。截至2012年12月17日,犯罪嫌疑人已被抓捕,涉案车辆已被吊销行驶证、取消运营资格。该轮奸案震惊印度全国,并引发了国内各界的强烈愤慨,2012年12月18日,印度妇女儿童在新德里举行抗议,呼吁保障妇女安全。2013年1月

3 日新德里一家法院开始审理该案件,印度警方建议以强奸、谋杀等罪名判处 6 名嫌疑犯中的 5 人死刑。2013 年 9 月 10 日,印度法庭判决四名成年被告被判罪名成立,他们可能面临死刑或终身监禁。2013 年 9 月 13 日,印度法院判处新德里轮奸案 4 名被告死刑。9 月 24 日,4 名被告不服判决,提出上诉。这 4 名嫌疑人已于 24 日被转送至新德里高等法院。

案件介绍

详情

2012 年 12 月,印度一名女大学生在新德里一辆"黑公交"上惨遭 6 名歹徒轮奸,震惊印度全国。

该女大学生 2012 年 23 岁,就读于印度德里大学医学系。事发当晚,她与一名男性友人在新德里知名的购物中心看完电影后返家,先搭乘摩托三轮车到市区的主要干道,然后在深夜 11 时左右被哄骗搭上这班属于民营业者的"黑公交",当时车上包括司机在内有 7 个男人。大约 10 分钟后,车上多名男性开始骚扰女孩,两人反抗却遭殴打。男孩遭围殴被关押在驾驶室,女孩被拉到车厢后方惨遭轮奸。犯案后,歹徒又强行脱掉被害人大部分衣物,然后在南德里将两人扔至车外,受害人随即报警。

被害人

印度驻新加坡高级专员拉加万出席在新加坡伊丽莎白医院举行的临时记者会。新加坡私立医院伊丽莎白医院 29 日说,23 岁的印度轮奸案受害者因抢救无效已于当地时间早上 4 时 45 分去世。

2013 年 1 月 6 日,印度轮奸案受害女生的父亲接受英国传媒访问,公开了女儿的名字:Jyoti Singh Pandey。

英国《星期日人物》称,死者的 53 岁父亲巴德里(Badri)向该报表示,"希望全世界知道她的真实姓名。我的女儿没有做错什么,她在保护自己的过程中死亡。我为她感到骄傲。公开她的名字,为的是给予受到相同伤害而存活下来的女性勇气,她们可以从我的女儿身上得到力量。"

这名印度 23 岁女大学生于 2012 年 12 月 28 日在新加坡的医院伤重死亡,外界一直称呼她为"印度的女儿"。

案件处理

2012 年 12 月 17 日,受害女孩在医院重症监护室靠呼吸机维持生命,情况危急。印度当地警方在 2012 年 12 月 17 日清晨 1 时 15 分接获电话报案后,已立案调查。据警方透露,已扣押两辆公交车,涉案车辆已被吊销行驶证、取消运营资格;并逮捕了包括汽车司机在内的 4 名罪犯,至少 6 人涉案。

开庭审理

审理过程

新德里一家法院 2013 年 1 月 3 日开始审理黑公交轮奸案嫌疑犯,印度警方建议法院以强奸、谋杀等罪名判处 6 名嫌疑犯中的 5 人死刑。

新德里警方当天向位于新德里南部萨基特地区的一个法庭提交了一份长达千页的起诉书。起诉书收录了受害人和约 30 名目击者的证词。5 名被告当天没有出庭,该案审理过程被全程录像。起诉书指控 5 人犯有强奸、抢劫、谋杀等罪名,如果罪名成立,他们可能面临极刑。

5 名被告年龄从 19 岁至 33 岁不等,分别是巴士司机、巴士清洁工、水果贩和健身教练等。另一名参与轮奸的嫌疑人为 17 岁,因其未成年,将在青少年法庭审判。现今,5 名被告被关在一个特别的监狱里,警方担心他们遭到其他囚犯的侵害而将他们单独关押。

当天上午,法庭外面聚集了很多媒体和抗议的民众。这些民众呼吁政府能够从严从快对 6 名嫌疑人进行惩处,因为之前新德里有很多类似的强奸案搁置了很长的时间。到现今为止,还有 8900 余宗性侵案没有得到处理。黑公交轮奸案在案件发生半个月后就进入司法程序,可见民众的声音得到了回应。

这个案子进入速判程序后,经过约 20 天的审理,审理过程就可以结束,审判的结果将提交到新德里高等法院进行核准,预计整个案件 3 个月就能完结。而按照普通的审判程序,案件审理需要 3 个月时间,而全部审理完毕需要 1 年的时间。

第六名嫌犯被列为少年犯引不满

印度法庭 1 月 28 日裁定,上个月新德里女大学生乘坐公交车遭轮奸致死一案中,第 6 名嫌疑人将以少年犯的身份受审,这意味着他最多会被判处 3 年有期徒刑。受害人的父亲对此表示难以置信。

据报道,这名嫌犯被控性侵,但罪名不包括谋杀。即使受害人死亡,少年犯也极少被控谋杀罪。其他 5 名嫌犯被控性侵和谋杀。如果被判有罪,他们可能面临绞刑。而少年犯的最高刑期则为 3 年。

此项裁定使受害人父亲感到极为震惊。他从电视上得知这个消息,他表示,"就像突然间有股电流通过我的身体,我震惊得难以置信。我无法相信这个裁定","他们如何能判定此人未成年? 他们没看到他们做了什么吗?"

罪名成立

2013 年 9 月 10 日,在震惊世界的新德里黑公交车轮奸案发生 9 个月后,印度法庭判决四名成年被告被判罪名成立,他们可能面临死刑或终身监禁。

当天下午,法官康纳宣布四名被告轮奸、抢劫、绑架、破坏证据、谋杀等罪名成立。法庭预在 2013 年 9 月 11 日宣布量刑结果。

许多人当天在法庭外举行示威,要求判处被告死刑。法学院毕业生帕萨尼说:"任何年龄的任何女孩都会经历性骚扰或强奸,我们感觉不安全,这就是我们来这里的原因。"

受害者父亲说:"只有判处他们死刑才能发出强有力的信息,使人将来不敢再犯下如此野蛮的罪行。

判决结果

印度新德里高等法院 13 日宣布,维持新德里黑公交轮奸案 4 名罪犯的死刑判决,并驳回其上诉请求。

新德里高等法院法官在宣布判决时说,这一案件影响恶劣,是在印度司法体系中足以被判处死刑的罕见案例。法院同时驳回被告代理律师的上诉请求,判决其不得向印度最高法院上诉。

案件背景

印度再曝轮奸惨案,此前是一名女大学生在公交上被轮奸,一名妇女被 6 名男子先奸后杀。印度再曝轮奸惨案,警钟一鸣再鸣,印度应该引起重视,加强对女性的人身保护力度。

印度首都新德里发生一起暴力轮奸案件。一名女大学生在"黑公交"上遭到 6 名壮汉轮奸,女孩一度陷入昏迷,但残暴的罪犯们并没有停止侵犯。40 分钟后,这 7 名壮汉轮奸完女大学生,在另一个偏僻地段将女大学生和其男友剥光衣服扔下汽车后逃离。随后,受害人报警处理。女大学生公交车被轮奸,印度举行了大规模集会抗议。同一天,印度妇女走上街头呼吁保障妇女安全。

时隔半个月,印度再曝轮奸惨案。一名妇女在加尔各答市附近一座小镇遭 6 名男子轮奸后丧生。当晚受害妇女与丈夫在回家途中遇到袭击,妇女的丈夫被泼酸性液体,袭击者随后轮奸了这名妇女并将其杀害。

印度再曝轮奸惨案这一噩耗为印度迎接新年的气氛蒙上阴影。新德里一些酒店、俱乐部、酒吧和民间团体取消庆祝活动,呼吁人们点燃蜡烛,向受害人表达哀思。印度陆海空三军叫停庆祝,希望把 2012 年最后一天献给受害女性。

此外,印度警方准备正式对 5 名轮奸女学生案的嫌疑人提出谋杀罪指控。另一名嫌疑人因为未成年,免于受这一罪名指控。

但是,直到 2012 年 12 月 31 日,印度轮奸案引发的全国性示威活动仍在继续,印度官员及商人呼吁取消新年庆祝活动,以表达对死者的敬意。

案件影响

示威游行

"公交轮奸案"震惊印度全国,并引发了国内各界的强烈愤慨。Zee TV 称恶性案件令整个印度蒙羞,首都地区如此糟糕的治安状况值得反省。首都学生们走上街头游行抗议,要求警方尽快将所有歹徒绳之以法。印度妇女和儿童也在新德里举行抗议,呼吁保障妇女安全。连续几日,印度多地掀起大规模反性暴力游行,抗议不安全治安。在网络上,印度网民们对此纷纷表达了愤怒之情,提出应对罪犯判死刑才能平民愤、起警示,有网友还称女性可带枪上街。新德里女性首席部长希拉·迪克西特出面对此案提出严厉批评,当地政府高层表示将对这起恶性案件采取严厉措施,反对党也宣布将对当地法治状况进行议会质询。

引发关注

此次惨案再次引发了人们对新德里女性安全问题的关注,印度媒体也在反思印度大都市为何强奸案频发。据报道,《印度斯坦时报》《印度时报》等主流媒体罕见地用了 3 个版面详述案情,并对印度、特别是首都新德里频发强奸案的情况进行了全方位报道,并质疑警方的不作为。新德里妇女儿童发展部负责人称,案件反映了首都公共交通运力的不足和对公交车辆管控的不力,政府应给所有公交车辆内部安装摄像头。然而,仅此就能够遏制强奸案频发的状况吗？在印度,法律、社会等因素对强奸犯罪的"宽容"纵容了强奸案一次又一次地发生。这起悲剧性惨案能否促使法律上的革新,印度当局是时候"全力出击",从根源上制止强奸案,保护女性安全了。

律师言论

2013 年 9 月 13 日,印度法院判处新德里轮奸案 4 名被告死刑后,其中 2 名被告的辩护律师辛格(A.P. Singh)表示,受害的女大学生此前已有过婚前性行为,他接着说:"如果我的女儿有婚前性行为,且夜间同男友外出,我会把她活活烧死。所有父母都该如此。"

辛格的发言在印度引发抗议浪潮,据印度《每日新闻与分析报》16 日报道,多个组织已向新德里律师委员会投诉。女性权益活动家兰贾娜·库玛利说,辛格的观点是"塔利班式的",她呼吁政府逮捕辛格,并撤销他的律师从业资格。甚至有网民在《印度时报》网站留言称,应将辛格同 4 名轮奸犯一起绞死。据法新社报道,新德里律师委员会 17 日将开会讨论是否取消辛格的从业资格。

修改法律

印度公交轮奸案发生后,印举国震惊。轮奸案不仅激起印国内大规模抗议示威,还引发对印度相关法律的反思。台湾"中央社"在 2013 年 1 月 2 日报道,印度正研究修订更为严格的性侵法律条文。公交轮奸案受害女大学生家属不反对用她的真实姓名为未来修正施行的新法命名。

政府回应

印度总理曼莫汉·辛格当天发布谈话,呼吁参与示威的民众保持冷静,"我们会尽最大努力保证我们国家所有女人的平安与安全",辛格说,"我呼吁所有示威的公民保持平和和冷静。"执政党印度国民大会党主席索尼娅·甘地也说,政府将还受害者和民众一个公道。

印度内政部长苏希尔·库马尔·欣德 2012 年 12 月 22 日晚说,政府考虑对凶手处以极刑。依据印度现行法律,强奸犯最重判处终身监禁。

部分议员资格或中止

在印度,政治候选人并不会因为曾经涉嫌有性侵的经历而失去资格。印度最高法院 3 日表示,鉴于轮奸案引发的强烈影响,最高法院将对是否中止那些曾经面临侵害女性指控的议员的资格做出决定。

歌曲涉性演唱会取消

印度政府已经成立一个特别小组,就性犯罪案件相关法律提供修改意见。截至 2012 年 12 月 31 日,这一小组收到超过 1.7 万条建议。印度乐坛也响起反对轻视女性的呼声。名为"YoYo 蜂蜜·辛格"的歌手在新德里的新年前夜演唱会遭取消。辛格以说唱闻名,但不少歌词充满性暗示。轮奸案发生后,女性权益人士发起网络宣传,要求肃清"黄色"音乐,称这类音乐在一定程度上煽动对女性的性犯罪。

社会反思

印度为何性犯罪猖獗

相关的统计数据，印度每22分钟就发生一起强奸案，从1971年到2012年，印度国内强奸案的数量增长了8.7倍，印度首都新德里更是被称为强奸之都。为什么强奸事件在印度会频繁地发生？这与印度国内的法律、社会态度以及人口结构与分布都是不无关系的。

强奸定罪不明确法庭执法不严格

在印度刑法中，对于强奸犯的判决规定并不很明确，法庭的自由裁量权非常大。根据当地的刑法，法官给强奸犯的刑罚从7年到终身监禁不等，轮奸犯、强奸孕妇或情节特别严重的，案犯可以判处10年有期徒刑到终身监禁不等的刑罚。但是，相关法律还规定，对所有的强奸案件，法庭如果有所谓的充足和特别的原因，最终给强奸犯的定刑可以低于法律规定的最低刑罚。在很多案件中，案犯也就被判入狱两到三年。过去10年中，对强奸罪的判罪率只有26%。

有印度专家还表示，强奸案件审理时间长也是一个问题，印度审理一起强奸案经常要7~9年，该国约有4万起强奸案件处于待审理状态。

社会容忍强奸犯受害者反遭责难

在执法不严的背景下，印度社会对强奸犯的容忍也是一个不可忽略的因素。有很多印度人认为，强奸只是个人的耻辱问题，不涉及犯罪。即使强奸犯被判入狱，出狱后也不会承受太大的社会和经济压力，很容易再找到工作。相比之下，受害者却要承受更大的压力。对强奸事件，人们会习惯性地偏向施暴者，反而对受害妇女的道德意识、着装打扮等吹毛求疵。

正是因为社会对强奸犯的极度容忍，印度约一半的强奸受害者最终只能忍气吞声。他们中，一部分是由于压力接受了赔偿金，一部分是因为警方压根不愿意立案。除此之外，印度妇女地位低下，男女比例失衡，以及贫富差距不断加大等因素，也在客观上起到推波助澜的作用。

建议修改相关法律

当印度民众意识到针对女性暴力的严重性后，印度司法委员会提议修改与强奸相关的法律，以加强对女性人身安全和正义的保护。然而，文章指出，印度国内的法庭审判和政策制定效率之低下世所共知。无论是德里强奸案还是相关的法律改革都是匆忙"盖棺定论"的产物，这种权宜之计很难让受害者或其家人得到应有的公正。

嫌犯狱中自杀

2013年3月11日，印度新德里提哈监狱一名官员称，2012年12月新德里黑公交轮奸案主要嫌疑人之一的拉姆·辛格当天凌晨5时左右在狱中上吊自杀，监狱方面很快将其送往附近医院，但不治身亡。提哈监狱关押大量重刑犯，戒备森严。

印度内政部长辛德(Sushilkumar Shinde)表示，新德里"黑公交"轮奸案主要嫌犯在狱中死亡，是一次"重大过失"，他承诺将进行调查。

辛德在新德里举行的新闻发布会上表示，这是安全工作上的重大过失，不是一件小事，将对此事采取行动。监狱官员称辛格死于自杀，但辛格的家属则认为另有隐情。辛格的父亲表示，他的儿子不可能是自杀，其中另有隐情。他说，之前探监时曾听儿子说，他曾遭到其他囚犯的性侵犯，而且生命面临危险。父亲还透露，辛格一只手有伤，不可能独立完成上吊动作。

用衣服系成套索上吊

主要被告拉姆·辛格当天清晨在狱中被发现死亡。死前，他用自己的衣服做了一个套索。辛格生前接受单独监禁。他所处监狱负责法律事务的官员苏尼尔·古普塔告诉法新社记者："他把自己的衣服系在一起，用房梁和木凳子把自己吊起。"

路透社援引一名高级警官的话说："这是真的，他死了。"

轮奸案受害人的父亲说，当局对此案显然漫不经心，受害人家属没有得到公平对待。

这名父亲说："我们不理解，警方为何没保护好辛格。他们明知他是我女儿案件的主要被告……他们怎能允许他自主选择死亡的方式·警方工作失败，我现在怀疑案情将怎样进展。"

一周年再次发生

黑公交轮奸案一周年后，印度平安夜再发轮奸案。2013 年 12 月 27 日，印度一名 20 岁的女子在平安夜遭到轮奸。受害者告诉警方，她与朋友在港口城市开利开尔观光时被 3 名男子绑架，然后遭到多名男子强奸。

警方一位高级官员告诉记者，一共有 15 人受到指控，除了 3 人已经"潜逃"之外，其他人都已被捕。

报道称，这些被告初步的罪名包括绑架、轮奸和刑事恐吓。

这一事件发生时，2012 年震惊印度的黑公交轮奸案一周年纪念日刚刚过去 8 天。

案件意义

此案的发生已经改变了印度社会。过去，印度男人对待女性就像开放性游戏，强奸时有发生，警察和法庭很少会严肃对待。但潘迪去世后，印度全国成千上万人走上街头，要求对轮奸犯执行死刑。抗议者称潘迪为"无畏者"，成为崛起的中产阶级现代女性的象征，成了公众愤怒反对政治家和警察的符号。印度公众此前总是被各种强奸案震撼，但这次公众的愤怒迫使政府采取行动。2013 年 3 月，印度国会通过法律，对强奸犯严惩，包括死刑。在潘迪案中，印度必须给出证明。

2013 年 9 月 24 日，印度"黑公交轮奸案"嫌疑人被转送至新德里高等法院

据英国广播公司（BBC）今晨报道，因 2012 年 12 月"黑公交轮奸案"被判死刑的 4 名成年嫌疑人的律师表示，4 名被告不服判决，提出上诉。这 4 名嫌疑人已于 9 月 24 日被转送至新德里高等法院。

乌克兰局势动荡

　　乌克兰位于欧洲东部，是欧洲除俄罗斯外领土面积最大的国家。原苏联15个加盟共和国之一，是仅次于俄罗斯和哈萨克斯坦的第三大加盟共和国。乌克兰历史上是基辅罗斯的核心地域。也是近代俄国资本主义发展最早的地区之一。10世纪前后，东斯拉夫各部落在今乌克兰地区结合形成古罗斯部族，并建立了基辅罗斯国家。12—14世纪，由于封建割据，古罗斯部族逐渐分裂成俄罗斯人、乌克兰人和白俄罗斯人3个支系。基辅罗斯在13世纪被蒙古人的金帐汗国占领。约从14世纪起，乌克兰人开始脱离古罗斯而形成具有独特语言、文化和生活习俗的单一民族。13—15世纪，乌克兰曾先后抗击蒙古人、日耳曼人及奥斯曼土耳其人的入侵，从14世纪起历受立陶宛大公国和波兰等国的统治。17—19世纪，在第聂伯河中游一带以基辅、波尔塔瓦和切尔尼戈夫为中心形成了乌克兰现代民族。

　　1654年，乌克兰哥萨克领袖赫梅利尼茨基与俄罗斯沙皇签订《佩列亚斯拉夫和约》，商请沙俄来统治东乌克兰，自此东乌克兰（第聂伯河左岸）与俄罗斯帝国正式合并，开始了乌克兰和俄罗斯的结盟史。18世纪，俄罗斯又相继把乌克兰和黑海北岸大片地区并入自己的版图。到1795年，除加利西亚（1772—1918年属于奥地利）以外，乌克兰其余地区均在沙皇俄国统治之下。

　　1917年底东乌克兰地区建立社会主义性质的苏维埃政权，成立乌克兰苏维埃社会主义共和国。1918年至1920年外国武装干涉时

赫梅利尼茨基雕像

期，西乌克兰（东加利西亚和西沃伦）被波兰占领。1922年苏联成立，东乌克兰加入联盟，成为苏联的创始国之一。根据波兰和苏联签订的《里加条约》，西乌克兰成为波兰领土，1939年11月，二战爆发，波兰被分割占领，西乌克兰与乌克兰苏维埃社会主义共和国合并。

　　1941年6月22日，苏德战争爆发，战火首先烧到乌克兰，苏联在乌克兰地区遭受了严重失败。基辅战役，苏联大约损失了约70万士兵，德国如愿占领了乌克兰全境。1944年11月，苏军重返乌克兰。二战期间，乌克兰地区成为战争的重灾区，军民死伤惨重，物资损失更是不可计数。

　　1985年，戈尔巴乔夫在苏联上台后，历史和现实积累的各种矛盾开始表面化，民族主义和民族独立倾向迅速抬头，全国政局开始急剧动荡，同时，乌克兰开始了其独立步伐。

1986 年 4 月 26 日,苏联乌克兰境内的切尔诺贝利核电站发生严重的炉心融毁辐射外泄事件,造成严重后果。但当时苏联官方开始时向世界和该国人民隐瞒事件真相,被国外媒体和核辐射检测部门揭露后,苏联的官僚意识受到广泛批评。

1989 年 9 月,乌克兰人民争取改革运动(简称"鲁赫")成立,成员迅速扩大到百万人。1990 年 7 月 16 日,乌议会通过《乌克兰国家主权宣言》。

1991 年 8 月 24 日乌克兰独立之后,俄罗斯和乌克兰就曾因黑海舰队"分家当"的问题产生很大矛盾。对于军事实力比俄罗斯弱太多的乌克兰,自然是不希望俄罗斯在乌克兰有驻军。但作为俄罗斯来说,失去黑海舰队就等于失去了对黑海地区的控制权,这是俄罗斯所不能容忍的。

1996 年乌克兰通过新宪法,确定乌为主权、独立、民主的法治国家,实行共和制,总统选举后任期 5 年,最高议会有 450 个席位。

2004 年总统选举因违规而进行再次投票,维克托·尤先科赢得选举。

2006 年 3 月 26 日,乌克兰举行最高苏维埃选举。3 月 30 日,中央选举委员会公布选举结果,5 个党派进入新一届最高苏维埃,其中地区党获得 450 个议席中的 186 席,季莫申科竞选联盟 129 席,"我们的乌克兰"人民联盟 81 席,社会党 33 席,乌克兰共产党 21 席。8 月 4 日,最高苏维埃批准地区党领导人亚努科维奇出任新一届政府总理。新政府由地区党、社会党、共产党和我们的乌克兰 4 党联合组成。10 月 17 日,"我们的乌克兰"人民联盟负责人宣布退出联合政府。

2014 年 3 月 18 日,俄罗斯总统普京在克里姆林宫与克里米亚议会主席、塞瓦斯托波尔签署关于克里米亚和塞瓦斯托波尔加入俄罗斯的协议。签字仪式结束后奏响俄罗斯国歌。图为俄罗斯总统普京、克里米亚议会议长康斯坦丁诺夫、克里米亚总理阿克肖诺夫和塞瓦斯托波尔市议会主席恰雷共同签署条约,俄罗斯总统普京 21 日签署了克里米亚加入俄罗斯联邦的法案,使其正式生效。

克里米亚和塞瓦斯托波尔 16 日就地位问题举行了全民公投。根据 100% 选票的结果表明,96.77% 参加投票的选民赞成克里米亚加入俄罗斯联邦,投票率为 83.1%。

俄罗斯与克里米亚 18 日签署了共和国和塞瓦斯托波尔市入俄条约。俄罗斯总统普京 19 日向国家杜马提交了有关克里米亚加入俄联邦的法案。

俄国家杜马(下议院)20 日、联邦委员会(上议院)于 21 日先后批准了克里米亚及塞瓦斯托波尔市作为新主体加入俄联邦的国家间条约,以及有关克里米亚及塞瓦斯托波尔入俄和俄联邦新主体一体化过渡期的程序的联邦宪法法律。普京签字后,将完成克里米亚加入俄罗斯联邦的法律程序,条约正式生效。

乌克兰总统办公室代理主任帕申斯基 4 月 25 日宣布,乌政府在东部城市斯拉维扬斯克的特别行动进入第二阶段,其主要目标是彻底包围该城,避免乱局扩散至其他地区。乌总理亚采纽克当日也表示,乌政府将履行日内瓦文件规定的义务,和平解决危机的可能性仍然存在。目前乌克兰军警已开始在斯拉维扬斯克城外 20 公里处建立岗哨,为进一步包围做准备。此间舆论认为,乌在短期内无法用武力控制东部局势,政治解决依然是各方唯一都能接受的方法。

乌克兰国家反恐中心 25 日证实,当天 11 时左右,一架米—8 军用直升机在顿涅茨克州的克拉马托尔斯克机场即将起飞时遭狙击手攻击,进而起火爆炸,机长受伤。当天,顿涅茨克州政府大楼外依然聚集着大批亲俄人员,现场不时响起俄罗斯歌曲,"顿涅茨克人民共和国"发言人已表示将在周末举行游行示威活动。

俄罗斯常驻联合国代表丘尔金在接受俄媒采访时表示,如果乌克兰不停止对其东部人民使用武力,俄将申请召开联合国安理会紧急会议进行商讨。俄外长拉夫罗夫要求乌政府履行日内瓦文件,解除极端民族主义分子的武装。

俄国防部长绍伊古 24 日宣布,俄军自当日起在俄乌边境地区开展西部和南部军区联合演习。他表示,俄当前在"被迫回应"乌东南部的局势发展,因为当地的居民受到暴力威胁。乌临时总统图尔奇诺夫随后发表电视讲话,呼吁俄停止干涉乌内政,立即从俄乌边境撤军。乌内务部长阿瓦科夫也表示,乌在东南部的特别行动没有因为俄军演习而中断。

自东南部部分亲俄民众爆发反政府示威并占领当地政府大楼以来,乌克兰政府认为是一股"分离主义分子和恐怖分子"在作乱,采取了毫不姑息的态度;俄方则坚持这是联邦化支持者的合理诉求,警告乌政府强行压制将造成严重后果。亚采纽克 25 日在召开政府会议时指责俄尝试武力侵略乌并"挑起第三次世界大战";俄总统普京则在同日与德国总理默克尔通电话时再次谴责了乌政府对东部地区的特别行动,称乌针对平民的暴力行为证明其不愿履行日内瓦文件。

莫斯科大学历史系乌克兰与白俄罗斯中心主任博格丹·别兹帕里科在接受本报记者采访时表示,乌东部民众的利益在新政府上台后受到损害,极端民族主义者的一系列行动更让他们心有余悸,因此他们的主要诉求是争取乌克兰联邦化,让地区在经济和内部等事务的决策上有更大自由度。同时,俄罗斯看到了某些西方国家扮演的不光彩角色,也担心乌东部讲俄语民众的权益受到损害,因此一直对东部民众的示威等行动采取支持立场。乌克兰国家安全与国防委员会秘书帕鲁比 25 日表示,乌已进入战争状态,据情报人员分析,乌军可能 5 月初在东南部地区受到俄军挑衅。但舆论普遍认为,俄乌之间爆发战争的可能性不大。乌克兰系统分析与预测中心主任伊先科认为,政府正在小心而逐步地采取行动:一方面,尝试使东南部地区局势稳定,另一方面也不让俄方找到任何军事干预的口实。

俄罗斯科学院世界经济与国际关系研究所高级研究员阿丰采夫在接受本报记者采访时表示,俄军事介入乌东部地区所耗军力巨大,而且缺乏必要的国际法和驻军法律文件支持,可能引发连锁制裁,得不偿失;但如果乌政府持续进行镇压,可能会让俄找到出兵理由。

目前,各方并没有放弃政治解决乌危机的努力。别兹帕里科认为,乌政府的实力并不足以在短期内迅速缓解东部局势,同时各方也并不希望危机演变成无法挽回的局面,因此执行 4 月 17 日达成的日内瓦文件依然是解决危机的最佳途径。俄联邦委员会(议会上院）主席马特维延科 25 日表示，动用俄军解决乌东南部局势将是"不可接受的"，因为俄方"没有权利"在乌发动内战；亚采纽克也在当日的政府会议上表示，乌方愿意履行日内瓦文件，为此将采取一切方式使东南部局势平静，和平解决危机的可能性依然存在。

美国国务卿克里 24 日指责俄罗斯没有采取"具体举措"帮助缓和乌克兰东部紧张局势，并警告说，普京总统和俄罗斯面临抉择。如果选择降低战争级别的道路，整个国际社会都会表示欢迎。如若不然，俄罗斯付出的代价只会越来越大。

来到亚洲的奥巴马还是逃不开美俄角力的乌克兰"火药桶"。据俄新社消息，奥巴马 4 月 25 日在韩举行记者招待会回答记者时，向俄罗斯总统普京做出"勇敢承诺"：如果普京溺水，自己会去救他。

奥巴马说："如果普京总统溺水，我当然会救他。我愿意相信，如果有人溺水，我会救他。我在夏威夷长大，游泳不错，我有过很多经验。"

此前普京在同俄罗斯民众的"直播连线"中被问及，如果他溺水的话，美国总统奥巴马是否会救他。普京回答说："奥巴马是一个相当正派和勇敢的人，他肯定会这样做。"

4 月 25 日，奥巴马在与法、德、意和英四国领导人通电话时表示，鉴于俄罗斯未能采取措施帮助缓和乌克兰东部紧张局势，美国准备对俄采取新一轮制裁措施。俄外交部同日发表声明，敦促美国让乌克兰当局立即停止在东部实施"反恐"。

欧盟委员会负责欧盟扩大事务和睦邻政策的专员史蒂芬·傅勒 25 日称，"过去几周我们关注的焦点就是乌克兰局势，毫无疑问这是 1945 年以来我们面对的最严重的危机。"傅勒称，欧盟将通过政治和经济途径来支持乌克兰。

当代世界未解之谜

日本天皇在二战后未被处死之谜

众所周知,日本是发动第二次世界大战的三大轴心国之一,而在二战的中国战场上日本军队更是对中国人民犯下令人发指的滔天罪行。那么为什么日本许多战犯被送上了国际军事法庭接受世界的审判,而作为当时日本最高统治者的天皇没有对战争罪行负责? 而在众多日本战犯被处决的同时,天皇又身处何处呢? 这在二战历史上不能不说是一件十分蹊跷的事情。

1945 年 8 月 15 日,日本裕仁天皇《终战诏书》的播出向日本民众乃至世界正式宣布日本无条件投降。日本投降后,日本国内部分民众、一些受害国、国际仲裁机构乃至裕仁本人都认为天皇对战争应负起责任。日本国内一些进步群众团体的领袖以及部分深受战争创伤的同盟国呼吁:裕仁作为战争期间的国家元首是发动战争的元凶,理应作为头号战犯接受国际法庭的审判与惩罚;并再三提出应废除日本天皇制,改变日本现存的政治体制。为清算法西斯余孽,重建世界和平与公正,战后在东京设立了远东国际军事法庭。澳大利亚法官威廉·维著作为军事法庭的审判长也认为:"如果不审理天皇,战犯一个也不能处以死刑。为了维护法律的公正,他应在国内或国外受到拘禁。"甚至裕仁本人也感到理亏,难以面对愤怒的世人,他觉得应理所当然地负起战争的所有责任。

于是,一个历史性的会面便决定了裕仁天皇的命运,世界历史也添上了几许神秘的色彩。1945 年 9 月 27 日上午 9 时,裕仁头戴大礼帽,身穿燕尾服,亲自正式地晋见了美国五星上将麦克阿瑟将军,当时这位声名显赫的将军是盟军驻日本占领军的最高官员。在这次具有特殊意义的会见中,裕仁表现得体、态度坦然,勇敢地承认"对于日本政府的每一个政治决定和军事行动……我是唯一的责任者。"也正因如此,裕仁天皇给麦克阿瑟留下了非常好的印象,若干年后这位上将回忆起裕仁时曾说:"在当时,我感到我面对着日本第一个当之无愧的有素养的人。"作为盟军驻日占领军总司令,麦克阿瑟指示裕仁否定日本注定统治世界的"大东亚"观点,维护世界和平,肃清国内黩武精神,另外否定天皇的神圣性,天皇由神回归为人。裕仁都一一照办。

在通盘考虑美国国家利益和盟军面临的形势后,麦克阿瑟在向总统杜鲁门的汇报中声称,"不能把日本昭和天皇作为战犯逮捕。"因为基于长久以来天皇在日本的特殊地位及对日本民众的影响,保留天皇有利于帮助盟国占领控制日本。根据麦克阿瑟的建议,并考虑到政治上的需要,远东国际军事法庭审判员以表决的形式做出了裁决:凡涉及日本天皇的各类起诉,均不予受理。这在很大程度上可以说是美国基于国家利益及全球战略的考虑而给日本天皇的一块"免死牌。"

第二年4月3日,远东委员会决定对天皇不予起诉。

6月18日,远东审判首席检察官基南在华盛顿宣布对天皇不以战犯论处。

与华盛顿相呼应的远东审判日本辩护团一致通过决议:"不追究天皇及皇室。"

历史就这样给我们开了个玩笑,当东条英机等7名日本甲级战犯接受绞刑之时,战争中日本的最高领袖裕仁天皇却安然无恙,这是历史的错误还是天意?

不爱江山爱美人
——英王爱德华八世放弃王位之谜

浪漫电影中常常出现"不爱江山爱美人"让人心动的情节。然而现实世界中,面对权与利,英王爱德华八世却做出了这一惊人之举。1936年12月11日,爱德华八世自愿放弃王位,而与一个曾两次离婚的平民妇女结婚,确实让人惊叹。

这位平民妇女就是沃丽丝·沃菲尔德,她既没有漂亮的容貌也没有超人的才华。可是1931年王太子在伦敦第一次遇到沃丽丝时,就为她通晓事理、举止潇洒的风度所倾倒,沃丽丝虽已近中年,但依然窈窕如初。王子对沃丽丝一见倾心,但是父母、王室、内阁及各自治政府上上下下竭力反对王子的这一举动。身患重病的乔治五世曾满怀忧虑地对首相鲍尔温说:"我死之后,这个孩子很快就会把自己毁掉!"

乔治五世病逝之后,王子登上王位以后就马上宣布要迎娶沃丽丝。他的决定遭到了包括首相鲍尔温在内的谋臣们的一致反对,而爱德华八世却回答:"我现在考虑的唯一问题就是自己配不配当沃丽丝的丈夫,和她在一起就是我永远的幸福……无论当国王还是不当国王,我都要娶沃丽丝,为了达此目的,我宁愿退位。"

由于政治风暴骤然来临,沃丽丝在"存心勾引国王,妄想当王后的'美国冒险家'"等各种诽谤、咒骂声中悄然离去,她不愿由于自己的爱而使国王受到伤害。于是远在国外的沃丽丝写信给爱德华八世,要求分手。可是爱德华八世却说:"即使因为和你在一起我一无所有,我也没有怨言,比起你来,王冠、权杖和御座都不重要。"这爱情高于一切的誓言使沃丽丝在各种诽谤、咒骂声中得到安慰。

1936年12月11日,在位不到10个月还未加冕的爱德华八世发表了告别演说,他满怀激情地说:"我的朋友们,没有我所爱的那个女人的帮助和支持,我感到不可能承担我肩负的重任。"几个小时后,他便在皇家海军驱逐舰的护送下离开了英国,去有沃丽丝的地方了。

1937年乔治六世继位,封爱德华八世为温莎公爵。终于,爱德华八世与沃丽丝在法国结婚,并一起幸福地生活了35年。1972年,78岁的温莎公爵病逝,沃丽丝在对丈夫的思念中度过人生最后的 14 年。沃丽丝每天都要将丈夫的遗物整理好，并一直保持他生前的模样。在她的晚年整理了回忆录，并整天沉浸在她丈夫喜欢的音乐中。

1986 年 4 月 24 日，沃丽丝因肺炎在巴黎郊外逝世，享年 90 岁，他们之间动人的爱情故事也暂告一个段落。但是作为"历史上伟大爱情一例"，它将永远被人们津津乐道。

人们对爱德华八世"不爱江山爱美人"的举动有着不同的看法和猜测，对此褒贬不一：有人认为，王子是受"现代派思潮"影响，要以此来冲击腐朽的君主制度；也有人认为是王子经受不住沃丽丝美色的引诱；还有人认为王子是为了真挚的爱情。更让人无法理解的是沃丽丝从来不公开地为温莎公爵辩解，也不为自己洗刷冤屈，是被世俗和礼教所束缚，还是另有隐私？有朝一日人们也许可以了解这爱情的真正意义，也希望人们会从他们已公布的 80 多封情书中发现什么。

永不凋零的英伦玫瑰

1997 年 8 月 31 日凌晨，在法国巴黎的塞纳河畔隧道里，一辆黑色豪华奔驰以 170 千米的时速撞向墙壁，车身顿时毁得不成形状。警察和急救车赶到时，一切已经太晚。36 岁的威尔士王妃戴安娜再也没有醒来。噩耗传出，举世震惊。

童话里的王妃

1961 年 7 月 1 日，爱德华·斯宾塞伯爵的小女儿戴安娜出生在英国的诺福克，因为家族一直在热切地盼望一个男孩，戴安娜的出生并没有给这个贵族家庭带来多少兴奋，没有人想到过，20 年后，她会成为一代王妃。

1979 年，18 岁的戴安娜与姐姐一起合办"青年英格兰幼儿园"，在那里，她做了一名幼儿教师。1980 年 8 月，年幼单纯的戴安娜遇到了查尔斯王子，两人迅速坠入了爱河。

1981 年 7 月 29 日，伦敦城内所有教堂的钟声在上午 9 时一起敲响，服饰鲜艳的英国皇家骑兵仪仗队护送着王室的婚礼车队驶向教堂，在通往圣保罗大教堂的道路两旁挤满了成千上万的民众，只为了亲眼目睹查尔斯王子年轻娇美的新娘——20 岁的戴安娜。英国广播电视公司用 33 种语言向世界转播了婚礼的盛况，全球 7 亿多观众沉浸在这童话般的王子与公主的爱情中。

婚后一年多，戴安娜生下了威廉王子，1984 年又生下了哈里王子。但是，婚后的戴安娜生活并不如意。1986 年，查尔斯王子和他的情人卡米拉的关系被曝光，使戴安娜受到极大屈辱。在忍受不了丈夫的冷落以及他与情妇的交往后，二人开始分居，但为了王室的颜面和保护隐私，他们将貌合神离的婚姻又维持了 10 年，直到谁也无法继续忍受。1996 年 7 月 12 日查尔斯和戴安娜达成离婚协议，结束了 15 年的婚姻。

告别王室生活，保留王妃头衔，戴安娜坚持自己的信念："我要做人民心中的王妃。"

无论自己的婚姻生活有多么不幸，她在大众面前总是笑容可掬，把热情和体贴带给那些不幸的人们。美丽王妃仿佛一朵生长在英伦的玫瑰，依旧散发着她特有的芬芳。

魂断巴黎

1997年8月31日凌晨4点，戴安娜与其男友埃及亿万富翁之子多迪·法耶兹在法国南部圣托贝度假后驱车返回巴黎，遭遇车祸不幸身亡。童话里的王妃突然之间因车祸魂断巴黎，震惊了英法两国。巴黎警方迅速对王妃死因展开调查。

最初调查指出是司机保罗因酒后驾驶，将车的时速提到150千米以上，导致汽车在行至隧道时突然失灵。但是后来不断有人证实保罗早已戒酒，开车当晚并没有喝酒。随后有人根据汽车时速这条线索追查到，事发当天，戴安娜的车子曾被记者追踪，在发生事故以后，匆忙赶来的记者非但没有对伤者进行抢救，反而围在汽车残骸周围，举起相机抢拍。尽管戴安娜后来被送往医院救治，但终因胸部大出血在医院逝世。

英国查尔斯王子

戴安娜的死使媒体与记者成为人们指责的对象。戴安娜早就指责过英国媒体对她的骚扰。这次车祸可以说又是为躲避记者追踪超速驾驶而造成的。1999年，法国地方法院裁定造成车祸的原因是司机酒后开车以及超速驾驶，但控方认为，法官在做出判决时还应该考虑摄影记者的因素，因为记者的追赶是导致车祸的直接原因。

2000年8月，埃及富翁法耶兹要求美情报部门交出谋杀戴安娜的证据，并且认定中情局和其他政府部门卷入了这起事故，而这起事故就是一个暗杀戴安娜的阴谋。法耶兹的话引起了人们的注意，于是有人开始猜测，戴安娜的死也许是英国王室为了保护其皇家的荣誉，用阴谋阻止了她与多迪的结合。甚至还有传言说，戴安娜王妃并没有死，而是为了过普通平静的生活诈死的。然而，真相到底如何，仍然没有人能够回答。

川岛芳子的死刑

川岛芳子(又名金璧辉)，这个被称为东方魔女的"男装女谍"，曾参与"皇姑屯事件""九·一八事变""满洲独立"等重大秘密活动，成为日本谍报机关的"一枝花"。1945年日本战败，川岛芳子被国民党军统逮捕。1948年，在北平被执行死刑。

东方魔女

川岛芳子(1906~1948),本姓爱新觉罗,是清朝末年肃亲王的第14位女儿。因为肃亲王怜悯日本大陆浪人川岛浪速没有孩子,作为友情的证据把女儿赠送给他。以后,这位皇室的格格改名为川岛芳子,并在日本接受教育。

"九·一八"事变后,川岛芳子受日本主子的驱遣返回中国,使用美人计从事间谍活动。1932年满洲国成立后,川岛芳子在新京(长春)被任命为满洲国女长官。凭着"满洲青年联盟"以及"九·一八事变"等一系列重大的活动中的"上乘"表现,川岛芳子一度成为日本间谍组织的"得力爱将"。

东条英机上台后,日本与中国的战争全面展开了。不久,太平洋战争的爆发,使日本在兵源、战争物资等问题上陷于捉襟见肘的困窘境地,因此迫切希望与国民党政府缔结和约。接着,一份日本军部的命令将跃跃欲试的川岛芳子派到北平,让她以东兴楼饭庄女老板的身份与国民党在京要员广泛接触,搜集有关和谈动向的情报。

略施手腕的川岛芳子把北平宪兵司令牢牢地控制在自己手中之后,便有条不紊地开始着手进行"和谈"事宜。在征得日本驻华北方面军参谋部的同意后,川岛芳子将一些非战略性的消息有意透露给军统特务头子戴笠,使军统感到有必要把这位蜚声中日谍报界的"东方魔女"收到麾下

川岛芳子(左一)

效力。但由于日军进攻缅甸,陷中国远征军于绝境,这种接触便暂时中断了。

由于形势急转直下,国民党与日本军方秘密达成了"和平相处,共同剿共"的协议,川岛芳子便不知不觉地被军部遗忘了。此后,川岛芳子重新换上了"金司令"的招牌,在田宫中佐的帮助下,网罗了二十几个杀人不眨眼的彪形大汉,利用她的美貌、过人的社交手腕以及心狠手辣的作风,在风雨飘摇的北京城里称王称霸、作威作福。但是,随着日本军国主义在太平洋战场和东南亚战区的节节败退,这位昔日权柄炙手的"东方魔女"也必将得到其应有的惩罚。

妖花陨落

1945年8月15日,日本裕仁天皇通过广播发表《终战诏书》,宣布无条件投降。东亚的"太阳"坠落了,旧的世界崩溃了。那些曾挑起世界大混乱的侵略者、阴谋挑唆者、煽动战争者和狂热的军国主义者们,在世界各个角落作为战犯受到了历史的严惩。在北京,

作为重要战犯之一的川岛芳子终于在抗日战争结束两个月后的一天被投进牢房,并于1946年被起诉,在河北的法院接受法庭调查。1948年5月的一天,川岛芳子终于走完了她罪恶的一生。

川岛芳子的死在当时的中日军界及政界引起了轩然大波。新闻界也大肆渲染,认为川岛芳子并没有死,被处死的只是她的一个替身。有人说她本人早已潜返日本。川岛芳子究竟有没有被执行枪决呢?如果说当年刑场上的人能确定不是川岛芳子,那么是不是就能确定川岛芳子当年逃脱了?

研究人员对川岛芳子被押期间所拍照片和行刑后照片做出鉴定,得出结论:两张照片中并非同一人。而针对这一结果,日本方面再次进行鉴定,日本专家将行刑后的照片通过电脑制作,将人像立体化,进行骨骼分解。对比后发现,行刑后照片的骨骼,从肩骨来看,应该是一个长期干农活的妇女,而川岛芳子出身清末格格,后又行军打仗,不可能干农活;从盆骨看来,被行刑者曾经生育过,但历史记载,川岛芳子并没有过孩子。由此来看,当年被处枪决的,的确不是川岛芳子。

那么真正被处决的人是谁?川岛芳子又是怎么在深牢大狱里移花接木的?这些问题,还有待于日后考证。

水门事件的未解之谜

1972年6月17日,有5个人因闯入水门大厦内的民主党全国总部被捕。随后的调查表明,这是尼克松政府为破坏选举的进程采取的行动之一。于是从这一天起,"水门"变成了政治丑闻的代名词。尼克松也成了美国历史上第一个辞职的总统。

事件始末

1972年6月18日凌晨,有5个人因潜入位于华盛顿特区的美国民主党总部——水门大厦而被捕,这似乎是一次一般意义上的入室行窃。然而事实上,这一事件的真相是作为共和党主席的理查德·尼克松授权部下,在竞争对手民主党的总部内安插窃听装置,为的是窃听竞选对手的备战情况,确保自己连任总统。

1972年11月,取得大选压倒性胜利的尼克松开始麻烦缠身。1973年2月,新闻界开始不厌其烦地将他的丑行公诸于众。水门大厦侵入案被掩盖的真实情况开始浮出水面。在5人被捕几天后,前白宫助理小亨特和争取总统连任委员会总顾问利迪即被指控犯有盗窃罪和窃听罪。1973年1月美国哥伦比亚特区地方法院首席法官赛里卡主持审讯7名被告。7名被告中有5人认罪,另外2人由陪审团定罪。1973年3月23日宣判时,赛里卡法官宣读了被告之一麦科德的来信。信中指控白宫至今仍在掩盖它与闯入水门的关系。麦科德还说白宫曾对7名被告施加压力,要他们认罪并保持缄默。在白宫显然有牵连的情况下,尼克松总统于1973年4月17日宣布他已开始一次新的调查。4月30日尼克松公开声明他对卷入此案的白宫工作人员的行动负有责任。他接受了顾问霍尔德曼和埃利希曼以及司法部长克兰丁斯特的辞职,并宣布解除迪安法律顾问的职务。然而尼克松却一口咬定他对政治谍报活动以及掩盖错误的努力毫不知情。1973年初,美国参议院成立了调查委员会,由参议员欧文领导。1973年7月,一名白宫前官员证实尼克松对他的谈话进行了秘密录音,但尼克松利用行政特权拒绝向法庭交出录音带。1974年,众议院司法委员会通过了三项对尼克松的弹劾条款:妨碍司法公正、滥用总统职权、试图反抗委员会的传唤以妨碍弹劾程序。尼克松终于在1974年8月5日交出了三盘录音带,其中一盘清晰地记录了尼克松曾经积极参与掩盖水门事件。1974年8月8日,面对不可避免的弹劾,理查德·尼克松辞去了总统职务,成为美国历史上第一位辞职的总统。美国历史上最大的政治丑闻到此结束。

揭开大选的面具

　　水门事件的开端不过是1972年的一起非法闯入案,开始并未引起太多注意。但随着事件调查的不断深入,一场政治丑闻渐渐透出端倪,在美国引起了轩然大波。事件发生以后,许多媒体纷纷进入,让人大惑不解的是,在事件发生的背后,似乎还有很多让人猜不透的秘密。由此,一个个隐藏在大选背后的神秘面具被慢慢揭开。

　　没有人否认,尼克松试图掩盖1972年6月发生在水门大厦民主党全国委员会总部的闯入事件。但是尼克松称自己事先并不知情,更没有下达有关命令。当时的白宫助手杰布·斯图尔特·马格鲁德在2003年声称,他听到尼克松在1972年3月的一次会议上对其竞选连任委员会主席约翰·米切尔下达了闯入水门大厦的命令。然而马格鲁德此前在提到这次电话会议时并没有说尼克松参加了电话谈话。

　　在水门事件调查者下令获得尼克松对话录音带数月后,白宫透露,尼克松和霍尔德曼在1972年6月20日另一场18分半钟的谈话录音被故意抹掉了。1978年,霍尔德曼在其出版的回忆录《权力的尽头》中写道,他想不起那次谈话的具体内容了。霍尔德曼于1994年逝世,但随后发表的霍尔德曼日记表明,他和尼克松也许曾讨论过阻挠联邦调查局对闯入事件进行调查。几年后,国家档案馆试图使用新技术恢复那场谈话的录音带,但在数次试验后,都因担心损毁原带而放弃了。人们不禁会想:如果尼克松早早销毁这些录音带,他可能会逃过弹劾这一劫。那么尼克松为什么一定要保留这些录音带,而没有及时销毁呢?闯入事件的真相,至今仍无人知晓。

扑朔迷离的拉宾遇刺案

　　"上帝要考验亚伯拉罕(犹太人的祖先)对上帝的忠诚,命令他把自己心爱的儿子杀掉。当全心全意信仰上帝的亚伯拉罕果真准备这样做时,上帝派人阻止了他。上帝让拉宾去了,他是在用更加严酷的方法考验我们。"

——美国前总统克林顿

倡导和平的将军

1984 年以色列成立联合政府,担任国防部长的拉宾,此时已从历史的现实中认识到:和平是历史的潮流,只有顺应历史潮流,才能使以色列生存和发展下去。1992 年,70 岁的拉宾再度出任总理。这时候,冷战的结束给中东和平带来了希望,在出任总理后不久,拉宾就向阿拉伯国家发起和平攻势,首先表示接受巴勒斯坦人提出的"以土地换和平"的原则和联合国第 242、338 号决议。

1993 年 11 月 13 日,以色列和巴勒斯坦在美国白宫签署了第一个和平协议——《加沙—杰里科自治原则宣言》。1994 年 10 月,以色列与约旦签署了和平条约,结束了两国长达 46 年的战争状态。1995 年 9 月 24 日,以、巴又共同签署了关于扩大巴勒斯坦自治范围的《塔巴协议》。这些和平条约的签订,给中东地区带来了和平的曙光,因而受到国际社会的称赞,拉宾因此和阿拉法特、佩雷斯一起获得了诺贝尔和平奖。

但是以色列极右势力反对与巴勒斯坦实现和平,称拉宾是"叛徒""卖国贼。"1995 年 11 月 4 日,这位倡导和平的将军在特拉维夫国王广场举行的 10 万人和平集会上,遇刺身亡,时年 75 岁。

特拉维夫的拉宾广场,原来叫特拉维夫国王广场。

遇刺疑团

拉宾的遇刺给后人留下了许多猜测,以色列右翼势力甚至认为这是工党政府为了击溃反和谈势力,拟订的一个秘密计划——对拉宾进行一次假谋杀,以此嫁祸给右翼集团,但没想到反而弄巧成拙,真的杀害了这位总理。这种"拉宾之死阴谋论"长久以来一直遭受主流媒体的奚落嘲笑,因为当时阿米尔已经供认了其行刺动机,而且表示是个人极端行为。但是,越来越多的证据带给人们的却是越来越多的谜团。

1995年11月4日,拉宾遇刺后,以色列安全总局抓获了凶手阿米尔。在审讯过程中,阿米尔对自己的罪行供认不讳,说是站在拉宾身后两米,向他背部连开了3枪。可事后的调查却让我们不相信这只是一起简单的刺杀案件。此前,由以色列最高法院组成的调查委员会通过技术鉴定认定,拉宾遭枪袭的具体时间是在9时50分,然而,在一张记录逮捕阿米尔过程的照片上,一个警员的手表上却清晰地显示着时间为当晚9时30分。更令人迷惑不解的是,当天拉宾的尸检报告上注明拉宾身中两弹,致命子弹是从胸口进入,穿透心脏,可能是一个职业杀手拿枪抵住拉宾的胸口射击的。在表面凶手阿米尔的背后也许还有一个真正凶手,那他究竟是谁,为什么能够如此近距离地行刺?

拉宾死后,一些媒体揭露:早在当年7月就有人向政府举报过阿米尔有刺杀总理的企图。但是不知道什么原因没有引起重视,这是故意放纵还是无意忽视,让人怀疑。拉宾的保镖声称刚听到枪声,他就把总理压在了身下,可是遇刺现场并没有发现任何血迹,这让人怀疑拉宾是在驱车赶往医院的路上第二次被暗杀的。更奇怪的是,拉宾的司机当天表现十分反常。这位赛车高手兼作总理的贴身保镖,居然用了20分钟才把总理送到医院,而实际上那段路开车仅用5分钟就能到。而在汽车到达医院时,竟然连一个迎诊的医生都没有。一系列不正常的事情让我们怀疑拉宾遇刺案的真相到底是什么。

在过去的纪念拉宾八周年的集会上,总统佩雷斯谈到此事,认为拉宾之死背后确有阴谋,并透露拉宾实际中了3发子弹,而且这3发子弹不是来自一个枪手。佩雷斯的话让我们又多了一条新的线索——"凶手不是一个""中弹数据是3",这更激发了人们心中的好奇。到底是谁杀死了拉宾?真情表露的佩雷斯又在阴谋中扮演什么角色呢?受人尊敬与爱戴的拉宾去世已经14年了,可谋杀他的真凶何日才能缉拿归案呢?

东方的女儿——贝娜齐尔·布托

> 他们把我看成是自由的希望,希望我来阻止争斗。成想起马丁·路德·金的话:"我们对重大事件沉默之日,即是我们生命结束之时。"我把信仰交给真主,把命运交给人民。
>
> ——贝·布托

政坛"铁蝴蝶"

贝娜齐尔·布托,简译为贝·布托,巴基斯坦前总理、人民党领导人。1953 年 6 月 21 日生于巴基斯坦南部港口城市信德省的卡拉奇市。35 岁的时候,贝·布托继承其父阿里·布托的衣钵,于 1988~1990 年和 1993~1997 年两度出任巴基斯坦总理。是伊斯兰世界的第一位女总理,因而有政坛"铁蝴蝶"的美誉。

作为政治世家里的长女,贝·布托从小便受到了良好的政治培养。在父亲被残杀、家庭被迫害时,她并没有丝毫退缩和怯懦。而是凭着与生俱来的政治天赋和勇气,选择站了出来。在其艰难的政治生涯中,贝·布托曾 9 次被软禁和入狱,并被迫流亡国外。她在狱中的时间加起来已近六年。2007 年 10 月 18 日。一直流亡海外的贝·布托终于返回了她的祖国——巴基斯坦。

2007 年 12 月 27 日,在巴基斯坦拉瓦尔品第市举行的竞选集会上,一名枪手对准了贝·布托连开数枪。贝·布托在遇袭后被送往医院,不治身亡。随后,穆沙拉夫宣布:全国实行红色警戒,全国为贝·布托哀悼三天。

"布托家族万岁",成了贝·布托生前的最后一句话。布托家族,这个一直处在风雨飘摇之中的显赫家族,一直承载着卸不掉的民族责任。27 年前,在前总理阿里·布托被军人政府送上绞刑架的那天。无数巴基斯坦人为之痛哭。多年以后,当勇敢的东方女儿贝·布托再次走上险恶政途并两任总理之时,全世界都为这只"铁蝴蝶"动容。

最后一抹口红

2007 年 12 月 27 日下午,巴基斯坦人民党在拉瓦尔品第市利亚卡特·巴格公园举行集会。作为人民党主席的贝·布托到场发表讲话。演讲开始前,贝·布托特意检查自己的妆容,并拿出随身携带的口红涂了起来。她没有想到,这竟是自己最后一次化妆。

演讲结束后,为了表示对支持者的感谢,贝·布托拉开车门准备下车露面。就在这时,一个瘦瘦的年轻人从她的车子后面直冲过来,然后举起枪射向贝·布托,贝·布托的颈部与胸部中弹。随后,现场发生剧烈爆炸。在送往医院后,贝·布托因抢救无效身亡。

然而,贝·布托的死一直以来就像是一个谜,很多的说法都让人产生质疑,让很多爱她的人为之痛心。那么,这只勇敢的"铁蝴蝶"的死因究竟如何呢?

据称,贝·布托当时受到来自不同方向的攻击,而导致其死亡的是一种激光武器,贝·布托的主治医生表示,贝·布托的情况是他"一生中首次遇到。"她的伤口并非子弹造成,部分脑髓和血液从头部流出,在她抵达医院以前就已死亡。

让贝·布托死因更扑朔迷离的是巴基斯坦当局和贝·布托助手各执一词。2007 年 12 月 28 日,巴基斯坦内政部人员表示,替贝·布托进行紧急救治的医师在她体内并未发现子弹或是炸弹碎片,贝·布托是因为撞击到车顶窗户的后半部,车窗支杆穿入其右耳处，导致头骨断裂死亡的。但是贝·布托的支持者和助手拒绝接受当局的这一说法。贝·布托的高级副手勒赫曼在第二天就表示，她在帮助清洗贝·布托遗体时，在其头部发现了明显的弹伤。同时，内政部部长哈米德·纳瓦兹宣称：杀害贝·布托的幕后黑手是基地组织和塔利班人员。而被巴基斯坦内政部指控杀害人的基地组织的一名发言人马上做出回应，否认刺杀贝·布托。贝·布托生前领导的巴基斯坦人民党也对政府的说法提出质疑，谴责官方试图陷害迈赫苏德。

2008 年 1 月 4 日，调查结果又有了新的变化。巴基斯坦人民党负责安全事务的官员哈桑·鲁尼尔在接受记者采访时称，贝·布托在拉瓦尔品第遇刺当天，一名贴身随从行迹相当可疑。在后来媒体公布的现场录像上显示，当贝·布托正在发表演讲时，这名随从竟然在自己的喉咙部位做了一个切喉的手势，这一举动显得既不合理也不正常，很可能是暗示恐怖分子可以发动暗杀行动了。但就在警方即将对他进行传讯调查时，这名随从却匆忙地秘密出逃了。

究竟刺杀真相是怎样的？也许只有等历史去慢慢见证了。

猪湾事件之谜

1961 年 4 月 17 日，美国雇佣军突袭古巴，获知此事的卡斯特罗在猪湾附近指挥了反击，仅仅 72 小时古巴军民便全歼了美国雇佣军。这就是震惊世界的猪湾事件。事后双方均保持了低调。那么，是什么导致这次事件中入侵者的失败呢？

滑稽的入侵

1959 年 1 月，卡斯特罗领导古巴人民推翻了美国长期扶植的巴蒂斯塔政府，建立了属于自己的革命新政权。从那之后，卡斯特罗便成了美国的头号眼中钉。

从历史背景上看，古巴是中美洲最大的国家，又恰好在美国的"软下肋。"如果这样一个极具威胁的国家成了苏联的后防线，就等于在美国的咽喉处塞上了一根骨刺。为了能够推翻卡斯特罗政权，美国政府还曾做出了向古巴提供 80 亿美元援助资金的许诺。

从 1960 年起，美国中央情报局就开始在美国的佛罗里达州和多米尼加、危地马拉、洪都拉斯纠集古巴流亡分子，为登陆古巴、推翻卡斯特罗革命政权做着准备。1961 年 4 月 4 日，当选不久的肯尼迪总统在五角大楼和中央情报局官员连席会议上，批准了代号为"冥王星"的作战计划。17 日，由 1400 名古巴流亡分子组成的美国雇佣军"古巴旅"乘船悄悄抵近猪湾。但上岸后不久的"古巴旅"即被古巴方面发觉了。

在得知入侵消息后，只有 34 岁的卡斯特罗游刃有余地指挥着反击战斗。在古巴军队的反击下，"古巴旅"开始渐渐退却。17 日下午，古巴空军击落了 6 架敌机，炸沉了一艘运载着一个雇佣军的"豪斯顿"号运输船。当晚，美军舰企图以火力阻止古巴各部队对

卡斯特罗发表演讲

"古巴旅"的反击,但未奏效。仅一天的战斗,卡斯特罗军队就使"古巴旅"无法补充弹药和装备。

18日上午,古巴空军的飞机再次轰炸了入侵者的船只,并击落了为入侵者进行空中掩护的4架轰炸机。没有空中掩护的"古巴旅"在古巴军队的坚决打击下,滩头的阵地越来越小。19日,被包围的"古巴旅"弹尽粮绝,只好投降。

猪湾事件让美国政府大为难堪,仅仅72小时的入侵,成了世界媒体争相嘲讽的对象。美国总统肯尼迪不得不在美国大众面前公开承认猪湾事件是一件绝不能再发生的错误,然后声称对该事件负全责。

美国中情局的策划

猪湾登陆的失败有许多因素,原定的空中支援迟迟未出现;预计会在登陆后出现的内乱也只是一枕黄粱美梦而已;而古巴革命力量的反击也是出乎登陆者的意料之外的。

40年后,在美国历史学家组织下,当年交锋的双方再次坐到一起,回顾了猪湾事件的始末。卡斯特罗翻出一份对其1959年美国之行的评估报告,微笑着说:"低估这个人,将是一个严重的错误。虽然他的外表看上去有些天真、无知,但他显然有着坚强的意志,是一个天生的极具鼓动性和自信的领导人。"

看来美国人并没有低估卡斯特罗的能力和威望,那么这次入侵事件不就有些滑稽了吗?其实,事情远没有那么简单。

据美国与古巴双方面的解密档案显示,猪湾事件完全由美国中情局一手策划。中情局为了给干涉古巴事务找到冠冕堂皇的借口,甚至故伎重演,借鉴1954年颠覆危地马拉政府时的经验,有意识地推动古巴与苏联结盟。

1960年3月，美国中情局局长艾伦·杜勒斯向白宫递交了一份计划，提出把聚集在佛罗里达的古巴流亡分子组织起来进行训练，并在古巴内部开展秘密活动，以此推翻卡斯特罗政府。此项计划得到了前后两任总统的首肯。

1961年4月17日，代号为"猫鼬行动"的入侵活动拉开了猪湾事件的帷幕。令人没有想到的是，卡斯特罗军队仅用了短短的时间就挫败了美国中情局计划周密的入侵。那么，在强大的美国政府支持下，入侵行动为什么会失败呢？关于这点，长期以来众说纷纭。在美国国内，有些人把失败归因于中情局的轻敌——对古巴国内会响应入侵的反卡斯特罗政权的人数过分乐观。

中情局一向做事谨慎，在准备不周的情况下，为何会匆匆策划这次入侵？况且肯尼迪曾在战斗爆发的第二天表示，"我们的克制是有限度的""如果必要，就单独行动"，以"保卫自己的安全。"那么肯尼迪政府为何又食言撤回了空中支援，使古巴流亡武装陷于孤立无援的境地？苏联在此事件中又扮演了什么角色呢？

外飞的伊拉克战机

1991年1月17日~2月28日，以美国为首的多国联盟在联合国安理会授权下，为恢复科威特领土完整而对伊拉克采取了军事行动，即"海湾战争。"这场战争对冷战后国际新秩序的建立产生了深刻影响，同时也给现代高技术条件下的军事问题带来了新启示。

海湾战争

海湾战争是由伊拉克对科威特的入侵而引发的。历史上，由于种种原因，伊、科两国围绕主权和边界问题一直存有争议。随着两伊战争的结束和世界两极体系的瓦解，伊、科争端进入了白热化状态。长期被出海口问题困扰的伊拉克，希望在新的国际形势下，迅速实现国家的发展，从而免除两伊战争中欠下的巨额债务，成为海湾的地区性强国。1990年7月中旬，由于石油政策、领土纠纷、债务等问题，伊拉克、科威特以及阿拉伯联合酋长国之间的争端突然公开化。紧接着，伊拉克向科威特提出一系列要求，在遭到拒绝后，伊拉克政府下了以武力吞并科威特的决心。

1990年8月2日凌晨1时，在经过周密准备之后，伊拉克共和国卫队三个师越过伊科边境，突然向科威特发起进攻。与此同时，一支特种作战部队从海上对科威特市实施直升机突击。科威特埃米尔（科威特国家元首的称谓）贾比尔·萨巴赫仓促中携部分王室成员逃到附近的美国军舰上。埃米尔的胞弟法赫德亲王在保卫王宫的战斗中阵亡。8个小时后，伊军基本控制了科威特市。到下午4时，伊军占领了科威特全境，并将科威特划归其第19个省。

联合国制裁

伊拉克入侵科威特事件引起了全世界的震惊。为此联合国先后多次通过反对伊拉克入侵科威特并对伊实施制裁的决议。1990年8月2日至3日,美国在国家安全委员会上决定,采取大规模军事部署行动,以迫使伊拉克撤军,并为必要时采取军事打击行动做好准备。8月7日凌晨2时,布什总统正式批准了由负责中东地区防务的美军中央总部拟定的"沙漠盾牌"行动计划。在经过两个阶段的部署以后,美军在海湾地区的总兵力达到了43万人,其中陆军26万,海军5万,空军4万,海军陆战队8万。主要武器装备有:坦克1200辆,装甲车2000辆,作战飞机1300架,直升机1500架,军舰100余艘。连同其他国家出动的总兵力达50万。部分未出兵国家提供了武器装备、舰船、飞机和医疗队。

伊拉克共和国卫队的T-72主战坦克

1991年1月17日,以美国为首的多国部队轰炸巴格达,海湾战争爆发。面对美国和其他国家的出兵行动,以及国际社会的经济制裁,伊拉克采取了相应对策:在做好军事防备的同时,草拟总的战略指导思想,拖延战争爆发,使海湾冲突长期化、复杂化,进而分化以美国为首的军事阵营,打破对伊拉克的各项制裁,保住既得利益。为此,伊拉克在外交上打出了"圣战"的旗号,并将撤军问题同以色列从阿拉伯被占领土撤军联系在一起,以转移阿拉伯国家的矛头指向;在经济上采取了对内紧缩,对外寻求突破口的政策;在军事上则加紧了扩军备战,使军队总兵力达到77个师、120万人。同时加强了科战区的兵力部署,按三道防线共部署43个师,约54万人,坦克4280辆,火炮2800门,装甲输送车2800辆。但此时的美军早已估计到伊拉克拒不撤军的情况,在开始执行"沙漠盾牌"计划的同时,即已拟订了代号为"沙漠风暴"的军事打击行动计划。

1991年2月24日凌晨4时,多国部队向伊军发起了大规模进攻,将海湾战争推向了最后阶段。至28日晨,科威特城已全部被阿拉伯部队控制,多国部队也大多完成了各自任务。鉴此,布什总统下达了当日当地时间8时暂时停火的命令。整个地面进攻历时

100 小时。

暂时停火以后，伊拉克表示接受美国提出的停火条件和愿意履行联合国安理会历次通过的有关各项决议。在此基础上，联合国安理会于 4 月 3 日以 12 票赞成、1 票反对、2 票弃权通过了海湾正式停火决议，即第 687 号决议。海湾战争至此宣告结束。

伊机外飞之谜

海湾战争中，伊拉克伤亡约 10 万人（其中 2 万人死亡），17.5 万人被俘，29 个师丧失作战能力，损失惨重。但伊拉克的百架战机却在神秘外飞后意外地幸存了下来。为此，西方新闻媒体曾对伊机外飞事件大肆报道。伊拉克战机为什么会在岌岌可危的战争中突然倒戈外飞呢？很多人给了不同的说法，然而这些都真真假假，扑朔迷离。

一种说法认为这是伊方的"韬晦之计。"海湾战争爆发后，伊朗即宣布中立以自保。而刚刚结束的两伊战争又使双方敌对关系有所缓和，在这种情况下，占据军事劣势的伊拉克考虑：与其凭借地下防护体将战机留在国内保存实力，倒不如将一些较为先进的飞机保存在中立国伊朗境内，故而战机纷纷外飞。

一部分西方人士纷纷猜测，伊国内的一起未遂政变可能是伊机外飞的直接原因。苏联某官方通讯社对于这一揣测也给予了证实。报道如下：伊拉克在海湾战争中表现不力，致使多国部队节节胜利，萨达姆颜面大失，遂将两名空军司令以"防空不力"罪处决。随后，一些属于这两位司令派系的空军将领及飞行员旋即发生政变，未果。政变败露后，牵涉其中的一部分官员即驾机出逃，寻求政治避难。

另有消息宣称，除向驻科伊军投放大量的收音机以及传单之外，多国部队还在美国示意下向伊本土投了数以百万计的传单，规劝他们弃械投降。故而许多人推测，伊空军有可能是临阵脱逃，以免多国部队"以石击卵"，做无谓的牺牲。

"出逃"抑或"避难"，"阴谋"抑或"无奈之举"，"厌战"抑或"保存实力"……至今这一系列疑团仍萦回于人们的脑海中，引起多方揣测。只是这些扮演神秘角色的外飞战机何去何从，却不得而知。

《记忆的永恒》寓意何在？

20 世纪是各种新派艺术和新派思想大行其是的时代，种种流派也出现在了绘画史上。有一派叫作超现实主义。此流派画家强调梦幻与现实的统一才是绝对的真实，他们力图把生与死，梦境与现实统一起来，这使得这一派别的作品都具有神秘、恐怖、怪诞等特点。《记忆的永恒》就是这一派的代表作之一。

达利和他的主义

《记忆的永恒》，油画，超现实主义最负盛名的绘画之一。其由西班牙画家达利 1931 年绘成，高 24 厘米，宽 33 厘米，现藏于纽约现代艺术博物馆。

该画展现的是一片空旷的海滩，海滩上躺着一只似马非马的怪物，怪物的脸像是一个只有眼睫毛、鼻子和舌头，荒诞地组合在一起的人头；怪物的旁边是一个平台，平台上有一棵枯死的树；在树上又挂着几只钟。这几只钟表不是悬挂，而是像挂毛巾那样挂着，由此都变成了柔软的有延展性的东西。它们一只挂在树枝上，一只搭在平台上，还有一只披在怪物的背上。

萨尔瓦多·达利，1904 年出生于西班牙，1989 年逝世。他是一位超现实主义绘画大师级人物，与毕加索、马蒂斯一起被认为是二十世纪最有代表性的三个画家。

达利 1921 年进入马德里的圣费尔南多学院学习，不过分别在 1923 年和 1926 年两度被逐出校门。他在校期间曾专门学习过学院派方法，并对立体派、未来派等做过尝试性探索。然后他自身发生了两件事情：一件事情是他在这期间读到弗洛伊德的关于性爱对于潜意识意象的著作；另一件事情是他结交了一群才华横溢的巴黎超现实主义者，这群艺术家在努力证明人的潜意识是超乎理性之上的"更为重大的现实"，即超现实。在此影响下，达利开始走向超现实主义，1927 年，他完成了第一幅超现实主义油画《蜜比血甜》，并于 1929 年夏正式加入超现实主义阵营。

超现实主义深受叔本华等人的影响，怀疑所谓的现实存在，另外又受弗洛伊德的影响，追求潜意识对人的支配。他们强调受理性控制和受逻辑支配的现实其实不是现实，只有将梦幻与现实结合起来才是绝对的真实、绝对的客观。因此超现实主义者主张把生、死、梦、现实、过去、未来结合在一起，把它们统一起来。于是他们的艺术作品纷纷呈现出神秘、恐怖、荒诞、怪异的特点。

达利曾经说过："我同疯子的唯一区别，在于我不是疯子。"达利其实是个行为艺术家，他精心侍弄他的小胡子，使之成为其身体上的一道风景线。他撰写了一本《萨尔瓦多·达利的秘密生活》，装腔作势地进行各种宣传。可见他自己本身就是个超现实的存在。

据说达利在画《记忆的永恒》时曾经住到精神病院，他认为他们的言论和行动往往是一种潜意识世界的最真诚的反映。

寓意何在？

《记忆的永恒》一出，顿时哗然。大家都对其主题莫衷一是。

有人认为画中表现的是画家对童年时代的某种追忆。这一观点也是来自弗洛伊德的启发，弗洛伊德认为人的心理来自幼年的印记，所以论者认为画家在追忆童年。那么，画家追忆到了什么呢？

有人认为此画表现的是画家对历史永恒的恐惧感。当人类不复存在，当周遭只剩下虚无的空间，那么时间何所依靠？所以在其笔下，用坚固材料制成的时钟，才显得如此疲软。是永恒的时间让时钟厌倦，也是长久的历史让人类畸化。

有人根据画面上的时钟将作品主题解释为无法逆转的时间流逝所带来的强迫观念，那怪物是眼睛的象征，大海则是久远时间的象征。大海的无穷无尽正如时间，当眼睛面对它时，不得不感觉疲惫。

也有人认为作品实际上表现了画家"对阳痿的恐惧"，这也是从弗洛伊德理论中所得到的结论。弗洛伊德认为梦中都是性的体现。因为画面上多次出现如面饼一样瘫软的物体。画面中间有一个奇怪的扭曲物体，人们通常认为它是达利面部的变形，也有认为这个怪物象征着女性，因此该画体现的是性，体现的是画家对于性的恐惧。

不管作品暗藏着什么含义，但离奇怪诞的画面仍表现出强烈的视觉冲突感。

似真似幻

有人说，其实不用去猜测其主题，因为他本来就是描绘像做梦一样不可名状之情形，描绘潜意识中的东西，非要给个解释，岂不是像在解梦。但是问题是，此画真的是无意识的吗？

虽然达利自己称此画是在毫无干预地描绘一场梦幻的存在，但是此画是真是幻却惹人争议。在画面中，清晰的物体无序地散落在画面上，无限深远的背景，给人以虚幻冷寂、怅然若失之感。但实际上，这些看似偶得的幻觉形象，必定经过了画家相当的努力；而看似无意识的画面，必定是有意识安排的结果。

弗洛伊德曾这样对达利说："你的艺术当中有什么东西使我感兴趣？不是无意识而是有意识。"也就是说其实这些画是达利有意识安排的无意识。毕竟作画不是做梦，当梦幻呈现出来时，它必然要携带现实的投影。

基洛夫遇刺之谜

1934 年基洛夫在办公大楼被谋杀，凶手和嫌疑人，知情者接连死亡。重重的政治迷雾，让世人终究难以了解事件真相。基洛夫是 20 世纪 30 年代苏联共产党内最有影响的领导人之一。

不同意者只有 3 票

基洛夫生于 1886 年，青年时代加入俄国社会民主工党，投入反对沙皇专制的斗争。他参加过彼得格勒十月武装起义，还曾经领导苏联红军击溃白军叛乱。从 1926 年起，他任联共(布)列宁格勒州委书记和中央委员会西北局书记,工作表现出色。1930年,基洛夫被选为中央政治局委员,1934年任党中央委员会书记。

在工作中,基洛夫是斯大林的下属,据说他们个人关系也非常不错。他虽然在大政方针问题上支持斯大林,但又在某些方面保持独立见解。在20年代末30年代初,苏联的"阶级斗争"扩大化,无端地镇压党内外知识分子的活动,基洛夫对此有很大的保留。由于光明磊落、心底坦然,据说他在党内的个人威信甚至超过了斯大林本人。在1934年1月联共(布)第十七次代表大会选举中央委员时,不同意基洛夫的只有3票,而不同意斯大林的则达270票之多。

谁是幕后的策划者

1934年12月1日下午4点半,基洛夫步履轻快地走进斯莫尔尼宫大门。没等警卫员跟上来,他独自一人上了三楼,向一个办公室走去。当他站下开门的时候,身后响起了低沉的枪声。基洛夫中弹后立即倒在地上,凶手由于神经过于紧张,也摔倒在地,失去了知觉。大楼里的工作人员听到枪声后,纷纷从各自的办公室奔出。警卫人员随后赶到,逮捕了凶手。

经调查,凶手名叫尼古拉耶夫,1934年他因对自己的降职处分提出抗议而被解除职务,并被开除党籍。据说在此期间,他的神经已经不正常。他认为自己的遭遇是党内官僚主义所导致的,他还幻想自己能干出一番轰轰烈烈的事业。他的"一位朋友"利用他的这种过激情绪,唆使他进行恐怖活动,并为他准备了一支手枪。尼古拉耶夫选中基洛夫作为谋刺的对象,两次企图在基洛夫散步时行凶,但都未果。

种种迹象表明,正是那个朋友在背后操纵着尼古拉耶夫,把精神失常的尼古拉耶夫一步步地引上谋杀基洛夫的歧路。那个神秘的朋友究竟是谁? 人们不知道。在基洛夫遇刺身亡的当天,那个人就失踪了。

基洛夫遇刺后,据说斯大林当即决定要亲自调查。斯大林首先审问尼古拉耶夫,当被问及"你是从哪儿弄到手枪"时,尼古拉耶夫指着站在斯大林身后的内务部负责人扎波罗热茨说:"你为什么问我这个? 请你问他。"斯大林非常生气,命令把他押下去。尼古拉耶夫当即被架出,到门口时他想回头向斯大林说些什么,但却马上被推出门外。4个星期后,《塔斯社》发布消息说,尼古拉耶夫已被枪决。

接着受审讯的是基洛夫的警卫队长鲍利索夫。但是,据说他在被押解途中遇车祸丧生。后来有人调查指出,这根本就是一个谎言。押送鲍利索夫去受审的是一辆大卡车。而押解犯人通常是用小轿车。负责押送的是三个内务部人员,两个手持铁棍坐在鲍利索夫身旁,另一个坐在司机旁边。当卡车经过一座仓库旁的一面高墙时,不知道为什么猛向大墙冲去。但司机机灵地矫正了方向,避免了车祸。卡车到达审问地后,人们才发现鲍利索夫已被人用铁棍击毙。但内务部的人员却报告说,鲍利索夫已在车祸中丧生。

押送鲍利索夫时坐在车厢里的两个内务部人员后来也被杀,而鲍利索夫的妻子被强制送进疯人院。据说一次她乘隙逃了出来,跑到斯莫尔尼宫,要求给予保护,说有人想毒死她。经内务局同意,她被送进列宁格勒市立医院,但不久就死在了病床上。有人说,有迹象表明她是被毒死的。

这样,几乎所有的知情者均死于非命,甚至连列宁格勒州和列宁格勒市党政领导机关的几百名负责人员也未能幸免。人们认为,他们可能知道有关预谋陷害基洛夫的一些事实。他们的结局也说明基洛夫被刺杀不是偶然的,而是经过周密谋划的。

基洛夫被刺杀身亡已过去半个多世纪了。但是,究竟谁是真正的幕后策划者,时至今日众说纷纭,莫衷一是。案发的当年,当事者没有或者不愿查清这一复杂案件的各种细节,就仓促地结了案,留下了许多空白。事隔半个多世纪,要查清真相更非易事。

斯大林夫人娜佳死因之谜

斯大林的妻子娜佳在克里姆林宫突然死去。是自杀是他杀,为何猝死,外界对此有各种传说。人们普遍认为,她的死因值得探究。

饮弹身亡

1932 年 11 月 8 日清晨,莫斯科克里姆林宫和往常一样显得格外安宁。管家瓦西里耶夫娜准备好了精美的早餐,就去叫斯大林的夫人娜杰日达·阿利卢耶娃(娜佳)。但屋里没有反应,她就轻轻地推开门。卧室里的景象一下子把她惊呆了:只见娜佳已倒在血泊之中,手里握着一支"松牌"袖珍手枪,尸体已经冰冷。

事后查明,在 7 日夜晚,她和伏罗希洛夫、莫洛托夫等党政领导人一起参加了在克里姆林宫举行的十月革命 15 周年庆祝宴会。可她中途退场回到了住所,据说在卧室给丈夫写下了一封绝笔信,然后亲吻了熟睡在床上的儿子和女儿。接下来,就发生了 8 日清晨的那一幕。娜佳时年 32 岁。

当然,这一切细节当时并不为外界所知。苏联官方报纸没有提到娜佳死亡的详情,只报道了她因病逝世的消息,还发表了病情公告。但当时就有人认为,这显然是伪造的。才貌超群、性格活泼的斯大林夫人突然死亡,这马上引起了巨大震动。当时,各方面都想知道她猝死的真正原因。驻莫斯科的外国记者团由于得不到官方的具体解释,只好满足于传遍全城的各种小道消息,例如娜佳死于车祸、死于阑尾炎等等,完全不着边际。

在苏联政府高层内部的传闻和事实比较接近:娜佳是在 11 月的一个夜晚饮弹身亡的,即她是在同斯大林发生激烈争吵之后被谋杀或自杀的。在当时国家政治保安局的工作人员中,就流传着两种说法:一种认为娜佳是开枪自杀;另一种则断言她是被斯大林枪杀。当然,人们只是在背后窃窃私语。

斯大林去世后,内幕渐渐透明。但几十年来,娜佳究竟是否死于自杀仍有争论。娜佳的女儿斯维特兰娜坚持认为,她母亲是自杀而死的。可有不少人仍反对这种说法,如苏联著名的政治活动家苏瓦林在《斯大林》一书中曾专列一节探索娜佳悲剧。他说:"虽然自杀一说在当时是可信的,但时到今天,这种说法在克里姆林宫的圈子里,也已经非官方地否定了,同时,权威的见证人也否定了它。"

如果是自杀,原因何在? 据说娜佳死后不久,斯大林本人曾经提出这样一种说法:他妻子得了病,本来已开始好转,可她不听医生的劝告,下床过早,结果导致了并发症和死亡。但是,随着年事渐高,斯大林开始有愈来愈多的"真情流露。"他经常咒骂娜佳生前读过的书、结交的好友,咒骂送给娜佳手枪的巴维尔(娜佳的哥哥)。显然他觉得这一切都和娜佳自杀有关。但相信娜佳死于自杀的人们分析,娜佳的死有着极为复杂的家庭和政治原因。

缘于国内潜在的政治危机?

有人认为娜佳的自杀是苏联国内潜在政治危机的一种表现,她的死完全出于政治原因。他们引用斯维特兰娜的话说:"母亲的遗书充满了控诉和谴责,在某种程度上是一封政治信件。父亲在读完这封信后会想,妈妈站在当年反对派的行列里了。如果她没有死,那么她以后的命运会是如何的呢? 不会有什么好事等着她。早晚她会成为父亲的敌人。当她看到她的好朋友,如布哈林、叶努基泽等都一一死去,她是决不会沉默的,她是绝对熬不过去的。"这就是说,娜佳是在"以死抗争。"

也有人认为,不妨还可以从斯大林和娜佳两人的性格冲突中寻找娜佳的死因。娜佳感情细腻,为人豪放而深沉。她不依附丈夫的权势,遇事有自己的主见。而斯大林的"大男子主义"严重。客观上,斯大林有一个"自己的世界",他主宰着一个大国的命运,这就决定了他要具有钢铁一般的意志,果断、沉稳,甚至是冷漠、专横。他忙于国家大事,运筹帷幄,无暇顾及妻子,对她的感情不屑一顾,对她的劝告也听不进去;加上他平时喜欢酗酒、性情暴躁、说粗话,这些都激起娜佳极大的反感。性格、情趣的不和,再加上心理、年龄上的差异,必然会导致悲剧的发生。

鲍里斯·巴扎诺夫在其所著的《我曾是斯大林的秘书》中另有一说。娜佳在家里几乎与外界隔绝,生活很空虚,常常暗自叹息。于是,1932 年斯大林把她送到某工业学院学习。当时,正是斯大林开始进行党内清洗和强制推行集体化的时期。一些来自农村的学员听说新来的女学员是斯大林的妻子,开始都保持沉默,后来他们逐渐感到娜佳是个好人,富有同情心,可以信赖,就把他们在农村亲眼见到的可怕遭遇,如实告诉了娜佳。娜佳大为震撼,回家把这些听到的情况报告给了斯大林。可是,斯大林将所有批评者全部处决了。娜佳得知了这一切后,在极度痛苦中自杀了。

被斯大林枪杀?

但是,根据苏联文艺界知名人士根得林透露出的消息,娜佳是被斯大林亲手枪杀的。

其实,早在1932年到1933年,就开始有谣言说,斯大林因为他的妻子同托洛茨基分子有联系,开枪打死了她。有些人倾向于相信这种说法。那么根得林的说法是否可信呢?麦德准杰夫等历史学家对这一说法始终持否定态度。他们认为,假使确实是斯大林杀死了他的妻子的话,那就无法掩人耳目。在他周围,对他心怀妒忌的人太多了,更不用说他以前的反对派对手了。他们那时还没有被捕,并且通过各种渠道和党的最高层人物保持着接触。那时娜佳的父母还在,他们也不会对女儿的被杀逆来顺受,她的兄弟姐妹们也不会保持沉默的。

显然,娜佳之死是一个多重的悲剧。既是她个人的悲剧,也是斯大林的悲剧;既是他们的家庭悲剧,也是当时苏联社会、政治生活的悲剧。

巴顿将军车祸之谜

在第二次世界大战中威名显赫的巴顿将军,战后不久就因车祸去世。有人认为,他们非单纯地死于一场"车祸。"

"血胆老将"

1945年12月9日,美国陆军四星上将乔治·巴顿将军在德国曼海姆附近遭遇了车祸。将军不幸身受重伤,经抢救无效,于12月21日在海德堡医院不治身亡。

巴顿将军在第二次世界大战中威名远扬,人称"血胆老将。"他于1885年出生于美国一个军人世家。先后就读于多所军校,如弗吉尼亚军校、西点军校、赖利堡骑兵学院及轻装甲部队学院。第一次世界大战期间,巴顿曾经跟随潘兴将军赴欧洲作战,并在指挥坦克作战方面显露出出色才能。第二次世界大战爆发时,他被任命为美国第二装甲军团司令,并参加1942年11月的北非战役。1943年7月,他率领第七集团军在38天内就攻下了西西里岛,显示出惊人的军事才能。1944年8月,他率军横扫法国德占区,所向披靡。巴顿因战功赫赫,于1945年4月被授予四星上将军衔。

然而又有谁能料到,这么一位久经沙场的老将,居然会在战争结束不久就死于车祸呢?

疑窦丛生的车祸

就在人们感叹巴顿将军的不幸结局时,有人提出:巴顿将军遇难的那场车祸十分可疑!许多人就此展开一系列调查,果然发现其中确实有许多可疑之处。

据说事发当日,巴顿将军所坐的轿车刚好遇上火车过道口。等火车驶过、栅栏杆升起后,轿车也开始向前慢慢行驶。突然,一辆卡车从左边来了个急转弯,还没等大家反应过来,只听"轰"的一声,两车相撞了。当时坐在轿车里的共有三个人,只有巴顿将军"倒霉。"他一头撞到车子隔板的钢架上,大量出血,而另两个人却是毫发无伤。同时令人觉得蹊跷的是,那个肇事的卡车司机居然在事发后溜掉了。是因害怕躲起来了呢,还是这原本就是预谋好的?

有人认为,从事发后的一系列调查情况看,这显然有预谋的倾向。

据报道,宪兵们在对现场进行的例行调查中,极为马虎和草率,没留下任何官方记录,以至于日后当人们查起巴顿的情况时,除了军方履历表外,其他方面居然无处可查。而履历中虽有他在服役期间的全部文献,却独独少了他遇难情况的有关材料。曾有人指出,最接近现场的人之一——宪兵队长巴巴拉斯中尉曾根据调查结果写了一份调查报告,但这份报告又到哪里去了呢?另外从巴顿将军的司机伍德林的作证书来看,那上面也留有明显的被篡改过的痕迹。而且甚至还有人说,当那辆卡车向巴顿将军的轿车猛撞过去时,有狙击手向巴顿发射了橡皮子弹,巴顿将军就是因为头部被子弹击中才死的。

谁是蓄意谋杀的幕后主使者

所有疑点似乎都表明,巴顿将军之死并非单纯因为一场偶发车祸,实际上有人蓄意制造了谋杀。究竟谁是幕后主使人?对此,人们纷纷提出了各种推测。

有人说,这是巴顿将军的上司精心策划的阴谋。因为据说在第二次世界大战结束以后,巴顿将军成了"亲德派。"当时他曾公开批评盟军"非纳粹化政策",并在记者面前把纳粹分子和非纳粹分子的斗争,不恰当地比作类似美国民主党和共和党之争。后来,据说他又考虑扶植德国几个未受损失的党卫军部队,打算挑起一场对苏战争。他还三番五次地与上司们对抗,甚至已经发展到随心所欲的地步。

巴顿将军

　　由此，一些美国历史学家甚至提出了具体的"假设"——艾森豪威尔很可能就是这一事件的主谋。他们认为，巴顿和艾森豪威尔的矛盾由来已久，艾森豪威尔因为担心巴顿会做出一些不利于他的事情。所以就和心腹一起酝酿了一个刺杀巴顿的阴谋。他最后以"车祸"事件，成功地拔除了自己的眼中钉。

　　也有人认为，巴顿将军的死可能与"奥吉的黄金"谜案有关。"奥吉的黄金"是指二战期间德军埋藏的一批黄金。据说当时美国一些高级将领在知道有这么一批黄金后，将它们盗获并据为己有了。事发之后不久，政府就指派巴顿将军出面负责调查此案。可是就在这个盗窃黄金案快要告破的关键时刻，巴顿突然遇车祸身亡了。这个时间上的巧合让人觉得，可能是那些军官们在事迹败露后采取了"过火"行动。

　　由于事情发生得太突然，见证人的回忆与说法也可谓五花八门。除了有人声称看到巴顿将军是"被枪杀的"以外，还有一种与众不同的证词。

　　1979 年 1 月，有一位名叫沙纳汉的中尉自称是巴顿将军死时"第一批在现场的人。"他否认巴顿将军是死于交通事故的传统结论，说"巴顿是在撞车事故发生 3 周后死于肺炎。"

　　人们对同一个历史事件有不同、甚至相去很远的看法，这本属正常。但"车祸""枪杀"和"肺炎"显然不可同日而语。既然对事实本身的认定都存在这样远的差距，难怪巴顿将军的死因至今仍是众说纷纭。

马丁·路德·金遇刺之谜

　　美国黑人民权运动领袖马丁·路德·金惨遭枪杀。后来凶手虽被捕获判刑，但其中仍有许多疑点。刺杀事件在全美产生了极大震动，为抗议恐怖刺杀行为，也为了悼念这位黑人领袖，美国出现了规模空前的黑人示威。

黑人民权领袖

　　1968 年 4 月 4 日傍晚，美国著名黑人领袖马丁·路德·金及其助手们，在田纳西州孟菲斯市的洛兰停车场旅馆 306 房间内进餐。吃完饭后，金走出房间来到阳台上，一眼就看到前来接他去参加集会的凯迪拉克轿车已停在院子里了。他同司机打了个招呼，示意他马上就动身。可就在这时候，枪声响了，马丁·路德·金无助地倒在了血泊中。

　　马丁·路德·金 1929 年出生于一个南方黑人牧师家庭，年纪轻轻就获得了文学学士、神学学士及博士学位。战后，美国社会种族歧视问题严重，年轻的马丁·路德·金积极投身争取种族平等的斗争。1954 年，他在阿拉巴马州蒙哥马利城浸礼会教堂任牧师。1955 年，他领导该城黑人进行"反对公共汽车上的种族隔离"斗争，并获得了最后的胜利。由此，马丁·路德·金名声大振，成为公认的美国黑人民权运动领袖。1957 年他任"南方基督教领袖大会"主席，1960 年 10 月底，他参加反亚特兰大一百货商店餐柜前的种族隔离运动。1963 年 8 月 28 日,他组织二十多万黑人进军华盛顿举行和平集会……

由于全身心致力于和平、进步事业,并作出巨大贡献,1964 年他获得了诺贝尔和平奖,享誉全世界。

凶手是名越狱犯

1968 年 4 月 3 日,他到孟菲斯支持城市卫生工人大罢工,但不幸第二天傍晚就遇刺身亡。

针对马丁·路德·金遇刺,美国警方立刻展开了调查,结果发现,凶手是从洛兰旅馆对面一家出租公寓的房间内开枪的。而根据经营这家出租公寓的贝西·布鲁尔太太说,4 日下午 3 点 15 分,有个叫约翰·威拉德的人租下了二楼一个窗口正对着洛兰旅馆的房间,并预付了一周的房租。但"凑巧"的是,此人在案发以后便失踪了。

出租公寓的房客查尔斯·斯蒂芬斯也向警方反映:在下午晚些时候,他曾听到约翰·威拉德的房间和公共浴室之间有人走动,而且脚步声还反复响起了好几次。原本斯蒂芬斯想上浴室,但他发现里面一直有人。枪响以后,他又看见有人匆匆离开浴室,向公寓外跑去,而且那人手里还拿了一个很大的"包袱。"

另一名房客威廉·安库兹在听到枪声以后也从房间里走了出来,结果恰好碰到一个男人朝他跑来。根据安库兹的回忆,那人手里拿着一包东西,边跑边用手捂住脸。当时安库兹就对他说:"我似乎听到了一声枪响。"那人应道:"是的,是一声枪响。"随后就向外跑去。

不久,警方在离出租公寓不远的大街人行道上,发现了一个被人丢弃的布袋,里面除了一架望远镜、一台收音机、两个啤酒空罐和一些零星物品外,还有一支口径 30.06 毫米的"雷明顿"牌步枪。

根据所掌握的这些线索,联邦调查局很快就确定了凶手的真实身份。

他是一个名叫詹姆斯·厄尔·雷的惯犯。1949 年偷打字机失手被捕坐了 3 个月的牢;1952 年又因抢劫一名出租车司机而再度入狱。出狱后,积习难改的雷再次抢劫,最后因情节严重而被判处有期徒刑 20 年。1960 年和 1966 年他两次越狱均未成功,但 1967年 4 月终于得逞。

越狱后的詹姆斯·厄尔·雷一开始化名约翰·雷恩斯,在伊利诺伊州内特卡的一家饭店从事洗碟子的工作。不久他花 2000 美元买了辆小车。接着他辞去工作,化名埃里克·斯塔沃·高尔特,开始了世界大周游:先到加拿大、伯明翰,再到墨西哥、洛杉矶等地。

1968 年 3 月 17 日,雷离开洛杉矶,途经新奥尔良、塞尔马和蒙哥马利。最后于 24 日到达亚特兰大,并住进了吉米·多尔顿·加德纳公寓。4 月 1 日,雷搬到雷伯尔停车场旅馆,4 日下午则住进了贝西·布鲁尔太太的出租公寓。在这里,他暗杀了马丁·路德·金。

令人不解的是,案发后雷居然把他的野马牌白色小汽车丢在亚特兰大,只身到了加拿大。接着在一个月后,他又拿着加拿大的护照去了伦敦。在他的犯罪史上,这还是第一次用伪造证件的方法来逃避警方的追捕!

雷在加拿大买的是往返机票,但警方发现他到了伦敦以后,居然把往返机票换成了从伦敦飞往里斯本的班机客票。而他在 5 月 7 日抵达里斯本后,又于 17 日飞回伦敦。在费了一番周折之后,美国联邦调查局人员终于在 6 月 8 日在伦敦的希思罗机场将他正式逮捕归案。

由于落网的雷对所犯罪行供认不讳,审讯进行得异常顺利,结果他被判处 99 年徒刑。可审判才结束雷就反悔了。他坚持自己是无罪的,并要求重新审理此案。这就使人们对于这起案件产生了许多疑问。

而事实上在此之前,人们早就在雷身上发现了许多疑点。

他为什么杀害马丁·路德·金

1967 年越狱前,他只不过是一个让人"啼笑皆非"的三流窃贼:偷打字机时会把自己的存折丢在那里;逃避警方追捕时,虽躲进了电梯间,却会忘记关电梯门;抢劫杂货店后驾车逃跑时,又会因急转弯而被甩出车外;两次越狱都被当场抓获……然而就是这样一个笨蛋,却在 1967 年"越狱成功",并突然过起了富裕体面的日子,成为一名挥金如土的旅行家。

这就不禁使人发问:究竟是谁在支付雷的这一大笔费用? 为什么雷在越狱前后会完全判若两人? 如果雷的背后真有人在策划主使的话,那么这人是谁? 他为什么要杀害马丁·路德·金?

根据金遇刺前后的事态发展,甚至有人认为联邦调查局卷入了这个案件。据说早在20 世纪 50 年代初,联邦调查局就开始"关照"马丁·路德·金了。后来他们认为金受了共产党的影响,还于 1964 年针对金的行动制定了所谓的"消灭金小组"计划。联邦调查局局长胡佛也曾经在他举行的记者招待会上,把金称为"全国最大骗子。"当金获得诺贝尔和平奖时,据说胡佛又派人送去一封恐吓信,要他在拿到奖金之前"自毙以谢国人。"

虽然联邦调查局对马丁·路德·金的政治活动采取的卑劣手法是人所共知的,但谁也拿不出确凿的证据来证明联邦调查局卷入了这场谋杀。

由于雷从被判处徒刑的那一刻起就不停地为自己翻案,否认"凶手是单独作案,不存在任何密谋",所以 1978 年 8 月,参议院凶杀调查特别委员会被迫重新开始调查马丁·路德·金被害一案。可是雷虽然一再强调他没有杀金,并声称自己是被卷入了一起杀害金的阴谋当中,但又说不出这起阴谋是怎么回事,也无法确认阴谋的其他参与者。结果,特别委员会在承认马丁·路德·金是死于密谋的前提下判定:雷应该完全承担杀人的罪责。因为不管有没有人帮助他,他确实向金开了枪。

复杂的案情使马丁·路德·金遇刺之谜最终仍然无法破解。詹姆斯·厄尔·雷成了此案的唯一一个服刑者。

美国的"英国王室"之谜

肯尼迪家族在美国素有"英国王室"之称。它曾经是美国最有权势的家族,也是最富有家族之一。但同时,它还是一个很不幸的家族:"神秘死亡"的阴影多少年来总是挥之不去。

显赫神秘的肯尼迪家族

提起肯尼迪家族,在美国恐怕是无人不知,无人不晓。它富有,在 1960 年时曾被《幸福》杂志列为美国第 12 大家族,估计拥有 2 到 4 亿美元财产;它显赫,家族成员中出过一位总统、两位参议员;它神秘,家族成员漂亮、优雅、充满活力,在全美民众心中有偶像般的地位,但也带有悲剧性色彩。

肯尼迪家族中最显赫的人,当属约翰·肯尼迪总统。而家族的历史,可溯及总统的曾祖一辈。

曾祖父从爱尔兰逃荒而来

肯尼迪总统的曾祖父是一名酒商。他于 1848 年从爱尔兰的威克斯福德郡逃荒来到美国的波士顿,时年 24 岁。1862 年,总统的祖父帕特里克·J.肯尼迪出生了,家族的发迹自他开始。帕特里克长大以后,在波士顿开了一个酒馆,同时兼营银行业。他积极参与当地的公共事务,渐渐步入政坛:担任过波士顿的电信督察、消防督察,还曾在马萨诸塞州的众议院和参议院任职。肯尼迪总统的外祖父约翰·F.菲茨杰拉德也是地方名流,长期担任波士顿市长。

英国星条旗

肯尼迪总统的父亲名叫约瑟夫·帕特里克·肯尼迪,1888年出生于波士顿。他1912年毕业于哈佛大学,25岁就成为本州最年轻的银行总裁,35岁时晋身"百万富翁"行列。1929年大萧条来临前,约瑟夫不择手段地积累了大笔财富,以致被人称为"流氓。"大萧条使当时美国许多名流巨富一夜之间倾家荡产,而约瑟夫凭借自己的"精明"使家族未受任何损失,以至约翰·肯尼迪后来在竞选总统时曾说:"我从没有真正地感觉到大萧条的存在。我只是在哈佛大学读书时从书本上了解到它。"

家族中一个总统两个参议员

财富上的成功,使约瑟夫开始对政治产生了浓厚的兴趣。1932年,他支持富兰克林·罗斯福竞选总统,并取得成功。罗斯福上任后,他被任命为新成立的美国证券交易委员会主席。1937年,他还主持了美国海事委员会,不久出任美国驻英国大使——这是当时美国驻外机构中的最高职务。后来,由于极力反对美国参加第二次世界大战,约瑟夫于1940年11月辞职。但正是由于约瑟夫·肯尼迪在个人财富、社会声望和政治权力等方面取得的辉煌成就,导致了后人所谓的"肯尼迪家族"在美国政坛兴起。

实际上,约瑟夫还亲自领导了家族向最高权力的"进军"。他提出一整套培植子女向国家最高权力冲刺的谋略:家庭至上,明确目标,打人海战术。他曾说过:"我的孩子都不做生意。钱并不重要,重要的是家庭。我告诉他们,当他们死的时候,如果他们的朋友能有五个那么多,就算是走运了。"果然,强将手下无弱兵,在他"必须力争第一号人物,而当第二号人物就意味着失败"的调教下,家族中先后出了一个合众国总统,两个联邦参议员。

始终笼罩着死亡与不幸的阴影

"福兮祸之所倚。"肯尼迪家族有幸运之神的频频光顾,但也有灾难不断降临。

约瑟夫的长子——小约瑟夫·肯尼迪,原本是家族中最受器重的。他以优等成绩毕业于哈佛大学,并于1940年时竞选马萨诸塞州出席全国大会代表的席位,获得成功。美国参加第二次世界大战后,小约瑟夫应征入伍为空军中尉。1944年8月,他在执行炸毁德国V—1型火箭发射器任务时,不幸于英国萨福克上空阵亡,年仅29岁。这样,次子约翰·肯尼迪理所当然地成了家族政治传统的继承人。他当上参议员后,曾说过这样的话:"促使我进入政界的原因恰恰是小约瑟夫的死,如果我明天发生了什么事,我的兄弟罗伯特将会在参议院代替我的位置。如果罗伯特死了,特德(老四爱德华的昵称)将代替他!"

不幸的是,这段话后来句句应验。

1961年,约翰·肯尼迪就任美国总统。1963年11月22日,入主白宫仅千余天的他,竟在达拉斯视察时遇刺身亡。1965年,罗伯特·肯尼迪和爱德华·肯尼迪同时当选为联邦参议员,一时传为佳话。但好景不长,灾难接踵而至。罗伯特1968年6月在洛杉矶争取民主党总统候选人提名，获得初胜时遭到暗杀；而爱德华虽能保全性命，却也是"一路坎坷。"他早在 1963 年就因飞机失事身受重伤，1969 年 7 月 18 日则与女秘书玛丽·乔·科佩琦驾车落水，险遭不测。

男儿多难，倒也罢了。总统的五个姐妹中，也有悲者：罗斯·玛莉是位智力低能者，她因智障和脑叶切除手术失败，自 1914 年始就住在精神病院。凯瑟琳则于 1948 年 5 月在法国旅行时死于飞机失事，她的丈夫也在二战中阵亡。

在总统兄弟几个的后辈人中，情况未见好转。罗伯特有三个儿子，一子于滑雪时意外丧生；一子因在旅馆吸毒过量而暴毙；第三个则因酒后驾车而造成一名女乘客终生瘫痪，一度成为电视"脱口秀"节目的一大话题。爱德华的一个儿子因癌症而被迫截除右腿。1999 年 7 月 16 日，肯尼迪总统的儿子小约翰·肯尼迪又遭遇厄运。他驾机前往马萨诸塞州的马塔斯文亚德，欲参加其堂妹罗莉的婚礼。但因气候恶劣飞机坠毁在长岛附近海面，他本人以及同机的妻子卡洛琳·贝塞特、妻姐劳伦·贝塞特全部遇难身亡。细心的人发现事有凑巧，这恰恰与爱德华遇车祸的时间相隔整整 30 年。

可见，这个出了一位总统、两个参议员、一大把众议员的家族，既有耀眼的光环，又始终笼罩着死亡和不幸的阴影。政治荣耀、社会声望与个人悲剧互相交织。如今肯尼迪家族仍有势力和影响。如果你到马里兰州，会发现那儿的地方名流中有约翰·肯尼迪的侄子；若到荷科瑞山一带去，那你最好先打听一下罗伯特·肯尼迪的遗孀爱瑟尔·肯尼迪的情况；如果谁想在出版业和旅游业有所作为，则最好先与爱德华·肯尼迪套套近乎！

大作家法捷耶夫为什么自杀？

亚历山大·亚历山德罗维奇·法捷耶夫是苏联著名作家，他的长篇小说《毁灭》和《青年近卫军》是蜚声世界文坛的杰作。法捷耶夫还是著名的社会活动家，曾长期担任全苏作家协会的领导工作。可是，这位深受广大读者欢迎和文艺界人士爱戴的才华横溢的大作家，突然于 1956 年 5 月 13 日在他的寓所、莫斯科郊外的佩列杰尔基诺开枪自杀，年仅 55 岁，正值文学创作的盛年。人们在无比震惊和惋惜之余，不禁对法捷耶夫自杀的真实原因进行了种种推测和探求。

法捷耶夫

绝命书

首先不妨让我们看一看法捷耶夫本人是如何解释自己为什么自杀吧。法捷耶夫自杀之前给苏联共产党中央委员会留下了一封遗信，这封充满绝望的绝命书读来令人肝肠寸断。对于法捷耶夫这样一个诚实的作家来说，人们没有理由怀疑他临死前写下的每一句话。绝命书开头就写道："我看不到继续活下去的可能，因为我一生为之献身的艺术已经被自信而无知的党领导扼杀了，现在已经不可挽救了。"接着，他在痛心地提到许多优秀的文学家在20世纪30年代大清洗中死于非命以后，着重控斥了斯大林去世后苏共新领导人对文艺界的粗暴和无知。因此，法捷耶夫决定："作为作家，我的生命已经失去了任何意义，因此我非常高兴地离开这样的生活，就像从丑恶的生存中得到解脱一样，在这样的生活里落到我头上的是卑鄙行为、谎言和诬蔑。"看了这封绝命书，似乎对法捷耶夫自杀的原因已经一目了然，其实没这么简单。一个思想十分丰富而又极为矛盾的大作家之所以做出自己结束自己生命这样可怕的选择，其动机无论如何不是一篇仅有千余字的书信所能全部说完的，何况信中谈到许多东西也不一定说清楚了。因此，对于法捷耶夫为什么要自杀的问题，实在还有不少疑团。

是否与斯大林有关

像《简明不列颠百科全书》这类西方权威著作一般认为法捷耶夫自杀纯系对苏共第二十次代表大会批判斯大林个人迷信的抗议。这些著作称法捷耶夫对20世纪30年代迫害文艺界人士应负何种责任尚不清楚，但是肯定他参加了第二次世界大战后苏共中央书记日丹诺夫组织的文学批判运动。斯大林去世时，法捷耶夫曾撰文称斯大林是"有史以来最伟大的人道主义者"，所以当斯大林受到批判后，他想不通自杀了。可以肯定，法捷耶夫在1956年5月13日自杀，与3个月苏共二十大公开批判斯大林、大幅度改变苏联原先的政策路线一事有关。不过到底是什么关系，恐怕不像西方某些人说得那么简单。

内心痛苦与内疚

首先，谁也没有发现法捷耶夫参与30年代迫害作家的事件证据。相反，法捷耶夫对此十分反感，认为这是叶若夫、贝利亚之流犯下的罪行。据苏联作家帕夫连科说，法捷耶夫曾当面向斯大林揭发过贝利亚。战后日丹诺夫组织的文学批判运动明显是错误的，法捷耶夫身为苏共中央委员和作家协会总书记不仅参与了其事，而且亲自批判过一些作家。对此法捷耶夫有多大责任呢？多数人认为不能苛求于他，他不得不服从上面的命令。此外，苏联作家伊万·茹科夫在1987年第30期和第31期《星火》杂志发表的连载文章认为："法捷耶夫在对待米·米·左琴科和安·安·阿赫玛托娃（这是日丹诺夫批判的两个主要作家）的问题上，表现出最大限度地人道主义和最大限度地正直。"文章还提到，正是由于法捷耶夫的呼吁，阿赫玛托娃受牵连的儿子才得以释放。而且有许多人证明，早在苏共二十大召开之前，法捷耶夫就开始为20世纪三四十年代蒙受不白之冤的某些作家恢复名誉而奔走。可见，法捷耶夫本人是正直的，但又不能与错误的批判运动脱离关系。为此他内心到底如何痛苦与内疚，在促使他自杀一事中到底起了什么作用，旁人不得而知。

对赫鲁晓夫恼怒

其次,法捷耶夫对赫鲁晓夫等苏共新领导人流露出明显不满和失望,但是这究竟是因为赫鲁晓夫批判了斯大林呢?还是因为他对文学事业横加干涉呢?对此也有争论。西方的观点多倾向于前者。法捷耶夫一直十分敬仰斯大林,认为20世纪30年代镇压无辜是叶若夫和贝利亚背着斯大林干的,因此他对赫鲁晓夫在苏共二十大批判斯大林感到极为震惊与不安。苏联许多作家认为法捷耶夫主要是对赫鲁晓夫粗暴对待苏联文学感到恼怒。他曾在1953年到1956年间要求安排一次国家领导人与文艺界代表人物的会见座谈,但一直未能如愿以偿,因此他也就坚决拒绝了赫鲁晓夫要他重新担任全苏作协主要负责人的建议。在绝命书中,法捷耶夫激动地写道:"斯大林还多少有点知识,而这些人则是不学无术的。"矛头直指赫鲁晓夫,在一次座谈会上,他更是公开地讲出了这一点。

以上两种意见都有道理,到底是哪一种考虑迫使法捷耶夫走上绝路的抑或两种因素都起了作用。人们还说不清楚。

政事缠身

最后,法捷耶夫对于自己繁多的行政事务缠身也不胜其烦,他多次抱怨无休止的开会、评奖、汇报、出国访问耗费了他宝贵的时光,使他的写作计划一再搁浅。就像他在绝命书中所说的,他变成了拉货车的马,干了那么多琐碎的事情,得到的回报却是"吃喝、训斥、说教和各种意识形态罪行。"这是不是他自杀的一个原因呢?

以上几点,说明法捷耶夫当时内心是十分痛苦的,但是不是已经到了痛不欲生、非自杀不可的地步呢?这也有不同的看法,有人注意到,就在临死前几天,法捷耶夫在给保加利亚作家柳德米尔·斯托亚诺夫的信中还充满着乐观主义和对未来的信心。因此很可能在这几天之内发生了什么意外的事,使他一下子陷于绝望。这也是说得过去的。

毕加索是怎么死的?

应该承认,很少有人能获得像毕加索那样大的声望,或是对20世纪的艺术造成那么大的影响。他的作品中表现出了生命的活力和20世纪人类不息的探索精神,具有世界性的意义。他承继了人类传统艺术的精华,触及了社会生活的许多方面。1973年4月8日,毕加索结束了91岁的生命。关于他的死,似乎谁都不曾提出过疑问,他是年老寿终的。需要指出的是,这位具有无穷创造力的人,有着鲜明的与众不同的个性。毕加索没有一个飞腾的晚期,他的名望使他精力分散。为了躲避人们对他的热情追访,他隐居在一所坐落于山顶的别墅里,只接待他愿意会见的人。直到临终,他依然喜爱恶作剧和离奇古怪的花招。这无疑给他的死亡蒙上了一屋神秘的色彩,也为人们探索他的死因提供了一些佐证。

纵欲无度

　　1988 年 6 月，希腊女记者阿里亚娜·斯特拉辛奥波洛斯·赫因汤历经 5 年研究，在美国出版了一部毕加索的新传：《毕加索，创造者和破坏者》，书中披露了这位艺术大师的一些鲜为人知的轶事。在她的笔下，毕加索是一个粗暴专横、自私自利、不负责任、幸灾乐祸、诡计多端的人。书中曾提到毕加索与一名年轻的茨冈人搞同性恋，后来，这位茨冈人离开了他，他发誓要报复。阿里亚娜还写道："毕加索在巴黎大街上与一名 17 岁的少女玛丽·特里萨·沃尔特相遇，并对她说：'我是毕加索，您和我在一起会成为名人的。我们在一起一定会快乐的。'"在当时的法国，21 岁以下的均算未成年人，但是毕加索却在玛丽 18 岁生日那天占有了她。他把玛丽安置在一个夏令营里，而他则与妻子奥尔加·科拉瓦——一名俄国芭蕾舞演员在附近度假。白天，他让奥尔加当模特儿；一到晚上，他就借故溜出去与玛丽幽会。从此，毕加索就开始纵欲，成了一个可怕的男人。在玛丽生下女儿梅娅不久，毕加索又遇到了女摄影师多拉

毕加索

·马尔，于是他又抛弃了玛丽。因此，长时期的纵欲，是促成毕加索死亡的一个极为重要的原因。"不然的话，毕加索还可以多活几年。"据阿里亚娜透露，该书中的许多素材都是由毕加索的前妻弗兰科斯·吉洛特提供的。弗兰科斯是毕加索 1943 年到 1953 年的生活伴侣，后来她和一名医生结婚。此书一半是写她的，该书出版以后，在世界各地引起了轩然大波。

风流成性

　　艺术史学家和传记作家约翰·查理森曾在《住宅与庭院》杂志上披露说，毕加索在1915 至 1916 年间，曾与一位巴黎妇女有过一段鲜为人知的罗曼史。查理森曾是毕加索的朋友，他说，这位妇女名叫加布里埃尔·德佩尔·莱斯皮纳斯，她遇到毕加索时 27 岁。查理森说，最令人惊奇的是在一幅素描的镜框底部夹着一张小纸片，毕加索在上面写道："我已请求善良的上帝允许我向你——莱斯皮纳斯求婚。"毕加索在这之前从未表现出对结婚感兴趣，尽管他后来有过两个妻子和许多情妇。此事证明，毕加索一生中究竟有多少情妇，无人知晓，从而为纵欲一说提供了有力的证据。

从女人身上获得灵感

还有的学者试图从艺术规律、艺术与女性的关系来探讨毕加索之死。毕加索在其一生中从无数个女人身上得到过灵感。艺术家的爱情、婚姻和家庭状态如处在比较和谐美好的阶段，便会给艺术家创造良好的创作心境和创作环境。在促成艺术家创作力爆发的各种个人因素中，感情因素往往是一根"导火线。"而毕加索的创作热情、创作工作是在与最后一位妻子雅克琳结婚之后才又焕发了青春的活力。如果没有雅克琳的存在，没有从她那里得到灵感，毕加索的最后10年就不会那样充实。在毕加索最后10年的作品中，可以看出由结婚带来的生活的安谧以及从比自己年轻40岁的妻子那儿得到的激励与迫近的死神之影的相互交错。但据学者与专家的考证，在毕加索生命的最后一年，被毕加索钟爱的雅克琳"神经不正常。""安眠药服多了，简直像半个病人。"这使毕加索感到无限痛心，不能不影响到他的生活和创作热情。伤感时时在折磨着这位艺术大师。另外，从艺术创作规律来看，高峰期过后，便是无可挽回的衰退期，即使是伟大的艺术家也无法摆脱创作力衰退的命运，因此，毕加索也不能幸免。而从毕加索最后几年的创作实际来看，充分证明了这一点。这两个原因，对毕加索的打击是很大的。毕加索就是在这种氛围下抑郁而死的。

证据不足

有的学者则对此提出疑问，认为证据不足。从客观上来看，由于毕加索个性古怪，举动神秘莫测，对许多事避而不谈，使人无法知道真相。加上毕加索死后，又缺少详细的死亡报告，这就难免会引起后人的猜测和争议。

"日本灵魂"川端康成之死

日本逗子市的玛丽娜公寓是一座10层楼的高级公寓，从窗口可以眺望伊豆半岛和相模湾的美丽风景。公寓四楼的417房间，是亚洲第二个"诺贝尔文学奖"获得者、日本著名作家川端康成的工作间。每个星期，他都会来这里一两次，后其在此自杀身亡。

日本第一位"诺贝尔文学奖"获得者

1972年4月16日下午3时，川端康成再次来到了公寓。晚上9时50分左右，有人发现从川端康成的房间里传出了煤气味。人们将门踢开，才发现川端康成躺在卫生间的地板上，脉搏已停止了跳动。

现场验尸法官一色忠雄后来对记者谈了他到达现场时的情况：“川端康成躺在地板上，头朝瓷砖洗面池，右侧在下。他鼻子里插着橡胶氧气管。经检查尸斑、瞳孔、有无皮下出血等，发现其很明显是吸入煤气自杀。背部因淤血而变得鲜红，这是煤气中毒死者特有的症状。据我现场验尸，死了约 4 个小时，就是说，死于下午6 时左右。死者表情平静，甚至给人以圆满的寿终正寝之感。”

川端康成

川端康成是日本现代著名作家。他于 1899 年 6 月出生在日本大阪的一个医生家庭，在他两岁和三岁的时候，父母先后去世了，不久祖父母又相继去世。从孩提时代起，川端康成就过着孤苦悲惨的生活，养成了孤僻、哀伤的性格。1924 年，川端康成大学毕业后，就开始了他的写作生涯。1926 年，他发表了《伊豆的舞女》，这是他早期最有代表性的作品。这部作品使川端康成一举成名，小说不仅在国内，而且在国外也颇受欢迎，人们还在伊豆半岛建起了一座“伊豆的舞女”的文学纪念碑。

之后，川端康成又发表了一系列小说，比如《雪国》《千只鹤》《古都》等。1968 年，由于作家的突出成就，他获得了诺贝尔文学奖，成为日本第一位诺贝尔文学奖获得者。川端康成的作品也被日本人称为是联系“东西方的桥梁。”人们评价，他的作品以非凡的敏锐，表达了最具有民族性的“日本灵魂。”他的作品犹如精雕细刻的工艺品，体现自然之美和人性之美的结合，给人带来了美的享受。

正因为如此，作家的自杀给人们带来了巨大的震动。人们纷纷猜测川端康成自杀的动机。

自杀是为了摆脱缠身的病魔

川端康成在自杀前不久，曾经于 3 月 7 日至 15 日因患盲肠炎在镰仓市的一家医院住院动手术。当时医院规定一律禁止探望，因此，川端怀疑自己得了癌症，即以自杀进行摆脱。但为川端做手术的医生却认为，这完全是无稽之谈。

死于安眠药

经常为川端康成理发的猪濑清史提供了川端死前一周（即 4 月 10 日）的一个细节：“那天去为川端先生理发。当时他躺在床上，不断地挪动身体、拂掉头发等，显得焦躁不安。我说：‘你太累了吧。’他说：‘我已经四宿没睡觉了。’”这样一来，安眠药的问题就不能不引起人们的注意。川端开始服用安眠药是在第一高等学校学习的时候，结婚以后，这个习惯也没有改变。那么，服用安眠药会出现哪些可怕的症状呢？川端的夫人秀子后来在回忆录中写道:"因为过多服用安眠药,到了白天,还有药效,曾有几次迷迷糊糊地撞在柱子上。他一生也没有能够离开安眠药。"川端自己在《安眠药》一文中也描述了这种情形:"因服用安眠药,起夜时经常神志不清。闹出一些笑话。有一次是在自己家中,醒来时,睡在浴盆旁边。还有一次从厕所回屋时走错了路,摔倒在门外的脱鞋石下面。扭伤了脚脖子,当时竟又回到屋里睡下,根本不知道自己摔倒和扭伤的事……服药后,药劲儿一发作,就说起没完、吃起没完。住旅馆时,曾经走到别人的房间里,出过丑……"根据川端康成的这些安眠药中毒症状,日本一些学者和研究人员认为,不妨可以这样的推测:4月16日,川端离开家来到玛丽娜公寓后,马上服用了安眠药。在半睡半醒之中,他无意识地打开了煤气栓。如果这一推断成立,就很难说川端是有意自杀了。因为他自己并没有意识到这一动作,那么与其说是自杀,莫如称之为事故更合适。

思想负担过重

1968 年川端康成获得诺贝尔文学奖后,日本举国上下为他欣喜若狂,不仅报端以大量的篇幅报道了这件事,而且裕仁天皇通过宫廷的一位高级官员亲自打电话向他表示祝贺。川端康成本人在接受日本和外国记者采访时,也掩饰不住内心的极度兴奋。他说:"我很幸运。我之所以能拿奖,主要归功于日本文坛,其次归功于我的作品的翻译者。我很高兴地看到,人们在我的书中所找到的日本文学的传统风格,已经被西方世界所了解、所接受了。"但是这以后,川端康成未能再写出传世之作。作为社会名人的川端因而思想负担过重,只能以自杀了事。

1946 年,三岛由川端推荐,发表了短篇小说《烟草》,从此正式进入文坛。其作品前期唯美主义色彩较重,大多描写病态心理和色情故事,反映了战后初期颓废腐朽的社会风气;后期则主要有意识地利用小说为复活军国主义服务。这些都和川端的主张极为相近。因此,当 1970 年 11 月三岛由纪夫用切腹自杀来煽动军队搞政变失败身亡后,川端亲自主持葬礼,扬言三岛精神仍"活在许多人心中,并将载入史册。"由于打击太大,致使川端也走上了绝路。

总之,由于川端康成的政治主张和创作活动较为复杂,其作品在日本影响深远,而且死前他又没留下可供分析研究的有关自杀的片言只语,人们对他的死因的探寻也就千差万别了。

梦露死亡之谜

1962 年 8 月 4 日,红极一时的美国好莱坞著名影星玛丽莲·梦露突然死于家中。关于她的死因,官方报道一直说是服用过量安眠药自杀,然而越来越多的疑点表明,此事似乎另有隐情……

红颜薄命

提起玛丽莲·梦露,许多人脑海中都会浮现出一个金发碧眼的好莱坞女明星形象。梦露在许多影迷心目中,是位无可挑剔的丽质佳人。她在银幕上演绎人生悲欢,塑造了许多普普通通而又光彩动人的女性形象。人们对现实生活中的梦露,也多有了解。她出身社会下层,有幸步入电影界,一路走红;她结交无数社会名流,政坛要人,尽情享受成功带来的荣誉、名利和金钱,出尽风头。对于她最后的结局,人们也只是叹息红颜薄命。

梦露

1962年8月4日,梦露的女管家默里太太半夜醒来。当她发现从梦露的卧室门下透出一丝灯光,心里感到莫名的不安。她起身过去试图打开卧室门,可是怎么也打不开。情急之下,她就打电话给梦露的心理医生格林森大夫求助。格林森大夫随即赶到,他砸碎窗户玻璃钻了进去,结果发现梦露已经僵卧在床上,身上裹着皱成一团的被单,手边还放着电话听筒。经过一番仔细检查,格林森确认,梦露是因为吞服了过量的镇定药物——巴比妥酸盐而死的。

8月5日,电台在晨间新闻节目中正式宣布:玛丽莲·梦露因服用过量安眠药死于洛杉矶市郊贝弗利山地的豪华别墅中,时年36岁。消息传开,许多人都不明白,为什么这位大红大紫的女明星,会以自杀来结束自己短暂的一生?最初由于受媒体分析的影响,许多人都认为梦露自杀是因生活的孤独与失意引起的。但是在另一些人眼里,疑点多多。

尸体解剖漏洞百出

有人研究了梦露的尸体解剖报告,发现其中漏洞百出:报告提到梦露一次吞服了47粒安眠药,可又说她的胃几乎是空的,仅有20立方厘米呈褐色的液体,没有发现安眠药的残留物。只要有点医学知识的人都知道,服用过量安眠药后,胃里没有任何残留物是不可能的!更诡异的是,据说梦露的死亡报告最初长达723页,后来无缘无故地减少到54页。

对梦露的死因提出质疑的,还有她的前夫罗伯特·斯莱泽。梦露死后不久。他曾到梦露的住处观察了一番,结果发现许多疑点。首先,梦露卧室窗户的外边散落着一些玻璃碎片。如果格林森大夫是破窗而入的话,玻璃碎片应该落在房内才对。其次,他声称梦露那本红色的日记本已不翼而飞；而这本日记据称"非常重要"，其中记有许多梦露本人与肯尼迪兄弟来往的秘密。斯莱泽于是猜测，一定是有人杀了梦露，拿走了那本日记本，然后破窗而逃。

梦露与肯尼迪兄弟

媒体又披露了一些"可疑的事情"，将人们的视线集中到美国政界高层。

得知梦露死讯的当天，即8月5日清晨，《纽约先驱论坛报》记者乔·海厄姆斯采访了梦露的邻居。他被告知，前一晚曾有一架"该死的直升飞机在房子上空低飞，嗡嗡响个不停。"梦露死前跟谁通过电话？那架直升飞机究竟是怎么回事？于是，他向电话公司索要一份梦露电话录音磁带上通话号码的记录副本，希望由此得知梦露死前曾对谁打过电话。电话公司告知，这一资料已被联邦调查局扣押。这就是说，政府亲自插手，"保护"一个自杀女明星的"个人隐私。"

海厄姆斯并不死心。他和同事设法查阅了附近卡尔弗机场的直升飞机出租公司的工作记录簿，结果发现：8月5日清晨2点左右，曾有一架直升机将某人从劳福德的海滨别墅送到洛杉矶机场。劳福德是约翰·肯尼迪总统的妹夫，也是好莱坞影星。那么劳福德所送之人是谁呢？根据目击者提供的线索，这个神秘人物有可能是罗伯特·肯尼迪。因为在8月4日，包括当地警察局长威廉·帕克在内的几个人，曾在贝弗利希尔顿饭店见过罗伯特·肯尼迪。还有人证实：当天罗伯特·肯尼迪曾到劳福德家，还去过梦露的寓所。

根据劳福德的说法，他早在1954年就将梦露引见给约翰·肯尼迪，从此两人长期交往，关系非同寻常。肯尼迪当上总统后，梦露在总统45岁生日庆祝会上为他唱了《祝您生日快乐》和《谢谢您记住我》，而肯尼迪在她表演完后也不无夸张地向宾客讲："在听了用那么甜美的声音、完美的技巧给我唱的生日快乐歌以后，我甚至感觉到我可以从此退隐了！"可是不久，总统就被他的弟弟罗伯特及联邦调查局长胡佛警告说：他与梦露的暧昧关系可能已被黑手党掌握。当时美国黑手党是肯尼迪政府坚决打击的对象，总统就此毅然断绝了与玛丽莲·梦露的往来。然而梦露不断地给肯尼迪总统写信、打电话，甚至威胁说要找报社。因此肯尼迪只好派罗伯特前去加州做说客。令人意想不到的是，负命前去的罗伯特居然与梦露一见钟情，不久梦露就向外界宣称她爱上了罗伯特，罗伯特也答应要与她结婚。可没多久，她与罗伯特之间的关系也出现了问题。1962年8月3日，心有不甘的梦露通过劳福德见到了罗伯特，并威胁说要开招待会来告诉全世界，她在肯尼迪兄弟手中遭了什么罪。罗伯特虽然气得脸色发青，但仍然明确告诉她："别再来纠缠我们，不许再打电话、写信，什么都不许！我们不愿再听你的！"结果失去理智的梦露一边骂脏话，一边扑上去用拳猛捶罗伯特，还操起菜刀来刺罗伯特。幸亏有劳福德从旁阻拦，并通知她的心理医生格林森大夫前来，终于使梦露平静下来。后来一时想不开的梦露就在4日夜里自杀身亡了。

但鉴于劳福德与罗伯特的特殊关系,他的说法并不能使人完全相信。

1985 年,原本一直维持官方说法的默里太太居然改口说,8 月 4 日罗伯特曾来看梦露,并在一次激烈的争吵中使她变得歇斯底里,于是罗伯特的随从们不得不"介入。"而第一个到达梦露死亡现场的洛杉矶市中心警察分局的杰克·克莱蒙斯警官也证实,梦露身上有乌青块,尸体也曾被移动或"重新布置"过。

由此看来,梦露的死确实与罗伯特有直接或者间接关系。不过有关梦露档案中的一部分材料也已被联邦调查局以"危害国家安全"为由转移他处。故而人们至今还未搞清此事的详细发展过程及其中原委。

高尔基是如何去世的?

一代文豪、被列宁称之为"无产阶级艺术的最杰出的代表"的高尔基在 1936 年与世长辞。在高尔基病危时,苏联政府每天向全国人民发布病情公告。高尔基年轻时即患有肺结核病,以后时好时坏,到了晚年,肺结核病已十分严重,他的肺只有三分之一还有机能,同时他还患有老年性心脏病。斯大林下令不惜一切代价抢救,但未能挽救高尔基的生命。这位社会主义文学巨匠和奠基人,永远地搁下了他手中紧握的武器。

高尔基塑像

被"托派"谋杀而死?

高尔基病逝不久,苏联政府突然宣布高尔基系被无产阶级的敌人谋杀而死。1938 年 3 月,苏联政府在莫斯科对"右派和托洛茨基派反苏维埃联盟"进行了公开审判。谋害高尔基案是审判的内容之一。

在法庭上,站在被告席上的共产国际执行委员、苏共中央政治局委员布哈林供认:"联盟的联合中心内属于托派的那些人建议组织一次反对高尔基的敌对行动,因为他是斯大林政策的支持者。"布哈林解释说,不排除要从肉体上消灭高尔基的可能性。内务人民委员雅戈达供认了谋杀高尔基的动机。他说,高尔基一直是斯大林路线的热情支持者和拥护者。托派要推翻斯大林政权,不能忽视高尔基在国内外的威望。高尔基既然不能脱离斯大林,那么"联盟"只好干掉他。

雅戈达供称,托洛茨基在 1934 年 7 月即指示"必须不惜一切代价地从肉体上消灭高尔基",并委托他具体执行。雅戈达网罗了高尔基的秘书克留奇科夫、家庭医生列文、著名医学教授普列特涅夫等实施谋杀计划。雅戈达指示他们,要让被禁止喝酒的高尔基尽量多喝酒,要让高尔基经常伤风感冒。1934年5月2日,高尔基患了肺炎,克留奇科夫伙同列文、普列特涅夫先让高尔基喝了香槟酒,然后给他服泻药,使高尔基一病不起,从而加速了他的死亡。

站在被告席上的19名被告因为被指控犯有推翻苏维埃的重大罪行,除普列特涅夫被判处25年徒刑外,其余18人均被宣告处以死刑。

被告的肉体被消灭了,他们留下的供词可靠吗?苏联不少学者认为不可靠。布哈林在被捕后曾遭受酷刑拷问,但他拒绝认罪。内务部的审讯人员恫吓他说,如果他拒不认罪,他妻子和儿子的生命将受到威胁。反之,如果他协助党把问题弄清楚,他的家属可不受株连,他本人也可从宽处理。布哈林终于屈服了,于是供认了种种犯罪事实。

是政治谋杀还是情杀?

内务人民委员雅戈达在受公开审判时,说谋害高尔基是出于政治目的。可是在一次未公开的审判中,他又说他谋害高尔基是属于情杀,因为他与高尔基妻子的关系暧昧。

布哈林在恫吓下承认罪行,雅戈达的供词前后不一,种种疑问,使人们至今未能解开高尔基去世之谜。

高尔基之死与斯大林有关?

旧谜未解,新谜又来。近年来,一种新的说法是,高尔基之死与斯大林有关。

1928年,高尔基由意大利返回莫斯科。这时的苏联由斯大林当政。斯大林希望在政治上得到蜚声海内外的高尔基的支持。

在斯大林的授意下,内务部拨给高尔基两幢别墅。当高尔基想要了解人民生活时,内务部就安排他到指定的工厂和集体农庄与工人、农民座谈。高尔基身边的工作人员也经常在他面前歌颂斯大林的英明领导。

高尔基渐渐被与世隔绝了。但是作家敏锐的目光通过普通老百姓的脸透视了这个国家所发生的一切,他渴望自由地呼吸,然而四周都是高墙。高尔基在精神苦闷时常常自言自语:"他们包围了我,封锁了我……我简直要烦死了。"

斯大林让雅戈达说服高尔基,希望作家写一部《斯大林传》,描绘列宁与斯大林的亲密关系。斯大林甚至提议让高尔基担任文教人民委员的职务,高尔基谢绝了。随着时间的流逝,高尔基也没有动手写《斯大林传》。莫斯科的"高尔基热"开始渐渐降温了。

1934年,为了纪念一年一度的十月革命纪念日,雅戈达奉命转告高尔基,让他为《真理报》写一篇题为《列宁和斯大林》的文章,可是高尔基竟出人意料地拒绝了。

应苏联党内反对派首领加米涅夫之请,高尔基安排了加米涅夫与斯大林的一次会见。想不到这是斯大林与高尔基关系破裂的开始。加米涅夫被捕以后,斯大林怀疑高尔基属于加米涅夫一伙,指示《真理报》公开发表指责高尔基的文章。高尔基从此受到了严密的监视。

1936年6月,高尔基病重期间,斯大林设法弄到了高尔基与海外的通信及札记、随笔等,通过分析,斯大林了解到高尔基对苏联文化政策的看法和思考。斯大林对高尔基的敌意加深,终于对他采取了极端的措施。

在高尔基病重期间,有人给高尔基送了一盒精美的糖果。高尔基把它放在床头柜上,经常请来访的客人品尝。有一天,高尔基打开糖盒,请照料他的两个卫生员吃糖,他自己也吃了几块。一个小时以后,这三个人的胃部疼痛难忍。再过一个小时,三个人不治身亡。

这盒糖是谁送的呢?为什么来访的客人吃了没事呢?这些不得而知。

有人对"糖盒事件"不屑一顾,认为是虚构的故事。高尔基晚年的好友伊萨克·巴别尔在高尔基病危期间经常到医院去探视,他说高尔基因病去世很正常,所谓谋杀高尔基的说法纯属"胡说八道。"

海明威自杀之谜

他的作品以塑造性格刚强的"硬汉"形象享誉世界。海明威是20世纪美国最伟大的小说家之一,1954年诺贝尔文学奖得主。辉煌的文学成就,富有传奇色彩的个人生活经历,尤其是他自己选择的惨烈死亡方式,使他成为一个经久不衰的话题。

铁骨铮铮的硬汉

海明威1899年出生于美国伊利诺伊州的一个医生家庭,中学毕业后曾担任堪萨斯《明星报》记者。第一次世界大战中,他积极响应红十字会的号召,到欧洲战场做救护车司机,不久在意大利前线身负重伤。伤好之后,海明威担任加拿大《多伦多明星日报》驻法国记者,并开始在报刊上不断发表文学作品。

海明威

在创作生涯中,海明威虽然写过不少被认为是"次等货色"的作品,但公认的上品佳作也连续不断:《在我们的时代里》《太阳照样升起》《永别了,武器!》……他的小说大多与战争和死亡联系在一起,所以作品在充满浓烈的阴郁色彩同时,也塑造出了许多"硬汉"形象。这种性格刚强、不屈不挠的"硬汉"形象,被人视作美国精神的化身,引得当时不少作家竞相仿效。而现实生活中的海明威,也确实是一条铁骨铮铮的硬汉。

据说海明威在意大利前线开救护车时,曾经身中两百多块弹片,真可谓"体无完肤。"单是医生取出这些碎小的弹片,已经让人后怕。1954年1月,海明威去非洲旅行打猎,因所乘的飞机两度失事,又身受重伤。当时许多人都以为他已经在空难中丧生了,一些报纸上甚至登满不乏溢美之词的讣告、悼文,搞得海明威哭笑不得。除了这些体外创伤,海明威还可以说是百病缠身。各种病魔,如皮肤癌、肝炎、肾炎、糖尿病、高血压等等,无时不在他体内作怪。他非但没有轻易向命运低头,反而写出了一篇篇精彩的传世之作。这种硬汉本色,恐怕任谁都难以模仿。

男子汉死亡的悲剧美

可是谁也没有想到,这个逃过数次劫难,几乎被人们看成是永远都不会死的硬汉,却在后来轻轻扣动扳机,自杀身亡。

1961年7月2日清晨大约7点左右,海明威的妻子玛丽突然被"两声用力关抽屉似的声音"惊醒了。她迷迷糊糊地下了楼,眼前的可怕场景一下子使她清醒过来:海明威血肉模糊地躺在地上,半个脑袋被炸飞了,只剩下下巴、嘴和两颊的下半部。天花板上、墙上和地上更溅满了他的头发、牙齿、碎骨和模糊的血肉。在他身边,除了一件皱巴巴的浴衣以外,还有一把沾满肉泥的双筒猎枪。当地警方根据现场勘测得出结论:海明威是自杀身亡。很显然,他自己把猎枪枪头塞进嘴巴,然后扣动扳机。威力巨大的枪弹将他的半个头颅轰碎。

根据玛丽当时的说法,海明威根本不是自杀。他是在擦枪时因走火而不幸把自己打死的。虽然人们大多理解海明威妻子当时的心情,可并没有多少人认可这种牵强的解释。海明威确系自杀身亡。剩下的问题是:海明威为什么要自杀?他为什么要用这种惨不忍睹的方式来结束自己的生命?

为搞清其中原委,许多人展开了调查。由此,五花八门的猜测纷纷出炉。其中有一种较为引人注目的看法是:海明威的自杀主要出于个人心理原因。

提出这一观点的人指出,海明威在幼年时候曾被母亲扮作女孩来教育,而他长大后对这种做法十分厌恶。为了证明自己是个男子汉,他就在许多作品中都塑造出"硬汉"形象。而为了欣赏男子汉死亡的悲剧美,他选择了惨烈地自杀。

很多人并不赞同这一观点。因为他们发现海明威的父亲当年(1928年)也死于自杀。更为凑巧的是,海明威自杀时所用的猎枪,正是当年他父亲自杀时所用的那一把。其自杀的方式也与他父亲相同。由此他们认为:海明威的自杀可能在很大程度上受到了他父亲的影响。

为了证实这种猜测,他们就到处去查找资料,结果发现海明威在看到父亲受病痛的折磨时曾说过:"我要是那样,我就要人把我杀了,要不就自己干。"同时,海明威在他20

世纪 30 年代的小传里也提道:"自杀,就像运动一样,是对紧张而艰苦的写作生活的一种逃避。"海明威的这些话,似乎支持了他们的看法。于是人们又倾向于认为:肉体上的痛苦和创作力的衰竭,迫使海明威举枪自杀。

一些人虽然也认为海明威的自杀与他的父亲有关,但却不同意他自杀仅仅或者主要是效仿父亲解脱痛苦。因为海明威曾明确诅咒过他父亲的自杀行为,称父亲是个懦夫。另外,他在作品中塑造"硬汉"形象,实际上反映了他"相信自己永远不会死"的信念。所以海明威自杀与其父"形同实异。"

知夫莫如妻。后来玛丽接受了痛苦的现实,多少客观地道出事情的原委:海明威自杀确实受到父亲影响。当年父亲的自杀,给年轻的海明威心头蒙上巨大的阴影。为了摆脱父亲自杀的阴影,海明威一直努力地抗拒死亡。可是他越不想死,自杀的念头就越缠着他。有时,他会在心中勾勒出富有诗意的自杀方式——从夜航的轮船上走出,投身茫茫大海;有时,他的诗意荡然无存,转而认为自杀最有效的做法是把枪伸进嘴巴里。但随着自杀的欲望越强烈,求生的欲望也不断增强。海明威内心深处长期被这种矛盾及其带来的痛苦所煎熬,以致到了 50 年代后期,他那强烈的自杀欲望逼得他不得不拼命"寻找"反抗自杀冲动的依据。最终,他控制不了自己崩溃的情绪,走上了绝路。

至此,对海明威自杀的解释告一段落。人们由此对海明威的精神世界多了一种理解。他鼓励人们勇敢地同死亡和命运抗争,做一个不屈不挠的男子汉。但是他个人的心灵世界又是那样复杂,充满矛盾和痛苦,最后倒在了自己的枪下。

卢蒙巴总理是怎样惨遭杀害的?

帕特里斯·埃梅里·卢蒙巴是刚果共和国(即比属刚果,1971 年 10 月 27 日改名为扎伊尔)首任总理,著名的刚果民族英雄。他为实现国家独立,捍卫国家主权,反抗比利时殖民统治而惨遭敌人杀害。

两次被捕

卢蒙巴出生在一个农民家庭,因家境贫寒,未等小学毕业即辍学,后曾就读于职业护士学校与邮政学校。1948 年在斯坦利维尔邮政部门工作,深受欧洲资产阶级民主思想的影响,经常在报刊、杂志上发表文章,宣传民族独立思想,痛斥比利时殖民统治。1956 年 6 月,殖民当局以"贪污罪"为名逮捕卢蒙巴。在狱中,他坚贞不屈,挥笔写下《刚果,我的祖国》一书,申诉殖民奴役下刚果人民的苦难。他在一年后被释放,在首都利奥波德维尔一家啤酒公司担任推销员,借机向人民广泛地宣传刚果独立的主张。1958 年 10 月,卢蒙巴创建刚果民族运动党,明确提出解放在殖民主义制度统治下的刚果人民,制定一个独立民主国家的奋斗纲领。1959 年 1 月 4 日,卢蒙巴在首都主持纪念第一届全非人民大会召开一周年群众大会,呼吁刚果人民立即实现独立。殖民当局气急败坏,立即派出大批军警,对手无寸铁的群众进行残酷镇压,造成流血惨案,因此,斗争迅速蔓延。

卢蒙巴

在刚果人民要求独立的呼声日益高涨的情况下,比利时被迫同意刚果独立,但只字不提独立日期及具体步骤。为此,卢蒙巴在4月和6月先后两次主持召开刚果各政党联合会议,要求比利时政府明确独立日期,并在刚果举行大选。比利时政府见势急忙变换手法,提出一个"分阶段独立"的计划,这样刚果要到1964年才能取得名义上的独立。为此,卢蒙巴召开刚果民族运动党代表大会,要求刚比双方就独立问题举行会谈。会后召开群众大会,遭到殖民当局镇压,卢蒙巴以"煽动叛乱罪"再次被捕入狱。

慑于人民斗争的威力,比利时政府被迫释放卢蒙巴。并于1960年1月在布鲁塞尔召开圆桌会议,商讨刚果独立问题。5月,在刚果举行大选,阿巴科党主席卡萨武布当选总统。在议会中席位最多的刚果民族运动党主席卢蒙巴任总理兼国防部长。6月30日,刚果宣布独立,定国名为刚果共和国。

但是,不甘心刚果独立的比利时,仍在刚果内部制造混乱,挑起部族冲突,扶植卡萨武布、冲伯等反动势力。7月5日,刚果士兵因不堪忍受白人军官的侮辱而发生暴动,并很快发展成为全国性的反比斗争。8日,比利时以"保护侨民"为由,悍然出兵刚果,并唆使加丹加省省长冲伯脱离刚果而"独立。"为抗议比利时武装侵略和分裂活动,卢蒙巴宣布与比利时断交,并呼吁联合国派兵干预。15日,在美国控制下的联合国军以"维持秩序"为名,开进刚果,对刚果军民实行缴械,引起人民不满,卢蒙巴宣布刚果实行6个月军事管制。

两派争斗两次被捕

在这种形势下,政府内部又发生了分别以卢蒙巴总理和卡萨武布为首的两派之间的激烈争斗。卡萨武布反对卢蒙巴亲苏反美外交政策,尤其反对卢蒙巴邀请苏出兵的打算。在美国的支持下,卡萨武布于9月5日宣布解散卢蒙巴内阁,于是两军在首都发生冲突。联合国军再次以维持秩序为名,封闭电台,占领机场。卢蒙巴提出强烈抗议,要求联合国军撤出刚果,并宣布由他担任国家元首兼武装部队总司令。与此同时,联合国秘书长哈马舍尔德在安理会上说,卢蒙巴政府是非法和不存在的,卡萨武布有权解散内阁。12日,卡萨武布宣布逮捕卢蒙巴,并要求联合国改组刚果军队。

在双方剑拔弩张之际,陆军参谋长蒙博托于 14 日发动军事政变,宣布暂时接管政权,建立由大学毕业生组成"专家委员会"领导国家。10 月 10 日,刚果国民军和联合国军以"保护"为名,将卢蒙巴软禁在总理官邸。

基赞加副总理等以东方省的斯坦利维尔为基地,积极开展营救卢蒙巴的工作。同时,卢蒙巴也想方设法逃脱。11 月 27 日夜晚,大雨倾盆,卢蒙巴趁守兵不备,悄然离开官邸,日夜兼程,驱车赶往斯坦利维尔。沿途不断向欢迎他的群众发表讲话。12 月 1 日,卢蒙巴抵达姆韦卡镇,准备再次发言,不幸追兵赶到,卢蒙巴等人被捕。他们被关押在首都太斯维尔哈迪军营,食不果腹,伤不得医,受尽折磨。为此,卢蒙巴曾绝食,并写信给联合国以示抗议。

12 月 12 日,基赞加宣布代行总理,并将卢蒙巴合法政府迁往斯坦利维尔,与利奥波德维尔政府形成对峙局面。随着卢蒙巴势力不断的扩展,利奥波德维尔政府加紧策划谋害卢蒙巴。

卢蒙巴之死

1961 年 1 月 17 日,卢蒙巴与一同被捕的参议院院长奥基托及体育部长莫波洛三人被秘密用飞机送往伊丽莎白维尔。三人被蒙住双眼,反绑在一起,一路上遭到凌辱、殴打,抵达机场后,迅速被一辆吉普车送到无人知晓的地方。

对于卢蒙巴怎么被杀害,当时众说纷纭,莫衷一是。加丹加分裂政府的内政部长穆农果说:"卢蒙巴于 12 日凌晨在伊丽莎白维尔西北约 210 英里的一个小村庄被当地村民杀死。"联合国调查委员会认为,卢蒙巴是抵达伊丽莎白维尔当天晚上,当着加丹加省高级官员即冲伯、穆农果之面被杀害的。有的说他被枪杀;也有的说他被扔进硫酸桶里被活活烧死;还有的说他被活埋在一个无人知晓的地方等等。总之,卢蒙巴之死至今仍是个未解之谜,相信终有一天真相会大白于天下。

"平民首相"帕尔梅罹难之谜

瑞典"平民首相"帕尔梅深受瑞典人民爱戴,但他竟然死在冷枪之下。案件十几年没有侦破,让人不可思议。

"平民首相"遇刺

1986 年 2 月 28 日夜 11 时许,位于瑞典斯德哥尔摩市中心的格兰德电影院最后一场电影散场。瑞典首相帕尔梅及妻子如往常一样,步行回家。当他们行至斯韦亚瓦根大街内加尔坦胡同口时,一个黑影从背后窜出,向他们连开两枪。帕尔梅应声而倒,鲜血溅染在周围的雪地上。

短暂的惊恐过后，背部受轻伤的妻子利斯贝特立即大声求救。路过的三个年轻人闻声赶来，一位出租车司机还叫来了救护车，并迅速报了警。帕尔梅被送往医院进行抢救，但由于穿透其胸腔的子弹打断了心脏附近的一根大动脉，造成失血过多，医治无效。3月1日凌晨，电台播报了年仅59岁的帕尔梅首相不幸遇害的消息，引起国民极大的震惊。直到那时，事发地周围的人们才知道遇刺之人就是首相帕尔梅。

奥罗夫·帕尔梅是瑞典杰出的政治家，首次出任首相时年仅42岁。他勤政廉洁，平易近人，深受人民爱戴，素有"平民首相"之称。噩耗一经传出，瑞典举国悲痛。警方迅速出动，封锁了现场

帕尔梅

周围一些街区，在通往郊外的公路上设置了路卡。他们还控制了机场、车站、码头等交通要道，严格检查过往旅客。斯德哥尔摩警察局长汉斯·霍尔梅正在外地度假。他在案发后4小时赶回首都，连夜分析案情、指挥侦破。瑞典政府也召开紧急会议，讨论对策。同时，瑞典最高司令部也下令全军进入备战状态，以防不测。瑞典警方除了将此案立为头号要案外，还向邻国警方发出通报，请求协助侦破。

凶手为暗杀老手

从作案现场来看，凶手显然是一个暗杀老手。警方除了提取到两颗9毫米的穿甲子弹外，没有发现任何其他痕迹。这两颗子弹经过检查分析，也不属于瑞典武器库中五百多种型号子弹之列。警察找到了事件的目击者，他们是一名27岁的出租车司机、两名17岁的护士学校学生以及一名22岁的肖像画家。根据他们的讲述，警方还模拟出了凶手的肖像。虽然此后警方也获得了一些关于谋杀的线索，但由于涉及头绪繁杂，且证据不足，一时难以确定真凶。

匿名电话

其实，早在28日午夜案发后不久，当地的《瑞典快报》总机便接到一个匿名电话，其称这次谋杀案事件是由一个缩写为"PNK"的组织所为。次日，瑞典驻波恩大使馆和瑞典律师协会也先后接到了匿名电话，称此案是与西德红军有关的霍格尔·迈因斯手下的突击队干的。土耳其的一家报纸则推测说，谋杀是土耳其反对党所为。案发后不久，瑞典通讯社也曾收到一封匿名信，信中声称"欧洲国家社会主义联盟已于2月28日成功地处

决了帕尔梅,下一个该轮到维利·勃兰特了",匿名信落款是"希尔·希特勒。"

虽然诸如此类的消息不可胜数,但是对于案件侦破却没有什么帮助。瑞典警方对"PNK"组织并不了解,而且他们认为谋杀动机也有待于进一步查明。1975 年西德驻瑞典大使馆曾经遭到恐怖分子袭击,当时瑞典政府派军队打死了两名袭击者,据说他们是迈因斯的突击队队员。因此,瑞典政府与该组织结仇,他们伺机暗杀首相以示"报复。"不过这终究只是推断,一时无法找出确凿的证据。同样,土耳其那家报纸的猜测也没有事实根据。另外还有一些来自各方的消息,都因为缺乏具有说服力的证据而被警方排除。在所有线索无法取得进展之后,这起谋杀案的侦破工作陷入了僵局。

模拟肖像

3 月 4 日,瑞典警方宣布悬赏缉拿凶手,赏金为 50 万瑞典克朗(约合 7 万美元)。后来警方又两次提高赏金,最后赏金金额竟高达 850 万美元。3 月 6 日,丹麦警方根据瑞典公布的嫌疑犯模拟肖像,逮捕了两个正从瑞典进入丹麦的人。其中一个是美国人,另外一个是西德人。可是后来警方无法取得更多证据,证明两人就是凶手。侦破工作数月之后仍无进展,瑞典群众开始表示不满,纷纷指责警方无能。斯德哥尔摩警察局长汉斯·霍尔梅不得不于 1987 年引咎辞职。但更让人受不了的还在后头,此案一拖就是数年,毫无头绪。凶手另有其人。

1988 年,案件似乎出现了转机。一个黑社会人物——克里斯特·彼特松成为警员们注意的重点对象。此人是一个 42 岁的失业男子,共有过 63 次的盗窃及用刺刀杀人的记录。而且,据他周围的人证实,他曾在帕尔梅遇害前多次用威胁性语言谈论帕尔梅夫妇。经过两个多月的调查,警方决定正式逮捕他。在 1989 年 6 月 5 日的第一次审判中,检察官认定此人就是凶手,但指控证据不足。在半个月后的第二次审判中,帕尔梅的妻子出面作证,认定彼特松就是凶手。此案似乎有了定论,法院也据此判处彼特松终身监禁。但陪审员中的两位专职法官一致认为:所有现场证人均未看到彼特松开枪或持枪,帕尔梅夫人的陈述也无法作为裁决的依据。他们因而主张彼特松无罪,应予释放。

彼特松本人对法院的判决更是不服,他立即提出上诉。瑞典民众对这场判决也表示了怀疑。一些持怀疑态度的法学界人士指出,检察官不能说明嫌疑人的作案动机,他的犯罪前科并不能作为裁决的依据。11 月 2 日,瑞典斯维亚法院经过审查,宣布彼特松无罪并予以释放。

谁是真正的凶手?

此后,这一谋杀案又重新陷入重重迷雾之中,至今仍无定论。在十几年中,瑞典警方共审查过 1.7 万名涉嫌此案的人员,侦察记录多达 2.7 万份,涉及证人也有 10500 名之多。尽管如此,真正的凶手仍然面目不明。

萨莫拉总统遇难之谜

莫桑比克总统萨莫拉乘专机返回首都,为什么飞机会坠毁在南非境内呢?本来,这架飞机可以从津巴布韦直接进入莫桑比克领空,然后抵达马普托机场,根本无须飞越南非领空。

总统座机失踪了

1986 年 10 月 19 日晚,莫桑比克总统萨莫拉在结束了同赞比亚、安哥拉和扎伊尔三国总统关于南部非洲局势的会谈后,乘专机星夜赶回莫桑比克首都马普托。这架苏制图—134A 喷气式客机在飞行途中,突然与马普托国际机场的指挥塔失去联系,音讯皆无。总统座机失踪了!总统座机到哪里去了?

第二天,从邻国南非传来消息:萨莫拉总统的座机坠毁在南非纳塔尔省的山区,那里与莫桑比克和南非的边界线相距 200 米。从失事现场来看,似乎是飞机撞上了一个小山头或是擦到了一棵大树,然后翻着跟斗栽到地面上。飞机残骸碎片撒了一地,包括萨莫拉总统、外交部长卡洛斯·洛博、交通部长路易斯·桑托斯在内的 32 人不幸遇难,只有 4 人奇迹般幸存。

飞机被击中

5 名苏联机组人员中唯一幸存下来的洛沃谢洛夫说:"飞机是被击中的。"另一位幸存者、总统警卫曼努埃尔也认为飞机遭到攻击。他还诉称,当飞机飞到马普托上空时,天气条件很差,飞机降落十分困难。大约过了 5 分钟,他们听见"嗖嗖"的声音,好像是子弹呼啸的声音,但并没有听到爆炸声。与此同时,飞机上的灯火全部熄灭,发动机停止转动,飞机在滑翔了大约三分钟后就坠毁了。

人为的过错

另一些人则认为,飞机失事是由恶劣的天气和人为的过错造成的。比如,南非外长博塔就把责任全部归结于苏联飞行员。由于飞行员的疏忽,把南非的科马普特当成了莫桑比克的首都马普特而准备降落,造成飞机在降落时撞上了小山丘,或者是触到了雷电。因为当时科马普特雷电交加,大雨倾盆。一些民航界人士也认为,萨莫拉总统的座机是明显是迷失了方向,偏离了航线,不然它怎么会飞到离马普托有 65 公里之远的科马普特。由于当时科马普特上空乌云密布,能见度很低,飞行员为了摆脱云层障碍、重新确定方位而降低飞行高度,结果不小心撞上了山头或触到了雷电,结果机毁人亡。他们还解释说,曼努埃尔听到的"嗖嗖"声很可能是飞机刮到树枝或擦到山丘所发出的声音。

故意使飞机偏离航线

苏联飞行员的疏忽、恶劣的天气条件,都可能是灾难发生的原因。但有人故意使飞机偏离航线的可能性也不是不存在。

有分析者认为,南非政府在萨莫拉总统座机失事后的所作所为,也不免使人疑窦顿生。由于萨莫拉总统多年来一直支持南部非洲人民争取民族独立的斗争,他成为南非政府的眼中钉。南非当局不仅从经济上向莫桑比克施压,把在南非工作的数万名莫桑比克劳工赶回家,还偷偷地为莫桑比克反政府武装提供金钱和武器。此外,南非当局还曾经多次对萨莫拉总统进行威胁和攻击。就在座机失事前两周,南非的国际部长马格纳斯·马兰和副外长罗恩·米勒还曾当面对萨莫拉总统进行恐吓。萨莫拉总统的座机是在19日晚上9点多坠毁在南非境内的,而南非当局直到第二天上午才迟迟通知莫桑比克政府。据南非当地的一份祖鲁语报纸报道,第一批赶往现场的一位黑人护士事后回忆说,当飞机在纳塔尔省科马普特坠毁后,萨莫拉总统当时还活着,4小时后才死去。莫通社的报道也指出,南非政府派人赶到现场后,不是先救人,而是急急忙忙搜查公文包、钱包和文件,一些遇难者由于没有得到及时的营救而死去。

更有人怀疑是南非政府在要阴谋,故意使萨莫拉总统的座机偏离了航线。有人援引莫桑比克一位高级官员的话说,19日晚上,当萨莫拉总统的座机正飞向马普托机场时,突然遇到了南非幻影战斗机的拦截,座机被迫改变航线而坠毁在南非境内。美国的一位空军专家则认为,可能是南非通过电子干扰使飞机迷失方向而坠毁的。

"神秘的指示"

萨莫拉总统座机的黑匣子找到后,人们分析了其中记录的重要信息。他们发现,当飞机接近莫桑比克首都马普托时,雷雨天气使飞机难以顺利降落。正在这时,"甚高频全向无线信标"传来了让飞机向西南方向调整37度航向的指示。正是这个指示导致飞机偏离航线而坠毁。可奇怪的是,当时马普托机场的指挥塔并没有发出过这样一条指示。这条神秘的指示从何而来?人们不得而知。

这是一起特殊的空难事故。丧生者并非一般乘客,而是国家总统和政府高级官员。而事件本身又牵涉到两个相邻但并不和睦的国家,甚至涉及种族矛盾和纷争,难怪"迷雾重重",让人费解。

齐亚·哈克遇难之谜

1988 年 8 月 17 日,当巴基斯坦总统齐亚·哈克乘坐专机返回首都时,飞机在空中突然爆炸,机上多名巴基斯坦重要军政人物和美国外交要员全部遇难。现在,23 年过去了凶手仍然不知所终。

总统获"国际和平合作金奖"

已故巴基斯坦前总统齐亚·哈克,军人出身,一次偶然的机会使他初次登上了政治舞台。那是在 1977 年 3 月,巴基斯坦大选刚刚结束,国内仍然动荡不安。在野党纷纷指责当选的布托总理在选举中有舞弊行为,要求他辞职,重新举行大选。反对派联盟还在巴基斯坦各地组织了声势浩大的示威游行,骚乱和流血冲突时有发生。正当巴基斯坦政局处在风雨飘摇中时,陆军参谋长齐亚·哈克将军发动军事政变,拘捕了包括布托在内的所有党派的领导人,并在全国实行长达 8 年的军事管制。

但是从 1979 年担任巴基斯坦总统开始,齐亚·哈克一改先前强硬的军人作风,他主动把行政权力移交给文官政府,并积极推动巴基斯坦的民主化进程,这些都受到了国内外的一致好评。同时,齐亚·哈克在国际舞台上也颇有建树。为了改善与印度的关系,他曾三次主动出访印度,尽显豁达政治家风范。此外,在政治解决阿富汗问题、安置巴基斯坦境内的三百多万阿富汗难民和调解两伊冲突中,也常常能见到齐亚·哈克穿梭不息的身影。因对维护世界和平做出了杰出贡献,齐亚·哈克总统曾在 1981 年获得"国际和平合作金奖。"

然而,正当他全身心投入国家经济建设和世界和平事业时,不幸发生了。

飞机在空中突然发生爆炸

1988 年 8 月 17 日,齐亚·哈克应装甲兵司令穆罕默德·拉杜尼少将的请求,前往巴哈瓦尔普的沙漠地带观看当时由美国提供的新式坦克的射击表演,并接见了当地的知名人士。下午 3 点 47 分,齐亚·哈克与巴基斯坦三军参谋长联席会议主席拉赫曼上将、陆军司令部参谋局长阿夫扎尔中将等 8 名重要将领,以及美国驻巴基斯坦大使阿诺德·拉菲尔、美国驻巴基斯坦国防代表处主任赫伯特·沃森准将一起,登上一架 C—130 军用飞机返回首都。飞机起飞后不久,突然发生爆炸。这架被浓烟和大火吞噬的飞机先是不断地在空中翻滚,最后栽到地面上,机上全体人员无一幸免。

附近的拉尔·卡迈尔村村民亲眼目睹了这次灾难。一位目击者后来回忆:"一开始,飞机在苏特里杰河上空慢慢下降,然后再次腾空而起,这时机体不断散落,接着飞机发生剧烈爆炸,化作一团火球落到地面上。"噩耗传来,全世界为之震惊,联合国特地休会一分钟以缅怀这位不幸罹难的政治家。巴基斯坦全国更是沉浸在巨大的悲痛中,成千上万名群众自发来到机场等候覆盖着国旗和鲜花的齐亚·哈克总统的灵柩。

齐亚·哈克总统的座机缘何会突然发生爆炸?

"芒果炸弹"与"集装箱定时炸弹"

人们首先排除了天气、机械和人员这三个因素。因为当天下午,巴哈瓦尔普地区天气晴朗、万里无云,能见度极高。并且,C—130飞机是美国洛克希德公司的拳头产品。一向以其优良的质量、稳定的性能和高安全系数而闻名世界。C—130飞机配有3个控制系统和4只引擎。即使有3只引擎发生了机械故障,无法正常工作,剩下的一只引擎仍能使飞机继续飞行或安全着陆。从事后找到的黑匣子来看,飞机在失事前一切正常,没有任何技术问题。而驾驶C—130的机组人员更是无可挑剔。他们都是由齐亚·哈克总统亲自挑选的,技术精湛,经验丰富,并且整个机组人员采用双倍建制,有13人之多。

看来,齐亚·哈克总统座机的爆炸是有人精心策划的。调查人员在飞机货舱的后门上发现了中等爆炸的痕迹,舱门残片上还含有超量的磷、锑、硫等化学成分。人们还在一只芒果核中发现了过量的钾,另一只芒果的皮上含有不应该有的锑和氯这些化学成分。人们初步断定,可能是有人在当地知名人士送给总统的20箱芒果中放了炸弹。或者是有人在芒果中放了毒气弹,使驾驶人员神志模糊,从而使飞机失去控制,机毁人亡。当然,也有可能是有人偷偷地在放置桌椅的集装箱里面安置了定时炸弹。在飞机起飞前,这个炸弹就随着集装箱被搬进了飞机货舱。

谁策划了这起飞机爆炸事件?

有人认为是阿布·尼达尔的巴勒斯坦突击队。因为巴基斯坦曾指控突击队中的5名成员参与了1986年发生在卡拉奇的劫持泛美航空公司一架客机的恐怖活动,并缺席判处该5名成员死刑。这件事使巴勒斯坦突击队对齐亚·哈克总统恨之入骨。

有人认为是阿富汗的情报机关"卡哈德"所为,他们这样做是为了搞乱巴基斯坦。阻止齐亚·哈克给阿富汗游击队提供物资和弹药。

有人认为这是国内的反对派干的。在1977年的军事政变中,齐亚·哈克下令绞死了51岁的前总理布托,还逮捕了布托的夫人和女儿,缺席审判了布托的两个儿子,并宣布布托领导的人民党非法。这一切都使齐亚·哈克结下政敌和私仇。早在几年前,布托的儿子米尔·穆尔塔扎就曾经向齐亚·哈克的座机发射导弹,并多次试图暗杀总统。

还有人认为可能是军内作乱,齐亚·哈克在军队内部安插亲信、排除异己的做法引起了军官阶层的普遍不满。他们还抱怨巴基斯坦政府对阿富汗游击队援助太多而忽略了自己的士兵。

甘地遇刺之谜

在印度近现代历史上，甘地被尊称为"圣雄"，享有极高的地位。他声誉显赫，却过着圣徒般清苦节俭的生活；他一生为印度的民族独立奋斗，倡导和平，反对暴力，但却死在同胞的枪口之下。

童年时平凡的甘地

在印度德里郊外的朱木拿河畔，有一座肃穆、幽雅的陵园。园中芳草萋萋，绿树成荫，在树影花丛中静卧着一座简朴的黑色大理石陵墓，印度"圣雄"甘地就永远长眠在这里。墓后熊熊燃烧、终年不灭的"长明火"也正是甘地一生的写照。每逢节假日，人们总会身穿白色的民族服装，手捧鲜花，缅怀这位圣徒和英雄。

莫汉达斯·卡拉姆昌德·甘地于1869年10月2日出生在印度西部的波尔班达尔城。那里的甘地家族属于吠舍种姓的一支——班尼亚种姓。在印度的四大种姓（即四个等级：婆罗门、刹帝利、吠舍和首陀罗）中，吠舍种姓地位不高，其多为商人和农民。甘地

甘地塑像

家族也不例外。不过，甘地家族在当地素有名望，从甘地的祖父开始，这个家族的成员就一直担任当小土邦的帝万（首相）。

童年时的甘地十分平凡。他智力一般，记忆力也不太好，据说他就连最简单的乘法口诀也花了好久才学会。甘地为人腼腆，不爱说话，常常故意躲开别人，与书本和功课为伴。读完中学后，甘地决定去英国留学，这一度在偏远闭塞的波尔班达尔引起轩然大波。许多长辈以违反教规为由，竭力阻止甘地出国求学，但年轻的甘地不惜放弃自己的种姓，踏上了远赴英国的漫漫求学路。

甘地在英国的求学生涯并不顺利。由于他腼腆胆怯，不善言辞，又身体孱弱，服饰古怪，常被同学们笑称为馆里的小伙计。出于年轻人的虚荣，他也曾购买大量礼服，学拉小提琴，努力改变自己的形象，要使自己成为一个"英国式的绅士。"但所幸的是，在这些方面甘地并不成功。后来他一门心思发愤苦读，在英国获得律师资格证书。求学期间，他接触了大量欧洲先进思想，眼界大开。

1891年，22岁的甘地起程回国，在孟买当律师。但对于甘地来说，做律师显然不太合适。当第一次出庭对证人进行诘问时，他感觉手脚发抖、心惊胆战，整个法庭似乎都在旋转。更糟糕的是，甘地竟然想不出一个问题来诘问证人，最后只得把费用退还给委托人。由于这样的表现，甘地律师事务所不久就生意清淡，门可罗雀了。

后来甘地接受一位朋友的建议，于1893年去南非重新开始他的律师事业。在当时的南非，种族歧视十分猖獗。按照规定，"有色人种"不准乘坐一等和二等车厢，而只能挤在三等车厢里；坐马车时就不能坐在马车车厢里，只能坐在车夫旁的位置上；就连住旅馆时也不能到餐厅里和白人们一起进餐，只能躲在自己的房间里偷偷地吃。作为"有色人种"的印度人，甘地常常受到白人种族主义者的无端歧视。其中有一件事，让他刻骨铭心。

一次，甘地乘火车前往比勒陀利亚办事，坐的是头等车厢。途中突然上来一名白人，他先从头到脚仔细打量了甘地一番，然后转身离去，并带了两名官员回来。其中一名官员十分蛮横，他命令甘地马上离开头等车厢到货车车厢里去。甘地据理力争，毫不退让。当火车靠站后，官员们叫来一名警察，警察拉起甘地，把他连行李一同扔出了车厢。这样，甘地只得在一个陌生的小站度过一个寒风凛冽的冬夜。这件事促使甘地认识到，必须与种族歧视进行斗争。

和平抗暴

1915年甘地回到祖国。第一次世界大战后，他全身心地投入到印度人民争取民族独立的斗争。甘地发展了自己在南非时就提出的"非暴力抵抗"思想，对殖民政府展开"非暴力不合作"运动。为了抗议英国殖民者在阿姆利则城屠杀上千名百姓的罪行，他曾经带头进行绝食；为了吸引印度广大农民参与民族运动，他赤裸上身，腰间围一块土布，每天抽出半个小时亲自纺纱织布；为了抗议英国政府的《食盐专卖法》，61岁的甘地率领79位门徒，步行四百多公里，到海边举行宗教洗礼仪式，最后身陷囹圄。甘地一生中曾入狱

15 次，他的和平抗暴精神感人至深。甘地还倡导社会改革，主张性别、种姓平等。他呼吁印度各民族、宗教之间团结合作，同殖民当局进行一致斗争。一次，为了平息国内各教派教徒的仇杀，78 岁高龄的甘地再次进行绝食，最后晕倒在地。

甘地在印度乃至世界赢得了许多人的尊敬和理解，但是也有人不理解、不喜欢他。激进的人往往指责他"向英国屈服"，一些宗教保守和极端分子认为他出卖"信仰"，背叛教规。更有不少人将暴力攻击的矛头直接对准他。

"国父"之死

1948 年，印度发生大规模的教派纠纷，甘地不顾年事已高，进行不懈的调解。1 月 20 日，有人在甘地的寓所外引爆炸弹，企图炸死他，但阴谋没有得逞。事后警方只抓住了一名罪犯，并想当然地认为，这只是一个来自旁遮普邦的难民因为失去理智而干的蠢事。十天后，甘地像往常一样走出家门，和信徒们一起进行晚祷。当他独自走上台阶，双手合十向信徒们致意时，一个身穿土黄色军装、身材肥胖的男子挤出人群，向甘地鞠躬施礼。接着，他突然抽出一把手枪，顶住甘地赤裸的胸膛连开三枪。甘地顿时倒在一片血泊之中。

凶手名叫戈德塞，他不但没有溜之大吉，反而大声呼叫警察，束手就擒。在法庭上，他用结结巴巴的英语发表演讲，说自己是为了印度母亲而向被称作印度父亲（甘地有印度"国父"之称）的甘地执行死刑的。他声称，甘地没有对印度尽一个"父亲的责任。"据说，这番言词连法官和听众都为之动容。最后，戈德塞如他自己所要求的那样，被判处了绞刑。

对于甘地被刺杀，人们一直有许多不解的地方。有很多人认为，在甘地的比尔拉公寓被炸后，警方就已经通过审讯掌握了有关刺杀甘地的计划。据说，一个名叫贾恩的教授也察觉过凶手的密谋，他还曾经向警方反映了这些人的全部材料。可警方不知为什么没有迅速采取行动。以致凶手能完全按照事先的计划行事，杀死甘地。另外，当时已经有人在社会上公然声称要"处死甘地。"从甘地本人讲，他坦荡磊落，早将个人生死置之度外，因而不会畏惧，更不会躲藏。而印度政府中当权人物几乎都是甘地的信徒，他们为什么对此视若无睹呢？

甘地生前就享有了"圣雄"的称号，在许多人眼里，甘地之死也多少带有圣徒殉道的意味。他没有任何个人的恩怨，甚至连凶手也尊敬他。难道这就是一个圣者的命运吗？

斯大林病逝之谜

1953 年 3 月 6 日凌晨，苏联莫斯科电台向全世界宣布了斯大林已于 3 月 5 日逝世的消息。

时间已过了半个世纪，对于他的功过是非，历史已有定论。但对于他的死因，却是争论不休，莫衷一是。他到底是正常死亡，还是贝利亚等人一手操纵的阴谋的牺牲品，至今没有结论。

医生案件

1953 年 1 月 13 日，苏联官方喉舌塔斯社发布一则关于医生案件的重要公告。

公告说，克里姆林宫医院的九名医生为外国间谍组织效劳，他们通过有害的治疗来缩短国家重要领导人的生命。这些医生已经被捕，并供认用毒药害死了政治局委员日丹诺夫和中央委员会书记谢尔巴科夫，并计划杀死伏洛希洛夫、戈沃罗夫、科列夫元帅等人。

苏联人民的伟大领袖斯大林

同一天，《真理报》发表了一篇题为《伪装的教授与医生是卑鄙的特务与凶手》的社论。社论意味深长地说："有些人得出结论，认为现在已不存在暗杀活动和间谍活动的危险性，但是，只有右倾机会主义的人才会这样判断。……我们越是向前进，与人民敌人的斗争也就越尖锐。"

社论的语言令人想起当年对以布哈林为首的所谓右倾反对派的批判。

按照 1 月 13 日社论的口径，《真理报》将有目的地、系统地展开反间谍教育运动，号召俄罗斯人民在各方面揭露"人民敌人"，而各民族共和国则要揭露"资产阶级民族主义者。"

山雨欲来风满楼。众多 30 年代大清洗的幸存者，从《真理报》所发表的社论、文章里，从不胫而走的小道消息中，觉察到一次新的大清洗已经揭开了序幕。

谁将是这场新的大清洗运动的对象呢？人们不寒而栗。

斯大林之死

　　但是，1953年3月2日，《真理报》突然停止刊登有关抨击"人民敌人""间谍""资产阶级民族主义者"的文章、通讯，甚至在社论与评论中也不提了。

　　3月2日的社论《发展社会主义的民族》和3月3日的社论《掀起宣传高潮的重要条件》，只字不提上述字眼。一场来势凶猛的反对"人民敌人"的运动竟然悄悄地收场，使当时的人难以理解。

　　3月4日凌晨，《真理报》和《消息报》都在头版刊登了苏联卫生部长和九名医生签署的斯大林病情公告：斯大林已呈昏迷状态，局部瘫痪，病情危急。

　　3月5日晚8时45分，发表了斯大林病情继续恶化的公告。公告用了大量令人费解的医学术语，给人的感觉是，斯大林的死亡已成定局。不过，克里姆林宫一切如常，红场上停着许多小汽车，政府大楼内灯火通明，圆顶上红旗迎风招展。

　　3月6日凌晨4点，莫斯科电台播送了关于斯大林逝世的公告。顷刻，电报大楼喧声四起，长途电话的接线员不断地呼叫外国城市，外国记者们各自冲进电话间，等候与对方通话。几分钟后，一个穿工作服的电工走到交换台前，剪断了一根主要电缆。这时，电台播音员正用沉痛的语调广播着斯大林逝世的消息，而所有外国驻莫斯科记者却无法向外播发消息，他们准备发送的所有电文都被扣压。

在斯大林领导期间，苏联完成了工业化建设，打败了法西斯德国的入侵，胜利地进入了高速发展的时代。

天色破晓，一辆又一辆涂着迷彩、满载全副武装士兵的卡车开进市中心。每辆车都载有二十几个士兵，帽檐是红、蓝两色，标志着他们是内务部的特种部队。莫斯科正处于紧急戒备之中。

对于临终前的斯大林，有种种说法。最详尽的莫过于赫鲁晓夫所说的。按他的说法，2月28日晚上，跟往常一样，赫鲁晓夫、马林科夫、贝利亚、布尔加宁在斯大林的孔策沃别墅晚宴，到次日凌晨五六点钟左右才结束。斯大林喝得酩酊大醉，但兴致勃勃。到他们离别的时候，斯大林还步入走廊送他们出来。

这天是星期天。斯大林一向都在11点钟唤人送一些吃的东西和茶给他，但这天直到晚上都没有唤人。警卫人员派女仆去看看他，发现斯大林躺在平常睡觉的那间房间的地板上。显然，斯大林是从床上起来时跌倒了。警卫人员把斯大林从地板上抱起来，放到隔壁小餐室的沙发上。这时已是3月2日的凌晨。

马林科夫、贝利亚、布尔加宁、赫鲁晓夫闻讯赶到斯大林的孔策沃别墅，听完情况介绍，觉得斯大林处在这种见不得人的状态，让他知道他们在场是不宜的。于是他们四人就各自回家了。

数小时后，女仆看望斯大林后回来向警卫报告，斯大林睡得很熟，不过这种睡眠不很正常。警卫人员也去看了，然后打电话要马林科夫等人再去一下。

斯大林被搬回他平时睡觉的大沙发上去，那里空气好些。经医生诊断为急性中风，病情严重，右臂不能动，左腿也瘫痪了。医生们轮流表述自己的忧虑：这种病情通常不会拖得很久，结局也往往是致命的。

当时是3月2日清晨。

蛛丝马迹

1.按照赫鲁晓夫的说法，斯大林患病的时间是3月1日，这与3月4日发表的政府公报说法不一样。政府公报说"3月2日夜晚，斯大林同志在莫斯科的住处暴发了脑溢血，斯大林失去了知觉……"这是为什么？

2 按照赫鲁晓夫的说法，他们四人进屋后，眼见斯大林失去知觉，却考虑斯大林处于这种不雅观的状态，他们在场是不宜的，因此他们离开了，数小时后又回来。这种说法更是离奇得令人难以置信。

3.3月2日，《真理报》突然取消了斯大林发动的反对"人民敌人"的运动。做出这种决定的不可能是斯大林，因为他已失去知觉；也不可能是《真理报》编辑部，它没有这样的权力。只可能是苏共中央主席团的委员们，主要是3月1日起守候在斯大林身旁的马林科夫、贝利亚、赫鲁晓夫、布尔加宁等人。

赫鲁晓夫在苏共二十大秘密报告中谈到"医生案件"时说："……斯大林死后，我们审查了这些案件，发现这是彻头彻尾的捏造。这个可耻的事件是斯大林捏造出来的。显然,斯大林有一个消灭政治局内老同志的计划。"

可见,3月2日政治转向之时,赫鲁晓夫等人已经预计或者已经安排好了斯大林必然死亡,否则,斯大林苏醒之后,这个政治转向的责任谁负得了?

4.斯大林的病情公告反复强调,治疗斯大林是在苏共中央和苏联部长会议的经常观察下进行的。这无非是要证明斯大林确是患病死亡,而不是被谋杀;整个事件由苏共中央集体负责,而并非个人恩怨行为。这实在有"此地无银三百两"之嫌。

5.关于出动内务部安全部队问题。有人说,出动安全部队封锁莫斯科中心区,切断与国外的电讯……不过是防止反对斯大林的人政变。有人则断然否定这种解释,因为当时根本就不存在反对斯大林的政变。也许事情恰好相反,这伙人正在进行这种政变,担心有人为了保卫斯大林而起来粉碎他们的政变。

6.斯大林逝世后第二天,葬礼还未举行,贝利亚就把孔策沃别墅的全体服务人员和警卫人员集中到一处,吩咐他们立即把斯大林的遗物全部搬上车,运到不知去向的地方。警卫军官们被调往其他城市,其中两人开枪自杀。治疗委员会的多数医生都去向不明,其中一位参加解剖的教授突然死亡。克里姆林宫卫生管理局局长被逮捕。

7.斯大林的儿子瓦西里确信,他父亲是被害死的。在举行葬礼时,他扶着棺木,站在莫洛托夫身旁,重复着"父亲被害死了"那句话。斯大林死后不满两月,瓦西里即遭降职、逮捕,并被送进以酷刑著称的弗拉吉米尔监狱。他坐了七年牢,最后死在流放之中,原因一直不明。

8.当时负责宣传工作的著名作家爱伦堡说:1953年3月1日召开了苏共中央主席团会议,卡冈诺维奇做了报告,并要求斯大林成立客观地研究"医生案件"的特别委员会,取消关于流放犹太人到边远地区的决定,这个提议得到了除贝利亚之外所有政治局委员的一致支持,不久,贝利亚也离开了斯大林。斯大林失去常态,大发雷霆;加之卡冈诺维奇当着斯大林的面,将自己苏共中央主席团成员的证件撕得粉碎,扔到斯大林脸上,斯大林大为震惊,立即失去了知觉。

一年后,曾担任过中央主席团委员和苏共中央书记的波诺马林科证实了爱伦堡的说法。

贝利亚是凶手吗?

斯大林和贝利亚的关系十分微妙。

作为斯大林的助手,他在"大清洗"中将成千上万的人逮捕、枪决或流放。当贝利亚的整个杀人机器被打开后,斯大林忽然意识到:贝利亚能干掉他自己所选择的任何一个人。想到此,斯大林感到不寒而栗。贝利亚也开始察觉到,自己的命运经常处于危险之中。

贝利亚生前曾记了一本隐私日记,出于变态心理,他在日记中饶有兴趣地记下了自己强奸少女、屠杀无辜和毒杀斯大林的计划。

直到1988年，方由美国"百伦和基尔什"出版公司从苏联一名叛逃者手里以300万美元的高价买下了日记的版权。贝利亚在日记中写道：

斯大林死之前，我越来越明显地感到自己也快成了斯大林的牺牲品，于是决定杀掉斯大林。我把全部希望寄托在卢卡姆斯（苏联著名的心脏病医生）身上。他在我的威逼利诱下，给了我四片天蓝色药片，说是美国新产品，专供不治之症的病人止痛用，每次一片，如全服，会引起昏迷状态。

1953年3月1日8时，我们一起去了主人的别墅……直到凌晨3点，当他和几个人去便所时，我方有机会，药溶解了，没留任何痕迹。第二天半夜，老头子睡在办公室的地板上呈昏迷状态。两天后，老头子的状况急剧恶化，仍没知觉。晚上9点30分，他开始发出可怕的嘶哑声，脸色变暗，几乎是黑的，嘴里吐沫，好像有人窒息他。20分钟后，"人类光辉的太阳"就这样落下了西山。

贝利亚的这本日记是真的吗？没有其他政治局委员的默契、配合，他的谋杀会成功吗？他为什么要这样清晰地写出谋杀斯大林的全过程？难道仅仅是为了独揽罪责，给其他政治局的委员们来一个有趣的开脱吗？真叫人不可理解。

更加骇人听闻的是，就在斯大林去世不久，贝利亚被苏联当局以特务和叛国罪名秘密处死。是争权内讧吗？是杀人灭口吗？

政治斗争之隐秘与残酷，由此可见一斑。

"杀父泄愤"说

最令人惊讶的是斯大林子女"杀父泄愤"说。

英国历史学家、斯大林传记作家西蒙·西巴格·蒙特菲奥里在BBC最新摄制的纪录片《谁杀死了斯大林》解说时声称：

斯大林临死前五天的病历记录已经被俄罗斯政府解密，斯大林的病历显示，他去世前至少吐过两次血。这暗示他当时不仅遭遇脑溢血，同时还遭遇了胃出血，这跟苏联官方对斯大林之死的描述存在很大差异。事实上，斯大林胃出血的症状与误服一种剧毒鼠药后引起的症状非常相似。

那么，谁是投毒者呢？

在BBC纪录片《谁杀死了斯大林》中，蒙特菲奥里列出了最可能谋杀斯大林的五大"嫌疑犯"，除了上述的赫鲁晓夫、莫洛托夫和贝利亚之外，斯大林的两名亲生儿女竟被列为第一、第二，这实在让人震惊不已！

斯大林的女儿斯维特兰娜为什么要谋害自己的父亲呢？首先是，斯维特兰娜的母亲娜杰日达1931年在家中自杀身亡，长大后的斯维特兰娜认为母亲之死是由父亲斯大林一手造成的；此外，她还亲眼目睹自己的母系亲戚一个接一个地被斯大林下令逮捕和流放。

其次是，1943年，16岁的斯维特兰娜交了一个男朋友——一名叫作阿历克谢·卡普勒的犹太电影导演，斯大林发现了他们的恋情后，毫不留情地将卡普勒逮捕，并将他押送到了西伯利亚的一个盐矿里，卡普勒最后默默无闻地横死在那里。

1969年，移居到美国的斯维特兰娜在接受美国电视采访时，曾将她的遭遇形容为"悲惨的故事。"斯维特兰娜显然将母亲的死、亲戚的死、男友的死都归咎于斯大林。为了泄愤，她杀害了自己的父亲。

纪录片宣称，第二个可能谋杀斯大林的"嫌疑犯"是他的二儿子瓦西里。据悉，瓦西里一生非常惧怕自己的父亲，当他还是个孩子时，只要父亲在场，瓦西里就紧张得连一句话也说不出来。尽管瓦西里后来被晋升为苏联空军将军，但到40年代中期，瓦西里就开始有意地和父亲作对，让斯大林难堪。瓦西里不仅成了公开的酒鬼，有一次，他甚至将一名苏联电影导演的漂亮妻子关在自己的别墅中达一周之久，闹得人人皆知。此后瓦西里不仅被父亲降了军衔，同时还被派往战争前线。蒙特菲奥里在解释瓦西里是可能的"嫌疑犯"时说："瓦西里一生对父亲毫无好感，他是否会认为自己的混乱生活都是由父亲一手造成的呢？"

尽管如此，蒙特菲奥里仍然认为，最可能的谋杀嫌犯仍然应数贝利亚。

肯尼迪被刺之谜

约翰·肯尼迪是美国历史上最年轻的总统。

1960年，年仅43岁的肯尼迪入主白宫。当时，正值美国的地位和实力面临严重挑战的时期，肯尼迪上任伊始，大力改组白宫，扩大总统权力，重用学者，组成"智囊团"，制定新的美国全球战略，并且挫败苏联，成功地解决了古巴导弹危机……被时人誉为"雄才。"可是，正当他声誉日隆、踌躇满志之时，死亡之神已向他悄悄走来。

总统遇难

美国得克萨斯州的谋杀犯罪率是全国最高的，而该州达拉斯市的谋杀案更是全国平均数的两倍。此时，这座充满暴力的城市又酝酿着一个新的阴谋，迎接美国第35届总统肯尼迪的到来。时间是1963年11月。

肯尼迪担任总统三年以来，声望越来越高，眼下正雄心勃勃地准备竞选连任总统。作为一个民主党人，他对自己的党正处于混乱状态深感忧虑。党内保守派和自由派的尖锐斗争成为他争取连任的严重障碍，尤其是得克萨斯州，这里的民主党两派之间"打得一塌糊涂"。照此下去，肯尼迪很可能丢掉这州的选票。于是，他决心以老资格民主党人和总统的身份,来协调一下两派的关系。

11月22日上午,肯尼迪在沃斯堡商会的早餐会上发表演说,讲话结束时,早餐会主持人赠给他一顶牛仔帽。总统从来没有戴过这样的怪帽子,他迟疑地看了看,最后说:"我回到白宫一定戴上它。"

快到中午,肯尼迪和夫人杰奎琳在国会议员冈萨雷斯等人陪同下,登上了飞往达拉斯的飞机。近十二点时,飞机抵达达拉斯郊外的机场。总统一行下了飞机,乘车向市贸易中心驶去。他要在那里出席一个盛大午宴,并且要发表演说。

总统车队在武装摩托车警察护卫下,浩浩荡荡地驶入市区,欢迎的人越来越多。总统站在敞篷车上,高兴地向人们招手致意;杰奎琳挺直身子,骄傲地坐在他的身旁。

约翰·肯尼迪,1960年当选为美国总统。

车队转向埃尔姆街,经过得克萨斯州的教科书仓库。突然,在车队的轰鸣声中,清晰地传来几声微弱的可怕的枪声。肯尼迪的脸上出现了异常的神色,接着便倒下了。几乎同时,陪同总统的得克萨斯州州长康纳利也倒在座位上……

总统专车飞一般地驶向帕克兰医院。来到医院门前,跟随专车的警卫发现,肯尼迪已经死了。

没有权威的结论

总统被枪杀后的第三天清晨,刺杀肯尼迪的凶手李·哈维·奥斯瓦尔德在警察局的地下室里,等待被押解到侦讯机构,一个名叫贾克·卢比的夜总会老板突然向他走来,连发两枪,奥斯瓦尔德在医院里死去。

警察当即拘留了贾克·卢比。至于贾克为什么要枪杀奥斯瓦尔德,他说,他纯粹是出于对肯尼迪的热爱,对凶手的憎恨。事情就这样乱成了一团糟。不久,贾克·卢比又在监狱里因癌症死去,线索就此断绝。

一位在职总统被刺,接着有两名被认为是凶手的人又连环死去,显示出凶恶而复杂的背景,使美国舆论哗然。

按照美国宪法,在职总统突然死亡时,副总统自动晋升为总统。宣誓就职之后,约翰逊总统立即任命了一个以最高法院首席法官华伦为主席的委员会,来负责调查总统被刺的真相。

华伦委员会经过10个月的调查,收集了上千份证明文件,听取了552个证人的证词,取证26卷,于1964年10月发表报告,得出五个主要结论。报告认为,凶手就是奥斯瓦尔德。至于奥斯瓦尔德为什么要枪杀肯尼迪总统,华伦委员会的报告从五个方面进行了分析:

1.奥斯瓦尔德对一切权力的仇恨;

2.他不能和人民建立富有意义的关系;

3.他强烈要求在历史上占一席地位;

4.他的暴力能力;

5.他对马克思主义和共产主义的信仰。

华伦委员会的最终结论是:奥斯瓦尔德枪杀肯尼迪属于个人行为,没有背景;杀害奥斯瓦尔德的贾克·卢比也是单枪匹马,也没有阴谋。或者用该委员会委员杰拉尔德·福特的话说,报告中的"没有阴谋",应该读成"委员会没有发现阴谋的证据。"

这真是滑天下之大稽!

这个总统授权的权威委员会所做出的结论,却在美国公众中没有权威。民主党、共和党的政治活动家,众、参两院的议员和学者,纷纷对委员会的报告提出质询。他们根据验尸报告和对各种实物所做的法医学鉴定,提出了一些有趣的怀疑。

疑点之一是枪法。据调查,奥斯瓦尔德是从后方的一个六层楼上射击的,用的是一支二十多年前的老式步枪,射击点与射击物之间有6秒钟的时间差,而且汽车在向前行驶,车中坐有多人,如果不是世界一流的枪手,怎么可能准确地命中脑部呢?

疑点之二是子弹。据报告,那颗致命的子弹是从肯尼迪脑后射入,咽喉下方穿出;又从坐在前排的得克萨斯州州长的右肩射入,右胸穿出,再通过州长的右手腕,最后击中州长的右臀部。这颗子弹竟然七弯八拐,连开数洞,而且毫无损伤,谁能相信这世界上罕见的奇迹!

疑点之三是位置。据报告,射击来自后方,但是,肯尼迪的头骨碎片,大部分在左后方,最奇怪的是同他并肩就座的夫人,枪响之后,疯狂地向车后爬去,显然,她的直觉感到危险来自前方,这与头骨散落的方向一致。

疑点之四是伤口。肯尼迪在达拉斯抢救无效,裹上被单,装进一具铜棺,运往贝塞斯达海军医院。但是,到达医院时,尸体在一具普通棺材里,没有被单,却卷着橡皮盛尸袋。达拉斯医院证明:头部有一个直径5~7.5厘米的伤口,喉管有一条3厘米的切缝,未做开颅术。海军医院的医生看到的尸体却是头部伤口直径大于12.5厘米,喉管切缝达8厘米,颅部已做过手术,脑子不在头盖骨里。显然,中途用了"调包术。"

疑点之五是时间差。肯尼迪和康纳利先后被击中的时间相差不到两秒,这是用来福枪射击办不到的事。因而除奥斯瓦尔德外,至少另有一个凶手。

正当群情汹汹,要求公布真相的时候,继任总统约翰逊下了一道更奇怪的命令:不许在2039年前公开调查委员会的调查材料。这就使肯尼迪的死情沉入大海,成了不解之谜。

被刺原因的种种猜测

尽管如此，人们对肯尼迪之死，还是提出了许多有趣的猜测。

1.奥斯瓦尔德自认为是马克思主义者，1959年跑到苏联当了三年工人，娶了个苏联老婆，并公开宣称要取得苏联国籍。但后来他又改变主意，于1962年返回美国。因此，有些人认为，奥斯瓦尔德枪杀肯尼迪是受命于苏联人，和苏联的"克格勃"有关。

2.奥斯瓦尔德返回美国后，在路易斯安那州的新奥尔良城工作。在那里，他和一些亲卡斯特罗的组织来往。而在此以前，肯尼迪曾支持过一批流亡的古巴人颠覆古巴政府的"猪湾事件"。因此，有人认为，奥斯瓦尔德行凶和亲卡斯特罗的古巴人有关。

3.肯尼迪家族是美国的一个新兴大家族。它和另一些家族积怨很深。肯尼迪当政后推行的政治经济措施，严重危害着这些家族的发展。美国钢铁公司老板曾向总统递交了一份声明，宣布每吨钢铁涨价6美元。肯尼迪立即在记者招待会上指责说："这是一种毫无理由的，不负责任的，无视公众利益的行动。"不仅如此，他还在接到对钢铁公司的控诉状后，同担任司法部长的弟弟罗伯特·肯尼迪一同召集大陪审团调查。由此有人推论，肯尼迪可能死于门阀财团之争。

4.还有一种说法，即肯尼迪被刺与美国黑社会有关。在美国南部居住着一个名叫马赛洛的意大利西西里人，他是黑手党的一个首领。1961年，他被司法部长罗伯特·肯尼迪下令驱逐出境；第二年他又偷渡回来。1963年，肯尼迪政府又重新提起驱逐马赛洛之事，因而遭到黑手党人的怨恨。总统被杀之后，涉及本案的几十个证人相继失踪或遇难，使人明显地感到，有某种潜在的力量要把这些人一个一个除掉。

5.一些记者还公布了肯尼迪十天前在哥伦比亚大学的讲话。他说："……现已查明，总统办公室一直被用来支持那个背着美国人民，在暗中策划的可怕的阴谋，我作为总统……应该把这一可怕的事实，向所有国民宣布。"结果是，"可怕的事实"尚未公布，他就饮恨黄泉了。可见，肯尼迪的死与现任政府的某些人有关，甚至同总统办公室的工作人员有关，总统要揭露他们，他们就抢先一步要了总统的命。

6.这个潜伏在肯尼迪身边的阴谋分子到底是谁呢？35年之后，接任肯尼迪当总统的约翰逊的情妇出语惊人，她说，得克萨斯州的石油大亨出钱，身为副总统的约翰逊具体策划和幕后指挥，杀死了肯尼迪。约翰逊曾亲自对她说："从明天起，这个该死的肯尼迪就不会再妨碍我了，这不是威胁，而是说到做到。"

但是，时间太长了，时过境迁，约翰逊死后，也就死无对证了。

尼泊尔王室枪杀案到底是谁制造的？

要列举出世界上守卫森严的地方，王宫应该算得上是一个，然而，就在戒备森严的尼泊尔王宫里，发生了一起耸人听闻的枪杀案。

2001 年 6 月 1 日晚，尼泊尔国王比兰德拉、王后艾什瓦尔雅、小王子尼拉詹、公主什鲁蒂等 10 名王室成员在纳拉扬希帝王宫被枪杀身亡，其他 24 名人员受伤。又据报道，王储迪彭德拉在开枪射杀了国王和王后后开枪自杀未遂，身受重伤，后经抢救无效于 6 月 4日去世。

事后尼泊尔王宫事件调查委员会公布，这起王室枪杀事件完全是由前王储迪彭德拉一人造成的，其主要原因是他当天晚上喝威士忌酒过多。

而最流行说法是王后与王储在选择王妃问题上发生了争执，王储一怒之下杀了全家，最后饮弹自尽。当年王储迪彭德拉选定的意中人是德芙雅尼。德芙雅尼的母亲乌沙·拉吉是印度瓜廖尔土邦王的女儿，嫁给了尼泊尔拉纳家族的帕舒帕逊·拉纳，拉纳家族是尼泊尔最显赫的家族，后又分为两个相互对立的分支。而王后艾什瓦尔雅与德芙雅尼分别属于这两个分支，王后不希望与自己家族对立的成员成为未来尼泊尔的王妃，更何况德芙雅尼还具有印度血统，尼泊尔的反印情绪又很严重。

由于迪彭德拉坚持非德芙雅尼不娶，最后艾什瓦尔雅王后警告儿子说，如果他一意孤行，她将让国王废除迪彭德拉的王储身份。这无疑在迪彭德拉心上捅了一刀。同时，迪彭德拉对民主政治深恶痛绝，他敦促国王恢复君主立宪制度，遭到了父亲的否决。王储有一种巨大的挫折感。当他的婚姻受挫，在家族政治中不如意，他是否会下狠心报复全家呢？还是有人借机在制造灭门血案呢？

但调查委员会的调查结果本身亦难以服人。如果真的是王储醉酒杀人，为什么没有警卫上前阻止？既然是晚宴，难道没有服务人员在场吗？血案发生后，为什么没有验尸就把王室成员的尸体匆匆火化？

针对调查小组的王储酒后杀人一说，又有报纸宣称，尼泊尔军方一名军医在对迪彭德拉王储的血样进行化验后宣布，王储血样中并没有酒精成分。这一报道又为本已疑点丛生的血案抹上了一团疑云。

又据说让迪彭德拉王储致命的子弹是从其背后射进去的，这就排除了自杀的可能。许多尼泊尔国民对凶手是否另有其人提出了疑问。一位尼泊尔商人说："我认为这次血案是其他人干的。一个真正的尼泊尔人是不会杀父弑母、残害手足的。这是政府在捣鬼。"

一个王储真的会做下这种十恶不赦的杀父弑母的罪行吗？这场王室枪杀案的真相又如何呢？这所有一切，只能成为尼泊尔人民心中永远的谜了。

拉登财富之谜

拉登 1957 年出生在沙特的一个豪门之家,他的家庭一直保持着经商的传统。40 年代末,居住在也门的拉登的祖父奥克巴迁往沙特阿拉伯。拉登的父亲穆罕默德·本·拉登,白手起家,经过多年奋斗,终于有了数百万家产。在创业期间,他也与政界相联合,与费萨尔国王建立起特殊关系,当然也能凭此不断致富,而且为家族争取了该国的公共设施与房屋建筑业,王宫、清真寺、王室别墅等建设都是可以迅速发财致富的大工程,本·拉登的家族成为沙特百大豪门之一。

1980 年 6 月,27 岁的本·拉登凭他那巨额财富在伊斯坦布尔的郊区设立了他的总部。他在这里对志愿者进行收容、组织,并承诺把他们送到阿富汗。可以说,提起拉登便咬牙切齿的美国人,当时曾把拉登当作亲密的朋友。拉登就是在土耳其这段时间里积聚了巨额财富。

拉登堪称出色的企业家,他经营的分公司遍及伊朗和巴基斯坦和海湾国家,他在日内瓦、苏黎世、法兰克福和伦敦等金融市场也有账户。他的先进的电子设备和武器弹药是通过一个错综复杂的银行网在瑞典、法国和德国购买的。同时,拉登也拥有先进的网络信息系统,办事效率也极高。1982 年底拉登从伊斯坦布尔来到巴基斯坦,在白沙瓦建立了"支持者之家",还在阿富汗边境的柏克蒂亚建立了 16 个游击队训练营地,训练他的恐怖分子。

美国前总统小布什

后来,拉登在阿富汗创办了一个工程公司,并且利用它建立了隐蔽的场所,挖隧道、筑路等,为以后的高明的藏身术打下基础。1989 年 10 月,苏联从阿富汗撤军期间,拉登离开了阿富汗。回国不久,政府就因他"支持恐怖组织"而取消了他的沙特国籍。1992 年他以投资者的身份来到苏丹。1993 年,"拉登控股公司"签订了 8500 万美元的巨额合同,就是承建苏丹喀士穆——尚迪——阿特巴拉之间的干道公路。同时他们还承建苏丹首都商业中心的三座大楼。本·拉登很善于经营,他还联合亲执政党的两个金融家创办了苏丹北方银行。这个银行至今在苏丹仍然是实力最强的。

这以后,本·拉登旅游欧洲各地,伦敦和瑞士是他最常去的地方,他在那里的众多投资都需要他去照看。仅在伦敦,拉登的财产估计已在 5000 万美元之上。拉登在全球拥有那么多公司和子公司,还有一个线面宽广的金融系统和网络系统,他到底有多少财富?这还是一个谜。

"甲壳虫"创始人列农遇刺身亡之谜

著名的"甲壳虫"乐队曾经风靡全球,至今仍然深受人们的喜爱。1980 年 12 月 8 日,乐队的创始人列农在纽约的达科寓所内遭遇枪击身亡。全世界都震惊于列农之死。热爱列农的人们对他的死充满了疑惑和不解:凶手为何要杀死列农? 这是一次蓄意谋杀吗?

关于列农被杀的原因,目前尚未取得一致意见,主要观点有:

第一种观点认为,列农因拒绝为人签名而被人枪杀。以列农为代表的"甲壳虫"乐队在 60 年代主宰了摇滚乐,风靡全世界。他们的音乐、服饰吸引了众多的歌迷,也受到各种音乐爱好者的重视。这支独特的乐队成为英国利物浦的代表,很快便风靡欧美各国。列农是乐队的核心成员,他不但演唱出色,而且创作了不少美妙的歌曲,许多代表作品在国内外发行流传,这些使得列农拥有了越来越多的歌迷和崇拜者,这些人都以能得到列农的签名为荣。因此,有可能当列农拒绝为可能是歌迷或崇拜者的凶手签名时,便遭到了恼羞成怒的凶手的枪杀。

第二种观点认为是某些人想用制造轰动的事件来使自己出名,于是,凶手选择了声名显赫的约翰·列农。持这种观点的有约翰·列农的遗孀小野洋子。但是,赞同或附和这种观点的人不多。

第三种观点认为列农的被刺是一次蓄意谋杀,而且,凶手在谋杀前还做好了周密的布置。1981 年,美国学者杰伊·科克斯在《时代》周刊撰文认为:"有官方的记录,列农之死将被称为谋杀。这是一次暗杀,是他们无法理解的有意的凶杀。"科克斯认为是谋杀的理由有二,一是:事后查明,谋杀列农的马克·查普曼于谋害列农前两天赶到纽约,住在离列农家有几个街区的基督教男青年会里。但查普曼在谋杀列农前一天晚上离开了青年会,搬到谢拉顿中心的一家饭店,并且大吃了一顿,仿佛是为了取得某种值得自豪的成就预先慰劳自己。二是:在 12 月 8 日夜晚,查普曼在列农的公寓门口等到了列农。他从阴影里冲了出来,举枪朝列农射击,接连 4 发子弹击中了列农。警察抓住他之后,发现他身上还带有列农签名的纪念册。但科克斯没有说明查普曼为什么要杀死列农。有人推测查普曼可能是个患有歇斯底里症或是偏执狂一类的患者,这些人在情绪激动后便无法控制住自己的行为。

第四种观点在艺术界得到承认。艺术界人士认为列农被害的主要原因在于他的艺术实践和艺术主张。列农清楚地认识到摇摆舞音乐是一种巨大冒险和感情丰富的应用艺术,他们所创作的歌曲会使更多人起来反对摇摆音乐的欢乐和奔放。"甲壳虫"之所以在全世界轰动，是因为他们的理想主义走在时代前面，激励时代前进。列农的艺术实践和主张，具有鲜明的挑战意义，很容易遭到反对派的攻击和嫉恨。以上说明，列农常会处在易受攻击的地位，甚至有被杀的可能。而且，列农曾多次遭到别人的恐吓和攻击。1964 年在法国举行第一次"甲壳虫"音乐会时，列农收到一张条子："我要在今天晚上 9 点钟把你打死。"据此，很多人推断查普曼很可能是一个言行和列农大相径庭的人，故而枪杀了列农；或者是受雇于人的凶手。

列农离开歌迷们已有 20 多年了，每年在列农的忌日都有歌迷组织各种活动来纪念这位欧美摇滚巨星，然而有关他的死因至今仍没有确切的答案，歌迷们都为之遗憾。

苏联是如何窃取美国原子弹秘密的?

人类在战场上投下的第一颗原子弹，为世界反法西斯战争做出了重要贡献，然而一场新的争端也由此而生，当时世界又一军事强国——苏联，也于 1945 年成功地爆炸了原子弹，其研制时间远远短于美国，那么，是什么使苏联科学家有了如此神力呢?

美国《国际先驱论坛报》刊出文章，对苏联间谍供认窃取美国原子弹秘密的经过予以披露。

苏联是如何窃取美国原子弹秘密的，多年来一直是个谜。俄罗斯科学家和间谍发表的谈话以及俄罗斯新闻界一年来发表的大量材料揭示了这一谜底。

亚原子粒子实验

1941 年 6 月 22 日，德国入侵苏联。俄罗斯近期解密的谍报文件表明，在德国发动进攻的几个月内，莫斯科源源不断地收到了大量有关西方最秘密的武器情报。

1941 年 9 月 25 日，苏联驻伦敦谍报站站长阿纳托利·戈尔斯基把英国战时内阁所属的核咨询委员会 9 天前举行的一次会议的备忘录，转发给了莫斯科。他报告说，英国科学家保证，可以在两年内制造一颗铀弹。

一名代号为"树叶"的间谍也就是英国外交官、著名的剑桥间谍网成员唐纳德·麦克莱恩提供了这一绝密情报。麦克莱恩不但提供了制造原子弹的技术细节，而且还将英国把修建一座铀提炼厂列为最优先项目的消息透露了出来。

间谍头子亚茨科夫声称，拉恩在纽约有一个"熟人"，是个物理学家。这个物理学家说，他应邀参加制造原子弹的绝密工作。这个情报连同一项招募这名物理学家的建议由苏联在纽约的间谍传给了莫斯科。后来，这名物理学家就成了"珀修斯"，即"X 先生。"

苏联原子弹之父库尔恰托夫在近期发表的 1943 年 3 月写给克里姆林宫上司的信中，

证实了苏联设在欧洲和美国的间谍网取得的突出成就。他指出,情报来源发来的信息使苏联物理学家在"极短的时间内"把与核裂变有关的全部问题解决了,使之越过了"许多实验性阶段。"

俄罗斯近期解密的 1946 年 12 月 31 日的一份文件显示,莫斯科还从西方科学家那里得到了有关研制更先进的氢弹的情报。这份文件就是物理学家库尔恰托夫写给国家安全委员会各位首脑的一封便函,上面明确注明已收到了关于"美国研制超级炸弹"的情报。1946 年 2 月,亚茨科夫离开美国。他说,在苏联于 1949 年 9 月进行了钚弹试验后,苏联间谍向莫斯科的提供情报的行为暂时停止了。

若真如上面材料所说,苏联人窃取了美国的原子弹秘密,那苏联(以及后来的俄罗斯)承认错误的勇气倒真让人敬佩。一向擅长谍报工作的美国人,是怎样被苏联人窃取了如此高级的秘密呢?苏联人所说的物理学家在制造原子弹的绝密工作中担任什么职务?这位 X 先生是谁?他是怎样将情报送出被严密封锁的研究机构的呢?这一系列谜团都随之而来,发人深思。

苏联击落美国 U-2 飞机之谜

螺丝钉>原子弹?不管你信还是不信,一个小小的螺丝钉在某些时候却能做得比原子弹更好,至少在 1960 年 5 月 1 日是这样的。那一天正是美机 U-2 飞机被苏联击落的日子。

不要小看这枚微不足道的螺丝钉,正是因为它,苏联才将当时的"黑衣女谍"U-2 从高空请下,否则则国难当头。

冷战期间,为了尽快弄到一架 U-2 飞机,克里姆林宫下了一道死命令给克格勃。于是,一个名叫穆罕默德·嘉兹尼·汗的间谍偷偷进入了 U-2 飞机所在的巴基斯坦某美军空军基地。不久,他假冒一名因病不能上班的清洁工混进了机场。为了能接近飞机,他又将机场空军食堂的一名服务员给收买了,最后他打听到 U-2 飞机近期将做一次远程侦察的巡航。

苏联研制的新导弹

穆罕默德在接下来的几个晚上,用红外望远镜在停机坪附近窥视,终于找出了美军防范中的漏洞。

这天,穆罕默德开始实施预定计划。时近凌晨 2 点,一群在外胡作非为的美军士兵前来换岗,他们像平常一样在飞机右舷兴致勃勃地谈笑风生,吹嘘他们刚才在外寻欢作乐的趣事。这时,已潜伏多时的穆罕默德抓住了这个机会,迅速地避开了士兵的视线,神不知鬼不觉地钻进了飞机驾驶舱。很快找到了仪表上高度仪的外罩,然后飞快拧下右上角的一颗螺丝钉,随即换上了一颗自己携带的不同一般的螺丝钉。

原来,这是一颗磁性极强的螺丝钉,由苏联克格勃特别研制,当飞机上升到几千米高空后,这颗螺丝钉产生的强大磁力场将高度仪的指针吸引过去,而显示出已达到 2 万米高度的数字。美国人考虑到了对该机资料的保密措施,也想到苏联会用新型导弹对飞机进行拦截,却没有想到克格勃会用违背常规思维的不寻常方式下手,把用炮火轰击、飞机拦截都得不到的 U-2 型高空侦察机给击落了。

不管苏联最终是如何直接击落 U-2 飞机的,导弹抑或是米格飞机。如果没有了那枚被换包的小小螺丝钉,所有的一切都将举步维艰。因而,千万不要小瞧相比之下导弹可说是一文不值的螺丝钉。

俄罗斯为何将核秘密披露于世

美国长期以来就对俄罗斯的军事机密极感兴趣,然而一件令人意想不到的事情发生了:在英国法恩巴勒举办的"2000 年国际航空展"上,有关俄罗斯战略核武器秘密的小册子以标价 330 英镑公开出售,折合美金约 500 元。

人们对俄军公布的这本核武器手册进行研究后发现,它几乎包括俄罗斯所有战略导弹及运载工具的作战方式和具体性能等方面的秘密。

俄罗斯军方忽然"大方"地"全面自曝家底",向外界披露其战略核武库的各种秘密,内容还涉及战略火箭军所有的地对地洲际导弹、空军战略轰炸机空射战略导弹和海军核潜艇的弹道导弹等方面,这使美国方面极为震惊。美军多年来为了搞到俄军战略核武器的秘密情报,投入了巨大的人力和财力。不仅如此,美军情报人员和中央情报局还用尽种种办法派遣和收买间谍冒着生命危险去窃取俄军战略核力量的情报。然而,如今俄军的这番"自曝家底",最终使得

俄罗斯总统普京

过去花费的那么多金钱、付出的那么多条人命,现在看来似乎都失去了应有的价值,变得毫无意义。曾几何时,昔日他们想方设法想要窃取到的核心机密,现在居然令人难以置信地只要花上 500 美元就可以全部买下了。然而,这确实是确凿无疑的事实!

俄军突然把所有的这些战略核武器秘密全都抖搂出来的原因究竟是什么呢? 其中有什么不可告人的企图吗? 对此,俄罗斯的国防部长谢尔盖耶夫做出了一番解释,以解

开西方的疑惑:俄军之所以要把战略核武器秘密印成小册子披露出来,只是单纯地为了让世界更好地了解俄罗斯的核武器装备,促进俄罗斯武器装备的外销而已,并没有什么其他的企图。

然而西方国家并没有因为这番话而打消原有的疑虑,相反却使他们觉得有"欲盖弥彰"之嫌。原因很简单,要是俄罗斯真的要以促销其武器为目的,那它为什么不将其最先进的战斗机 S—37 拿出来展示给大家研究呢?由此看来,事情的真相绝非谢尔盖耶夫所讲的那么简单!为了解开这一谜团,出现了各种各样的揣测。其中既有经过缜密的分析研究而得出的结果,也不乏凭空的臆想。有人对俄罗斯此举前的一系列言行做了一番详细考察,期望能够从中查证出如此行事的意向。结果,他们似乎发现了一些"可疑"的蛛丝马迹:俄军总参谋克瓦什宁曾于 2001 年 6 月 24 日表示,核武器现在主要作为遏制各种极端意图的政治因素,在现实战争中很难加以使用。而且,世界上也不大可能爆发大规模核战争。因此,俄罗斯应对其进攻性战略核武器进行大规模裁减。然而国防部长谢尔盖耶夫对于这一观点却未加以认同——他认为应该继续发展战略火箭军。可见,俄罗斯军方内部在如何发展战略火箭军方面存在着巨大的分歧!据此,有人明确提出:俄军公布战略核武器的秘密可能与俄军内部在战略核武器方面的新思想关系密切。

事实真相真是这样吗?这仅仅是颇具说服力的一家之言。大概只能由俄罗斯自己来解答其中的玄机了!

联合国秘书长加利为何未获得连任?

在 1996 年 6 月 20 日,美国政府突然宣布,反对当时任联合国秘书长布特罗斯·加利竞选连任下届联合国秘书长,并扬言要以安理会常任理事国的地位,对加利的连任行使否决权。在美国政府做出上述宣布几小时后,加利得知了这一消息,正在德国访问的他立即做出针锋相对地回答:他决定竞选连任下届联合国秘书长。这时距联合国大会决定下届联合国秘书长人选还有半年时间,克林顿政府迫不及待地提前表态,这其中原因确实值得回味。

11 月 19 日,联合国安理会就加利是否能够获得连任提名表决时,美国冒天下之大不韪,在其余 14 个安理会成员,尤其是中、俄、法、英 4 个常任理事国投票赞成的情况下,投了唯一而刺眼的反对票。究竟什么原因导致这种结果呢?

美国反对加利连任的理由是他"缺乏改革意识","不是把联合国引向 21 世纪的适当人选",还指责他对联合国财政困难负有不可推卸的责任。这是搬起石头砸自己的脚,人们不会忘记,正由于美国大量拖欠联合国会费和维和经费,才导致联合国财政困难。

对此,加利不顾美国人尖锐的叫骂声,坚决批评美国对联合国不负责任的态度和做法。

美国以"国际宪兵"自居，它在强调"国家利益至上"的基础上打着自己的如意算盘，在它看来，联合国应该是它实现独霸全球战略的运载卡车。而如今，这辆卡车的司机——加利竟敢与之对着干，还不时加以指责，这是美国所难以容忍的。于是，美国朝野上下难得一致地反对加利连任。

美国国务卿奥尔布赖特在国会上就联合国财政状况作证时说："当我对人们讲我们将行使否决权，而且如果(布特罗斯·加利)获胜，我们将退出联合国时，我非常清醒。"美国甚至不惜以退出联合国作要挟，可以看出其险恶用心和丑恶嘴脸。

11月18日，联合国安理会15个成员国中有14个成员国赞成加利连任，1票反对；美国投了否决票。

12月12日，投票测验结果是14票赞成科菲·安南，1票反对；法国投了否决票。但随着事态的发展，法国总统希拉克不想再孤立，于是决定放弃与美国对抗。

12月13日，安理会和联大同时做出决议，对加利进行了赞扬，并对新任秘书长(安南)进行了正式任命。

奥尔布赖特曾说过一个经典名言，现出了其霸权主义者的嘴脸："我将让加利相信我是他的朋友，然后我再打断他的双腿。"

美国如何安排"保护总统计划"？

在"9·11"事件中，美国纽约世贸大楼、五角大楼先后遭到恐怖分子劫持的美国飞机的袭击，举世震惊。一直以来媒体只对这个恐怖活动的幕后主谋是谁以及如何消灭他感兴趣，但，随后不久，人们对那些国家领导人的人身安全问题也开始关注了。倘若美国遭到大规模的核打击，美国总统及其继任者将如何确保活命？最高指挥机构将如何确保不至于瘫痪？

其实，早在冷战时期，军事问题专家们就已经开始研究"保护总统计划"了，他们争相探知这一机密，并将它列为美国的头号机密。

但是，随着时代的发展，"保护总统计划"并非一成不变，它也需要进一步发展。"全球安全"网站主任约翰·皮克介绍说，20世纪80年代，苏联的侦察卫星技术飞速发展，美国方面也采取了相应的防护措施，尽管美国的指挥中心等大型掩体进行了特殊加固和伪装，但在苏联卫星敏锐的眼睛下还是不易逃脱的。如果苏联导弹同时袭击这些指挥中心的话，美国政府同样会陷入瘫痪。许多安全专家还认为不应该把指挥中心建在一些固定的场所，这样会产生许多安全隐患，也逃不开苏联人的眼睛。有鉴于此，美国政府急令安全部门将"保护总统计划"进行重大的修改，确保苏联人无法一次性"干掉"美国总统及其法定继任者。

老布什总统在20世纪80年代末把"保护总统计划"这一名称改变了。随后，美国通过了国家安全重组法案,并相应组建了一套由主要指挥中心和次要指挥中心组成的相对分散的系统,分散了指挥中心。显然,主要指挥中心如果被苏联的洲际弹道导弹一举摧毁,而次要指挥中心一样能够下达对苏联进行报复性打击的命令。"保护总统计划"手段也不单一,他们还有其他的辅助手段,如"应急导弹通信系统",导弹发射后通过无线电可以与地面部队通过密码保持联系。90年代初,该系统暂停使用,但一切设施都完好无损,随时可以重新起用。还有"打击后指挥与控制系统",它是由具备发起报复打击能力的飞机组成的网络。据悉,该系统直到今天仍处于"激活"状态。同时,美国情报官员也披露,美国还有每天24小时飞在空中的波音747飞机,作为战略空中指挥所。由于这个指挥所一直在空中,而且位置不确定,这样敌方要摧毁它,就不那么容易了。飞机执行8小时轮换制,机上有一名两星将军。随着冷战结束、东西方关系缓和,空中指挥所也终于降到了陆地上,但一旦进入紧张状态,它马上又可以执行命令了。

格瓦拉为何在古巴胜利后远走他乡?

在中国,范蠡在吴越战争胜利后携西施隐居的故事被传为佳话,谁又能想到,有"红色思想家"之称的古巴革命领导人切·格瓦拉在异国也上演了同样的一幕,只是不知他身边有没有美女相伴。

古巴革命胜利以后,他先后被新政府委任以土地改革全国委员会工业部主任、国家银行行长和工业部长等重要领导职务。在任期间,他多次代表古巴政府和统一革命组织全国领导委员访问亚非拉各国,出席各种国际会议。他在国内外均享有盛誉。

然而,在1965年4月以后,格瓦拉退出了公众生活,而后就秘密出走了。当年,人们对他的出走感到迷惑不解,如今,对他出走的原因进行了长期探讨的学者们仍然众说纷纭,莫衷一是。尽管如此,对于格瓦拉出走的原因不外乎下述4种看法。

第一,格瓦拉在经济建设和思想建设路线上与古巴其他领导人存在着严重的分歧。新政府成立后,格瓦拉强烈要求实行严格的中央集权路线,要缔造"社会主义的新人。"可是有的人主张不要过度集中,应该给国营企业一定的自主权。卡斯特罗的观点却十分矛盾,他有时赞成精神鼓励,有时赞成物质刺激。

第二,格瓦拉对他主管的工业改革的失败感到极度失望,因而出走。

第三,有些学者认为,迫使他出走的因素是苏联对格瓦拉政策的反对。苏联在几个方面都不同意格瓦拉的政策。一是不同意格瓦拉在古巴国内推行反对物质刺激的政策,因为当时苏联赫鲁晓夫正在推行这样的政策;二是赫鲁晓夫对格瓦拉倾向中国的政策非常不满。

第四,与第三种意见紧密相关,格瓦拉对于在拉丁美洲直接开展革命战争更感兴趣。格瓦拉的这一思想,是经过长期考虑的。而且,格瓦拉的出走有明确的目的,他是怀着视死如归的决心出走的。他在临走之前写给母亲的告别信中作了如下表述:"我相信武装斗争是各族人民争取解放的唯一途径,而且我是始终不渝地坚持这一信念的。许多人会称我是冒险家,只不过是另一种类型的,是一个为宣扬真理而不惜捐躯的冒险家。也许结局就是这样。我并不寻找这结局,但是,这是势所难免的。如果是这样的话,我在此最后一次拥抱你们。"

在激流勇进还是功成身退之间,格瓦拉做出了自己的选择,至于做出这样选择的原因就只有他自己知道了。

阿拉法特死亡之谜

亚西尔·阿拉法特(1929-2004),一生充满传奇色彩的巴勒斯坦骄子,从小就是孩子王,亲身经历过四次中东战争的洗礼,毕生致力争取恢复巴勒斯坦人民合法民族权利的正义事业。1989年,当选巴勒斯坦国总统。1994年,获诺贝尔和平奖。2004年11月11日11时58分,阿拉法特在巴黎逝世。2012年7月,瑞士一家研究机构称在阿拉法特的遗物中发现了放射性元素钋的痕迹。2012年11月12日巴勒斯坦消息人士透露,巴勒斯坦方面已开始为阿拉法特的开棺验尸做准备工作。2012年11月27日,阿拉法特灵柩被打开,专家取出阿拉法特遗骨,并提取样品以备调查死因。

其实,早在阿拉法特患病时,就有人怀疑其怪异的症状极其疑似中毒,鉴于宿敌以色列曾预谋多次定点清除阿拉法特和以色列拥有的科技实力,它被怀疑不足为怪。政治斗争残酷无情,常常超越人们的想象,不仅是宿敌,任何与政治理念相冲突者都有谋杀对方的动机。1981年10月埃及前总统萨达特不是死于以色列反对与埃及媾和的极端分子,也不是死于视他为叛徒的苏联克格勃,恰恰死于国内强硬反以势力,无独有偶,1995年11月以色列前总理拉宾也并非死在阿拉伯人极其恐怖组织的枪口么日恰恰死在自己同胞,极端反阿拉伯青年的子弹下。阿拉法特之死早已阴云重重——他死在法国医院,而西欧和法国以医疗报告缜密严谨,信息公开,一向热衷"尊重人们知情权"著称,而对阿拉法特的死亡,正式医疗报告和病理诊断,医治过程至今未公布于世,其临床表现特别是多脏器不明原因的衰竭符合中毒说。阿拉法特真正死因以及元凶是谁,有待证据说明和做出结论。

需要指出,如果阿拉法特真的死于以色列人手中并不新奇,尽管巴以双方曾签署奥斯陆协议。为此,阿拉法特和拉宾双双获得诺贝尔和平奖。因为政治斗争纷繁复杂,你死我活,尔虞我诈。别说曾经的敌人,就是自己的亲信,只要被认为不合我意,也必须尽早除之而后快。1950年,朝鲜战争爆发后,时任捷克共产党领袖哥特瓦尔德对苏联在联合国安理会通过谴责朝鲜侵略韩国并组织联合国军将朝军赶回三八线以北的决议时,莫名其妙地不但不使用否决权,而且缺席会议,致使决议顺利通过深感不解,致信斯大林予以质疑,引起斯大林和苏方不满。虽然哥特瓦尔德乃工人出身,在苏联卵翼下夺取捷克政权,并不折不扣地在国内推行斯大林模式的社会主义,其间在党内斗争中有意斯大林方式处决了至少120余异己,但苏方以对哥特瓦尔德的质疑恨之入骨,认为这不但是挑战苏联权威,而且易将苏联迫使中国出兵朝鲜,让中国卷入战争,诱使美国重新与内战失败撤往台湾的国民政府结盟以牵制中共,避免其强大威胁到苏联的阴谋暴露,于是待机下手。1953年3月5日,斯大林病死。而赶到莫斯科参加斯大林葬礼的哥特瓦尔德"受了凉",突患感冒,又迅速并发肺炎(此乃苏联医生诊断),苏联医生对其治疗,但病情急速恶化,3月14日戈特瓦尔德病逝。其病历和治疗记录苏方未予公布。

1975年,葡萄牙放弃其对安哥拉的殖民地统治,从安哥拉撤军。由苏联和古巴一手扶植的安哥拉人民解放运动领导人内图,在苏联2亿美元军火和上万古巴雇佣军支援下击败并排除了另外两支反抗葡萄牙殖民者的武装政治力量——"解阵""安盟",建立了亲苏政权。

1978年后,在苏联成长的内图鉴于外两股政治武装力量尚未彻底肃清,安哥拉内战持续,国家陷于动荡,无法进行和平建设,而反对者投入西方怀抱,安当局每次对其清剿都由古巴雇佣军操控,已有古巴战俘亮相,西方媒体描述古巴战俘不穿军装,光着膀子,使用苏制火箭筒等武器。南非以此为借口,经常越境打击安哥拉的恶劣终边环境,表示要建立多边关系,包括与葡萄牙等西方国家建立正常国家关系,独立自主,不过分,不唯一依靠苏联,要与反对派谈判解决问题。苏联对此强烈不满。1979年,医生出身的内图身体不适,苏联领导人闻讯后将其接到苏联诊治,被确诊为肝癌,9月11日内图病死,而更加亲苏的托斯桑托斯接任安哥拉总统。

阿拉法特死亡之谜在此提醒人们,虽然人类社会已进入21世纪,尊重生命已成为普世价值观,但政治斗争依然没有摆脱肉体消灭的观念。

世界最高楼"迪拜塔"高度之谜

世界第一高楼——迪拜塔,2010年1月5日举行了盛大的竣工开幕仪式,全球至少20亿观众透过电视机,见证了这一历史性的时刻。随着迪拜酋长阿勒·马克图姆按动显示器,迪拜塔的高度之谜最终揭晓——828米,约是南京紫峰大厦的2倍。与此同时,酋长还宣布以阿联酋总统名字命名迪拜塔为"哈利发·本·扎耶德塔"。

尽管自去年11月底以来,该地一直笼罩在迪拜危机的阴影之下。但是受迪拜塔落成的影响,开发商股价在昨日的新年首个交易日飙升7.8%,带动迪拜股市高收3.4%。在迪拜多年的华商刘振德先生获邀参加了这场庆典。

庆典花费约2000万美元

昨日的迪拜塔是全球最受瞩目的建筑,刚清洁过的蓝色玻璃外墙熠熠生辉,它极像一枚科幻时代的金属钉,倔强地直刺天空——它比地球上任何人类建筑都更接近太空。

去年12月18日,本报记者赴迪拜采访时曾置身迪拜塔之前,那时现场还似一个火热的工地,迪拜塔原本定于2009年9月竣工,但受世界金融危机的影响,竣工的日期被延后至阿联酋国庆日(12月2日)时,孰料又遭遇迪拜危机,竣工的日期因此一拖再拖。

"1月4日"显然是迪拜政府精心选择的日子,当天正是迪拜酋长阿勒·马克图姆登基4周年纪念日。迪拜大多数为世界瞩目的项目,均是在这位颇为西化的领导人推动下进行的。迪拜塔的落成被视作新年的良好开端,当地人希望通过这个"世界第一",一扫此前笼罩在他们心头的"迪拜危机"阴霾。

精通阿拉伯语的刘振德先生表示,迪拜塔不仅仅是迪拜人的骄傲,更是阿拉伯世界的骄傲。在阿拉伯人的心目中,迪拜塔的地位几乎可与古代七大奇迹之一——埃及的吉萨大金字塔相提并论,依靠它,阿拉伯人重新夺回世界第一高楼的称号。

酋长阿勒·马克图姆亲自主持这栋超高层摩天大楼的开幕式,约6000名嘉宾获邀出席庆典。庆典现场采取了严密的保安措施,大楼附近一带进行封闭,还派出约1000名警察戒备,当中包括防爆小组和特种部队。

刘先生介绍,庆典现场有令人瞠目的烟花和跳伞表演,奢华程度堪比当地亚特兰蒂斯酒店开业盛况。此前,亚特兰蒂斯酒店开业时,仅办庆典就砸下了2000万美金。

电梯一分钟可上124层

因为迪拜塔的落成,南京紫峰大厦在世界最高楼中的位次要往后挪一位,此前它是世界第六高的建筑。

由于太高,"迪拜塔"塔顶的气温比塔基处低大约10摄氏度。

迪拜塔的设计采用了一种具有挑战性的单式结构,由连为一体的管状多塔组成,具有太空时代风格的外形,基座周围采用了富有伊斯兰建筑风格的几何图形——六瓣的沙漠之花。迪拜塔加上周边的配套项目,总投资超过70亿美元。

迪拜塔39层以下是一家酒店,这是意大利著名的时装大师乔治·阿玛尼旗下的首间酒店;43层至108层则作为公寓;第124层将是一个观景台,站在上面可俯瞰整个迪拜市。

除了最高外,迪拜塔还拥有多项"世界之最"。大楼的第76层设有游泳池,当仁不让成为全球最高的游泳池;据说一座清真寺还计划设在第158层,如果属实这将是世上最高的朝圣地;塔内拥有世界上最快的电梯,时速高达每小时64公里,从底楼到124层观光层,一分钟时间乘客便可抵达。

迪拜塔耗费了33万立方的混凝土和31400吨的钢材,如果仅将其正面所用的玻璃平铺,就可以覆盖14个足球场,足见这个巨无霸的体量。因为太高,人们在95公里外都可看见它。

迪拜塔号称是设计和建筑上的新极限,它于2004年开始建造,前后有1.2万名工人参加建设,施工者大多来自印度。在建筑师的眼中,迪拜塔属建筑工程登峰造极之作。

专家估计,未来10年内,全球应该不会出现比迪拜塔还高的建筑。

江苏赴迪拜看塔要花9000块

迪拜塔内的1000套公寓,尚有10%的住宅没有销售出去,开发商艾马尔公司原本计划待竣工之后再销售,不料遭遇迪拜危机,当下要为这10%的房子寻找主人,显然很难。

迪拜塔的房子曾是人们追逐的"金饽饽",迪拜塔坐落于全新购物区"迪拜塔繁华区",为区内核心地标。两年前,当迪拜塔内的住宅和写字楼开始对外销售时,两天之内就被世界各地的富豪们抢购一空。开发商艾马尔公司也"捂盘惜售",每次只拿100套房子出来销售,而且第二次开盘比前一次价格要高出5%左右。在迪拜当时红火的大背景下,人们要购得迪拜塔的房子,"每次开盘要排队十几个小时"。谁都没想到,这样红火的项目也会遭遇"寒冬"。

迪拜危机之后,迪拜塔的售价已下降到7万元人民币/平方米左右,等于高位时的三折,但购房者仍寥寥。"迪拜塔"首批住户最快有望2月左右迁入,但当中不少业主尚未收房便已因2009年迪拜楼价大跌而遭受巨大损失。有些人士担心,这座象征奢华的建筑很有可能因没有住户入住而变成"无人区"。

记者昨日从旅游部门了解到,之前江苏旅游市场做迪拜游的并不多。省中旅国外旅游项目负责人丁庆元告诉记者,以往去迪拜的多以商务人士和建筑企业居多。"迪拜危机"发生后,迪拜的旅游关注度反而因曝光率增加而日见"升温"。目前,江苏游客想去迪拜旅游还必须去上海搭乘班机。他们正在筹划包括参观迪拜塔在内的最新旅游产品,包括4晚6天和5晚7天两种,预计报价会在9000—10000元/人之间。

当然,这样的价位肯定无法入住迪拜塔内的顶级酒店。参照之前迪拜7星级帆船酒店的管理惯例,不进入酒店消费的客人是不允许随便进入酒店的。而想要进入酒店,最低也得花上60美元去喝上一杯咖啡。记者了解到,目前国内做这样居停顶级酒店奢华游的项目产品并不是很多,一款设计在帆船酒店用午餐的旅游项目报价在22000元/人左右。省内游客想要玩在迪拜,住在迪拜塔,还有待时日。

迪拜塔小知识

2004年开工,原定2009年9月完工,但受金融危机拖累,竣工日期推迟。耗材大约33万立方米混凝土和大约3.14万吨钢材。楼高160层,49层为办公场所。迪拜塔表面由大约2.8万块外层板组成,所用玻璃足以覆盖14座标准规格足球场。楼内设57部电梯,包括最高时速64公里的世界最快电梯。

本·拉登死亡之谜

本·拉登是基地组织的首领,也是911恐怖袭击的总策划。美国联邦调查局将他列在全球通缉的恐怖分子逃犯的首位,并悬赏重金寻找有关其下落的线索。美国前总统布什和现任总统奥巴马都把抓获拉登当成反恐战争的关键目标之一。

奥巴马宣布拉登已被击毙

据中国之声《全球华语广播网》报道,新华社快讯,美国总统奥巴马2011年5月1日在白宫宣布,基地组织领导人本·拉登已经被美国军方击毙。

美国东部时间晚上11点36分,美国新闻电视台直播了美国总统奥巴马在白宫进行的有关本拉登被打死的讲话。他在讲话一开始就说,他要宣布,美国的军方已经把基地组织领导人本拉登在巴基斯坦首都伊斯兰堡外的一所房间当中打死。美国媒体报道说巴方的情报人参与了有关的行动。另外,奥巴马的讲话中透露出来的信息是,去年8月份美国CIA等情报人员已经得到消息说本拉登很可能已经跨过边界从阿富汗到巴基斯坦;花了几个月的时间,得到的消息是本拉登在巴基斯坦的腹地;后来的信息是,他就在巴基斯坦首都伊斯兰堡;上周得到的消息是各方情报都已经准备好可以进行行动了。

奥巴马说他是在美国当地时间5月1日下令实施正式的逮捕行动的,有开火,但没有美国方面的人员受伤。现在美方已经控制有本拉登的尸体。

美国其他一些媒体报道也强调,有巴基斯坦安全人员在2日证实,本拉登在一次高度机密的特别行动当中被打死,但是没有透露具体的一些细节。另外从美国媒体的电视画面可以看到,白宫外有一些等待听奥巴马讲话的人也发出欢呼。据当地记者报道,开始有30、40人,现在有上百人,据说要达到上千人。因为是在当地时间深夜,据说大部分欢呼的人是离白宫只有几个街区的乔治华盛顿大学的学生。

本·拉登

拉登2个妻子和6个儿子被抓捕

新华网伊斯兰堡5月2日电(记者晏忠华张琪)据巴基斯坦媒体2日报道,巴军方是从其逮捕的武装人员口中得知"基地"组织领导人本·拉登已被击毙的。

巴基斯坦当地电视台报道说,当地时间2日凌晨1时20分左右,一架巴军方直升机在伊斯兰堡北部约60公里的阿伯塔巴德被击落,巴军方随后在该地区采取搜捕行动,并与一伙武装分子发生交火。交火结束后,巴安全部队逮捕了多名武装人员和几名阿拉伯妇女及儿童。

报道说,被捕者中包括本·拉登的两个妻子、6个孩子和4名亲信,本·拉丹和他的一个儿子被打死。

本·拉丹的尸体已被两架美国直升机从阿伯塔巴德地区带走。

当天早些时候,两架巴军方直升机在阿伯塔巴德地区低空飞行,其中一架遇袭后坠毁,造成至少1人死亡、2人受伤。巴军方随即封锁这一地区并展开搜捕行动。

当地居民告诉新华社记者,事发现场已被封锁,直升机坠落时"没有人知道本·拉登会被打死"。

截至目前,由于巴军方发言人阿巴斯少将的电话一直无法接通,故此消息尚未得到巴军方证实。美国总统奥巴马1日深夜发表电视讲话说,当天早些时候,美军在巴基斯坦阿伯塔巴德发起针对拉登的"定点"行动,将本·拉登击毙。

世界反应

金融市场的反应最迅速

"拉登之死"引全球金融市场震荡,黄金下跌亚太股指涨。中广网北京5月3日消息(记者柴华)据中国之声《新闻晚高峰》报道,五一长假的最后一天,拉登已死的消息震动了全球金融市场,黄金原油纷纷下跌,亚太股指多数上涨,仍旧受困于资金面紧张和政策调控的沪深股市今天也继续企稳反弹的走势。

显而易见,拉登的死讯对美元的利好只是非常短暂的,其影响力也甚至可以忽略不计,这主要是因为他的死去并不会明显提振美国当前的就业和经济增长,也不会扭转美国财政的窘境,所以大家无须对此抱有太高的希望,因为这类希望越大、失望也就越大。从盘面来看,市场总体上依旧维持着对美元极为不利的形势,尽管在美国ISM制造业指数的表现要好于市场预期的前提下,美元的跌势最终有所趋缓,但欧盟关于对于强势欧元的肯定态度以及欧元区央行对抵制通胀的决心也同样不容小视,所以在当前市场状况之下,美元中期的下跌格局很难在短时期内被打破。

不过,美元的反弹是可以预期的,因为贵金属价格在受到本·拉登被击毙的消息之后确实出现了大量的抛盘,这也表明该项事件对贵金属价格的不利影响较为显著,而此举也会或多或少的对美元汇率产生正面的推动作用,预计这会导致美元在本周五公布非农就业之前有望展开一波弱势反弹行情。从短线的角度来看,可以考虑参与做多,不过预计美元指数很难超越75整数关。根据目前市场走向来看美元指数短线可能会先去触及一下73.80附近,不过要是周五公布的非农最终没能给出良好表现的话,美元的反弹将随机结束并最终再度回到中期下跌通道之中。

中东国家回应

伊朗称外国不需再派。

中新社5月3日电 当地时间1日,美国总统奥巴马在发表全国电视演讲,宣布"基地"组织领导人奥萨马·本·拉登已被打死。据外媒报道,拉登死亡的消息传开后,中东国家纷纷发表了看法。

土耳其总统阿卜杜拉·居尔(Abdullah Gul)表示,本拉·登之死说明恐怖分子最终都将被抓住。

以色列总理本杰明.内塔尼亚胡(Benjamin Netanyahu)是本.拉登基地组织的首要目标人物。他说表示,基地组织领导人之死使正义得到了伸张,是美国极其同盟国在"反恐战争"中的一次胜利。内塔尼亚胡2日与奥巴马通电话时表示,他代表以色列人民赞赏美国的这次行动。

在伊拉克,基地组织曾开展一系列恶性的宗派暴力行动,不论是什叶派还是逊尼派民众都对本.拉登之死表示庆贺,但伊拉克安全部队对可能的报复性袭击保持高度警惕。

沙特阿拉伯本·拉登出生地方面表示希望拉登之死有助于反恐行动。

在也门本·拉登的故乡,一位官员表示希望他的死亡将"铲除世界的恐怖主义"。不过,巴勒斯坦哈马斯组织对本.拉登之死表示了谴责。哈马斯领导人伊斯梅尔.哈尼雅(Ismail Haniya)称拉登是一名"阿拉伯神圣战士"。哈马斯成员伊斯梅尔.阿什卡(Ismail al-Ashqar)形容美国的行为是"对穆斯林的国家恐怖主义"。其他地区武装组织也谴责了美国的行径。巴林、科威特和阿拉伯联合酋长国的官员没有对此事发表意见。

伊朗外交部发言人拉明.梅曼帕拉斯特(Ramin Mehmanparast)2日表示,伴随本·拉登之死,外国不需要再向这一地区继续派兵打击恐怖主义。

安理会的反应

中新网5月3日电 据外电报道,联合国安理会2日对拉登之死表示欢迎,称这是打击恐怖主义过程中所取得的"决定性进展"。

民众反应

在华盛顿,拉登的死讯明显地令大家感到欢欣鼓舞。消息传来不到一个小时,就有人群聚集在白宫外,挥舞着旗帜并大唱国歌。奥巴马总统也称"拉登死讯"是"目前我国在打击'基地'组织的努力中最卓著的成就"。而对于大批的评论家、智库学者以及长期以来一直致力于追逐和捕捉拉登动向的安全官员们来讲,这的确是个重要的时刻。从他们的个人角度来看,他们多年来为之努力奋斗的目标终于实现。这标志着反恐斗争的确取得了一定程度的进展。但是,对于这一事件的实际意义,大家还存有许多担忧。

游戏业界嗅出商机

简介

2011年5月,开发商Kuma Games正在计划开发Kuma/War系列射击游戏的107集,定名《本·拉登之死》,描述美国海军海豹部队在2011年5月1日于巴基斯坦击毙本·拉登的现场。

2011年5月7日,Kuma Games正式发布其战术射击系列的第107集"拉登之死"。游戏中,玩家被限定在5分钟内,穿梭于迷宫般的房间,打开上了锁的房门,并防范装着有害气体的钢瓶,最终将拉登击毙。所有的一切,都要求玩家手指灵活。除此之外,还需要搬运拉登的尸体,负责搜集基地组织情报,并摧毁在拉登豪宅坠毁的美军直升机。

这并不是Kuma Games第一次以本·拉登为素材开发游戏,之前曾有1998年CIA提拿本·拉登,2001年拉登再次逃跑的失败情节等。

Kuma/War是一款基于Valve Source引擎的游戏,专门描述世界上各大战争的片段,例如活捉萨达姆等。

华媒:或将改变美全球战略布局

中新网5月3日电 美国总统奥巴马1日深夜正式宣布"基地"组织头目本·拉登当天被美军击毙。港台地区及外国华文媒体对以予以关注。有分析说,拉登虽死,恐怖主义产生的土壤却远未铲除;这将改变美国战略布局。

《大公报》2日刊出社论指出,拉登之死对全球爱好和平、反对暴力的人们来说,的确都有如释重负的感觉。十年前发生在纽约世贸中心的"9·11"一幕,不仅重创美国,亦令人对恐怖主义的危害性深感震惊,全世界各国包括中国政府都对恐怖分子暴力袭击导致大量无辜平民死伤做出强烈的谴责。然而,拉登已死,世界是否因此就会变得更公平、更合理、更安全? 答案是未必。

香港《文汇报》3日社论说,拉登虽死,恐怖主义产生的土壤却远未铲除,国际恐怖势力仍然在膨胀,活动地域由欧美向发展中国家乃至全球蔓延,袭击对象和方式也追求"让更多人死、让更多人怕"的轰动效应。国际社会反恐将面临更加严峻复杂的局面,除了要进一步加强合作打击恐怖主义之外,更要携手铲除恐怖主义产生的土壤,这才是治本之道。

《星岛日报》社论关注到,对美国总统奥巴马来说,这个好消息大有"冲喜"效果,有助提振民望,甚至有分析认为有利他来年竞选。但面对后拉登时代,美国既要面对恐怖组织继续活跃,同时也要响应回教世界投以不信任甚至是敌视的眼光,或许这才是美国最值得忧虑的。

台湾《联合报》3日题为《本·拉登已死,恐怖主义未已》的文章说,美国民众欢欣雷动,高歌庆贺;但总统奥巴马却不敢面露喜色,仅称"正义已获伸张",因为他知道接下来要防范恐怖分子反扑的任务将更艰巨。本·拉登遭格毙,美国最好保持哀矜勿喜。因为恐怖主义不会自此销声匿迹,尤其是当有人以傲慢的姿态对其煽风点火的话。

《中国时报》社论说,本·拉登的死是罪有应得,但是他的死并不代表问题的结束,反而可能揭开了一盆毒蛇的盖子;然而这也意味着,美国政策如果改弦更张,或许可趁机消解宗教世仇,开创新局。该报另一篇评论说,解铃还得系铃人,身为强国及大国之美国,有必要率先递出橄榄枝,俾与伊斯兰教国家进行面对面沟通。唯有如此,才能尽释群疑,在两种不同的宗教之间,逐步建立起沟通之桥梁,始为最有效遏止恐怖攻击之良策。

《旺报》评论指出,恐怖头目已死,恐怖主义与恐怖活动仍存。但拉登之死,将改变美国战略布局。

新加坡《联合早报》刊出社论说,从世界范围看,除非能从根本上消除恐怖主义的威胁,否则形形色色的恐怖主义将继续对人类文明构成威胁。对此,世界各国决不能放松戒备。

马来西亚《南洋商报》则指出,本·拉登的生生死死其实和美国的反恐战略息息相关。

基地、塔利班组织扬言报复

综合媒体3日报道,"基地"组织以及巴基斯坦、阿富汗的塔利班组织都已扬言,要为

"基地"组织最高头目人物本·拉登报仇。据报道,阿富汗塔利班发言人说,他们发起报复攻击的首要目标,将是巴基斯坦政府官员,包括总统、总理及陆军参谋长。第二个攻击目标,将会是美国。

巴基斯坦的塔利班组织也威胁对巴基斯坦和美国发动攻击。巴基斯坦总统扎尔达里则在 3 日出版的《华盛顿邮报》上撰文,表示巴基斯坦并未参与美军击毙本·拉登的行动。有说法称,巴基斯坦未在其领土积极打击激进分子,扎尔达里对此表示不予认同。扎尔达里称,巴基斯坦当局并不了解本·拉登的行踪。他说,"虽然周日行动并非(美国与巴基斯坦)联合行动。但正是美国与巴基斯坦十年来的合作,促成了本·拉登被消灭,他对整个文明世界构成威胁。"

基地组织则在网络上发表声明,强调拉登之死,不会让"伊斯兰圣战"结束。本·拉登在巴基斯坦被击毙后,美国政府及多个西方国家都已经加强戒备,防范恐怖袭击的威胁。美国还暂时性地关闭了巴基斯坦境内两个领事馆。

六次被宣告死亡

自从 2001 年 9·11 事件发生以来,本·拉登死亡的消息每隔一段时间就会传出一次。而每次"死讯"传出之后,都会有拉登的录音或者录像播出进行辟谣,这种众说纷纭的情况让拉登的死亡更加充满悬念。

2001 年 12 月,埃及媒体报道说拉登一直在阿富汗中部活动,因为严重的疾病死于一个村庄。

2002 年初,时任巴基斯坦总统的穆沙拉夫表示,拉登可能已经死于肾病,因为他将一台透析机带进了阿富汗。卡塔尔半岛电视台后来收到的录像表明,拉登还很健康。

2002 年 5 月初,美国媒体曾纷纷报道称,美军在阿富汗托拉博拉山区找到一个与拉登面貌相似的头骨,这件事情引起了媒体的极大兴趣,但当一个月后媒体向美国军方研究所询问下文时,该研究所却说他们从未收到过从托拉博拉地区提取的样本。

2005 年 10 月 8 日,南亚地区发生强烈地震,据传拉登在巴基斯坦强震中身亡,但拉登的秘密基地是否被摧毁,并未得到确认。

2006 年 1 月 16 日,澳大利亚《悉尼先驱晨报》报道,拉登因肾病在 2005 年 4 月份死亡。

2006 年 9 月,法国《共和国东部报》援引法国情报机构的一份报告说,沙特阿拉伯方面确信,拉登已经于 8 月因为伤寒在巴基斯坦死亡,死亡原因是严重伤寒引起的内脏器官衰竭。这种说法遭到法国外交部长的否认。

藏身之处曾经是个谜

虽然美国政府多次发动抓捕行动并悬赏重金缉拿本·拉登,但他就好像人间蒸发一样。据信,拉登一直藏匿在巴基斯坦和阿富汗接壤地区。

2001 年 12 月,美国情报部门发现拉登确切行踪。当时,他们发现拉登和其他数百名基地残余分子正躲藏在阿富汗东部的托拉博拉地区。

2006 年 8 月,美国有线电视新闻网播出了一系列有关拉登下落的节目。在接受记者采访时,众多美国情报官员宣称,这名恐怖大亨目前很可能就隐藏在巴基斯坦境内偏远地区。美国人如此相信拉登在巴基斯坦境内的一个原因就是,自从 9·11 恐怖袭击事件发生后,大大小小的基地头目都在巴基斯坦境内落网。

2009 年 12 月,美国国防部长罗伯特-盖茨接受采访时指出,美国不知道基地组织头目本·拉登藏身何处,而且已经 4 年没有关于其藏身地的确切情报了。

当地时间 2011 年 5 月 1 日夜,美国总统奥巴马宣布,本·拉登在巴基斯坦首都伊斯兰堡郊外一栋建筑内被美军击毙。

被通缉 拉登屡屡露面现身

2011 年:生前最后一次录音拉登在一份录音中要求法国把部队撤出阿富汗,以换取法国人质获释。卡塔尔半岛电视台 1 月 21 日公开这段录音。

2010 年:录像录音网上出现

当地时间 10 月 1 日,一段拉登发表讲话的录像带以一家极端主义分子网站为载体,出现在互联网上。在长达 11 分钟的录像中,拉登专门批评一些国家未能向巴基斯坦提供更多救灾援助。

2009 年:拉登五度现声

2009 年 9 月 14 日,一家伊斯兰网站公布了一段本·拉登的讲话音频。拉登在录音中称奥巴马没有能力结束伊拉克和阿富汗的战争,并对美国和以色列的亲密关系发出警告。

2008 年:四次发布录音讲话

2008 年 5 月 18 日,带有拉登音像的录影带出现在基地组织的网站上,号召穆斯林民众突破以色列对加沙地带实施的封锁以及积极同与以色列保持关系的阿拉伯国家政府作战。这盘带有"基地"组织宣传机构的标识,并且还发布了一张拉登端着 AK-47 冲锋枪瞄准的静态照片。这一年,拉登先后四次发布录音讲话。

2007 年:五次露面 四度现声

2007 年 7 月 13 日,美国参议院通过了要求国务院将悬赏捉拿拉登的赏金加倍的法案。根据这一法案,赏金已经高达 5000 万美元。在赏金加倍的第二天,网上就出现了拉登的讲话录像。之后的几个月里,拉登又发布了四次录像和四次录音讲话。

2006 年:宣称准备发起新进攻

2006 年新年伊始,卡塔尔半岛电视台播出了一盘拉登的录音带,他宣称目前正在准备对美国发起新的进攻。美国中央情报局事后证实录音中确实是拉登的声音。

2004 年:首次承认策划"9·11"

2004 年 10 月,离美国总统大选只有 3 天时,一直销声匿迹的本·拉登突然现身卡塔尔半岛电视台,在录像中首次承认是自己发动了 9·11 事件,并威胁要对美国发动新的袭击。

2003 年 2 月：两次录音 两次录像

2003 年 2 月，拉登录音再现半岛电视台，呼吁伊拉克人利用自杀袭击反抗美国。9 月 10 日，两年来本·拉登第一次出现在录像带上。录像画面是拉登与其副手扎瓦希里在山区行走。在伴随录像的两段录音中，拉登对"9·11"事件造成的巨大灾难表示幸灾乐祸，同时也提及了"9·11"事件中的 5 名劫机者的名字。

2002 年：露面一次现声一次

2002 年 4 月 15 日，拉登在卡塔尔半岛电视台亮相。在录像中，拉登不仅澄清了自己没死，更想借当时以巴冲突升级，挑动阿拉伯人对美国和以色列进行恐怖袭击。11 月，半岛电视台播出的一盘录音带中称，据称是本·拉登的一个声音称"真主的年轻人"正计划对美国发动更多的袭击。

2001 年 12 月 13 日：录像称"9·11"效果超估计。2001 年 12 月 13 日，美国国防部播出了本·拉登 2001 年 11 月 9 日在阿富汗的一盘录像带，他在录像带中称 911 袭击的毁灭效果超出了他"乐观"的估计。

分析

5 月 1 日，就在世界欢庆五一劳动节的时候，美国中情局却在抓紧干活，他们经过几个月的策划，一举摧毁了美国不共戴天仇敌本·拉登的老巢，并将其击毙，解决了这个心头大患。

可是，就在美国民众为之兴高采烈欢欣鼓舞的时候，美国国防部和国务院却也不约而同地向海外美军和美国游客发出了危险警告，似乎基地组织一场大规模的报复行动又迫在眉睫。拉登之死在美国的反恐战争中究竟能占据什么地位，它将在多大程度上影响今后的反恐进程，也迅速成为国际社会新的关注焦点。

美国精神胜利的里程碑

美国总统奥巴马在拉登被美军打死后发表的电视讲话中指出，在过去的二十年里，本·拉登一直是基地组织的头目和象征，并且不断地策划针对我们国家、朋友和盟友的袭击。本·拉登之死是我们在打击基地组织的努力中，迄今为止取得的最为重要的成就。站在美国的立场上看，这话一点不假。美国相信是拉登策划了 911 袭击，造成了美国本土史上最严重的人员和财产损失，3000 多人的生命瞬间被剥夺，世贸大楼和五角大楼也遭到攻击，由此激起的不仅是一种仇恨，也夹杂着一丝耻辱，全世界最强大的国家，不仅在几个恐怖分子的攻击面前损失如此惨重，而且在接近十年的时间里，居然一直无法将罪魁祸首绳之以法，这种痛楚，恐怕只有做过总统的小布什和奥巴马可以感受得到。比拉登强大得多的萨达姆早已命丧黄泉，但那不过是小布什公报私仇的产物；现在真正的仇敌终于被美军亲手铲除，不仅给死去的民众报仇雪恨，而且还为民意支持一路下行的奥巴马政府打了一剂强心针。他怎么能不高兴呢？

从美国民众的角度来看，拉登是恐怖之王，他不仅带来了可怕的 911 袭击，还是迫使从那之后民众每天都生活在恐怖阴影中的精神魔鬼。消灭拉登绝不意味着反恐行动的结束,但普通民众早已把拉登视为恐怖魔头,他的死不仅证明美国终于雪洗了曾经遭受的耻辱,还向整个世界展现出美国的有仇必报与无所不能,抚慰了民心,弘扬了国威,那些死去的亲人终于可以瞑目了,那些活着的恐怖分子,看谁还敢继续挑衅美国人民。奥巴马宣称的"不管是为了人民的繁荣还是国民的平等,我们对全球传递美国价值观的承诺不变,我们为世界安全宁愿自我牺牲的承诺不变"的激昂言辞,也隐含了只有美国才是无私无畏的救世主的意味,这迎合了那些爱国青年躁动的心,也会更加坚定其为美国而自豪的信念。在得知拉登已死的消息后,纽约和华盛顿都有大量民众在深更半夜走上街头,狂欢庆贺,他们心中纠结不去的阴影,终于随着拉登之死而烟消云散了。所以无论从抚慰遭受苦难民众的心灵来看,还是帮助大众找回了美国强大地位的感受来讲,击毙拉登都等于是美国反恐战争中至关重要的一个里程碑。

反恐战争的阶段性成果

不过,谈到拉登之死与反恐战争的现实关系问题,各国政府和政策分析家的语气就变得慎重多了,毕竟反恐战争的胜利是要靠一个一个去消灭恐怖分子,一处一处拔除其据点来取得,一个早已无力过问具体行动的精神领袖的死就算再有价值,对现实中反恐战争的促进也是有限的。不过客观来说,拉登之死并非只是带来基地组织的精神损失,还可能在一些领域内对其活动造成实质性影响。

一名白宫官员表示,虽然早已是由扎瓦赫里负责基地组织日常的具体运作,但拉登是基地组织的创始人,在该组织内部以及整个恐怖袭击界都受到广泛承认。而出生于埃及的扎瓦赫里并不拥有这种地位。拉登之死虽然不代表基地组织会立刻分崩离析,但却会使其走上很难逆转的衰退之路。而且拉登自上世纪80年代就开始在中东地区筹措资金进行圣战,他死之后,失去了标志人物的基地组织是否有能力继续从支持者那里筹措足够的资金将成为疑问。

同时,拉登之死对于正在阿富汗与美军对垒的塔利班同样也是一记重创。基地组织与塔利班联手发动了911袭击,塔利班的头目早就一个个被美军清除,而基地组织的老大则一直逍遥法外,而且还和美军玩起了躲猫猫游戏,这对于塔利班也是一种精神安慰和鼓励。现在神通广大的拉登也终于难逃索命枪,塔利班也会感到黯然神伤。阿富汗总统卡尔扎伊还试图就此进行分化瓦解,呼吁塔利班放弃使用武力,与基地组织决裂。由于拉登之死证明巴基斯坦一再强调其不是恐怖活动重灾区的言论不攻自破,今后美军的重点也可能向基地组织更为活跃的巴基斯坦转移,这对于基地组织和塔利班的生存都带来新的威胁。

再者,拉登之死虽然并不意味着恐怖主义的消亡,但基地组织及在伊拉克、也门和北非、北高加索地区等地的分支也会因此受挫,他们需要一段时间进行重组。基地组织的信条是,暴力是恢复阿拉伯荣誉和尊严的手段,但拉登之死证明这不成功。而且拉登被击毙带来的心理冲击也可能会削弱恐怖分子发展新成员的努力。在一个据认为是发送基地组织信息的网站上,所有关于拉登已死的帖子都被管理员删除,他们宣称要等到基地组织自己的信息渠道确认这一消息之后。这也表明基地组织本身对于拉登之死的重视，精神支柱倒了肌体也会受创。

美国最大的成就是在潜移默化中完成了攻防转换，将对手限制于本土之外。在基地组织打响第一枪之后，美国就利用自己强大的国家实力开始了报复，而且一直牢牢控制着主导权，表面看来基地组织成员藏在群众中，他们发动袭击相对容易；但美国军方尽力不给他们机会，通过广泛的国际联系和长期不懈的追踪努力化解他们精心准备的一次次袭击，而且直接将这些恐怖分子的头目作为自己的打击目标，迫使其疲于躲藏而无力开展主动袭击，从这一角度来说，美军目前为止都是成功的。毕竟911之后至今，美国本土还没有发生一起恐怖袭击，基地组织都被限制在中东和南亚地区，不得不与装备精良的美军对垒，而无力远赴美国本土从其民众身上找回平衡。只要美国能成功坚持这一策略，未来就还是美国的。

反恐大业之路上的小石子

如果把拉登之死放在反恐大业的背景下来考察，恐怕就没有多少人笑的出声了。原因很简单：首先，作为恐怖活动的主要头目，拉登的使命在其死前已经完成。他接过了文明冲突论的大旗，号召动员起反对美国和以色列的阿拉伯青年，将他们组织起来进行武装斗争，为他们提供资金资助和精神食粮，现在这一运动已成气候，无须拉登继续添砖加瓦，而且拉登原来有句话是"他死了比活着还重要"，就是希望利用自己的死来激发出更多的反美斗士。精神领袖没了，精神象征仍存。所以拉登之死已无碍于恐怖活动的继续蔓延甚至能助其加速。其次，由于美军持续不断的围剿，拉登已经东躲西藏多年，与具体实施恐怖袭击行为的组织之间的联系日益疏远，现在的基地组织已成为一盘散沙，分裂成许多小集团组织，已经失去统一的指挥和管理。他们目标各异，各自为战，对美国的现实威胁早已超过拉登，如藏身于也门的美国籍恐怖分子安瓦尔·奥拉基，和藏身于巴基斯坦的"伊斯兰圣战联盟"头目克什米利都已青出于蓝，有些近年来已取代拉登位置的恐怖分子首领还在庆祝拉登的死亡。所以拉登之死对恐怖组织的打击有限。再次，美国经历十年反恐后，基地组织活动的支撑点由原来的阿富汗扩展到南亚、伊拉克、阿拉伯半岛（主要是也门）、北非和索马里。从这一点来看，美国摧毁基地网络不仅依然壮志未酬，而且还在面临来自更广泛地区的挑战，而阿富汗战争与巴基斯坦政局的未来也面临着诸多不确定因素。第四，拉登死后美国迅速决定在24小时内将其体面海葬；美国国务院向所有美国民众发出持续三个月的全球旅行警报；在行动开始前，美国驻白沙瓦领事馆理的人员突然被要求离开，以免被绑架成为人质；这诸多做法都显示出美国对基地组织报复的担心。《华盛顿邮报》在刊登拉登之死的新闻网页上链接了一个小调查，问读者是否因拉登的死亡而感到更安全？开始时正反两方的支持者几乎相等，随后持否定态度的读者比例不断攀升，大约两小时后达到57%。这表明民众不是对政府的防范能力而是对基地组织的报复活动更有信心，可见反恐仍任重道远。

至于拉登之死的国内影响，应该同样也是一过性的。短期内美国民众对奥巴马政府的支持率肯定会上升,但恐怕难以维持,应该看到上街欢庆的人总量很少,而且以年轻人居多,笔者所居街区距离白宫不过四站地铁,却与往常全然没有任何不同,毕竟每天的衣食住行才是普通美国人需要面对的现实问题,而且拉登死得早了点,换在明年大选前一个月就绝对给力,现在的影响不会持续太久,到时经济复苏与就业状况仍然是躲不过的议题。至于美国金融与期货市场出现的波动同样也属正常,其影响很快都会烟消云散的,所以拉登之死会像其他重要新闻一样,在给美国平静的社会带来涟漪之后其效应即迅速消失,而剩下的还是美军与基地组织之间的事情。

10年前(以拉登死亡时间为基点)的"9·11"恐怖袭击发生时,身处白宫办公室的布什前总统勃然大怒,称对付本·拉登要"死要见尸,活要见人"。据美方发布的消息,他们也的确用DNA确认了死者身份,证明是拉登无疑。

本·拉登是基地组织的首领,也是"9·11"恐怖袭击的总策划。美国联邦调查局将他列在全球通缉的恐怖分子逃犯的首位,并悬赏重金寻找有关其下落的线索。

不管怎样,开始有人对拉登之死的权威说法提出了挑战,或许,以后还会出现其他说法。也许从此之后,拉登之死会像希特勒之死一般,成为一个谜,一个世人茶余饭后、街谈巷议的话题。

但日前有一位前中情局特工挑战了美方的权威说法。这位美国情报人员说,"基地"组织头目拉登在美国宣布将其击毙之前5年就已死于疾病。这位曝光拉登"病死"的前美国情报人员名叫贝尔坎·亚沙尔,俄罗斯车臣人,现为土耳其政界人士。他在日前接受俄罗斯国家电视一台采访时,美国人并没有打死拉登,事实上,他早就因病而亡。

俄国家电视一台报道说,当时作为自由广播电台雇员的亚沙尔已是中央情报局特工,执行任务的化名是阿布巴卡尔。在被问到是否相信美国人打死了本·拉登时,亚沙尔说:"就算全世界都相信,我也没法相信。"他说,上世纪90年代时,自己曾在车臣见过本·拉登,并表示要公开本·拉登之死的真相。

本·拉登死亡之谜:美制造拉登被杀假象?

美国官方和亚沙尔究竟谁讲的故事是真实的,换言之,他们谁在撒谎?——他们之间,总有一真,亦有一假。如果美国人在撒谎,却是为何?是美国政府需要给美国国民一个交代——毕竟阿富汗战争已经打了10年了?或者奥巴马为了竞选的需要?更或者奥巴马为了实现从阿富汗撤军而将战略重点转向亚太,需要这么一个"胜利战果"——这个理由太充分了?

美国前总统布什和现任总统奥巴马都把抓获拉登当成反恐战争的关键目标之一。2011年5月1日(美东时间),美国总统奥巴马在白宫发表全国电视演讲,宣布"基地"组织领导人奥萨马·本·拉登已被打死。奥巴马在演讲说:"击毙本·拉登是美国反恐行动上的重大成就。"随后,几乎所有西方领导人同声欢呼。

后来,美国大肆渲染拉登"被美军击毙"过程,美国最有影响力的报纸《华尔街日报》还对美军袭击拉登的军事计划进行了复原。按照美国的说法,美情报部门于2010年8月得到拉登藏身的消息,2011 年 2 月确认消息属实,奥巴马下令美情报部门追踪,并于 2012 年 5 月 1 日(美东时间),由美军特种部队海豹突击队出动两架 SEAL+RQ-170 无人机,直扑拉登住所,采取"外科手术式"突袭,直接击中拉登头部身亡。整个事件仅仅花了 18 分钟,就如一部惊险短片。

亚沙尔描述了亲眼目睹拉登"病死"的全过程:"1992 年 9 月,我正在车臣,那时我第一次遇到了这个叫本·拉登的人。我们是在格罗兹尼的一栋二层楼房里碰见的,""我认识几个保护他的车臣人,他们一直陪拉登到最后。我清楚地记得那天,有 3 个 6:2006 年 6 月 26 日。这几个车臣人,再加上来自伦敦的两个人和两个美国人,一共 7 个人,他们是看着他死去的。他病得很厉害,只剩下一副骨架子了,他们清洗了他的遗体,并把他埋葬了。"

亚沙尔为何现在说出事件真相? 巴沙尔说,他现在向媒体公开这一切的原因是担心自己的性命。他说,只有让全世界都知道这回事才能让中央情报局不敢害他。这事情就奇了! 照此说来,关于拉登之死,美国撒下了弥天大谎,或者说,美国制造了拉登被美军击毙假象!

亚沙尔针对美方发布的拉登"被击毙"的消息说:"没有什么突袭"。还说:"我从内部人士那儿了解了美国的行动详情:他们找到了拉登的墓,把他挖了出来,并大肆宣传。他们需要显示安全部门是怎么工作的,每一步是如何在掌控之中,然后拿出一个巨大的胜利,让纳税者觉得他们交的税没白交。"

2012 世界末日预言之谜

关于 2012 世界末日预言的背景:

关于玛雅人:来自美洲古老的玛雅人曾有过非常灿烂的文明。玛雅人的历法非常神奇, 预言也极为准确。玛雅人认为我们人类正在经历着一个历时五千多年的星系更新, 时间是从公元前 3113 年起到公元 2012 年止。其中每二十年又是一个小周期,从 1992 年到 2012 年这二十年是本次太阳纪的最后一个周期,又被叫作"地球更新期",其间一切都将面临净化和更新,然后人类就将进入新纪元。

关于中国人:与玛雅人不谋而合的是中国古代的传奇般的《推背图》。推背图第五十二象里的"乾坤再造在角亢"也指出了同一时间。"乾坤再造"我想大家都明白什么意思吧! 而"角亢"呢,指的是传统上的东方青龙七宿,寓指龙年,2012 年恰恰是龙年。

关于圣经:最后,是圣经中的最后一部预言,叫作《圣经启示录》(Book of Revelations)。在所有预言里,圣经启示录可能是对于人类最后的这段时期讲得最准确、最详细的。其实,整个基督教差不多都是靠先知们预言的不断应验和对神迹的见证来发展的。我们都知道的"世界末日"和所谓"最后的审判"的说法,其实最终也都是从圣经中来的。《圣经启示录》描绘了一场规模巨大、代价沉重、无比惨烈而又波澜壮阔的正邪较量和人类劫难。因为时间的关系,这里只能概括的描述一下。《圣经启示录》描述了一场由一个被称作"羔羊"(也就是小羊羔的那个羔羊)的人和他的信众与被称作"兽"(也就是野兽的兽)的势力之间所发生的激烈较量。

《启示录》中明确指出"他们与羔羊争战,羔羊必胜过他们,因为羔羊是万主之主、万王之王","他的名称为神之道"。当然,由于许多人都受到了"兽"的迷惑,助纣为虐,犯下了大罪,所以人类会经历巨大的灾难。

《启示录》中提到了包括规模空前的火灾、地震、冰雹、烟雾和硫磺(可能指火山爆发?)、蝗虫、瘟疫、异常的高温与战争,水变质害死人,海中生物的大量死亡等等等等。本来这些灾难是惩戒人们不可作恶,要人们马上悔改其罪恶的,但《启示录》中也预见到了:许多人还是不但不悔改,反而因为自己受到的灾难与痛苦而更加怨恨和亵渎神灵。当然,最终羔羊和圣徒们战胜了邪灵怪兽,之后是所有的罪人都会经历"最后的审判"而受到彻底毁灭性的惩罚。而后,人类会进入一个新天新地、空前美好的太平盛世。《启示录》很长,讲得也很玄,完全像是神话故事,但末了,却非常的肯定和严肃,告诫人们这是真实的,是一定会发生的。

其实,整部圣经,最后用了这么多的篇幅,认真地给后世留下了这个预言,确实是发人深省。古今中外的预言家们几乎都是修炼有素的求道者,他们用预言的方式苦口婆心都是为了使未来的有缘人——心地善良而有悟性的人不要迷失,以期最后的美好未来。

这众多预言中所提到的事情就在发生着,而且只要是在这个世上的生命,就都不完全是旁观者。其实,如果每个人都要经历一场"最后审判"的话,如果你始终无法辨别正邪而做出正确的选择的话,那你凭什么资格去做未来美好世界的一公民呢?

2012 世界末日预言全搜集:难道仅仅是巧合?

这些看似不相关的各个方面,却都陆续表达出 2012 年世界末日的信息,难道仅仅是个巧合吗? 看看下面搜集到的 2012 世界末日预言:

末日预言 1——地球与太阳的磁极将于 2012 年发生颠倒

天体和物理学家与电脑科学家共同研究发现,地球与太阳在 2012 年都会进入一个磁极颠倒的过程。而上次发生同等现象的时间是在恐龙消失时。

北极与南极磁场发生颠倒的过程即为磁极颠倒。这一现象导致的最坏结果将让地球磁场的磁力为零高斯(高斯为磁感应单位)。如果此时再遇上周期为 11 年的太阳两极磁场颠倒,地球上可能引发一系列的混乱事件。而在现代人类历史中,还没有此类现象发生时的场景记载。

在新浪网的科技时代,有一篇名为《电脑模拟显示 2012 年地球与太阳磁极同时颠倒》的文章是这样说的。

电脑模拟显示:2012 年地球与太阳的磁极同时颠倒,可能引发系列混乱——磁力危机威胁地球,所引发的地球磁力混乱可能对人类造成一定程度的影响。

根据电脑模型预测,地球和太阳的磁极颠倒将会引起电子故障,鸟类迁徙时也会迷路。如果当地球磁力为零时,所造成的后果就更为严重。

电脑模拟结果显示:地球零磁力下的所有动物,包括人类的免疫系统将大为降低;地球的外壳会发生更多的火山喷发,地震,泥石流等现象;地球磁气圈将被减弱,来自太阳的宇宙辐射就会增大,最终可能对人类造成辐射灾难;一些小行星将朝地球方向飞来;地球的重力也会发生变化。

研究结果最后认为,如果所有的零磁力推测都同时发生,那么,只有居住在地球外壳深部地带的有机体能够不受影响。届时,人类躲避灾难的方法就是躲到地壳以下,或者搬去其他星球上居住。也许火星会是一个合适的选择。

但美国宇航局发表声明说,地球两极颠倒会使地球磁力不稳,并且变弱,但不会使磁力为零。磁力为零只是最坏的可能而已,并不一定会发生。

末日预言2——厄尔尼诺的灾难

2011年是很特殊的一年,共发生4次日食。其中1月4日、6月1日和11月25日的日食发生在极区,7月1日的日食发生在高纬地区,有利于诱发厄尔尼诺。2012年发生2次日食,5月20日发生在高纬地区,11月13日发生在中纬地区。

根据日食-厄尔尼诺系数理论,计算出2011年日食-厄尔尼诺系数为10.5,2012年日食-厄尔尼诺系数为13。

可以对比的是,1997年日食-厄尔尼诺系数为12,但在那一年,却发生了20世纪最强的厄尔尼诺事件。

南京大学教授林振山等人预测,2011年会发生厄尔尼诺事件。

自然界的巧合,使厄尔尼诺事件与磁力危机,在2012年共同威胁地球上的生命。

末日预言3——玛雅古文明预言

2012年12月31日是玛雅人长历法(Long Count Calendar)中本次人类文明结束的日子。此后,人类将进入与本次文明毫无关系的一个全新的文明。

究竟2012年会发生什么事呢?

自然灾难永远不会是毁灭人类的元凶。

(1)神秘而准确的玛雅古文明密码:

斐声国际的作家、工程师兼业余科学家"摩利斯.科特罗(Maurice Cotterell)"精于玛雅古文明研究,他从许多古庙与碑石中发现了一组一再重覆出现的密码:1,366,560。若将这个密码的单位视为"天",则换算为年的话,为3,740年。玛雅族诞生于公元前3113年,到750年突然消失,其中间生存的年代接近3740这个年数。根据玛雅文献的记载,地球每隔3,740年就会被毁灭一次,而地球生命在过去已曾被毁灭四次;换言之,现代人类应已是地球第五代子孙了。

"摩利斯"将玛雅文化中的圣数1,366,560与太阳磁场变化周期,这两个表面上毫不相干的事连接在一起。科学的计算显示太阳磁极每隔3,740年就会对调一次,而3,740

年就会对调一次，而 3,740 年刚好是 1,366,560 天换算的年数。

由于地球的磁场受到太阳磁场很大的牵制，当太阳磁极逆转时，"摩利斯"推论地球磁极也跟着对调，令地球磁南北两球互换。生物无法适应突然发生的重大气候变化，而集体死亡。长毛象是热带地区的生物，但由于磁极的对调，使它们生存的地方变成天寒地冻的不毛之地，于是发生长毛象在西伯利亚、阿拉斯加集体死亡的事情。而考古学上的证据显示这两个地方原本属于热带气候的。

如果地球磁极逆转而造成生物大量灭绝，那就不难解释为何每隔一段时间，使地球文明周期性的毁灭。

古玛雅人早就已经将那个日子准确地算出来。在不少预言中，年代记载最完整的，算是《克奥第特兰年代记》。说我们得知第五太阳纪于公元前 3113 年。在经历玛雅大周期的 5125 年后，第五大阳纪迎向最终。与现在西历相对照的话，便可知"太阳纪"将于"某纪的某日"结束。

这个终结日，就在公元 2012 年 12 月 22 日的前后。

（2）玛雅"卓金历"："地球更新期"与"同化银河系"

在玛雅历法中，有一个叫"卓金历"的历法，这种历法以一年为 260 天计算，但奇怪的是，在太阳系内却没有一个适用这种历法的星球。依照这种历法，这颗行星的大致位置应在金星和地球之间。

有玛雅学者认为，这个叫"卓金历"的历法记载了"银河季候"的运行规律，根据玛雅预言上表示，现在我们所生存的地球，已经是在所谓的第 5 太阳纪，这是最后一个"太阳纪"。到目前为止，地球已经过了四个太阳纪，而在每一纪结束时，都会上演一出惊心动魄的毁灭剧情。

第一个太阳纪是马特拉克堤利 MATLACTIL ART，最后唯一一场洪水所灭，有一说法是诺亚的洪水。

第二个太阳纪是伊厄科特尔 Ehecatl，被风蛇吹的四散零落。

第三个太阳纪是奎雅维洛 Tleyquiyahuillo，则是因天降火与而步向毁灭之路，乃为古代核子战争。

第四个太阳纪是宗德里里克 Tzontlilic，也是火雨的肆虐下引发大地覆灭亡。玛雅预言也说，从第一到第四个太阳纪末期，地球皆陷入空前大混乱中，而且在一连串惨不忍睹悲剧下落幕，地球在灭亡之前，一定会是先发出警告。在银河季候的这一段时期中，我们的太阳系正经历着一个历时五千一百多年的"大周期"。时间是从公元前 3113 年起到公元 2012 年止。在这个"大周期"中，运动着的地球以及太阳系正在通过一束来自银河系核心的银河射线。这束射线的横截面直径为 5125 地球年。换言之，地球通过这束射线需要 5125 年之久。

玛雅人把这个"大周期"划分为十三个阶段，每个阶段的演化都有着十分详细的记载。在十三个阶段中每一个阶段又划分为二十个演化时期。每个时期历时约二十年。

这样的历法循环与中国的"天干""地支"十分相似,历法是循环不已的,而不是像西元纪年一直线似的没有终点。他们认为自创世以来,地球已经过四个太阳纪。

当太阳系诸星体经历完了这束银河射线作用下的"大周期"之后,将会发生根本的变化,玛雅人称这个变化为"同化银河系"。

从玛雅预言中的"大周期"的时间上看,到今天已经接近尾声了。从1992年到2012年这二十年的时期中,我们的地球已进入了"大周期"最后阶段的最后一个时期。玛雅人认为这是"同化银河系"之前的一个十分重要的时期。他们称之为"地球更新期"。在这个时期中,地球要完全达到净化。而在"地球更新期"过后地球将走出银河射线,进入"同化银河系"的新阶段。

玛雅文明的预言中说到公元2012年地球会发生完全的变化,进入新的时代,不是说世界要毁灭了,他们有我们不能理解的科学作为根据提出预言,我们不要认为是世界末日,因为玛雅人也没有预言2012年是世界末日。

末日预言4——天王星异常接近地球 强磁场引发海啸地震

据德通社2005年3月31日报道,德国最畅销报章《图片报》周三在头版以"异常的天王星"为题,指神秘的"灾难行星"天王星正异常的接近地球,恐将给地球带来海啸地震等异常现象。

《图片报》报道说,有逾500万读者的《图片报》周三引述美国太空总署科学家以及占星家等专家,指太阳系的第7枚行星天王星拥有"四极"磁场,功能有如"一个巨大的宇宙真空吸尘机,"把地球的地壳板块吸离地层。

报道指出,这种磁场拉力在地球的赤道地带较强,因为热带地区较南、北极更接近天王星。这种磁场力量"强度足以在赤道上吸起带电的尘粒子,"可能干扰到地球的地壳,引发海底地震及夺命的海啸。

报道说,最近发生地震的密度增加,天王星的轨道令该遥远行星反常的接近地球,由原本距地球31.4亿公里,拉近至目前只有25.9亿公里,并将一直保持此距离至2012年。报道警告,未来10年将会发生更多由天王星引发的地震,直至天王星慢慢退回原有的太阳系位置。

报道引述负责美国行星探测器"航海家号"计划的科学家斯通指出,"航海家号"亦发现强大、异常的天王星磁场。

报道引述占星学家指出,天王星一向古怪奇特,它在18世纪被发现后纳入用于占星的天宫图,被视为剧变、灾难性转变及狡诈多变的象征。

报道称,这与德国一名占星家的预言不谋而合,他说"天王星入了双鱼宫,正是灾难之兆。"

末日预言5——藏僧遥视2012年:认为有外力拯救,地球不灭

据《印度日报》(India Daily)12月26日报道,遥视功能在西藏寺院里不是什么新鲜事,几千年来,它一直是主导西藏文化的精神活动之一,而最近一些从几个西藏寺院归来

的印度游客了解到的信息,着实极其使人震惊又引人入胜。

这些游客说,据遥视功能的藏僧看到,目前世界正在自我毁灭的过程中,但他们同时也看到,世界不会被毁坏。

西藏僧人说,从现在到2012年间,世界超级大国将继续参与地方战争,恐怖主义和隐蔽的战争将是主要问题。2010年左右,世界政治将发生某种变化,世界大国将威胁互相毁坏。2010年到2012年间,全世界将变得极端化,并为末日做准备,繁多的政治回旋与交涉将不会有一点进展。2012年,世界将开始进入一次全面破坏性的核战争,那时一件卓越的事件将会发生。超自然的神力量将干预,世界将不会自我毁灭于此时。

如果以科学解释僧人的声明,显然有地球以外的力量在观察着我们走的每一步,在2012年他们将出面并拯救世界于自毁。

当被问到最近在印度和中国发生的不明飞行物(UFO)出没事件时,僧人们微笑着说,神正在观察着我们所有的人,人类不能也不会被准许大幅度地改变未来。虽然每个人目前生活中的"业"可能在某种程度上改变其未来的生活,但那样大幅度地改变未来是不会被允许的。

僧人们还提到了,2012年以后,人类文明将会明白,科学和技术最前沿是在精神灵性区域,而并非物质的物理和化学。此后,技术将转到另外一个方向。人们将学会精神的精华、身体与灵魂的关系、轮回、我们相互之间事实上存在联系并都是"上帝"的一部分。

在印度和中国,UFO出没事件增加了几倍,许多人认为外星人与中国和印度政府都有过接触,近来UFO频繁活动在那些致力发展核武器的国家。当问到那些地球外的力量是否会在2012年显示时,僧人们说:他们将会必不使我们惊吓的形式显露自己,他们只会在必需的情况下才会显露自己。随我们的科学技术进步,我们注定会看到并与他们接触的。

据遥视僧人们说,我们的地球是被保佑的,并一直被从各种各样不断的危险中拯救出来,我们只是不知道而已。我们将意识到外力是如何拯救我们的。

末日预言6——《推背图》的预言

2012年,好熟悉的年份。记得前一阵子看过《推背图》,其中第四十三象云:

谶曰

君非君臣非臣

始艰危终克定

颂曰

黑兔走入青龙穴

欲尽不尽不可说

唯有外边根树上

三十年中子孙结

推背图中出现的动物是表年份的,如黑兔就是兔年,青龙就是龙年,也就是说兔年结束之后到了龙年。恰巧 2012 年就是龙年,至于为何"欲尽不尽不可说"我就不明白了。

末日预言 7——地球即将转形进入第四度空间

我们的太阳系,每两万六千年就会进入一个精神高能量的光子带,地球曾于一九八七年三月十六日通过此一光子带,七天后离去;此后,每年以增加十四天的时间通过光子带,一九八八年则为廿一天,一九九六为一百三十三天,一九九七年为一百四十七天,二000 年为一百八十九天。到了二0一二年十二月廿一日,整个太阳系将完全地进入此一光子带。

在无限的宇宙中有无限的光子带,而我们的太阳系,即将进入的则为昴宿星系的光子带,这个光子带是以昴宿星系里的爱克尼星为主轴,而其他的昴宿星球是以螺旋状的方式循渐地进入,目前共有六个星系进入昴宿星系,最靠近爱克尼星的是莫洛培星、依次是玛亚、依雷叉、太吉塔、扣尔、阿特里斯星及即将进入的太阳星系。

爱克尼星的存在体是活在第五度空间里,离它愈远的空间度愈小,然而只要进入这个星系里,至少是第四度空间,也就是说,太阳星系即将进入第四度空间,换句话说就是:地球即将转性形进入第四度空间。

当然爱克尼星也不是一直固定地停留在第五度空间,它也将转入第六度空间,当爱克尼星转入第六度空间时,其他的星系也将转入第七度空间。这就是星系的大进化。

将地球推入第四度空间的能量,是来自于地球人类的精神进化,这种说法是违反达尔文的演化论的,因为不是环境造成人去演化,而是人的精神进化决定了一切外在环境的演化。所谓「适者生存」的假说,并不适合人类的精神进化,同时它也不适合星系的进化,它只适合达尔文本身的演化。

至于地球是否真的能安全地进入第四度空间? 这任谁也无法预测的,因为决定权在全体人类的身上,是我们选择是否要进入第四度空间的吗? 所以我们应该问谁呢?

如果人类的精神能量在二0一二年尚未提高的话,地球将无法进入第四度空间,而冲出它应循的轨道,引起爆炸,而人类将全部消失在宇宙中。这就是有些人所说的「世界末日」的来临。但是因为克里昂改变这网格,所以不会死很多,会没太阳没光,变的快速冷冻,几天后会正常,天气环境会变得更好即将来临的世界,是一个崭新的世界,这个世界没有竞争、没有恐惧、没有疾病、没有暴力、没有权力斗争、没有肉体的死亡。

特别提示:2012 年不是世界的末日。

2012 年以后,人类文明将会明白,科学和技术最前沿是在精神灵性区域,而并非物质的物理和化学…

公元 2012 年地球会发生完全的变化,进入新的时代。

不论结局如何,人类毕竟是渺小的,妄图与大自然抗争那是徒劳无益的,只有和谐才是唯一的出路。人类在破坏着赖以生存的环境同时,也渐渐陷入深渊,滥用科学技术满足自己无穷的欲望,那样的结果只会让人走向自我毁灭。人类太需要一点精神了,在这一点上,还是那位藏僧说的好:"2012 年以后,人类文明将会明白,科学和技术最前沿是在精神灵性区域,而并非物质的物理和化学。"

生命之海中的文明从零污染重新开始

在人类历史的长河中,有多少人来来回回,而只有我们这一代能够见证这一刻,很荣幸啊,一世为人,值了!

2012 世界末日预言之——结合圣经密码和玛雅预言以及深蓝男孩的预言得到的一些研究

玛雅预言第五太阳纪 2012 年 12 月 23 日开始到来;圣经密码预言,2006 年将有末日性有关事件发生;根据以色列建国时间推算,2018 年人类灭亡;俄罗斯神秘火星男孩预言 2010 年毁灭性灾难……所有所指向都集中于 2010 年前后。

2005 年底—2012 年底 第一阶段:预兆七年。

2012 年底—2033 年 第二阶段:末日二十年。

2033 年第三阶段:终审开展,神之荣光。

虽然我们并没有把神之使子耶稣当神看,但是,他的降临给我们对末日,提供了不少参考.耶稣生于公元元年,死于 33 岁(公元 33 年),耶稣死日是他用自己的血为人类洗脱罪恶的伟大时刻的开始.恶魔被捆绑了 1000 年,往后顺数 2000 年即 2033 年,就是主再降临日,神定大审判(Reckoning)之日。

耶稣,这么日前的"第 2 个亚当"降世的目的,一是为了恢复神的信仰,二是为了提示末日.富有标志性的 2012 年底到 2033 年,其间 20 年,是整个世界最黑暗的 20 年。

末世.圣经密码及多种预示均显示这 20 年间,战争遍及大地,罪恶灾难遍布人间.恶魔(七头)出世迷惑诸王(各国首脑),引发无限痛苦。

现在是二十世纪,21＝7+7+7,777,三个 7,数字 7 在神秘领域中是个极为重要和神奇的数字.2005 年,毛泽东诞辰 111 周年,第 111 任教皇上任,记得以前在哪里曾听说过,第 110 任教皇逝世后,离末日就不远了.何况是东西方两个巨头数字的交错。

我们知道 666 是恶魔的数字,三个六相加是 18,也就是 18 世纪,恶魔的工业文明为世界大战奠定了基础.而 777 呢·研究神圣本质的卡巴拉的数灵学(数字命理学)对此深信不疑.强烈的数字暗示!

临兵斗者长老给了我提醒。<<创世纪中>>神以七日创世,按基督的说法,一日等于一年,这说明创世以 7 日,而灭世,则以七年缓冲!作为预警的征兆时间! 2012 年倒数 7 年则是 2005 年! 巧合的是,所有的灾难预言都起始于这一年。

诺查丹玛斯的预言书<<诸世纪>>中,指出 2012 年到 2033 年是月亮统治的 20 年.这个月亮并不是指的外星人,而是指代"月亮魔女"----Lilith!"小创世纪"<<禧年书>>中记载,神造亚当后,命众创造天使和泥造人,只有六翼总天使长 Lucifinil(Sataneal)成功造出。

它创造的是谁? 似乎只有可能是 Lilith.在 Lucifer 堕天后,Lilith 也背离了神与亚当,而与恶魔结合,这位人类的老祖母,身上的被创造的神性与堕落根性,使其要在末日前有个"了断"月亮魔女与恶魔临世20年,把世界拉入终末之战。

血族神话的中心,《挪得之书》中的火焚末日,同样预言了世界末日和"终夜苏醒",解开诅咒,得到救赎.Seties族坚信末世之时把世界拖入黑暗中以使Set苏醒.Set在埃及神话中是暴风破坏之神,他杀死了自己的亲兄弟何露斯,这与公认的第一个吸血鬼该隐弑弟情节一致.终夜苏醒肉体巨变的上古耆宿血族的预言给末日留下了极其重要的线索2015年!"最终审判"的夜晚迫在眉睫。

以往认定的末日1999年8月18日是个错误的天文认识(大十字),而1999年底的末日,得出这个数字的计算方式是耶稣出生日顺数2000年,然而这肯定是个误解,耶稣生命的尽头方是我们的末日倒计时的开始.末日始于战争,盛于恶魔,终于神意。

在《伊斯拉第二书》中,记载著有关人类未来的预言:"当地球的人口逐渐增加到一程度时,会再度出现危机,人们开始变得不虔敬。当他们因私欲步入罪恶的渊薮中,急需从他们之中挑选出一人,他的名字是亚伯拉罕,在他夜深独处时告知世界终了之时。神倾覆天、震撼地、摇动世界、震动水深处、搅乱时局。神的荣光是四扇门,亦即穿过火(火)、地震(土)、风(气)和冰门(水)。"其中还记载:"将已逝的世界加封时,可看见这些征候。空中展开卷轴,所有的人都望著它。"神的荣光四扇门,四大元素隐喻的四大浩劫,也许是"大审判"的步骤!太阳或地球南北磁极周期性对调,生态气候骤变,生灵灭绝.生命之海中的文明从零污染重新开始。

印度教的文明轮回说,还有中国的《推背图》中的完结.解开末世密码的关键—密码钥匙—方尖碑等有关古物将于未来20年内于死海附近陆续出土,我们相信有关末日的秘密将于不久以后全部揭示于世人,虽然证据不是十分的充分,但看看眼下日益混乱动荡的世界局势,日益紧张的国际关系,日益恶化的自然环境,日益腐化堕落的人类,日益紧迫不多的剩余时间,整个地球在悬崖边摇摇欲坠,〔世界更为堕落,人们心灵破产,逃避现实取代了希望〕,这个再度黑暗的世界!寻找无谓证据只是徒劳浪费时间,我们只能研究神给予的启示方法,等待末世的救赎……

美国关不上的"棱镜门"之谜

棱镜计划(PRISM)是一项由美国国家安全局(NSA)自2007年小布什时期起开始实施的绝密电子监听计划,该计划的正式名号为"US-984XN"。美国情报机构一直在九家美国互联网公司中进行数据挖掘工作,从音频、视频、图片、邮件、文档以及连接信息中分析个人的联系方式与行动。监控的类型有10类:信息电邮,即时消息,视频,照片,存储数据,语音聊天,文件传输,视频会议,登录时间,社交网络资料的细节,其中包括两个秘密监视项目,一是监视、监听民众电话的通话记录,二是监视民众的网络活动。2013年7月1日晚,维基解密网站披露,美国"棱镜门"事件泄密者爱德华·斯诺登(Edward Snowden)在向厄瓜多尔和冰岛申请庇护后,又向 19 个国家寻求政治庇护。从欧洲到拉美,从传统盟友到合作伙伴,从国家元首通话到日常会议记录;美国惊人规模的海外监听计划在前中情局雇员爱德华·斯诺登的揭露下,有引发美国外交地震的趋势。

事件简介

英国《卫报》和美国《华盛顿邮报》2013 年 6 月 6 日报道,美国国家安全局和联邦调查局于 2007 年启动了一个代号为"棱镜"的秘密监控项目,直接进入美国网际网路公司的中心服务器里挖掘数据、收集情报,包括微软、雅虎、谷歌、苹果等在内的 9 家国际网络巨头皆参与其中。

事件背景

棱镜计划(PRISM);是一项由美国国家安全局(NSA)自 2007 年起开始实施的绝密电子监听计划。该计划的正式名号为"US-984XN"。

根据报道,泄露的文件中描述 PRISM 计划能够对即时通信和既存资料进行深度的监听。许可的监听对象包括任何在美国以外地区使用参与计划公司服务的客户,或是任何与国外人士通信的美国公民。国家安全局在 PRISM 计划中可以获得的数据电子邮件、视频和语音交谈、影片、照片、VoIP 交谈内容、档案传输、登入通知,以及社交网络细节。综合情报文件"总统每日简报"中在 2012 年内在 1,477 个计划使用了来自 PRISM 计划的资料。

根据斯诺登披露的文件,美国国家安全局可以接触到大量个人聊天日志、存储的数据、语音通信、文件传输、个人社交网络数据。美国政府证实,它确实要求美国公司威瑞森(Verizon)提供数百万私人电话记录,其中包括个人电话的时长、通话地点、通话双方的电话号码。

关于 PRISM 的报道是在美国政府持续秘密地要求威讯(Verizon)向国家安全局提供所有客户每日电话记录的消息曝光后不久出现的。泄露这些绝密文件的是国家安全局合约外判商的员工爱德华·斯诺登。他原本在夏威夷的国家安全局办公室工作,在 2013 年 5 月将文件复制后前往香港将文件公开。华盛顿邮报报道,"棱镜"项目 2007 年启动。参议员范士丹证实,国安局的电话记录数据库至少已有 7 年。项目年度成本 2000 万美元,自奥巴马上任后日益受重视。2012 年,作为总统每日简报的一部分,项目数据被引用 1477 次,国安局至少有 1/7 的报告使用项目数据。

监控类型

受到美国国安局信息监视项目-"棱镜"监控的主要有 10 类信息:电邮、即时消息、视频、照片、存储数据、语音聊天、文件传输、视频会议、登录时间和社交网络资料的细节都被政府监控。通过棱镜项目,国安局甚至可以实时监控一个人正在进行的网络搜索内容。

涉及公司

华盛顿邮报报道,Facebook、谷歌、微软、苹果、雅虎已通过媒体断然否认为政府提供秘密服务。Twitter令人瞩目地没有出现在被监控的公司列表中。Twitter曾表示要特别重视保护用户个人数据。报道称,Dropbox下一步也将可能被纳入"棱镜"监视范围中。

美国时代周刊报道,美国政府对公众隐私的监控可能比媒体报道的更深入。"棱镜"项目监视范围很广,包括美国人每天都在使用的网络服务。FBI和NSA正在挖掘各大技术公司的数据。微软、雅虎、谷歌、Facebook、PalTalk、YouTube、Skype、AOL、苹果都在其中。

法律问题

各国就数据保护制订有不同法律,但这些法律倾向于规范公司可以保存何种客户数据、拿这些数据做什么、能保存多长时间,而不是管理政府活动。大多数公司的隐私政策包括一个条款,该条款称在收到合法请求的情况下,它们将会共享信息,以及有关其它监控的细心措辞。

官员们通常会辩称,阻止恐怖主义高于保护隐私权。奥巴马9日在对美国的监视方法进行辩护时称:"你不能在拥有100%安全的情况下同时拥有100%隐私、100%便利。"英国外交大臣黑格在接受英国广播公司采访时称,英国的守法公民永远不会知道政府部门为了阻止你的身份被盗或者挫败恐怖袭击所做的一切事情。用户数据(例如电子邮件和社交媒体活动)并不总是存储在用户自身所在的国家里。例如,Facebook在其隐私条款中称,所有用户必须同意他们的数据"被转送和存储在美国"。美国2001年的爱国者法案给予美国政府在使用按这种方式存储的欧洲数据新的权力。"隐私国际"认为:"由于世界主要技术公司的总部都在美国,那些参与我们互联世界、使用谷歌或者SKYPE的人士的隐私都可能被棱镜项目所侵犯。美国政府可能接触到世界的大部分数据。"斯诺登称,他是出于对隐私权的担心才采取报料行为的。他对英国卫报称:"我不想生活在一个做那些事情的社会里,我不想生活在一言一行都被记录的世界里。"

事件起因

披露给媒体

2013年(癸巳年)6月,前中情局(CIA)职员爱德华·斯诺登将两份绝密资料交给英国《卫报》和美国《华盛顿邮报》,并告之媒体何时发表。按照设定的计划,2013年6月5日,英国《卫报》先扔出了第一颗舆论炸弹:美国国家安全局有一项代号为"棱镜"的秘密项目,要求电信巨头威瑞森公司必须每天上交数百万用户的通话记录。6月6日,美国《华盛顿邮报》披露称,过去6年间,美国国家安全局和联邦调查局通过进入微软、谷歌、苹果、雅虎等九大网络巨头的服务器,监控美国公民的电子邮件、聊天记录、视频及照片等秘密资料。美国舆论随之哗然。

美国决策者意识到,互联网在越来越多的国际事件上可以成为达到美国政治目的、塑造美国全球领导力的有效工具。2011年,以"脸谱网"和"推特"为代表的新媒体,贯穿埃及危机从酝酿、爆发、升级到转折的全过程,成为事件发展的"催化剂"及反对派力量的"放大器"。同样,类似的事件也在突尼斯和伊朗等国都上演过。如今,以谷歌为首的美国 IT 巨头一方面标榜网络自由,反对其他国家的政府监管本国的互联网;另一方面又与美国政府负责监听的机构结盟,这无形之中就把自己献到祭坛上去了。

这项代号为"棱镜"(PRISM)的高度机密行动此前从未对外公开。《华盛顿邮报》获得的文件显示,美国总统的日常简报内容部分来源于此项目,该工具被称作是获得此类信息的最全面方式。一份文件指出,"国家安全局的报告越来越依赖'棱镜'项目。该项目是其原始材料的主要来源。报道刊出后外界哗然。保护公民隐私组织予以强烈谴责,表示不管奥巴马政府如何以反恐之名进行申辩,不管多少国会议员或政府部门支持监视民众,这些项目都侵犯了公民基本权利。

这是一起美国有史以来最大的监控事件,其侵犯的人群之广、程度之深让人咋舌。

曝光身份

在秘密项目披露之前,斯诺登已经离开美国,悄悄来到香港。昨天(10日),英国《卫报》在他的授权下公布了一段事先录制好的视频专访。在这段 12 分钟的视频里,斯诺登不仅公布了个人信息,还告诉全世界,"我为什么要这么做"。

斯诺登:我叫爱德华·斯诺登,29 岁,我曾经在美国中央情报局担任过技术助理职位。

泄密者在秘密披露五天之后主动公布自己的身份,这需要勇气和谋略。视频里,戴着半框眼镜、面容消瘦的斯诺登,神情略微有点不自然,但几秒钟后,他便恢复了常态。他说,过去四年,他一直为美国国家安全局的军事承包商工作,因此有机会接触到安全局的秘密项目。他将两份绝密资料交给英国《卫报》和美国《华盛顿邮报》,并告之媒体何时发表。

斯诺登收入稳定,生活富足。他为什么要曝光美国国家安全局的秘密项目,把自己置于危险境地呢?

斯诺登:你什么错都没有,但你却可能成为被怀疑的对象,也许只是因为一次拨错了的电话。他们就可以用这个项目仔细调查你过去的所有决定,审查所有跟你交谈过的朋友。一旦你连上网络,就能验证你的机器。无论采用什么样的措施,你都不可能安全。

事件发展

英国政府通信总部【GCHQ,与美国国家安全局对应的信号情报(SIGINT)机构】最早从 2010 年 6 月起就能访问 PRISM 系统,并在 2012 年使用该计划的数据撰写了 197 份报告。PRISM 让 GCHQ 得以绕过正式法律手续来取得所需的个人资料。

6 月 5 日《卫报》刊登的法院密令显示,从 2013 年 4 月 25 日至 5 月 19 日,美国电信巨头威瑞森公司(Verizon)须每日向美国国家安全局上交数百万用户的通话记录,涉及通话次数、通话时长、通话时间等内容,但不包括通话内容。

2013 年 6 月 6 日美国《华盛顿邮报》又曝光政府机密文件,显示美国国家安全局和联邦调查局直接接入微软、谷歌、苹果、Facebook、雅虎等 9 家网络巨头的中心服务器,可以实时跟踪用户电邮、聊天记录、视频、音频、文件、照片等上网信息,全面监控特定目标及其联系人的一举一动。《纽约时报》则指出，两大项目的曝光打开了一个非比寻常的窗口，使人们看到政府监控强度的增加，布什政府在"9·11"恐怖袭击之后开始采取监控举措，奥巴马政府明显非常支持这种举措，其监控范围甚至还有所扩大。该报分析说，这种接连出现的大曝光还说明，由于信息泄露的相关调查引发众怒，很可能知晓高级情报秘密的人员决定揭露真相。

2013 年 6 月 7 日，在加州圣何塞视察的美国总统奥巴马做出回应，公开承认该计划。他强调说，这一项目不针对美国公民或在美国的人，目的在于反恐和保障美国人安全，而且经过国会授权，并置于美国外国情报监视法庭的监管之下。

2013 年 6 月 9 日英国《卫报》抛出专访，应"告密者"本人要求公布其身份。现年 29 岁的爱德华·斯诺登是美国防务承包商博思艾伦咨询公司的一名雇员，过去 4 年内一直为美国国家安全局工作。他在专访中说，自己良心上无法允许美国政府侵犯全球民众隐私以及互联网自由。自 9 日至 10 日下午 2 时，白宫请愿网页上要求赦免斯诺登的条目已迅速搜集到两万个签名。

2013 年 6 月 10 日白宫发言人卡尼在例行记者会上说，白宫高级官员已将此事最新进展向奥巴马做了汇报，但鉴于调查仍在进行中，他不会评论事件中的个人以及调查工作，也不会转述奥巴马的观点。

过去四年在诸多议题上与奥巴马政府"过不去"的美国众议院议长博纳，2013 年 6 月 11 日加入对美国政府"棱镜"计划揭秘者斯诺登（EdwardSnowden）进行谴责的行列，指责其为"叛国者"。共和党籍的众议院国土安全小组主席金（PeterKing）和民主党籍的参议院情报委员会主席黛安娜·范斯坦（DianneFeinstein）也指责斯诺登是一个"叛徒"。

2013 年 6 月 11 日，泄露美国监测项目的爱德华·斯诺登离开他居住的香港酒店后去向不明。

事件升温

2013 年 6 月 13 日，《卫报》和《华盛顿邮报》报道，美国联邦调查局（FBI）局长罗伯特·米勒 13 日表示，FBI 已经开始对曝光美国国家安全局"棱镜"计划的斯诺登展开刑事调查，这是美国官方首次证实已对斯诺登采取行动。

2013 年 6 月 19 日，维基解密发言人克里斯丁·拉芬森在冰岛报纸的一个专栏中说，一名中间人接触他，请他告诉冰岛政府斯诺登寻求庇护。拉芬森没有透露这名中间人的姓名。冰岛政府随后证实了这一消息，但并未透露是否会同意斯诺登避难。冰岛政府发言人说，拉芬森通过非正式渠道和两个政府部门取得联系，此事中未牵扯正式请求。斯诺登在曝光美国国家安全局的"棱镜"项目后身处香港，他曾称赞冰岛非常重视保护互联网自由，希望自己最终在冰岛落脚。

2013 年 6 月 23 日，中国香港特别行政区政府就斯诺登事件发表声明，称斯诺登已自行循合法和正常途径，离开中国香港，前往第三国。《南华早报》证实，斯诺登 23 日上午 10 时 55 分左右离开香港，乘坐俄航 SU213 航班飞往莫斯科。而莫斯科并不是斯诺登的最终目的地,他可能由该地继续前往冰岛或厄瓜多尔。俄罗斯驻中国大使馆没有对这一消息进行证实,而俄在香港的领事馆则拒绝发表评论。据俄媒援引机场内部人士的消息,斯诺登的飞行路线是今天从香港乘坐俄航 su213 航班飞抵莫斯科,明天中午乘坐 su150 飞往古巴的哈瓦那,当天再飞往委内瑞拉的加拉加斯。俄罗斯航空已确认斯诺登飞往古巴哈瓦那的行程。

事件发酵

2013 年 6 月 24 日,据外媒报道,美国国安网路窃听行为泄密者斯诺登正式向拉丁美洲国家厄瓜多尔寻求庇护。厄瓜多尔外交部部长在社交网站推特(Twitter)上证实,美国国家安全局前雇员斯诺登向该国寻求政治庇护。

2013 年 6 月 24 日,据俄罗斯媒体报道,斯诺登 24 日并未出现在由莫斯科飞往哈瓦那的飞机上,下落成谜。抵达莫斯科后未露面。斯诺登订购了飞往古巴航班,但本人没有如约登上飞往古巴的航班。“维基解密”创始人阿桑奇表示他知晓斯诺登藏身地点,但不会透露。

据美国媒体 2013 年 6 月 25 日报道,最早与“棱镜”计划泄密者斯诺登接触的《卫报》记者格林沃尔德透露,在美国政府对俄罗斯施压要求引渡斯诺登之际,斯诺登已制定了 B 计划,已将包含美国国家安全局秘密档案的编码文件交给了几个人。如果他出了什么事,这些文件都将被公布。

事件近况

2013 年 7 月 1 日,设在莫斯科谢列梅捷沃机场的俄罗斯外交部领事机构证实,美国“棱镜门”事件揭秘者斯诺登已通过该机构向俄罗斯提出政治避难请求。

2013 年 7 月 12 日,在莫斯科谢列梅捷沃机场与多名人权组织代表会谈,并向俄提出庇护申请。他称,不认为自己做出了“伤害美国的行为”。克里姆林宫当日回应称,如果斯诺登停止对美国造成伤害的泄密行为,他将可以继续留在俄罗斯。之后,与会代表举行了简短的发布会。代表之一、人权观察组织俄罗斯代表处负责人洛克申娜在接受本报记者采访时表示,斯诺登精神状态很好,身体也很健康,在中转区的生活一切正常,只是他希望能有更多的自由活动空间。洛克申娜介绍,斯诺登主要谈及 4 个方面内容:控诉美国监视行为是对法律的严重侵犯,美国试图用“追捕”来警告其他可能的泄密者;感谢愿向他提供政治庇护的拉丁美洲国家,希望能最终到达这些国家;欧洲和北美一些国家试图阻挠其离开俄罗斯,因此他只能就地申请临时避难;愿意遵循此前普京的要求,不再曝光“抹黑”美国的信息。

俄国家杜马国际事务委员会主席普什科夫 12 日对本报记者表示,俄方在斯诺登问题上的立场与西方国家“保持一致”。

2013 年 8 月 1 日,据路透社报道,俄罗斯律师透露,斯诺登已经获得允许其离开莫斯科机场的文件。莫斯科机场代表称其已经离开莫斯科机场,进入俄罗斯境内。

2013 年 9 月 28 日,美国“棱镜”项目揭秘者斯诺登提供的文件让美国国安局活动再度曝光。据外媒报道，美国国家安全局2010年起即用收集到的资料，分析部分美国公民的"社交连结，辨识他们来往对象、某个特定时间的所在地点、与谁出游等私人信息"。该文件显示，"国安局官员解禁之后，2010年11月起开始准许以海外情报意图来分析电话以及电邮记录，监视美国公民交友网络"。根据美国国安局2011年1月的备忘录，政策转向目的是在帮助该局"发现并追踪"海外情报目标和美国人民之间的关联。该文件指出，美国国安局获得授权，可在不检查每个电邮地址、电话号码或任何指针的"外来性"情况下，"大规模以图表分析通讯原数据"。

为了避免侵犯美国公民隐私，过去只允许针对外国人士进行这类计算机分析。该文件称，美国国安局可从公共、商业等来源扩大通讯数据，来源包括银行代码、保险信息、社交网络"脸谱"档案、乘客名单、选举名册、GPS坐标信息，也包括财产记录和未具体说明的税务资料。

报道指出，美国国安局所有的监控行为都是暗中操作，而政府也是秘密决定放开对监控的限制，并未通过国家情报法院的审定或者公开的讨论。根据2006年美国司法部的备忘录，该部曾对滥用情报监控进行过警告。该局官员婉拒说明此作法影响到多少美国人，还说文件也没说明这项监督作业产生什么样的结果。监督作业把"电话号码和电邮地址链接成联络链，此链直接或间接连结到与海外情报有利害关系的个人或机构"。

对此，美国民权联盟（American Civil Liberties Union）官员严责美国国安局称，该局越权监控私人讯息，侵犯"美国人民生活的每个层面"。

斯诺登离开莫斯科机场 获俄罗斯一年临时难民身份

据法新社报道，美国"棱镜门"项目泄密者爱德华·斯诺登的律师周四（1日）表示，斯诺登当前已经离开了莫斯科机场，此前他刚刚获得了有限期为一年的俄罗斯临时难民身份。斯诺登6月23日由香港飞抵莫斯科，随后便滞留在谢列梅捷沃机场中转区。此间美方持续向俄方施压，要求交出受到间谍罪指控的斯诺登，但遭俄方多次拒绝。

俄律师称斯诺登将在安全问题解决后和记者见面

外媒报道，美国"棱镜"项目泄密者爱德华斯诺登在俄罗斯的律师库齐利纳2013年7月31日在接受俄媒体采访时表示，已经在莫斯科谢列梅捷沃机场滞留了一个多月的斯诺登准备在自己的安全问题和在俄身份问题解决后和记者见面。

美国被迫解密与斯诺登泄露的"棱镜"计划相关文件

中新社华盛顿2013年7月31日电（记者吴庆才）在斯诺登持续曝出猛料以及美国国内对监控计划出现越来越多质疑声之际，美国政府2013年7月31日被迫主动解密了与斯诺登泄露的"棱镜"网络监控计划及电话监听计划这两大秘密情报监控项目相关的三份文件。

各方反应
俄罗斯
普京：斯诺登或可留下 前提是停止对美造成损失

人民网北京 2013 年 7 月 2 日电：据俄新网消息，俄总统弗拉基米尔·弗拉基米罗维奇·普京表示，美中情局前雇员斯诺登如有意或可留在俄罗斯，但必须满足一个条件——他必须停止对美国造成损失。

"如果他想去哪儿并且有人接手的话，那么请。如果他想留在这里——有一个条件：或许这话从我口中说出有些奇怪——他应当停止目前所从事的对我们的美国伙伴造成损失的活动。"

普京指出，由于斯诺登感觉自己是维权人士和人权斗士，多半不打算中止所进行的活动。

普京表示，他对斯诺登可能与某个前来莫斯科参加第二届天然气输出国论坛峰会的代表团离开的情况毫不知情。

普京在天然气输出国论坛（GECF）第二次峰会结束后召开的新闻发布会上说："我对于斯诺登先生或随某个代表团离开俄罗斯的问题毫不知情。"

俄罗斯总统普京发言人比斯科夫（DmitryPeskov）则透过法新社表示，若斯诺登提出相关申请，俄罗斯政府会考虑向其提供政治庇护，而在 2013 年 8 月，俄罗斯正式给予斯诺登临时避难身份。

在俄方看来，斯诺登事件在两国面临的其他紧要问题面前不值一提。俄罗斯科学院美国和加拿大研究所副所长加尔布佐夫在接受本报记者采访时表示，当斯诺登和美俄关系两个命题摆在美国政府面前的时候，明智的人都会选择后者。

加尔布佐夫表示，美国要求遣返斯诺登的立场从未改变，当前俄罗斯在这个问题上已经陷入两难的境地，既不能为此与美国"翻脸"，也不能不顾斯诺登个人的安危。对于俄罗斯来说，如果斯诺登离开则可以视为卸下了"重担"，但最终斯诺登做出怎样的选择是他自己的权利，俄罗斯还需要随机应变。

俄罗斯政治信息中心主任穆欣认为，一年后俄罗斯将不会交出斯诺登。他说："我认为，未来斯诺登也注定了要在俄罗斯境内生活，因为对他来说去任何其他地方都是致命的。"

国际事务委员会专家、莫斯科国际关系学院教师苏什措夫指出，取消双边会见是两国关系长期淤积症结的爆发，显然会对俄美关系产生负面影响，但并不会使俄美关系雪上加霜或抑制两国关系发展。

莫斯科国立大学政治系副系主任西多罗夫则认为，俄美关系的主要问题是缺乏共同利益。他表示，俄罗斯在双边关系中首要关注的是经济合作、贸易关系和投资活动，而奥巴马则希望与普京探讨无核化、削减战略核武器等。双方主要的利益着眼点不同，这才是制约两国关系发展的瓶颈。

美国

美国务卿克里：监控"盟国"没有什么不寻常

在外访问的美国总统奥巴马和国务卿克里 1 日分别就有关监控事件作了辩解，称对

"盟国"进行监控在国际关系领域"并没有什么不寻常"。

奥巴马辩称,情报机构的工作是"为了更好地认识世界";克里则辩称,监控是出于国家利益考虑,"各种各样的情报对维护国家安全都有好处"。

奥巴马和克里的上述表态,似乎是在默认美国对欧盟的监控,并继续维护监控行为的正当性,令外界议论纷纷。有分析认为,美国的国际形象可能因此受到新的打击。

随着"监控门"的更多细节被曝光,美国势必加紧对揭秘者斯诺登的追捕。奥巴马表示,美国和俄罗斯的执法部门仍在就引渡斯诺登回美国的问题进行磋商。奥巴马重申,希望俄罗斯方面在斯诺登问题上做出"正确的决定"

据 BBC 报道,美国国会众院情报委员会主席、密歇根州共和党众议员麦克·罗杰斯对记者说,从电信公司 Verizon 收集美国电话通话记录的做法是合法的,得到了国会的授权,而不是奥巴马政府在滥用权力。他还说,这一做法在过去几年间有效防止了对美国的"重大"恐怖袭击。不过他拒绝就此透露更多的信息。

白宫新闻发言人乔舒亚·欧内斯特表示,这种备受争议的监控举措"是让国家免受恐怖威胁的重要手段,因为这会促使反恐人员察觉已知的或者有嫌疑的恐怖分子是否与其他可能参与恐怖行动的人有联系,特别是那些在美国定居的人"。他补充说,"总统欢迎对安全和公民自由的取舍展开讨论。"

美国国家安全局局长詹姆斯·R·克拉珀则在一份声明中说,"只有在美国以外的非美国人"才是监视的对象。他补充道,监视行动曾接受严格的法律审查,为的是"将意外得到的美国人信息的获取、保留和传播最小化。"

《华盛顿邮报》称,公众需要合理的解释,该项目为美国国家安全带来的收获是否值得侵犯个人隐私。《旧金山纪事报》表示,该行动"几乎没有法律监督","这位总统因为承诺消除 13 年前的袭击给美国人带来的恐慌走进白宫,却再次让民众失望"。

奥巴马在 2013 年 8 月 6 日在接受媒体采访时表示,他对俄方给予斯诺登临时避难身份的决定表示"失望",此举反映出两国间存在的"潜在挑战"。他说:"有时候,俄罗斯会陷入冷战思维。"但他同时表示,没有任何因素能够干扰美俄两国建立更加有效的合作,斯诺登事件已经过去,两国领导人应当向前看。

美国国务院新闻发言人普萨基 6 日早些时候宣布,美俄"2+2"部长会谈将如期在华盛顿举行。他表示,双方将就叙利亚、伊朗、战略进攻性武器条约等议题进行讨论,并将就斯诺登事件交换意见。而俄罗斯外交部在 7 日早些时候发布的公告中表示,会谈将按照两国元首达成的共识于 8 月 9 日举行,会议日程将主要讨论战略稳定和国际安全的问题,而对于斯诺登事件却只字未提。

2013 年 8 月,奥巴马宣布将参加在圣彼得堡举行的 20 国峰会,但取消与普京的一对一会晤。美俄外长和防长"2+2"会晤本周末将如期在华盛顿举行。奥巴马虽为斯诺登事件"报复"普京一下,但发力非常克制。总体看,美国显然准备咽下俄罗斯收留斯诺登这口气,它在找台阶。世界舆论仍对莫斯科刮目相看,纷纷视克里姆林宫为"彻底的赢家",

而白宫则是"彻底的输家"。

欧盟

美国"监控门"风波愈演愈烈，欧盟国家 2013 年 7 月 1 日就美国监控欧盟的报道加强了抨击美国的调门；而美方的表态也毫不示弱，竭力维护监控的正当性，无疑更加激化美欧关系。与此同时，在揭秘者斯诺登的去留方面，美俄则继续进行博弈。

"监控门"事件进入了新高潮，引发欧盟方面对美国的极大不满。欧盟消息人士 1 日说，美国对欧盟的监控是"背信行为"，并警告有可能引发"严重政治危机"。

欧盟官员 7 月 1 日透露，欧盟外交及安全政策高级代表阿什顿已要求美方就监控事件立即进行澄清。欧盟两个重要国家法国和德国当天加重了指责美国的火药味。德国政府发言人称美国的行径是"冷战"时期行为；法国总统奥朗德要求美国立即停止监控欧盟，并威胁中止和美国的贸易谈判。

消息曝光后，英国在野党工党称其令人"寒心"。在野党影子内阁内务大臣要求政府调查英国同美国棱镜项目的关系并给出一个全面的解释。

德国《明镜周刊》报道，德国人德国总理默克尔昨天通过一位发言人证实，她计划在奥巴马下周访德时讨论可能影响了数百万德国人的"棱镜"项目。德司法部发言人称，两国政府正在讨论该项目对德国的影响。德消费者保护部部长也要求涉事美国公司给予明确回复。

中国国际广播电台驻英国记者张哲：黑格表示，他很了解政府通信总部的工作，说他们与别国的情报机构合作，逃避英国法律监管的说法很可笑，是无中生有。他也否认他本人批准过英国情报机构与"棱镜"项目展开合作。但是对于政府通信总部与"棱镜"项目的关系，黑格既没有承认也没有否认，只是说英国民众没有什么好害怕的。

欧盟司法委员维维亚娜·雷丁 10 日致信美国司法部长埃里克·霍尔德称，"棱镜这类项目以及授权此类项目所依据的法律可能会给欧盟公民的基本权利带来严重的负面影响"。

中国

2013 年 8 月的 7 日和 8 日，国家主席习近平和美国总统奥巴马在美国举行"庄园会晤"，"习奥会"的重点之一便是网络安全问题。有观点认为，"棱镜门"在这个时间点上被曝光，使中国在最近的中美网络安全争端中掌握更多主动权。

"'棱镜'项目的曝光，对于中国是有利的，中方将占据更多主动权。"外交学院教授周永生对这一观点表示认同。周永生认为，多年来，美国等一些西方国家一直指责中国发动网络攻击，这个信息的披露证明，实施网络攻击规模最大的其实是美国。

中国不与美国正面冲突，但已有能力与一条限制美国滥用权力的阵线融为一体，中国对美国的意见至少在斯诺登事件中转化成全球的声音，虽然这不如直接顶撞美国，与它在斯诺登问题上挽起袖子"掰手腕"来得痛快，但这样做更合乎中国外交的长远利益。

斯诺登

斯诺登发表新声明抨击奥巴马 威胁披露更多机密

美国"监控门"事件揭秘者斯诺登在2013年7月1日发表新声明,抨击美国总统贝拉克·奥巴马和美国政府,并威胁向外界披露更多机密。

斯诺登当天晚些时候通过"维基解密"网站发表声明,称"始终信任家人、新老朋友甚至素未谋面的人为维护他的自由"所做的努力。

斯诺登在声明中猛烈批评奥巴马。他说,奥巴马曾表示不会为引渡自己"不择手段",但奥巴马随后却"命令副总统拜登向厄瓜多尔施压,要求厄方拒绝他的避难申请"。

斯诺登形容奥巴马的"欺骗"手段是"不公正"的。他说,奥巴马政府"已经把公民身份作为武器",通过吊销其护照,"将他变为无国籍人士"。斯诺登说,美国政府正全力试图"剥夺他寻求庇护的权利"。

斯诺登在声明最后说,美国政府并不惧怕他本人以及其他揭秘者;美国政府"真正惧怕的是民众"。

这是斯诺登沉默数天后对外发表的最新声明,迅即引发外界关注。斯诺登在发表该声明数分钟前,还同时披露了他写给厄瓜多尔总统科雷亚的信件。

斯诺登的这封信是用西班牙文写的,由路透社披露。斯诺登重申美国对他的追捕"非法"。他同时感谢厄瓜多尔对他的帮助。

斯诺登在信中称,自己依然自由,可以"继续发表公众感兴趣的信息"。俄罗斯总统普京稍早前曾呼吁斯诺登不要再对外披露美国的机密信息。斯诺登将上述言论公开,似乎也可被看作是对普京的回应。

斯诺登是上月23日乘坐俄航航班到莫斯科谢列梅捷沃机场的,据信一直在该机场滞留。

事件影响

美国压力

2013年6月,美国国家安全局进行的电话和网络秘密监控项目在美各界及国际社会掀起轩然大波,其中以代号为"棱镜"的网络监控项目牵涉面最广,内容最新,也最具争议。"棱镜"项目不仅给奥巴马政府摆上一连串棘手难题,也给国际社会带来巨大冲击。

反恐是"硬道理"?

连日来,美国总统奥巴马及国家情报总监詹姆斯·克拉珀等高官纷纷出面为此事"灭火"。他们提出的三大辩解理由是:第一,"棱镜"项目不针对美国公民;第二,该项目已得到立法、司法、行政三大机构的授权及监督;第三,也是最重要的,"棱镜"对反恐有功。

反恐是动用一切情报监控手段的"硬道理"?显然不是人人对此认同,美国会一些议员直言,尚无证据能证明"棱镜"项目在挫败恐怖图谋上起到作用。

国内涌现出两种声音

告密者系29岁的美国防务承包商雇员爱德华·斯诺登。斯诺登究竟是叛徒,还是英雄? 美国国内涌现出两种声音。一些官员指责斯诺登泄密行为损害国家利益,甚至将其定义为叛国行为。另一方面,有关此类项目严重侵犯个人隐私的看法也得到不少民众认同。自9日至10日下午2时,白宫请愿网页上要求赦免斯诺登的签名已达到约两万个。

对斯诺登定性之争,归根结底是国家安全与个人隐私关系的争议。据美国民调机构盖洛普公司12日公布的民调结果显示,受访民众中53%不支持联邦政府以反恐之名获取电话和网络记录,37%持支持态度,还有10%不持任何观点。其中,30%的受访者认为,无论加上怎样的前提条件,这类监控项目都不正确。

连锁反应有多大?

值得注意的是,美国政府的辩解重点以及美国内的关注焦点在于,美公民是否沦为电话和网络监控对象。言下之意,针对美国以外目标的监控属于"另一码事"。这种内外有别的立场无法回避一个事实:"棱镜"风波已波及包括美国欧洲盟友在内的国际社会。

分析人士指出,"棱镜门"给美国带来的内外压力巨大,所引发的冲击波短期内难以平息,或迫使美国重新审视其安全策略。

首先,斯诺登本身是一个"烫手山芋"。米勒13日在听证会上说,"将采取各种必要手段将这名泄密者绳之以法"。不过,倘若斯诺登回国受审,这起备受关注的公案难保不将更多机密牵扯出来。

第二,美国情报体系可能进行内部检讨。"9·11"事件后,美国在安全领域投入大增,不断招兵买马,但安全漏洞随之增多。作为一个等级并不高的防务承包商雇员,斯诺登为何有权接触到机密,还有机会将其泄漏给媒体?面对疑问,亚历山大坦言,国家安全局需要重新审视工作人员的权限以及招募工作流程。

据美国媒体报道,斯诺登的泄密行为已在美国情报系统引起震动,可能导致国家安全局、中央情报局等情报机构对内部进行全面审查。

第三,奥巴马政府施政步调被打乱。从美税收部门区别对待保守派组织、司法部秘密获取美联社记者电话记录,再到影响更广的"棱镜门",奥巴马政府接连陷入丑闻,形象受损,也使其在推动移民改革、控枪等重要议题上的步调被打乱。

重创美情美国政府因"棱镜"秘密情报监视项目曝光而承受外部压力之际,发起一项内部调查,评估这一泄密事件导致的国家安全潜在损失。国会众议院议长、共和党人约翰·博纳2013年6月11日把泄密者爱德华·斯诺登称为"叛国者"。

一名美国情报机构高级官员说,联邦政府正展开的内部调查有别于美国司法部对斯诺登的刑事调查,预计评估"棱镜"曝光是否危及"线人"或情报获取渠道,可能会调查那些情报目标之间的交谈内容,以查明泄密是否促使他们改变联络方式。这一调查主要在美国情报系统内部进行。按照国家情报总监克拉珀的说法,泄密给美国情报搜集能力造成"巨大且严重损失"。

美国众议院议长博纳11日接受美国广播公司采访时称斯诺登为"叛国者",说泄密

"把美国人置于危险境地,向我们的对手展示我们有哪些能力",系严重违法行为。白宫发言人卡尼拒绝谈论总统奥巴马是否把斯诺登视为"叛国者"。

斯诺登 10 日从中国香港九龙区一家豪华酒店退房后去向不明。各路媒体连日来全城搜寻他的下落。俄罗斯总统发言人佩斯科夫说,如果斯诺登向俄方提出政治避难申请,"我们会予以考虑"。

"棱镜"曝光在大西洋彼岸引发哗然。一些欧洲议会议员警告,如果美方用这些秘密项目监视欧盟成员国公民,将重新审查欧美之间关于数据共享的协议。

欧洲担忧

2013 年 6 月,"棱镜"秘密情报监视项目风波不仅在美国国内愈演愈烈,在欧洲也引发不小震动。欧盟官员表示,美国此举可能侵害欧洲公民的基本权利,并影响到未来美欧合作。

雷丁在信中就"棱镜"项目提出 7 个具体问题,并表示"鉴于问题的严重性",希望霍尔德在双方 14 日于都柏林会谈时做出答复。雷丁的问题包括欧洲公民是否是美国"棱镜"项目的对象;欧洲人是否能够发现他们的数据被获取;欧洲人是否和美国人获得类似的对待等。

雷丁提醒霍尔德,欧洲议会可能将根据他的回复来评估跨大西洋关系。由于美国和欧洲正在讨论启动跨大西洋自由贸易区谈判,因此媒体猜测,"棱镜"项目可能会给谈判带来新的困难。

雷丁还批评据信参与"棱镜"项目的包括谷歌、"脸谱"和苹果在内的网际网路巨头,称由于这些美国公司优先考虑美国法律而非欧盟基本权利,欧洲公民权利可能受到损害。

11 日,"棱镜"项目成为欧洲议会全会的辩论主题和议员炮轰的对象。欧盟负责卫生和消费者事务的委员托尼奥·博格说,类似"棱镜"的项目"可能会危及欧盟公民基本的隐私权和数据安全"。

欧洲议会自由党团主席、比利时前首相伏思达说,美国必须解释如何使用"棱镜"项目获得数据,是否违反欧盟数据保护政策。还有议员表示,希望欧洲各国政府公开有关"棱镜"项目的信息,包括是否知晓、是否参与等。

据了解,出于打击恐怖主义等安全考虑,欧洲国家"监控公民网上活动的能力"虽然显著增强,但不仅在规模上远远不及"棱镜"项目,而且受制于严格的规定。

2006 年,欧盟通过法令规定,通信运营商和网际网路提供商要将用户电话和网络记录保存至少 6 个月,如有必要,安全部门可以获取有关通话对象、时间、地点等信息,但无法获得通话内容。根据这一法令,政府只能在有充足理由怀疑一些行为涉及恐怖主义或有组织犯罪时才可以请求获得这些信息。当然,欧盟各成员国还有本国的法律,在具体规定上有所不同。

由于在数据保护和隐私权方面存在分歧,欧盟和美国之前曾出现过矛盾,但欧盟出于反恐需要,还是做了一些让步,包括在 2010 年让美国获取欧洲银行数据、2012 年向美国提供跨大西洋航班的乘客信息等。

但这次"棱镜"项目曝光却让不少欧洲官员感到失望。来自英国的欧洲议会议员克洛德·莫拉说,美国此举显然破坏了双方之间的信任,"美国政府必须按照欧盟的标准来处理欧盟公民的数据"。

面对这种尴尬局面,美国国会部分议员 13 日抛出毫无根据的阴谋论,怀疑斯诺登可能受他国指使。

国会众议院情报委员会主席迈克罗杰斯和委员会资深成员、民主党籍众议员达奇鲁珀斯伯格 13 日与国家安全局局长亚历山大举行 3 小时闭门会谈。罗杰斯会后暗示,斯诺登可能与中国政府"合作"。

2013 年 6 月 5 日和 6 日,《卫报》和《华盛顿邮报》曝光了"棱镜"项目,前美国中情局雇员斯诺登称,美国国安局主导的"棱镜"项目,在过去 6 年中,通过 9 家大型互联网公司中"监控"用户信息电邮,即时消息等十种数据,消息传出后,引发全球舆论的关注。

美国情报机构 2013 年 10 月 24 日被爆曾经监听至少 35 名国际政要的电话。在美国"监控门"又趋升级的背景下,这一消息无疑再度令世界瞩目。上述消息最先由英国《卫报》24 日报道。《卫报》的主要消息来源据信仍是"监控门"揭秘者斯诺登。根据当天被披露的有关机密文件,美国国家安全局(NSA)鼓励白宫、美国国务院、美国国防部等核心部门官员"分享通讯录",以便 NSA 能够将外国政治和军事要员的电话纳入监听系统。这份标注日期为"2006 年 10 月"的文件指,有一位未具名的美国官员向 NSA 提供了 200 多个电话号码,其中包括 35 名国际政要的号码。NSA 立即展开了监控工作。

NSA 的备忘录显示有关的监控"并非孤立事件",备忘录同时承认,监控外国政要的工作"并没有提供多少可供报告的情报",但仍表示欢迎继续提供有关"联系信息"。

这 35 名国际政要的身份尚未曝光,也还不清楚这其中是否包括德国总理默克尔、巴西总统罗塞夫等人。

诉美违宪

美国最具影响力的民权组织美国公民自由联盟 11 日正式起诉联邦政府,指认后者开展秘密情报监视项目"棱镜"侵犯言论自由和公民隐私权,违反宪法,请求联邦法院下令中止这一监视项目。

《华盛顿邮报》本月初报道,美国家安全局和联邦调查局正开展代号"棱镜"的秘密情报监视项目,直接接入 9 家美国互联网公司中心服务器,挖掘数据以搜集情报,引起国内外哗然。美政府官员事后承认,作为监视项目一部分,外国情报调查法院要求韦里孙通信公司等数据运营商提供为期 3 个月的通信元数据。

作为韦里孙通信公司的用户,美国公民自由联盟以原告身份指控联邦政府"搜尽美国国内、来自或打往美国的每个电话的信息",请求联邦法院立即中止监视项目,宣布项目非法,并且下令政府清除所有来源于监视项目的数据。

针对美国公民自由联盟的诉状,美国司法部拒绝置评,称需要时间研究有关指控并做出回应。

取消总统会晤

美国总统国家安全事务副助理本·罗兹表示,俄罗斯 2013 年 8 月 1 日给予斯诺登临时避难身份的决定激化了本已紧张的双边关系。当前几乎没有迹象显示,在二十国集团峰会期间,双方会在其他事务上有所推进,奥巴马总统也不会与普京会晤。

本·罗兹说:"我们仍会与俄方在有共同立场的事务方面进行合作,但总统本人和国家安全委员会成员一致认为,在目前的环境下,举行双边峰会没有意义。"

俄罗斯总统外交事务助理乌沙科夫说,"我们对美国政府决定取消普京与奥巴马的会见计划表示失望。很明显这个决定与美国国家安全局前雇员斯诺登事件有关。"

俄罗斯国家杜马国际事务委员会第一副主席卡拉什尼科夫表示,白宫宣布这样的决定是因为奥巴马承受了巨大的压力,这一决定是为满足某些希望夸大斯诺登事件影响力的利益集团的要求。其实美国在这一问题上的损失远大于俄罗斯。

俄罗斯国际事务委员会专家巴久科认为,斯诺登事件只是取消会见的一个借口,奥巴马不打算与俄罗斯领导人见面的原因是双方尚未就一些问题达成协议。"如果俄美关系在某些方面取得突破性进展,相信斯诺登事件绝不可能成为干扰两国会谈的因素。"

奥巴马原定于 2013 年 9 月 5 日和 6 日前往俄罗斯圣彼得堡参加二十国集团峰会,并会见俄罗斯总统普京。美国舆论此前认为,2013 年 8 月即将举行的美俄"2+2"部长会谈的进展将决定"奥普会"的命运。双方面临的最棘手问题,就是俄罗斯拒绝将斯诺登引渡回美国,并给予斯诺登临时避难身份。

美国美俄关系委员会主席德瑞克·诺伯格在接受本报记者采访时表示,奥巴马做出取消"奥普会"的决定是"不幸的",但他强调,美俄在其他层面的合作,特别是在经贸方面进展顺利。即将举行的美俄部长会谈,以及由他本人主持参与的,将于 2013 年 9 月 17 至 18 日在俄罗斯符拉迪沃斯托克举行的"俄美太平洋合作伙伴论坛",都说明双方有着较为广泛的接触。

欧盟向美讨说法

"棱镜"事件在大西洋彼岸引发哗然。

德国绿党籍议员菲利普·阿尔布雷希特主持一个旨在全面修订欧盟数据保护法的小组委员会,告诉记者:"我们需要退一步,明确地说:我们不要大规模监视。"

欧盟委员会分管司法的副主席维维亚娜·雷丁 11 日说,14 日举行欧美部长级会谈时,她将向美国司法部长埃里克·霍尔德提及泄密事件,要求美方承诺尊重欧盟成员国公民的基本权利,保护他们的个人信息。

德国内政部长汉斯—彼得·弗里德里希当天说,德方将要求美国政府澄清一系列疑问,包括监视活动的范围、动机,随后"可能"会公之于众。弗里德里希说,美方先前向德方提供"非常不错、非常可靠的情报",帮助德国阻止恐怖袭击,只是,他不知道那些情报是否包含借助"棱镜"截取的信息。

引发众怒

2013 年 10 月 23 日,德国政府发言人赛伯特称,德国政府已得到情报,德国总理默克尔的手机可能被美国情报机关监听。德方已向美方紧急质询,要求美方立即全面地给予澄清,并警告美国此举会损害两国互信。同一天,意大利总理莱塔在会晤正在欧洲访问的美国国务卿克里时,也向他当面要求解释美国监控意大利公民的问题。而此前一天,墨西哥外长表示,美国情报部门对墨西哥总统潘尼亚尼托和前总统卡德隆进行了监听,这种间谍行为违反了基本原则,践踏了双边伙伴国家间的互信,墨西哥外交部将召见美国驻墨西哥大使;法国外交部在 21 日就有关美国国家安全局在法国境内进行监听的报道紧急召见了美国驻法大使里弗津。

接连三天,拉美和欧盟国家领导人对美国的监控行为集体发难,德国总理默克尔和法国总统奥朗德用"完全不可接受"等罕见强硬的措辞,表达了被传统盟友监听的愤怒。上个月,巴西总统在有关美国情报机构监控她与助手的通讯的新闻曝出后,也选择通过推迟国事访问向美国表达抗议。这一系列事件使得国际社会对美国政府公信力的质疑声骤然加剧。从欧洲到拉美,从传统盟友到合作伙伴,从国家元首通话到日常会议记录;美国惊人规模的海外监听计划在前中情局雇员斯诺登的揭露下,有引发美国外交地震的趋势。

爆料人

谁告密

曾为中情局和国防承包商工作

2013 年 6 月 9 日,爱德华·斯诺登主动联系媒体,接受英国《卫报》和美国《华盛顿邮报》的视频采访,向全球公开自己的告密者身份。他是美国中情局的前技术助理,曾为国防承包商 NSA 工作。

29 岁的斯诺登出生在美国北卡罗来纳州,后来搬到马里兰州。他高中没毕业,曾到当地的社区学校学习计算机来获得必要的学分,最终没获得高中文凭。2003 年,他加入美国陆军特种部队,但因在训练中受伤离开部队。退役后,他被安排在美国中央情报局(CIA)当技术助理。2007 年,作为中情局信息技术员,他被派驻瑞士日内瓦工作,曾在那里接触到一些机密文件。2009 年,斯诺登离开中情局,开始为 NSA 承包商工作。随后,他作为博斯公司雇员在国安局工作 4 年,开始接触并复印监听计划的机密材料。

在得到监听计划的机密材料后,斯诺登向国安局主管请假,他称需要离开几周治疗癫痫病。当他收拾行囊时,他告诉女友要离开几个星期,但对离开的原因却含糊其词。5 月 20 日,斯诺顿放弃年薪 20 万美元的工作,抛下在夏威夷的同居女友和父母,只身前往香港。

藏在香港酒店不敢出门

斯诺登公开材料后藏身酒店内。他说:"我已经在酒店藏了 3 个星期,总共也就出去了三次。这是一家豪华酒店，可以在房间里吃饭，但现在酒店的大笔账单我也快负担不起了。"

在香港的酒店，斯诺登担心被窥探，他用枕头堵着酒店房间的门缝以防止被窃听。他还把一个大红色的罩子罩在他的头和笔记本电脑上，然后再输入自己的密码，以防止任何隐藏的摄像头检测到他。他表示有些焦虑不安，甚至酒店的火灾报警响了，他都躲在房间不敢出去，怕这是抓他的人制造的陷阱伎俩。

采访对话

"良知不容美政府侵犯全球民众隐私"————爱德华·斯诺登斯诺登在香港接受了《卫报》记者的采访。斯诺登说："我愿意牺牲一切的原因是，良心上无法允许美国政府侵犯全球民众隐私、互联网自由……我的唯一动机是告知公众以保护他们的名义所做的事以及针对他们所做的事情。

谈动机

问：你为什么决定成为告密者？

斯诺登：美国国家安全局已搭建一套基础系统，能截获几乎任何通信数据。凭借这样的能力，大部分通信数据都被无目标地自动保存。如果我希望查看你的电子邮件或你妻子的手机信息，所要做的就是使用截获的数据。我可以获得你的电子邮件、密码、通话记录和信用卡信息。

当看到一切时，我意识到其中一些事是在滥用职权。我不希望生活在这样的一个社会中，也不希望生活在一个一言一行都被记录的世界里。我不愿意为其提供支持，或接受这样的情况。问：你是否将自己视作另一个布拉德利·曼宁？（注：维基解密泄密事件中的告密者）

斯诺登：曼宁是一名典型的告密者，他的动机是为了维护公众利益。

谈黑客

问：奥巴马政府指责中国黑客的攻击，你对此怎么看？

斯诺登：我们对所有地方的所有人采取黑客行动，但我们希望让自己和其他人显得有些区别。我们存在于全球的几乎每个国家，但我们并没有与这些国家发生战争。

奥巴马于周五对这起信息泄露事件表示谴责，我的第一反应是，他在为自己辩护时遇到了困难。他试图为一些不合理的事辩护，而他也清楚这一点。

谈保护

任何措施都不能保证你的安全

问：是否有可能采取一些安全措施，从而避免遭到政府监控？

斯诺登：你甚至还不清楚有什么样的可能性，他们的能力之大令人震惊。我们可以在机器中植入漏洞，一旦你连上网络，我就能验证你的机器。无论采用什么样的保护措施，你都不可能安全。问：为了减少类似波士顿爆炸案这类恐怖活动的几率，难道不需要进行监控？

斯诺登:恐怖主义一直存在,波士顿发生的事是犯罪行为。但这与监控无关,而是与传统的警察工作有关。

谈未来

问:你现在有没有什么计划?

斯诺登:我无意隐瞒自己的身份,因为我知道自己没有做错。我不后悔我所做的事情,我甘愿放弃这一切,是因为我的良知不容美国政府侵犯隐私。我无悔背井离乡,逃出来就没打算回去。"我唯一可做的就是坐在这里,希望香港政府不要将我驱逐出境。我希望冰岛可以为我提供政治庇护,他们支持保护互联网自由的人们。我不清楚我的未来在何方。他们可能会发出国际刑警照会,但我并不认为我在美国以外的地方有过犯罪行为。我认为,这很明显是政治事件。

问:家人是否知道你计划这样做?

斯诺登:不,我的家人并不知道发生了什么。我担心的最主要问题就是他们找上我的家人、朋友和伙伴,以及任何与我有关的人。我在余生中都将面临这样的情况。我将无法与他们联系。政府将对任何认识我的人采取措施,让我生活在黑夜里。我并不指望再回到家乡,尽管这是我想要的。

问:你是否认为,最终你有可能被送进监狱?

斯诺登:政府可能会以叛国罪起诉我,不过,我不畏惧,不后悔。我不可能不冒着被关进监狱的风险。你不可能在对抗全球最强大情报机构的同时不接受这样的风险,如果他们希望抓到你,那么只是时间问题。

大事记

●2013年6月9日《卫报》刊登"棱镜门"泄密者斯诺登采访,他过去4年一直为美国国家安全局工作。

●2013年6月11日斯诺登离开在香港居住的酒店去向不明,美多名政府高官谴责斯诺登为"叛国者"。

●2013年6月11日美国公民自由联盟正式起诉美国政府,认为"棱镜"项目侵犯言论自由违宪。

●2013年6月13日斯诺登表示,美国一直从事针对中国个人和机构的网络攻击。FBI开始就斯诺登展开刑事调查。

●2013年6月14日英国政府警告全球的航空公司不要让斯诺登乘坐他们的班机前往英国。

●2013年6月15日香港特区行政长官梁振英表示,在斯诺登事件上,特区政府将按香港的法律和既定程序处理。

●2013年6月16日《卫报》再发斯诺登的文件,曝光英国情报机构曾监听2009年G20峰会。

●2013年6月20日美国人事监督机构总监说,一家2011年受雇对斯诺登实施背景审查的公司正受到调查。

●2013 年 6 月 21 日美国地区联邦法院 2013 年 6 月 21 日晚解密一份诉状，显示联邦检察官已正式指控斯诺登，其中包括根据美国反间谍法提出的刑事指控。

●2013 年 6 月 23 日斯诺登自行循合法和正常途径，离开香港前往莫斯科。据悉，斯诺登不打算在莫斯科长待，他可能会去往冰岛、厄瓜多尔或古巴等地。

●2013 年 6 月 25 日在 2013 年 6 月 24 日斯诺登据称将乘搭的飞机起飞后，机舱内并没有发现斯诺登的身影。在 2013 年 6 月 25 日斯诺登的下落不明。

●2013 年 7 月 1 日斯诺登已向俄罗斯递交避难申请。

●2013 年 7 月 3 日斯诺登求避难 21 国无一首。

●2013 年 7 月 10 日斯诺登向委内瑞拉递交避难申请。

●2013 年 8 月 1 日斯诺登离开莫斯科机场，获得了有限期为一年的俄罗斯临时难民身份。

●2013 年 8 月 25 日斯诺登获诺贝尔提名。

●2013 年 10 月 8 日斯诺登在俄购物照曝光。这是斯诺登 8 月离开首都莫斯科机场以来首次出现在公众视线。

●2013 年 10 月 12 日斯诺登律师称其在俄交女友，外媒联想到查普曼。这名律师并未透露斯诺登女友的身份和国籍，但有外媒立即 联想到一个"最有可能的人选"——俄罗斯前潜伏美国的女间谍查普曼。

●2013 年 11 月 03 日德国拒绝为斯诺登提供避难。德国政府发言人斯特芬·赛贝特 4 日说，美国"棱镜"监听项目曝光者爱德华·斯诺登在德国境内不会得到庇护，跨大西洋关系对德国很重要。

MH370 航班五大疑团待解

MH370 航班为马来西亚航空公司航班，由吉隆坡国际机场飞往北京首都国际机场。该航班飞机型号为美国波音公司的波音 777-200ER 客机。航班上载有 227 名乘客（其中中国大陆 153 人，中国台湾 1 人），机组人员 12 名。该航班在 2014 年 3 月 8 日凌晨时，在马来西亚与越南的雷达覆盖边界与空中交通管制失去联系。失踪 16 天后的 3 月 24 日，马来西亚总理宣布，马航 MH370 航班已经在南印度洋坠毁，机上人员无一幸免。2014-04-12 13:07 最新消息：澳总理阿博特，确认搜寻到的信号来自 MH370 黑匣子，并将搜寻区域缩小至一块 40 公里乘 50 公里的区域。2014-04-16 15:11 最新消息：美国打捞专家称马航 MH370 坠毁地点已确定。2014-04-17 最新消息：澳大利亚总理阿博特表示，水下搜索马航 MH370 航班的最佳线索将在大约一周后失效。在印度洋海底寻找飞机残骸的工作之前因技术问题受阻，目前搜寻人员正在努力克服困难，全力搜救失事客机。

相关猜测

马航飞机失联后,家属及舆论最关心的一个问题是,为什么会失联这么久?

一位飞过波音多个机型的国有航空机长向 21 世纪经济报道介绍,如果飞机是遭遇劫机或者飞机故障,机组会发送 7500、7600、7700 等信号,地面空管肯定会接收到。

如果没有那说明飞机遭遇了非常迅速的事态以至于无法发送信号。但如果是遭遇坠落,机上的 ELT(应急定位发射机)也能发送信息,且该设备按照设计原理遇水便会发送信号。

飞机如果遭遇发动机、发电机统统失灵的情况也会有应急发电机自动启动,向 ELT 系统供电。

但综合越南、马来西亚等方面的信息,并无空管部门知晓飞机的地址。该机长表示,据此判断飞机可能遭遇了非常紧急的事件。Flightradar24 的数据显示,MH370 失事前最后一次高度为 0,而倒数第二次数据为 FL350(正常飞行高度),多名飞行员或航空人士据此在微博等平台分析,飞机可能遭遇高空解体,以至于机组无法及时发出信号。

该机长也补充,飞机也有因遭遇雷暴天气导致飞机失速而解体的可能。民航业此前一次著名的空中解体空难是法航 447,飞行员遇到紧急情况不知道如何应对,死命地往后拉操作杆,导致飞机上仰以至失速,最后机腹朝下 拍在了海面上。

五大疑团

疑问一:为何不及时公布失联信息?

根据马来西亚航空公司 8 日发布的首份声明,MH370 航班于当地时间凌晨 2 点 40 分与苏邦空中交通管制台失去联系。

马来西亚当局 12 日在吉隆坡举行的新闻发布会上表示,MH370 航班最后在民用雷达上定位的时间是 8 日凌晨 1 点 21 分,随后于 1 点 30 分消失。

马来西亚空军司令罗扎利·达乌德同日则表示,军方雷达在 8 日凌晨 2 点 15 分收到一个不确定的民用飞机信号,此后再没收到过民用飞机的信号。他同时指出,并不能确认这个雷达信号来自失联客机。

13 日上午,马方相关负责人在北京召开的家属交流会上再次表示,民用雷达显示 MH370 航班消失时间为凌晨 1 点 21 分。

飞机行踪成谜,舆论不禁问道,从 1 点 21 分到 2 点 40 分,其间发生了什么,相关方面又做了什么?对此,马航发言人 13 日上午表示,在此期间,军方和马航双方一直在沟通协调。

另外值得注意的是,马航的第一份声明于 8 日早晨 7 点 24 分才对外发布。舆论质疑,是否故意延迟报告?尽管马航方面对此有所解释,但并没有消弭外界的疑问。

疑问二:客机是否曾折返?

马来西亚民航局 9 日透露,据雷达记录显示,失联航班可能曾折返。但这一消息没有得到有关权威部门的证实。

此后 11 日，马来西亚媒体援引达乌德的话表示，马空军雷达曾监测到失踪 MH370 航班在马六甲海峡上空飞行，并于 8 日凌晨 2 时 40 分在霹雳岛附近从雷达上消失。

据路透社报道，这名马来西亚的军方官员称，MH370 航班在飞越马来西亚城市哥打巴鲁上空后改变航线，高度降低，最后进入马六甲海峡空域。

值得注意的是，马六甲海峡的霹雳岛与此前国际大规模搜索的海域相距 500 公里，这引发了人们的重重猜想。

随后，达乌德否认说过这样的话。他 12 日发表声明称，马来西亚军方认为失联的马航客机有可能曾经折返，但否认了媒体有关"雷达监测到失联客机曾折返到马六甲海峡"的报道。

中国外交部发言人秦刚 12 日就此表示，中方已通过外交渠道要求马方立刻核查有关"折返"的传言。但截至目前，马方仍无相关确切信息，这也使得搜救更趋"大海捞针"。

疑问三：飞机失联后去向何方，航迹图何时公布？

13 日，美国华尔街日报网站援引匿名消息称，马航 MH370 客机从雷达上消失后或继续飞行了约 4 小时。

报道指，美国调查人员认为，根据从这架波音 777 飞机的引擎上自动下载并向地面发送的数据，飞机总共飞行了 5 个小时。这些数据是飞机例行维护和监控程序的一部分。

这引发了舆论的纷纷猜测。因为如果属实，那么该飞机更有可能以不明状态多飞行了数百英里。更为严重的是，这将使得搜救"无处下手"。

马来西亚官方 13 日下午对此予以否认，指出相关报道"不准确"。

马航首席执行官阿末佐哈里在 13 日的发布会上说，失联客机最后一次传回发动机数据是在 8 日凌晨 1 时 07 分，即发生在飞机失去联系之前。由此，马方认为有关"失联客机或共飞行 5 小时"的报道失实。

MH370 去向成谜，引发各界追问。有媒体质问，为何不公布失联飞机航迹图？对此，马航商务总裁休·邓利维 13 日晚间在北京表示，马航没有雷达上的飞行轨迹资料，有关军用雷达上面的轨迹，正在向军方询问。

疑问四：为何调查飞行员，是否存劫机可能？

日前，澳大利亚媒体曝出一条对马航不利的消息：一位澳大利亚女士说，2011 年她旅行乘坐马航航班时，机长及副驾驶邀请她与闺密一起进入驾驶舱，允许她们在飞行途中拍照。而当时驾驶飞机的副驾驶正是此次失联航班的副驾——阿卜杜勒·法里克。

对此，马航在 11 日发布的第 13 份媒体声明中表示"对这些指控感到震惊"，并指出，"目前，我们无法证实涉嫌事件的图片和视频的真实性。"

13 日上午，马航在北京的家属交流会上通报称，已与飞行员家属联系，调查了飞行员飞行前的邮件、电话，无任何迹象显示飞行员有精神异常情况。马航同时表示，已与美国安全局联系合作，但仍没有进展。

据《新京报》报道,13 日晚间,马航商务总裁 Hugh 在北京表示,马来西亚警方已开始对机师和副机师进行调查,在调查结果出来前,警方资料无法对马航公开,调查完成后由警方公布。

连日来,对于 MH370 的失踪原因,可谓众说纷纭,其中不排除飞行员操作不当甚至劫机的可能。截至目前,暂无相关调查结果公布。

疑问五:失联客机是否存在裂纹、腐蚀问题?

MH370 航班失踪数日,引发各界臆测,其中,客机的质量问题亦获有关方面注意。

有消息显示,早在 2013 年 11 月,美国联邦航空管理局就曾对波音 777 客机发出警告,称"我们发布适航指令,要求检查及修正机身表皮存在的裂缝及腐蚀问题,这一问题会导致机舱快速降压和飞机失去结构完整性。"

据悉,飞机客舱压力突然下降,机组人员和乘客可能会失去意识。

对此,马来西亚交通部 13 日下午发表声明说,根据工程维护记录,目前仍失联的马航 370 航班客机曾于今年 2 月 23 日进行维护检查,距离失联时间 13 天,下次例行维护时间应为 2014 年 6 月 19 日。

马方还指出,失联客机生产日期为 2002 年 5 月 29 日,总飞行时间 53465.21 小时,事发前符合适飞标准。

13 日晚间,马航商务总裁表示,因为该飞机是美国制造,故美国国家交通安全委员会(NTSB)和美国联邦航空管理局(FAA)正对飞机进行独立调查,已将相关资料封存并取走。

虽然波音 777 客机是全球公认的最安全的机型之一,然而连日来各方对 MH370 客机的苦苦搜寻仍无结果,让公众难以打消对该客机维护保养过程中存在问题的疑虑。

附录：世界历史大事年表

约 500—100 万年前	早期人类南方古猿诞生。
200 万年前	人类进入打制石器的旧石器时代。
100 万年前	人类掌握了火的使用技术。
2 万年前	人类发明弓箭。
1 万年前	人类进入定居农业社会。
前 7000 年	中国仰韶文化时期已有陶窑及模制的陶器。
前 4500 年	埃及金字塔建造。
前 4241 年	古埃及发明了世界上最早的太阳历。
前 4000 年	埃及人已掌握陶器制造、冶金术、酒醋制造、颜料染色。
前 3100 年	埃及形成统一国家。
前 2500 年	埃及人用沙和苏打制取玻璃。
前 2100 年	美索不达米亚人发明六十进位制、乘法表。
前 2000 年	埃及人发明十进制、整数和分数计算法、三角形和圆面积计算法、正方角锥体和锥台体积计算法，发明防腐剂以保存木乃伊。
前 1950 年	巴比伦人能解两个变量的一次和二次方程。
前 1894 年	古巴比伦王国建立。
前 1200 年	中国用蚕丝织丝绢。
前 1200 年	中国殷商青铜（铜锡合金）冶铸技术已达成熟阶段。
前 1066 年—前 221 年	周朝。
前 770—前 476	春秋时代。
前 770 年	中国已会铸铁。
前 722 年	中国开始用干支记日。
前 700 年	管仲记载了磁石。
前 7 世纪	巴比伦人发现日月食循环的沙罗周期。
前 611 年	中国有彗星的最早记录。
前 6 世纪	希腊的泰勒斯发现琥珀摩擦生电，发现磁石吸铁现象。

世界通史

世界历史大事年表

	希腊毕达哥拉斯证明了勾股定理。
	印度人计算出 2 的平方根为 1.4142156。
前 594 年	希腊梭伦改革。
前 551 年	孔子诞生。
前 5 世纪	希腊的德谟克利特完成古代原子论。
前 5 世纪	中国的《周礼》中记载了用金属凹面镜从太阳取火的方法。
前 475-前 221	战国时代。
前 462 年	希腊巴门尼德、芝诺等埃利亚学派指出在运动和变化中的各种矛盾。
前 400 年	墨翟发现小孔成像。
前 4 世纪	希腊亚里士多德对数学、动物学等进行综合研究。
	希腊的菲洛劳斯提出中心火说,是日心说的萌芽。
	中国的庄子中记载了钻木取火的方法。
前 350 年	中国战国时代的甘德、石申编制了世界上最早的星表。
前 3 世纪	希腊欧几里德发表《几何原本》13 卷。
前 3 世纪	希腊的阿基米德发现杠杆原理和浮力定律,发明阿基米德螺旋。
前 285 年	埃及国王托勒密二世即位,奖励保护学术。
前 258 年	希腊埃拉西斯特拉托最早从事比较解剖学和病理解剖学。
前 250 年	中国战国末年《韩非子》一书中有用"司南"识别南北的记载。
前 245 年	希腊的克达席布斯在埃及亚历山大发明压力泵、气枪等。
前 230 年	希腊的厄拉多塞在埃及的亚历山大测定出地球的大小。
前 221-前 206	秦朝。
前 221 年	中国秦始皇统一度量衡。
前 206-公元 220 年	汉朝。
前 2 世纪	刘安著淮南子,记载用冰作透镜,用反射镜作潜望镜。
前 2 世纪	中国西汉用丝麻纤维纸。
1 世纪	希腊希龙发明蒸汽旋转器和热空气推动的转动机。
	罗马普利尼的百科全书《博物学》问世。
	中国的《汉书》记载尖端放电。
100 年	希腊尼寇马写《算术引论》一书。
105 年	中国东汉时蔡伦造纸。
132 年	中国东汉时张衡发明世界上第一个测量地震的仪器地动仪。

2 世纪	希腊托勒密运用圆锥、圆筒等方法绘制地球。
220-581 年	三国两晋南北朝。
3 世纪初	中国汉末华佗发明麻醉剂麻沸散用于外科手术。
3 世纪	中国魏晋时期的刘徽提出割圆术,得圆周率为 3.1416 。
5 世纪	中国南北朝时南朝的祖冲之算出圆周率的值到小数点后第七位,即 3.1415926。
581-618 年	隋朝。
6 世纪	中国北魏时贾思勰写《齐民要术》。
618-907	唐朝唐太宗。
7 世纪	中国唐朝已采用刻板印刷。
725 年	中国南宫说等人实测子午线的长度。
8 世纪	中国造纸术传入西方。
9 世纪	中国唐朝的炼丹士发明火药。
	阿拉伯花剌子模发表《印度计数算法》。
	中国唐朝的炼丹士发明了火药。
10 世纪	阿拉伯伊本·西拿写成《医学经典》。
	中国宋代发明了胆矾溶液浸铜法生产铜。
960-1279 年	宋朝。
11 世纪	中国宋代沈括写成《梦溪笔谈》一书。
	阿拉伯爱萨(西方人称为阿维森纳)写成《医典》。
1041 年	中国北宋毕升发明活字印刷术。
1054 年	中国《宋史》记载了一次超新星爆发。
1200 年	欧洲人开始使用眼镜。
1202 年	意大利斐波那契发表《计算之书》把印度-阿拉伯计数法介绍到西方。
1231 年	中国宋朝人发明"震天雷"充有火药,可用投掷器射出,是火炮的雏形。
1259 年	中国南宋抗击金兵时,使用一种用竹筒射出子弹的火器,是火枪的雏形。
13 世纪中前叶	中国火药传入阿拉伯。
1279-1368 年	元朝。
1284 年	意大利人发明眼镜。
14 世纪中前叶	中国开始应用珠算盘。
1368-1644	明朝。

1385 年	中国在南京建立观象台。
14 世纪-16 世纪	欧洲文艺复兴运动。
1487 年	葡萄牙人迪亚士发现非洲南端的好望角。
1492-1502 年	意大利人哥伦布发现美洲。
1498 年	葡萄牙人达·伽马开辟好望角到印度的航路。
1500 年	达·芬奇设计了风力计、湿度计、降落伞、纺纱机、踏动车床等草图。
1517 年	德国的马丁·路德发动宗教改革。
1519-1522 年	葡萄牙人麦哲伦完成第一次环球航行。
1539 年	波兰的哥白尼提出了以太阳为中心的宇宙理论。
1543 年	哥白尼的《天体运行论》出版,提出日心说,标志近代自然科学的诞生。
1582 年	西欧许多国家实行格里历。
1583 年	意大利的伽利略发现摆的等时性原理。
1589 年	荷兰的史特芬发现力的平行四边形法则。
1590 年	意大利的伽利略做自由落体等一系列科学实验。
	荷兰的詹森发明复式显微镜。
1593 年	意大利的伽利略发明空气温度计。
1596 年	中国明代李时珍《本草纲目》出版。
1600 年	意大利的布鲁诺因拥护哥白尼地动说并宣传宇宙无限,在罗马被教会烧死。
1605 年	英国的培根著《学术的进展》,提倡以实验为基础的归纳法。
1607 年	意大利的伽利略尝试测量光速。
1609-1619 年	德国的开普勒提出行星运动定律。
1609 年	意大利的伽利略制成第一架天文望远镜,用其发现了木星的四颗卫星。
	意大利的伽利略初次测光速未获成功。
1620 年	荷兰的斯涅尔发现折射定律。
	葡萄牙的德列贝尔发明潜水船。
1628 年	英国的哈维发现血液循环。
1632 年	意大利的伽利略提出相对性原理。
1637 年	中国明朝的宋应星完成《天工开物》,总结了中国工农业生产技术。
1638 年	法国的笛卡尔提出"以太"。

1640 年	英国资产阶级革命开始。
1644-1911	清朝。
1648 年	捷克的马尔西发现光的色散。
1649 年	英国查理一世被处死。
1654 年	德国的盖里克发明真空泵，表演马德堡半球实验。
1660 年	英国的胡克发现弹性定律。
1666 年	英国的牛顿提出万有引力定律。
	英国的牛顿用三棱镜分光。
1676 年	丹麦的罗默利用木卫食测光速。
1677 年	德国的莱布尼兹发明微积分。
1687 年	英国的牛顿提出力学三定律和绝对时间、绝对空间的概念。
1689 年	英国的牛顿《自然哲学的数学原理》一书出版，近代自然科学的确立。
	法国的阿蒙顿发现摩擦定律。
1701 年	英国的贝努利创建变分法。
1728 年	英国的布拉德雷利用光行差测光速。
1745 年	德国的克莱斯特发明莱顿瓶。
1748 年	法国的孟德斯鸠《法的精神》一书出版，系统阐述了三权分立学说。
1750 年	英国的米切尔设计测静电力扭秤，并提出磁力的平方反比定律。
	美国的富兰克林发明避雷针。
1752 年	美国的富兰克林作风筝引天电实验。
1762 年	法国的卢梭《社会契约论》一书出版。
1775 年	意大利的伏打发明起电盘。
1776 年	美国宣布独立。
1780 年	意大利伽伐尼发现蛙腿肌肉收缩现象，认为是动物电所致。
1781 年	英国的瓦特改良蒸汽机。
1785 年	法国的库仑用实验证明静电力的平方反比定律。
1789 年	法国大革命开始，7 月 14 日为法国国庆日。
1792 年	意大利的伏打研究伽法尼现象，认为是两种金属接触所致。
1794 年	法国热月政变。
1798 年	英国的卡文迪许用扭秤测定万有引力常数。
1799 年	法国拿破仑发动雾月政变。

1800 年	意大利的伏打发明伏打电堆。英国的赫谢尔从太阳光谱的辐射热效应发现红外线。
1801 年	英国的杨用干涉法测出光波波长。
1802 年	英国的特里维西克造出了蒸汽机车。
1804 年	拿破仑建立法兰西第一帝国。
1808 年	法国的马吕斯发现光的偏振现象。
	英国的道尔顿发表提出化学原子论。
1818 年	卡尔·马克思诞生。
1820 年	丹麦的奥斯特发现电流的磁效应。
	法国的安培发现电流之间的相互作用力。
1821 年	爱沙尼亚的塞贝克发现温差电效应。
1826 年	德国的欧姆确立欧姆定律。
1827 年	英国的布朗发现液体中的微粒做无规则运动。
1830 年	意大利的诺比利发明温差电堆。
1831—1834 年	法国里昂工人起义。
1831 年	英国的法拉第发现电磁感应现象。
1834 年	法国的珀耳帖发现电流可以制冷的珀耳帖效应。
1835 年	美国的亨利发现自感。
1836—1858 年	英国宪章运动。
1840 年	鸦片战争。
1845 年	英国的法拉第发现磁场使光的偏振面旋转。
1848 年	《共产党宣言》发表，马克思主义诞生。
1849 年	法国的斐索用转动齿轮法测光速。
	英国的开尔文提出热力学第一和第二定律。
1850 年	英国的赫姆霍芝提出了能量守恒定律。
1850 年	中国太平军起义。
1851 年	法国的富科证明地球自转。
1852 年	英国的焦耳和汤姆生发现气体膨胀制冷效应。
1858 年	德国的普吕克尔在放电管中发现阴极射线。
1859 年	德国的基尔霍夫开创光谱分析法。
	英国的达尔文发表《物种起源》开创了生物进化论。

1861 年	美国南北战争。
1868 年	日本明治维新开始。
1869 年	俄国的门捷列耶夫发表元素周期表。
1871 年	法国巴黎公社成立。
1875 年	英国的克尔发现电光效应。
	巴黎会议签订米制公约。
1876 年	美国的贝尔发明电话。
1879 年	英国的麦克斯韦出版《电磁通论》,集电磁理论之大成。
	美国的霍尔发现电流通过金属,在磁场作用下产生横向电动势。
	美国的爱迪生发明电灯。
1880 年	法国的居里兄弟发现晶体的压电效应。
1881 年	美国的迈克尔逊发明灵敏度极高的干涉仪。
1882 年	德、奥、意三国同盟形成。
1883 年	奥地利的马赫的《力学科学》出版,批判了牛顿力学中的绝对时空的概念以及力和质量的概念。
1883 年	卡尔·马克思逝世。
1885 年	德国的本茨发明了汽油内燃汽车。
1887 年	德国的赫兹发现电磁波,发现光电效应。
	美国的迈克尔逊和莫雷试图由地球在"以太"中运动而引起的光的干涉效应,证实"以太漂移"的存在,但得到否定结果。
1889 年	法国的拉瓦锡发表《化学纲要》,开创了化学新纪元。
	英国的菲茨杰拉德提出了收缩假说,以解释迈克尔逊-莫雷实验的"零结果"。由于发表其论文的英国《科学》杂志不久停刊,所以直到 1892 年荷兰的洛伦兹独立提出收缩假说才为世人所知。
1890 年	匈牙利的厄缶作实验证明惯性质量和引力质量相等。
1892 年	荷兰的洛伦兹独立提出收缩假说。
1894 年	中日甲午战争。
1895 年	德国的伦琴发现 x 射线。
	恩格斯逝世。
1896 年	法国的贝克勒尔发现放射性。
	荷兰的塞曼发现磁场使光谱线分裂。

1897 年	英国的汤姆生从阴极射线证实电子的存在。
1899 年	俄国的列别捷夫用实验证实光压的存在。
1899 年	德国的卢梅尔和鲁本斯做空腔辐射实验,精确测得辐射能量分布曲线,为普朗克 1900 年的量子假说提供了重要实验依据。
1900 年	八国联军侵华。
1901 年	德国的考夫曼从镭辐射测 β 射线在电场和磁场中的偏转,从而发现电子质量随速度变化。
1903 年	美国的莱特兄弟发明飞机。
	俄国的齐奥尔科夫斯基提出采用多级火箭实现航天飞行的理论。
1904 年	日俄战争爆发。
	荷兰的洛伦兹提出时空坐标变换方程组。法国的彭加勒提出电动力学相对性原理,并认为光是一切物体运动的极限速度。
1905 年	瑞士的爱因斯坦创立狭义相对论。俄国"波将金"号战舰起义。
1905 至 1906 年	法国的彭加勒阐明了电磁场方程对洛伦兹变换的不变性,并提出了四维时空理论。
1907 年	德国的明可夫斯基提出狭义相对论的空间——时间四维表示形式。
1908 年	德国的普朗克提出动量统一定义,肯定了质能关系的普遍成立。
1908 年	法国的佩兰用实验证实布朗运动方程,求得阿佛加德罗常数。
1911 年	辛亥革命。
	荷兰的翁纳斯发现低温下金属的超导现象,首次将氦液化。
	英国的威尔逊发明云室。
	奥地利的海斯发现宇宙射线。
1913 年	丹麦的玻尔提出定态跃迁原子模型。
	德国的斯塔克发现原子光谱在电场作用下的分裂。
	英国的布拉格父子用晶体的 x 光衍射测定晶格常数 d。
1914 年	第一次世界大战爆发。
1915 年	爱因斯坦完成广义相对论。
1917 年	爱因斯坦提出有限无界的宇宙模型。
1917 年	俄国爆发十月社会主义革命。
1918 年	第一次世界大战结束。

1919 年	英国的爱丁顿等人在巴西和几内亚湾观测日全食,证实引力使光线弯曲的预言。
	巴黎和会。
1920 年	国际联盟成立。
1921 年	中国共产党成立。
1922 年	苏联的弗里德曼得到引力场方程的非定态解,据此提出宇宙膨胀假说。
1925 年	美国的亚当斯发现天狼星光谱线的引力红移,再次验证了广义相对论。
1929—1933 年	资本主义世界经济大危机。
1929 年	美国的哈勃发现星系的红移与离地球的距离成正比——宇宙膨胀。
1931 年	美国的劳伦斯建成第一台回旋加速器。
1932 年	英国的考克拉夫特和爱尔兰瓦尔顿发明高电压倍增器,用以加速质子。
	美国的安德森在宇宙射线中发现正电子。
	英国的查德威克发现中子。
1933 年	罗斯福就任美国总统,实行新政。
	德国希特勒上台。
1934 年	俄国的契仑柯夫发现液体在 β 射线照射下发光。
1935—1936 年	意大利侵略埃塞俄比亚。
1936 年	苏联新宪法颁布。
1936—1939 年	西班牙内战。
1937 年	中国抗日战争爆发。
1938 年	德国的哈恩、施特拉斯曼用中子轰击铀而发现了铀的裂变。
	《慕尼黑协定》签订。
1939 年	奥地利的迈特纳、弗立施提出铀裂变的解释,并预言每次核裂变会释放大量的能量。
	美国的奥本海默和斯奈德预言黑洞。
	德国进攻波兰,第二次世界大战爆发。
	第一次实现电视直播。
1940 年	敦刻尔刻大撤退。
1941 年	美籍意大利人罗西和美国的霍耳由介子蜕变实验证实时间的相对论效应。
	德国进攻苏联。
	英美发表《大西洋宪章》。

1942 年	美国的阿伦间接证明中微子的存在。
	苏中美英等 26 国发表《联合国家宣言》。
	美国在费米等人领导下,根据铀核裂变释放中子及能量的性质,在芝加哥大学建成了第一个热中子链式反应堆。
	美日中途岛海战。
1942—1943 年	斯大林格勒战役。
1943 年	意大利投降。
1944 年	英美军队诺曼底登陆,欧洲第二战场开辟。
1945 年	德国无条件投降。
	美国在奥本海默领导下制成原子弹。
	美国向日本广岛、长崎投掷原子弹。日本签署无条件投降书,抗日战争胜利,第二次世界大战结束。
	联合国成立。
1946 年	第一台计算机 ENIAC 在美问世。
	美国的伽莫夫提出大爆炸宇宙模型。
1947 年	马歇尔计划出台。
	以色列国建立。
1948 年	美国的肖克利、巴丁与布拉顿发明晶体三极管。
	北大西洋公约组织成立。
1949 年	中华人民共和国成立。
1952 年	美国的格拉塞发明气泡室。
1955 年	华约组织成立。
1957 年	苏联发射第一颗人造地球卫星。
1958 年	德国的穆斯堡尔实现了 γ 射线的无反冲共振吸收。
1959 年	古巴革命胜利。
1960 年	美国的梅曼制成红宝石激光器。
1960 年	非洲独立年,非洲 17 个国家获得独立。
1961 年	美国的格拉肖、温伯格和巴基斯坦的萨拉姆提出电弱统一理论。
	苏联成功发射了第一个载人航天器。
1963 年	发现类星体(Quasar),体积不大,能量极大,亮度剧变。宇宙中大约有 106 个。

1964 年	美国的彭齐亚斯和威尔逊在检测接收卫星信号的天线时,发现在波长 7.35cm 处有 3.5K 的宇宙微波背景辐射。
1964 年	中国制造出第一颗原子弹。
1965 年	首批美国海陆战队在越南登陆。
1967 年	中国爆炸了第一颗氢弹。
	欧共体成立。
1968 年	英国的休伊什发现脉冲星。
	匈牙利开始在全国推行全面经济体制改革。
1969 年	美国阿波罗 11 号宇宙飞船成功登月。
1970 年	中国发射"东方红 1 号"人造地球卫星。
1971 年	美国 Intel 公司制成微处理器,开始计算机第二次革命。
	美国的凯汀和海弗尔携带原子钟环绕地球飞行 80 小时,证明了时间的相对性。
1972 年	美国总统尼克松访华。
1973 年	英国的霍金发现量子效应会使黑洞辐射粒子,并使黑洞蒸发。
1978 年	全国科学大会。
	美国的泰勒观测短周期双星证实引力波,这是广义相对论的一个验证。
1979—1989 年	苏联入侵阿富汗。
1981 年	美国的航天飞机第一次升空。
1982 年	中国潜艇水下发射火箭成功。
1989 年	亚太经合组织建立。
1990 年	美国的哈勃望远镜被送上太空。
	纳米比亚独立。
	中国北京大型正负电子对撞机建成。
1991 年	苏联解体
1991 年	海湾战争爆发。
1992 年	北美自由贸易区形成
1993 年	欧洲联盟建立
1994 年	世界贸易组织协议执行会议在日内瓦举行,决定世界贸易组织将于 1995 年 1 月 1 日正式成立。

1995 年	联合国《不扩散核武器条约》审议和延长大会在联合国总部举行。
1996 年	中俄两国元首签署《中俄联合声明》。
1996 年	克隆羊多利诞生。
1997 年	亚太经合组织第五次领导人非正式会谈在温哥华举行,会议发表《联系大家庭》宣言。
1998 年	美国总统克林顿先后访问了中国。
1999 年	科索沃战争。
2000 年	俄罗斯总统叶利钦宣布辞去总统职务,并将权力移交给总理普京。
	曾在 1986 年造成世界上最大的民用核电事故的切诺贝核电站被关闭。
2001 年	9·11 事件发生,美国纽约世界贸易中心大楼和五角大楼遭遇恐怖袭击。
	中国正式加入世界贸易组织,成为其第 143 个成员。
2002 年	韩朝两国军舰在朝鲜半岛中部以西海域发生冲突。
2003 年	美国航天飞机哥伦比亚号航天飞机在着陆前于得克萨斯州上空解体。机组人员共 7 人全部罹难。
	胡锦涛当选中华人民共和国新任主席,温家宝当选国务院新任总理。
	伊拉克战争爆发。
2004 年	第 28 届奥林匹克运动会在雅典举行。
	印度洋大地震引起印度洋沿岸巨大海啸,对印度洋沿岸国家造成巨大破坏,有超过 20 万人在此次海啸事件中丧生。
2005 年	美国发现号航天飞机在肯尼迪航天中心发射升空。
	沙特阿拉伯获准加入世界贸易组织。
2006 年	伊拉克总统萨达姆被执行绞刑。
2007 年	潘基文接替科菲·安南出任联合国秘书长。
2008 年	第 29 届奥林匹克运动会在中国首都北京举行。
	美国发射"阿特兰蒂斯"号航天飞机。
	奥巴马当选美国总统。
	中国四川汶川 5·12 大地震。
	全球金融危机。
2009 年	挪威诺贝尔委员会授予奥巴马诺贝尔和平奖。
2010 年	全球首个人造单细胞生物诞生。

	美墨西哥湾漏油酿生态灾难。
2011 年	日本大地震。
	利比亚遭多国空袭。
	基地组织领导人本·拉登在巴基斯坦被美军击毙。
2012 年	普京赢得俄总统选举
	叙利亚国家安全总部遭袭击
	以色列对加沙地带发起军事行动
2013 年	习近平访问俄罗斯、非洲三国并出席金砖国家领导人会晤
	"棱镜门"事件引发关注
	伊拉克首都爆炸袭击致 200 多人死伤
2014 年	国家主席习近平出席索契冬奥会开幕式
	搜寻马航 370 航班
	韩国"岁月"号客轮沉没
	诺曼底登陆 70 周年庆,美欧俄关系沧桑巨变
	马航 MH17 被道弹击落,美欧与俄矛盾越陷越深

特别提示:

本书在编写过程中,参阅和使用了一些报刊、著述和图片。由于联系上的困难,和部分作品的作者(或译者)未能取得联系,对此谨致深深的歉意。敬请原作者(或译者)见到本书后,及时与本书编者联系,以便我们按照国家有关规定支付稿酬并赠送样书。

联系电话:010-80776121　联系人:马老师